GSAT

온라인 삼성직무적성검사

시대에듀

2024 하반기 시대에듀 All-New 삼성 온라인 GSAT
3개년 기출 + 모의고사 8회 + 무료삼성특강

Always **with you**

사람의 인연은 길에서 우연하게 만나거나 함께 살아가는 것만을 의미하지는 않습니다.
책을 펴내는 출판사와 그 책을 읽는 독자의 만남도 소중한 인연입니다.
시대에듀는 항상 독자의 마음을 헤아리기 위해 노력하고 있습니다. 늘 독자와 함께하겠습니다.

온라인 GSAT
문제풀이 용지

삼성 온라인 GSAT		
영역	문항 수	제한시간
수리	20문항	30분
추리	30문항	30분

※ 본 문제풀이 용지는 도서에서 제공되는 최종점검 모의고사와 함께 사용할 수 있도록 총 4회분을 제공하였습니다.

※ 여분의 문제풀이 용지는 시대에듀 홈페이지에서 다운받을 수 있습니다.

〈문제풀이 용지 다운받는 방법〉

▶ 시대에듀 도서 홈페이지 접속(www.sdedu.co.kr/book)

▶ 상단 카테고리「도서업데이트」클릭

▶「삼성 문제풀이 용지」검색 후 다운로드

삼성 온라인 GSAT 수리 문제풀이 용지

성명 : **수험번호 :**

①	②
③	④
⑤	

수리

※ 본 문제풀이 용지는 온라인 GSAT 수검용으로 온라인 모의고사 응시 시 활용하기 바랍니다.

삼성 온라인 GSAT 수리 문제풀이 용지

성명 : **수험번호 :**

⑥

⑦

⑧

⑨

수리

⑩

※ 본 문제풀이 용지는 온라인 GSAT 수검용으로 온라인 모의고사 응시 시 활용하기 바랍니다.

삼성 온라인 GSAT 수리 문제풀이 용지

성명 : **수험번호 :**

⑪	⑫
⑬	⑭
⑮	

※ 본 문제풀이 용지는 온라인 GSAT 수검용으로 온라인 모의고사 응시 시 활용하기 바랍니다.

삼성 온라인 GSAT 수리 문제풀이 용지

성명 : 　　　　　　　　　　**수험번호 :**

⑯	⑰
⑱	⑲
⑳	

수리

※ 본 문제풀이 용지는 온라인 GSAT 수검용으로 온라인 모의고사 응시 시 활용하기 바랍니다.

삼성 온라인 GSAT 추리 문제풀이 용지

성명 : **수험번호 :**

①	②
③	④
⑤	⑥

추리

※ 본 문제풀이 용지는 온라인 GSAT 수검용으로 온라인 모의고사 응시 시 활용하기 바랍니다.

삼성 온라인 GSAT 추리 문제풀이 용지

성명 :

수험번호 :

⑦	⑧
⑨	⑩
⑪	⑫

추리

※ 본 문제풀이 용지는 온라인 GSAT 수검용으로 온라인 모의고사 응시 시 활용하기 바랍니다.

삼성 온라인 GSAT 추리 문제풀이 용지

성명 : **수험번호 :**

⑬	⑭
⑮	⑯
⑰	⑱

※ 본 문제풀이 용지는 온라인 GSAT 수검용으로 온라인 모의고사 응시 시 활용하기 바랍니다.

삼성 온라인 GSAT 추리 문제풀이 용지

성명 : **수험번호 :**

⑲	⑳
㉑	㉒
㉓	㉔

※ 본 문제풀이 용지는 온라인 GSAT 수검용으로 온라인 모의고사 응시 시 활용하기 바랍니다.

삼성 온라인 GSAT 추리 문제풀이 용지

성명 : **수험번호 :**

㉕	㉖
㉗	㉘
㉙	㉚

※ 본 문제풀이 용지는 온라인 GSAT 수검용으로 온라인 모의고사 응시 시 활용하기 바랍니다.

삼성 온라인 GSAT 수리 문제풀이 용지

성명 : **수험번호 :**

①	②
③	④
⑤	

수리

※ 본 문제풀이 용지는 온라인 GSAT 수검용으로 온라인 모의고사 응시 시 활용하기 바랍니다.

삼성 온라인 GSAT 수리 문제풀이 용지

성명 : **수험번호 :**

⑥	⑦
⑧	⑨
⑩	

수리

※ 본 문제풀이 용지는 온라인 GSAT 수검용으로 온라인 모의고사 응시 시 활용하기 바랍니다.

삼성 온라인 GSAT 수리 문제풀이 용지

성명 : **수험번호 :**

⑪	⑫
⑬	⑭
⑮	

※ 본 문제풀이 용지는 온라인 GSAT 수검용으로 온라인 모의고사 응시 시 활용하기 바랍니다.

삼성 온라인 GSAT 수리 문제풀이 용지

성명 : **수험번호 :**

⑯	⑰
⑱	⑲
⑳	

※ 본 문제풀이 용지는 온라인 GSAT 수검용으로 온라인 모의고사 응시 시 활용하기 바랍니다.

삼성 온라인 GSAT 추리 문제풀이 용지

성명 : **수험번호 :**

①	②
③	④
⑤	⑥

추리

※ 본 문제풀이 용지는 온라인 GSAT 수검용으로 온라인 모의고사 응시 시 활용하기 바랍니다.

삼성 온라인 GSAT 추리 문제풀이 용지

성명 : **수험번호 :**

⑦	⑧
⑨	⑩
⑪	⑫

※ 본 문제풀이 용지는 온라인 GSAT 수검용으로 온라인 모의고사 응시 시 활용하기 바랍니다.

삼성 온라인 GSAT 추리 문제풀이 용지

성명 :
수험번호 :

⑬	⑭
⑮	⑯
⑰	⑱

추리

※ 본 문제풀이 용지는 온라인 GSAT 수검용으로 온라인 모의고사 응시 시 활용하기 바랍니다.

삼성 온라인 GSAT 추리 문제풀이 용지

성명 : **수험번호 :**

⑲	⑳
㉑	㉒
㉓	㉔

추리

※ 본 문제풀이 용지는 온라인 GSAT 수검용으로 온라인 모의고사 응시 시 활용하기 바랍니다.

삼성 온라인 GSAT 추리 문제풀이 용지

성명 :

수험번호 :

㉕	㉖
㉗	㉘
㉙	㉚

추리

※ 본 문제풀이 용지는 온라인 GSAT 수검용으로 온라인 모의고사 응시 시 활용하기 바랍니다.

삼성 온라인 GSAT 수리 문제풀이 용지

성명 : **수험번호 :**

①	②
③	④
⑤	

※ 본 문제풀이 용지는 온라인 GSAT 수검용으로 온라인 모의고사 응시 시 활용하기 바랍니다.

삼성 온라인 GSAT 수리 문제풀이 용지

성명 : **수험번호 :**

⑥	⑦
⑧	⑨
⑩	

수리

※ 본 문제풀이 용지는 온라인 GSAT 수검용으로 온라인 모의고사 응시 시 활용하기 바랍니다.

삼성 온라인 GSAT 수리 문제풀이 용지

성명 : **수험번호 :**

⑪	⑫
⑬	⑭
⑮	

수리

※ 본 문제풀이 용지는 온라인 GSAT 수검용으로 온라인 모의고사 응시 시 활용하기 바랍니다.

삼성 온라인 GSAT 수리 문제풀이 용지

성명 :

수험번호 :

⑯	⑰
⑱	⑲
⑳	

※ 본 문제풀이 용지는 온라인 GSAT 수검용으로 온라인 모의고사 응시 시 활용하기 바랍니다.

삼성 온라인 GSAT 추리 문제풀이 용지

성명 : 　　　　　　　　**수험번호 :**

①	②
③	④
⑤	⑥

추리

※ 본 문제풀이 용지는 온라인 GSAT 수검용으로 온라인 모의고사 응시 시 활용하기 바랍니다.

삼성 온라인 GSAT 추리 문제풀이 용지

성명 : **수험번호 :**

⑦	⑧
⑨	⑩
⑪	⑫

※ 본 문제풀이 용지는 온라인 GSAT 수검용으로 온라인 모의고사 응시 시 활용하기 바랍니다.

삼성 온라인 GSAT 추리 문제풀이 용지

성명 : 수험번호 :

⑬	⑭
⑮	⑯
⑰	⑱

※ 본 문제풀이 용지는 온라인 GSAT 수검용으로 온라인 모의고사 응시 시 활용하기 바랍니다.

삼성 온라인 GSAT 추리 문제풀이 용지

성명 : **수험번호 :**

⑲

⑳

㉑

㉒

추리

㉓

㉔

※ 본 문제풀이 용지는 온라인 GSAT 수검용으로 온라인 모의고사 응시 시 활용하기 바랍니다.

삼성 온라인 GSAT 추리 문제풀이 용지

성명 :

수험번호 :

㉕	㉖
㉗	㉘
㉙	㉚

※ 본 문제풀이 용지는 온라인 GSAT 수검용으로 온라인 모의고사 응시 시 활용하기 바랍니다.

삼성 온라인 GSAT 수리 문제풀이 용지

성명 : **수험번호 :**

①	②
③	④
⑤	

※ 본 문제풀이 용지는 온라인 GSAT 수검용으로 온라인 모의고사 응시 시 활용하기 바랍니다.

삼성 온라인 GSAT 수리 문제풀이 용지

성명 : **수험번호 :**

⑥	⑦
⑧	⑨
⑩	

※ 본 문제풀이 용지는 온라인 GSAT 수검용으로 온라인 모의고사 응시 시 활용하기 바랍니다.

삼성 온라인 GSAT 수리 문제풀이 용지

성명 : **수험번호 :**

⑪	⑫
⑬	⑭
⑮	

※ 본 문제풀이 용지는 온라인 GSAT 수검용으로 온라인 모의고사 응시 시 활용하기 바랍니다.

삼성 온라인 GSAT 수리 문제풀이 용지

성명 : **수험번호 :**

⑯	⑰
⑱	⑲
⑳	

수리

※ 본 문제풀이 용지는 온라인 GSAT 수검용으로 온라인 모의고사 응시 시 활용하기 바랍니다.

삼성 온라인 GSAT 추리 문제풀이 용지

성명 : **수험번호 :**

①	②
③	④
⑤	⑥

추리

※ 본 문제풀이 용지는 온라인 GSAT 수검용으로 온라인 모의고사 응시 시 활용하기 바랍니다.

삼성 온라인 GSAT 추리 문제풀이 용지

성명 : 　　　　　　　　　　　　**수험번호 :**

⑦	⑧
⑨	⑩
⑪	⑫

※ 본 문제풀이 용지는 온라인 GSAT 수검용으로 온라인 모의고사 응시 시 활용하기 바랍니다.

삼성 온라인 GSAT 추리 문제풀이 용지

성명 :　　　　　　　　수험번호 :

⑬	⑭
⑮	⑯
⑰	⑱

※ 본 문제풀이 용지는 온라인 GSAT 수검용으로 온라인 모의고사 응시 시 활용하기 바랍니다.

삼성 온라인 GSAT 추리 문제풀이 용지

성명 : **수험번호 :**

⑲	⑳
㉑	㉒
㉓	㉔

※ 본 문제풀이 용지는 온라인 GSAT 수검용으로 온라인 모의고사 응시 시 활용하기 바랍니다.

삼성 온라인 GSAT 추리 문제풀이 용지

성명 : **수험번호 :**

㉕	㉖
㉗	㉘
㉙	㉚

추리

※ 본 문제풀이 용지는 온라인 GSAT 수검용으로 온라인 모의고사 응시 시 활용하기 바랍니다.

머리말 PREFACE

삼성 경영철학의 최우선순위는 '인간존중' 이념이다. 이를 구현하기 위해 삼성은 1995년에 개인의 능력과 무관한 학력, 성별 등의 모든 차별을 배제한 '열린채용'을 실시함으로써 채용문화에 변화의 바람을 일으켰다. 이때 삼성 직무적성검사(SSAT ; SamSung Aptitude Test)를 도입, 단편적 지식과 학력 위주의 평가 방식에서 과감히 탈피했다.

20년 동안 채용을 진행하면서, 입사 후 우수 직원들의 업무성과 요인 등을 분석한 결과 직군별 성과요인에 차이가 있었다. 또한 미래 경영환경의 변화와 글로벌 주요 기업들의 사례를 통해 창의적이고 우수한 인재를 효과적으로 확보할 필요성이 생겼다. 이에 삼성은 2015년 하반기 공채부터 시험 위주의 획일적 채용방식을 직군별로 다양화하는 방향으로 채용제도를 개편했다. 이와 더불어 SSAT(국내)와 GSAT(해외)로 혼재되어 사용하던 삼성 직무적성검사의 명칭을 GSAT(Global Samsung Aptitude Test)로 통일시켰다.

실제 삼성 직무적성검사 기출문제를 살펴보면 평소 꾸준히 준비하지 않는 이상 쉽게 통과할 수 없도록 구성되어 있다. 더군다나 입사 경쟁이 날이 갈수록 치열해지는 요즘과 같은 상황에서는 더욱 철저한 준비가 요구된다. '철저한 준비'는 단지 입사를 위해서뿐만 아니라 성공적인 직장생활을 위해서도 필수적이다.

이에 시대에듀는 수험생들이 GSAT에 대한 '철저한 준비'를 할 수 있도록 다음과 같이 교재를 구성하였으며, 이를 통해 단기에 성적을 올릴 수 있는 학습법을 제시하였다.

도서의 특징

❶ 2024년 상반기부터 2022년 상반기까지 3개년 기출복원문제를 수록하여 최신 출제경향을 파악할 수 있도록 하였다.

❷ GSAT 출제영역별 대표기출유형과 기출응용문제를 수록하여 체계적인 학습이 가능하도록 하였다.

❸ 최종점검 모의고사 4회와 온라인 모의고사 4회, 문제풀이 용지를 제공하여 온라인 시험에 대비할 수 있도록 하였다.

❹ 인성검사와 면접을 수록하여 한 권으로 삼성 채용 전반에 대비할 수 있도록 하였다.

끝으로 본서로 삼성 채용 시험을 준비하는 여러분 모두의 건강과 합격을 진심으로 기원한다.

SDC(Sidae Data Center) 씀

삼성그룹 이야기 INTRODUCE

◇ 경영철학과 목표

1 인재와 기술을 바탕으로

- 인재 육성과 기술우위 확보를 경영의 원칙으로 삼는다.
- 인재와 기술의 조화를 통해 경영전반의 시너지 효과를 증대한다.

2 최고의 제품과 서비스를 창출하여

- 고객에게 최고의 만족을 줄 수 있는 제품과 서비스를 창출한다.
- 동종업계에서 세계 1군의 위치를 확보한다.

3 인류사회에 공헌한다.

- 인류의 공동이익과 풍요로운 삶을 위해 기여한다.
- 인류공동체 일원으로서의 사명을 다한다.

◇ 핵심가치

인재제일
'기업은 사람이다.'라는 신념을 바탕으로 인재를 소중히 여기고
마음껏 능력을 발휘할 수 있는 기회의 장을 만들어 간다.

최고지향
끊임없는 열정과 도전정신으로 모든 면에서
세계 최고가 되기 위해 최선을 다한다.

변화선도
변화하지 않으면 살아남을 수 없다는 위기의식을 가지고
신속하고 주도적으로 변화와 혁신을 실행한다.

정도경영
곧은 마음과 진실되고 바른 행동으로 명예와 품위를 지키며
모든 일에 있어서 항상 정도를 추구한다.

상생추구
우리는 사회의 일원으로서 더불어 살아간다는 마음을 가지고
지역사회, 국가, 인류의 공동 번영을 위해 노력한다.

◇ 경영원칙

1

법과 윤리를 준수한다.

- 개인의 존엄성과 다양성을 존중한다.
- 법과 상도의에 따라 공정하게 경쟁한다.
- 정확한 회계기록을 통해 회계의 투명성을 유지한다.
- 정치에 개입하지 않으며 중립을 유지한다.

2

깨끗한 조직 문화를 유지한다.

- 모든 업무활동에서 공과 사를 엄격히 구분한다.
- 회사와 타인의 지적 재산을 보호하고 존중한다.
- 건전한 조직 분위기를 조성한다.

3

고객, 주주, 종업원을 존중한다.

- 고객만족을 경영활동의 우선적 가치로 삼는다.
- 주주가치 중심의 경영을 추구한다.
- 종업원의 「삶의 질」 향상을 위해 노력한다.

4

환경 · 안전 · 건강을 중시한다.

- 환경친화적 경영을 추구한다.
- 인류의 안전과 건강을 중시한다.

5

글로벌 기업시민으로서 사회적 책임을 다한다.

- 기업시민으로서 지켜야 할 기본적 책무를 성실히 수행한다.
- 현지의 사회 · 문화적 특성을 존중하고 상생을 실천한다.
- 사업 파트너와 공존공영의 관계를 구축한다.

삼성그룹 계열사 COMPANIES

◇ 전자

삼성전자	DX부문	삼성전자는 뛰어난 인재와 기술을 바탕으로 최고의 제품과 서비스를 창출하여 인류 사회에 공헌하는 것을 궁극적인 목표로 삼고 있다. ❖ 주요 업무 : Consumer Electronics, IT&Mobile Communications, R&D
	DS부문	삼성전자가 반도체 사업에 뛰어들었을 때 모두가 할 수 없다고 말했다. 하지만 반도체인들은 안 된다는 생각을 버리고, "할 수 있다."는 생각으로 끊임없이 연구와 도전으로 반도체 산업을 이끌어가며 새로운 역사를 만들어가고 있다. ❖ 주요 업무 : 반도체 설계 및 생산
삼성디스플레이		삼성디스플레이는 독보적인 기술을 바탕으로 스마트폰, 노트북, 모니터, TV 등 프리미엄 디스플레이 제품을 공급하고 있다. 세계 최초로 플렉서블 OLED와 폴더블, QD 디스플레이를 양산하는 등 상상 속에만 존재하던 디스플레이를 현실로 만들어 가고 있다. ❖ 주요 업무 : 디스플레이 패널 개발, 양산, 판매
삼성SDI		삼성SDI는 에너지 및 소재 전문 글로벌 기업으로 1970년 설립 이후 전기차, IT 기기, ESS에 활용되는 배터리와 반도체, 디스플레이에 필요한 소재를 생산 및 판매하고 있다. ❖ 주요 업무 : 자동차배터리, 소형배터리, ESS 및 전자재료 생산/판매
삼성전기		삼성전기는 Electro(전자)와 Mechanics(기계)를 아우르는 글로벌 리딩 부품 회사로 첨단 IT전자기기, 전장용 핵심 부품을 개발 및 생산하고 있다. ❖ 주요 업무 : IT/산업/전장용 핵심부품 개발/제조업
삼성SDS		삼성SDS는 38년간 클라우드 기반의 플랫폼 및 솔루션, AI, 데이터 분석, 보안 등의 기술 역량을 바탕으로 물류, 금융, 제조 등 다양한 비즈니스 영역에 최적화된 솔루션을 제시하고 고객의 디지털 혁신을 가능하게 한다. ❖ 주요 업무 : AI, 클라우드, 솔루션, 물류 등

◇ 바이오

삼성바이오로직스	삼성바이오로직스는 세계 최대 규모의 바이오의약품 생산 시설을 갖추고, 바이오제약품의 위탁생산, 개발에 이르는 One-Stop End-to-End 서비스를 제공한다. ❖ 주요 업무 : 바이오의약품 위탁생산(CMO) 및 위탁개발(CDO)
삼성바이오에피스	삼성바이오에피스는 혁신적인 과학기술 도입을 통해 보다 빠르고 합리적으로 고품질의 바이오의약품을 공급하고 있으며, 바이오시밀러 제품 8종 허가 및 7종을 전 세계에 출시한다. ❖ 주요 업무 : 바이오의약품 연구 개발 및 상업화

◇ 건설/중공업

삼성중공업	삼성중공업은 글로벌 선사 및 오일 메이저의 니즈에 맞춘 선박과 해양설비를 제공하는 조선/해양산업 전문회사이다. ❖ 주요 업무 : 조선해양사업(Gas Chain, Commercial Vessels, Offshore&Drilling), 하이테크사업
삼성E&A	삼성E&A는 오일&가스 프로세싱, 정유, 석유화학, 산업, 환경, 바이오, 그린솔루션에 이르기까지 플랜트 전 분야에서 종합 솔루션을 제공하는 EPC 전문기업이다. ❖ 주요 업무 : 플랜트 사업관리, 설계, 조달, 시공, 시운전, O&M
삼성물산 건설부문	삼성물산 건설부문은 건축, 토목, 플랜트, 주택사업 등 분야별 최고 수준의 인재와 기술역량을 보유하고 고객에게 최상의 부가가치를 실현하고 있다. ❖ 주요 업무 : 건축, 토목, 플랜트, 주택 건설사업

◇ 금융

삼성생명	삼성생명은 국내 1위 생명보험사라는 타이틀에 안주하지 않고 생명보험과 손해보험, 금융과 제조, 기술과 서비스까지 서로 다른 영역을 연결하여 사업의 판을 확장하고 있다. ❖ 주요 업무 : 생명보험, 자산운용 등
삼성화재	삼성화재는 국내 및 해외시장에서 개인과 기업 고객 대상으로 화재, 해상, 자동차, 배상책임, 장기손해보험, 개인연금 등 다양한 보험상품과 종합 Risk Solution 서비스를 제공하고 있는 국내 1위 손해보험사이다. ❖ 주요 업무 : 손해보험
삼성카드	삼성카드는 1988년 창립 후 결제, 금융사업에서는 고객신뢰를 강화하고, 이를 기반으로 카드업을 넘어 소비생활 전반까지 사업영역을 확장해 모든 생활을 신뢰 하나로 영위할 수 있는 세상을 만들고자 한다. ❖ 주요 업무 : 신용카드업
삼성증권	삼성증권은 투자매매, 투자중개, 투자자문, 투자일임, 신탁 등 5개 영위 사업을 통해 주식중개 및 자산관리, 기업금융과 자산운용 서비스를 제공하는 종합금융투자회사이다. ❖ 주요 업무 : 증권중개, 자산관리, 기업금융, 자금운용 등
삼성자산운용	삼성자산운용은 1998년 설립 이후 현재까지 안정적 자산운용을 통해 약 300조 원의 관리자산을 운용하고 있는 국내 최대 규모의 자산운용사이다. ❖ 주요 업무 : 집합투자업, 투자자문업

◇ 서비스

삼성물산	상사부문	상사부문은 삼성의 모기업으로 1938년에 설립되었으며 해외 무역을 통해 대한민국의 경제발전과 함께하며 우수한 인력과 글로벌 네트워크, 풍부한 사업 경험을 발판으로 전 세계에서 다양한 사업을 전개하고 있다. ❖ 주요 업무 : 필수 산업재 트레이딩 및 에너지 분야 오거나이징, 신규 사업 기회 발굴
	리조트부문	리조트부문은 고객에게 행복과 즐거움을 더하고, 새로운 고객 경험 혁신을 통해 세계 속의 서비스 선도 기업으로 끊임없이 도약해 나갈 것이다. ❖ 주요 업무 : 테마파크, 골프클럽, 조경사업
	패션부문	패션부문은 다양한 복종의 브랜드 기획 및 해외 브랜드 수입, 리테일 사업을 전개하며 업계 내 최고의 위상을 확보하고 있다. ❖ 주요 업무 : 패션사업
호텔신라		호텔신라는 1973년에 창립된 한국을 대표하는 서비스 유통 기업이자 호스피탈리티 업계의 리더로서 고객 만족과 기업가치 극대화를 통해 글로벌 명문 서비스 유통기업으로 도약하고 있다. ❖ 주요 업무 : 면세유통, 호텔서비스, 레저사업
제일기획		제일기획은 다양한 '연결'을 통해 새롭고 최적화된 솔루션을 찾아 클라이언트 비즈니스의 실질적 성장을 이루어내는 일과 마케팅을 넘어 비즈니스 솔루션을 제시하는 일을 하는 회사이다. ❖ 주요 업무 : 광고 및 마케팅 전략, 데이터, 디지털, 리테일, 이벤트
에스원		에스원은 1977년 국내 최초의 보안회사로 출범한 이래 지난 40여 년간 고객들의 '안전과 안심'을 지켜기 위해 노력했다. ❖ 주요 업무 : 보안시스템 서비스, 건물관리 서비스
삼성서울병원		삼성서울병원은 최고의 의료기술로 중증 고난도 환자를 맞춤 치료하여 최고의 치료 성과를 구현한다. ❖ 주요 업무 : 진료, 연구, 교육
삼성웰스토리		삼성웰스토리는 매일의 일상을 건강하고 행복하게 하는 푸드서비스를 시작으로 식자재유통뿐 아니라 국내를 너머 중국, 베트남으로 글로벌 식음서비스 전문기업을 향해 나아간다. ❖ 주요 업무 : 푸드서비스, 식자재유통, 해외사업
삼성전자판매		삼성전자판매는 삼성스토어, 삼성닷컴을 통해 삼성전자의 생활가전, IT, 모바일 제품을 판매하는 전자 전문 유통이다. ❖ 주요 업무 : 삼성전자 생활가전, IT&Mobile 판매

2024년 상반기 기출분석 ANALYSIS

총평

기존에 출제되었던 유형 및 영역별 유형의 비율 또한 기존 GSAT 시험과 비슷했으나, 작년 하반기에 비해 올해 상반기 시험의 난도가 전반적으로 높았다. 수리는 대체로 깔끔하게 계산되고 답이 바로 보이는 문제들로 구성되었지만, 추리는 명제와 도형추리를 제외한 유형들이 까다롭게 출제되었다. 다양한 유형 중에서도 특히 조건추리와 독해 지문이 까다로웠으므로 유형별 해결 방법 및 접근 공략을 충분히 연습하지 못한 수험생들은 시간을 많이 소요하였을 것이라고 예상된다.

◇ 핵심 전략

문제당 제한시간이 아닌 영역별 제한시간이 주어지므로 시간 내에 풀 수 있는 문제를 전략적으로 선택하여 정답률을 높이는 것이 효과적이다. 한 문제당 1분 내외로 해결해야 하기 때문에 본인이 자신 있는 유형과 자신 없는 유형을 파악하여 시간을 분배하는 것이 중요하다.

삼성그룹은 온라인으로 GSAT를 진행하기 때문에 시험에 실제 시험과 유사한 환경을 구축하여 연습하는 것이 합격률을 높이는 데 도움이 될 것이다. 시험에 필요한 키트는 따로 배송되지 않으며 온라인 GSAT는 시험환경 설정이 까다로우니 매뉴얼을 꼼꼼히 점검하는 것이 중요하다. 또한 문제풀이 용지는 본인이 인쇄하여 준비해야 하므로 화면만 보고 문제 푸는 법을 연습한다면 실전에서 크게 당황하지 않을 것이다.

◇ 시험 진행

영역	유형	문항 수	제한시간
수리	응용수리	2문항	30분
	자료해석	18문항	
쉬는 시간			5분
추리	명제	3문항	30분
	조건추리	11문항	
	도형추리	3문항	
	도식추리	4문항	
	문장나열	2문항	
	논리추론	7문항	

◇ 영역별 비중

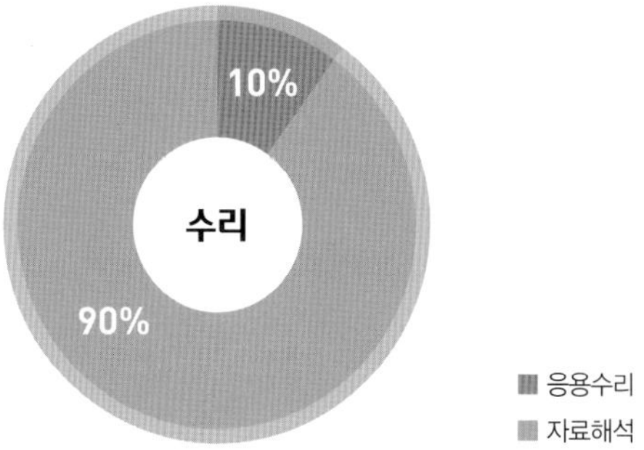

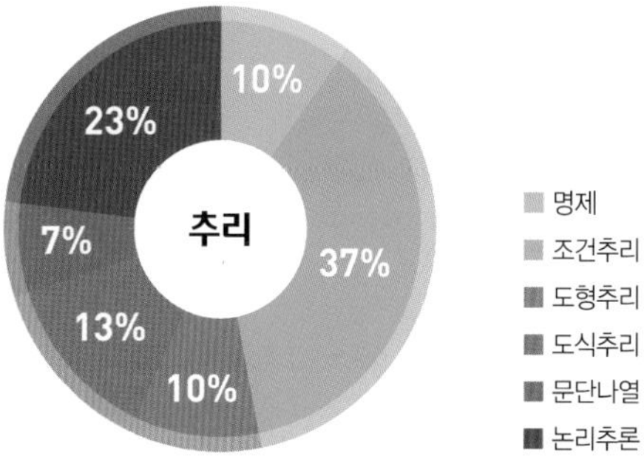

◇ 출제유형

구분	출제영역	문항 수	시간	출제유형	
직무적성검사	수리	20문항	30분	응용수리	• 방정식, 확률, 경우의 수, 증감률, 수추리 등
				자료해석	• 도표 · 그래프 등 자료에 대한 계산 및 분석 등의 문제 • 주어진 자료를 다른 형태의 자료로 변환하는 문제 • 표 형태로 주어진 자료를 보고 미래의 값을 추리하는 문제
	추리	30문항	30분	명제	• 삼단논법을 이용하는 문제 • '어떤'을 포함하여 벤다이어그램으로 접근하는 문제
				조건추리	• 논리추리/추론을 요하는 문제
				도형추리	• 도형의 단계적 변화를 보고 그 규칙을 찾아내는 문제
				도식추리	• 문자의 변화 과정에 숨어있는 규칙을 찾는 문제
				문단나열	• 문단의 전체적인 흐름을 파악하고 이에 맞춰 순서대로 나열하는 문제
				논리추론	• 참 또는 거짓인 내용을 고르는 문제 • 반박/반론/비판하는 내용을 고르는 문제 • 지문을 바탕으로 〈보기〉를 해석하는 문제

2024년 상반기 기출분석 ANALYSIS

◇ 최신 기출 키워드

❶ 수리

- 응용수리(2문제)
  - 경우의 수(인원수)/확률 구하는 문제
    Ex $_5C_2 \times 2 + _5C_3$
  - 인원 증감률을 계산하는 문제
    Ex $x+y=400$
    $-0.1x+0.4y=20$
    주어진 두 식을 연립한 후 y를 구한 다음 20%를 증가시킴
  - 증감률을 통해 역계산 하는 문제
  - 연속된 증감률을 통해 개수를 구해서 서로 비교하는 문제
  - 수열 문제
- 자료해석(18문제)
  - DRAM 관련 표와 두 원그래프에서 사람 수 비교하는 문제
  - %(퍼센테이지) 비교하여, ㄱ, ㄴ, ㄷ 선지 중 옳은 것 고르는 문제
  - 전체 판매 개수와 특정 지역에서의 판매 비율 계산해서 두 개의 합 구하는 문제

❷ 추리

- 명제(3문제)
  - 벤다이어그램 그리지 않아도 풀 수 있는 문제
- 조건추리(11문제)
  - 인원수 명시 안 한 참/거짓 문제
  - 뉴욕, 파리 여행 진실/거짓 문제
  - 텀블러 6개 나눠주는 문제
  - 6명 자리배치하는 문제
  - 토너먼트로 출장 가는 문제
  - 직원 휴가 보내는 문제
  - 아파트 동 · 호수 찾는 문제
- 도형추리(3문제)
  - 색 반전 후 도형이 회전하는 문제
  - 가로 더하기 규칙을 찾는 문제
  - 알파벳 맞추는 문제
- 도식추리(4문제)
- 논리추론(9문제)
  - 문단나열 문제
  - 주장/반박 문제
  - 반도체 공정 중 레이저 절단 관련 지문 문제
  - HMB 관련 지문 문제
  - 플로팅 게이트 관련 지문 문제
  - SEI 암세포 죽이는 방법 관련 지문 문제
  - Car-t 세포치료법 관련 지문 문제

온라인 시험 Tip TEST TIP

◇ 온라인 GSAT 패스 팁!

❶ 오답은 감점 처리되므로 확실하게 푼 문제만 답을 체크하고 나머지는 그냥 둔다.

❷ 풀고자 하는 문제 번호를 검색하면 해당 문제로 바로 갈 수 있다. 페이지를 마우스 클릭으로 일일이 넘기지 않아도 된다.

❸ 온라인 시험에서는 풀이를 직접 양면으로 프린트한 문제풀이 용지에 작성하고 정답은 화면에서 체크해야 하므로 문제를 풀고 정답을 바로바로 체크하는 연습이 필요하다.

❹ 풀이가 작성된 문제풀이 용지는 시험 직후 제출해야 하며 부정행위가 없었는지 확인하는 데에 사용된다.

◇ 필수 준비물

❶ 타인과 접촉이 없으며 원활한 네트워크 환경이 조성된 응시 장소

❷ 권장 사양에 적합한 PC, 스마트폰 및 주변 기기(웹캠, 마이크, 스피커, 키보드, 마우스)

❸ 신분증(주민등록증, 운전면허증, 여권, 외국인등록증 중 택 1)

◇ 유의사항

❶ 시험시간 최소 20분 전에 접속 완료해야 한다.

❷ 응시환경확인 시간 이후 자리 이탈은 금지된다.

❸ 촬영 화면 밖으로 손이나 머리가 나가면 안 된다.

❹ 시험 문제를 메모하거나 촬영하는 행위는 금지된다.

❺ 외부 소음이 나면 시험이 중지될 수 있다.

❻ 거울, 화이트보드, CCTV가 있는 장소에서는 응시가 불가능하다.

◇ 부정행위

❶ 신분증 및 증빙서류를 위 · 변조하여 검사를 치르는 행위

❷ 대리 시험을 의뢰하거나 대리로 검사에 응시하는 행위

❸ 문제를 메모 또는 촬영하는 행위

❹ 문제의 일부 또는 전부를 유출하거나 외부에 배포하는 행위

❺ 타인과 답을 주고받는 행위

신입사원 채용 안내 INFORMATION

◇ 모집시기

❶ 계열사별 특성에 맞게 인력소요가 생길 경우에 한해 연중 상시로 진행하고 있다.

❷ 계열사별로 내규모 인력이 필요한 경우에는 별도의 공고를 통해 모집한다.

◇ 지원방법

❶ 삼성채용 홈페이지(www.samsungcareers.com)에 접속한 후 로그인하여 상단메뉴 「채용공고」를 클릭한 뒤, 원하는 공고에 지원서를 작성한다.

❷ 제시된 안내와 채용공고에 따라 지원서를 작성하여, 지원서 접수기간 내에 제출한다.

❸ 이후 해당 회사의 안내에 따라 전형 절차에 응시한다.

◇ 채용전형 절차

❖ 채용절차는 채용유형, 채용직무, 채용시기 등에 따라 변동될 수 있으므로 반드시 발표되는 채용공고를 확인하기 바랍니다.

합격후기 REVIEW

합격 선배들이 알려주는

삼성 온라인 GSAT 합격기

"풀고 또 풀고!"

대기업 인적성 하면 제일 먼저 떠오르는 게 GSAT이고 가장 높은 장벽처럼 느껴졌습니다. 그래서 도서를 구입하고 책이 너덜너덜해질 때까지 풀고 또 풀었습니다. 안 그래도 다른 대기업 인적성 도서보다 두껍고 어려운 도서를 반복해서 보려고 하니 힘들어서 포기하고 싶었지만 도서를 믿고 기출 유형을 반복하여 익혔습니다. 실제 시험에서 시대에듀 도서로 공부한 문제와 유형도 비슷하게 나오고 난이도도 얼추 맞아 수월하게 시험에 응시할 수 있었던 것 같아 시대에듀 도서를 믿고 푼 보람이 있었습니다.

"유형부터 모의고사까지!"

취업 준비를 시작하면서 가장 막막했던 것이 인적성시험 준비였습니다. 특히 삼성 같은 경우에는 합격의 당락을 좌우하는 요소 중 GSAT의 비중이 매우 크다고 들었던 터라 더욱 걱정이 되었습니다. 서점에 가서 여러 종류의 책들을 훑어보다가 시대에듀 도서가 유형부터 모의고사까지 구성이 되어 있어 체계적인 학습이 가능할 것 같아 선택하게 되었습니다. 저처럼 인적성시험 공부가 처음인 사람에게는 굉장히 도움이 될 것 같았고, 실제로도 그랬습니다. 최신 기출복원문제가 맨 앞에 따로 나와 있어서 이걸 풀어보면서 시험이 어떤 식으로 출제되는지 감을 잡을 수 있었습니다. 책의 구성이 저 같은 초심자도 체계적으로 공부할 수 있도록 이루어져 있어 굉장히 도움이 되었습니다.

❖ 본 독자 후기는 실제 시대에듀의 도서를 통해 공부하여 합격한 독자들께서 보내주신 후기를 재구성한 것입니다.

삼성

수리 ▶ 자료추론

2024년 적중

04 S유통에서 근무하는 W사원은 A, B작업장에서 발생하는 작업 환경의 유해 요인을 조사한 후 다음과 같이 정리하였다. 이에 대한 〈보기〉의 설명 중 옳은 것을 모두 고르면?

〈A, B작업장의 작업 환경 유해 요인〉

구분	작업 환경 유해 요인	사례 수		
		A작업장	B작업장	합계
1	소음	3	1	4
2	분진	1	2	3
3	진동	3	0	3
4	바이러스	0	5	5
5	부자연스러운 자세	5	3	8
합계		12	11	23

추리 ▶ 명제

2024년 적중

02

전제1. 로맨스를 좋아하면 액션을 싫어한다.
전제2. ____________________
결론. 로맨스를 좋아하면 코미디를 좋아한다.

① 액션을 싫어하면 코미디를 싫어한다.
② 액션을 싫어하면 코미디를 좋아한다.
③ 코미디를 좋아하면 로맨스를 싫어한다.
④ 코미디를 좋아하면 액션을 좋아한다.
⑤ 액션을 좋아하면 코미디를 좋아한다.

추리 ▶ 진실게임

2024년 적중

Hard

04 S그룹에서 근무하는 A～E사원 중 한 명은 이번 주 금요일에 열리는 세미나에 참석해야 한다. 다음 A～E사원의 대화에서 2명이 거짓말을 하고 있다고 할 때, 다음 중 이번 주 금요일 세미나에 참석하는 사람은?(단, 거짓을 말하는 사람은 거짓만을 말한다)

A사원 : 나는 금요일 세미나에 참석하지 않아.
B사원 : 나는 금요일에 중요한 미팅이 있어. D사원이 세미나에 참석할 예정이야.
C사원 : 나와 D는 금요일에 부서 회의에 참석해야 하므로 세미나는 참석할 수 없어.
D사원 : C와 E 중 한 명이 참석할 예정이야.
E사원 : 나는 목요일부터 금요일까지 휴가라 참석할 수 없어. 그리고 C의 말은 모두 사실이야.

① A사원
② B사원
③ C사원
④ D사원
⑤ E사원

SK

언어이해 ▸ 비판적 독해

2024년 적중

16 다음 글의 주장에 대한 반박으로 가장 적절한 것은?

우리는 우리가 생각한 것을 말로 나타낸다. 또 다른 사람의 말을 듣고, 그 사람이 무슨 생각을 가지고 있는가를 짐작한다. 그러므로 생각과 말은 서로 떨어질 수 없는 깊은 관계를 가지고 있다.
그러면 말과 생각이 얼마만큼 깊은 관계를 가지고 있을까? 이 문제를 놓고 사람들은 오랫동안 여러 가지 생각을 하였다. 그 가운데 가장 두드러진 것이 두 가지 있다. 그 하나는 말과 생각이 서로 꼭 달라붙은 쌍둥이인데 한 놈은 생각이 되어 속에 감추어져 있고 다른 한 놈은 말이 되어 사람 귀에 들리는 것이라는 생각이다. 다른 하나는 생각이 큰 그릇이고 말은 생각 속에 들어가는 작은 그릇이어서 생각에는 말 이외에도 다른 것이 더 있다는 생각이다.
이 두 가지 생각 가운데서 앞의 것은 조금만 깊이 생각해 보면 틀렸다는 것을 즉시 깨달을 수 있다. 우리가 생각한 것은 거의 대부분 말로 나타낼 수 있지만, 누구든지 가슴 속에 응어리진 어떤 생각이 분명히 있기는 한데 그것을 어떻게 말로 표현해야 할지 애태운 경험을 가지고 있을 것이다. 이것 한 가지만 보더라도 말과 생각이 서로 안팎을 이루는 쌍둥이가 아님은 쉽게 판명된다.
인간의 생각이라는 것은 매우 넓고 큰 것이며, 말이란 결국 생각의 일부분을 주워 담는 작은 그릇에 지나지 않는다. 그러나 아무리 인간의 생각이 말보다 범위가 넓고 큰 것이라고 하여도 그것을 가능한 한 말로 바꾸어 놓지 않으면 그 생각의 위대함이나 오묘함이 다른 사람에게 전달되지 않기 때문에 생각이 형님이요, 말이 동생이라고 할지라도 생각은 동생의 신세를 지지 않을 수가 없게 되어

창의수리 ▸ 일률

2024년 적중

02 톱니가 각각 24개, 60개인 두 톱니바퀴 A, B가 서로 맞물려 회전하고 있다. 이 두 톱니바퀴가 한 번 맞물린 후 같은 톱니에서 처음으로 다시 맞물리려면 톱니바퀴 A는 최소한 몇 바퀴 회전해야 하는가?

① 2바퀴
② 3바퀴
③ 5바퀴
④ 6바퀴
⑤ 8바퀴

언어추리 ▸ 명제

2024년 적중

03

- 술을 많이 마시면 간에 무리가 간다.
- ______________________
- 스트레스를 많이 받으면 술을 많이 마신다.

그러므로 운동을 꾸준히 하지 않으면 간에 무리가 간다.

① 운동을 꾸준히 하지 않아도 술을 끊을 수 있다.
② 간이 건강하다면 술을 마실 수 있다.
③ 술을 마시지 않는다는 것은 스트레스를 주지 않는다는 것이다.
④ 스트레스를 많이 받지 않는다는 것은 운동을 꾸준히 했다는 것이다.
⑤ 운동을 꾸준히 한다고 해도 스트레스를 많이 받지 않는다는 것은 아니다.

LG

언어추리 ▸ 참 / 거짓

2024년 적중

Hard

04 환경부의 인사실무 담당자는 환경정책과 관련된 특별위원회를 구성하는 과정에서 외부 환경전문가를 위촉하려 한다. 현재 거론되고 있는 외부 전문가는 A ~ F 6명이지만, 인사실무 담당자는 B를 위촉하지 않기로 결정했다. 제시된 명제가 모두 참일 때, 총 몇 명의 환경전문가가 위촉되는가?

- A가 위촉되면, B와 C도 위촉되어야 한다.
- A가 위촉되지 않는다면, D가 위촉되어야 한다.
- B가 위촉되지 않는다면, C나 E가 위촉되어야 한다.
- C와 E가 위촉되면, D는 위촉되지 않는다.
- D나 E가 위촉되면, F도 위촉되어야 한다.

① 1명
② 2명
③ 3명
④ 4명
⑤ 5명

자료해석 ▸ 자료계산

2024년 적중

02 한별이는 회사 근처에 이사를 하고 처음으로 수도세 고지서를 받은 결과, 한 달 동안 사용한 수도요금이 17,000원이었다. 다음 수도 사용요금 요율표를 참고할 때, 한별이가 한 달 동안 사용한 수도량은 몇 m^3인가?(단, 구간 누적요금을 적용한다)

〈수도 사용요금 요율표〉

(단위 : 원)

구분	사용구분(m^3)	m^3당 단가
수도	0 ~ 30 이하	300
	30 초과 ~ 50 이하	500
	50 초과	700
기본료		2,000

① $22m^3$
② $32m^3$
③ $42m^3$
④ $52m^3$

창의수리 ▸ 경우의 수

2024년 적중

14 A사원과 B사원이 함께 일하면 이틀 만에 마칠 수 있는 일이 있다. A사원이 1일 동안 작업한 후 나머지를 B사원이 4일 동안 작업하여 마쳤다고 할 때, B사원이 이 일을 혼자 하면 며칠이 걸리겠는가?

① 4일
② 5일
③ 6일
④ 7일
⑤ 8일

포스코

언어이해 ▶ 나열하기

2024년 적중

09 다음 문단을 논리적 순서대로 바르게 나열한 것은?

(가) 다만 각자에게 느껴지는 감각질이 뒤집혀 있을 뿐이고 경험을 할 때 겉으로 드러난 행동과 하는 말은 똑같다. 예컨대 그 사람은 신호등이 있는 건널목에서 똑같이 초록 불일 때 건너고 빨간 불일 때는 멈추며, 초록 불을 보고 똑같이 "초록 불이네."라고 말한다. 그러나 그는 자신의 감각질이 뒤집혀 있는지 전혀 모른다. 감각질은 순전히 사적이며 다른 사람의 감각질과 같은지를 확인할 수 있는 방법이 없기 때문이다.

(나) 그래서 어떤 입력이 들어올 때 어떤 출력을 내보낸다는 기능적·인과적 역할로써 정신을 정의하는 기능론이 각광을 받게 되었다. 기능론에서는 정신이 물질에 의해 구현되므로 그 둘이 별개의 것은 아니라고 주장한다는 점에서 이원론과 다르면서도, 정신의 인과적 역할이 뇌의 신경세포에서든 로봇의 실리콘 칩에서든 어떤 물질에서도 구현될 수 있음을 보여 준다는 점에서

자료해석 ▶ 자료추론

2024년 적중

03 다음은 4개 고등학교의 대학진학 희망자의 학과별 비율과 그 중 희망대로 진학한 학생의 비율을 나타낸 자료이다. 이에 대해 바르게 추론한 사람을 모두 고르면?

〈A ~ D고 진학 통계〉

고등학교		국문학과	경제학과	법학과	기타	진학 희망자 수
A	진학 희망자 비율	60%	10%	20%	10%	700명
	실제 진학 비율	20%	10%	30%	40%	
B	진학 희망자 비율	50%	20%	40%	20%	500명
	실제 진학 비율	10%	30%	30%	30%	
C	진학 희망자 비율	20%	50%	40%	60%	300명
	실제 진학 비율	35%	40%	15%	10%	

추리 ▶ 버튼도식

2024년 적중

※ 다음 규칙을 바탕으로 〈보기〉에 제시된 도형을 변환하려 한다. 도형을 보고 이어지는 질문에 답하시오. [5~6]

작동 버튼	기능
◨	모든 칸의 색을 바꾼다(흰색 ↔ 회색).
▲	홀수가 적힌 곳의 색을 바꾼다(흰색 ↔ 회색).
▽	모든 숫자를 1씩 뺀다(단, 1의 경우 4로 바꾼다).
○	도형을 180° 회전한다.

Easy

05 〈보기〉의 왼쪽 도형에서 버튼을 눌렀더니 오른쪽 도형으로 변형되었다. 다음 중 작동 버튼의 순서를 바르게 나열한 것은?

보기

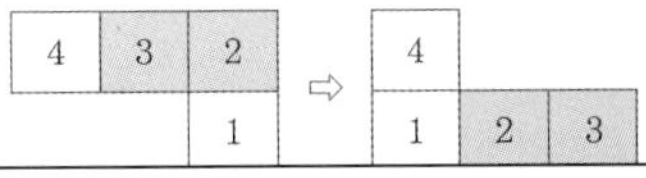

도서 200% 활용하기 STRUCTURES

1 3개년 기출복원문제로 출제경향 파악

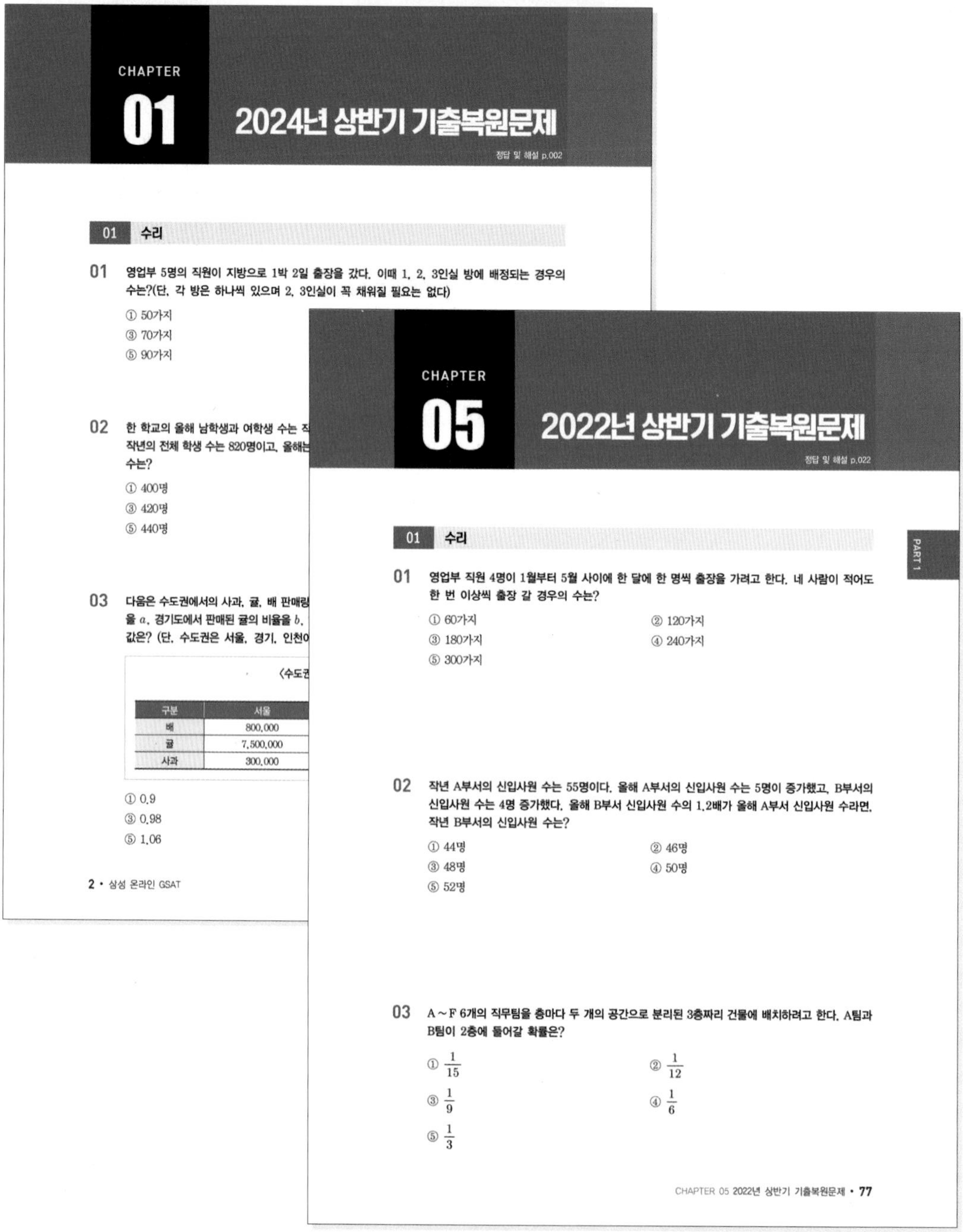

CHAPTER 01 2024년 상반기 기출복원문제

정답 및 해설 p.002

01 수리

01 영업부 5명의 직원이 지방으로 1박 2일 출장을 갔다. 이때 1, 2, 3인실 방에 배정되는 경우의 수는?(단, 각 방은 하나씩 있으며 2, 3인실이 꼭 채워질 필요는 없다)

① 50가지
③ 70가지
⑤ 90가지

02 한 학교의 올해 남학생과 여학생 수는 작…
작년의 전체 학생 수는 820명이고, 올해는…
수는?

① 400명
③ 420명
⑤ 440명

03 다음은 수도권에서의 사과, 귤, 배 판매량…
을 a, 경기도에서 판매된 귤의 비율을 b, …
값은? (단, 수도권은 서울, 경기, 인천이…

〈수도권…

구분	서울
배	800,000
귤	7,500,000
사과	300,000

① 0.9
③ 0.98
⑤ 1.06

2 • 삼성 온라인 GSAT

CHAPTER 05 2022년 상반기 기출복원문제

정답 및 해설 p.022

PART 1

01 수리

01 영업부 직원 4명이 1월부터 5월 사이에 한 달에 한 명씩 출장을 가려고 한다. 네 사람이 적어도 한 번 이상씩 출장 갈 경우의 수는?

① 60가지 ② 120가지
③ 180가지 ④ 240가지
⑤ 300가지

02 작년 A부서의 신입사원 수는 55명이다. 올해 A부서의 신입사원 수는 5명이 증가했고, B부서의 신입사원 수는 4명 증가했다. 올해 B부서 신입사원 수의 1.2배가 올해 A부서 신입사원 수라면, 작년 B부서의 신입사원 수는?

① 44명 ② 46명
③ 48명 ④ 50명
⑤ 52명

03 A ~ F 6개의 직무팀을 층마다 두 개의 공간으로 분리된 3층짜리 건물에 배치하려고 한다. A팀과 B팀이 2층에 들어갈 확률은?

① $\frac{1}{15}$ ② $\frac{1}{12}$
③ $\frac{1}{9}$ ④ $\frac{1}{6}$
⑤ $\frac{1}{3}$

CHAPTER 05 2022년 상반기 기출복원문제 • 77

▸ 2024 ~ 2022년 3개년 기출복원문제를 수록하여 최신 출제경향을 파악할 수 있도록 하였다.
▸ 기출복원문제를 바탕으로 학습을 시작하기 전에 자신의 실력을 판단할 수 있도록 하였다.

2 이론점검, 대표기출유형, 기출응용문제 영역별 단계적 학습

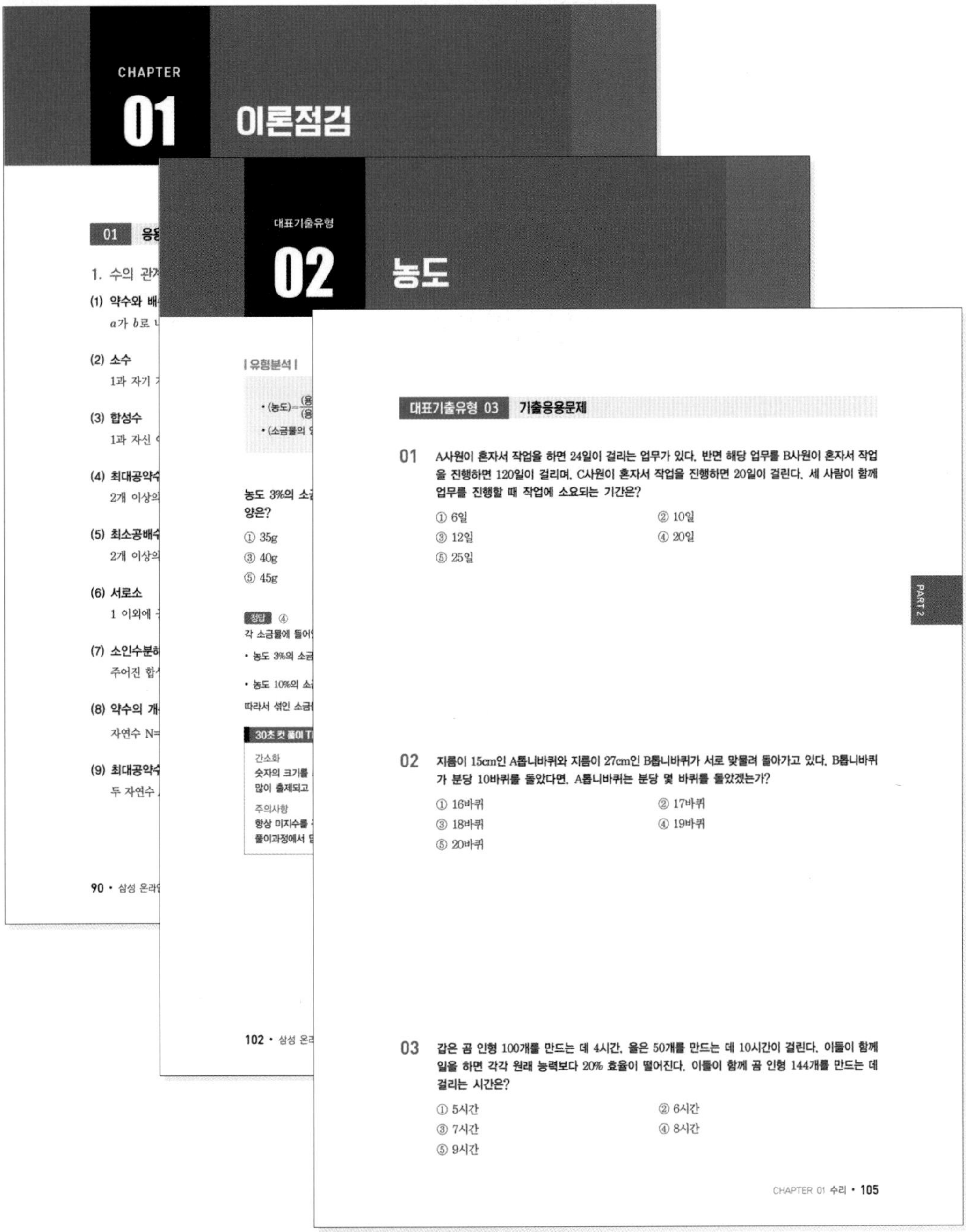

- 출제되는 영역에 대한 이론점검, 대표기출유형, 기출응용문제를 수록하였다.
- 최근 출제되는 유형을 체계적으로 학습하고 점검할 수 있도록 하였다.

3 최종점검 모의고사 + 도서 동형 온라인 실전연습 서비스로 반복 학습

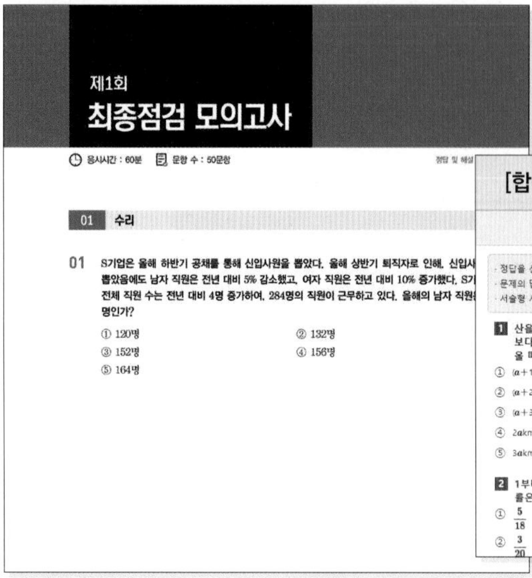

★ 온라인 실전연습 서비스는 도서의 최종점검 모의고사 맨 앞장에 위치한 쿠폰번호를 합격시대(www.sidaegosi.com/pass_sidae)에 등록한 후 [내강의실]에서 이용할 수 있습니다.

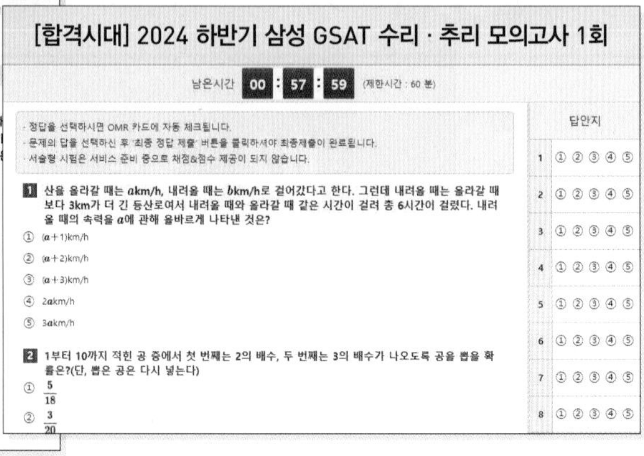

▸ 실제 시험과 유사하게 구성된 최종점검 모의고사 4회분을 통해 마무리를 하도록 하였다.

▸ 이와 동일하게 구성된 온라인 실전연습 서비스로 실제 시험처럼 연습하도록 하였다.

4 온라인 모의고사 + 문제풀이로 실전 연습

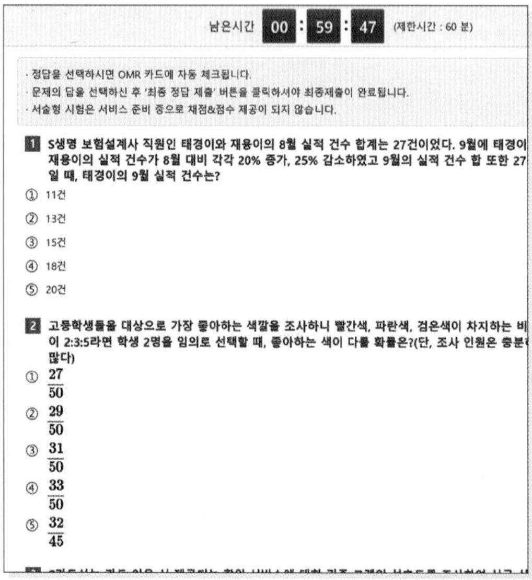

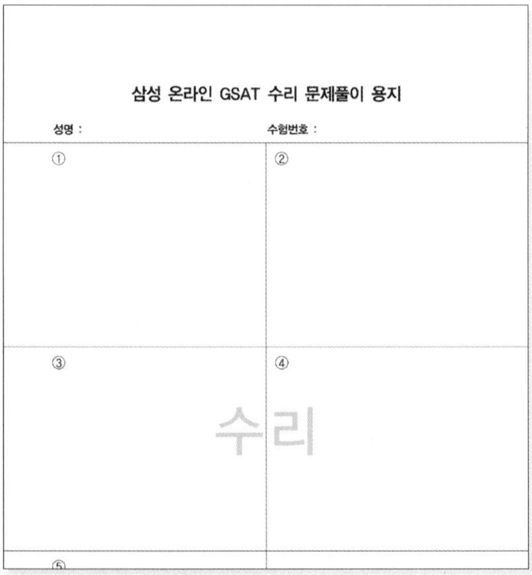

▸ 온라인 모의고사와 문제풀이 용지를 활용하여 실제 시험처럼 연습할 수 있도록 하였다.

5 Easy & Hard로 난이도별 시간 분배 연습

Easy 01

05 기출응용문제

학교 동아리에서 테니스 경기를 토너먼트 방식으로 진행하려고 한다. 총 16명의 참가자들 …했을 때, 최종 우승자가 나올 때까지 진행되는 경기의 수는?(단, 동점자는 없다)

① 11번 ② 12번
③ 13번 ④ 14번
⑤ 15번

02 S사의 구내식당에는 국류 5가지, 나물류 4가지, 볶음류 3가지의 메뉴가 있다. 국류, 나물류, 볶음류 중에서 서로 다른 메뉴를 두 개 선택하여 각각 하나씩 고르는 경우의 수는?

① 39가지 ② 41가지
③ 43가지 ④ 45가지
⑤ 47가지

Hard 03

…외공사에 사용될 설비를 구축할 업체 두 곳을 선정하려고 한다. 구축해야 할 설비는 … 서부, 유럽에 2개씩 총 8개이며, 경쟁업체는 A～C업체이다. 다음 주어진 정보가 참이라고 할 때, 〈보기〉 중 참을 말하는 직원은 누구인가?

- …체는 최소한 3개의 설비를 구축할 예정이다.
- B업체는 중동, 미국, 서부, 유럽에 설비를 하나씩 구축할 예정이다.
- C업체는 중동지역 2개, 유럽지역 2개의 설비를 구축할 예정이다.

보기

- 이사원 : A업체가 참일 경우, B업체는 거짓이 된다.
- 김주임 : B업체가 거짓일 경우, A업체는 참이 된다.
- 장대리 : C업체가 참일 경우, A업체도 참이 된다.

① 이사원 ② 김주임
③ 장대리 ④ 이사원, 김주임
⑤ 김주임, 장대리

▶ Easy&Hard 표시로 문제별 난이도에 따라 시간을 적절하게 분배하여 풀이하는 연습이 가능하도록 하였다.

6 정답 및 오답분석으로 풀이까지 완벽 마무리

제1회
최종점검 모의고사

01 수리

01	02	03	04	05	06	07	08	09	10	11	12	13	14	15	16	17	18	19	20
③	④	③	④	①	⑤	④	⑤	④	③	②	③	⑤	⑤	②	①	④	⑤	③	③

01 정답 ③

S기업의 작년 전체 직원 수는 284−4=280명이다.
작년 남자 직원 수를 x명이라고 하면, 작년 여자 직원 수는 $(280-x)$명이다.
$-0.05x+0.1(280-x)=4$
$\rightarrow -5x+10(280-x)=400$
$\rightarrow 15x=2,400$
$\therefore x=160$
따라서 올해 공채 이후 남자 직원 수는 $160\times(1-0.05)=152$명이다.

02 정답 ④

(적어도 1개는 흰색 공을 꺼낼 확률)=1−(모두 빨간색 공을 꺼낼 확률)
- 전체 공의 개수 : 4+6=10
- 2개 모두 빨간색 공을 꺼낼 확률 : $\frac{{}_4C_2}{{}_{10}C_2}=\frac{2}{15}$

따라서 적어도 1개는 흰색 공을 꺼낼 확률은 $1-\frac{2}{15}=\frac{13}{15}$이다.

03 정답 ③

04 정답 ②

서울, 베이징, 도쿄 모두 해당 기간 동안 지속적으로 인구가 증가하고 있다.

오답분석
① 2013년을 기점으로 서울과 베이징의 인구 순위가 뒤바뀐다.
③ 1993년 대비 2003년의 서울의 인구 증가율은 $\frac{120-80}{80}\times100=50\%$이다.
④ 2003년 대비 2013년의 인구 증가폭은 서울이 25십만 명, 베이징이 78십만 명, 도쿄가 26십만 명으로 베이징이 가장 높다.
⑤ 2023년 인구가 최대인 도시는 도쿄로 360십만 명이다. 이는 인구가 최소인 도시 서울의 $\frac{360}{180}=2$배이다.

05 정답 ④

2021년 GDP 대비 국가부채 상위 3개 국가는 일본(115.9%), 영국(110.2%), 미국(108.2%)이고, 2020년에도 일본(120.2%), 미국(98.8%), 영국(97.9%)으로 동일하다.

오답분석
① 다른 국가는 모두 동일하나, 미국과 중국의 경우에는 2021년에는 중국(70.5)이 미국(70.2)보다 높지만, 2022년에는 중국(73.1)이 미국(75.8)보다 낮다.
② 2021년의 GDP 대비 기업부채 비율이 100% 이상인 국가는 홍콩(106.3), 중국(152.9), 일본(101.2)이고, 2022년의 GDP 대비 기업부채 비율이 100% 이상인 국가는 한국(106.8), 중국(150.2), 일본(119.8)으로 동일하지 않다.
③ 2021년 대비 2020년에 GDP 대비 기업부채 비율이 증가한 나라는 한국, 영국, 일본, 필리핀 네 곳이고, 2021년 대비 2022년에 GDP 대비 기업부채 비율이 감소한 나라는 홍콩, 미국, 중국, 브라질, 멕시코, 인도 여섯 곳으로 같지 않다.

풀이 꿀팁
총 10개국으로 2021년 대비 2022년에 GDP 대비 기업부채 비율이 동일한 국가는 없으므로 증가한 국가가 5개이면 감소한 국가도 5개가 된다. 따라서 비율이 증가한 국가만 빠르게 체크하는 것이 좋다.

⑤ 2022년 GDP 대비 국가부채가 50% 이하인 국가는 한국(44.1), 필리핀(42.2), 멕시코(37.3), 인도(28.8)이다. 그러나 한국의 2022년 GDP 대비 기업부채는 50% 이상이므로 옳지 않다.

06 정답 ⑤

병준이가 추가되면 총 인원은 7명으로 전체 1대1 대화방 수는 $\frac{N(N-1)}{2}=\frac{7\times6}{2}=21$개이고, N명의 1대1 대화방 수는 2개가 추가되어 7+2=9개이다. 따라서 밀도는 $\frac{9}{21}=\frac{3}{7}$이 되어 기존 밀도인 $\frac{7}{15}$보다 낮아진다.

▶ 정답에 대한 상세한 해설과 오답분석을 통해 혼자서도 체계적인 학습이 가능하도록 하였다.

이 책의 차례 CONTENTS

PART 1

3개년 기출복원문제

CHAPTER 01

2024년 상반기 기출복원문제

정답 및 해설 p.002

01 수리

01 영업부 5명의 직원이 지방으로 1박 2일 출장을 갔다. 이때 1, 2, 3인실 방에 배정되는 경우의 수는?(단, 각 방은 하나씩 있으며 2, 3인실이 꼭 다 채워질 필요는 없다)

① 50가지
② 60가지
③ 70가지
④ 80가지
⑤ 90가지

02 한 학교의 올해 남학생과 여학생 수는 작년에 비해 남학생은 8% 증가, 여학생은 10% 감소했다. 작년의 전체 학생 수는 820명이고, 올해는 작년에 비해 10명이 감소하였다고 할 때, 작년의 여학생 수는?

① 400명
② 410명
③ 420명
④ 430명
⑤ 440명

03 다음은 수도권에서의 배, 귤, 사과 판매량에 대한 자료이다. 수도권 중 서울에서 판매된 배의 비율을 a, 경기도에서 판매된 귤의 비율을 b, 인천에서 판매된 사과의 비율을 c라고 할 때, $a+b+c$의 값은?(단, 수도권은 서울, 경기, 인천이다)

〈수도권 배, 귤, 사과 판매량〉

(단위 : 개)

구분	서울	경기	인천
배	800,000	1,500,000	200,000
귤	7,500,000	3,000,000	4,500,000
사과	300,000	450,000	750,000

① 0.9
② 0.94
③ 0.98
④ 1.02
⑤ 1.06

04 **다음 자료를 보고 판단한 것 중 옳지 않은 것은?**

〈기업 집중도 현황〉

구분	2021년	2022년	2023년	
				전년 대비
상위 10대 기업	25.0%	26.9%	25.6%	▽ 1.3%p
상위 50대 기업	42.2%	44.7%	44.7%	-
상위 100대 기업	48.7%	51.2%	51.0%	▽ 0.2%p
상위 200대 기업	54.5%	56.9%	56.7%	▽ 0.2%p

① 2023년의 상위 10대 기업의 점유율은 전년도에 비해 낮아졌다.
② 2021년 상위 101 ~ 200대 기업이 차지하고 있는 비율은 5% 미만이다.
③ 전년 대비 2023년에는 상위 50대 기업을 제외하고 모두 점유율이 감소했다.
④ 전년 대비 2023년의 상위 100대 기업이 차지하고 있는 점유율은 약간 하락했다.
⑤ 2022 ~ 2023년까지 상위 10대 기업의 등락률과 상위 200대 기업의 등락률은 같은 방향을 보인다.

05 **다음은 A ~ D사의 2020년부터 2023년까지 DRAM 판매 수익에 대한 자료이다. 이에 대한 설명으로 옳지 않은 것은?**

〈2020 ~ 2023년 DRAM 판매 수익〉

(단위 : 조 원)

구분	2020년	2021년	2022년	2023년
A사	20	18	9	22
B사	10	6	−2	8
C사	10	7	−6	−2
D사	−2	−5	−8	−4

※ 그 해의 판매 수익이 음수라면 적자를 기록한 것임

① 2021 ~ 2023년 A ~ D사의 전년 대비 수익 증감 추이는 모두 같다.
② A ~ D사의 2022년 전체 판매 수익은 적자를 기록하였다.
③ 2022년 A ~ D사의 전년 대비 판매 수익 감소율은 모두 50% 이하다.
④ B사와 D사의 2020년 대비 2023년의 판매 수익이 감소한 금액은 같다.
⑤ 2020년 대비 2023년의 판매 수익이 가장 크게 증가한 곳은 A사이다.

06 다음은 남성과 여성의 희망 자녀수에 대한 자료이다. 이에 대한 설명으로 옳은 것은?

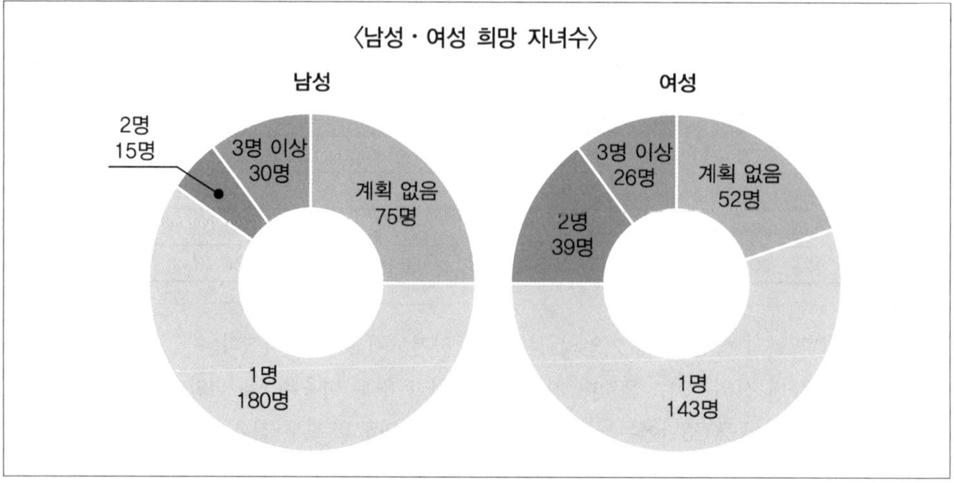

① 남성과 여성의 전체 조사 인원은 600명 이상이다.

② 희망 자녀수가 1명인 여성 인원은 전체 여성 인원의 60%이다.

③ 희망 자녀수가 2명인 여성 인원의 전체 여성 인원에 대한 비율은 응답이 같은 남성 인원의 전체 남성 인원에 대한 비율의 2배이다.

④ 자녀 계획이 없는 남성 인원의 전체 남성 인원에 대한 비율은 응답이 같은 여성 인원의 전체 여성 인원에 대한 비율보다 5%p 더 크다.

⑤ 각 성별의 각 항목을 인원수가 많은 순서대로 나열하면 모든 항목의 순위는 같다.

※ S사는 직원들의 명함을 아래의 명함 제작 기준에 따라 제작한다. 다음을 읽고 이어지는 질문에 답하시오. **[7~8]**

〈명함 제작 기준〉

(단위 : 원)

구분	100장	추가 50장
국문	10,000	3,000
영문	15,000	5,000

※ 고급 종이로 제작할 경우 정가의 10% 가격 추가된다.

07 올해 신입사원이 입사해서 국문 명함을 만들었다. 명함은 1인당 150장씩 지급하며, 일반 종이로 만들어 총 제작비용은 195,000원이다. 신입사원은 총 몇 명인가?

① 12명
② 13명
③ 14명
④ 15명
⑤ 16명

08 이번 신입사원 중 해외영업부서로 배치받은 사원이 있다. 해외영업부 사원들에게는 고급 종이로 영문 명함을 200장씩 만들어 주려고 한다. 총인원이 8명일 때 총액은 얼마인가?

① 158,400원
② 192,500원
③ 210,000원
④ 220,000원
⑤ 247,500원

09 S시에서 운영하는 시립도서관에서 보유하고 있는 책의 수가 매월 다음과 같은 규칙을 보일 때, 2023년 5월에 보유하는 책의 수는?

〈S시 시립도서관 보유 책 현황〉

(단위 : 권)

연/월	2022년 6월	2022년 7월	2022년 8월	2022년 9월	2022년 10월
보유 중인 책의 수	500	525	550	575	600

① 700권
② 725권
③ 750권
④ 775권
⑤ 800권

10 S베이커리에서 제조되는 초콜릿의 개수가 다음과 같은 규칙을 보일 때, 2023년 11월에 제조되는 초콜릿의 개수는?

〈S베이커리 제조되는 초콜릿 수 변화〉

(단위 : 개)

연/월	2023년 1월	2023년 2월	2023년 3월	2023년 4월	2023년 5월	2023년 6월
초콜릿의 개수	10	20	30	50	80	130

① 210개
② 340개
③ 550개
④ 890개
⑤ 1,440개

02 추리

※ 제시된 명제가 모두 참일 때, 다음 중 빈칸에 들어갈 명제로 가장 적절한 것을 고르시오. [1~3]

01

전제1. 하루에 두 끼를 먹는 어떤 사람도 뚱뚱하지 않다.
전제2. 아침을 먹는 모든 사람은 하루에 두 끼를 먹는다.
결론. ____________________

① 하루에 세 끼를 먹는 사람이 있다.
② 아침을 먹는 모든 사람은 뚱뚱하지 않다.
③ 뚱뚱하지 않은 사람은 하루에 두 끼를 먹는다.
④ 하루에 한 끼를 먹는 사람은 뚱뚱하지 않다.
⑤ 아침을 먹는 어떤 사람은 뚱뚱하다.

02

전제1. 재고가 있다.
전제2. 설비투자를 늘리지 않는다면, 재고가 있지 않다.
전제3. 건설투자를 늘릴 때에만, 설비투자를 늘린다.
결론. ____________________

① 설비투자를 늘린다.
② 건설투자를 늘리지 않는다.
③ 재고가 있거나 설비투자를 늘리지 않는다.
④ 건설투자를 늘린다면, 공장을 짓는다.
⑤ 설비투자를 늘리지 않을 때만, 공장을 짓는다.

03

전제1. 마라톤을 좋아하는 사람은 체력이 좋고, 인내심도 있다.
전제2. 몸무게가 무거운 사람은 체력이 좋다.
전제3. 명랑한 사람은 마라톤을 좋아한다.
결론. ____________________

① 체력이 좋은 사람은 인내심이 없다.
② 인내심이 없는 사람은 명랑하지 않다.
③ 마라톤을 좋아하는 사람은 몸무게가 가볍다.
④ 몸무게가 무겁지 않은 사람은 체력이 좋지 않다.
⑤ 체력이 좋지 않은 사람은 인내심도 없다.

04

8개의 좌석이 있는 원탁에 수민, 성찬, 진모, 성표, 영래, 현석 6명이 앉아 있다. 앉아 있는 〈조건〉이 다음과 같다고 할 때, 다음 중 항상 옳은 것은?

조건

- 수민이와 현석이는 서로 옆자리이다.
- 성표의 맞은편에는 진모가, 현석이의 맞은편에는 영래가 앉아 있다.
- 영래와 수민이는 둘 다 한쪽 옆자리만 비어 있다.
- 진모의 양 옆자리에는 항상 누군가가 앉아 있다.

① 성표는 어떤 경우에도 빈자리 옆이 아니다.
② 성찬이는 어떤 경우에도 빈자리 옆이 아니다.
③ 영래의 오른쪽에는 성표가 앉는다.
④ 현석이의 왼쪽에는 항상 진모가 앉는다.
⑤ 진모와 수민이는 한 명을 사이에 두고 앉는다.

05 S사는 직원 A ~ F 여섯 명 중에서 임의로 선발하여 출장을 보내려고 한다. 다음 〈조건〉에 따라 출장 갈 인원을 결정할 때, A가 출장을 간다면 출장을 가는 최소 인원은 몇 명인가?

조건

- A가 출장을 가면 B와 C 둘 중 한 명은 출장을 가지 않는다.
- C가 출장을 가면 D와 E 둘 중 적어도 한 명은 출장을 가지 않는다.
- B가 출장을 가지 않으면 F는 출장을 간다.

① 1명
② 2명
③ 3명
④ 4명
⑤ 5명

06 A ~ F는 각각 뉴욕, 파리, 방콕, 시드니, 런던, 베를린 중 한 곳으로 여행을 가고자 한다. 다음 〈조건〉에 따라 여행지를 고를 때, 항상 참인 것은?

조건

- 여행지는 서로 다른 곳으로 선정한다.
- A는 뉴욕과 런던 중 한 곳을 고른다.
- B는 파리와 베를린 중 한 곳을 고른다.
- D는 방콕과 런던 중 한 곳을 고른다.
- A가 뉴욕을 고르면 B는 파리를 고른다.
- B가 베를린을 고르면 E는 뉴욕을 고른다.
- C는 시드니를 고른다.
- F는 A ~ E가 선정하지 않은 곳을 고른다.

① A가 뉴욕을 고를 경우, E는 런던을 고른다.
② B가 베를린을 고를 경우, F는 뉴욕을 고른다.
③ D가 런던을 고를 경우, B는 파리를 고른다.
④ E가 뉴욕을 고를 경우, D는 런던을 고른다.
⑤ F는 뉴욕을 고를 수 없다.

07 A ~ E는 S카페에서 마실 것을 주문하고자 한다. 〈조건〉에 따라 메뉴판에 있는 것을 주문했을 때, 항상 참인 것은?

〈S카페 메뉴판〉

〈커피류〉		〈음료류〉	
• 아메리카노	1,500원	• 핫초코	2,000원
• 에스프레소	1,500원	• 아이스티	2,000원
• 카페라테	2,000원	• 오렌지주스	2,000원
• 모카치노	2,500원	• 에이드	2,500원
• 카푸치노	2,500원	• 생과일주스	3,000원
• 카라멜 마끼아또	3,000원	• 허브티	3,500원
• 바닐라라테	3,500원		
• 아포카토	4,000원		

조건

- A ~ E는 서로 다른 것을 주문하였다.
- A와 B가 주문한 것의 가격은 같다.
- B는 커피를 마실 수 없어 음료류를 주문하였다.
- C는 B보다 가격이 비싼 음료류를 주문하였다.
- D는 S카페에서 가장 비싼 것을 주문하였다.
- E는 오렌지주스 또는 카페라테를 주문하였다.

① A는 최소 가격이 1,500원인 메뉴를 주문하였다.
② B는 허브티를 주문하였다.
③ C는 핫초코를 주문하였다.
④ D는 음료류를 주문하였다.
⑤ 5명이 주문한 금액의 합은 최대 15,500원이다.

※ 다음 제시된 도형의 규칙을 보고 물음표에 들어갈 도형으로 가장 적절한 것을 고르시오. **[8~10]**

08

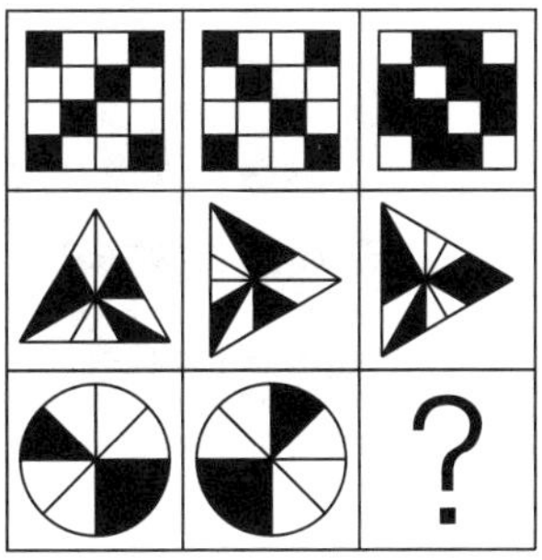

① 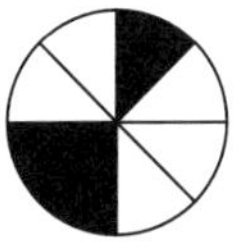

② 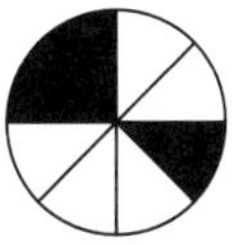

③ 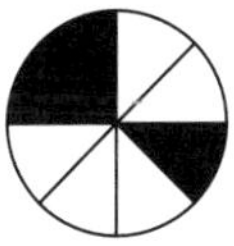

④ 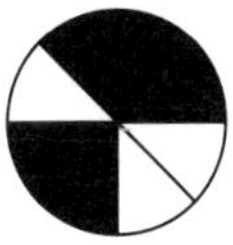

⑤ 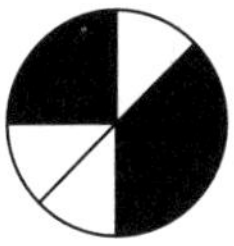

PART 1

09

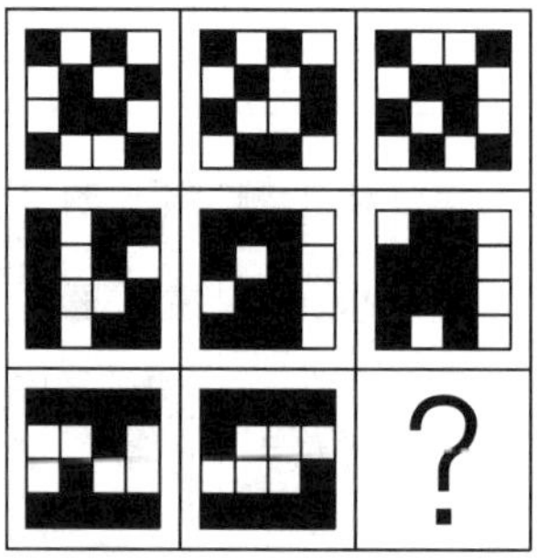

① 

② 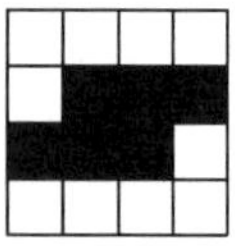

③ 

④ 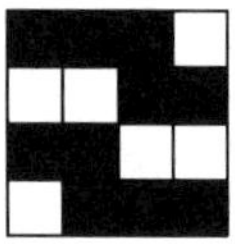

⑤ 

10

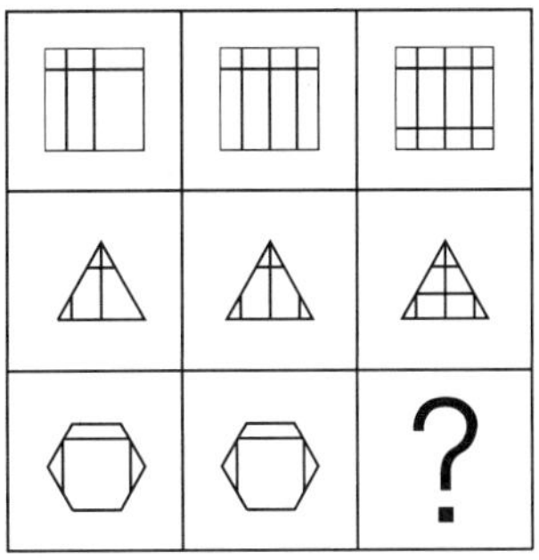

①

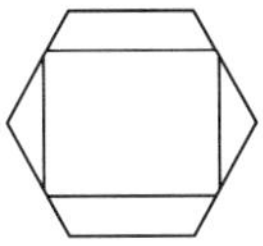

②

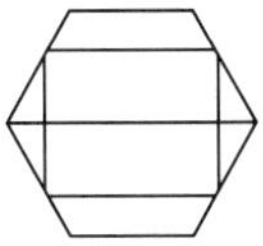

③

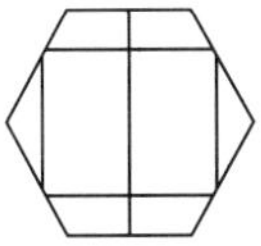

④

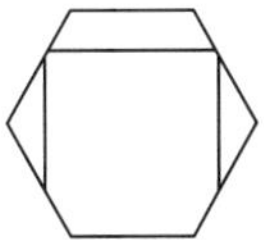

⑤

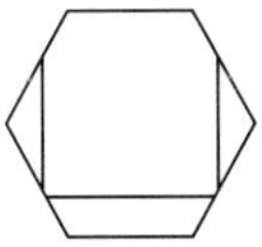

PART 1

※ 다음 도식에서 기호들은 일정한 규칙에 따라 문자를 변화시킨다. 물음표에 들어갈 알맞은 문자를 고르시오(단, 규칙은 가로와 세로 중 한 방향으로만 적용되며, 모음은 단모음 10개를 기준으로 한다). **[11~14]**

		ㄷromi		kㄴtal				
		↓		↓				
ergㅈs	→	❶	→	❻	→	tshㅊf		
		↓		↓				
acㅂdt	→	❹	→	❶	→	❻	→	ubdeㅅ
		↓		↓				
		Pㄹsnj		mㄷubl				

11

ㅏㅓㅋㅛㄷ → ❹ → ❶ → ?

① ㅌㅑㅕㅜㄹ
② ㅌㅣㅛㅕㄱ
③ ㅍㅡㅛㅓㄴ
④ ㅍㅣㅛㄴㅕ
⑤ ㅌㅣㅛㄱㅓ

12

4ㅑㄴdㅛ → ❻ → ❹ → ?

① ㄴㅗㅑd3
② ㄱㅕㅠd3
③ ㄱㅑㅛd4
④ ㄴㅜㅓd4
⑤ ㄴㅛㅑd4

13

ㅍㅇapㅓ → ❹ → ? → ❶ → cㄱㅊrㅗ

① ❶
② ❹
③ ❻
④ ❶ → ❹
⑤ ❹ → ❻

14

Uㅜㅎㅊㅍ → ❻ → ❹ → ? → Uㅍㅜㅊㅎ

① ❶
② ❹
③ ❻
④ ❶ → ❹
⑤ ❹ → ❻

※ 다음 제시된 문단을 논리적 순서대로 바르게 나열한 것을 고르시오. [15~16]

15

(가) 이 전위차에 의해 전기장이 형성되어 전자가 이동하게 된다. 일반적으로 전자가 이동하더라도 얇은 산화물에 이동이 막힐 것으로 생각하기 쉽지만, 이의 경우, 전자 터널링 현상이 발생하여 전자가 얇은 산화물을 통과하게 된다. 이 전자들은 플로팅 게이트로 전자가 모이게 되고, 이러한 과정을 거쳐 데이터가 저장되게 된다.

(나) 어떻게 NAND 플래시 메모리에 데이터가 저장될까? 플로팅 게이트에 전자가 없는 상태의 NAND 플래시 메모리의 컨트롤 게이트에 높은 전압을 가하면 수직 방향으로 컨트롤 게이트는 높은 전위, 기저 상태는 낮은 전위를 갖게 되어 전위차가 발생한다.

(다) 반대로 플로팅 게이트에 전자가 저장된 상태에서 컨트롤 게이트에 0V를 가하면 전위차가 반대로 발생하고, 전자 터널링 현상에 의해 플로팅 게이트에 저장된 전자가 얇은 산화물을 통과하여 기저상태로 되돌아간다. 이런 과정을 거쳐 데이터가 지워지게 된다.

(라) NAND 플래시 메모리는 MOSFET 구조 위에 얇은 산화물, 플로팅 게이트, 얇은 산화물, 컨트롤 게이트를 순서대로 쌓은 구조이며, 데이터의 입력 및 삭제를 반복하여 사용할 수 있는 비휘발성 메모리의 한 종류이다.

① (나) – (가) – (라) – (다)
② (나) – (다) – (가) – (라)
③ (나) – (라) – (가) – (다)
④ (라) – (가) – (다) – (나)
⑤ (라) – (나) – (가) – (다)

16

(가) 이러한 특징은 구엘 공원에 잘 나타나 있는데, 산의 원래 모양을 최대한 유지하기 위해 지면을 받치는 돌기둥을 만드는가 하면, 건축물에 식물을 심어 그 뿌리로 하여금 무너지지 않게 했다.

(나) 스페인을 대표하는 천재 건축가 가우디가 만든 건축물의 대표적인 특징을 꼽자면, 먼저 곡선을 들 수 있다. 그의 여러 건축물 중 곡선미가 가장 잘 나타나는 것은 바로 1984년 유네스코 세계문화유산으로 지정된 까사 밀라이다.

(다) 또 다른 특징으로는 자연과의 조화로, 그는 건축 역시 사람들이 살아가는 공간이자 자연의 일부라고 생각하여 가능한 자연을 훼손하지 않고 건축하는 것을 원칙으로 삼았다.

(라) 이 건축물의 겉 표면에는 일렁이는 파도를 연상시키는 곡선이 보이는데, 이는 당시 기존 건축양식과는 거리가 매우 멀어 처음엔 조롱거리가 되었다. 하지만 훗날 비평가들은 그의 창의성을 인정하게 됐고 현대 건축의 출발점으로 지금까지 평가되고 있다.

① (가) – (나) – (라) – (다)
② (가) – (다) – (나) – (라)
③ (나) – (라) – (가) – (다)
④ (나) – (라) – (다) – (가)
⑤ (나) – (다) – (가) – (라)

17 다음 중 글에 대한 설명으로 적절하지 않은 것은?

인체의 면역 시스템은 면역 효과를 보이는 특별한 세포와 물질로 구성되어 있다. 면역 세포와 면역 물질들은 체내로 침입하는 이물질이나 세균 등의 반응으로 발생하는 염증 및 암세포를 억제한다. 대표적인 면역 세포로 항원을 직접 공격할 수 있는 항체를 분비하는 B세포와 이 B세포를 돕거나 종류에 따라 항원을 직접 공격하는 T세포가 있다.
하지만 암세포는 이런 몸의 면역 시스템을 회피할 수 있다. 면역 시스템은 암세포를 인지하고 직접 공격하여 암세포의 확산을 억제하지만, 몇몇 암세포는 이 면역 시스템을 피하여 성장하고 다른 부분으로 전이 및 확산하여 암 발병의 원인이 된다. 면역 항암제는 이러한 암세포의 면역 시스템 회피 작용을 억제하고 면역 세포가 암세포를 효과적으로 공격할 수 있도록 보조한다.
면역 항암제는 면역관문억제제, 치료용 항체, 항암백신 등이 있다. 면역관문억제제는 체내 과도한 면역반응을 억제하기 위한 T세포의 면역관문을 억제하고 T세포의 공격 기능을 활성화하여 암세포를 공격하도록 하는 방식이며, 치료용 항체는 암세포가 스스로 사멸되도록 암세포에 항체를 투여하는 방식이다. 또한 항암백신은 암세포의 특이적인 항원이나 체내 면역반응을 향상하게 시킬 수 있는 항원을 투입하여 체내 면역 시스템을 활성화하는 방법이다.
현재 대표적인 면역 항암제로 CAR(Chimeric Antigen Receptors)−T세포 치료제가 있으며, 림프종 백혈병 치료의 한 방법으로 이용하고 있다. CAR−T세포 치료제는 먼저 환자의 T세포를 추출하여 CAR을 발현하도록 설계된 RNA 바이러스를 주입하여 증식시킨 후 재조합한다. 이후에 증식시킨 T세포를 환자에게 주입하여 환자에게 주입한 T세포가 환자의 체내 암세포를 제거하도록 하는 방법이다. 다시 말하면, 환자의 T세포를 추출하여 T세포의 암세포를 공격하는 기능을 강화 후 재투여하여 환자의 체내 암세포를 더욱 효과적으로 제거할 수 있는 치료제이다. 이는 체내 면역기능을 활용한 새로운 암 치료 방법으로 주목받고 있다.
하지만 CAR−T세포 치료제 투여 시 부작용에 큰 주의를 기울여야 한다. CAR−T세포 치료제를 투여하면 T세포가 면역 활성물질을 과도하게 분비하여 신체 이상 증상이 발현될 가능성이 높으며, 심한 경우 환자에게 치명적인 사이토카인 폭풍을 일으키기도 한다.

① 면역 세포에는 T세포와 B세포가 있다.
② 면역 시스템이 암세포를 억제하기 힘들 때, 암이 발병할 수 있다.
③ 치료용 항체는 면역 세포가 암세포를 직접 공격할 수 있도록 돕는 항암제이다.
④ CAR−T세포 치료제는 T세포의 암세포 공격 기능을 적극 활용한 항암제이다.
⑤ 과다한 면역 활성물질은 도리어 신체에 해를 가할 수 있다.

18 다음 글을 읽고 추론한 내용으로 옳지 않은 것은?

> 레이저 절단 가공은 고밀도, 고열원의 레이저를 절단하고자 하는 소재로 쏘아 절단 부위를 녹이고 증발시켜 소재를 절단하는 최첨단 기술이다. 레이저 절단 가공은 일반 가공법으로는 작업이 불가능한 절단면 및 복잡하고 정교한 절단 형상을 신속하고 정확하게 절단하여 가공할 수 있고, 절단하고자 하는 소재의 제약도 일반 가공법에 비해 자유롭다. 또한, 재료와 직접 접촉하지 않으므로 절단 소재의 물리적 변형이 적어 깨지기 쉬운 소재도 다루기 쉽고, 다른 열 절단 가공에 비해 열변형의 우려가 적다. 이런 장점으로 반도체 소자가 나날이 작아지고 더욱 정교해지면서 레이저 절단 가공은 반도체 산업에서는 이제 없어서는 안 될 필수적인 과정이 되었다.

① 레이저 절단 가공은 절단 부위를 녹이므로 열변형의 우려가 큰 가공법이다.
② 레이저 절단 가공 작업 중에는 기체가 발생한다.
③ 두께가 얇아 깨지기 쉬운 반도체 웨이퍼는 레이저 절단 가공으로 가공하여야 한다.
④ 과거 반도체 소자의 정교함은 현재 반도체 소자에 미치지 못하였을 것이다.
⑤ 현재 기술력으로는 다른 가공법을 사용하여 반도체 소자를 다루기 힘들 것이다.

19 다음 글의 주장을 반박하는 것으로 적절하지 않은 것은?

> 윤리와 관련하여 가장 광범위하게 받아들여진 사실 가운데 하나는 옳은 것과 그른 것에 대한 광범위한 불일치가 과거부터 현재까지 항상 있었고, 아마도 앞으로도 계속 있을 것이라는 점이다. 가령 육식이 올바른지를 두고 한 문화에 속해 있는 사람들의 판단은 다른 문화에 속해 있는 사람들의 판단과 굉장히 다르다. 그뿐만 아니라 한 문화에 속한 사람들의 판단은 시대마다 아주 다르기도 하다. 심지어 우리는 동일한 문화와 시대 안에서도 하나의 행위에 대해 서로 다른 윤리적 판단을 하는 경우를 볼 수 있다.
>
> 이러한 사실이 의미하는 바는 사람들의 윤리적 기준이 시간과 장소 그리고 그들이 사는 상황에 따라 달라진다는 것이다. 그러므로 올바른 윤리적 기준은 그것을 적용하는 사람에 따라 상대적이다. 이것이 바로 윤리적 상대주의의 핵심 논지이다. 따라서 우리는 윤리적 상대주의가 참이라는 결론을 내려야 한다.

① 사람들의 윤리적 판단은 그들이 사는 지역에 따라 크게 다르지 않다.
② 윤리적 상대주의가 옳다고 해서 사람들의 윤리적 판단이 항상 서로 다른 것은 아니다.
③ 윤리적 판단이 다르다고 해서 윤리적 기준도 반드시 달라지는 것은 아니다.
④ 인류학자들에 따르면 문화에 따른 판단의 차이에도 불구하고 일부 윤리적 기준은 보편적으로 신봉되고 있다.
⑤ 서로 다른 윤리적 판단이 존재하는 경우에도 그중에 올바른 판단은 하나뿐이며, 그런 올바른 판단을 옳게 만들어 주는 객관적 기준이 존재한다.

20 다음 중 '브레히트'가 〈보기〉의 입장을 가진 '아리스토텔레스'에게 제기할 만한 의문으로 가장 적절한 것은?

오페라는 이른바 수준 있는 사람들이 즐기는 고상한 예술이라고 생각하는 사람들이 많다. 그런데 오페라 앞에 '거지'라든가 '서 푼짜리' 같은 단어를 붙인 '거지 오페라', '서 푼짜리 오페라'라는 것이 있다. 이렇게 어울리지 않는 단어들로 제목을 억지로 조합해 놓은 의도는 무엇일까?
영국 작가 존 게이는 당시 런던 오페라 무대를 점령했던 이탈리아 오페라에 반기를 들고, 1782년에 이와는 완전히 대조적인 성격의 거지 오페라를 만들었다. 그는 이탈리아 오페라가 일반인의 삶과 거리가 먼 신화나 왕, 귀족들의 이야기를 소재로 한데다가 영국 관객들이 이해하지 못하는 이탈리아어로 불린다는 점에 불만을 품었다. 그는 등장인물의 신분을 과감히 낮추고 음악 형식도 당시의 민요와 유행가를 곁들여 사회의 부패상을 통렬하게 풍자하였다. 이렇게 만들어진 거지 오페라는 이탈리아 오페라에 대항하는 서민 오페라로 런던에서 선풍적인 인기를 끌었다.
1928년에 독일의 극작가 브레히트는 작곡가 쿠르트 바일과 손잡고 거지 오페라를 번안한 서 푼짜리 오페라를 만들었다. 그는 형식과 내용 면에서 훨씬 적극적이고 노골적으로 당시 사회를 비판한다. 이 극은 밑바닥 사람들의 삶을 통해 위정자들의 부패와 위선을 그려 계급적 갈등과 사회적 모순을 드러내고 있다. 브레히트는 감정이입과 동일시에 근거를 둔 종래의 연극에 반기를 들고 낯선 기법의 서사극을 만들었다. 등장인물이 극에서 빠져나와 갑자기 해설자의 역할을 하게 함으로써 관객들이 극에 몰입하지 않고 지금 연극을 보고 있다는 사실을 자각하도록 한 것이다.
이처럼 존 게이와 브레히트는 종전의 극과는 다른 형식과 내용의 극을 지향했다. 제목을 서로 어울리지 않는 단어들로 조합하고 새로운 형식을 도입한 이유는 기존의 관점을 뒤집어 보게 하려는 의도였다. 그 이면에는 사회의 부조리를 풍자하고자 하는 의도가 깔려 있었다.

보기

아리스토텔레스는 예술을 통한 관객과 극중 인물과의 감정 교류와 공감을 강조했다. 그는 관객들이 연극을 통해 타인의 경험과 감정, 상황을 받아들이고 나아가 극에 이입하고 몰두함으로써 쌓여 있던 감정을 분출하며 느끼는, 이른바 카타르시스를 경험하게 된다고 주장하였다.

① 극과 거리를 두고 보아야 오히려 카타르시스를 경험할 수 있지 않나요?
② 관객이 몰입하게 되면 사건을 객관적으로 바라보기 어려운 것 아닌가요?
③ 해설자 역할을 하는 인물이 있어야 관객의 몰입을 유도할 수 있지 않나요?
④ 낯선 기법을 쓰면 관객들이 극중 인물과 더 쉽게 공감할 수 있지 않을까요?
⑤ 동일시를 통해야만 풍자하고 있는 사회의 모습을 더 잘 알 수 있지 않을까요?

CHAPTER

02 2023년 하반기 기출복원문제

정답 및 해설 p.007

01 수리

01 다음은 2020 ~ 2022년 S사의 데스크탑 PC와 노트북 판매량이다. 전년 대비 2022년의 판매량 증감률을 바르게 짝지은 것은?

〈2020 ~ 2022년 데스크탑 PC 및 노트북 판매량〉

(단위 : 천 대)

구분	2020년	2021년	2022년
데스크탑 PC	5,500	5,000	4,700
노트북	1,800	2,000	2,400

	데스크탑 PC	노트북
①	6%	20%
②	6%	10%
③	−6%	20%
④	−6%	10%
⑤	−6%	5%

02 A ~ H 8명의 후보 선수 중 4명을 뽑을 때, A, B, C를 포함하여 뽑을 확률은?

① $\frac{1}{14}$ ② $\frac{1}{5}$

③ $\frac{3}{8}$ ④ $\frac{1}{2}$

⑤ $\frac{3}{5}$

03 다음은 S전자 공장에서 만든 부품과 불량품의 수를 기록한 표이다. 전년 대비 부품 수의 차이와 불량품 수의 차이 사이에 일정한 비례관계가 성립할 때, A와 B에 들어갈 수치를 올바르게 나열한 것은?

〈연도별 부품 수와 불량품 수〉

(단위 : 개)

구분	2017년	2018년	2019년	2020년	2021년	2022년
부품 수	120	170	270	420	620	(A)
불량품 수	10	30	70	(B)	210	310

	(A)	(B)
①	800	90
②	830	110
③	850	120
④	870	130
⑤	900	150

04 어느 도서관에서 일정 기간 동안의 도서 대여 횟수를 작성한 자료이다. 자료를 통해 얻을 수 있는 내용으로 옳지 않은 것은?

〈도서 대여 횟수〉

(단위 : 회)

구분	비소설		소설	
	남자	여자	남자	여자
40세 미만	20	10	40	50
40세 이상	30	20	20	30

① 소설을 대여한 전체 횟수가 비소설을 대여한 전체 횟수보다 많다.
② 40세 미만보다 40세 이상의 전체 대여 횟수가 더 적다.
③ 남자가 소설을 대여한 횟수는 여자가 소설을 대여한 횟수의 70% 이하이다.
④ 40세 미만의 전체 대여 횟수에서 비소설 대여 횟수가 차지하는 비율은 20%를 넘는다.
⑤ 40세 이상의 전체 대여 횟수에서 소설 대여 횟수가 차지하는 비율은 40% 이상이다.

05 다음은 주중과 주말 교통상황에 대한 자료이다. 이에 대한 〈보기〉의 설명 중 옳은 것을 모두 고르면?

〈주중 · 주말 예상 교통량〉

(단위 : 만 대)

구분	전국	수도권 → 지방	지방 → 수도권
주중 예상 교통량	40	4	2
주말 예상 교통량	60	5	3

〈대도시 간 예상 최대 소요시간〉

구분	서울 – 대전	서울 – 부산	서울 – 광주	서울 – 강릉	남양주 – 양양
주중	1시간	4시간	3시간	2시간	1시간
주말	2시간	5시간	4시간	3시간	2시간

보기

ㄱ. 대도시 간 예상 최대 소요시간은 모든 구간에서 주중이 주말보다 적게 걸린다.
ㄴ. 주중 전국 교통량 중 수도권에서 지방으로 가는 교통량의 비율은 10%이다.
ㄷ. 지방에서 수도권으로 가는 주말 예상 교통량은 주중 예상 교통량의 2배이다.
ㄹ. 서울 – 광주 구간 주중 소요시간은 서울 – 강릉 구간 주말 소요시간과 같다.

① ㄱ, ㄴ
② ㄴ, ㄷ
③ ㄷ, ㄹ
④ ㄱ, ㄴ, ㄹ
⑤ ㄴ, ㄷ, ㄹ

06 다음은 자동차 판매현황에 대한 자료이다. 이에 대한 〈보기〉의 설명 중 옳은 것을 모두 고르면?

〈자동차 판매현황〉

(단위 : 천 대)

구분	2020년	2021년	2022년
소형	30	50	40
준중형	200	150	180
중형	400	200	250
대형	200	150	100
SUV	300	400	200

보기

ㄱ. 2020 ~ 2022년 동안 판매량이 지속적으로 감소하는 차종은 2종류이다.
ㄴ. 2021년 대형 자동차 판매량은 전년 대비 30% 미만 감소했다.
ㄷ. 2020 ~ 2022년 동안 SUV 자동차의 총판매량은 대형 자동차 총판매량의 2배이다.
ㄹ. 2021년 대비 2022년에 판매량이 증가한 차종 중 증가율이 가장 높은 차종은 준중형이다.

① ㄱ, ㄷ
② ㄴ, ㄷ
③ ㄴ, ㄹ
④ ㄱ, ㄴ, ㄹ
⑤ ㄱ, ㄷ, ㄹ

※ 다음은 2018 ~ 2022년 연도별 해양사고 발생 현황에 대한 그래프이다. 이를 읽고 이어지는 질문에 답하시오. **[7~8]**

〈연도별 해양사고 발생 현황〉

(단위 : 건, 척, 명)

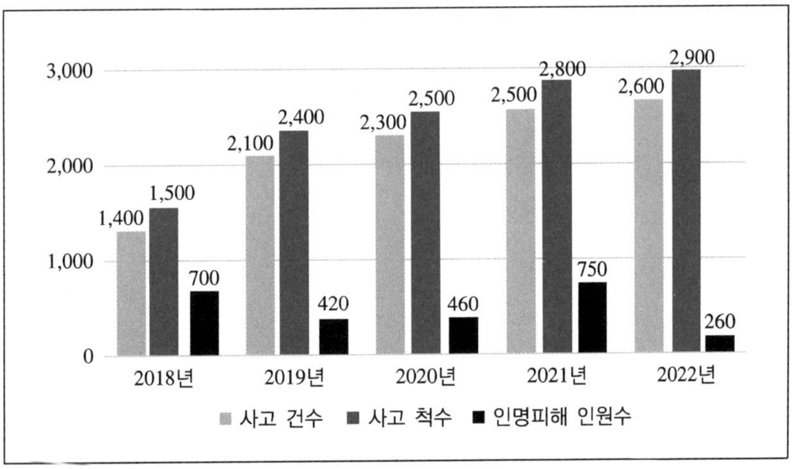

07 다음 중 2018년 대비 2019년 사고 척수의 증가율과 사고 건수의 증가율이 순서대로 나열된 것은?

① 40%, 45%
② 45%, 50%
③ 60%, 50%
④ 60%, 55%
⑤ 60%, 65%

08 다음 중 사고 건수당 인명피해의 인원수가 가장 많은 연도는?

① 2018년
② 2019년
③ 2020년
④ 2021년
⑤ 2022년

09 어떤 공장에서 A제품을 n개 이어 붙이는데 필요한 시간이 다음과 같은 규칙을 보일 때, 8개 이어 붙이는데 필요한 시간은?

〈A제품 접합 소요 시간〉

(단위 : 분)

개수	1개	2개	3개	4개	5개
소요 시간	1	3	8	19	42

① 315분
② 330분
③ 345분
④ 360분
⑤ 375분

10 일정한 수를 다음과 같은 규칙으로 나열할 때, 빈칸에 들어갈 a와 b의 총합이 처음으로 800억 원이 넘는 b의 값은?

(단위 : 억 원)

규칙	1	2	3	4	5	6	…
A	50	70	95	125	160	200	(a)
B	150	180	210	240	270	300	(b)

① 330
② 350
③ 360
④ 390
⑤ 420

02 추리

※ 제시된 명제가 모두 참일 때, 다음 중 빈칸에 들어갈 명제로 가장 적절한 것을 고르시오. [1~3]

01

전제1. 눈을 자주 깜빡이지 않으면 눈이 건조해진다.
전제2. 스마트폰을 이용할 때는 눈을 자주 깜빡이지 않는다.
결론. ____________________

① 눈이 건조해지면 눈을 자주 깜빡이지 않는다.
② 눈이 건조해지지 않으면 눈을 자주 깜빡이지 않는다.
③ 눈을 자주 깜빡이지 않으면 스마트폰을 이용하는 때이다.
④ 스마트폰을 이용할 때는 눈이 건조해진다.
⑤ 눈이 건조해지면 눈을 자주 깜빡인 것이다.

02

전제1. 밤에 잠을 잘 못자면 낮에 피곤하다.
전제2. ____________________
전제3. 업무효율이 떨어지면 성과급을 받지 못한다.
결론. 밤에 잠을 잘 못자면 성과급을 받지 못한다.

① 업무효율이 떨어지면 밤에 잠을 잘 못 잔다.
② 낮에 피곤하면 업무효율이 떨어진다.
③ 성과급을 받으면 밤에 잠을 잘 못 잔다.
④ 밤에 잠을 잘 자면 성과급을 받는다.
⑤ 성과급을 받지 못하면 낮에 피곤하다.

03

전제1. 모든 금속은 전기가 통한다.
전제2. 광택이 있는 물질 중에는 금속이 아닌 것도 있다.
결론. ____________________

① 광택이 있는 물질은 모두 금속이다.
② 금속은 모두 광택이 있다.
③ 전기가 통하는 물질 중 광택이 있는 것은 없다.
④ 전기가 통하지 않으면서 광택이 있는 물질이 있다.
⑤ 전기가 통하지 않으면 광택이 없는 물질이다.

04 A～E가 기말고사를 봤는데, 이 중 2명은 부정행위를 하였다. 부정행위를 한 2명은 거짓을 말하고 부정행위를 하지 않은 3명은 진실을 말할 때, 다음 진술을 보고 부정행위를 한 사람끼리 짝지은 것으로 옳은 것은?

> A : D는 거짓말을 하고 있어.
> B : A는 부정행위를 하지 않았어.
> C : B가 부정행위를 했어.
> D : 나는 부정행위를 하지 않았어.
> E : C가 거짓말을 하고 있어.

① A, B
② B, C
③ C, D
④ C, E
⑤ D, E

05 S부서는 회식 메뉴를 선정하려고 한다. 제시된 〈조건〉에 따라 주문할 메뉴를 선택한다고 할 때, 다음 중 반드시 주문할 메뉴를 모두 고르면?

> **조건**
> • 삼선짬뽕은 반드시 주문한다.
> • 양장피와 탕수육 중 하나는 반드시 주문하여야 한다.
> • 자장면을 주문하는 경우, 탕수육은 주문하지 않는다.
> • 자장면을 주문하지 않는 경우에만 만두를 주문한다.
> • 양장피를 주문하지 않으면, 팔보채를 주문하지 않는다.
> • 팔보채를 주문하지 않으면, 삼선짬뽕을 주문하지 않는다.

① 삼선짬뽕, 자장면, 양장피
② 삼선짬뽕, 탕수육, 양장피
③ 삼선짬뽕, 팔보채, 양장피
④ 삼선짬뽕, 탕수육, 만두
⑤ 삼선짬뽕, 탕수육, 양장피, 자장면

06 **원형 테이블에 번호 순서대로 앉아 있는 다섯 명의 여자 1～5 사이에 다섯 명의 남자 A～E가 한 명씩 앉아야 한다. 다음 〈조건〉을 따르면서 자리를 배치할 때 적절하지 않은 것은?**

조건

- A는 짝수번호의 여자 옆에 앉아야 하고, 5 옆에는 앉을 수 없다.
- B는 짝수번호의 여자 옆에 앉을 수 없다.
- C가 3 옆에 앉으면 D는 1 옆에 앉는다.
- E는 3 옆에 앉을 수 없다.

① A는 1과 2 사이에 앉을 수 없다.
② D는 4와 5 사이에 앉을 수 없다.
③ C가 2와 3 사이에 앉으면 A는 반드시 3과 4 사이에 앉는다.
④ E가 1과 2 사이에 앉으면 C는 반드시 4와 5 사이에 앉는다.
⑤ E가 4와 5 사이에 앉으면 A는 반드시 2와 3 사이에 앉는다.

07 **다음은 〈조건〉에 따라 2에서 10까지의 서로 다른 자연수의 관계를 나타낸 것이다. 이때 A, B, C에 해당하는 수의 합은?**

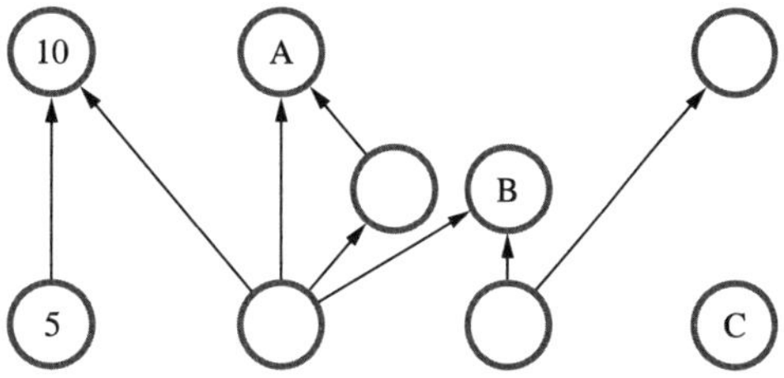

조건

- 2에서 10까지의 자연수는 ○ 안에 한 개씩만 사용되고, 사용되지 않는 자연수는 없다.
- 2에서 10까지의 서로 다른 임의의 자연수 3개를 x, y, z라고 할 때,
  - (x) → (y)는 y가 x의 배수임을 나타낸다.
  - 화살표로 연결되지 않은 (z)는 z가 x, y와 약수나 배수 관계가 없음을 나타낸다.

① 20
② 21
③ 22
④ 23
⑤ 24

※ 다음 제시된 도형의 규칙을 보고 물음표에 들어갈 도형으로 가장 적절한 것을 고르시오. **[8~10]**

08

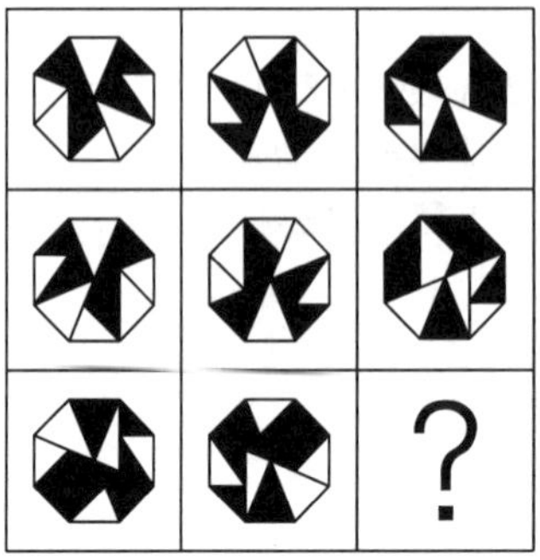

① 

② 

③ 

④ 

⑤ 

09

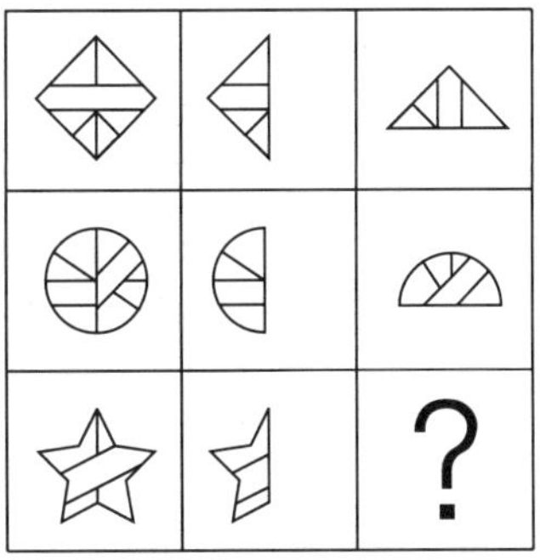

① 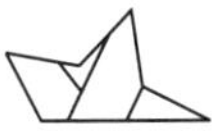

② 

③ 

④ 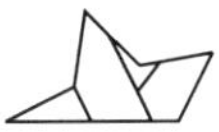

⑤ 

10

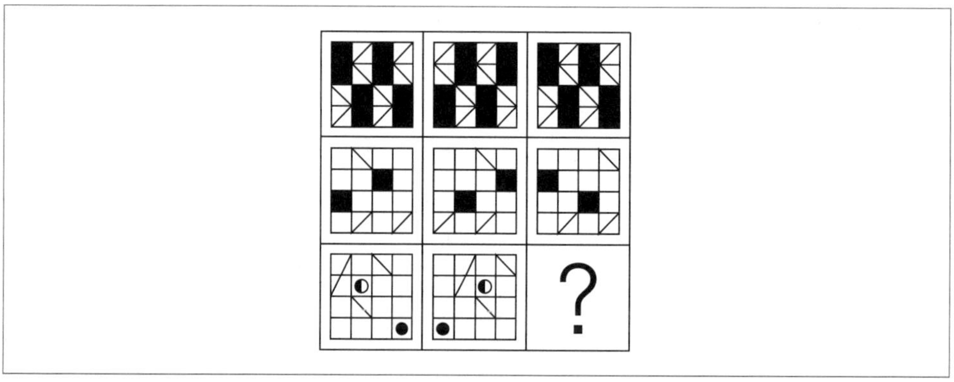

①

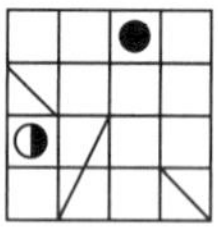

②

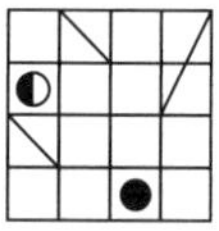

③

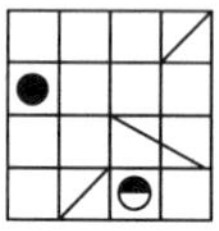

④

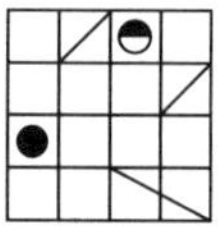

⑤

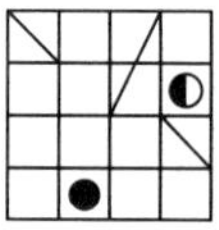

※ 다음 도식에서 기호들은 일정한 규칙에 따라 문자를 변화시킨다. 물음표에 들어갈 알맞은 문자를 고르시오(단, 규칙은 가로와 세로 중 한 방향으로만 적용된다). **[11~14]**

		B1D3		HAN6		SY52		
		↓		↓		↓		
4QV4	→	☆	→	♡	→	△	→	6WU7
		↓		↓		↓		
FM23	→	♡	→	△	→	□	→	E1N4
		↓		↓		↓		
		4F4F		7MBG		1X6T		

11

US24 → □ → ☆ → ?

① 4S2U
② 2US4
③ 4V8V
④ 8V4V
⑤ 48VV

12

KB52 → ☆ → ♡ → ?

① 37KE
② 37EO
③ E37K
④ EO52
⑤ E37O

13

? → △ → ♡ → △ → 9381

① 1839
② 3819
③ 2748
④ 4827
⑤ 8472

14

? → □ → △ → 96II

① 96HJ
② 9HJ6
③ 87HJ
④ 8H7J
⑤ J7H8

※ 다음 제시된 문단을 논리적 순서대로 바르게 나열한 것을 고르시오. [15~16]

15

(가) 동아시아의 문명 형성에 가장 큰 영향력을 끼친 책을 꼽을 때, 그중에 『논어』가 빠질 수 없다. 『논어』는 공자(B.C 551 ~ 479)가 제자와 정치인 등을 만나서 나눈 이야기를 담고 있다. 공자의 활동기간으로 따져보면 『논어』는 지금으로부터 대략 2,500년 전에 쓰인 것이다. 지금의 우리는 한나절만에 지구 반대편으로 날아다니고, 여름에 겨울 과일을 먹는 그야말로 공자는 상상할 수도 없는 세상에 살고 있다.

(나) 2,500년 전의 공자와 그가 대화한 사람 역시 우리와 마찬가지로 '호모 사피엔스'이기 때문이다. 2,500년 전의 사람도 배고프면 먹고, 졸리면 자고, 좋은 일이 있으면 기뻐하고, 나쁜 일이 있으면 화를 내는 오늘날의 사람과 다름없었다. 불의를 보면 공분하고, 전쟁보다 평화가 지속되기를 바라고, 예술을 보고 들으며 즐거워했는데, 오늘날의 사람도 마찬가지이다.

(다) 물론 2,500년의 시간으로 인해 달라진 점도 많고 시대와 문화에 따라 '사람다움이 무엇인가?'에 대한 답은 다를 수 있지만, 사람은 돌도 아니고 개도 아니고 사자도 아니라 여전히 사람일 뿐인 것이다. 즉 현재의 인간이 과거보다 자연의 힘에 두려워하지 않고 자연을 합리적으로 설명할 수는 있지만, 인간적 약점을 극복하고 신적인 존재가 될 수는 없는 그저 인간일 뿐인 것이다.

(라) 『논어』의 일부는 여성과 아동, 이민족에 대한 당시의 편견을 드러내고 있어 이처럼 달라진 시대의 흐름에 따라 폐기될 수밖에 없지만, 이를 제외한 부분은 '오래된 미래'로서 읽을 가치가 있는 것이다.

(마) 이론의 생명 주기가 짧은 학문의 경우, 2,500년 전의 책은 역사적 가치가 있을지언정 이론으로서는 폐기 처분이 당연시된다. 그런데 왜 21세기의 우리가 2,500년 전의 『논어』를 지금까지도 읽고, 또 읽어야 할 책으로 간주하고 있는 것일까?

① (가) – (다) – (나) – (라) – (마)
② (가) – (라) – (다) – (나) – (마)
③ (가) – (마) – (나) – (다) – (라)
④ (라) – (다) – (가) – (마) – (나)
⑤ (마) – (가) – (나) – (다) – (라)

16

(가) '인력이 필요해서 노동력을 불렀더니 사람이 왔더라.'라는 말이 있다. 인간을 경제적 요소로만 단순하게 생각했으나, 이에 따른 인권문제, 복지문제, 내국인과 이민자와의 갈등 등이 수반된다는 말이다. 프랑스처럼 우선 급하다고 이민자를 선별하지 않고 받으면 인종 갈등과 이민자의 빈곤화 등 많은 사회비용이 발생한다.

(나) 이제 다문화정책의 패러다임을 전환해야 한다. 한국에 들어온 다문화가족을 적극적으로 지원해야 한다. 다문화 가족과 더불어 살면서 다양성과 개방성을 바탕으로 상생의 발전을 도모해야 한다. 그리고 결혼이민자만 다문화가족으로 볼 것이 아니라 외국인 근로자와 유학생, 북한이탈주민까지 큰 틀에서 함께 보는 것도 필요하다.

(다) 다문화정책의 핵심은 두 가지이다. 첫째, 새로운 사회에 적응하려는 의지가 강해서 언어 배우기, 일자리, 문화 이해에 매우 적극적인 태도를 지닌 좋은 인력을 선별해서 입국하도록 하는 것이다. 둘째, 이민자가 새로운 사회에 잘 정착할 수 있도록 사회통합에 주력해야 하는 것이다. 해외 인구 유입 초기부터 사회 비용을 절약할 수 있는 사람들을 들어오게 하는 것이 중요하기 때문이다.

(라) 또한 이미 들어온 이민자에게는 적극적인 지원을 해야 한다. 언어와 문화, 환경이 모두 낯선 이민자에게는 이민 초기에 세심한 배려가 필요하다. 특히 중요한 것은 다문화 가족이 그들이 가지고 있는 강점을 활용하여 취약 계층이 아닌 주류층으로 설 수 있도록 지원해야 한다. 뿐만 아니라 이민자에 대한 지원 시기를 놓치거나 차별과 편견으로 내국인에게 증오감을 갖게 해서는 안 된다.

① (라) – (나) – (다) – (가)
② (다) – (나) – (라) – (가)
③ (라) – (다) – (나) – (가)
④ (다) – (가) – (라) – (나)
⑤ (가) – (다) – (라) – (나)

17 다음 제시문의 내용이 참일 때, 항상 거짓인 것은?

> 과거에는 공공 서비스가 경합성과 배제성이 모두 약한 사회 기반 시설 공급을 중심으로 제공되었다. 이런 경우 서비스 제공에 드는 비용은 주로 세금을 비롯한 공적 재원으로 충당을 한다. 하지만 복지와 같은 개인 단위 공공 서비스에 대한 사회적 요구가 증가함에 따라 관련 공공 서비스의 다양화와 양적 확대가 이루어지고 있다. 이로 인해 정부의 관련 조직이 늘어나고 행정 업무의 전문성 및 효율성이 떨어지는 문제점이 나타나기도 한다. 이 경우 정부는 정부 조직의 규모를 확대하지 않으면서 서비스의 전문성을 강화할 수 있는 민간 위탁 제도를 도입할 수 있다. 민간 위탁이란 공익성을 유지하기 위해 서비스의 대상이나 범위에 대한 결정권과 서비스 관리의 책임을 정부가 갖되, 서비스 생산은 민간 업체에게 맡기는 것이다.
>
> 민간 위탁은 주로 다음과 같은 몇 가지 방식으로 운용되고 있다. 가장 일반적인 것은 '경쟁 입찰 방식'이다. 이는 일정한 기준을 충족하는 민간 업체 간 경쟁 입찰을 거쳐 서비스 생산자를 선정, 계약하는 방식이다. 공원과 같은 공공 시설물 관리 서비스가 이에 해당한다. 이 경우 정부가 직접 공공 서비스를 제공할 때보다 서비스의 생산 비용이 절감될 수 있고 정부의 재정 부담도 경감될 수 있다. 다음으로는 '면허 발급 방식'이 있다. 이는 서비스 제공을 위한 기술과 시설이 기준을 충족하는 민간 업체에게 정부가 면허를 발급하는 방식이다. 자동차 운전면허 시험, 산업 폐기물 처리 서비스 등이 이에 해당한다. 이 경우 공공 서비스가 갖춰야 할 최소한의 수준은 유지하면서도 공급을 민간의 자율에 맡겨 공공 서비스의 수요와 공급이 탄력적으로 조절되는 효과를 얻을 수 있다. 또한 '보조금 지급 방식'이 있는데, 이는 민간이 운영하는 종합 복지관과 같이 안정적인 공공 서비스 제공이 필요한 기관에 보조금을 주어 재정적으로 지원하는 것이다.

① 과거 공공 서비스는 주로 공적 재원에 의해 운영됐다.
② 공공 서비스의 양적 확대에 따라 행정 업무 전문성이 떨어지는 부작용이 나타난다.
③ 서비스 생산을 민간 업체에게 맡김으로써 공공 서비스의 전문성을 강화할 수 있다.
④ 경쟁 입찰 방식은 정부의 재정 부담을 줄여준다.
⑤ 정부로부터 면허를 받은 민간 업체는 보조금을 지급받을 수 있다.

18 다음 중 밑줄 친 ㉠~㉢에 대한 설명으로 적절하지 않은 것은?

> 국내 연구팀이 반도체 집적회로에 일종의 ㉠ '고속도로'를 깔아 신호의 전송 속도를 높이는 신개념 반도체 소재 기술을 개발했다. 탄소 원자를 얇은 막 형태로 합성한 2차원 신소재인 그래핀을 반도체 회로에 깔아 기존 금속 선로보다 많은 양의 전자를 빠르게 운송하는 것이다.
> 최근 반도체 내에 많은 소자가 집적되면서 소자 사이의 신호를 전송하는 ㉡ '도로'인 금속 재질의 선로에 저항이 기하급수적으로 증가하는 문제가 발생했다. 이러한 집적화의 한계를 극복하기 위해 연구팀은 금속 재질 대신 그래핀을 신호 전송용 길로 활용했다.
> 그래핀은 탄소 원자가 육각형으로 결합한, 두께 0.3나노미터의 얇은 2차원 물질로 전선에 널리 쓰이는 구리보다 전기 전달 능력이 뛰어나며 전자 이동속도도 100배 이상 빨라 이상적인 반도체용 물질로 꼽힌다. 그러나 너무 얇다 보니 전류나 신호를 전달하는 데 방해가 되는 저항이 높고, 전하 농도가 낮아 효율이 떨어진다는 단점이 있었다.
> 연구팀은 이런 단점을 해결하고자 그래핀에 불순물을 얇게 덮는 방법을 생각했다. 그래핀 표면에 비정질 탄소를 흡착시켜 일종의 ㉢ '코팅'처럼 둘러싼 것이다. 연구 결과 이 과정에서 신호 전달을 방해하던 저항은 기존 그래핀 선로보다 60% 감소했고, 신호 손실은 약 절반 정도로 줄어들었으며, 전달할 수 있는 전하의 농도는 20배 이상 증가했다. 이를 통해 연구팀은 금속 선로의 수백분의 1 크기로 작으면서도 효율성은 그대로인 고효율, 고속 신호 전송 선로를 완성하였다.

① 연구팀은 ㉡을 ㉠으로 바꾸었다.

② 반도체 내에 많은 소자가 집적될수록 ㉡에 저항이 증가한다.

③ ㉠은 구리보다 전기 전달 능력과 전자 이동속도가 뛰어나다.

④ 연구팀은 전자의 이동속도를 높이기 위해 ㉠에 ㉢을 하였다.

⑤ ㉠은 그래핀, ㉡은 금속 재질, ㉢은 비정질 탄소를 의미한다.

19 다음 제시문의 주장에 대한 비판으로 적절하지 않은 것은?

> 동물실험이란 교육, 시험, 연구 및 생물학적 제제의 생산 등 과학적 목적을 위해 동물을 대상으로 실시하는 실험 또는 그 과학적 절차를 말한다. 전 세계적으로 매년 약 6억 마리의 동물들이 실험에 쓰이고 있다고 추정되며, 대부분의 동물들은 실험이 끝난 뒤 안락사를 시킨다.
> 동물실험은 대개 인체실험의 전 단계로 이루어지는데, 검증되지 않은 물질을 바로 사람에게 주입하여 발생하는 위험을 줄일 수 있다는 점에서 필수적인 실험이라고 말할 수 있다. 물론 살아있는 생물을 대상으로 하는 실험이기 때문에 대체(Replacement), 감소(Reduction), 개선(Refinement)으로 요약되는 3R 원칙에 입각하여 실험하는 것이 당연하다. 굳이 다른 방법이 있다면 그 방법을 채택할 것이며, 희생이 되는 동물의 수를 최대한 줄이고, 필수적인 실험 조건 외에는 자극을 주지 않아야 한다.
> 하지만 그럼에도 보다 안전한 결과를 도출해내기 위한 동물실험은 필요악이며, 이러한 필수적인 의약실험조차 금지하려 한다는 것은 기술 발전 속도를 늦춰 약이 필요한 누군가의 고통을 감수하자는 이기적인 주장과 같다고 할 수 있다.

① 3R 원칙과 같은 윤리적 강령이 법적인 통제력을 지니지 않은 이상 실제로 얼마나 엄격하게 지켜질 것인지는 알 수 없다.

② 화장품 업체들의 동물실험과 같은 사례를 통해, 생명과 큰 연관이 없는 실험은 필요악이라고 주장할 수 없다.

③ 아무리 엄격하게 통제된 실험이라고 해도 동물 입장에서 바라본 실험이 비윤리적이며 생명체의 존엄성을 훼손하는 행위라는 사실을 벗어날 수는 없다.

④ 과거와 달리 현대에서는 인공 조직을 배양하여 실험의 대상으로 삼을 수 있으므로 동물실험 자체를 대체하는 것이 가능하다.

⑤ 동물실험에서 안전성을 검증받은 이후 인체에 피해를 준 약물의 사례가 존재한다.

20 다음 제시문을 토대로 〈보기〉를 바르게 해석한 것은?

반도체 및 디스플레이 제조공정에서 사용되는 방법인 포토리소그래피(Photo-lithography)는 그 이름처럼 사진 인쇄 기술과 비슷하게 빛을 이용하여 복잡한 회로 패턴을 제조하는 공정이다. 포토리소그래피는 디스플레이에서는 TFT(Thin Film Transistor : 박막 트랜지스터) 공정에 사용되는데, 먼저 세정된 기판(Substrate) 위에 TFT 구성에 필요한 증착 물질과 이를 덮을 PR(Photo Resist : 감광액) 코팅을 올리고, 빛과 마스크, 그리고 현상액과 식각 과정으로 PR 코팅과 증착 물질을 원하는 모양대로 깎아 내린 다음, 다시 그 위에 층을 쌓는 것을 반복하여 원하는 형태를 패터닝하는 것이다.

한편 포토리소그래피 공정에 사용되는 PR 물질은 빛의 반응에 따라 포지티브와 네거티브 두 가지 방식으로 분류되는데, 포지티브 방식은 마스크에 의해 빛에 노출된 부분이 현상액에 녹기 쉽게 화학구조가 변하는 것으로, 노광(Exposure) 과정에서 빛을 받은 부분을 제거한다. 반대로 네거티브 방식은 빛에 노출된 부분이 더욱 단단해지는 것으로 빛을 받지 못한 부분을 현상액으로 제거한다. 이후 원하는 패턴만 남은 PR층은 식각(Etching) 과정을 거쳐 PR이 덮여 있지 않은 부분의 증착 물질을 제거하고, 이후 남은 증착 물질이 원하는 모양으로 패터닝 되면 그 위의 도포되어 있던 PR층을 마저 제거하여 증착 물질만 남도록 하는 것이다.

보기

창우와 광수는 각각 포토리소그래피 공정을 통해 디스플레이 회로 패턴을 완성시키기로 하였다. 창우는 포지티브 방식을, 광수는 네거티브 방식을 사용하기로 하였는데, 광수는 실수로 포지티브 방식의 PR 코팅을 사용해 공정을 진행했음을 깨달았다.

① 창우의 디스플레이 회로는 증착, PR 코팅, 노광, 현상, 식각까지의 과정을 반복하여 완성되었을 것이다.

② 광수가 포토리소그래피의 매 공정을 검토했을 경우 최소 식각 과정을 확인하면서 자신의 실수를 알아차렸을 것이다.

③ 포토리소그래피 공정 중 현상 과정에서 문제가 발생했다면 창우의 디스플레이 기판에는 PR층과 증착 물질이 남아있지 않을 것이다.

④ 원래 의도대로라면 노광 과정 이후 창우가 사용한 감광액은 용해도가 높아지고, 광수가 사용한 감광액은 용해도가 매우 낮아졌을 것이다.

⑤ 광수가 원래 의도대로 디스플레이 회로를 완성시키기 위해서는 최소한 노광 과정까지는 공정을 되돌릴 필요가 있다.

CHAPTER

03 2023년 상반기 기출복원문제

정답 및 해설 p.012

01 수리

01 작년 S사의 일반 사원 수는 400명이었다. 올해 진급하여 직책을 단 사원은 작년 일반 사원 수의 12%이고, 20%는 퇴사를 하였다. 올해 전체 일반 사원 수가 작년보다 6% 증가했을 때, 올해 채용한 신입사원은 몇 명인가?

① 144명
② 146명
③ 148명
④ 150명
⑤ 152명

02 남학생 4명과 여학생 3명을 원형 모양의 탁자에 앉힐 때, 여학생 3명이 이웃해서 앉을 확률은?

① $\frac{1}{21}$
② $\frac{1}{7}$
③ $\frac{1}{5}$
④ $\frac{1}{15}$
⑤ $\frac{1}{20}$

03 다음은 연도별 뺑소니 교통사고 통계현황에 대한 자료이다. 이에 대한 〈보기〉의 설명 중 옳은 것을 모두 고르면?

〈연도별 뺑소니 교통사고 통계현황〉

(단위 : 건, 명)

구분	2018년	2019년	2020년	2021년	2022년
사고건수	15,500	15,280	14,800	15,800	16,400
검거 수	12,493	12,606	12,728	13,667	14,350
사망자 수	1,240	1,528	1,850	1,817	1,558
부상자 수	9,920	9,932	11,840	12,956	13,940

- [검거율(%)]$=\frac{(\text{검거 수})}{(\text{사고건수})}\times 100$
- [사망률(%)]$=\frac{(\text{사망자 수})}{(\text{사고건수})}\times 100$
- [부상률(%)]$=\frac{(\text{부상자 수})}{(\text{사고건수})}\times 100$

보기

ㄱ. 사고건수는 매년 감소하지만 검거 수는 매년 증가한다.
ㄴ. 2020년의 사망률과 부상률이 2021년의 사망률과 부상률보다 모두 높다.
ㄷ. 2020 ~ 2022년의 사망자 수와 부상자 수의 증감추이는 반대이다.
ㄹ. 2019 ~ 2022년 검거율은 매년 높아지고 있다.

① ㄱ, ㄴ
② ㄱ, ㄹ
③ ㄴ, ㄹ
④ ㄷ, ㄹ
⑤ ㄱ, ㄷ, ㄹ

04 S씨는 퇴직 후 네일아트를 전문적으로 하는 뷰티숍을 개점하기 위해서 평소 눈여겨 본 지역의 고객 분포를 알아보기 위해 직접 설문조사를 하였다. 설문조사 결과가 다음과 같을 때, S씨가 이해한 내용으로 가장 적절한 것은?(단, 복수응답과 무응답은 없다)

〈응답자의 연령대별 방문횟수〉

(단위 : 명)

방문횟수 \ 연령대	20 ~ 25세	26 ~ 30세	31 ~ 35세	합계
1회	19	12	3	34
2 ~ 3회	27	32	4	63
4 ~ 5회	6	5	2	13
6회 이상	1	2	0	3
합계	53	51	9	113

〈응답자의 직업〉

(단위 : 명)

직업	응답자
학생	49
회사원	43
공무원	2
전문직	7
자영업	9
가정주부	3
합계	113

① 전체 응답자 중 20 ~ 25세 응답자가 차지하는 비율은 50% 이상이다.
② 26 ~ 30세 응답자 중 4회 이상 방문한 응답자 비율은 10% 이상이다.
③ 31 ~ 35세 응답자의 1인당 평균 방문횟수는 2회 미만이다.
④ 전체 응답자 중 직업이 학생 또는 공무원인 응답자 비율은 50% 이상이다.
⑤ 전체 응답자 중 20 ~ 25세인 전문직 응답자 비율은 5% 미만이다.

PART 1

05 다음은 세계 로봇 시장과 국내 로봇 시장 규모에 대한 자료이다. 이에 대한 설명으로 옳지 않은 것은?

〈세계 로봇 시장 규모〉

(단위 : 백만 달러)

구분	2018년	2019년	2020년	2021년	2022년
개인 서비스용 로봇 시장	636	13,356	1,704	2,134	2,216
전문 서비스용 로봇 시장	3,569	1,224	3,661	4,040	4,600
제조용 로봇 시장	8,278	3,636	9,507	10,193	11,133
합계	12,483	8,496	14,872	16,367	17,949

〈국내 로봇 시장 규모〉

(단위 : 억 원)

구분	생산			수출			수입		
	2020년	2021년	2022년	2020년	2021년	2022년	2020년	2021년	2022년
개인 서비스용 로봇 시장	2,973	3,247	3,256	1,228	944	726	156	181	232
전문 서비스용 로봇 시장	1,318	1,377	2,629	163	154	320	54	182	213
제조용 로봇 시장	20,910	24,671	25,831	6,324	6,694	6,751	2,635	2,834	4,391
합계	25,201	29,295	31,716	7,715	7,792	7,797	2,845	3,197	4,836

① 2022년 세계 개인 서비스용 로봇 시장 규모는 전년 대비 약 3.8% 정도 성장했다.

② 세계 전문 서비스용 로봇 시장 규모는 2020년 이후 꾸준히 성장하는 추세를 보이고 있으며, 2022년 세계 전문 서비스용 로봇 시장 규모는 전체 세계 로봇 시장 규모의 약 27% 이상을 차지하고 있다.

③ 2022년 세계 제조용 로봇 시장은 전년 대비 약 9.2% 성장한 111억 3,300만 달러로 세계 로봇 시장에서 가장 큰 시장 규모를 차지하고 있다.

④ 2022년의 국내 전문 서비스용 로봇의 생산 규모는 전년보다 약 91.0% 증가했으며, 2022년의 국내 전체 서비스용 로봇의 생산 규모도 전년 대비 약 27.3% 증가했다.

⑤ 2022년의 국내 개인 서비스용 로봇 수출은 전년 대비 약 23.1% 정도 감소하였고, 2022년의 국내 전체 서비스용 로봇 수출은 전년 대비 약 4.7% 정도 감소했다.

※ 다음은 주요산업국의 연도별 연구개발비 추이에 대한 자료이다. 이를 보고 이어지는 질문에 답하시오. [6~7]

〈주요산업국 연도별 연구개발비 추이〉

(단위 : 백만 달러)

구분	2017년	2018년	2019년	2020년	2021년	2022년
한국	23,587	28,641	33,684	31,304	29,703	37,935
중국	29,898	37,664	48,771	66,430	84,933	–
일본	151,270	148,526	150,791	168,125	169,047	–
독일	69,317	73,737	84,148	97,457	92,552	92,490
영국	39,421	42,693	50,016	47,138	40,291	39,924
미국	325,936	350,923	377,594	403,668	401,576	–

〈2021년 연구개발비 분포〉

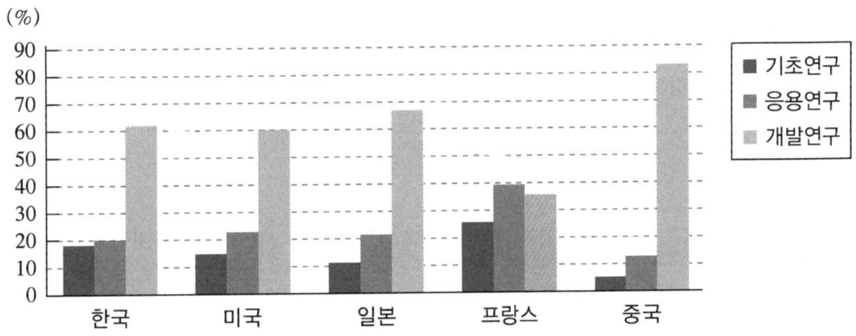

06 다음 중 자료에 대한 〈보기〉의 설명 중 옳은 것을 모두 고르면?

보기

ㄱ. 2021년도 연구개발비가 전년 대비 감소한 곳은 4곳이다.

ㄴ. 2017년에 비해 2021년도 연구개발비 증가율이 가장 높은 곳은 중국이고, 가장 낮은 곳은 일본이다.

ㄷ. 전년 대비 2019년 한국의 연구개발비 증가율은 독일보다 높고, 중국보다 낮다.

① ㄱ
② ㄱ, ㄴ
③ ㄱ, ㄷ
④ ㄴ, ㄷ
⑤ ㄱ, ㄴ, ㄷ

07 2021년 미국의 개발연구비는 한국의 응용연구비의 약 몇 배인가?(단, 소수점 이하는 버림한다)

① 38배
② 39배
③ 40배
④ 41배
⑤ 42배

08 반도체 메모리의 개발 용량이 다음과 같이 규칙적으로 증가할 때, 2007년에 개발한 메모리의 용량은?

〈연도별 반도체 메모리 개발 용량〉

(단위 : MB)

연도	1999년	2000년	2001년	2002년	2003년
메모리 개발 용량	256	512	1,024	2,048	4,096

① 32,768MB
② 52,428MB
③ 58,982MB
④ 65,536MB
⑤ 78,642MB

09 어떤 동굴의 한 석순의 길이를 10년 단위로 측정한 결과가 다음과 같은 규칙으로 자랄 때, 2050년에 측정될 석순의 길이는?

〈연도별 석순 길이〉

(단위 : cm)

연도	1960년	1970년	1980년	1990년	2000년
석순 길이	10	12	13	15	16

① 22cm
② 23cm
③ 24cm
④ 25cm
⑤ 26cm

10 세계 물 위원회에서는 전 세계의 물 문제 해결을 위한 공동 대응을 목적으로 '세계 물 포럼'을 주기적으로 개최하고 있다. 제1회 세계 물 포럼은 1997년 모로코의 마라케시에서 개최되었고 개최 연도에 다음과 같은 규칙으로 개최될 때, 제10회 세계 물 포럼이 개최되는 연도는?

〈세계 물 포럼 개최 연도〉

(단위 : 년)

구분	제1회	제2회	제3회	제4회	제5회
연도	1997	2000	2003	2006	2009

① 2022년
② 2023년
③ 2024년
④ 2025년
⑤ 2026년

02 추리

※ 제시된 명제가 참일 때, 다음 중 빈칸에 들어갈 명제로 가장 적절한 것을 고르시오. [1~3]

01

전제1. 스테이크를 먹는 사람은 지갑이 없다.
전제2. ______________________
결론. 지갑이 있는 사람은 쿠폰을 받는다.

① 스테이크를 먹는 사람은 쿠폰을 받지 않는다.
② 스테이크를 먹지 않는 사람은 쿠폰을 받는다.
③ 쿠폰을 받는 사람은 지갑이 없다.
④ 지갑이 없는 사람은 쿠폰을 받지 않는다.
⑤ 지갑이 없는 사람은 스테이크를 먹지 않는다.

02

전제1. 광물은 매우 규칙적인 원자 배열을 가지고 있다.
전제2. 다이아몬드는 광물이다.
결론. ______________________

① 다이아몬드는 매우 규칙적인 원자 배열을 가지고 있다.
② 광물이 아니면 규칙적인 원자 배열을 가지고 있지 않다.
③ 다이아몬드가 아니면 광물이 아니다.
④ 광물은 다이아몬드이다.
⑤ 광물이 아니면 다이아몬드이다.

03

전제1. 음악을 좋아하는 사람은 상상력이 풍부하다.
전제2. 음악을 좋아하지 않는 사람은 노란색을 좋아하지 않는다.
결론. ______________________

① 노란색을 좋아하지 않는 사람은 음악을 좋아한다.
② 음악을 좋아하지 않는 사람은 상상력이 풍부하지 않다.
③ 상상력이 풍부한 사람은 노란색을 좋아하지 않는다.
④ 노란색을 좋아하는 사람은 상상력이 풍부하다.
⑤ 상상력이 풍부하지 않은 사람은 음악을 좋아한다.

04 A～D 네 사람만 참여한 달리기 시합에서 동순위 없이 순위가 완전히 결정되었고, A, B, C는 각자 다음과 같이 진술하였다. 이들의 진술이 자신보다 낮은 순위의 사람에 대한 진술이라면 참이고, 높은 순위의 사람에 대한 진술이라면 거짓이라고 할 때, 반드시 참인 것은?

> A : C는 1위이거나 2위이다.
> B : D는 3위이거나 4위이다.
> C : D는 2위이다.

① A는 1위이다.
② B는 2위이다.
③ D는 4위이다.
④ A가 B보다 순위가 높다.
⑤ C가 D보다 순위가 높다.

05 낮 12시경 준표네 집에 도둑이 들었다. 목격자에 의하면 도둑은 한 명이다. 이 사건의 용의자로는 A～E가 있고, 다음에는 이들의 진술 내용이 기록되어 있다. 이 다섯 사람 중 오직 두 명만이 거짓말을 하고 있으며 거짓말을 하는 두 명 중 한 명이 범인이라면, 누가 범인인가?

> A : 나는 사건이 일어난 낮 12시에 학교에 있었어.
> B : 그날 낮 12시에 나는 A, C와 함께 있었어.
> C : B는 그날 낮 12시에 A와 부산에 있었어.
> D : B의 진술은 참이야.
> E : C는 그날 낮 12시에 나와 단 둘이 함께 있었어.

① A ② B
③ C ④ D
⑤ E

PART 1

06 A ~ D는 취미로 꽃꽂이, 댄스, 축구, 농구 중에 한 가지 활동을 한다. 취미는 서로 겹치지 않으며, 모든 사람은 취미 활동을 한다. 다음 〈조건〉을 바탕으로 항상 참인 것은?

> **조건**
> - A는 축구와 농구 중에 한 가지 활동을 한다.
> - B는 꽃꽂이와 축구 중에 한 가지 활동을 한다.
> - C의 취미는 꽃꽂이를 하는 것이다.

① B는 축구 활동을, D는 농구 활동을 한다.
② A는 농구 활동을, D는 댄스 활동을 한다.
③ A는 댄스 활동을, B는 축구 활동을 한다.
④ B는 축구 활동을 하지 않으며, D는 댄스 활동을 한다.
⑤ A는 농구 활동을 하지 않으며, D는 댄스 활동을 하지 않는다.

07 S사는 자율출퇴근제를 시행하고 있다. 출근시간은 12시 이전에 자유롭게 할 수 있으며 본인 업무를 마치면 바로 퇴근한다. 다음 1월 28일의 업무에 대한 일지를 고려하였을 때, 항상 참인 것은?

> - 점심시간은 12시부터 1시까지이며, 점심시간에는 업무를 하지 않는다.
> - 업무 1개당 1시간이 소요되며, 출근하자마자 업무를 시작하여 쉬는 시간 없이 근무한다.
> - S사에 근무 중인 K팀의 A ~ D는 1월 28일에 전원 출근했다.
> - A와 B는 오전 10시에 출근했다.
> - B와 D는 오후 3시에 퇴근했다.
> - C는 팀에서 업무가 가장 적어 가장 늦게 출근하고 가장 빨리 퇴근했다.
> - D는 B보다 업무가 1개 더 많았다.
> - A는 C보다 업무가 3개 더 많았고, 팀에서 가장 늦게 퇴근했다.
> - 이날 K팀은 가장 늦게 출근한 사람과 가장 늦게 퇴근한 사람을 기준으로, 오전 11시에 모두 출근하였으며 오후 4시에 모두 퇴근한 것으로 보고되었다.

① A는 4개의 업무를 하고 퇴근했다.
② B의 업무는 A의 업무보다 많았다.
③ C는 오후 2시에 퇴근했다.
④ A와 B는 팀에서 가장 빨리 출근했다.
⑤ 업무를 마친 C가 D의 업무 중 1개를 대신 했다면 D와 같이 퇴근할 수 있었다.

08 A ~ F는 경기장에서 배드민턴 시합을 하기로 하였다. 경기장에 도착하는 순서대로 다음과 같은 토너먼트 배치표의 1 ~ 6에 한 사람씩 배치한 후 모두 도착하면 토너먼트 경기를 하기로 하였다. 다음 〈조건〉을 바탕으로 항상 거짓인 것은?

〈토너먼트 배치표〉

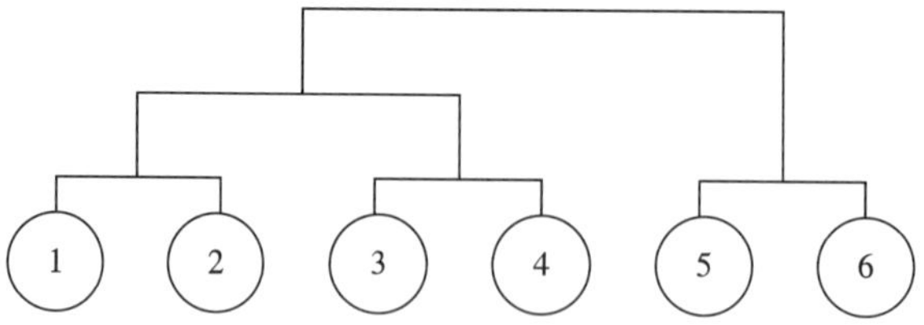

조건

- C는 A 바로 뒤에 도착하였다.
- F는 마지막으로 도착하였다.
- E는 D보다 먼저 도착하였다.
- B는 두 번째로 도착하였다.
- D는 C보다 먼저 도착하였다.

① E는 가장 먼저 경기장에 도착하였다.
② B는 최대 3번까지 경기를 하게 된다.
③ A는 최대 2번까지 경기를 하게 된다.
④ C는 다섯 번째로 도착하여 최대 2번까지 경기를 하게 된다.
⑤ D는 첫 번째 경기에서 A와 승부를 겨룬다.

※ 다음 제시된 도형의 규칙을 보고 물음표에 들어갈 도형으로 가장 적절한 것을 고르시오. **[9~10]**

09

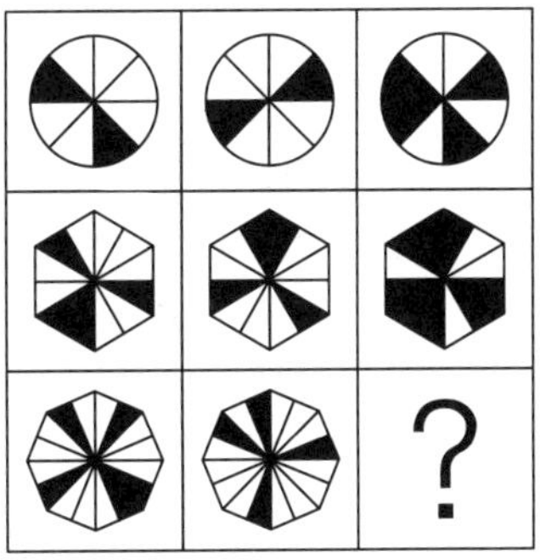

①
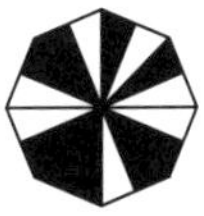

②

③

④
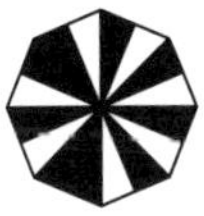

⑤
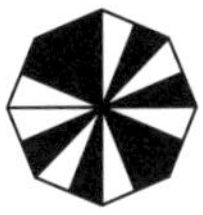

PART 1

10

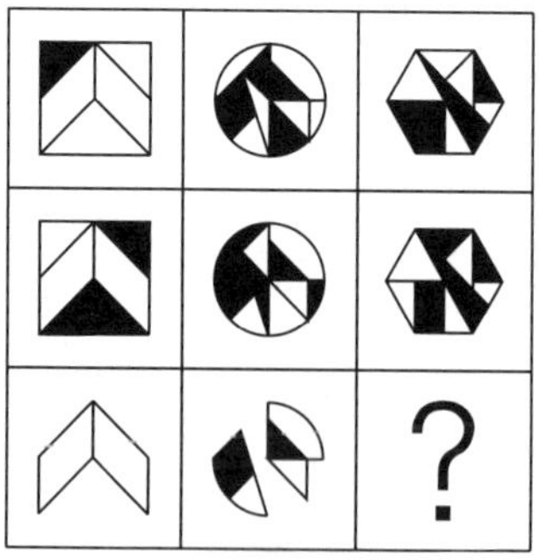

① 

② 

③ 

④ 

⑤ 

※ 다음 도식에서 기호들은 일정한 규칙에 따라 문자를 변화시킨다. 물음표에 들어갈 적절한 문자를 고르시오(단, 규칙은 가로와 세로 중 한 방향으로만 적용된다). **[11~14]**

		PAU3		EST6				
		↓		↓				
MZG2	→	○	→	□	→	☆	→	O4IB
		↓		↓				
CN49	→	☆	→	△	→	85MD		
		↓		↓				
		P3UA		FVU9				

11

JLMP → ○ → □ → ?

① NORL
② LNOK
③ RONL
④ MPQM
⑤ ONKK

12

DRFT → □ → ☆ → ?

① THVF
② EUGW
③ SGQE
④ VHTF
⑤ DTFR

13

8TK1 → △ → ○ → ?

① 81KT
② 9WL4
③ UJ27
④ KT81
⑤ 0LS9

14

F752 → ☆ → □ → △ → ?

① 348E
② 57F2
③ 974H
④ 388I
⑤ 663E

※ 다음 제시된 문장 또는 문단을 논리적 순서대로 바르게 나열한 것을 고르시오. [15~17]

15

(가) 상품의 가격은 기본적으로 수요와 공급의 힘으로 결정된다. 시장에 참여하고 있는 경제 주체들은 자신이 가진 정보를 기초로 하여 수요와 공급을 결정한다.
(나) 이런 경우에는 상품의 가격이 우리의 상식으로는 도저히 이해하기 힘든 수준까지 일시적으로 뛰어오르는 현상이 나타날 가능성이 있다. 이런 현상은 특히 투기의 대상이 되는 자산의 경우 자주 나타나는데, 우리는 이를 '거품 현상'이라고 부른다.
(다) 그러나 현실에서는 사람들이 서로 다른 정보를 갖고 시장에 참여하는 경우가 많다. 어떤 사람은 특정한 정보를 갖고 있는데 거래 상대방은 그 정보를 갖고 있지 못한 경우도 있다.
(라) 일반적으로 거품 현상이란 것은 어떤 상품 – 특히 자산 – 의 가격이 지속해서 급격히 상승하는 현상을 가리킨다. 이와 같은 지속적인 가격 상승이 일어나는 이유는 애초에 발생한 가격 상승이 추가적인 가격 상승의 기대로 이어져 투기 바람이 형성되기 때문이다.
(마) 이들이 똑같은 정보를 함께 갖고 있으며 이 정보가 아주 틀린 것이 아닌 한, 상품의 가격은 어떤 기본적인 수준에서 크게 벗어나지 않을 것이라고 예상할 수 있다.

① (마) – (가) – (다) – (라) – (나)
② (라) – (가) – (다) – (나) – (마)
③ (가) – (다) – (나) – (라) – (마)
④ (가) – (마) – (다) – (나) – (라)
⑤ (라) – (다) – (가) – (나) – (마)

16

(가) 오히려 클레나 몬드리안의 작품을 우리 조각보의 멋에 비견되는 것으로 보아야 할 것이다. 조각보는 몬드리안이나 클레의 작품보다 100여 년 이상 앞서 제작된 공간 구성미를 가진 작품이며, 시대적으로 앞설 뿐 아니라 평범한 여성들의 일상에서 시작되었다는 점 그리고 정형화되지 않은 색채감과 구성미로 독특한 예술성을 지닌다는 점에서 차별화된 가치를 지닌다.
(나) 조각보는 일상생활에서 쓰다 남은 자투리 천을 이어서 만든 것으로, 옛 서민들의 절약 정신과 소박한 미의식을 보여준다. 조각보의 색채와 공간구성 면은 공간 분할의 추상화가로 유명한 클레(Paul Klee)나 몬드리안(Peit Mondrian)의 작품과 비견되곤 한다. 그만큼 아름답고 훌륭한 조형미를 지녔다는 의미이기도 하지만 일견 돌이켜 보면 이것은 잘못된 비교이다.
(다) 기하학적 추상을 표방했던 몬드리안의 작품보다 세련된 색상 배치로 각 색상이 가진 느낌을 살렸으며, 동양적 정서가 담김 '오방색'이라는 원색을 통해 강렬한 추상성을 지닌다. 또한 조각보를 만드는 과정과 그 작업의 내면에 가족의 건강과 행복을 기원하는 마음이 담겨 있어 단순한 오브제이기 이전에 기복신앙적인 부분이 있다. 조각보가 아름답게 느껴지는 이유는 이처럼 일상 속에서 삶과 예술을 함께 담았기 때문일 것이다.

① (가) – (나) – (다)
② (나) – (가) – (다)
③ (나) – (다) – (가)
④ (다) – (가) – (나)
⑤ (다) – (나) – (가)

17

(가) 개념사를 역사학의 한 분과로 발전시킨 독일의 역사학자 코젤렉은 '개념은 실재의 지표이자 요소'라고 하였다. 이 말은 실타래처럼 얽혀 있는 개념과 정치·사회적 실재, 개념과 역사적 실재의 관계를 정리하기 위한 중요한 지침으로 작용한다. 그에 의하면 개념은 정치적 사건이나 사회적 변화 등의 실재를 반영하는 거울인 동시에 정치·사회적 사건과 변화의 실제적 요소이다.

(나) 개념은 정치적 사건과 사회적 변화 등에 직접 관련되어 있거나 그것을 기록, 해석하는 다양한 주체들에 의해 사용된다. 이러한 주체들, 즉 '역사 행위자'들이 사용하는 개념은 여러 의미가 포개어진 층을 이룬다. 개념사에서는 사회·역사적 현실과 관련하여 이러한 층들을 파헤치면서 개념이 어떻게 사용되어 왔는가, 이 과정에서 그 의미가 어떻게 변화했는가, 어떤 함의들이 거기에 투영되었는가, 그 개념이 어떠한 방식으로 작동했는가 등에 대해 탐구한다.

(다) 이상에서 보듯이 개념사에서는 개념과 실재를 대조하고 과거와 현재의 개념을 대조함으로써, 그 개념이 대응하는 실재를 정확히 드러내고 있는가, 아니면 실재의 이해를 방해하고 더 나아가 왜곡하는가를 탐구한다. 이를 통해 코젤렉은 과거에 대한 '단 하나의 올바른 묘사'를 주장하는 근대 역사학의 방법을 비판하고, 과거의 역사 행위자가 구성한 역사적 실재와 현재 역사가가 만든 역사적 실재를 의미있게 소통시키고자 했다.

(라) 사람들이 '자유', '민주', '평화' 등과 같은 개념들을 사용할 때, 그 개념이 서로 같은 의미를 갖는 것은 아니다. '자유'의 경우, '구속받지 않는 상태'를 강조하는 개념으로 쓰이는가 하면, '자발성'이나 '적극적인 참여'를 강조하는 개념으로 쓰이기도 한다. 이러한 정의와 해석의 차이로 인해 개념에 대한 논란과 논쟁이 늘 있어 왔다. 바로 이러한 현상에 주목하여 출현한 것이 코젤렉의 '개념사'이다.

(마) 또한 개념사에서는 '무엇을 이야기 하는가.'보다는 '어떤 개념을 사용하면서 그것을 이야기하는가.'에 관심을 갖는다. 개념사에서는 과거의 역사 행위자가 자신이 경험한 '현재'를 서술할 때 사용한 개념과 오늘날의 입장에서 '과거'의 역사 서술을 이해하기 위해 사용한 개념의 차이를 밝힌다. 그리고 과거의 역사를 현재의 역사로 번역하면서 양자가 어떻게 수렴될 수 있는가를 밝히는 절차를 밟는다.

① (라) – (가) – (나) – (마) – (다)
② (라) – (나) – (가) – (다) – (마)
③ (마) – (나) – (가) – (다) – (라)
④ (마) – (라) – (나) – (다) – (가)
⑤ (가) – (나) – (다) – (라) – (마)

18 다음 제시문을 읽고 추론한 내용으로 가장 적절한 것은?

> 두뇌 연구는 지금까지 뉴런을 중심으로 진행되어 왔다. 뉴런 연구로 노벨상을 받은 카얄은 뉴런이 '생각의 전화선'이라는 이론을 확립하여 사고와 기억 등 두뇌에서 일어나는 모든 현상을 뉴런의 연결망과 뉴런 간의 전기 신호로 설명했다. 그러나 두뇌에는 뉴런 외에도 신경교 세포가 존재한다. 신경교 세포는 뉴런처럼 그 수가 많지만 전기 신호를 전달하지 못한다. 이 때문에 과학자들은 신경교 세포가 단지 두뇌 유지에 필요한 영양 공급과 두뇌 보호를 위한 전기 절연의 역할만을 가진다고 여겼다.
> 최근 과학자들은 신경교 세포에서 그 이상의 기능을 발견했다. 신경교 세포 중에도 '성상세포'라 불리는 별 모양의 세포는 자신만의 화학적 신호를 가진다는 것이 밝혀졌다. 성상세포는 뉴런처럼 전기를 이용하지는 않지만, '뉴런송신기'라고 불리는 화학물질을 방출하고 감지한다. 과학자들은 이러한 화학적 신호의 연쇄반응을 통해 신경교 세포가 전체 뉴런을 조정한다고 추론했다.
> A연구팀은 신경교 세포가 전체 뉴런을 조정하면서 기억력과 사고력을 향상시킨다고 예상하고서, 이를 확인하기 위해 인간의 신경교 세포를 갓 태어난 생쥐의 두뇌에 주입했다. 쥐가 자라면서 주입된 인간의 신경교 세포도 성장했다. 이 세포들은 쥐의 뉴런들과 완벽하게 결합되어 쥐의 두뇌 전체에 걸쳐 퍼지게 되었다. 심지어 어느 두뇌 영역에서는 쥐의 뉴런의 숫자를 능가하기도 했다. 뉴런과 달리 쥐와 인간의 신경교 세포는 비교적 쉽게 구별된다. 인간의 신경교 세포는 매우 길고 무성한 섬유질을 가지기 때문이다. 쥐에 주입된 인간의 신경교 세포는 그 기능을 그대로 간직한다. 그렇게 성장한 쥐들은 다른 쥐들과 잘 어울렸고, 다른 쥐들의 관심을 끄는 것에 흥미를 보였다. 이 쥐들은 미로를 통과해 치즈를 찾는 테스트에서 더 뛰어났다. 보통의 쥐들은 네다섯 번의 시도 끝에 올바른 길을 배웠지만, 인간의 신경교 세포를 주입받은 쥐들은 두 번 만에 학습했다.

① 인간의 신경교 세포를 쥐에게 주입하면, 쥐의 뉴런은 전기 신호를 전달하지 못할 것이다.

② 인간의 뉴런 세포를 쥐에게 주입하면, 쥐의 두뇌에는 화학적 신호의 연쇄 반응이 더 활발해질 것이다.

③ 인간의 뉴런 세포를 쥐에게 주입하면, 그 뉴런 세포는 쥐의 두뇌 유지에 필요한 영양을 공급할 것이다.

④ 인간의 신경교 세포를 쥐에게 주입하면, 그 신경교 세포는 쥐의 뉴런을 보다 효과적으로 조정할 것이다.

⑤ 인간의 신경교 세포를 쥐에게 주입하면, 그 신경교 세포는 쥐의 신경교 세포의 기능을 갖도록 변화할 것이다.

PART 1

19 다음 제시문을 읽고 추론한 내용으로 적절하지 않은 것은?

태양 빛은 흰색으로 보이지만 실제로는 다양한 파장의 가시광선이 혼합되어 나타난 것이다. 프리즘을 통과시키면 흰색 가시광선은 파장에 따라 붉은빛부터 보랏빛까지의 무지갯빛으로 분해된다. 가시광선의 파장 범위는 390 ~ 780nm* 정도인데 보랏빛이 가장 짧고 붉은빛이 가장 길다. 빛의 진동수는 파장과 반비례하므로 진동수는 보랏빛이 가장 크고 붉은빛이 가장 작다. 태양 빛이 대기층에 입사하여 산소나 질소 분자와 같은 공기 입자(직경 0.1 ~ 1nm 정도), 먼지 미립자, 에어로졸**(직경 1 ~ 100,000nm 정도) 등과 부딪치면 여러 방향으로 흩어지는데 이러한 현상을 산란이라 한다. 산란은 입자의 직경과 빛의 파장에 따라 '레일리(Rayleigh) 산란'과 '미(Mie) 산란'으로 구분된다. 레일리 산란은 입자의 직경이 파장의 1/10보다 작을 경우에 일어나는 산란을 말하는데 그 세기는 파장의 네제곱에 반비례한다. 대기의 공기 입자는 직경이 매우 작아 가시광선 중 파장이 짧은 빛을 주로 산란시키며, 파장이 짧을수록 산란의 세기가 강하다. 따라서 맑은 날에는 주로 공기 입자에 의한 레일리 산란이 일어나서 보랏빛이나 파란빛이 강하게 산란되는 반면 붉은빛이나 노란빛은 약하게 산란된다. 산란되는 세기로는 보랏빛이 가장 강하겠지만, 우리 눈은 보랏빛보다 파란빛을 더 잘 감지하기 때문에 하늘은 파랗게 보이는 것이다. 만약 태양 빛이 공기 입자보다 큰 입자에 의해 레일리 산란이 일어나면 공기 입자만으로는 산란이 잘되지 않던 긴 파장의 빛까지 산란되어 하늘의 파란빛은 상대적으로 엷어진다.

미 산란은 입자의 직경이 파장의 1/10보다 큰 경우에 일어나는 산란을 말하는데 주로 에어로졸이나 구름 입자 등에 의해 일어난다. 이때 산란의 세기는 파장이나 입자 크기에 따른 차이가 거의 없다. 구름이 흰색으로 보이는 것은 미 산란으로 설명된다. 구름 입자(직경 20,000nm 정도)처럼 입자의 직경이 가시광선의 파장보다 매우 큰 경우에는 모든 파장의 빛이 고루 산란된다. 이 산란된 빛이 동시에 우리 눈에 들어오면 모든 무지갯빛이 혼합되어 구름이 하얗게 보인다. 이처럼 대기가 없는 달과 달리 지구는 산란 효과에 의해 파란 하늘과 흰 구름을 볼 수 있다.

*나노미터 : 물리학적 계량 단위(1nm=10^{-9}m)
**에어로졸 : 대기에 분산된 고체 또는 액체 입자

① 가시광선의 파란빛은 보랏빛보다 진동수가 작다.
② 프리즘으로 분해한 태양 빛을 다시 모으면 흰색이 된다.
③ 파란빛은 가시광선 중에서 레일리 산란의 세기가 가장 크다.
④ 빛의 진동수가 2배가 되면 레일리 산란의 세기는 16배가 된다.
⑤ 달의 하늘에서는 공기 입자에 의한 태양 빛의 산란이 일어나지 않는다.

20 다음 제시문의 내용으로 적절하지 않은 것은?

> 헤로도토스의 앤드로파기(식인종)나 신화나 전설적 존재들인 반인반양, 켄타우루스, 미노타우로스 등은 아무래도 역사적인 구체성이 크게 결여된 편이다. 반면에 르네상스의 야만인 담론에 등장하는 야만인들은 서구의 전통 야만인관에 의해 각색되었지만, 이전과는 달리 현실적 구체성을 띠고 나타난다. 하지만 이때도 문명의 시각이 작동하여 야만인이 저질 인간으로 인식되는 것은 마찬가지이다. 다만 이런 인식이 서구 중심의 세계체제 형성과 관련을 맺는다는 점이 이전과의 차이점이다. 르네상스 야만인상은 서구인의 문명건설 과업과 관련하여 만들어진 것이다. '신대륙 발견'과 더불어 '문명'과 '야만'의 접촉이 빈번해지자 야만인은 더는 신화적 · 상징적 · 문화적 이해 대상이 아니다. 이제 그는 실제 경험의 대상으로서 서구인의 일상생활에까지 모습을 드러내는 존재이다.
> 특히 주목해야 할 점은 콜럼버스의 '신대륙 발견' 이후로 야만인 담론은 유럽인이 '발견'한 지역의 원주민들과 집단으로 직접 만나는 실제 체험과 관련되어 있다는 사실이다. 르네상스 이전이라고 해서 이방의 원주민들을 만나지 않았을 리 없겠지만 그때에는 원주민에 관한 정보가 직접 경험에 의한 것이라기보다는 뜬소문에 근거하거나 아니면 순전히 상상의 산물인 경우가 많았다. 반면에 르네상스 시대 야만인은 그냥 원주민이 아니다. 이때 원주민은 식인종이며 바로 이 점 때문에 문명인의 교화를 받거나 정복과 절멸의 대상이 된다. 이 점은 코르테스가 정복한 아스테카 제국인 멕시코를 생각하면 쉽게 이해할 수 있다.
> 멕시코는 당시 거대한 제국으로서 유럽에서도 유례를 찾아보기 힘들 정도로 인구 25만의 거대한 도시를 건설한 '문명국'이었다. 하지만 멕시코 정벌에 참여한 베르날 디아즈는 나중에 이 경험을 토대로 한 회고록 『뉴 스페인 정복사』에서 멕시코 원주민들을 지독한 식인습관을 가신 것으로 매도한다. 멕시코 원주민들이 식인종으로 규정되고 나면 그들이 아무리 스페인 정복군이 눈이 휘둥그레질 정도로 발달된 문화를 가지고 있어도 소용이 없다. 그들은 집단으로 '식인 야만인'으로 규정됨으로써 정복의 대상이 되고 또 이로 말미암아 세계사의 흐름에 큰 변화가 오게 된다. 거대한 대륙의 주인이 바뀌는 것이다.

① 고대에 형성된 야만인 이미지들은 경험에 의한 것이기보다 허구의 산물이었다.
② 르네상스 이후 서구인의 야만인 담론은 전통적인 야만인관과 단절을 이루었다.
③ 르네상스 이후 야만인은 서구의 세계제패 전략의 관점에서 인식되고 평가되었다.
④ 스페인 정복군에 의한 아즈테카 문명의 정복은 서구 야만인 담론을 통해 합리화되었다.
⑤ 콜럼버스 신대륙 발견 이후 야만인은 문명에 의해 교화되거나 정복되어야 할 잔인한 존재로 매도되었다.

CHAPTER

04 2022년 하반기 기출복원문제

정답 및 해설 p.017

01 수리

01 S기업에서는 사회 나눔 사업의 일환으로 마케팅부에서 5팀, 총무부에서 2팀을 구성해 어느 요양 시설에서 7팀 모두가 하루에 한 팀씩 7일 동안 봉사활동을 하려고 한다. 7팀의 봉사활동 순번을 임의로 정할 때, 첫 번째 날 또는 일곱 번째 날에 총무부 소속 팀이 봉사활동을 하게 될 확률은 $\frac{b}{a}$이다. $a-b$의 값은?(단, a와 b는 서로소이다)

① 4
② 6
③ 8
④ 10
⑤ 12

02 아마추어 야구 시합에서 A팀과 B팀이 경기하고 있다. 7회 말까지는 동점이었고 8·9회에서 A팀이 획득한 점수는 B팀이 획득한 점수의 2배이었다. 최종적으로 12 : 9로 A팀이 승리하였을 때, 8·9회에서 B팀은 몇 점을 획득하였는가?

① 2점
② 3점
③ 4점
④ 5점
⑤ 6점

03 S회사에서는 업무효율을 높이기 위해 근무여건 개선방안에 대하여 논의하고자 한다. 논의 자료를 위하여 전 직원의 야간근무 현황을 조사하였을 때, 다음 중 적절하지 않은 것은?

〈야간근무 현황(주 단위)〉

(단위 : 일, 시간)

구분	임원	부장	과장	대리	사원
평균 야간근무 빈도	1.2	2.2	2.4	1.8	1.4
평균 야간근무 시간	1.8	3.3	4.8	6.3	4.2

※ 60분의 3분의 2 이상을 채울 시 1시간으로 야간근무수당을 계산함

① 과장은 한 주에 평균적으로 2.4일 정도 야간근무를 한다.
② 전 직원의 주 평균 야간근무 빈도는 1.8일이다.
③ 사원은 한 주 동안 평균 4시간 12분 정도 야간근무를 하고 있다.
④ 1회 야간근무 시 평균적으로 가장 긴 시간 동안 일하는 직원은 대리이다.
⑤ 야간근무수당이 시간당 10,000원이라면 과장은 주 평균 50,000원을 받는다.

04 화물 출발지와 도착지 간 거리가 A기업은 100km, B기업은 200km이며, 운송량은 A기업이 5톤, B기업이 1톤이다. 국내 운송 시 수단별 요금체계가 다음과 같을 때, A기업과 B기업의 운송비용에 대한 설명으로 적절한 것은?(단, 다른 조건은 같다)

구분		화물자동차	철도	연안해송
운임	기본운임	200,000원	150,000원	100,000원
	추가운임	1,000원	900원	800원
부대비용		100원	300원	500원

※ 추가운임 및 부대비용은 거리(km)와 무게(톤)를 곱하여 산정함

① A, B 모두 화물자동차 운송이 저렴하다.
② A는 화물자동차가 저렴하고, B는 모든 수단이 같다.
③ A는 모든 수단이 같고, B는 연안해송이 저렴하다.
④ A, B 모두 철도운송이 저렴하다.
⑤ A는 연안해송, B는 철도운송이 저렴하다.

05 다음은 2017 ~ 2021년의 한부모 및 미혼모 · 부 가구 수를 조사한 자료이다. 이에 대한 설명으로 적절하지 않은 것은?

〈2017 ~ 2021년 한부모 및 미혼모 · 부 가구 수〉

(단위 : 천 명)

구분		2017년	2018년	2019년	2020년	2021년
한부모 가구	모자 가구	1,600	2,000	2,500	3,600	4,500
	부자 가구	300	340	480	810	990
미혼모 · 부 가구	미혼모 가구	80	68	55	72	80
	미혼부 가구	28	17	22	27	30

① 한부모 가구 중 모자 가구 수는 2018 ~ 2021년까지 2020년을 제외하고 매년 1.25배씩 증가한다.
② 한부모 가구에서 부자 가구가 모자 가구 수의 20%를 초과한 연도는 2020년과 2021년이다.
③ 2020년 미혼모 가구 수는 모자 가구 수의 2%이다.
④ 2018 ~ 2021년 전년 대비 미혼모 가구와 미혼부 가구 수의 증감 추이가 바뀌는 연도는 같다.
⑤ 2018년 부자 가구 수는 미혼부 가구 수의 20배이다.

06 다음은 인천국제공항의 연도별 세관 물품 신고 수에 대한 자료이다. 〈보기〉를 바탕으로 A ~ D에 들어갈 물품으로 가장 적절한 것은?

〈연도별 세관 물품 신고 수〉

(단위 : 만 건)

구분	2017년	2018년	2019년	2020년	2021년
A	3,547	4,225	4,388	5,026	5,109
B	2,548	3,233	3,216	3,410	3,568
C	3,753	4,036	4,037	4,522	4,875
D	1,756	2,013	2,002	2,135	2,647

보기

ㄱ. 가전류와 주류의 2018 ~ 2020년까지 전년 대비 세관 물품 신고 수는 증가와 감소가 반복되었다.
ㄴ. 2021년도 담배류 세관 물품 신고 수의 전년 대비 증가량은 두 번째로 많다.
ㄷ. 2018 ~ 2021년 동안 매년 세관 물품 신고 수가 가장 많은 것은 잡화류이다.
ㄹ. 2020년도 세관 물품 신고 수의 전년 대비 증가율이 세 번째로 높은 것은 주류이다.

	A	B	C	D
①	잡화류	담배류	가전류	주류
②	담배류	가전류	주류	잡화류
③	잡화류	가전류	담배류	주류
④	가전류	담배류	잡화류	주류
⑤	가전류	잡화류	담배류	주류

PART 1

07

반도체 부품 회사에서 근무하는 S사원은 월별 매출 현황에 대한 보고서를 작성 중이었다. 그런데 실수로 파일이 삭제되어 기억나는 매출액만 다시 작성하였다. S사원이 기억하는 월평균 매출액은 35억 원이고, 상반기의 월평균 매출액은 26억 원이었다. 다음 중 남아 있는 매출 현황을 통해 상반기 평균 매출 대비 하반기 평균 매출의 증감액은?

〈월별 매출 현황〉

(단위 : 억 원)

1월	2월	3월	4월	5월	6월	7월	8월	9월	10월	11월	12월	평균
	10	18	36				35	20	19			35

① 12억 원 증가
② 12억 원 감소
③ 18억 원 증가
④ 18억 원 감소
⑤ 20억 원 증가

08

다음은 통계청에서 발표한 서울 지역 물가지수에 대한 자료이다. 이를 해석한 것으로 적절하지 않은 것은?

〈서울 지역 소비자물가지수 및 생활물가지수〉

(단위 : %)

구분	2018년	2019년				2020년				2021년		
	4/4 분기	1/4 분기	2/4 분기	3/4 분기	4/4 분기	1/4 분기	2/4 분기	3/4 분기	4/4 분기	1/4 분기	2/4 분기	3/4 분기
소비자 물가지수	95.5	96.4	97.7	97.9	99.0	99.6	100.4	100.4	101.0	102.6	103.4	104.5
전년 동기 (월)비	4.2	3.9	2.5	2.4	2.7	2.5	2.5	2.8	3.2	3.6	3.8	4.1
생활물가지수	95.2	95.9	97.1	97.6	99.1	99.7	99.7	100.4	100.9	103.1	103.5	104.5
전년 동기 (월)비	3.5	3.1	2.4	2.5	3.4	2.7	2.7	2.9	3.4	4.0	3.8	4.1

※ 물가지수는 2018년을 100으로 하여 각 연도의 비교치를 제시한 것임

① 2018년에 비해 2020년 소비자물가지수는 거의 변동이 없다.
② 2021년 4/4분기의 생활물가지수가 95.9포인트라면, 2021년 생활물가지수는 2020년에 비해 2포인트 이상 상승했다.
③ 2018년 이후 소비자물가지수와 생활물가지수는 매년 상승했다.
④ 2020년에는 소비자물가지수가 생활물가지수보다 약간 더 높다.
⑤ 전년 동기와 비교하여 상승 폭이 가장 클 때는 2018년 4/4분기 소비자물가지수이고, 가장 낮을 때는 2019년 2/4분기 생활물가지수와 2019년 3/4분기 소비자물가지수이다.

09 다음은 Z세균을 각각 다른 환경인 X와 Y조건에 놔두는 실험을 하였을 때 번식하는 수를 기록한 자료이다. 번식하는 수가 다음과 같이 일정한 규칙으로 변화할 때 10일 차에 Z세균의 번식 수는?

〈실험 결과〉

(단위 : 만 개)

구분	1일 차	2일 차	3일 차	4일 차	5일 차	…	10일 차
X조건에서의 Z세균	10	30	50	90	150	…	(A)
Y조건에서의 Z세균	1	2	4	8	16	…	(B)

	(A)	(B)
①	1,770	512
②	1,770	256
③	1,770	128
④	1,440	512
⑤	1,440	256

10 새로운 원유의 정제비율을 조사하기 위해 상압증류탑을 축소한 Pilot Plant에 새로운 원유를 투입해 사전분석실험을 시행했다. 다음과 같은 실험 결과를 얻었다고 할 때 아스팔트는 최초 투입한 원유의 양 대비 몇 % 생산되는가?

〈사전분석실험 결과〉

생산제품	생산량
LPG	투입한 원유량의 5%
휘발유	LPG를 생산하고 남은 원유량의 20%
등유	휘발유를 생산하고 남은 원유량의 50%
경유	등유를 생산하고 남은 원유량의 10%
아스팔트	경유를 생산하고 남은 원유량의 4%

① 1.168%
② 1.368%
③ 1.568%
④ 1.768%
⑤ 1.968%

PART 1

02 추리

※ 제시된 명제가 모두 참일 때, 다음 중 빈칸에 들어갈 명제로 가장 적절한 것을 고르시오. [1~2]

01

전제1. 환율이 하락하면 국가 경쟁력이 떨어졌다는 것이다.
전제2. ____________________
전제3. 수출이 감소했다는 것은 GDP가 감소했다는 것이다.
결론. 수출이 감소하면 국가 경쟁력이 떨어진다.

① 국가 경쟁력이 떨어지면 수출이 감소했다는 것이다.
② GDP가 감소해도 국가 경쟁력은 떨어지지 않는다.
③ 환율이 상승하면 GDP가 증가한다.
④ 환율이 하락해도 GDP는 감소하지 않는다.
⑤ 수출이 증가했다는 것은 GDP가 증가했다는 것이다.

02

전제1. 아는 것이 적으면 인생에 나쁜 영향이 생긴다.
전제2. ____________________
전제3. 지식을 함양하지 않으면 아는 것이 적다.
결론. 공부를 열심히 하지 않으면 인생에 나쁜 영향이 생긴다.

① 공부를 열심히 한다고 해서 지식이 생기지는 않는다.
② 지식을 함양했다는 것은 공부를 열심히 했다는 뜻이다.
③ 아는 것이 많으면 인생에 나쁜 영향이 생긴다.
④ 아는 것이 많으면 지식이 많다는 뜻이다.
⑤ 아는 것이 적으면 지식을 함양하지 않았다는 것이다.

03 **고등학생 S는 총 7과목(ㄱ ~ ㅅ)을 한 과목씩 순서대로 중간고사를 보려고 한다. S가 세 번째로 시험 보는 과목이 ㄱ일 때, 〈조건〉에 따라 네 번째로 시험 보는 과목은?**

조건

- 7개의 과목 중에서 ㄷ은 시험을 보지 않는다.
- ㅅ은 ㄴ보다 나중에 시험 본다.
- ㄴ은 ㅂ보다 먼저 시험 본다.
- ㄹ은 ㅁ보다 나중에 시험 본다.
- ㄴ은 ㄱ과 ㄹ보다 나중에 시험 본다.

① ㄴ
② ㄹ
③ ㅁ
④ ㅂ
⑤ ㅅ

PART 1

04 **S사는 공개 채용을 통해 4명의 남자 사원과 2명의 여자 사원을 최종 선발하였고, 선발된 6명의 신입 사원을 기획부, 인사부, 구매부 세 부서에 배치하려고 한다. 다음 〈조건〉에 따라 신입 사원을 배치할 때, 적절하지 않은 것은?**

조건

- 기획부, 인사부, 구매부 각 부서에 적어도 한 명의 신입 사원을 배치한다.
- 기획부, 인사부, 구매부에 배치되는 신입 사원의 수는 서로 다르다.
- 부서별로 배치되는 신입 사원의 수는 구매부가 가장 적고, 기획부가 가장 많다.
- 여자 신입 사원만 배치되는 부서는 없다.

① 인사부에는 2명의 신입 사원이 배치된다.
② 구매부에는 1명의 남자 신입 사원이 배치된다.
③ 기획부에는 반드시 여자 신입 사원이 배치된다.
④ 인사부에는 반드시 여자 신입 사원이 배치된다.
⑤ 인사부에는 1명 이상의 남자 신입 사원이 배치된다.

05 **함께 놀이공원에 간 A ~ E 5명 중 1명만 롤러코스터를 타지 않고 회전목마를 탔다. 이들은 집으로 돌아오는 길에 다음과 같은 대화를 나누었다. 5명 중 2명은 거짓을 말하고, 나머지 3명은 모두 진실을 말한다고 할 때, 롤러코스터를 타지 않은 사람은?**

> A : 오늘 탄 롤러코스터는 정말 재밌었어. 나는 같이 탄 E와 함께 소리를 질렀어.
> B : D는 회전목마를 탔다던데? E가 회전목마를 타는 D를 봤대. E의 말은 사실이야.
> C : D는 회전목마를 타지 않고 롤러코스터를 탔어.
> D : 나는 혼자서 회전목마를 타고 있는 B를 봤어.
> E : 나는 롤러코스터를 탔어. 손뼉을 칠 만큼 너무 완벽한 놀이기구야.

① A ② B
③ C ④ D
⑤ E

06 **A ~ D는 S아파트 10층에 살고 있다. 다음 〈조건〉을 고려하였을 때, 항상 거짓인 것은?**

조건

• 아파트 10층의 구조는 다음과 같다.

계단	1001호	1002호	1003호	1004호	엘리베이터

• A는 엘리베이터보다 계단이 더 가까운 곳에 살고 있다.
• C와 D는 계단보다 엘리베이터에 더 가까운 곳에 살고 있다.
• D는 A 바로 옆에 살고 있다.

① A보다 계단이 가까운 곳에 살고 있는 사람은 B이다.
② D는 1003호에 살고 있다.
③ 본인이 살고 있는 곳과 가장 가까운 이동 수단을 이용한다면 C는 엘리베이터를 이용할 것이다.
④ B가 살고 있는 곳에서 엘리베이터 쪽으로는 2명이 살고 있다.
⑤ C 옆에는 D가 살고 있다.

※ 제시된 단어의 대응 관계로 볼 때, 다음 중 빈칸에 들어갈 단어로 가장 적절한 것을 고르시오. [7~8]

07

간섭 : 참견 = 갈구 : ( )

① 관여
② 개입
③ 경외
④ 관조
⑤ 열망

08

호평 : 악평 = 예사 : ( )

① 비범
② 통상
③ 보통
④ 험구
⑤ 인기

PART 1

09 다음 제시문을 읽고 〈보기〉의 내용으로 적절한 것을 모두 고르면?

뉴턴 역학은 갈릴레오나 뉴턴의 근대과학 이전 중세를 지배했던 아리스토텔레스의 역학관에 정면으로 반대된다. 아리스토텔레스에 의하면 물체가 똑같은 운동 상태를 유지하기 위해서는 외부에서 끝없이 힘이 제공되어야만 한다. 이렇게 물체에 힘을 제공하는 기동자가 물체에 직접적으로 접촉해야 운동이 일어난다. 기동자가 없어지거나 물체와의 접촉이 중단되면 물체는 자신의 운동 상태를 유지할 수 없다. 그러나 관성의 법칙에 의하면 외력이 없는 한 물체는 자신의 원래 운동 상태를 유지한다. 아리스토텔레스는 기본적으로 물체의 운동을 하나의 정지 상태에서 다른 정지 상태로의 변화로 이해했다. 즉, 아리스토텔레스에게는 물체의 정지 상태가 물체의 운동 상태와는 아무런 상관이 없었다. 그러나 근대 과학의 시대를 열었던 갈릴레오나 뉴턴에 의하면 물체가 정지한 상태는 운동하는 상태의 특수한 경우이다. 운동 상태가 바뀌는 것은 물체의 외부에서 힘이 가해지는 경우이다. 즉, 힘은 운동의 상태를 바꾸는 요인이다. 지금 우리는 뉴턴 역학이 옳다고 자연스럽게 생각하고 있지만 이론적인 선입견을 배제하고 일상적인 경험만 떠올리면 언뜻 아리스토텔레스의 논리가 더 그럴듯하게 보일 수도 있다.

보기

ㄱ. 뉴턴 역학은 적절하지 않으므로, 아리스토텔레스의 역학관을 따라야 한다.
ㄴ. 아리스토텔레스는 '외부에서 힘이 작용하지 않으면 운동하는 물체는 계속 그 상태로 운동하려 하고, 정지한 물체는 계속 정지해 있으려고 한다.'고 주장했다.
ㄷ. 뉴턴이나 갈릴레오 또한 당시에는 아리스토텔레스의 논리가 옳다고 판단하였다.
ㄹ. 아리스토텔레스는 정지와 운동을 별개로 보았다.

① ㄴ
② ㄹ
③ ㄱ, ㄷ
④ ㄴ, ㄹ
⑤ ㄱ, ㄴ, ㄷ

10 다음 제시문의 주장에 대한 비판으로 가장 적절한 것은?

사회 현상을 볼 때는 돋보기로 세밀하게, 그리고 때로는 멀리 떨어져서 전체 속에 어떻게 위치하고 있는가를 동시에 봐야 한다. 숲과 나무는 서로 다르지만 따로 떼어 생각할 수 없기 때문이다. 현대 사회 현상의 최대 쟁점인 과학 기술에 대해 평가할 때도 마찬가지이다. 로봇 탄생의 숲을 보면, 그 로봇 개발에 투자한 사람과 로봇을 개발한 사람들의 의도가 드러난다. 그리고 나무인 로봇을 세밀히 보면, 그 로봇이 생산에 이용되는지 아니면 감옥의 죄수들을 감시하기 위한 것인지 그 용도를 알 수가 있다. 이 광범한 기술의 성격을 객관적이고 물질적이어서 가치관이 없다고 쉽게 생각하면 로봇에 당하기 십상이다.

자동화는 자본주의의 실업을 늘려 실업자에 대해 생계의 위협을 가하는 측면뿐 아니라, 기존 근로자에 대한 감시를 더욱 효율적으로 해내는 역할도 수행한다. 자동화를 적용하는 기업 측에서는 자동화가 인간의 삶을 증대시키는 이미지로 일반 사람들에게 인식되기를 바란다. 그래야 자동화 도입에 대한 노동자의 반발을 무마하고 기업가의 구상을 관철시킬 수 있기 때문이다. 그러나 자동화나 기계화 도입으로 인해 실업을 두려워하고, 업무 내용이 바뀌는 것을 탐탁해 하지 않았던 유럽의 노동자들은 자동화 도입에 대해 극렬히 반대했던 경험들을 갖고 있다.

지금도 자동화 · 기계화는 좋은 것이라는 고정관념을 가진 사람들이 많고, 현실에서 이러한 고정관념이 가져오는 파급 효과는 의외로 크다. 예를 들어 은행에 현금을 자동으로 세는 기계가 등장하면 은행원들이 현금을 세는 작업량은 줄어든다. 손님들도 기계가 현금을 재빨리 세는 것을 보고 감탄해 하면서 행원이 세는 것보다 더 많은 신뢰를 보낸다. 그러나 현금 세는 기계의 도입에는 이익 추구라는 의도가 숨어 있다. 현금 세는 기계는 행원의 수고를 덜어 준다. 그러나 현금 세는 기계를 들여옴으로써 실업자가 생기고 만다. 사람이 잘만 이용하면 잘 써먹을 수 있을 것만 같은 기계가 엄청나게 혹독한 성품을 지닌 프랑켄슈타인으로 돌변하는 것이다.

자동화와 정보화를 추진하는 핵심 조직이 기업이란 것에서도 알 수 있듯이 기업은 이윤 추구에 도움이 되지 않는 행위는 무가치하다고 판단한다. 그러므로 자동화는 그 계획 단계에서부터 기업의 의도가 스며들어가 탄생된다. 또한 그 의도대로 자동화나 정보화가 진행되면, 다른 한편으로 의도하지 않은 결과를 초래한다. 자동화와 같은 과학 기술이 풍요를 생산하는 수단이라고 생각하는 것은 하나의 고정관념에 불과하다.

채플린이 제작한 영화 「모던 타임즈」에 나타난 것처럼 초기 산업화 시대에는 기계에 종속된 인간의 모습이 가시적으로 드러날 수밖에 없었다. 그래서 이러한 종속에 저항하고자 하는 인간의 노력도 적극적인 모습을 보였다. 그러나 현대의 자동화기기는 그 첨병이 정보 통신기기로 바뀌면서 문제는 질적으로 달라진다. 무인 생산까지 진전된 자동화나 정보 통신화는 인간에게 단순 노동을 반복시키는 그런 모습을 보이지 않는다. 그래서인지는 몰라도 정보 통신은 별 무리 없이 어느 나라에서나 급격하게 개발 · 보급되고 보편화되어 있다. 그런데 문제는 이 자동화기기가 생산에만 이용되는 것이 아니라, 노동자를 감시하거나 관리하는 데도 이용될 수 있다는 것이다. 오히려 정보 통신의 발달로 이전보다 사람들은 더 많은 감시와 통제를 받게 되었다.

① 기업의 이윤 추구가 사회 복지 증진과 직결될 수 있음을 간과하고 있어.
② 기계화 • 정보화가 인간의 삶의 질 개선에 기여하고 있음을 경시하고 있어.
③ 기계화를 비판하는 주장만 되풀이할 뿐, 구체적인 근거를 제시하지 않고 있어.
④ 화제의 부분적 측면에 관계된 이론을 소개하여 편향적 시각을 갖게 하고 있어.
⑤ 현대의 기술 문명이 가져다 줄 수 있는 긍정적인 측면을 과장하여 강조하고 있어.

11 다음 제시문에 대한 반론으로 가장 적절한 것은?

어느 관현악단의 연주회장에서 연주가 한창 진행되는 도중에 휴대 전화의 벨 소리가 울려 음악의 잔잔한 흐름과 고요한 긴장이 깨져버렸다. 청중들은 객석 여기저기를 둘러보았다. 그런데 황급히 호주머니에서 휴대 전화를 꺼내 전원을 끄는 이는 다름 아닌 관현악단의 바이올린 주자였다. 연주는 계속되었지만 연주회의 분위기는 엉망이 되었고, 음악을 감상하던 많은 사람에게 찬물을 끼얹었다. 이와 같은 사고는 극단적인 사례이지만 공공장소의 소음이 심각한 사회 문제가 될 수 있다는 사실을 보여주고 있다.

소음 문제는 물질문명의 발달과 관련이 있다. 산업화가 진행됨에 따라 우리의 생활 속에는 '개인적 도구'가 증가하고 있다. 그러한 도구들 덕분에 우리의 생활은 점점 편리해지고 합리적이며 효율적으로 변해가고 있다. 그러나 그러한 이득은 개인과 그가 소유하고 있는 물건 사이의 관계에서 성립하는 것으로 그 관계를 넘어서면 전혀 다른 문제가 된다. 제한된 공간 속에서 개인적 도구가 넘쳐남에 따라, 개인과 개인, 도구와 도구, 그리고 자신의 도구와 타인과의 관계 등이 모순을 일으키는 것이다. 소음 문제도 마찬가지이다. 개인의 차원에서는 편리와 효율을 제공하는 도구들이, 전체의 차원에서는 불편과 비효율을 빚어내는 것이다. 그래서 많은 사회에서 개인적 도구가 타인의 권리를 침해하는 것을 방지하기 위하여 공공장소의 소음을 규제하고 있다.

① 사람들은 소음을 통해 자신의 권리를 침해받기도 한다.

② 문명이 발달함에 따라 소음 문제도 대두되고 있다.

③ 소음 문제는 보통 제한된 공간 속에서 개인적 도구가 과도함에 따라 발생한다.

④ 엿장수의 가위 소리와 같이 소리는 단순한 물리적 존재가 아닌 문화적 가치를 담은 존재가 될 수 있다.

⑤ 개인 차원에서 효율적인 도구들이 전체 차원에서는 문제가 될 수도 있다.

12 다음 제시문에서 추론할 수 있는 내용으로 가장 적절한 것은?

무선으로 전력을 주고받으면, 전원을 직접 연결하는 유선보다 효율은 떨어지지만 전자 제품을 자유롭게 이동하며 사용할 수 있는 장점이 있다. 이처럼 무선으로 전력을 주고받을 수 있도록 전자기를 활용하여 전기를 공급하거나 이용하는 기술이 무선 전력 전송 방식인데 대표적으로 '자기 유도 방식'과 '자기 공명 방식' 두 가지를 들 수 있다.

자기 유도 방식은 변압기의 원리와 유사하다. 변압기는 네모 모양의 철심 좌우에 코일을 감아, 1차 코일에 '+, −' 극성이 바뀌는 교류 전류를 보내면 마치 자석을 운동시켜서 자기장을 형성하는 것처럼 1차 코일에서도 자기장을 형성한다. 이 자기장에 의해 2차 코일에 전류가 만들어지는데 이 전류를 유도전류라 한다. 변압기는 자기장의 에너지를 잘 전달할 수 있는 철심이 있으나, 자기 유도 방식은 철심이 없이 무선 전력 전송을 하는 것이다.

이러한 자기 유도 방식은 전력 전송 효율이 90% 이상으로 매우 높다는 장점이 있다. 하지만 1차 코일에 해당하는 송신부와 2차 코일에 해당하는 수신부가 수 센티미터 이상 떨어지거나 송신부와 수신부의 중심이 일치하지 않게 되면 전력 전송 효율이 급격히 저하된다는 문제점이 있다. 휴대전화 같은 경우, 충전 패드에 휴대전화를 올려놓는 방식으로 거리 문제를 해결하고 충전 패드 전체에 코일을 배치하여 송수신부 간 전송 효율을 높임으로써 무선 충전이 가능하도록 하였다. 다만 휴대전화는 직류 전류를 사용하기 때문에 1차 코일로부터 2차 코일에 유도된 교류 전류를 직류 전류로 변환해 주는 정류기가 충전 단계 전에 필요하다.

두 번째 전송 방식은 자기 공명 방식이다. 다양한 소리굽쇠 중에 하나를 두드리면 동일한 고유 진동수를 가지는 소리굽쇠가 같이 진동하는 물리적 현상이 공명이다. 자기장에 공명이 일어나도록 1차 코일과 공진기를 설계하여 공진 주파수를 만든다. 이후 2차 코일과 공진기를 설계하여 공진 주파수가 전달되도록 하는 것이 자기 공명 방식의 원리이다.

이러한 특성으로 인해 자기 공명 방식은 자기 유도 방식과 달리 수 미터 가량 근거리 전력 전송이 가능하다는 장점이 있다. 이 방식이 상용화된다면, 송신부와 공명되는 여러 전자 제품을 전원을 연결하지 않아도 사용할 수 있거나 충전할 수 있다. 그러나 실험 단계의 코일 크기로는 일반 가전제품에 적용할 수 없으므로 코일을 소형화해야 할 필요가 있다. 따라서 이를 해결하기 위한 연구가 필요하다.

① 자기 유도 방식은 변압기의 핵심인 유도 전류와 철심을 이용한 방식이다.
② 자기 유도 방식을 사용하면 무선 전력 전송임에도 어떠한 환경에서든 유실되는 전력이 많이 없다는 장점이 있다.
③ 휴대전화와 자기 유도 방식의 '2차 코일'은 모두 직류 전류 방식이다.
④ 자기 공명 방식에서 2차 코일은 공진 주파수를 생성하는 역할을 한다.
⑤ 자기 공명 방식에서 해결이 시급한 것은 전력을 생산하는데 필요한 코일의 크기가 너무 크다는 것이다.

13 다음 제시문을 토대로 〈보기〉를 바르게 해석한 것은?

1930년대 대공황 상황에서 케인스는 당시 영국과 미국에 만연한 실업의 원인을 총수요의 부족이라고 보았다. 그는 총수요가 증가하면 기업의 생산과 고용이 촉진되고 가계의 소득이 늘어 경기를 부양할 수 있다고 주장했다. 따라서 정부의 재정정책을 통해 총수요를 증가시킬 필요성을 제기하였다. 케인스는 총수요를 늘리기 위해서 총수요 중 많은 부분을 차지하는 가계의 소비에 주목하였고, 소비는 소득과 밀접한 관련이 있다고 생각하였다. 케인스는 절대소득가설을 내세워, 소비를 결정하는 요인들 중에서 가장 중요한 것은 현재의 소득이라고 하였다. 그리고 소득이 없더라도 생존을 위해 꼭 필요한 소비인 기초소비가 존재하며, 소득이 증가함에 따라 일정 비율로 소비도 증가한다고 주장하였다. 이러한 절대소득가설은 1950년대까지 대표적인 소비결정이론으로 사용되었다.

그러나 쿠즈네츠는 절대소득가설로는 설명하기 어려운 소비 행위가 이루어지고 있음에 주목하였다. 쿠즈네츠는, 미국에서 장기간에 걸쳐 일어난 각 가계의 실제 소비 행위를 분석한 결과 저소득층의 소득 중 소비가 차지하는 비율이 고소득층보다 높다는 것을 발견하였다. 이러한 실증 분석 결과는 절대소득가설로는 명확히 설명하기 어려운 것이었다.

이러한 현상을 설명하기 위해 프리드먼은 소비는 장기적인 기대소득으로서의 항상소득에 의존한다는 항상소득가설을 내세웠다. 프리드먼은 실제로 측정되는 소득을 실제소득이라 하고, 실제소득은 항상소득과 임시소득으로 구성된다고 보았다. 항상소득이란 평생 동안 벌어들일 것으로 기대되는 소득의 매기 평균 또는 장기적 평균 소득이다. 임시소득은 장기적으로 예견되지 않은 일시적인 소득으로서 양(+)일 수도, 음(−)일 수도 있다. 프리드먼은 소비가 임시소득과는 아무런 상관관계가 없고 오직 항상소득에만 의존한다고 보았으며, 임시소득의 대부분은 저축된다고 설명했다. 사람들은 월급과 같이 자신이 평균적으로 벌어들이는 돈을 고려하여 소비를 하지, 예상치 못한 복권 당첨이나 주가 하락에 의한 손실을 고려하여 소비하지는 않는다는 것이다.

항상소득가설을 바탕으로 프리드먼은 쿠즈네츠가 발견한 현상을, 단기적인 소득의 증가는 임시소득이 증가한 것에 해당하므로 소비가 늘어나지 않은 것이라고 설명하였다. 항상소득가설에 따른다면 소비를 늘리기 위해서는 단기적인 재정 정책보다 장기적인 재정 정책을 펴는 것이 바람직하다. 가령 정부가 일시적으로 세금을 줄여 가계의 소득을 증가시키고 그에 따른 소비 진작을 기대한다 해도 가계는 일시적인 소득의 증가를 항상소득의 증가로 받아들이지 않아 소비를 늘리지 않기 때문이다.

보기

코로나로 인해 위축된 경제 상황을 극복하기 위해, 정부는 소득 하위 80% 국민에게 1인당 25만원의 재난지원금을 지급하기로 하였다.

① 케인스에 따르면, 재난지원금은 일시적 소득으로 대부분 저축될 것이다.
② 케인스에 따르면, 재난지원금과 같은 단기적 재정정책보다는 장기적인 재정정책을 펴야 한다고 주장할 것이다.
③ 프리드먼에 따르면, 재난지원금을 받은 국민들은 늘어난 소득만큼 소비를 늘릴 것이다.
④ 프리드먼에 따르면, 재난지원금은 생존에 꼭 필요한 기초소비 비중을 늘릴 것이다.
⑤ 프리드먼에 따르면, 재난지원금은 항상소득이 아니기 때문에 소비에 영향을 주지 않을 것이다.

※ 다음 제시된 도형의 규칙을 보고 물음표에 들어갈 도형으로 가장 적절한 것을 고르시오. [14~16]

14

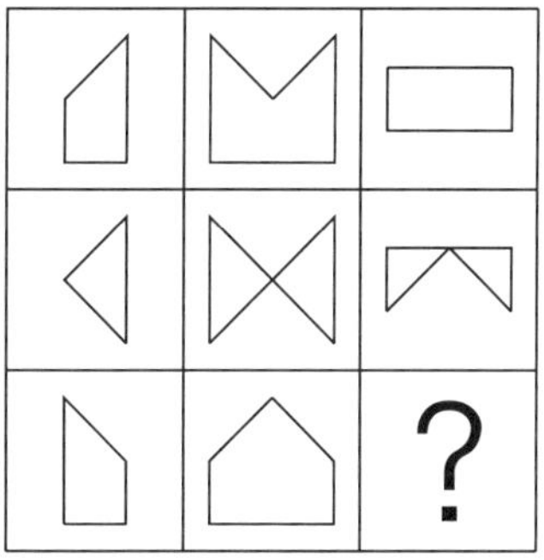

① 

② 

③ 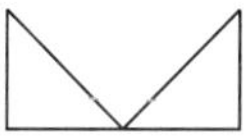

④ 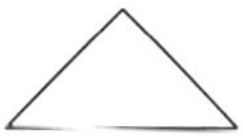

⑤ 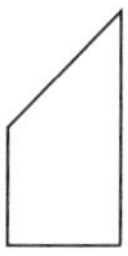

15

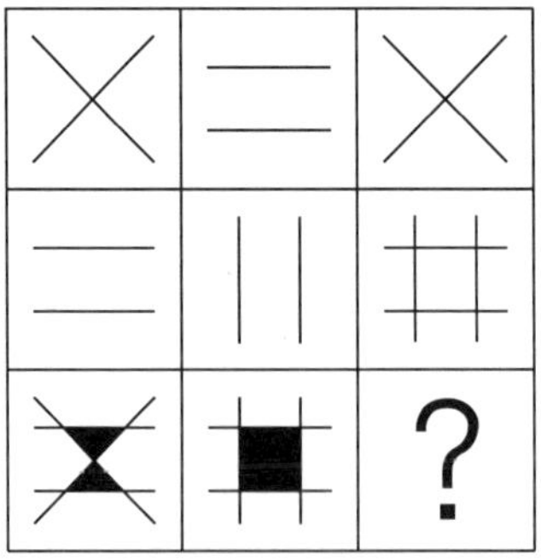

① 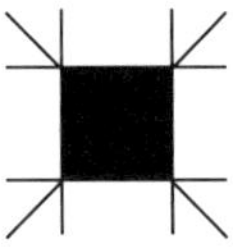

② 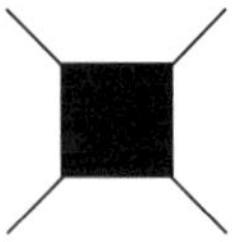

③ 

④ 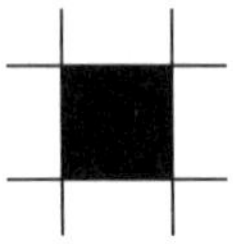

⑤ 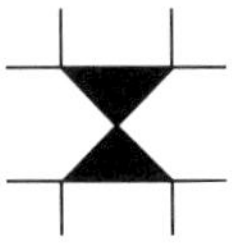

16

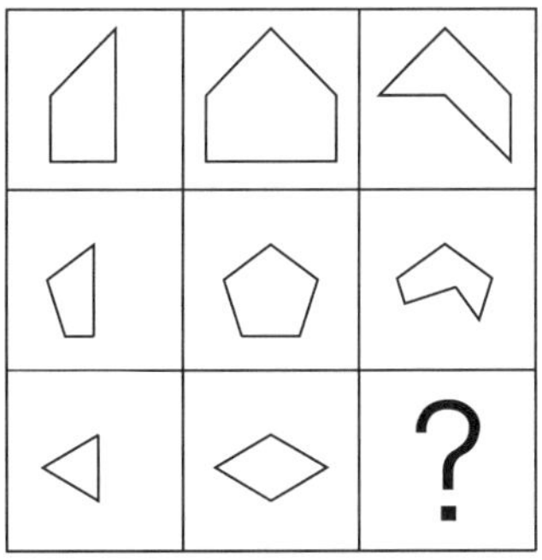

①

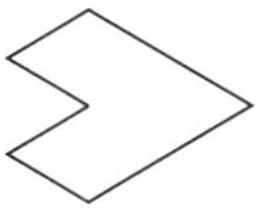

②

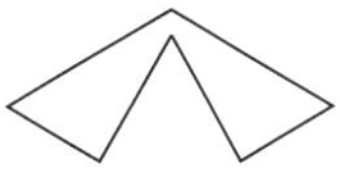

③

④

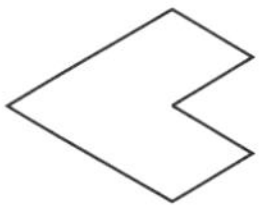

⑤

※ 다음 도식에서 기호들은 일정한 규칙에 따라 문자를 변화시킨다. 물음표에 들어갈 적절한 문자를 고르시오(단, 규칙은 가로와 세로 중 한 방향으로만 적용된다). **[17~20]**

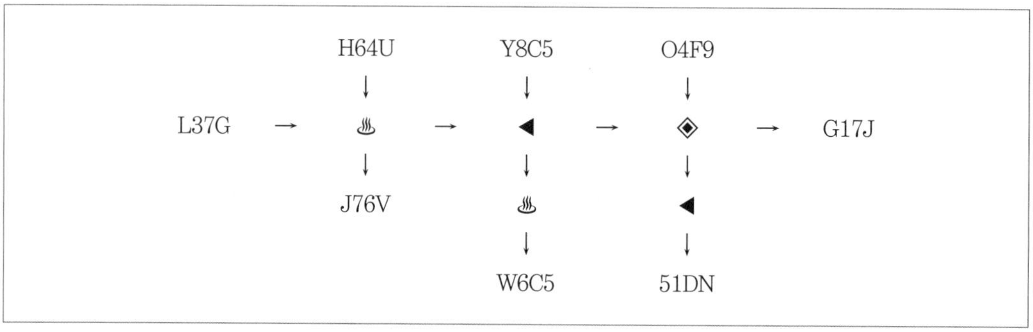

17

S4X8 → ♨ → ◈ → ?

① 37YT
② YT37
③ 95ZU
④ 5Z9U
⑤ Y73T

18

W53M → ◀ → ◈ → ?

① L12S
② M32P
③ L21S
④ MP32
⑤ 3M2P

19

T83I → ♨ → ◀ → ?

① H52Q
② Q52H
③ R63I
④ 63SI
⑤ 6S3I

20

6SD2 → ◀ → ◈ → ♨ → ?

① 34RE
② 4R3E
③ D43R
④ R4D3
⑤ 3QD3

CHAPTER

05 2022년 상반기 기출복원문제

정답 및 해설 p.022

01 수리

01 영업부 직원 4명이 1월부터 5월 사이에 한 달에 한 명씩 출장을 가려고 한다. 네 사람이 적어도 한 번 이상씩 출장 갈 경우의 수는?

① 60가지
② 120가지
③ 180가지
④ 240가지
⑤ 300가지

02 작년 A부서의 신입사원 수는 55명이다. 올해 A부서의 신입사원 수는 5명이 증가했고, B부서의 신입사원 수는 4명 증가했다. 올해 B부서 신입사원 수의 1.2배가 올해 A부서 신입사원 수라면, 작년 B부서의 신입사원 수는?

① 44명
② 46명
③ 48명
④ 50명
⑤ 52명

03 A～F 6개의 직무팀을 층마다 두 개의 공간으로 분리된 3층짜리 건물에 배치하려고 한다. A팀과 B팀이 2층에 들어갈 확률은?

① $\frac{1}{15}$
② $\frac{1}{12}$
③ $\frac{1}{9}$
④ $\frac{1}{6}$
⑤ $\frac{1}{3}$

04 S사에서 판매 중인 두 제품 A와 B의 원가의 합은 50,000원이다. 각각 10%, 12% 이익을 붙여서 5개씩 팔았을 때 마진이 28,200원이라면 B의 원가는?

① 12,000원
② 17,000원
③ 22,000원
④ 27,000원
⑤ 32,000원

05 S사 인사이동에서 A부서 사원 6명이 B부서로 이동했다. 부서 인원이 각각 15% 감소, 12% 증가했을 때, 인사이동 전 두 부서의 인원 차이는?

① 6명
② 8명
③ 10명
④ 12명
⑤ 14명

06 S부서에는 팀원이 4명인 제조팀, 팀원이 2명인 영업팀, 팀원이 2명인 마케팅팀이 있다. 한 주에 3명씩 청소 당번을 뽑으려고 할 때, 이번 주 청소 당번이 세 팀에서 한 명씩 뽑힐 확률은?

① $\frac{1}{3}$
② $\frac{1}{4}$
③ $\frac{2}{5}$
④ $\frac{2}{7}$
⑤ $\frac{2}{9}$

07 다음은 휴대폰 A～D의 항목별 고객평가 점수를 나타낸 자료이다. 이에 대한 〈보기〉의 설명 중 옳은 것을 모두 고르면?

〈휴대폰 A～D의 항목별 고객평가 점수〉

(단위 : 점)

구분	A	B	C	D
디자인	8	7	4	6
가격	4	6	7	8
해상도	5	6	8	4
음량	6	4	7	5
화면크기 · 두께	7	8	3	4
내장 · 외장메모리	5	6	7	8

※ 각 항목의 최고점은 10점임

※ 기본점수 산정방법 : 각 항목에서 제일 높은 점수 순대로 5점, 4점, 3점, 2점 배점

※ 성능점수 산정방법 : 해상도, 음량, 내장 · 외장메모리 항목에서 제일 높은 점수 순대로 5점, 4점, 3점, 2점 배점

보기

ㄱ. 휴대폰 A～D 중 기본점수가 가장 높은 휴대폰은 C이다.

ㄴ. 휴대폰 A～D 중 성능점수가 가장 높은 휴대폰은 D이다.

ㄷ. 각 항목의 고객평가 점수를 단순 합산한 점수가 가장 높은 휴대폰은 B이다.

ㄹ. 성능점수 항목을 제외한 고객평가 점수만을 단순 합산했을 때, 휴대폰 B의 점수는 휴대폰 C 점수의 1.5배이다.

① ㄱ, ㄷ

② ㄴ, ㄹ

③ ㄱ, ㄴ, ㄷ

④ ㄱ, ㄷ, ㄹ

⑤ ㄴ, ㄷ, ㄹ

08 다음은 S사 최종합격자 A ~ D 4명의 채용시험 점수표이다. 이를 기준으로 〈조건〉의 각 부서가 원하는 요구사항 대로 A ~ D를 배치한다고 할 때, 최종합격자 A ~ D와 각 부서가 바르게 연결된 것은?

〈최종합격자 A ~ D의 점수표〉

(단위 : 점)

구분	서류점수	필기점수	면접점수	평균
A	㉠	85	68	㉡
B	66	71	85	74
C	65	㉢	84	㉣
D	80	88	54	74
평균	70.75	80.75	72.75	74.75

조건

〈부서별 인원배치 요구사항〉

홍보팀 : 저희는 대외활동이 많다보니 면접점수가 가장 높은 사람이 적합할 것 같아요.
총무팀 : 저희 부서는 전체적인 평균점수가 높은 사람의 배치를 원합니다.
인사팀 : 저희는 면접점수보다도, 서류점수와 필기점수의 평균이 높은 사람이 좋을 것 같습니다.
기획팀 : 저희는 어느 영역에서나 중간 정도 하는 사람이면 될 것 같아요.
※ 배치순서는 홍보팀 – 총무팀 – 인사팀 – 기획팀 순으로 결정함

	홍보팀	총무팀	인사팀	기획팀
①	A	B	C	D
②	B	C	A	D
③	B	C	D	A
④	C	B	D	A
⑤	C	B	A	D

09 다음은 2019년부터 2021년까지 우리나라의 국가채무 현황에 대한 자료이다. 이에 대한 〈보기〉의 설명 중 옳은 것을 모두 고르면?(단, 비율은 소수점 둘째 자리에서 반올림한다)

〈우리나라 국가채무 현황〉

(단위 : 조 원)

구분	2019년	2020년	2021년
일반회계 적자보전	334.7	437.5	538.9
외환시장안정용	247.2	256.4	263.5
서민주거안정용	68.5	77.5	92.5
지방정부 순채무	24.2	27.5	27.5
공적자금 등	48.6	47.7	42.9
GDP 대비 국가채무 비율(%)	37.6	43.8	47.3

※ 국가채무=GDP×$\left(\frac{\text{GDP 대비 국가채무 비율}}{100}\right)$

보기

ㄱ. 서민주거안정용 국가채무가 국가채무에서 차지하는 비중은 2021년에 전년 대비 감소하였다.
ㄴ. 2020년과 2021년의 GDP 대비 국가채무의 비율과 지방정부 순채무의 전년 대비 증감추세는 동일하다.
ㄷ. 2020년 공적자금 등으로 인한 국가채무는 지방정부 순채무보다 60% 이상 많다.
ㄹ. GDP 중 외환시장안정용 국가채무가 차지하는 비율은 2020년이 2019년보다 높다.

① ㄱ, ㄴ
② ㄱ, ㄷ
③ ㄴ, ㄷ
④ ㄴ, ㄹ
⑤ ㄷ, ㄹ

10 다음은 각기 다른 두 가지 조건에서 세균을 배양하는 실험을 한 결과이다. 다음과 같이 일정한 변화가 지속될 때, 처음으로 환경 A의 세균이 더 많아질 때는?

〈환경별 세균 수 변화〉

(단위 : 마리)

구분	1시간	2시간	3시간	4시간	5시간
환경 A	1	3	7	15	31
환경 B	10	20	40	70	110

① 8시간 후
② 9시간 후
③ 10시간 후
④ 11시간 후
⑤ 12시간 후

02 추리

※ 제시된 명제가 모두 참일 때, 다음 중 빈칸에 들어갈 명제로 가장 적절한 것을 고르시오. [1~3]

01

전제1. 수학을 좋아하는 사람은 과학을 잘한다.
전제2. 호기심이 적은 사람은 과학을 잘하지 못한다.
결론. ______________________

① 수학을 좋아하면 호기심이 적다.
② 과학을 잘하지 못하면 수학을 좋아한다.
③ 호기심이 많은 사람은 수학을 좋아하지 않는다.
④ 호기심이 적은 사람은 수학을 좋아하지 않는다.
⑤ 수학을 좋아하지 않으면 호기심이 적다.

02

전제1. 물에 잘 번지는 펜은 수성펜이다.
전제2. 수성펜은 뚜껑이 있다.
전제3. 물에 잘 안 번지는 펜은 잉크 찌꺼기가 생긴다.
결론. ______________________

① 물에 잘 번지는 펜은 뚜껑이 없다.
② 뚜껑이 없는 펜은 잉크 찌꺼기가 생긴다.
③ 물에 잘 안 번지는 펜은 뚜껑이 없다.
④ 물에 잘 번지는 펜은 잉크 찌꺼기가 안 생긴다.
⑤ 물에 잘 안 번지는 펜은 잉크 찌꺼기가 안 생긴다.

03

전제1. A를 구매한 어떤 사람은 B를 구매했다.
전제2. ______________________
결론. 그러므로 C를 구매한 어떤 사람은 A를 구매했다.

① B를 구매하지 않는 사람은 C도 구매하지 않았다.
② B를 구매한 모든 사람은 C를 구매했다.
③ C를 구매한 사람은 모두 B를 구매했다.
④ A를 구매하지 않은 어떤 사람은 C를 구매했다.
⑤ B를 구매한 어떤 사람은 C를 구매했다.

04 **신발가게에서 일정 금액 이상을 구매한 고객에게 추첨을 통해 다양한 경품을 주는 이벤트를 하고 있다. 함께 쇼핑을 한 A ~ E는 이벤트에 응모했고 이 중 1명만 신발 교환권에 당첨되었다. 다음 A ~ E의 대화에서 한 명이 거짓말을 한다고 할 때, 신발 교환권 당첨자는?**

> A : C는 신발 교환권이 아닌 할인권에 당첨됐어.
> B : D가 신발 교환권에 당첨됐고, 나는 커피 교환권에 당첨됐어.
> C : A가 신발 교환권에 당첨됐어.
> D : C의 말은 거짓이야.
> E : 나는 꽝이야.

① A
② B
③ C
④ D
⑤ E

05 **A, B, C 세 사람은 점심식사 후 아메리카노, 카페라테, 카푸치노, 에스프레소 4종류의 음료를 파는 카페에서 커피를 마신다. 주어진 〈조건〉이 항상 참일 때, 다음 중 적절한 것은?**

> 조건
> • A는 카페라테와 카푸치노를 좋아하지 않는다.
> • B는 에스프레소를 좋아한다.
> • A와 B는 좋아하는 커피가 서로 다르다.
> • C는 에스프레소를 좋아하지 않는다.

① C는 아메리카노를 좋아한다.
② A는 아메리카노를 좋아한다.
③ C와 B는 좋아하는 커피가 같다.
④ A가 좋아하는 커피는 주어진 조건만으로는 알 수 없다.
⑤ C는 카푸치노를 좋아한다.

06

A팀과 B팀은 보안등급 상에 해당하는 문서를 나누어 보관하고 있다. 이에 따라 두 팀은 보안을 위해 다음과 같은 〈조건〉에 따라 각 팀의 비밀번호를 지정하였다. 다음 중 A팀과 B팀에 들어갈 수 있는 암호배열은?

> **조건**
>
> • 1 ~ 9까지의 숫자로 (한 자리 수)×(두 자리 수)=(세 자리 수)=(두 자리 수)×(한 자리 수) 형식의 비밀번호로 구성한다.
>
> • 가운데에 들어갈 세 자리 수의 숫자는 156이며 숫자는 중복 사용할 수 없다. 즉, 각 팀의 비밀번호에 1, 5, 6이란 숫자가 들어가지 않는다.
>
> 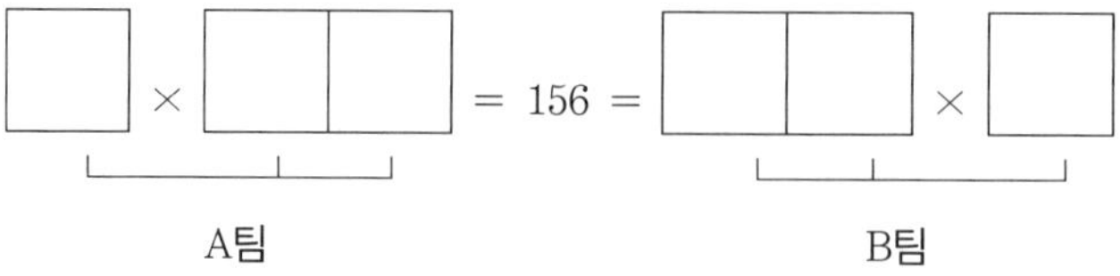
>

① 23

② 27

③ 29

④ 37

⑤ 39

07

A ~ D 네 명은 한 판의 가위바위보를 한 후 그 결과에 대해 각각 두 가지의 진술을 하였다. 두 가지의 진술 중 하나는 반드시 참이고, 하나는 반드시 거짓이라고 할 때, 다음 중 항상 참인 것은?

> A : C는 B를 이길 수 있는 것을 냈고, B는 가위를 냈다.
> B : A는 C와 같은 것을 냈지만, A가 편 손가락의 수는 나보다 적었다.
> C : B는 바위를 냈고, 그 누구도 같은 것을 내지 않았다.
> D : A, B, C 모두 참 또는 거짓을 말한 순서가 동일하다. 이 판은 승자가 나온 판이었다.

① B와 같은 것을 낸 사람이 있다.

② 보를 낸 사람은 1명이다.

③ D는 혼자 가위를 냈다.

④ B가 기권했다면 가위를 낸 사람이 지는 판이다.

⑤ 바위를 낸 사람은 2명이다.

※ 제시된 단어의 대응 관계로 볼 때, 다음 중 빈칸에 들어갈 단어로 가장 적절한 것을 고르시오. [8~9]

08

근면 : 태만 = 긴장 : (　　)

① 완화
② 경직
③ 수축
④ 압축
⑤ 팽창

PART 1

09

고집 : 집념 = (　　) : 정점

① 제한
② 경계
③ 한도
④ 절경
⑤ 절정

10 다음 제시문의 내용이 참일 때 항상 거짓인 것은?

사회 구성원들이 경제적 이익을 추구하는 과정에서 불법 행위를 감행하기 쉬운 상황일수록 이를 억제하는 데에는 금전적 제재 수단이 효과적이다.
현행법상 불법 행위에 대한 금전적 제재 수단에는 민사적 수단인 손해 배상, 형사적 수단인 벌금, 행정적 수단인 과징금이 있으며, 이들은 각각 피해자의 구제, 가해자의 징벌, 법 위반 상태의 시정을 목적으로 한다. 예를 들어 기업들이 담합하여 제품 가격을 인상했다가 적발된 경우, 그 기업들은 피해자에게 손해 배상 소송을 제기당하거나 법원으로부터 벌금형을 선고받을 수 있고 행정 기관으로부터 과징금도 부과받을 수 있다. 이처럼 하나의 불법 행위에 대해 세 가지 금전적 제재가 내려질 수 있지만 제재의 목적이 서로 다르므로 중복 제재는 아니라는 것이 법원의 판단이다.
그런데 우리나라에서는 기업의 불법 행위에 대해 손해 배상 소송이 제기되거나 벌금이 부과되는 사례는 드물어서, 과징금 등 행정적 제재 수단이 억제 기능을 수행하는 경우가 많다. 이런 상황에서는 과징금 등 행정적 제재의 강도를 높임으로써 불법 행위의 억제력을 끌어올릴 수 있다. 그러나 적발 가능성이 매우 낮은 불법 행위의 경우에는 과징금을 올리는 방법만으로는 억제력을 유지하는 데 한계가 있다. 또한 피해자에게 귀속되는 손해 배상금과는 달리 벌금과 과징금은 국가에 귀속되므로 과징금을 올려도 피해자에게는 직접적인 도움이 되지 못한다.

① 금전적 제재수단은 불법 행위를 억제하기 위해서 사용된다.
② 기업의 불법 행위에 대해 벌금과 과징금 모두 부과 가능하다.
③ 과징금은 가해자를 징벌하기 위해 부과된다.
④ 우리나라에서 주로 사용하는 방법은 행정적 제재이다.
⑤ 행정적 제재는 피해자에게 직접적인 도움이 되지 못한다.

먼저 행동으로 옮기고 말을 하라.

- 스티븐 스필버그 -

PART 2
대표기출유형

CHAPTER 01
수리

합격 CHEAT KEY

GSAT의 수리 영역은 크게 응용수리와 자료해석으로 나눌 수 있다. 응용수리는 주로 수의 관계(약수와 배수, 소수, 합성수, 인수분해, 최대공약수 / 최소공배수 등)를 이용하는 기초적인 계산 문제, 방정식과 부등식을 수립(날짜 / 요일 / 시간, 시간 / 거리 / 속도, 나이 / 수량, 원가 / 정가, 일 / 일률, 농도, 비율 등)하여 미지수를 계산하는 응용계산 문제, 경우의 수와 확률을 구하는 문제 등이 출제된다. 자료해석은 제시된 표를 이용하여 그래프로 변환하거나 자료를 해석하는 문제, 자료의 추이를 파악하여 빈칸을 찾는 문제 등이 출제된다. 출제비중은 응용수리 2문제(10%), 자료해석 18문제(90%)가 출제되며, 30분 내에 20문항을 해결해야 한다.

01 응용수리

수의 관계에 대해 알고 그것을 응용하여 계산할 수 있는지, 그리고 미지수를 구하기 위해 필요한 계산식을 세울 수 있는지를 평가하는 유형이다. 최근에는 단순하게 계산하는 문제가 아닌 두, 세 단계의 풀이과정을 거쳐서 답을 도출하는 문제가 출제되고 있으므로 기초적인 유형을 정확하게 알고, 이를 활용하는 연습을 해야 한다.

학습 포인트

- 문제풀이 시간 확보가 관건이므로 이 유형에서 점수를 따기 위해서는 다양한 문제를 최대한 많이 풀어보는 수밖에 없다.
- 고등학교 시절을 생각하며 오답노트를 만드는 것도 좋은 방법이 될 수 있다.

02 자료해석

표나 그래프 등 주어진 자료를 보고 필요한 정보를 빠르게 찾아 해석할 수 있는지를 평가하는 유형이다. 자료계산, 자료해석은 다른 기업의 인적성에도 흔히 출제되는 유형이지만, 규칙적인 변화 추이를 파악해서 미래를 예측하고, 자료의 적절한 값을 구하는 문제는 GSAT에서만 출제되는 특이한 유형이므로 익숙해지도록 연습해야 한다.

학습 포인트

- 표, 꺾은선 그래프, 막대 그래프, 원그래프 등 다양한 형태의 자료를 눈에 익힌다. 그래야 실제 시험에서 자료가 제시되었을 때 중점을 두고 파악해야 할 부분이 더욱 선명하게 보일 것이다.
- 자료해석 유형의 문제는 제시되는 정보의 양이 매우 많으므로 시간을 절약하기 위해서는 문제를 읽은 후 바로 자료 분석에 들어가는 것보다는, 선택지를 먼저 읽고 필요한 정보만 추출하여 답을 찾는 것이 좋다.

CHAPTER

01 이론점검

01 응용수리

1. 수의 관계

(1) 약수와 배수

a가 b로 나누어떨어질 때, a는 b의 배수, b는 a의 약수

(2) 소수

1과 자기 자신만을 약수로 갖는 수, 즉 약수의 개수가 2개인 수

(3) 합성수

1과 자신 이외의 수를 약수로 갖는 수, 즉 소수가 아닌 수 또는 약수의 개수가 3개 이상인 수

(4) 최대공약수

2개 이상의 자연수의 공통된 약수 중에서 가장 큰 수

(5) 최소공배수

2개 이상의 자연수의 공통된 배수 중에서 가장 작은 수

(6) 서로소

1 이외에 공약수를 갖지 않는 두 자연수, 즉 최대공약수가 1인 두 자연수

(7) 소인수분해

주어진 합성수를 소수의 거듭제곱의 형태로 나타내는 것

(8) 약수의 개수

자연수 $\mathrm{N}=a^m \times b^n$에 대하여, N의 약수의 개수는 $(m+1)\times(n+1)$개

(9) 최대공약수와 최소공배수의 관계

두 자연수 A, B에 대하여, 최소공배수와 최대공약수를 각각 L, G라고 하면 $\mathrm{A}\times\mathrm{B}=\mathrm{L}\times\mathrm{G}$가 성립한다.

2. 방정식의 활용

(1) 날짜 · 요일 · 시계

① 날짜 · 요일

㉠ 1일=24시간=1,440분=86,400초

㉡ 날짜 · 요일 관련 문제는 대부분 나머지를 이용해 계산한다.

② 시계

㉠ 시침이 1시간 동안 이동하는 각도 : 30°

㉡ 시침이 1분 동안 이동하는 각도 : 0.5°

㉢ 분침이 1분 동안 이동하는 각도 : 6°

PART 2

(2) 거리 · 속력 · 시간

① (거리)=(속력)×(시간)

㉠ 기차가 터널을 통과하거나 다리를 지나가는 경우

- (기차가 움직인 거리)=(기차의 길이)+(터널 또는 다리의 길이)

㉡ 두 사람이 반대 방향 또는 같은 방향으로 움직이는 경우

- (두 사람 사이의 거리)=(두 사람이 움직인 거리의 합 또는 차)

② (속력)$=\frac{(\text{거리})}{(\text{시간})}$

㉠ 흐르는 물에서 배를 타는 경우

- (하류로 내려갈 때의 속력)=(배 자체의 속력)+(물의 속력)
- (상류로 올라갈 때의 속력)=(배 자체의 속력)−(물의 속력)

③ (시간)$=\frac{(\text{거리})}{(\text{속력})}$

(3) 나이 · 인원 · 개수

구하고자 하는 것을 미지수로 놓고 식을 세운다. 동물의 경우 다리의 개수에 유의해야 한다.

(4) 원가 · 정가

① (정가)=(원가)+(이익), (이익)=(정가)−(원가)

② (a원에서 $b\%$ 할인한 가격)$=a\times\left(1-\frac{b}{100}\right)$

(5) 일률 · 톱니바퀴

① 일률

전체 일의 양을 1로 놓고, 시간 동안 한 일의 양을 미지수로 놓고 식을 세운다.

- $(일률)=\frac{(작업량)}{(작업기간)}$
- $(작업기간)=\frac{(작업량)}{(일률)}$
- (작업량)=(일률)×(작업기간)

② 톱니바퀴

(톱니 수)×(회전수)=(총 맞물린 톱니 수)

즉, A, B 두 톱니에 대하여, (A의 톱니 수)×(A의 회전수)=(B의 톱니 수)×(B의 회전수)가 성립한다.

(6) 농도

① $(농도)=\frac{(용질의\ 양)}{(용액의\ 양)}\times 100$

② $(용질의\ 양)=\frac{(농도)}{100}\times(용액의\ 양)$

(7) 수 I

① 연속하는 세 자연수 : $x-1$, x, $x+1$

② 연속하는 세 짝수(홀수) : $x-2$, x, $x+2$

(8) 수 II

① 십의 자릿수가 x, 일의 자릿수가 y인 두 자리 자연수 : $10x+y$

이 수에 대해, 십의 자리와 일의 자리를 바꾼 수 : $10y+x$

② 백의 자릿수가 x, 십의 자릿수가 y, 일의 자릿수가 z인 세 자리 자연수 : $100x+10y+z$

(9) 증가 · 감소

① x가 a% 증가 : $\left(1+\frac{a}{100}\right)x$

② y가 b% 감소 : $\left(1-\frac{b}{100}\right)y$

3. 경우의 수 · 확률

(1) 경우의 수

① 경우의 수 : 어떤 사건이 일어날 수 있는 모든 가짓수

② 합의 법칙

㉠ 두 사건 A, B가 동시에 일어나지 않을 때, A가 일어나는 경우의 수를 m, B가 일어나는 경우의 수를 n이라고 하면, 사건 A 또는 B가 일어나는 경우의 수는 $m+n$이다.

㉡ '또는', '~이거나'라는 말이 나오면 합의 법칙을 사용한다.

③ 곱의 법칙

㉠ A가 일어나는 경우의 수를 m, B가 일어나는 경우의 수를 n이라고 하면, 사건 A와 B가 동시에 일어나는 경우의 수는 $m\times n$이다.

㉡ '그리고', '동시에'라는 말이 나오면 곱의 법칙을 사용한다.

④ 여러 가지 경우의 수

㉠ 동전 n개를 던졌을 때, 경우의 수 : 2^n

㉡ 주사위 m개를 던졌을 때, 경우의 수 : 6^m

㉢ 동전 n개와 주사위 m개를 던졌을 때, 경우의 수 : $2^n\times6^m$

㉣ n명을 한 줄로 세우는 경우의 수 : $n!=n\times(n-1)\times(n-2)\times\cdots\times2\times1$

㉤ n명 중, m명을 뽑아 한 줄로 세우는 경우의 수 : ${}_nP_m=n\times(n-1)\times\cdots\times(n-m+1)$

㉥ n명을 한 줄로 세울 때, m명을 이웃하여 세우는 경우의 수 : $(n-m+1)!\times m!$

㉦ 0이 아닌 서로 다른 한 자리 숫자가 적힌 n장의 카드에서, m장을 뽑아 만들 수 있는 m자리 정수의 개수 : ${}_nP_m$

㉧ 0을 포함한 서로 다른 한 자리 숫자가 적힌 n장의 카드에서, m장을 뽑아 만들 수 있는 m자리 정수의 개수 : $(n-1)\times{}_{n-1}P_{m-1}$

㉨ n명 중, 자격이 다른 m명을 뽑는 경우의 수 : ${}_nP_m$

㉩ n명 중, 자격이 같은 m명을 뽑는 경우의 수 : ${}_nC_m=\dfrac{{}_nP_m}{m!}$

㉪ 원형 모양의 탁자에 n명을 앉히는 경우의 수 : $(n-1)!$

⑤ 최단거리 문제 : A에서 B 사이에 P가 주어져 있다면, A와 P의 최단거리, B와 P의 최단거리를 각각 구하여 곱한다.

PART 2

(2) 확률

① (사건 A가 일어날 확률)$=\frac{\text{(사건 A가 일어나는 경우의 수)}}{\text{(모든 경우의 수)}}$

② 여사건의 확률

㉠ 사건 A가 일어날 확률이 p일 때, 사건 A가 일어나지 않을 확률은 $(1-p)$이다.

㉡ '적어도'라는 말이 나오면 주로 사용한다.

③ 확률의 계산

㉠ 확률의 덧셈

두 사건 A, B가 동시에 일어나지 않을 때, A가 일어날 확률을 p, B가 일어날 확률을 q라고 하면, 사건 A 또는 B가 일어날 확률은 $p+q$이다.

㉡ 확률의 곱셈

A가 일어날 확률을 p, B가 일어날 확률을 q라고 하면, 사건 A와 B가 동시에 일어날 확률은 $p\times q$이다.

④ 여러 가지 확률

㉠ 연속하여 뽑을 때, 꺼낸 것을 다시 넣고 뽑는 경우 : 처음과 나중의 모든 경우의 수는 같다.

㉡ 연속하여 뽑을 때, 꺼낸 것을 다시 넣지 않고 뽑는 경우 : 나중의 모든 경우의 수는 처음의 모든 경우의 수보다 1만큼 작다.

㉢ (도형에서의 확률)$=\frac{\text{(해당하는 부분의 넓이)}}{\text{(전체 넓이)}}$

02 자료해석

(1) 꺾은선(절선) 그래프

① 시간적 추이(시계열 변화)를 표시하는 데 적합하다.

예 연도별 매출액 추이 변화 등

② 경과 · 비교 · 분포를 비롯하여 상관관계 등을 나타날 때 사용한다.

〈한국 자동차부품 수입 국가별 의존도〉

(단위 : %)

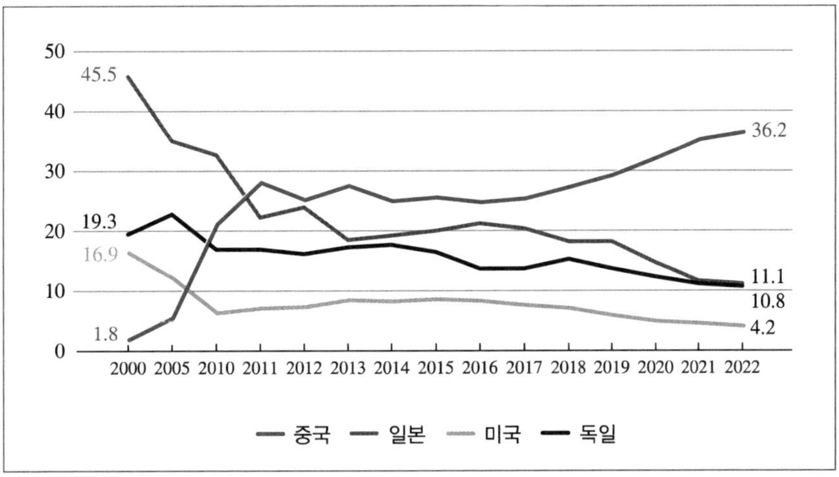

(2) 막대 그래프

① 비교하고자 하는 수량을 막대 길이로 표시하고, 그 길이를 비교하여 각 수량 간의 대소 관계를 나타내는 데 적합하다.

예 영업소별 매출액, 성적별 인원분포 등

② 가장 간단한 형태로 내역 · 비교 · 경과 · 도수 등을 표시하는 용도로 사용한다.

〈경상수지 추이〉

(잠정치, 단위 : 억 달러)

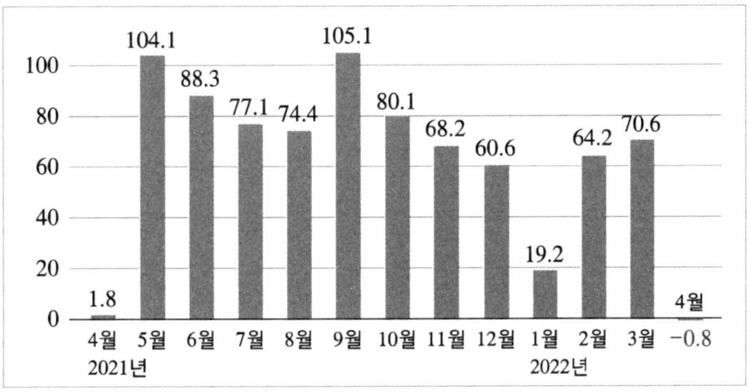

(3) 원그래프

① 내역이나 내용의 구성비를 분할하여 나타내는 데 적합하다.

예 제품별 매출액 구성비 등

② 원그래프를 정교하게 작성할 때는 수치를 각도로 환산해야 한다.

〈C국의 가계 금융자산 구성비〉

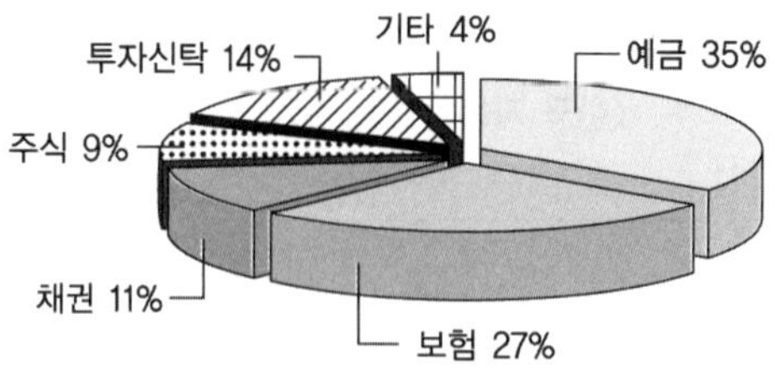

(4) 점그래프

① 지역분포를 비롯하여 도시, 지방, 기업, 상품 등의 평가나 위치, 성격을 표시하는 데 적합하다.

예 광고비율과 이익률의 관계 등

② 종축과 횡축에 두 요소를 두고, 보고자 하는 것이 어떤 위치에 있는가를 알고자 할 때 사용한다.

〈OECD 국가의 대학졸업자 취업률 및 경제활동인구 비중〉

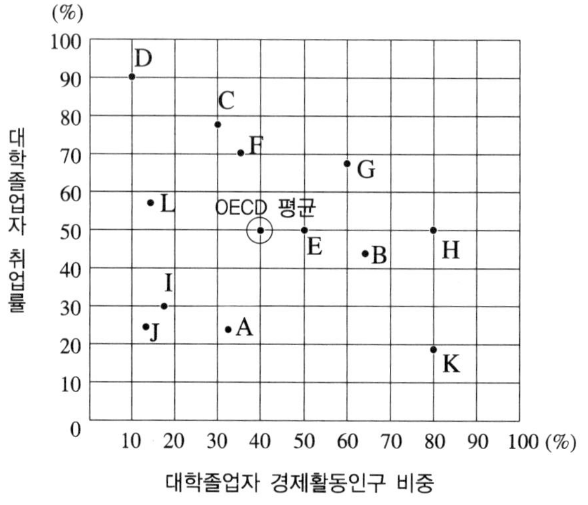

(5) 층별그래프

① 합계와 각 부분의 크기를 백분율로 나타내고 시간적 변화를 보는 데 적합하다.

② 합계와 각 부분의 크기를 실수로 나타내고 시간적 변화를 보는 데 적합하다.

예 상품별 매출액 추이 등

③ 선의 움직임보다는 선과 선 사이의 크기로써 데이터 변화를 나타내는 그래프이다.

〈경제고통지수 추이〉

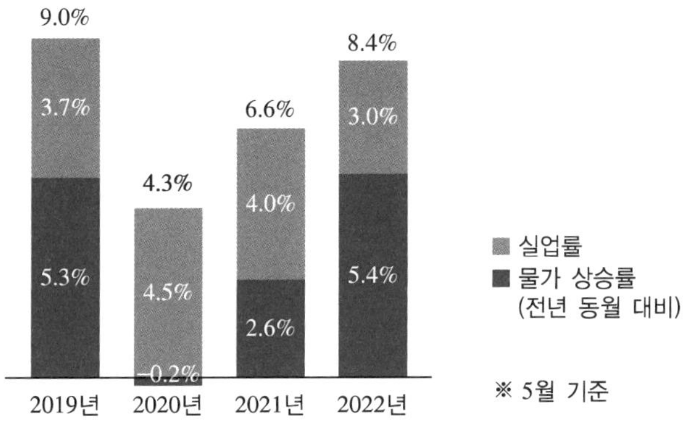

(6) 레이더 차트(거미줄그래프)

① 다양한 요소를 비교할 때, 경과를 나타내는 데 적합하다.

예 매출액의 계절변동 등

② 비교하는 수량을 직경, 또는 반경으로 나누어 원의 중심에서의 거리에 따라 각 수량의 관계를 나타내는 그래프이다.

〈외환위기 전후 한국의 경제상황〉

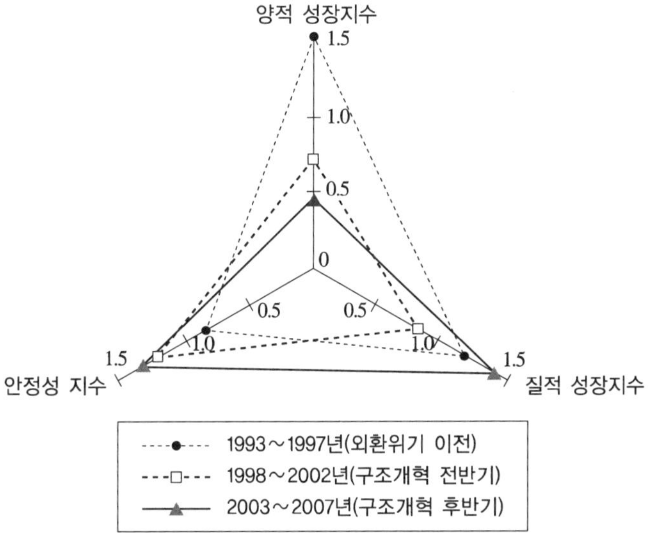

03 수열

(1) 등차수열 : 앞의 항에 일정한 수를 더해 이루어지는 수열

예 1 3 5 7 9 11 13 15 (+2 +2 +2 +2 +2 +2 +2)

(2) 등비수열 : 앞의 항에 일정한 수를 곱해 이루어지는 수열

예 1 2 4 8 16 32 64 128 (×2 ×2 ×2 ×2 ×2 ×2 ×2)

(3) 계차수열 : 수열의 인접하는 두 항의 차로 이루어진 수열

예 1 2 4 7 11 16 22 29 (+1 +2 +3 +4 +5 +6 +7)
(+1 +1 +1 +1 +1 +1)

(4) 피보나치 수열 : 앞의 두 항의 합이 그 다음 항의 수가 되는 수열

예 1 1 2 3 5 8 13 21 (2=1+1, 3=1+2, 5=2+3, 8=3+5, 13=5+8, 21=8+13)

(5) 건너뛰기 수열

- 두 개 이상의 수열이 일정한 간격을 두고 번갈아가며 나타나는 수열

  예 1 1 3 7 5 13 7 19
  - 홀수 항 : 1 3 5 7 (+2 +2 +2)
  - 짝수 항 : 1 7 13 19 (+6 +6 +6)

- 두 개 이상의 규칙이 일정한 간격을 두고 번갈아가며 적용되는 수열

  예 0 1 3 4 12 13 39 40 (+1 ×3 +1 ×3 +1 ×3 +1)

(6) 군수열 : 일정한 규칙성으로 몇 항씩 묶어 나눈 수열

예 • 1 1 2 1 2 3 1 2 3 4

⇒ 1 / 1 2 / 1 2 3 / 1 2 3 4

• 1 3 4 6 5 11 2 6 8 9 3 12

⇒ 1 3 4 (1+3=4) / 6 5 11 (6+5=11) / 2 6 8 (2+6=8) / 9 3 12 (9+3=12)

• 1 3 3 2 4 8 5 6 30 7 2 14

⇒ 1 3 3 (1×3=3) / 2 4 8 (2×4=8) / 5 6 30 (5×6=30) / 7 2 14 (7×2=14)

PART 2

대표기출유형

01 거리 · 속력 · 시간

| 유형분석 |

- (거리)=(속력)×(시간) 공식을 활용한 문제이다.

  (속력)=$\frac{(거리)}{(시간)}$, (시간)=$\frac{(거리)}{(속력)}$
- 기차와 터널의 길이, 물과 같이 속력이 있는 장소 등 추가적인 거리나 속력 시간에 관한 조건과 결합하여 난도 높은 문제로 출제된다.

S사원은 집에서 오전 8시에 출발하여 자동차를 타고 회사로 출근하였다. 시속 60km로 달려 30분 후에 회사에 도착하였을 때, S사원의 집에서 회사까지의 거리는?

① 30km ② 35km

③ 40km ④ 45km

⑤ 50km

정답 ①

S사원의 집에서 회사까지의 거리는 S사원이 자동차를 타고 이동한 거리와 같다.

자동차의 속력은 시속이고, 시간은 분으로 주어졌으므로 30분은 $\frac{30}{60}$=0.5시간으로 바꾸어 계산한다.

(거리)=(속력)×(시간)이므로 S사원의 집에서 회사까지의 거리는 60×0.5=30km이다.

30초 컷 풀이 Tip

1. 미지수를 정할 때에는 문제에서 묻는 것을 정확하게 파악해야 한다.
2. 속력과 시간의 단위를 처음에 정리하여 계산하면 계산 실수 없이 풀이할 수 있다.
   - 1시간=60분=3,600초
   - 1km=1,000m=100,000cm

대표기출유형 01 기출응용문제

Easy

01 한나는 집에서 학교까지 자전거를 타고 등교하는 데 50분이 걸린다. 학교에서 수업을 마친 후에는 버스를 타고 학원으로 이동하는 데 15분이 걸린다. 자전거의 속력은 6km/h, 버스의 속력은 40km/h라고 할 때, 한나가 집에서 학교를 거쳐 학원까지 이동한 총거리는?

① 5km ② 8km
③ 10km ④ 15km
⑤ 20km

PART 2

02 왕복 거리가 2km인 곳을 20분 동안 30m/min의 속력으로 간다고 할 때, 1시간 안에 다시 돌아가려면 20분 후에 얼마의 속력으로 가야 하는가?

① 25m/min ② 30m/min
③ 35m/min ④ 40m/min
⑤ 45m/min

03 현민이와 형빈이가 둘레의 길이가 1.5km인 공원 산책길을 걷고자 한다. 같은 출발점에서 동시에 출발하여 서로 반대 방향으로 걷기 시작하였다. 현민이는 60m/min, 형빈이는 90m/min의 속력으로 걸을 때, 두 사람이 만나는 것은 출발한 지 몇 분 후인가?

① 4분 후 ② 5분 후
③ 6분 후 ④ 8분 후
⑤ 10분 후

대표기출유형

02 농도

| 유형분석 |

- (농도)$=\frac{(\text{용질의 양})}{(\text{용액의 양})}\times 100$ 공식을 활용한 문제이다.
- (소금물의 양)=(물의 양)+(소금의 양)이라는 것에 유의하고, 더해지거나 없어진 것을 미지수로 두고 풀이한다.

농도 3%의 소금물 400g에 농도 10% 소금물 300g을 모두 섞었을 때, 섞인 소금물에 들어있는 소금의 양은?

① 35g ② 38g
③ 40g ④ 42g
⑤ 45g

정답 ④

각 소금물에 들어있는 소금의 양은 다음과 같다.

- 농도 3%의 소금물 400g에 들어있는 소금의 양 : $400\times\frac{3}{100}=12\text{g}$
- 농도 10%의 소금물 300g에 들어있는 소금의 양 : $300\times\frac{10}{100}=30\text{g}$

따라서 섞인 소금물에 들어있는 소금의 양은 12+30=42g이다.

30초 컷 풀이 Tip

간소화
숫자의 크기를 최대한 간소화해야 한다. 특히, 농도의 경우 분수와 정수가 같이 제시되고, 최근에는 비율을 활용한 문제가 많이 출제되고 있으므로 통분이나 약분을 통해 수를 간소화시켜 계산 실수를 줄일 수 있도록 한다.

주의사항
항상 미지수를 구해서 그 값을 계산하여 풀이해야 하는 것은 아니다. 문제에서 원하는 값은 정확한 미지수를 구하지 않아도 풀이과정에서 답이 제시되는 경우가 있으므로 문제에서 묻는 것을 명확히 해야 한다.

대표기출유형 02 기출응용문제

Easy

01 농도가 4%인 소금물 300g에 소금 100g을 추가로 넣었을 때, 소금물의 농도는?

① 24%
② 26%
③ 28%
④ 30%
⑤ 32%

02 소금 30g을 몇 g의 물에 넣어야 농도 20%의 소금물이 되는가?

① 80g
② 100g
③ 120g
④ 140g
⑤ 160g

03 농도 8%의 소금물 500g이 들어있는 컵을 방에 두고 자고 일어나서 보니 물이 증발하여 농도가 10%가 되었다. 증발한 물의 양은 몇 g인가?(단, 물은 시간당 같은 양이 증발하였다)

① 100g
② 200g
③ 300g
④ 400g
⑤ 500g

대표기출유형

03 일의 양

| 유형분석 |

- 전체 일의 양을 1로 두고 풀이하는 유형이다.
- $(\text{일률})=\frac{(\text{작업량})}{(\text{작업기간})}$, $(\text{작업기간})=\frac{(\text{작업량})}{(\text{일률})}$, $(\text{작업량})=(\text{일률})\times(\text{작업기간})$

프로젝트를 A대리 혼자서 진행하면 8일이 걸리고, B사원 혼자서 진행하면 24일이 걸릴 때, 두 사람이 함께 프로젝트를 진행하는 데 걸리는 기간은?

① 6일
② 7일
③ 8일
④ 9일
⑤ 10일

정답 ①

두 사람이 함께 업무를 진행하는 데 걸리는 기간을 x일, 전체 일의 양을 1이라고 하면,

A대리가 하루에 진행하는 업무의 양은 $\frac{1}{8}$, B사원이 하루에 진행하는 업무의 양은 $\frac{1}{24}$이므로

$\left(\frac{1}{8}+\frac{1}{24}\right)x=1 \rightarrow \frac{1}{6}\times x=1$

$\therefore x=6$

따라서 두 사람이 함께 업무를 진행하는 데 걸리는 기간은 6일이다.

30초 컷 풀이 Tip

전체의 값을 모르는 상태에서 비율을 묻는 문제의 경우 전체를 1이라고 하면 쉽게 풀이할 수 있다.

예 S가 1개의 빵을 만드는 데 3시간이 걸린다. 1개의 빵을 만드는 일의 양을 1이라고 하면 S는 1시간에 $\frac{1}{3}$만큼의 빵을 만든다.

대표기출유형 03 기출응용문제

01 A사원이 혼자서 작업을 하면 24일이 걸리는 업무가 있다. 반면 해당 업무를 B사원이 혼자서 작업을 하면 120일이 걸리며, C사원이 혼자서 작업을 하면 20일이 걸린다. 세 사람이 함께 업무를 진행할 때 걸리는 기간은?

① 6일 ② 10일
③ 12일 ④ 20일
⑤ 25일

02 지름이 15cm인 A톱니바퀴와 지름이 27cm인 B톱니바퀴가 서로 맞물려 돌아가고 있다. B톱니바퀴가 분당 10바퀴를 돌았다면, A톱니바퀴는 분당 몇 바퀴를 돌았겠는가?

① 16바퀴 ② 17바퀴
③ 18바퀴 ④ 19바퀴
⑤ 20바퀴

03 갑은 곰 인형 100개를 만드는 데 4시간, 을은 50개를 만드는 데 10시간이 걸린다. 이들이 함께 일을 하면 각각 원래 능력보다 20% 효율이 떨어진다. 이들이 함께 곰 인형 144개를 만드는 데 걸리는 시간은?

① 5시간 ② 6시간
③ 7시간 ④ 8시간
⑤ 9시간

대표기출유형

04 금액

| 유형분석 |

- 원가, 정가, 할인가, 판매가 등의 개념을 명확히 한다.
  (정가)=(원가)+(이익)
  (이익)=(정가)−(원가)
  a원에서 b% 할인한 가격$=a\times\left(1-\frac{b}{100}\right)$
- 난이도가 어려운 편은 아니지만 비율을 활용한 계산 문제이기 때문에 실수하기 쉽다.

종욱이는 25,000원짜리 피자 두 판과 8,000원짜리 샐러드 세 개를 주문했다. 통신사 멤버십 혜택으로 피자는 15%, 샐러드는 25%를 할인받을 수 있고, 이벤트로 통신사 멤버십 혜택을 적용한 금액의 10%를 추가 할인받았다고 한다. 종욱이가 할인받은 금액은?

① 12,150원
② 13,500원
③ 18,600원
④ 19,550원
⑤ 20,850원

정답 ④

할인받기 전 종욱이가 지불할 금액은 25,000×2+8,000×3=74,000원이다.
통신사 할인과 이벤트 할인을 적용한 금액은 (25,000×2×0.85+8,000×3×0.75)×0.9=54,450원이다.
따라서 종욱이가 할인받은 금액은 74,000−54,450=19,550원이다.

30초 컷 풀이 Tip

전체 금액을 구하는 것이 아니라 할인된 금액을 구하면 수의 크기도 작아지고, 풀이 과정을 단축시킬 수 있다.
예를 들어 위의 문제에서 피자는 15%, 샐러드는 25%를 할인받았으므로 할인받은 금액은 각각 7,500원, 6,000원이다.
할인받은 금액의 합을 원래 지불했어야 하는 금액에서 빼면 60,500원이고, 이의 10%는 6,050원이므로 종욱이가 할인받은 총 금액은 7,500+6,000+6,050=19,550원이다.

대표기출유형 04 기출응용문제

01 원가의 20%를 추가한 금액을 정가로 하는 제품을 15% 할인해서 50개를 판매한 금액이 127,500원일 때, 이 제품의 원가는?

① 1,500원
② 2,000원
③ 2,500원
④ 3,000원
⑤ 3,500원

02 커피 X 300g은 A원두와 B원두의 양을 1 : 2 비율로 배합하여 만들고, 커피 Y 300g은 A원두와 B원두의 양을 2 : 1 비율로 배합하여 만든다. 두 커피 300g의 판매 가격이 각각 3,000원, 2,850원일 때, B원두의 100g당 원가는?(단, 판매 가격은 원가의 합의 1.5배이다)

① 500원
② 600원
③ 700원
④ 800원
⑤ 1,000원

Hard

03 A와 B가 시장에 가서 각각 2번에 걸쳐 물건을 사는 데 총 32,000원이 들었다. A는 두 번째 구매 시 첫 번째보다 50% 감소한 금액을 냈고, B는 두 번째 구매 시 첫 번째보다 50% 증가한 금액을 냈다. 나중에 서로 비교해보니 B가 A보다 5,000원을 더 소비한 것을 알게 되었다고 할 때, A가 첫 번째로 낸 금액은?

① 7,400원
② 8,500원
③ 9,000원
④ 9,700원
⑤ 10,300원

대표기출유형

05 경우의 수

| 유형분석 |

- 출제되는 응용수리 2문제 중 1문제에 속할 가능성이 높은 유형이다.
- 순열(P)과 조합(C)을 활용한 문제이다.

$${}_n\mathrm{P}_m = n\times(n-1)\times\cdots\times(n-m+1)$$

$${}_n\mathrm{C}_m = \frac{{}_n\mathrm{P}_m}{m!} = \frac{n\times(n-1)\times\cdots\times(n-m+1)}{m!}$$

- 벤 다이어그램을 활용한 문제가 출제되기도 한다.

서로 다른 주사위 3개를 동시에 던질 때, 적어도 주사위 1개가 홀수의 눈이 나오는 경우의 수는?

① 181가지
② 183가지
③ 185가지
④ 187가지
⑤ 189가지

정답 ⑤

서로 다른 주사위 3개를 동시에 던질 때 나오는 모든 경우의 수는 $6\times6\times6=216$이고, 3개의 주사위 모두 짝수의 눈이 나오는 경우의 수는 $3\times3\times3=27$이다.

따라서 구하고자 하는 경우의 수는 $216-27=189$가지이다.

30초 컷 풀이 Tip

경우의 수의 합의 법칙과 곱의 법칙 등에 관해 명확히 한다.

합의 법칙

㉠ 두 사건 A, B가 동시에 일어나지 않을 때, A가 일어나는 경우의 수를 m, B가 일어나는 경우의 수를 n이라고 하면, 사건 A 또는 B가 일어나는 경우의 수는 $m+n$이다.

㉡ '또는', '~이거나'라는 말이 나오면 합의 법칙을 사용한다.

곱의 법칙

㉠ A가 일어나는 경우의 수를 m, B가 일어나는 경우의 수를 n이라고 하면, 두 사건 A, B가 동시에 일어나는 경우의 수는 $m\times n$이다.

㉡ '그리고', '동시에'라는 말이 나오면 곱의 법칙을 사용한다.

대표기출유형 05 기출응용문제

Easy

01 S대학교 동아리에서 테니스 경기를 토너먼트 방식으로 진행하려고 한다. 총 16명의 참가자들이 참여했을 때, 최종 우승자가 나올 때까지 진행되는 경기의 수는?(단, 동점자는 없다)

① 11번
② 12번
③ 13번
④ 14번
⑤ 15번

02 S사의 구내식당에는 국류 5가지, 나물류 4가지, 볶음류 3가지의 메뉴가 있다. 국류, 나물류, 볶음류 중에서 서로 다른 메뉴를 2개 선택하여 각각 하나씩 고르는 경우의 수는?

① 39가지
② 41가지
③ 43가지
④ 45가지
⑤ 47가지

03 서로 다른 소설책 7권과 시집 5권이 있다. 이 중에서 소설책 3권과 시집 2권을 선택하는 경우의 수는?

① 350가지
② 360가지
③ 370가지
④ 380가지
⑤ 390가지

대표기출유형

06 확률

| 유형분석 |

- 출제되는 응용수리 2문제 중 1문제에 속할 가능성이 높은 유형이다.
- 순열(P)과 조합(C)을 활용한 문제이다.
- 조건부 확률 문제가 출제되기도 한다.

주머니에 1부터 10까지의 숫자가 적힌 카드 10장이 들어있다. 주머니에서 카드를 세 번 뽑는다고 할 때, 1, 2, 3이 적힌 카드 중 하나 이상을 뽑을 확률은?(단, 꺼낸 카드는 다시 넣지 않는다)

① $\frac{7}{8}$

② $\frac{17}{24}$

③ $\frac{5}{8}$

④ $\frac{7}{24}$

⑤ $\frac{5}{24}$

정답 ②

(1, 2, 3이 적힌 카드 중 하나 이상을 뽑을 확률)=1−(세 번 모두 4～10이 적힌 카드를 뽑을 확률)

- 세 번 모두 4～10이 적힌 카드를 뽑을 확률 : $\frac{7}{10}\times\frac{6}{9}\times\frac{5}{8}=\frac{7}{24}$

∴ 1, 2, 3이 적힌 카드 중 하나 이상을 뽑을 확률 : $1-\frac{7}{24}=\frac{17}{24}$

30초 컷 풀이 Tip

여사건의 확률

㉠ 사건 A가 일어날 확률이 p일 때, 사건 A가 일어나지 않을 확률은 $(1-p)$이다.

㉡ '적어도'라는 말이 나오면 주로 사용한다.

확률의 덧셈

두 사건 A, B가 동시에 일어나지 않을 때, A가 일어날 확률을 p, B가 일어날 확률을 q라고 하면, 사건 A 또는 B가 일어날 확률은 $p+q$이다.

확률의 곱셈

A가 일어날 확률을 p, B가 일어날 확률을 q라고 하면, 사건 A와 B가 동시에 일어날 확률은 $p\times q$이다.

대표기출유형 06 기출응용문제

01 A, B 두 사람이 동시에 같은 문제를 풀려고 한다. A가 문제를 풀 확률은 $\frac{1}{5}$, B가 문제를 풀 확률은 $\frac{1}{4}$일 때, 한 사람만 문제를 풀 확률은?

① $\frac{1}{20}$ ② $\frac{3}{20}$

③ $\frac{7}{20}$ ④ $\frac{9}{20}$

⑤ $\frac{13}{20}$

Hard

02 S고등학교의 학생은 A과목과 B과목 중 한 과목만을 선택하여 수업을 받는다고 한다. A과목과 B과목을 선택한 학생의 비율이 각각 전체의 40%, 60%이고, A과목을 선택한 학생 중 여학생은 30%, B과목을 선택한 학생 중 여학생은 40%이다. 이 학교의 학생 중에서 임의로 뽑은 학생이 여학생일 때, 그 학생이 B과목을 선택한 학생일 확률은?

① $\frac{1}{3}$ ② $\frac{2}{3}$

③ $\frac{1}{4}$ ④ $\frac{3}{4}$

⑤ $\frac{2}{5}$

03 주머니 속에 흰색 공 5개, 검은색 공 4개가 들어있다. 여기에서 2개의 공을 꺼낼 때, 모두 흰색 공이거나 모두 검은색 공일 확률은?

① $\frac{2}{5}$ ② $\frac{4}{9}$

③ $\frac{3}{5}$ ④ $\frac{5}{9}$

⑤ $\frac{4}{5}$

대표기출유형

07 자료분석

| 유형분석 |

- 자료를 보고 해석하거나 추론한 내용을 고르는 문제가 출제된다.
- 증감 추이, 증감률, 증감폭 등의 간단한 계산이 포함되어 있다.
- %, %p 등의 차이점을 알고 적용할 수 있어야 한다.

  %(퍼센트) : 어떤 양이 전체(100)에 대해서 얼마를 차지하는가를 나타내는 단위

  %p(퍼센트 포인트) : %로 나타낸 수치가 이전 수치와 비교했을 때 증가하거나 감소한 양

다음은 민간 분야 사이버 침해사고 발생현황에 대한 자료이다. 이에 대한 〈보기〉의 설명 중 옳지 않은 것을 모두 고르면?

〈민간 분야 사이버 침해사고 발생현황〉

(단위 : 건)

구분	2020년	2021년	2022년	2023년
홈페이지 변조	650	900	600	390
스팸릴레이	100	90	80	40
기타 해킹	300	150	170	165
단순 침입시도	250	300	290	175
피싱 경유지	200	430	360	130
전체	1,500	1,870	1,500	900

보기

ㄱ. 단순 침입시도 분야의 침해사고는 매년 스팸릴레이 분야의 침해사고 건수의 2배 이상이다.
ㄴ. 2020년 대비 2023년 침해사고 건수가 50% 이상 감소한 분야는 2개이다.
ㄷ. 2022년 전체 침해사고 건수 중 홈페이지 변조 분야의 침해사고 건수가 차지하는 비중은 35% 이상이다.
ㄹ. 2021년 대비 2023년은 모든 분야의 침해사고 건수가 감소하였다.

① ㄱ, ㄴ
② ㄱ, ㄹ
③ ㄴ, ㄷ
④ ㄴ, ㄹ
⑤ ㄷ, ㄹ

정답 ④

ㄴ. 2020년 대비 2023년 각 분야별 침해사고 건수 감소율은 다음과 같다.

- 홈페이지 변조 : $\frac{650-390}{650}\times100=40\%$
- 스팸릴레이 : $\frac{100-40}{100}\times100=60\%$
- 기타 해킹 : $\frac{300-165}{300}\times100=45\%$
- 단순 침입시도 : $\frac{250-175}{250}\times100=30\%$
- 피싱 경유지 : $\frac{200-130}{200}\times100=35\%$

따라서 50% 이상 감소한 분야는 '스팸릴레이' 한 분야이다.

ㄹ. 기타 해킹 분야의 2023년 침해사고 건수는 2021년 대비 증가했으므로 옳지 않은 설명이다.

오답분석

ㄱ. 단순 침입시도 분야의 침해사고는 매년 스팸릴레이 분야의 침해사고 건수의 2배 이상인 것을 확인할 수 있다.

ㄷ. 2022년 전체 침해사고 건수 중 홈페이지 변조 분야의 침해사고 건수가 차지하는 비중은 $\frac{600}{1,500}\times100=40\%$로, 35% 이상이다.

30초 컷 풀이 Tip

간단한 선택지부터 해결하기
계산이 필요 없거나 생각하지 않아도 되는 선택지를 먼저 해결한다.

적절한 것 / 적절하지 않은 것 헷갈리지 않게 표시하기
자료해석은 적절한 것 또는 적절하지 않은 것을 찾는 문제가 출제된다. 문제마다 매번 바뀌므로 이를 확인하는 것은 매우 중요하다. 따라서 선택지에 표시할 때에도 선택지가 적절하지 않은 내용이라서 '×' 표시를 했는지, 적절한 내용이지만 문제가 적절하지 않은 것을 찾는 문제라 '×' 표시를 했는지 헷갈리지 않도록 표시 방법을 정해야 한다.

제시된 자료를 통해 계산할 수 있는 값인지 확인하기
제시된 자료만으로 계산할 수 없는 값을 묻는 선택지인지 먼저 판단해야 한다. 문제를 읽고 바로 계산부터 하면 함정에 빠지기 쉽다.

01 다음은 분기별 모바일 뱅킹 서비스 이용 실적에 대한 자료이다. 이에 대한 설명으로 옳지 않은 것은?

〈모바일 뱅킹 서비스 이용 실적〉

(단위 : 천 건, %)

구분	2022년				2023년
	1/4분기	2/4분기	3/4분기	4/4분기	1/4분기
조회 서비스	817	849	886	1,081	1,100
자금 이체 서비스	25	16	13	14	25
합계	842(18.6)	865(2.7)	899(3.9)	1,095(21.8)	1,125(2.7)

※ (   )는 전 분기 대비 증가율이다.

① 조회 서비스 이용 실적은 매 분기 계속 증가하였다.
② 2022년 2/4분기의 조회 서비스 이용 실적은 전 분기보다 3만 2천 건 증가하였다.
③ 자금 이체 서비스 이용 실적은 2022년 2/4분기에 전 분기 대비 감소하였다가 다시 증가하였다.
④ 모바일 뱅킹 서비스 이용 실적의 전 분기 대비 증가율이 가장 높은 분기는 2022년 4/4분기이다.
⑤ 2023년 1/4분기의 조회 서비스 이용 실적은 자금 이체 서비스 이용 실적의 40배 이상이다.

02 다음은 지방자치단체 여성 공무원 현황에 대한 자료이다. 이에 대한 설명으로 옳지 않은 것은?

〈지방자치단체 여성 공무원 현황〉

(단위 : 백 명, %)

구분	2018년	2019년	2020년	2021년	2022년	2023년
전체 공무원	2,660	2,725	2,750	2,755	2,780	2,795
여성 공무원	705	750	780	805	820	830
여성 공무원 비율	26.5	27.5	28.4	29.2	29.5	29.7

① 2018년 이후 여성 공무원 수는 매년 증가하고 있다.
② 2021년 전체 공무원 수는 전년 대비 증가하였다.
③ 2022년 남성 공무원 수는 1,960백 명이다.
④ 2023년 여성 공무원 비율은 2018년과 비교했을 때, 3.2%p 증가하였다.
⑤ 2023년 전체 공무원 중 남성 공무원의 비율과 여성 공무원의 비율 차이는 40%p 미만이다.

Hard

03 다음은 S사 지원자의 인턴 및 해외연수 경험과 합격 여부에 대한 자료이다. 이에 대한 〈보기〉의 설명 중 옳은 것을 모두 고르면?

〈S사 지원자의 인턴 및 해외연수 경험과 합격 여부〉

(단위 : 명, %)

인턴 경험	해외연수 경험	합격여부		합격률
		합격	불합격	
있음	있음	95	400	19.2
	없음	25	80	23.8
없음	있음	0	5	0.0
	없음	15	130	10.3

※ 합격률(%)$=\frac{(\text{합격자 수})}{(\text{합격자 수})+(\text{불합격자 수})}\times 100$

※ 합격률은 소수 둘째 자리에서 반올림한 값이다.

보기

ㄱ. 해외연수 경험이 있는 지원자가 해외연수 경험이 없는 지원자보다 합격률이 높다.

ㄴ. 인턴 경험이 있는 지원자가 인턴 경험이 없는 지원자보다 합격률이 높다.

ㄷ. 인턴 경험과 해외연수 경험이 모두 있는 지원자 합격률은 인턴 경험만 있는 지원자 합격률의 2배 이상이다.

ㄹ. 인턴 경험과 해외연수 경험이 모두 없는 지원자와 인턴 경험만 있는 지원자 간 합격률 차이는 20%p 이상이다.

① ㄱ, ㄴ　　② ㄱ, ㄷ

③ ㄴ, ㄷ　　④ ㄱ, ㄴ, ㄹ

⑤ ㄴ, ㄷ, ㄹ

대표기출유형

08 자료계산

| 유형분석 |

- 주어진 자료를 통해 문제에서 주어진 특정한 값을 찾고, 자료의 변동량을 구할 수 있는지를 평가하는 유형이다.
- 각 그래프의 선이 어떤 항목을 의미하는지와 단위를 정확히 확인한다.
- 그림을 통해 계산하지 않고 눈으로 확인할 수 있는 내용(증감 추이)이 있는지 확인한다.

귀하는 S회사의 인사관리 부서에서 근무 중이다. 오늘 회의시간에 생산부서의 인사평가 자료를 취합하여 보고해야 하는데 자료 취합 중 파일에 오류가 생겨 일부 자료가 훼손되었다. 다음 중 (가) ~ (다)에 들어갈 수가 바르게 연결된 것은?(단, 각 평가는 100점 만점이고, 종합순위는 각 평가지표 점수의 총합으로 결정한다)

〈인사평가 점수 현황〉

(단위 : 점)

구분	역량	실적	자기계발	성실성	종합순위
A사원	70	(가)	80	70	4
B대리	80	85	(나)	70	1
C과장	(다)	85	70	75	2
D부장	80	80	60	70	3

※ 점수는 5점 단위로 부여함

	(가)	(나)	(다)
①	60	70	55
②	65	65	65
③	65	60	65
④	75	65	55
⑤	75	60	65

정답 ②

(가)~(다)에 들어갈 정확한 값을 찾으려 계산하기보다는 자료에서 해결할 수 있는 실마리를 찾아 적절하지 않은 선택지를 제거하는 방식으로 접근하는 것이 좋다.

먼저 종합순위가 3위인 D부장의 점수는 모두 공개되어 있으므로 총점을 계산해보면, 80+80+60+70=290점이다.

종합순위가 4위인 A사원의 총점은 70+(가)+80+70=220+(가)점이며, 3위 점수인 290점보다 낮아야 하므로 (가)에 들어갈 점수는 70점 미만이다. 이에 따라 ④, ⑤는 답에서 제외된다.

종합순위가 2위인 C과장의 총점은 (다)+85+70+75=230+(다)점이며, 290점보다 높아야 하므로 (다)에 들어갈 점수는 60점을 초과해야 한다. 이에 따라 ①은 답에서 제외된다.

위의 조건에 해당하는 ②, ③에 따라 (가)=65점, (다)=65점을 대입하면, C과장의 총점은 230+65=295점이 된다.

종합순위가 1위인 B대리의 총점은 80+85+(나)+70=235+(나)점이며, 295점보다 높아야 하므로 (나)에 들어갈 점수는 60점을 초과해야 한다. 이에 따라 ③은 답에서 제외된다.

따라서 (가)~(다)에 들어갈 점수가 바르게 연결된 것은 ②이다.

30초 컷 풀이 Tip

- 자료계산 유형은 선택지를 소거하면서 풀이하면 시간을 단축시킬 수 있다.

01 다음은 의약품 종류별 상자 수에 따른 가격표이다. 종류별 상자 수를 가중치로 적용하여 가격에 대한 가중평균을 구하면 66만 원이다. 이때 빈칸에 들어갈 수로 옳은 것은?

〈의약품 종류별 가격 및 상자 수〉

(단위 : 만 원, 개)

구분	A	B	C	D
가격	( )	70	60	65
상자 수	30	20	30	20

① 60
② 65
③ 70
④ 75
⑤ 80

02 다음은 임차인 A~E의 전·월세 전환 현황에 대한 자료이다. 이에 대한 〈보기〉의 설명 중 옳은 것을 모두 고르면?

〈임차인 A~E의 전·월세 전환 현황〉

(단위 : 만 원)

임차인	전세금	월세보증금	월세
A	( )	25,000	50
B	42,000	30,000	60
C	60,000	( )	70
D	38,000	30,000	80
E	58,000	53,000	( )

※ $[\text{전·월세 전환율(\%)}]=\frac{(\text{월세})\times 12}{(\text{전세금})-(\text{월세보증금})}\times 100$

보기

ㄱ. A의 전·월세 전환율이 6%라면, 전세금은 3억 5천만 원이다.
ㄴ. B의 전·월세 전환율은 10%이다.
ㄷ. C의 전·월세 전환율이 3%라면, 월세보증금은 3억 6천만 원이다.
ㄹ. E의 전·월세 전환율이 12%라면, 월세는 50만 원이다.

① ㄱ, ㄴ
② ㄱ, ㄷ
③ ㄱ, ㄹ
④ ㄴ, ㄹ
⑤ ㄷ, ㄹ

03 다음은 S기업 영업 A～D팀의 분기별 매출액과 분기별 매출액에서 각 영업팀의 구성비를 나타낸 자료이다. A～D팀의 연간 매출액이 많은 순서와 1위 팀이 기록한 연간 매출액을 바르게 나열한 것은?

〈영업 A～D팀의 분기별 매출액〉

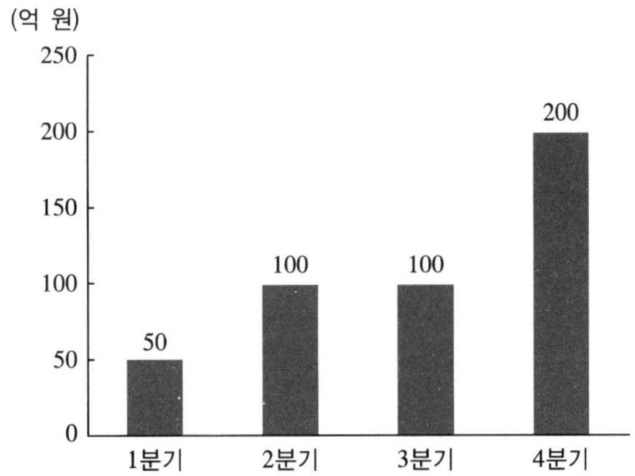

〈분기별 매출액에서 각 영업팀의 구성비〉

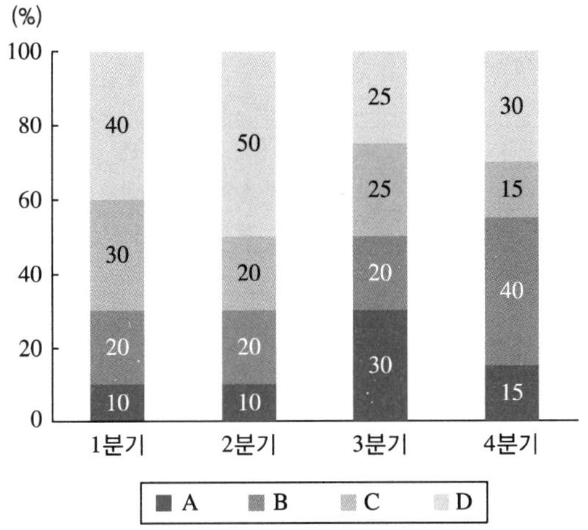

① A－B－C－D, 120억 원
② B－A－C－D, 120억 원
③ B－A－D－C, 155억 원
④ D－B－A－C, 120억 원
⑤ D－B－C－A, 155억 원

대표기출유형

09 자료변환

| 유형분석 |

- 제시된 표나 그래프의 수치를 그래프로 바르게 변환한 것을 묻는 유형이다.
- 복잡한 표가 제시되지 않으므로 수의 크기만을 판단하여 풀이할 수 있다.
- 정확한 수치가 제시되지 않을 수 있으므로 그래프의 높낮이나 넓이를 판단하여 풀이해야 한다.
- 제시된 표나 그래프의 수치를 계산하여 변환하는 유형도 출제될 수 있다.

다음은 연도별 치킨전문점 개·폐업점 수에 대한 자료이다. 이를 바르게 나타낸 그래프는?

〈치킨전문점 개·폐업점 수〉

(단위 : 개)

구분	개업점 수	폐업점 수	구분	개업점 수	폐업점 수
2011년	3,449	1,965	2017년	3,252	2,873
2012년	3,155	2,121	2018년	3,457	2,745
2013년	4,173	1,988	2019년	3,620	2,159
2014년	4,219	2,465	2020년	3,244	3,021
2015년	3,689	2,658	2021년	3,515	2,863
2016년	3,887	2,785	2022년	3,502	2,758

①
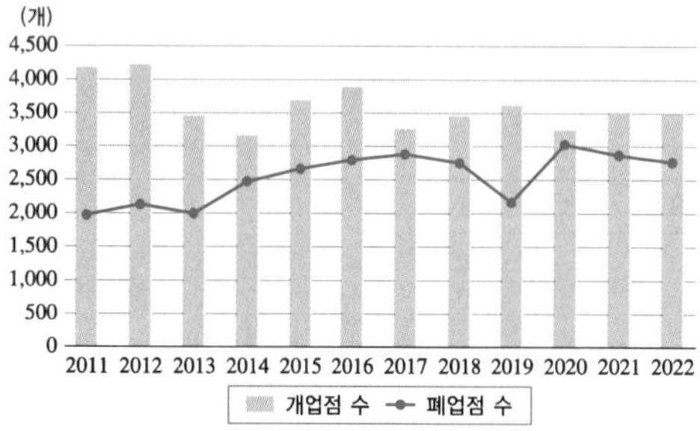

②
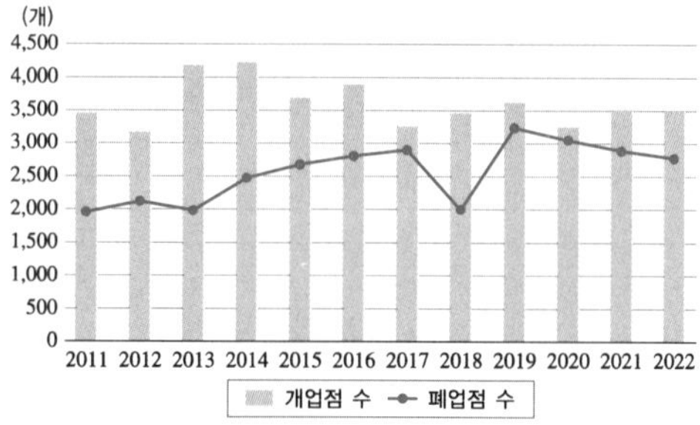

③
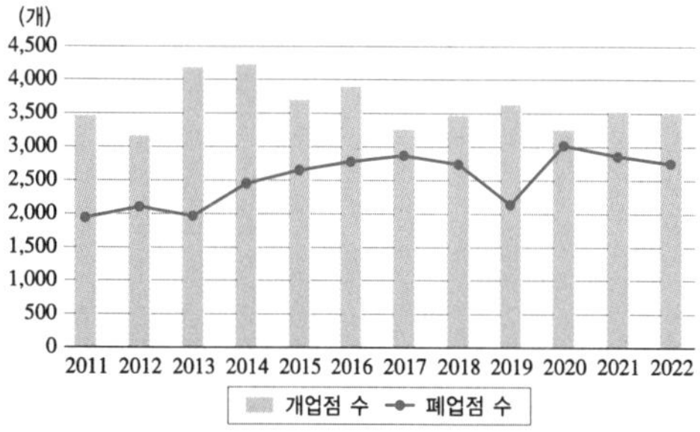

④
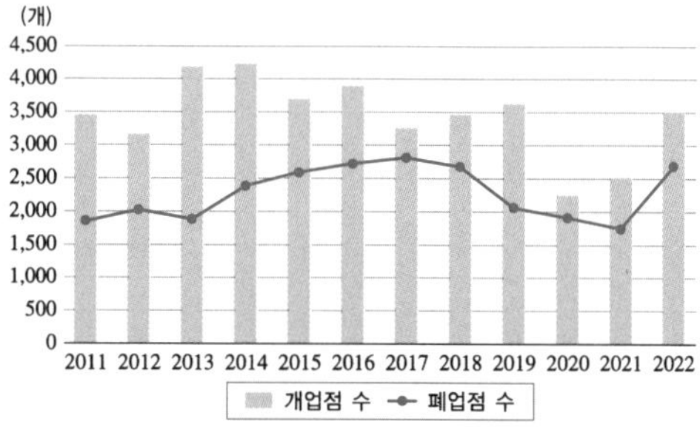

⑤

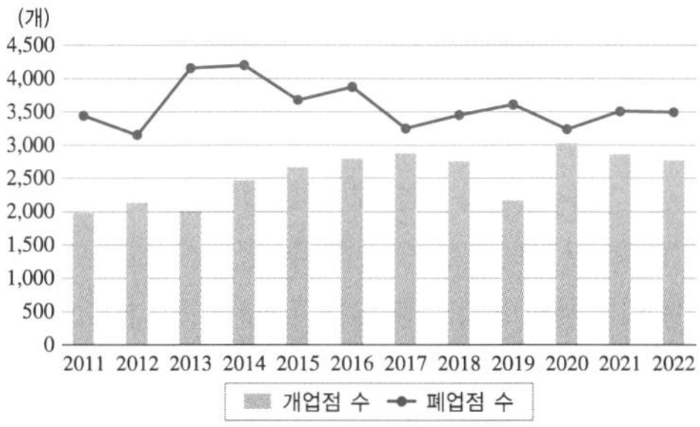

정답 ③

제시된 자료의 개업점 수와 폐업점 수의 증감 추이를 나타내면 다음과 같다.

구분	2011년	2012년	2013년	2014년	2015년	2016년	2017년	2018년	2019년	2020년	2021년	2022년
개업점 수	–	감소	증가	증가	감소	증가	감소	증가	증가	감소	증가	감소
폐업점 수	–	증가	감소	증가	증가	증가	증가	감소	감소	증가	감소	감소

이와 일치하는 추이를 보이고 있는 그래프는 ③이다.

오답분석

① 2011, 2012년 개업점 수는 자료보다 높고, 2013, 2014년 개업점 수는 자료보다 낮다.
② 2018년 폐업점 수는 자료보다 낮고, 2019년 폐업점 수는 자료보다 높다.
④ 2020, 2021년 개업점 수와 폐업점 수가 자료보다 낮다.
⑤ 2011 ~ 2022년 개업점 수와 폐업점 수가 바뀌었다.

30초 컷 풀이 Tip

1. 수치를 일일이 확인하는 것보다 해당 풀이처럼 증감 추이를 먼저 판단해서 선택지를 1차적으로 거르고 나머지 선택지 중 그래프 모양이 크게 차이 나는 곳의 수치를 확인하면 빠르게 풀이할 수 있다.
2. 막대그래프가 자료로 제시되는 경우 막대의 가운데 부분을 연결하면 꺾은선 그래프가 된다.

대표기출유형 09 기출응용문제

Easy

01 S기업의 경제연구소에 근무하는 귀하는 금융기관 수익성 분석 파트에 수록할 보고서를 작성하고 있다. 보고서 초안을 검토한 귀하의 상사는 데이터를 가시적으로 파악할 수 있도록 그래프를 첨부하라는 지시를 하였다. 다음 중 귀하가 금융기관 총자산순이익률 자료를 토대로 작성한 그래프로 옳지 않은 것은?

〈금융기관 총자산순이익률〉

(단위 : %)

구분		보험	상호금융	증권	카드	저축은행
2021년	1/4분기	0.8	0.4	0.4	1.1	−4.3
	2/4분기	0.7	0.3	0.4	1.0	−2.3
	3/4분기	0.7	0.3	0.2	1.1	−1.6
	4/4분기	0.6	0.4	0.1	1.7	−2.1
2022년	1/4분기	0.7	0.4	0.0	1.6	−1.7
	2/4분기	0.7	0.4	0.1	1.6	−1.2
	3/4분기	0.7	0.4	0.4	1.6	−0.9
	4/4분기	0.7	0.4	0.6	1.8	0.3
2023년	1/4분기	0.7	0.4	0.8	1.8	0.8
	2/4분기	0.8	0.4	1.1	1.7	1.3
	3/4분기	0.7	0.4	1.0	1.6	1.7

① 보험회사 총자산순이익률(%)

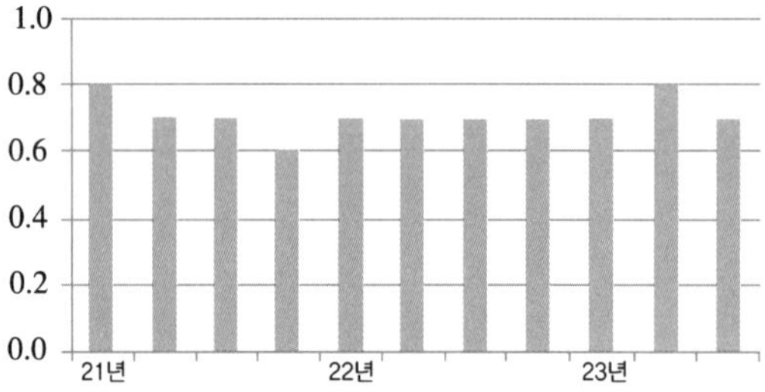

② 상호금융 총자산순이익률(%)

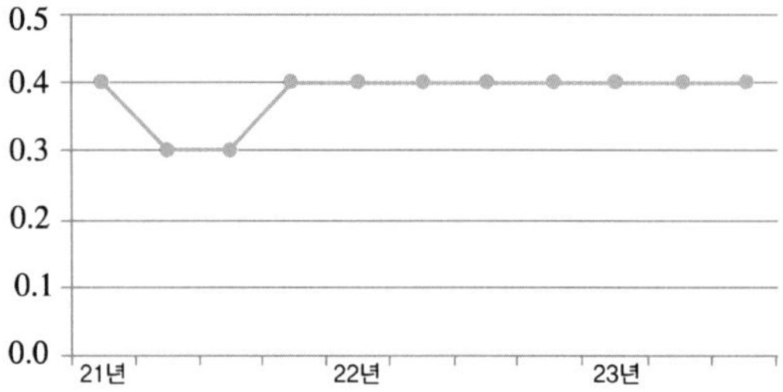

③ 증권회사 총자산순이익률(%)

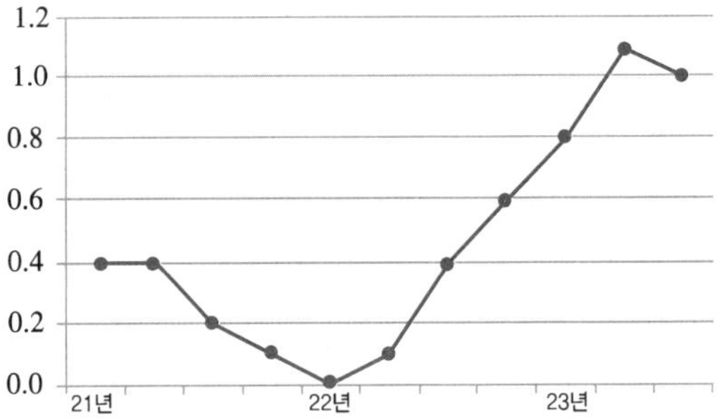

④ 카드회사 총자산순이익률(%)

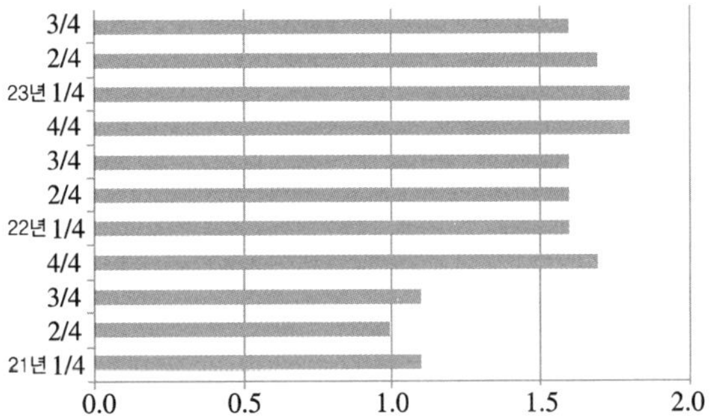

⑤ 저축은행 총자산순이익률(%)

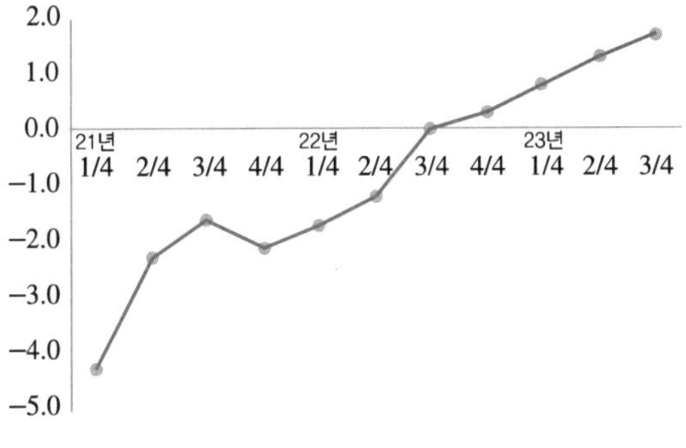

PART 2

02 다음은 어린이 및 청소년의 연령별 표준 키와 체중을 조사한 자료이다. 이를 바르게 나타낸 그래프는?

〈어린이 및 청소년 표준 키와 체중〉

(단위 : cm, kg)

나이	남		여		나이	남		여	
	키	체중	키	체중		키	체중	키	체중
1세	76.5	9.77	75.6	9.28	10세	137.8	34.47	137.7	33.59
2세	87.7	12.94	87.0	12.50	11세	143.5	38.62	144.2	37.79
3세	95.7	15.08	94.0	14.16	12세	149.3	42.84	150.9	43.14
4세	103.5	16.99	102.1	16.43	13세	155.3	44.20	155.0	47.00
5세	109.5	18.98	108.6	18.43	14세	162.7	53.87	157.8	50.66
6세	115.8	21.41	114.7	20.68	15세	167.8	58.49	159.0	52.53
7세	122.4	24.72	121.1	23.55	16세	171.1	61.19	160.0	54.53
8세	127.5	27.63	126.0	26.16	17세	172.2	63.20	160.4	54.64
9세	132.9	30.98	132.2	29.97	18세	172.5	63.77	160.5	54.65

① 10세 이전 남녀의 표준 키

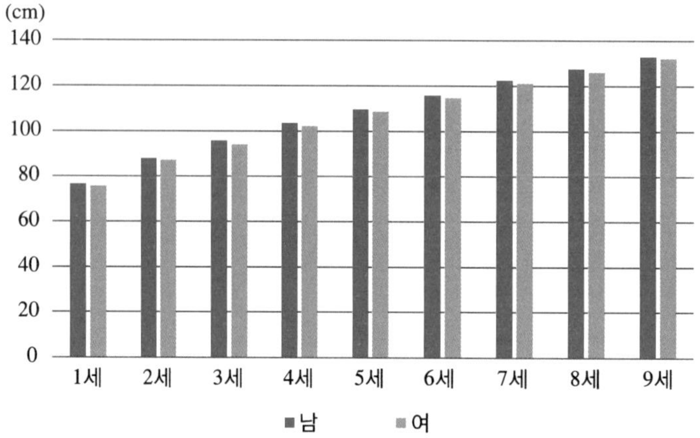

② 10대 남녀의 표준 체중

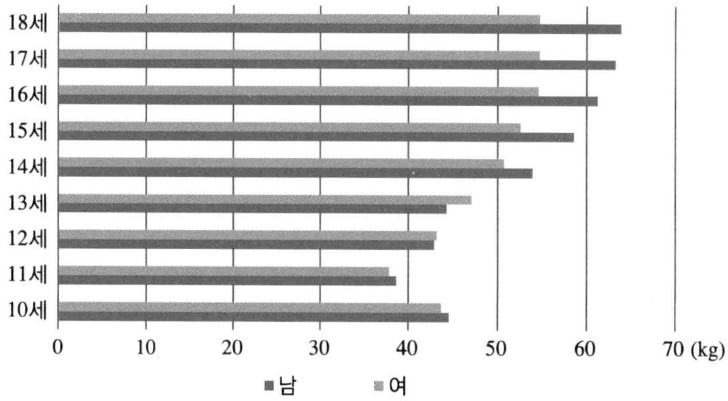

③ 10세 이전 남자의 표준 키 및 체중

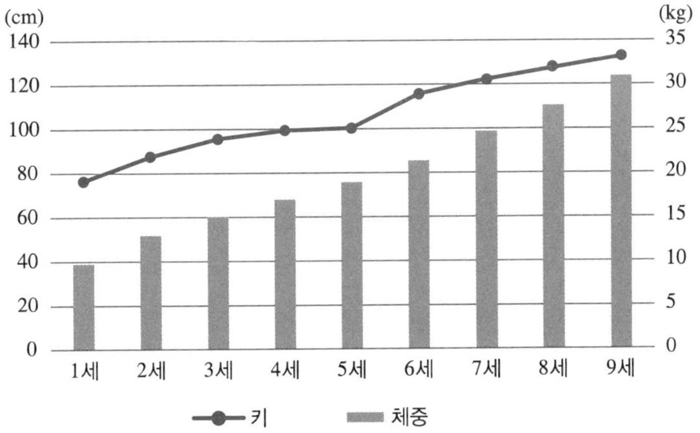

④ 10대 여자의 표준 키 및 체중

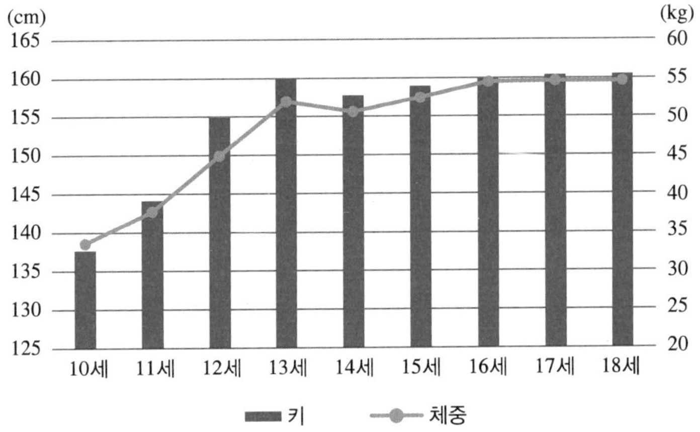

⑤ 바로 전 연령 대비 남녀 표준 키 차이

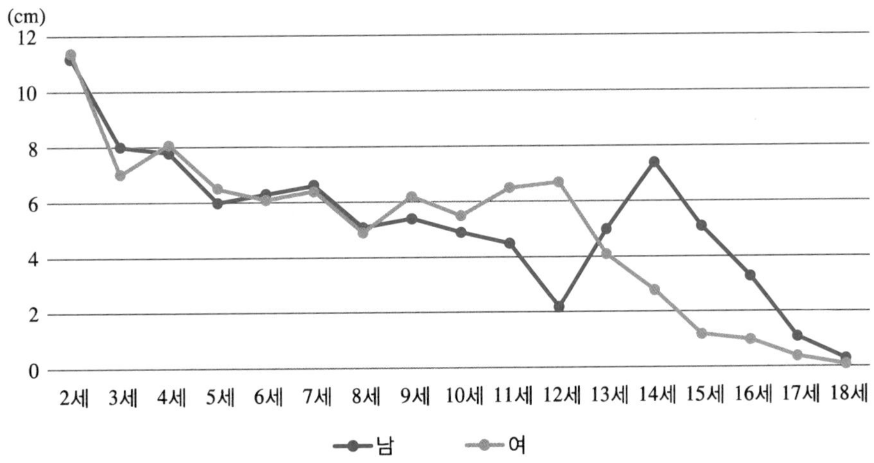

대표기출유형

10 수추리

| 유형분석 |

- 제시된 자료의 규칙을 바탕으로 미래의 값을 추론하는 유형이다.
- 등차수열이나 등비수열, log, 지수 등의 수학적인 지식을 묻기도 한다.

주요 수열 종류

구분	설명
등차수열	앞의 항에 일정한 수를 더해 이루어지는 수열
등비수열	앞의 항에 일정한 수를 곱해 이루어지는 수열
계차수열	수열의 인접하는 두 항의 차로 이루어진 수열
피보나치수열	앞의 두 항의 합이 그 다음 항의 수가 되는 수열
건너뛰기 수열	1. 두 개 이상의 수열이 일정한 간격을 두고 번갈아가며 나타나는 수열
	2. 두 개 이상의 규칙이 일정한 간격을 두고 번갈아가며 적용되는 수열
군수열	일정한 규칙성으로 몇 항씩 묶어 나눈 수열

S제약회사에서는 유산균을 배양하는 효소를 개발 중이다. 이 효소와 유산균이 만났을 때 다음과 같이 유산균의 수가 변화하고 있다면, 효소의 양이 12g일 때 남아있는 유산균의 수는?

효소의 양(g)	1	2	3	4	5
유산균의 수(억 마리)	120	246	372	498	624

① 1,212억 마리
② 1,346억 마리
③ 1,480억 마리
④ 1,506억 마리
⑤ 1,648억 마리

정답 ④

1. 규칙 파악

문제에서 효소와 유산균이 만났을 때 유산균의 수가 변화한다고 하였으므로 효소의 양과 유산균의 수의 변화는 관련이 있는 것을 알 수 있다. 효소의 양은 1g씩 늘어나고 있고, 그에 따른 유산균의 수는 계속 증가하고 있다. 수열 문제에 접근할 때 가장 먼저 등차수열이나 등비수열이 아닌지 확인해야 한다. 이 문제에서 유산균의 수는 공차가 126인 등차수열임을 알 수 있다.

2. 계산

삼성 수추리는 직접 계산해도 될 만큼의 계산력을 요구한다. 물론 식을 세워서 계산하는 방법이 가장 빠르고 정확하지만 공식이 기억나지 않는다면 머뭇거리지 말고 직접 계산을 해야 한다.

이 문제 역시 효소의 양이 12g일 때 유산균의 수를 물었으므로 공식이 생각나지 않는다면 직접 계산하여 풀이할 수 있다. 하지만 시험 보기 전까지 식을 세워보는 연습을 하여 실전에서 빠르게 풀 수 있도록 다음과 같이 2가지의 풀이 방법을 제시하였다.

㉠ 직접 계산하기

효소의 양(g)	5		6		7		8		9		10		11		12
유산균의 수(억 마리)	624	→	750	→	876	→	1,002	→	1,128	→	1,254	→	1,380	→	1,506
		+126		+126		+126		+126		+126		+126		+126	

㉡ 식 세워 계산하기

식을 세우기 전에 미지수를 지정한다. 효소의 양이 ng일 때 유산균의 수를 a_n억 마리라고 하자.

등차수열의 공식이 a_n=(첫 항)+(공차)×$(n-1)$임을 활용한다.

유산균의 수는 매일 126억 마리씩 증가하고 있다. 등차수열 공식에 의해 $a_n=120+126(n-1)=126n-6$이다.

따라서 효소의 양이 12g일 때의 유산균의 수는 $a_{12}=126\times12-6=1,512-6=1,506$억 마리이다.

30초 컷 풀이 Tip

자료해석의 수추리는 복잡한 규칙을 묻지 않고, 지나치게 큰 n(미래)의 값을 묻지 않는다. 등차수열이나 등비수열 등이 출제되었을 때, 공식이 생각나지 않는다면 써서 나열하는 것이 문제 풀이 시간을 단축할 수 있는 방법이다.

01 A물고기는 한 달 만에 성체가 되어 번식을 한다. 다음과 같이 번식을 하고 있다면 12월의 A물고기 수는?

〈A물고기 수 변화〉

(단위 : 마리)

구분	1월	2월	3월	4월	5월
개체 수	1	1	2	3	5

① 72마리
② 86마리
③ 100마리
④ 124마리
⑤ 144마리

02 다음은 어떤 용기 안에 세균을 넣을 때 확산되는 세균의 수이다. 다음과 같이 시간당 분열 규칙이 일정하게 유지된다면 8시간이 지난 후 용기 안에 들어있는 세균의 수는?

〈용기 안 세균의 수 변화〉

(단위 : 마리)

구분	1시간	2시간	3시간	4시간	5시간
세균의 수	9	15	33	87	249

① 2,193마리
② 4,245마리
③ 6,567마리
④ 12,578마리
⑤ 19,689마리

Hard

03 다음은 청개구리와 황소개구리의 개체 수 변화에 대한 자료이다. 이와 같은 일정한 변화가 지속될 때 2026년 청개구리와 황소개구리의 개체 수는?

〈청개구리 · 황소개구리 개체 수 변화〉

(단위 : 만 마리)

구분	2018년	2019년	2020년	2021년	2022년
청개구리	5	6	8	12	20
황소개구리	50	47	44	41	38

	청개구리	황소개구리
①	200만 마리	25만 마리
②	200만 마리	26만 마리
③	260만 마리	26만 마리
④	260만 마리	25만 마리
⑤	300만 마리	26만 마리

04 S씨가 비닐하우스에서 재배하는 사과의 개수 변화가 다음과 같은 규칙을 보일 때, 2024년 4월에 재배하는 사과의 개수는?

〈사과의 개수 변화〉

(단위 : 개)

구분	2023년 10월	2023년 11월	2023년 12월	2024년 1월
사과의 개수	50	55	65	80

① 145개
② 155개
③ 165개
④ 170개
⑤ 175개

CHAPTER 02
추리

합격 CHEAT KEY

GSAT 추리 영역은 크게 언어추리, 도형추리, 도식추리로 나눌 수 있다. 언어추리에서는 동의・유의・반의・상하 관계 등 다양한 어휘 관계를 묻는 문제와 문장을 나열하는 문단나열 문제 그리고 논리추리 및 추론을 요하는 문제가 출제된다. 또한, 도형추리 문제에서는 제시된 도형의 단계적 변화 속에서 변화의 규칙을 찾아내야 하며, 도식추리 문제에서는 문자의 변화 과정에 숨어있는 규칙을 읽어야 한다. 이 영역을 통해 평가하고자 하는 바는 '실제 업무를 행하는 데 필요한 논리적 사고력을 갖추고 있는가', '신속하고 올바른 판단을 내릴 수 있는가', '현재의 과정을 통해 미래를 추론할 수 있는가'이다. 이러한 세 가지 능력을 평가하기 위해 30개 문항을 30분 안에 풀도록 하고 있다.

01 언어추리

언어에 대한 논리력, 사고력, 그리고 추리력을 평가하는 유형으로 추리 영역 30문항 중 약 23문항 정도가 출제된다. 이는 전체의 약 75%를 차지할 정도로 비중이 굉장히 크므로 반드시 고득점을 얻어야 할 부분이다. 언어추리는 크게 명제, 조건추리, 문단나열, 어휘추리, 독해추론으로 구분할 수 있다.

학습 포인트

- 명제 유형의 삼단논법 문제에서는 대우 명제를, '어떤'을 포함하는 명제 문제에서는 벤 다이어그램을 활용한다.
- 조건추리 유형에서는 주어진 규칙과 조건을 파악한 후 이를 도식화(표, 기호 등으로 정리)하여 문제에 접근해야 한다.
- 문단나열 유형에서는 글의 내용과 흐름을 잘 파악하고 있는지를 평가하는 유형이므로 지시어와 접속어의 쓰임에 대해 정확하게 알아둔다.
- 어휘추리 유형에서는 문장 속 어휘의 쓰임이 아닌 1 : 1 어휘 관계를 묻는 것이 일반적이므로 어휘의 뜻을 정확하게 알아둔다.
- 독해추론 유형에서는 과학 지문의 비중이 높고, 삼성 제품 관련 지문이 나올 수 있으므로 관련 지문을 빠르게 읽고 이해할 수 있도록 연습한다.

02 도형추리

일련의 도형에 적용된 규칙을 파악할 수 있는지 평가하는 유형으로, 추리 영역 30문항 중 약 3문항 내외가 출제된다. 3×3개의 칸에 8개 도형만 제시되고, 그 안에서 도형이 변하는 규칙을 찾아 비어 있는 자리에 들어갈 도형의 모양을 찾는 문제이다.

학습 포인트

- x축·y축·원점 대칭, 시계 방향·시계 반대 방향 회전, 색 반전 등 도형 변화의 기본 규칙을 숙지하고, 두 가지 규칙이 동시에 적용되었을 때의 모습도 추론할 수 있는 훈련이 필요하다.
- 가로 행 또는 세로 열을 기준으로 도형의 변화를 살핀 후 대각선, 시계 방향·시계 반대 방향, 건너뛰기 등 다양한 가능성을 염두에 두고 규칙을 적용해 본다.
- 규칙을 추론하는 정해진 방법은 없다. 따라서 많은 문제를 풀고 접해보면서 감을 익히는 수밖에 없다.

03 도식추리

문자가 변화하는 과정을 보고 기호의 의미를 파악한 후, 제시된 문자가 어떻게 변화하는지 판단하는 유형이다. 추리 영역 30문항 중 4문항 정도가 출제된다. 도식추리는 하나의 보기에 여러 문제가 딸려 있는 묶음 형태로 출제되므로 주어진 기호를 정확히 파악해야 많은 문제를 정확히 풀 수 있다.

학습 포인트

- 그동안 시험에서는 각 자릿수 ±4까지의 연산, 문자의 이동 등의 규칙이 출제되었다. 따라서 문자에 대응하는 숫자를 숙지하고 있으면 문제 푸는 시간을 단축할 수 있을 것이다.
- 규칙을 추론해야 한다는 사실에 겁부터 먹는 지원자들이 있는데, 사실 규칙의 대부분이 문자의 배열을 서로 바꾸거나 일정한 앞 또는 뒤의 문자로 치환하는 정도이므로 그리 복잡하지 않다. 또한 거치는 과정도 생각보다 많지 않으므로, 기본 논리 구조를 이해하고 연습한다면 실전에서 어렵지 않게 문제를 풀어낼 수 있을 것이다.

CHAPTER

02 이론점검

| 언어추리 |

01 어휘추리

1. 유의 관계

두 개 이상의 어휘가 서로 소리는 다르나 의미가 비슷한 경우를 유의 관계라고 하고, 유의 관계에 있는 어휘를 유의어(類義語)라고 한다. 유의 관계의 대부분은 개념적 의미의 동일성을 전제로 한다. 그렇다고 하여 유의 관계를 이루는 단어들을 어느 경우에나 서로 바꾸어 쓸 수 있는 것은 아니다. 따라서 언어 상황에 적합한 말을 찾아 쓰도록 노력하여야 한다.

(1) 원어의 차이

한국어는 크게 고유어, 한자어, 외래어로 구성되어 있다. 따라서 하나의 사물에 대해서 각각 부르는 일이 있을 경우 유의 관계가 발생하게 된다.

(2) 전문성의 차이

같은 사물에 대해서 일반적으로 부르는 이름과 전문적으로 부르는 이름이 다른 경우가 많다. 이런 경우에 전문적으로 부르는 이름과 일반적으로 부르는 이름 사이에 유의 관계가 발생한다.

(3) 내포의 차이

나타내는 의미가 완전히 일치하지는 않으나, 유사한 경우에 유의 관계가 발생한다.

(4) 완곡어법

문화적으로 금기시하는 표현을 둘러서 말하는 것을 완곡어법이라고 하며, 이러한 완곡어법 사용에 따라 유의 관계가 발생한다.

2. 반의 관계

(1) 개요

반의어(反意語)는 둘 이상의 단어에서 의미가 서로 짝을 이루어 대립하는 경우를 말한다.
즉, 반의어는 어휘의 의미가 서로 대립하는 단어를 말하며, 이러한 어휘들의 관계를 반의 관계라고 한다.
한 쌍의 단어가 반의어가 되려면, 두 어휘 사이에 공통적인 의미 요소가 있으면서도 동시에 서로 다른 하나의 의미 요소가 있어야 한다.
반의어는 반드시 한 쌍으로만 존재하는 것이 아니라, 다의어(多義語)이면 그에 따라 반의어가 여러 개로 달라질 수 있다. 즉, 하나의 단어에 대하여 여러 개의 반의어가 있을 수 있다.

(2) 반의어의 종류

반의어에는 상보 반의어와 정도 반의어, 관계 반의어, 방향 반의어가 있다.

① **상보 반의어** : 한쪽 말을 부정하면 다른 쪽 말이 되는 반의어이며, 중간항은 존재하지 않는다. '있다'와 '없다'가 상보적 반의어이며, '있다'와 '없다' 사이의 중간 상태는 존재할 수 없다.

② **정도 반의어** : 한쪽 말을 부정하면 반드시 다른 쪽 말이 되는 것이 아니며, 중간항을 갖는 반의어이다. '크다'와 '작다'가 정도 반의어이며, 크지도 작지도 않은 중간이라는 중간항을 갖는다.

③ **관계 반의어** : 관계 반의어는 상대가 존재해야만 자신이 존재할 수 있는 반의어이다. '부모'와 '자식'이 관계 반의어의 예이다.

④ **방향 반의어** : 맞선 방향을 전제로 하여 관계나 이동의 측면에서 대립을 이루는 단어 쌍이다. 방향 반의어는 공간적 대립, 인간관계 대립, 이동적 대립 등으로 나누어 볼 수 있다.

3. 상하 관계

상하 관계는 단어의 의미적 계층 구조에서 한쪽이 의미상 다른 쪽을 포함하거나 다른 쪽에 포섭되는 관계를 말한다. 상하 관계를 형성하는 단어들은 상위어(上位語)일수록 일반적이고 포괄적인 의미를 지니며, 하위어(下位語)일수록 개별적이고 한정적인 의미를 지닌다.
따라서 상위어는 하위어를 함의하게 된다. 즉, 하위어가 가지고 있는 의미 특성을 상위어가 자동적으로 가지게 된다.

4. 부분 관계

부분 관계는 한 단어가 다른 단어의 부분이 되는 관계를 말하며, 전체 – 부분 관계라고도 한다. 부분 관계에서 부분을 가리키는 단어를 부분어(部分語), 전체를 가리키는 단어를 전체어(全體語)라고 한다. 예를 들면, '머리, 팔, 몸통, 다리'는 '몸'의 부분어이며, 이러한 부분어들에 의해 이루어진 '몸'은 전체어이다.

02 명제추리

1. 연역 추론

이미 알고 있는 판단(전제)을 근거로 새로운 판단(결론)을 유도하는 추론이다. 연역 추론은 진리일 가능성을 따지는 귀납 추론과는 달리, 명제 간의 관계와 논리적 타당성을 따진다. 즉, 연역 추론은 전제들로부터 절대적인 필연성을 가진 결론을 이끌어내는 추론이다.

(1) 직접 추론

한 개의 전제로부터 중간적 매개 없이 새로운 결론을 이끌어내는 추론이며, 대우 명제가 그 대표적인 예이다.

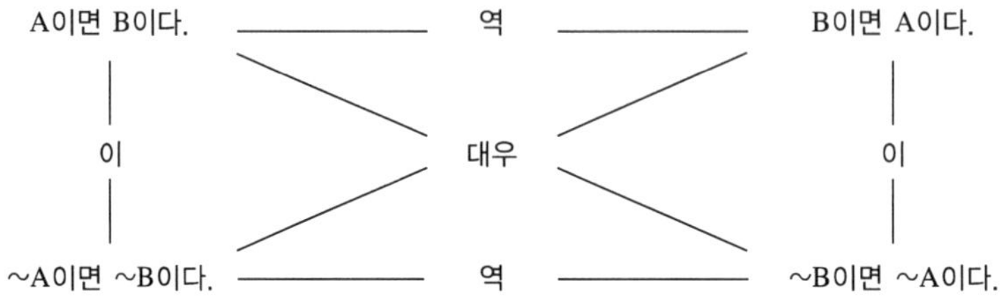

• 한국인은 모두 황인종이다.	(전제)
• 그러므로 황인종이 아닌 사람은 모두 한국인이 아니다.	(결론 1)
• 그러므로 황인종 중에는 한국인이 아닌 사람도 있다.	(결론 2)

(2) 간접 추론

둘 이상의 전제로부터 새로운 결론을 이끌어내는 추론이다. 삼단논법이 가장 대표적인 예이다.

① **정언 삼단논법** : 세 개의 정언명제로 구성된 간접추론 방식이다. 세 개의 명제 가운데 두 개의 명제는 전제이고, 나머지 한 개의 명제는 결론이다. 세 명제의 주어와 술어는 세 개의 서로 다른 개념을 표현한다.

② **가언 삼단논법** : 가언명제로 이루어진 삼단논법을 말한다. 가언명제란 두 개의 정언명제가 '만일 ~이라면'이라는 접속사에 의해 결합된 복합명제이다. 여기서 '만일'에 의해 이끌리는 명제를 전건이라고 하고, 그 뒤의 명제를 후건이라고 한다. 가언 삼단논법의 종류로는 혼합가언 삼단논법과 순수가언 삼단논법이 있다.

㉠ **혼합가언 삼단논법** : 대전제만 가언명제로 구성된 삼단논법이다. 긍정식과 부정식 두 가지가 있으며, 긍정식은 'A면 B이다. A이다. 그러므로 B이다.'이고, 부정식은 'A면 B이다. B가 아니다. 그러므로 A가 아니다.'이다.

- 만약 A라면 B이다.
- B가 아니다.
- 그러므로 A가 아니다.

㉡ **순수가언 삼단논법** : 대전제와 소전제 및 결론까지 모두 가언명제들로 구성된 삼단논법이다.

- 만약 A라면 B이다.
- 만약 B라면 C이다.
- 그러므로 만약 A라면 C이다.

③ **선언 삼단논법** : '~이거나 ~이다.'의 형식으로 표현되며 전제 속에 선언 명제를 포함하고 있는 삼단논법이다.

- 내일은 비가 오거나 눈이 온다(A 또는 B이다).
- 내일은 비가 오지 않는다(A가 아니다).
- 그러므로 내일은 눈이 온다(그러므로 B이다).

④ **딜레마 논법** : 대전제는 두 개의 가언명제로, 소전제는 하나의 선언명제로 이루어진 삼단논법으로, 양도추론이라고도 한다.

- 만일 네가 거짓말을 하면, 신이 미워할 것이다. (대전제)
- 만일 네가 거짓말을 하지 않으면, 사람들이 미워할 것이다. (대전제)
- 너는 거짓말을 하거나, 거짓말을 하지 않을 것이다. (소전제)
- 그러므로 너는 미움을 받게 될 것이다. (결론)

PART 2

2. 귀납 추론

특수한 또는 개별적인 사실로부터 일반적인 결론을 이끌어 내는 추론을 말한다. 귀납 추론은 구체적 사실들을 기반으로 하여 결론을 이끌어 내기 때문에 필연성을 따지기보다는 개연성과 유관성, 표본성 등을 중시하게 된다. 여기서 개연성이란, 관찰된 어떤 사실이 같은 조건하에서 앞으로도 관찰될 수 있는가 하는 가능성을 말하고, 유관성은 추론에 사용된 자료가 관찰하려는 사실과 관련되어야 하는 것을 일컬으며, 표본성은 추론을 위한 자료의 표본 추출이 공정하게 이루어져야 하는 것을 가리킨다. 이러한 귀납 추론은 일상생활 속에서 많이 사용하고, 우리가 알고 있는 과학적 사실도 이와 같은 방법으로 밝혀졌다.
그러나 전제들이 참이어도 결론이 항상 참인 것은 아니다. 단 하나의 예외로 인하여 결론이 거짓이 될 수 있다.

- 성냥불은 뜨겁다.
- 연탄불도 뜨겁다.
- 그러므로 모든 불은 뜨겁다.

위 예문에서 '성냥불이나 연탄불이 뜨거우므로 모든 불은 뜨겁다.'라는 결론이 나왔는데, 반딧불은 뜨겁지 않으므로 '모든 불이 뜨겁다.'라는 결론은 거짓이 된다.

(1) 완전 귀납 추론

관찰하고자 하는 집합의 전체를 다 검증함으로써 대상의 공통 특질을 밝혀내는 방법이다. 이는 예외 없는 진실을 발견할 수 있다는 장점은 있으나, 집합의 규모가 크고 속성의 변화가 다양할 경우에는 적용하기 어려운 단점이 있다.

예 1부터 10까지의 수를 다 더하여 그 합이 55임을 밝혀내는 방법

(2) 통계적 귀납 추론

통계적 귀납 추론은 관찰하고자 하는 집합의 일부에서 발견한 몇 가지 사실을 열거함으로써 그 공통점을 결론으로 이끌어 내려는 방식을 가리킨다. 관찰하려는 집합의 규모가 클 때 그 일부를 표본으로 추출하여 조사하는 방식이 이에 해당하며, 표본 추출의 기준이 얼마나 적합하고 공정한가에 따라 그 결과에 대한 신뢰도가 달라진다는 단점이 있다.

예 여론조사에서 일부의 국민에 대한 설문 내용을 바탕으로, 이를 전체 국민의 여론으로 제시하는 것

(3) 인과적 귀납 추론

관찰하고자 하는 집합의 일부 원소들이 지닌 인과 관계를 인식하여 그 원인이나 결과를 이끌어 내려는 방식을 말한다.

① **일치법** : 공통적인 현상을 지닌 몇 가지 사실 중에서 각기 지닌 요소 중 어느 한 가지만 일치한다면 이 요소가 공통 현상의 원인이라고 판단

② **차이법** : 어떤 현상이 나타나는 경우와 나타나지 않은 경우를 놓고 보았을 때, 각 경우의 여러 조건 중 단 하나만이 차이를 보인다면 그 차이를 보이는 조건이 원인이 된다고 판단

예 현수와 승재는 둘 다 지능이나 학습 시간, 학습 환경 등이 비슷한데 공부하는 태도에는 약간의 차이가 있다. 따라서 두 사람이 성적이 차이를 보이는 것은 학습 태도의 차이 때문으로 생각된다.

③ **일치·차이 병용법** : 몇 개의 공통 현상이 나타나는 경우와 몇 개의 그렇지 않은 경우를 놓고 일치법과 차이법을 병용하여 적용함으로써 그 원인을 판단

예 학업 능력 정도가 비슷한 두 아동 집단에 대해 처음에는 같은 분량의 과제를 부여하고 나중에는 각기 다른 분량의 과제를 부여한 결과, 많이 부여한 집단의 성적이 훨씬 높게 나타났다. 이로 보아, 과제를 많이 부여하는 것이 적게 부여하는 것보다 학생의 학업 성적 향상에 도움이 된다고 판단할 수 있다.

④ **공변법** : 관찰하는 어떤 사실의 변화에 따라 현상의 변화가 일어날 때 그 변화의 원인이 무엇인지 판단

예 담배를 피우는 양이 각기 다른 사람들의 집단을 조사한 결과, 담배를 많이 피울수록 폐암에 걸릴 확률이 높다는 사실이 발견되었다.

⑤ **잉여법** : 앞의 몇 가지 현상이 뒤의 몇 가지 현상의 원인이며, 선행 현상의 일부분이 후행 현상의 일부분이라면, 선행 현상의 나머지 부분이 후행 현상의 나머지 부분의 원인임을 판단

예 어젯밤 일어난 사건의 혐의자는 정은이와 규민이 두 사람인데, 정은이는 알리바이가 성립되어 혐의 사실이 없는 것으로 밝혀졌다. 따라서 그 사건의 범인은 규민이일 가능성이 높다.

3. 유비 추론

두 개의 대상 사이에 일련의 속성이 동일하다는 사실에 근거하여 그것들의 나머지 속성도 동일하리라는 결론을 이끌어내는 추론, 즉 이미 알고 있는 것에서 다른 유사한 점을 찾아내는 추론을 말한다. 그렇기 때문에 유비 추론은 잣대(기준)가 되는 사물이나 현상이 있어야 한다. 유비 추론은 가설을 세우는 데 유용하다. 이미 알고 있는 사례로부터 아직 알지 못하는 것을 생각해 봄으로써 쉽게 가설을 세울 수 있다. 이때 유의할 점은 이미 알고 있는 사례와 이제 알고자 하는 사례가 매우 유사하다는 확신과 증거가 있어야 한다. 그렇지 않은 상태에서 유비 추론에 의해 결론을 이끌어 내면, 그것은 개연성이 거의 없고 잘못된 결론이 될 수도 있다.

- 지구에는 공기, 물, 흙, 햇빛이 있다(A는 a, b, c, d의 속성을 가지고 있다).
- 화성에는 공기, 물, 흙, 햇빛이 있다(B는 a, b, c, d의 속성을 가지고 있다).
- 지구에 생물이 살고 있다(A는 e의 속성을 가지고 있다).
- 그러므로 화성에도 생물이 살고 있을 것이다(그러므로 B도 e의 속성을 가지고 있을 것이다).

PART 2

| 도형추리 |

1. 회전 모양

(1) 180° 회전한 도형은 좌우가 상하가 모두 대칭이 된 모양이 된다.

예

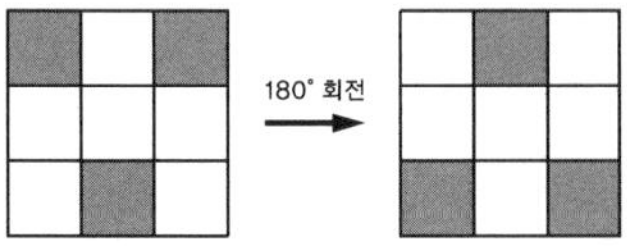

(2) 시계 방향으로 90° 회전한 도형은 시계 반대 방향으로 270° 회전한 도형과 같다.

예

(3) 좌우 반전 → 좌우 반전, 상하 반전 → 상하 반전은 같은 도형이 된다.

예

(4) 도형을 거울에 비친 모습은 방향에 따라 좌우 또는 상하로 대칭된 모습이 나타난다.

예

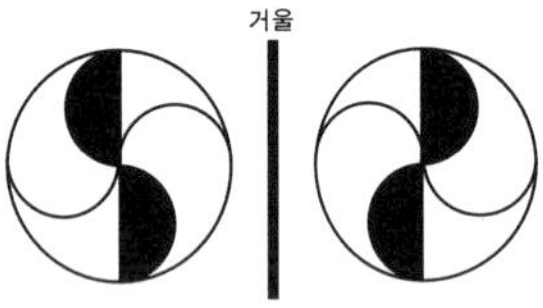

2. 회전 각도

도형의 회전 각도는 도형의 모양으로 유추할 수 있다.

(1) 회전한 모양이 회전하기 전의 모양과 같은 경우

도형	가능한 회전 각도
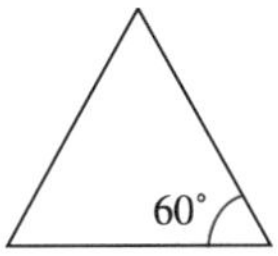	…, −240°, −120°, +120°, +240°, …
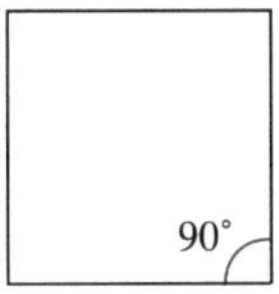	…, −180°, −90°, +90°, +180°, …
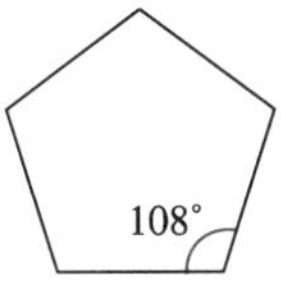	…, −144°, −72°, +72°, +144°, …

(2) 회전한 모양이 회전하기 전의 모양과 다른 경우

회전 전 모양	회전 후 모양	회전한 각도
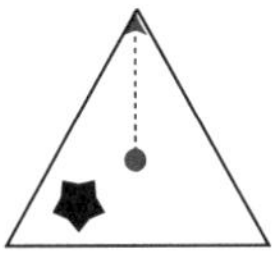	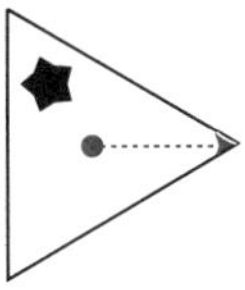	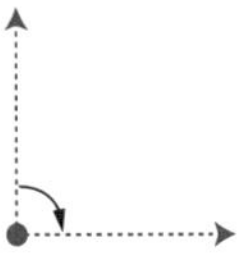
	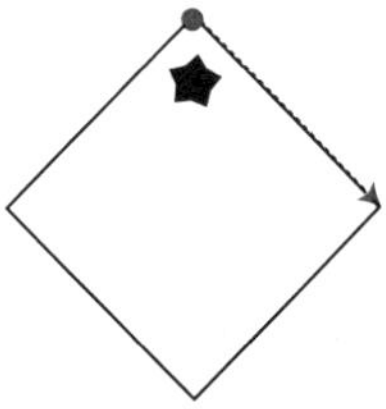	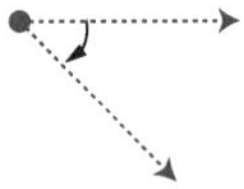
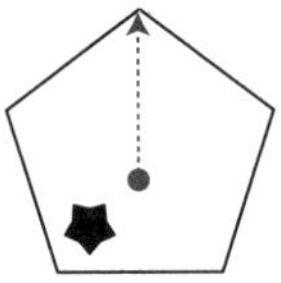	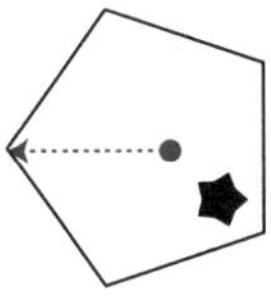	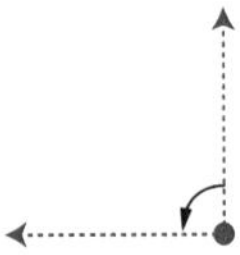

대표기출유형

01 삼단논법

| 유형분석 |

- '$p \rightarrow q$, $q \rightarrow r$이면 $p \rightarrow r$이다.' 형식의 삼단논법과 명제의 대우를 활용하여 푸는 유형이다.
- 전제를 추리하거나 결론을 추리하는 유형이 출제된다.
- 'AO → B×' 또는 '$p \rightarrow \sim q$'와 같이 명제를 단순화하여 정리하면서 풀어야 한다.

제시된 명제가 모두 참일 때, 다음 중 빈칸에 들어갈 명제로 가장 적절한 것은?

전제1. 공부를 하지 않으면 시험을 못 본다. 전제2. ______________________ 결론. 공부를 하지 않으면 성적이 나쁘게 나온다.

① 공부를 한다면 시험을 잘 본다.
② 시험을 잘 본다면 공부를 한 것이다.
③ 성적이 좋다면 공부를 한 것이다.
④ 시험을 잘 본다면 성적이 좋은 것이다.
⑤ 성적이 좋다면 시험을 잘 본 것이다.

정답 ⑤

'공부를 함'을 p, '시험을 잘 봄'을 q, '성적이 좋게 나옴'을 'r'이라 하면 첫 번째 명제는 $\sim p \rightarrow \sim q$, 마지막 명제는 $\sim p \rightarrow \sim r$이다. 따라서 $\sim q \rightarrow \sim r$이 빈칸에 들어가야 $\sim p \rightarrow \sim q \rightarrow \sim r$이 되어 $\sim p \rightarrow \sim r$이 성립한다. 참인 명제의 대우도 역시 참이므로 $\sim q \rightarrow \sim r$의 대우인 '성적이 좋다면 시험을 잘 본 것이다.'가 답이 된다.

30초 컷 풀이 Tip

전제 추리 방법	결론 추리 방법
전제1이 $p \rightarrow q$일 때, 결론이 $p \rightarrow r$이라면 각 명제의 앞부분이 같으므로 뒷부분을 $q \rightarrow r$로 이어준다. 만일 형태가 이와 맞지 않는다면 대우명제를 이용한다.	대우명제를 활용하여 전제1과 전제2가 $p \rightarrow q$, $q \rightarrow r$의 형태로 만들어진다면 결론은 $p \rightarrow r$이다.

대표기출유형 01 기출응용문제

※ 제시된 명제가 모두 참일 때, 다음 중 빈칸에 들어갈 명제로 가장 적절한 것을 고르시오. [1~3]

Easy

01

전제1. 하루에 두 끼를 먹는 어떤 사람도 뚱뚱하지 않다.
전제2. 아침을 먹는 모든 사람은 하루에 두 끼를 먹는다.
결론. ______________________

① 하루에 세 끼를 먹는 사람이 있다.
② 아침을 먹는 모든 사람은 뚱뚱하지 않다.
③ 뚱뚱하지 않은 사람은 하루에 두 끼를 먹는다.
④ 하루에 한 끼를 먹는 사람은 뚱뚱하지 않다.
⑤ 아침을 먹는 어떤 사람은 뚱뚱하다.

02

전제1. 회계팀의 팀원은 모두 회계 관련 자격증을 가지고 있다.
전제2. ______________________
결론. 그러므로 돈 계산이 빠르지 않은 사람은 회계팀이 아니다.

① 회계팀이 아닌 사람은 돈 계산이 빠르다.
② 돈 계산이 빠른 사람은 회계 관련 자격증을 가지고 있다.
③ 회계팀이 아닌 사람은 회계 관련 자격증을 가지고 있지 않다.
④ 돈 계산이 빠르지 않은 사람은 회계 관련 자격증을 가지고 있다.
⑤ 돈 계산이 빠르지 않은 사람은 회계 관련 자격증을 가지고 있지 않다.

03

전제1. 축산산업이 발전하면 소득이 늘어난다.
전제2. 해외 수입이 줄어들면 축산산업이 발전한다.
결론. ______________________

① 해외수입이 줄어들면 소득이 줄어든다.
② 해외수입이 늘어나면 소득이 늘어난다.
③ 축산산업이 발전되지 않으면 소득이 늘어난다.
④ 축산산업이 발전되면 소득이 줄어든다.
⑤ 해외수입이 줄어들면 소득이 늘어난다.

PART 2

대표기출유형 02 벤 다이어그램

| 유형분석 |

- '어떤', '모든' 등 일부 또는 전체를 나타내는 명제 유형이다.
- 전제를 추리하거나 결론을 추리하는 유형이 출제된다.
- 벤 다이어그램으로 나타내어 접근한다.

제시된 명제가 모두 참일 때, 다음 중 빈칸에 들어갈 명제로 가장 적절한 것은?

전제1. 어떤 키가 작은 사람은 농구를 잘한다.
전제2. ______________________
결론. 어떤 순발력이 좋은 사람은 농구를 잘한다.

① 어떤 키가 작은 사람은 순발력이 좋다.
② 농구를 잘하는 어떤 사람은 키가 작다.
③ 순발력이 좋은 사람은 모두 키가 작다.
④ 키가 작은 사람은 모두 순발력이 좋다.
⑤ 어떤 키가 작은 사람은 농구를 잘하지 못한다.

정답 ④

'키가 작은 사람'을 A, '농구를 잘하는 사람'을 B, '순발력이 좋은 사람'을 C라고 하면, 전제1과 결론은 다음과 같은 벤 다이어그램으로 나타낼 수 있다.

1) 전제1

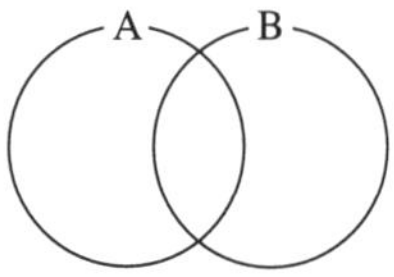

2) 결론

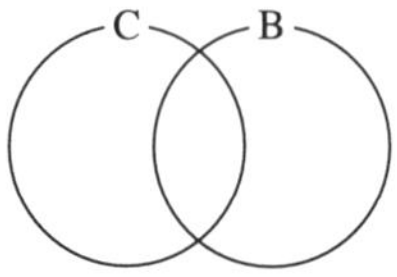

결론이 참이 되기 위해서는 B와 공통되는 부분의 A와 C가 연결되어야 하므로 A를 C에 모두 포함시켜야 한다. 즉, 다음과 같은 벤 다이어그램이 성립할 때 마지막 명제가 참이 될 수 있으므로 빈칸에 들어갈 명제는 '키가 작은 사람은 모두 순발력이 좋다.'의 ④이다.

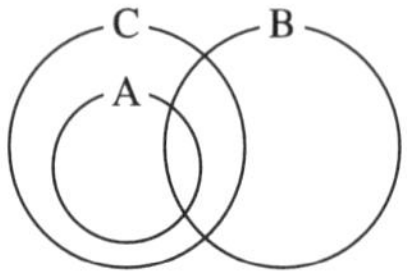

오답분석

① 다음과 같은 경우 성립하지 않는다.

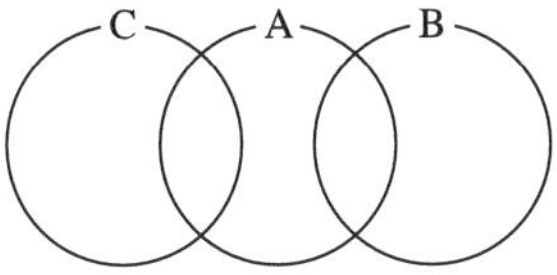

③ 다음과 같은 경우 성립하지 않는다.

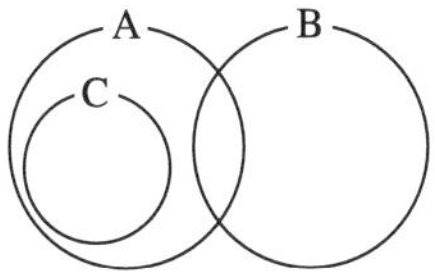

30초 컷 풀이 Tip

다음은 출제 가능성이 높은 명제 유형을 정리한 표이다. 이를 응용한 다양한 유형의 문제가 출제될 수 있으므로 대표적인 유형을 학습해두어야 한다.

명제 유형		전제1	전제2	결론
유형1	명제	어떤 A는 B이다.	모든 A는 C이다.	어떤 C는 B이다. (=어떤 B는 C이다.)
	벤 다이어그램	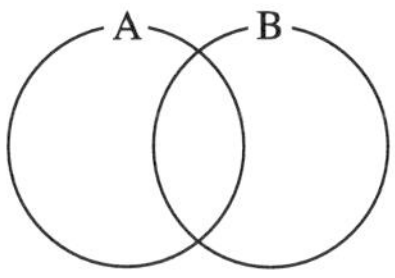	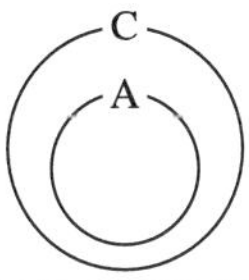	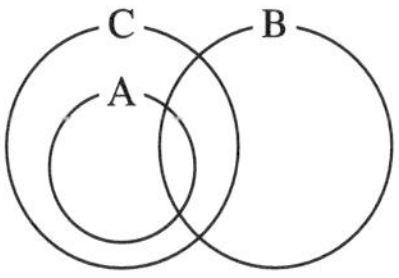
유형2	명제	모든 A는 B이다.	모든 A는 C이다.	어떤 C는 B이다. (=어떤 B는 C이다.)
	벤 다이어그램	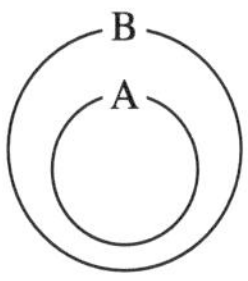	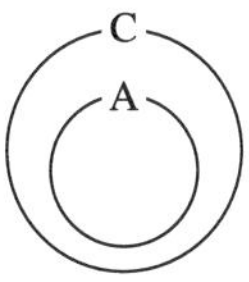	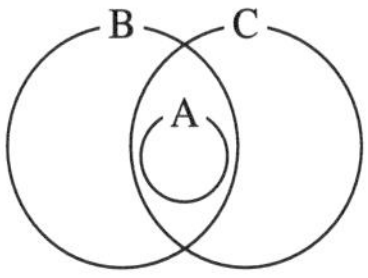

대표기출유형 02 기출응용문제

※ 제시된 명제가 모두 참일 때, 다음 중 빈칸에 들어갈 명제로 가장 적절한 것을 고르시오. [1~3]

01

전제1. 모든 과일은 맛이 있다.
전제2. 맛이 있는 어떤 것은 가격이 비싸다.
결론. ____________________

① 과일은 맛도 있고 가격도 비싸다.
② 맛이 있으면 과일이다.
③ 과일은 가격이 비쌀 수도 있고, 비싸지 않을 수도 있다.
④ 맛이 있는 과일은 가격이 비싸다.
⑤ 가격이 비싸면 과일이다.

02

전제1. 어떤 경위는 파출소장이다.
전제2. ____________________
결론. 30대 중 파출소장이 아닌 사람이 있다.

① 어떤 경위는 30대이다.
② 어떤 경위는 30대가 아니다.
③ 30대는 모두 경위이다.
④ 모든 경위는 파출소장이 아니다.
⑤ 모든 경위는 30대이다.

03

전제1. 인형을 좋아하는 어떤 아이는 동물을 좋아한다.
전제2. ____________________
결론. 인형을 좋아하는 어떤 아이는 친구를 좋아한다.

① 친구를 좋아하는 어떤 아이는 동물을 좋아한다.
② 친구를 좋아하는 아이는 동물을 좋아한다.
③ 동물을 좋아하는 어떤 아이는 친구를 좋아한다.
④ 동물을 좋아하는 아이는 친구를 좋아한다.
⑤ 동물을 좋아하지 않는 아이는 친구를 좋아하지 않는다.

대표기출유형

03 진실게임

| 유형분석 |

- 추리영역 중에서도 체감난이도가 상대적으로 높은 유형으로 알려져 있으나, 문제풀이 패턴을 익히면 시간을 절약할 수 있는 문제이다.
- 각 진술 사이의 모순을 찾아 성립하지 않는 경우의 수를 제거하거나, 경우의 수를 나누어 모든 조건이 들어맞는지를 확인해야 한다.

5명의 취업준비생 갑 ~ 무가 S그룹에 지원하여 그중 1명이 합격하였다. 취업준비생들은 다음과 같이 이야기하였고, 그중 1명이 거짓말을 하였을 때, 합격한 학생은?

- 갑 : 을은 합격하지 않았다.
- 을 : 합격한 사람은 정이다.
- 병 : 내가 합격하였다.
- 정 : 을의 말은 거짓말이다.
- 무 : 나는 합격하지 않았다.

① 갑　　② 을
③ 병　　④ 정
⑤ 무

정답 ③

을과 정은 상반된 이야기를 하고 있으므로 둘 중 한 명은 진실, 다른 한 명은 거짓을 말하고 있다.

i) 을이 진실, 정이 거짓인 경우 : 정을 제외한 네 사람의 말은 모두 참이므로 합격자는 병, 정이 되는데, 합격자는 1명이어야 하므로 모순이다. 따라서 을은 거짓, 정은 진실을 말한다.

ii) 을이 거짓, 정이 진실인 경우 : 정을 제외한 네 사람의 말은 모두 참이므로 합격자는 병이다.

즉, 합격자는 병이 된다.

30초 컷 풀이 Tip

i) 두 명 이상의 발언 중 한쪽이 진실이면 다른 한쪽이 거짓인 경우
1) A가 진실이고 B가 거짓인 경우, B가 진실이고 A가 거짓인 경우 두 가지로 나눌 수 있다.
2) 두 가지 경우에서 각 발언의 진위 여부를 판단한다.
3) 주어진 조건과 비교한다(범인의 숫자가 맞는지, 진실 또는 거짓을 말한 인원수가 조건과 맞는지 등).

ii) 두 명 이상의 발언 중 한쪽이 진실이면 다른 한쪽도 진실인 경우
1) A와 B가 모두 진실인 경우, A와 B가 모두 거짓인 경우 두 가지로 나눌 수 있다.
2) 두 가지 경우에서 각 발언의 진위 여부를 판단하여 범인을 찾는다.
3) 주어진 조건과 비교한다(범인의 숫자가 맞는지, 진실 또는 거짓을 말한 인원수가 조건과 맞는지 등).

01 어젯밤 회사에 남아있던 A ~ E 5명 중에서 창문을 깬 범인을 찾고 있다. 범인은 2명이고, 범인은 거짓만 말하며, 범인이 아닌 사람은 진실만 말한다고 한다. 5명의 진술이 다음과 같을 때, 다음 중 동시에 범인이 될 수 있는 사람끼리 짝지어진 것은?

- A : B와 C가 함께 창문을 깼어요.
- B : A가 창문을 깨는 것을 봤어요.
- C : 저랑 E는 확실히 범인이 아니에요.
- D : C가 범인이 확실해요.
- E : 제가 아는데, B는 확실히 범인이 아닙니다.

① A, B
② A, C
③ B, C
④ C, D
⑤ D, E

02 동아리 회비를 담당하고 있는 F팀장은 점심시간 후, 회비가 감쪽같이 사라진 것을 발견했다. 점심시간 동안 사무실에 있었던 사람은 A ~ E 5명이고, 이 중 2명은 범인이고, 3명은 범인이 아니다. 범인은 거짓말을 하고, 범인이 아닌 사람은 진실을 말한다고 할 때, 〈조건〉을 토대로 다음 중 옳은 것은?

조건

- A는 B, D 중 한 명이 범인이라고 주장한다.
- B는 C가 범인이라고 주장한다.
- C는 B가 범인이라고 주장한다.
- D는 A가 범인이라고 주장한다.
- E는 A와 B가 범인이 아니라고 주장한다.

① A와 D 중 범인이 있다.
② B가 범인이다.
③ C와 E가 범인이다.
④ A는 범인이다.
⑤ 범인이 누구인지 주어진 조건만으로는 알 수 없다.

Hard

03 N기업이 해외공사에 사용될 설비를 구축할 업체 두 곳을 선정하려고 한다. 구축해야 할 설비는 중동, 미국, 서부, 유럽에 2개씩 총 8개이며, 경쟁업체는 A ~ C업체이다. 다음 주어진 정보가 참 또는 거짓이라고 할 때, 〈보기〉 중 참을 말하는 직원은 누구인가?

- A업체는 최소한 3개의 설비를 구축할 예정이다.
- B업체는 중동, 미국, 서부, 유럽에 설비를 하나씩 구축할 예정이다.
- C업체는 중동지역 2개, 유럽지역 2개의 설비를 구축할 예정이다.

보기

- 이사원 : A업체가 참일 경우, B업체는 거짓이 된다.
- 김주임 : B업체가 거짓일 경우, A업체는 참이 된다.
- 장대리 : C업체가 참일 경우, A업체도 참이 된다.

① 이사원
② 김주임
③ 장대리
④ 이사원, 김주임
⑤ 김주임, 장대리

PART 2

대표기출유형

04 배열하기 · 묶기 · 연결하기

| 유형분석 |

- 주어진 조건에 따라 한 줄로 세우거나 자리를 배치하는 유형이다.
- 평소 충분한 연습이 되어있지 않으면 풀기 어려운 유형이므로, 최대한 다양한 유형을 접해 보고 패턴을 익히는 것이 좋다.

S전자 마케팅팀에는 A부장, B · C과장, D · E대리, F · G신입사원 총 7명이 근무하고 있다. A부장은 신입사원 입사 기념으로 팀원들을 데리고 영화관에 갔다. 영화를 보기 위해 주어진 조건에 따라 자리에 앉는다고 할 때, 항상 적절한 것은?

- 7명은 7자리가 일렬로 붙어 있는 좌석에 앉는다.
- 양 끝자리 옆에는 비상구가 있다.
- D와 F는 인접한 자리에 앉는다.
- A와 B 사이에는 한 명이 앉아 있다.
- C와 G 사이에는 한 명이 앉아 있다.
- G는 왼쪽 비상구 옆 자리에 앉아 있다.

① E는 D와 B 사이에 앉는다.
② G와 가장 멀리 떨어진 자리에 앉는 사람은 D이다.
③ C 양옆에는 A와 B가 앉는다.
④ D는 비상구와 붙어 있는 자리에 앉는다.
⑤ 가운데 자리에는 항상 B가 앉는다.

정답 ③

여섯 번째 조건에 의해 G는 첫 번째 자리에 앉고, 다섯 번째 조건에 의해 C는 세 번째 자리에 앉는다.

A와 B가 네 번째·여섯 번째 또는 다섯 번째·일곱 번째 자리에 앉으면 D와 F가 나란히 앉을 수 없다. 따라서 A와 B는 두 번째, 네 번째 자리에 앉는다. 그러면 남은 자리는 다섯·여섯·일곱 번째 자리이므로 D와 F는 다섯·여섯 번째 또는 여섯·일곱 번째 자리에 앉게 되고, 나머지 한 자리에 E가 앉는다.

이를 정리하면 다음과 같다.

구분	1	2	3	4	5	6	7
경우 1	G	A	C	B	D	F	E
경우 2	G	A	C	B	F	D	E
경우 3	G	A	C	B	E	D	F
경우 4	G	A	C	B	E	F	D
경우 5	G	B	C	A	D	F	E
경우 6	G	B	C	A	F	D	E
경우 7	G	B	C	A	E	D	F
경우 8	G	B	C	A	E	F	D

C의 양 옆에는 항상 A와 B가 앉으므로 ③은 항상 적절하다.

오답분석

① 경우 3, 경우 4, 경우 7, 경우 8에서만 가능하며, 나머지 경우에는 성립하지 않는다.

②·④ 경우 4와 경우 8에서만 가능하며, 나머지 경우에는 성립하지 않는다.

⑤ B는 두 번째 자리에 앉을 수도 있다.

30초 컷 풀이 Tip

이 유형에서 가장 먼저 해야 할 일은 고정된 조건을 찾는 것이다. 고정된 조건을 찾아 그 부분을 정해 놓으면 경우의 수가 훨씬 줄어든다.

대표기출유형 04 기출응용문제

Easy

01 경제학과, 물리학과, 통계학과, 지리학과 학생인 A ~ D는 검은색, 빨간색, 흰색의 세 가지 색 중 최소 1가지 이상의 색을 좋아한다. 다음 〈조건〉에 따라 항상 참이 되는 것은?

조건

- 경제학과 학생은 검은색과 빨간색만 좋아한다.
- 경제학과 학생과 물리학과 학생은 좋아하는 색이 서로 다르다.
- 통계학과 학생은 빨간색만 좋아한다.
- 지리학과 학생은 물리학과 학생과 통계학과 학생이 좋아하는 색만 좋아한다.
- C는 검은색을 좋아하고, B는 빨간색을 좋아하지 않는다.

① A는 통계학과이다.
② B는 물리학과이다.
③ C는 지리학과이다.
④ D는 경제학과이다.
⑤ B와 C는 빨간색을 좋아한다.

02 S전자 마케팅부 직원 A ~ J 10명이 점심식사를 하러 가서, 다음 〈조건〉에 따라 6인용 원형테이블 2개에 각각 4명, 6명씩 나눠 앉았다. 다음 중 항상 거짓인 것은?

조건

- A와 I는 빈자리 하나만 사이에 두고 앉아 있다.
- C와 D는 1명을 사이에 두고 앉아 있다.
- F의 양 옆 중 오른쪽 자리만 비어 있다.
- E는 C나 D의 옆자리가 아니다.
- H의 바로 옆에 G가 앉아 있다.
- H는 J와 마주보고 앉아 있다.

① A와 B는 같은 테이블이다.
② H와 I는 다른 테이블이다.
③ C와 G는 마주보고 앉아 있다.
④ A의 양 옆은 모두 빈자리이다.
⑤ D의 옆에 J가 앉아 있다.

03 A는 S사 사내 여행 동아리의 회원이고 이번 주말에 반드시 여행에 참가할 계획이다. 제시된 〈조건〉에 따라 회원들이 여행에 참가할 때, 다음 중 여행에 참석하는 사람을 모두 고르면?

조건

- C가 여행에 참가하지 않으면, A도 참가하지 않는다.
- E가 여행에 참가하지 않으면, B는 여행에 참가한다.
- D가 여행에 참가하지 않으면, B도 여행에 참가하지 않는다.
- E가 여행에 참가하면, C는 참가하지 않는다.

① A, B
② A, B, C
③ A, B, D
④ A, B, C, D
⑤ A, C, D, E

PART 2

Hard

04 홍보팀, 총무팀, 연구개발팀, 고객지원팀, 법무팀, 디자인팀으로 구성된 S사가 봄에 사내 체육대회를 실시하였다. 여섯 팀이 참가한 경기가 다음 〈조건〉과 같을 때, 항상 참인 것은?

조건

- 체육대회는 모두 4종목이며 모든 팀은 적어도 한 종목에 참가해야 한다.
- 이어달리기 종목에 참가한 팀은 5팀이다.
- 홍보팀은 모든 종목에 참가하였다.
- 연구개발팀은 2종목에 참가하였다.
- 총무팀이 참가한 어떤 종목은 4팀이 참가하였다.
- 연구개발팀과 디자인팀은 같은 종목에 참가하지 않는다.
- 고객지원팀과 법무팀은 모든 종목에 항상 같이 참가하였거나 같이 참가하지 않았다.
- 디자인팀은 족구 종목에 참가하였다.

① 총무팀이 참가한 종목의 수와 법무팀이 참가한 종목의 수는 같다.
② 홍보팀과 고객지원팀이 동시에 참가하지 않는 종목은 없다.
③ 참가하는 종목이 가장 적은 팀은 디자인팀이다.
④ 연구개발팀과 법무팀이 참가한 종목의 수는 같다.
⑤ 연구개발팀과 디자인팀이 동시에 참가하지 않는 종목은 없다.

대표기출유형

05 대응 관계

| 유형분석 |

- 주어진 단어 사이의 관계를 유추하여 빈칸에 들어갈 알맞은 단어를 찾는 문제이다.
- 유의 관계, 반의 관계, 상하 관계 이외에도 원인과 결과, 행위와 도구, 한자성어 등 다양한 관계가 제시된다.

다음 제시된 단어의 대응 관계가 동일하도록 빈칸에 들어갈 가장 적절한 단어를 고르면?

황공하다 : 황름하다 = (　　) : 아퀴짓다

① 두려워하다　　② 거칠다
③ 마무리하다　　④ 시작하다
⑤ 치장하다

정답 ③

제시된 단어의 대응 관계는 유의 관계이다. ① 두려워하다, ② 거칠다, ⑤ 치장하다는 확실히 '아퀴짓다'와의 관계를 찾기 어려우므로 보기에서 먼저 제거할 수 있다. 다음으로 ④가 빈칸에 들어갈 경우, 제시된 두 단어는 유의 관계인데, '아퀴짓다'와 ④는 반의 관계이므로 제외한다. 따라서 남은 ③이 정답이다.

- 황공하다·황름하다 : 위엄이나 지위 따위에 눌리어 두렵다.
- 아퀴짓다 : 일이나 말을 끝마무리하다.
- 마무리하다 : 일을 끝맺다.

30초 컷 풀이 Tip

동의어 / 반의어 종류

종류		뜻	예시
동의어		형태는 다르나 동일한 의미를 가지는 두 개 이상의 단어	가난 – 빈곤, 가격 – 비용, 가능성 – 잠재력 등
반의어	상보 반의어	의미 영역이 상호 배타적인 두 영역으로 양분하는 두 개 이상의 단어	살다 – 죽다, 진실 – 거짓 등
	정도(등급) 반의어	정도나 등급에 있어 대립되는 두 개 이상의 단어	크다 – 작다, 길다 – 짧다, 넓다 – 좁다, 빠르다 – 느리다 등
	방향(상관) 반의어	맞선 방향을 전제로 하여 관계나 이동의 측면에서 대립하는 두 개 이상의 단어	오른쪽 – 왼쪽, 앞 – 뒤, 가다 – 오다, 스승 – 제자 등

함정 제거

동의어를 찾는 문제라면 무조건 보기에서 반의어부터 지우고 시작한다. 단어와 관련이 없는 보기는 헷갈리지 않지만 관련이 있는 보기는 아는 문제여도 함정에 빠져 틀리기 쉽기 때문이다.

대표기출유형 05 기출응용문제

※ 다음 제시된 단어의 대응 관계가 동일하도록 빈칸에 들어갈 가장 적절한 단어를 고르시오. [1~3]

01

화살 : 촉 = 포도 : ( )

① 가시
② 식물
③ 씨
④ 과일
⑤ 나무

02

말다 : 그만두다 = 아물다 : ( )

① 가물다
② 머금다
③ 홰치다
④ 익다
⑤ 성기다

Hard

03

응분 : 과분 = 겸양하다 : ( )

① 강직하다
② 너그럽다
③ 쩨쩨하다
④ 겸손하다
⑤ 젠체하다

| 유형분석 |

- 3×3의 칸에 나열된 각 도형 사이의 규칙을 찾아 물음표에 들어갈 알맞은 도형을 찾는 유형이다.
- 이때 규칙은 가로 또는 세로로 적용되며, 회전, 색 반전, 대칭, 겹치는 부분 지우기 / 남기기 / 색 반전 등 다양한 규칙이 적용된다.
- 온라인 GSAT에서는 비교적 간단한 규칙이 출제되고 있다.

다음 제시된 도형의 규칙을 보고 물음표에 들어가기에 적절한 것은?

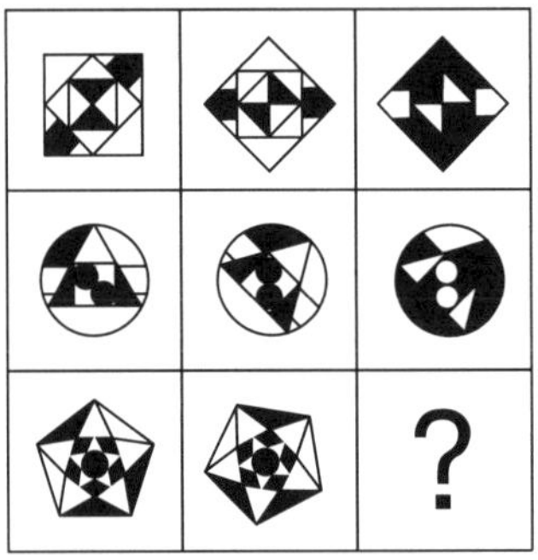

①
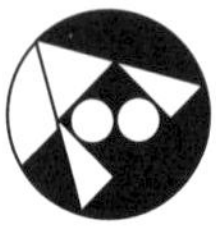

②

③

④

⑤

정답 ④

규칙은 가로 방향으로 적용된다.

첫 번째 도형을 시계 방향으로 45° 회전한 것이 두 번째 도형, 이를 색 반전한 것이 세 번째 도형이다.

30초 컷 풀이 Tip

1. 규칙 방향 파악
   규칙이 적용되는 방향이 가로인지 세로인지부터 파악한다. 해당 문제처럼 세 도형이 서로 다른 모양일 때에는 쉽게 파악할 수 있지만 아닌 경우도 많다. 모양이 비슷한 경우에는 가로와 세로 모두 확인하여 규칙이 적용된 방향을 유추해야 한다.
2. 규칙 유추
   규칙을 유추하기 쉬운 도형을 기준으로 규칙을 파악한다. 나머지 도형을 통해 유추한 규칙이 맞는지 확인한다.

주요 규칙

규칙		예시
회전	45° 회전	 시계 방향
	60° 회전	 시계 반대 방향
	90° 회전	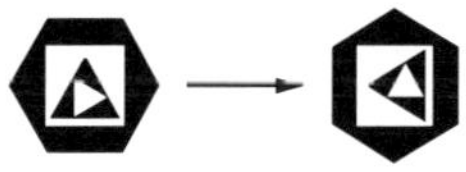 시계 반대 방향
	120° 회전	 시계 반대 방향
	180° 회전	
색 반전		
대칭	x축 대칭	
	y축 대칭	

대표기출유형 06 기출응용문제

※ 다음 제시된 도형의 규칙을 보고 물음표에 들어가기에 적절한 것을 고르시오. **[1~4]**

Easy

01

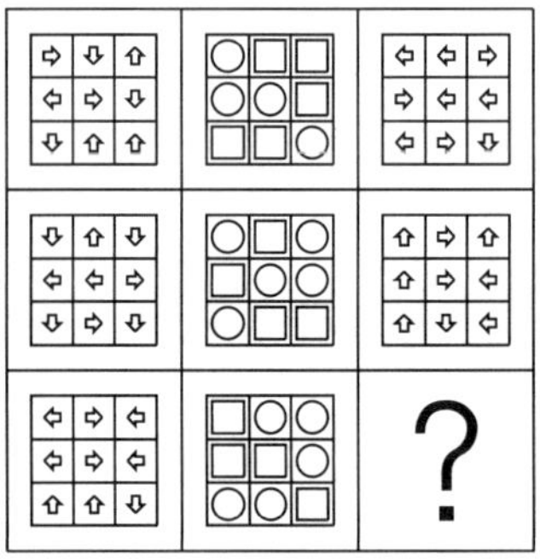

①
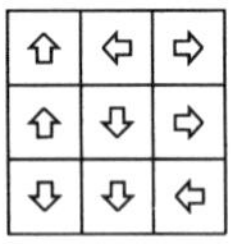

②
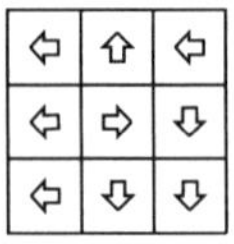

③
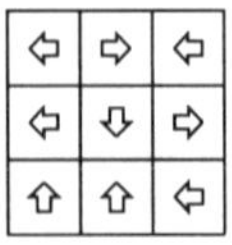

④
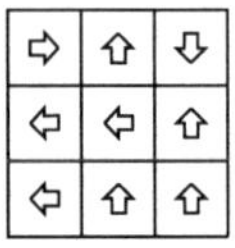

⑤
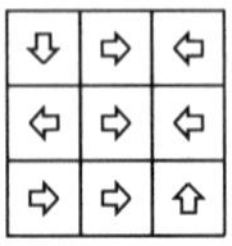

02

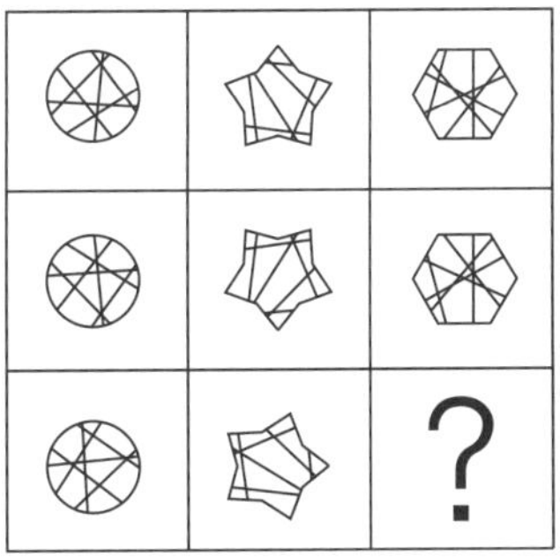

① 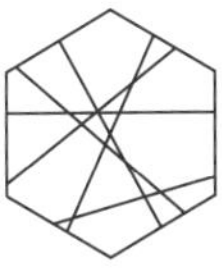

② 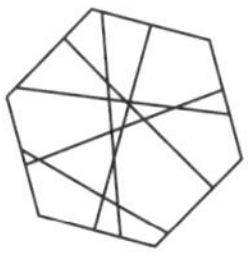

③ 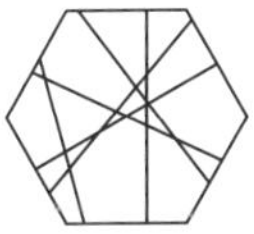

④ 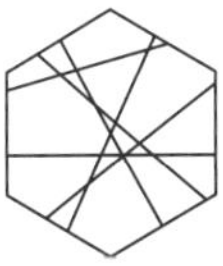

⑤ 

Hard

03

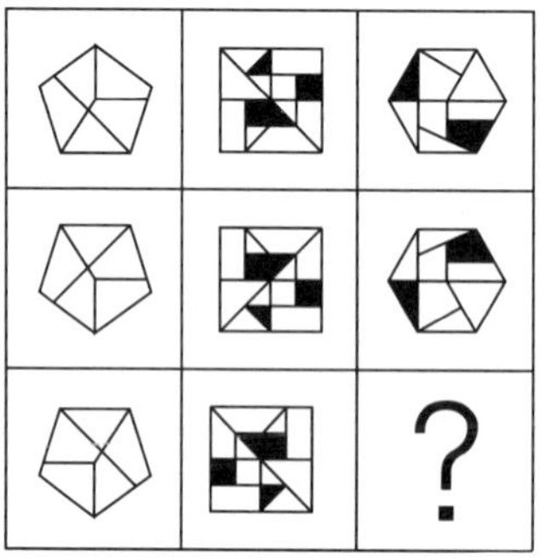

①

②

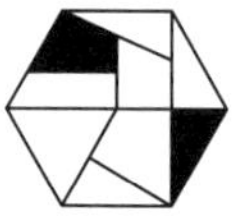

③

④

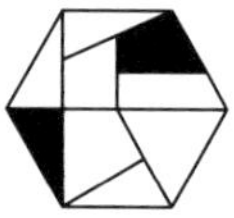

⑤

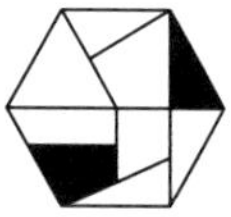

04

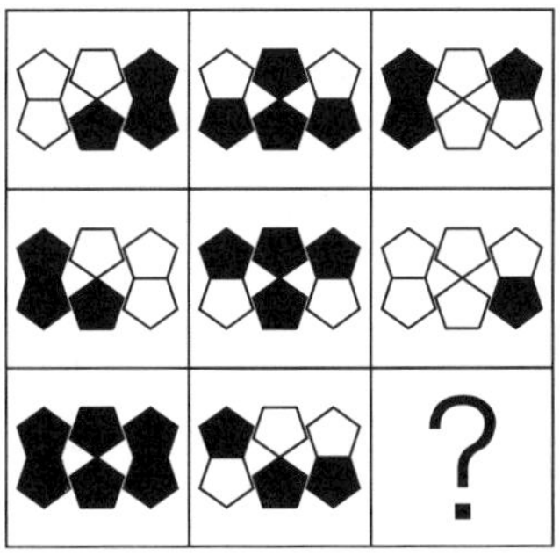

① 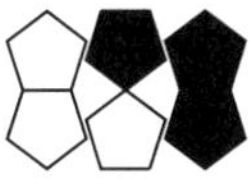

② 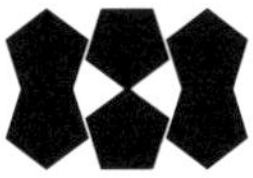

③ 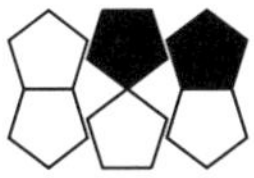

④ 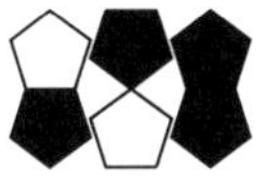

⑤ 

PART 2

대표기출유형

07 도식추리

| 유형분석 |

- 문자를 바꾸는 규칙을 파악한 후, 제시된 규칙이 적용되었을 때 물음표에 들어갈 적절한 문자를 고르는 유형이다.
- 규칙들이 2개 이상 한꺼번에 적용되어 제시되기 때문에 각각의 예시만 봐서는 규칙을 파악하기 어렵다. 공통되는 규칙이 있는 예시를 찾아 서로 비교하여 각 문자열의 위치가 바뀌었는지 / 숫자의 변화가 있었는지 등을 확인하며 규칙을 찾아야 한다.

다음 도식에서 기호들은 일정한 규칙에 따라 문자를 변화시킨다. 물음표에 들어갈 적절한 문자는?(단, 규칙은 가로와 세로 중 한 방향으로만 적용된다)

		wate		meao		
		↓		↓		
four	→	⚁	→	⚂	→	qfnu
		↓		↓		
lasy	→	⚂	→	⚄	→	lzsx
		↓		↓		
doub	→	⚅	→	⚁	→	bduo
		↓		↓		
		dzwt		nmda		

ㄱㅊㄷㅈ → ⚁ → ⚂ → ?

① ㅈㄱㅊㄷ
② ㄴㅈㅊㄷ
③ ㄴㅈㅊㄱ
④ ㅇㄱㅈㄷ
⑤ ㄱㅊㄴㅈ

정답 ④

1. 규칙 파악할 순서 찾기

⚁ → ⚂ and ⚅ → ⚄

2. 규칙 파악

1	2	3	4	5	6	7	8	9	10	11	12	13	14	15	16	17	18	19	20	21	22	23	24	25	26
A	B	C	D	E	F	G	H	I	J	K	L	M	N	O	P	Q	R	S	T	U	V	W	X	Y	Z
ㄱ	ㄴ	ㄷ	ㄹ	ㅁ	ㅂ	ㅅ	ㅇ	ㅈ	ㅊ	ㅋ	ㅌ	ㅍ	ㅎ	ㄱ	ㄴ	ㄷ	ㄹ	ㅁ	ㅂ	ㅅ	ㅇ	ㅈ	ㅊ	ㅋ	ㅌ

- ⚁ : 가로 두 번째 도식과 세로 두 번째 도식에서 ⚂ → ⚄ 규칙이 겹치므로 이를 이용하면 ⚁의 규칙이 1234 → 4123임을 알 수 있다.
- ⚂ and ⚅ : ⚁의 규칙을 찾았으므로 가로 첫 번째 도식에서 ⚂의 규칙이 각 자릿수 −1, 0, −1, 0임을 알 수 있다. 같은 방법으로 가로 세 번째 도식에서 ⚅의 규칙이 1234 → 1324임을 알 수 있다.
- ⚄ : ⚂의 규칙을 찾았으므로 가로 두 번째 도식에서 ⚄의 규칙이 각 자릿수 +1, −1, +1, −1임을 알 수 있다.

따라서 정리하면 다음과 같다.

⚁ : 1234 → 4123

⚂ : 각 자릿수 −1, 0, −1, 0

⚅ : 1234 → 1324

⚄ : 각 자릿수 +1, −1, +1, −1

ㄱㅊㄷㅈ → ㅈㄱㅊㄷ → ㅇㄱㅈㄷ

⚁ ⚂

30초 컷 풀이 Tip

문자 순서 표기

문제를 보고 규칙을 찾기 전에 문제에서 사용한 문자를 순서대로 적어놓아야 빠르게 풀이할 수 있다.

묶음 규칙 이용

규칙을 한 번에 파악할 수 없을 때 두 가지 이상의 규칙을 한 묶음으로 생각하여 접근한다.

예

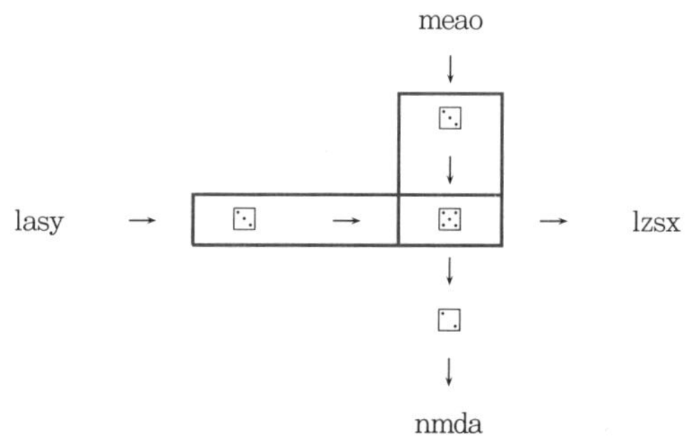

가로 도식에서 ⚂ → ⚄ 규칙을 한 묶음으로 생각하면 last → ⚂ → ⚄ → lzss이므로 ⚂ → ⚄는 각 자릿수 0, −1, 0, −1의 규칙을 갖는다.

세로 도식에서 meao은 ⚂ → ⚄의 규칙이 적용되면 mdan이 되므로 mdan → ⚁ → nmda이다. 따라서 ⚁의 규칙은 1234 → 4123이다.

규칙 정리

유추한 규칙을 알아볼 수 있도록 정리해둔다.

기출 규칙

GSAT에서 자주 출제되는 규칙은 크게 두 가지이다.

규칙	예시
순서 교체	1234 → 4321
각 자릿수 + 또는 −	+1, −1, +1, −1

대표기출유형 07 기출응용문제

※ 다음 도식에서 기호들은 일정한 규칙에 따라 문자를 변화시킨다. 물음표에 들어갈 적절한 문자를 고르시오(단, 규칙은 가로와 세로 중 한 방향으로만 적용되며, 모음은 단모음 10개를 기준으로 한다). **[1~4]**

				1ㅛㅡㄷ		ㅅㅏㄹL		
				↓		↓		
5ㄹjㅗ	→	♩	→	♪	→	♬	→	7ㅓ1ㅓ
				↓		↓		
ㅂㅋiㅓ	→	♪	→	♬	→	♩	→	ㅇㅈkㅈ
				↓		↓		
				3ㄱㅏㅕ		ㅈJㅂJ		

01

ㅓㅕㅗㅛ → ♬ → ♩ → ?

① ㅗㅕㅜㅕ
② ㅕㅗㅕㅜ
③ ㅑㅜㅑㅜ
④ ㅗㅕㅗㅑ
⑤ ㅜㅕㅗㅕ

02

rㄴㅠㅜ → ? → ♬ → tㅗㅣㅎ

① ♪
② ♫
③ ♩
④ ♩ → ♬
⑤ ♪ → ♬

03

ㅣㅡ2ㅋ → ♩ → ♪ → ?

① ㅡㅋ4ㅎ
② ㅣㅎ2ㅎ
③ ㅡ2ㅎㅋ
④ ㅡ2ㅋㅎ
⑤ ㅣㅋ2ㅋ

04

ㅁhㄷu → ? → ♩ → ♬ → ㅈqㅅq

① ♪
② ♬
③ ♩
④ ♩ → ♬
⑤ ♪ → ♬

대표기출유형

08 문단나열

| 유형분석 |

- 글의 내용과 흐름을 잘 파악하고 있는지를 평가하는 유형이다.
- 문단 순서 나열에서 가장 중요한 것은 지시어와 접속어이므로, 접속어의 쓰임에 대해 정확히 알고 있어야 하며, 지시어가 가리키는 것이 무엇인지 잘 파악해야 한다.

다음 문단을 논리적인 순서대로 바르게 나열한 것은?

(가) 본성 대 양육 논쟁은 앞으로 치열하게 전개될 소지가 많다. 하지만 유전과 환경이 인간의 행동에 어느 정도 영향을 미치는가를 따지는 일은 멀리서 들려오는 북소리가 북에 의한 것인지, 아니면 연주자에 의한 것인지를 분석하는 것처럼 부질없는 것인지 모른다. 본성과 양육 다 인간 행동에 필수적인 요인이므로.

(나) 20세기 들어 공산주의와 나치주의의 출현으로 본성 대 양육 논쟁이 극단으로 치달았다. 공산주의의 사회 개조론은 양육을, 나치즘의 생물학적 결정론은 본성을 옹호하는 이데올로기이기 때문이다. 히틀러의 유대인 대량 학살에 충격을 받은 과학자들은 환경 결정론에 손을 들어 줄 수밖에 없었다. 본성과 양육 논쟁에서 양육 쪽이 일방적인 승리를 거두게 된 것이다.

(다) 이러한 추세는 1958년 미국 언어학자 노엄 촘스키에 의해 극적으로 반전되기 시작했다. 촘스키가 치켜든 선천론의 깃발은 진화 심리학자들이 승계했다. 진화 심리학은 사람의 마음을 생물학적 적응의 산물로 간주한다. 1992년 심리학자인 레다 코스미데스와 인류학자인 존 투비 부부가 함께 저술한 『적응하는 마음』이 출간된 것을 계기로 진화 심리학은 하나의 독립된 연구 분야가 됐다. 말하자면 윌리엄 제임스의 본능에 대한 개념이 1세기 만에 새 모습으로 부활한 셈이다.

(라) 더욱이 1990년부터 인간 게놈 프로젝트가 시작됨에 따라 본성과 양육 논쟁에서 저울추가 본성 쪽으로 기울면서 생물학적 결정론이 더욱 강화되었다. 그러나 2001년 유전자 수가 예상보다 적은 3만여 개로 밝혀지면서 본성보다는 양육이 중요하다는 목소리가 커지기 시작했다. 이를 계기로 본성 대 양육 논쟁이 재연되기에 이르렀다.

① (가) – (나) – (다) – (라)
② (가) – (나) – (라) – (다)
③ (가) – (다) – (나) – (라)
④ (나) – (다) – (라) – (가)
⑤ (나) – (라) – (다) – (가)

정답 ④

'본성 대 양육 논쟁'이라는 화제를 제기하는 (나) 문단이 첫 번째에 배치되어야 하며, (다) 문단의 '이러한 추세'가 가리키는 것이 (나) 문단에서 언급한 '양육 쪽이 일방적인 승리를 거두게 된 것'이므로, (나) – (다) 문단 순으로 이어지는 것이 자연스럽다. 또한 (라) 문단의 첫 번째 문장, '더욱이'는 앞 내용과 연결되는 내용을 덧붙여 앞뒤 문장을 이어주는 말이므로 (다) 문단의 뒤에 이어져야 하며, 본성과 양육 논쟁의 가열을 전망하면서 본성과 양육 모두 인간 행동에 필수적인 요인임을 밝히고 있는 (가) 문단이 가장 마지막에 배치되는 것이 적절하다.

30초 컷 풀이 Tip

글의 전체적인 진행 중에 반전이 되는 내용이나 접속어가 나온다면 그 다음 내용이 중심 내용인 경우가 많다. 따라서 글의 분위기가 반전되는 경우 이에 집중하여 독해한다.

대표기출유형 08 기출응용문제

※ 다음 중 주어진 문장 또는 문단을 논리적 순서대로 바르게 나열한 것을 고르시오. [1~4]

01

(가) 환경부 국장은 "급식인원이 하루 50만 명에 이르는 E놀이공원이 음식문화 개선에 앞장서는 것은 큰 의미가 있다."면서, "이번 협약을 계기로 대기업 중심의 범국민적인 음식문화 개선 운동이 빠르게 확산될 것으로 기대한다."고 말했다.

(나) 놀이공원은 환경부와 하루 평균 15,000여 톤에 이르는 과도한 음식물쓰레기 발생으로 연간 20조 원의 경제적인 낭비가 초래되고 있는 상황의 심각성을 인지하고, 상호협력하여 음식물쓰레기 줄이기 방안을 적극 추진하기로 했다.

(다) 이날 체결한 협약에 따라 E놀이공원에서 운영하는 전국 500여 단체급식 사업장과 외식사업장에서는 구매, 조리, 배식 등 단계별로 음식물쓰레기 줄이기 활동을 전개하고, 사업장별 특성에 맞는 감량 활동 및 다양한 홍보 캠페인 실시, 인센티브 제공을 통해 이용 고객들의 적극적인 참여를 유도할 계획이다.

(라) 이에, 환경부 국장과 E놀이공원 사업부장은 지난 26일, 환경부, 환경연구소 및 E놀이공원 관계자 등이 참석한 가운데, 〈음식문화 개선대책〉에 관한 자발적 협약을 체결하였다.

① (나) – (라) – (가) – (다)
② (나) – (라) – (다) – (가)
③ (라) – (나) – (다) – (가)
④ (라) – (다) – (가) – (나)
⑤ (라) – (다) – (나) – (가)

Easy

02

(가) 하지만 몇몇 전문가들은 유기 농업이 몇 가지 결점을 안고 있다고 말한다.

(나) 유기 농가들의 작물 수확량이 전통적인 농가보다 훨씬 낮으며, 유기농 경작지가 전통적인 경작지보다 잡초와 벌레로 인해 많은 피해를 입고 있다는 점이다.

(다) 최근 많은 소비자들이 지구에 도움이 되는 일을 하고 있고, 건강에 좀 더 좋은 음식을 먹고 있다고 확신하면서 유기농 식품 생산이 급속도로 증가하고 있다.

(라) 또한 유기 농업이 틈새시장의 부유한 소비자들에게 먹을거리를 제공하지만, 전 세계 수십억의 굶주리는 사람을 먹여 살릴 수는 없다는 점이다.

① (나) – (가) – (다) – (라)
② (나) – (가) – (라) – (다)
③ (나) – (다) – (라) – (가)
④ (다) – (가) – (나) – (라)
⑤ (다) – (나) – (라) – (가)

03

(가) 또한 내과 교수팀은 "이번에 발표된 치료성적은 치료 중인 많은 난치성 결핵환자들에게 큰 희망을 줄 수 있을 것"이라며 덧붙였다.
(나) S병원 내과 교수팀은 지난 결핵 및 호흡기학회에서 그동안 치료가 매우 어려운 것으로 알려진 난치성 결핵의 치료 성공률을 세계 최고 수준인 80%로 높였다고 발표했다.
(다) 완치가 거의 불가능한 난치성 결핵균에 대한 치료성적이 우리나라가 세계 최고 수준인 것으로 발표되어 치료 중인 환자와 가족들에게 희소식이 되고 있다.
(라) 내과 교수팀은 지난 10년간 S병원에서 새로운 치료법을 적용한 결핵 환자 155명의 치료성적을 분석한 결과, 치료 성공률이 49%에서 현재는 80%에 이르렀다고 설명했다.

① (나) – (가) – (다) – (라)
② (나) – (라) – (가) – (다)
③ (나) – (라) – (다) – (가)
④ (다) – (가) – (라) – (나)
⑤ (다) – (나) – (라) – (가)

PART 2

04

(가) 한 연구팀은 1979년부터 2017년 사이 덴먼 빙하의 누적 얼음 손실량이 총 2,680억 톤에 달한다는 것을 밝혀냈고, 이탈리아우주국(ISA) 위성 시스템의 간섭계* 자료를 이용해 빙하가 지반과 분리되어 바닷물에 뜨는 지점인 '지반선(Grounding Line)'을 정확히 측정했다.
(나) 남극대륙에서 얼음의 양이 압도적으로 많은 동남극은 최근 들어 빠르게 녹고 있는 서남극에 비해 지구 온난화의 위협을 덜 받는 것으로 생각되어 왔다.
(다) 그러나 동남극의 덴먼(Denman) 빙하 등에 대한 정밀조사가 이뤄지면서 동남극 역시 지구 온난화의 위협을 받고 있다는 증거가 속속 드러나고 있다.
(라) 이것은 덴먼 빙하의 동쪽 측면에서는 빙하 밑의 융기부가 빙하의 후퇴를 저지하는 역할을 한 반면, 서쪽 측면은 깊고 가파른 골이 경사져 있어 빙하 후퇴를 가속하는 역할을 하는 데 따른 것으로 분석됐다.
(마) 그 결과 1996년부터 2018년 사이 덴먼 빙하의 육지를 덮은 얼음인 빙상(Ice Sheet)의 육지 – 바다 접점 지반선 후퇴가 비대칭성을 보인 것으로 나타났다.

*간섭계 : 동일한 광원에서 나오는 빛을 두 갈래 이상으로 나눈 후 다시 만났을 때 일어나는 간섭현상을 관찰하는 기구

① (가) – (나) – (다) – (라) – (마)
② (가) – (마) – (라) – (다) – (나)
③ (나) – (다) – (가) – (마) – (라)
④ (나) – (라) – (가) – (다) – (마)
⑤ (나) – (라) – (다) – (가) – (마)

대표기출유형

09 참 또는 거짓

| 유형분석 |

- 주어진 글을 바탕으로 추론했을 때 항상 참 또는 거짓인 것을 고르는 유형이다.
- 언어이해 영역의 내용일치와 유사한 면이 있으나 내용일치가 지문에 제시된 내용인지 아닌지만 확인하는 유형이라면, 내용추론은 지문에 직접적으로 제시되지 않은 내용까지 추론하여 답을 도출해야 한다는 점에서 차이가 있다.

다음 글의 내용이 참일 때 항상 거짓인 것은?

루머는 구전과 인터넷을 통해 확산되고, 그 과정에서 여러 사람들의 의견이 더해진다. 루머는 특히 사회적 불안감이 형성되었을 때 빠르게 확산되는데, 이는 사람들이 사회적·개인적 불안감을 해소하기 위한 수단으로 루머에 의지하기 때문이다.

나아가 루머가 확산되는 데는 사회적 동조가 중요한 영향을 미친다. 사회적 동조란 '다수의 의견이나 사회적 규범에 개인의 의견과 행동을 맞추거나 동화시키는 경향'을 뜻한다. 사회적 동조는 루머가 사실로 인식되고 대중적으로 수용되는 과정에서도 큰 영향력을 행사한다.

사회적 동조는 개인이 어떤 정보에 대해 판단하거나 그에 대한 태도를 결정하는 데 정당성을 제공한다. 다수의 의견을 따름으로써 어떤 정보를 믿는 것에 대한 합리적 이유를 갖게 되는 것이다. 실제로 루머에 대한 지지 댓글을 많이 본 사람들은 루머에 대한 반박 댓글을 많이 본 사람들에 비해 루머를 사실로 믿는 경향이 더욱 강한 것으로 나타났다. 또한 사회적 동조가 있는 상태에서는 개인의 성향과 상관없이 루머를 사실이라고 믿는 경우가 많았다.

사회적 동조의 또 다른 역할은 사람들이 자신의 의견을 제시할 때 사회적 분위기를 고려하게 하는 것이다. 소속된 집단으로부터 소외되지 않기 위해서 다수에 의해 지지되는 의견을 따라가는 현상이 발생하기도 한다. 이와 같은 현상은 개인주의 문화권보다는 집단주의 문화권에 있는 사람들에게서 더 잘 나타난다. 집단주의 문화권 사람들은 루머를 믿는 사람들로부터 루머에 대한 정보를 얻고 그것을 근거로 하여 판단하며, 다른 사람들의 의견에 개인의 생각을 일치시키는 경향이 두드러진다.

① 사람들은 루머를 사회적 불안감을 해소하기 위한 수단으로 삼기도 한다.

② 사회적 동조는 개인이 루머를 사실로 받아들이는 결정을 함에 있어 정당성을 제공한다.

③ 집단주의 문화권에서는 개인주의 문화권보다 사회적 동조가 루머의 확산에 미치는 영향이 더 크게 나타난다.

④ 루머에 대한 반박 댓글을 많이 본 사람들이 지지 댓글을 많이 본 사람들보다 루머를 사실로 믿는 경향이 더 약하다.

⑤ 사회적 동조가 있을 때, 충동적인 사람들은 충동적이지 않은 사람들에 비해 루머를 사실로 믿는 경향이 더 강하다.

정답 ⑤

사회적 동조가 있는 상태에서는 개인의 성향과 상관없이, 즉 충동적인 것과는 무관하게 루머를 사실이라고 믿는 경우가 많았다고 하였으므로 적절하지 않다.

오답분석

① 사람들이 사회적·개인적 불안감을 해소하기 위한 수단으로 루머에 의지한다고 하였으므로 적절한 내용이다.
② 사회적 동조는 개인이 어떤 정보에 대해 판단하거나 그에 대한 태도를 결정하는 데 정당성을 제공한다고 하였으므로 적절한 내용이다.
③ 집단주의 문화권 사람들은 루머를 믿는 사람들로부터 루머에 대한 정보를 얻고 그것을 근거로 하여 판단하며, 다른 사람들의 의견에 개인의 생각을 일치시키는 경향이 두드러진다고 하였으므로 적절한 내용이다.
④ 루머에 대한 지지 댓글을 많이 본 사람들은 루머에 대한 반박 댓글을 많이 본 사람들에 비해 루머를 사실로 믿는 경향이 더욱 강한 것으로 나타났다고 하였다. 따라서 이를 역으로 생각하면 반박 댓글을 많이 본 사람들이 루머를 사실로 믿는 경향이 더 약함을 알 수 있다.

30초 컷 풀이 Tip

주어진 글에 대하여 거짓이 되는 답을 고르는 문제의 경우 제시문에 있는 특정 문장이나 키워드가 되는 단어의 의미를 비트는 경우가 많다. 따라서 정반대의 의미를 지녔거나 지나치게 과장된, 혹은 축소된 의미를 지닌 단어가 문항에 새로 추가되지는 않았는지 비교해보도록 한다.

01 다음 글에 대한 설명으로 옳은 것은?

> 인공 지능을 면접에 활용하는 것은 바람직하지 않다. 인공 지능 앞에서 면접을 보느라 진땀을 흘리는 인간의 모습을 생각하면 너무 안타깝다. 미래에 인공 지능이 인간의 고유한 영역까지 대신할 것이라고 사람들은 말하는데, 인공 지능이 인간을 대신할 수 있을까? 인간과 인공 지능의 관계는 어떠해야 할까?
> 인공 지능은 인간의 삶을 편리하게 돕는 도구일 뿐이다. 인간이 만든 도구인 인공 지능이 인간을 평가할 수 있는지에 대해 생각해 볼 필요가 있다. 도구일 뿐인 기계가 인간을 평가하는 것은 정당하지 않다. 인간이 개발한 인공 지능이 인간을 판단한다면 주체와 객체가 뒤바뀌는 상황이 발생할 것이다.
> 인공 지능이 발전하더라도 인간과 같은 사고는 불가능하다. 인공 지능은 겉으로 드러난 인간의 말과 행동을 분석하지만 인간은 말과 행동 이면의 의미까지 고려하여 사고한다. 인공 지능은 빅데이터를 바탕으로 결과를 도출해 내는 기계에 불과하므로, 통계적 분석을 할 뿐 타당한 판단을 할 수 없다. 기계가 타당한 판단을 할 것이라는 막연한 기대를 한다면 머지않아 인간이 기계에 예속되는 상황이 벌어질지도 모른다.
> 인공 지능은 사회적 관계를 맺을 수 없다. 반면 인간은 사회에서 의사소통을 통해 관계를 형성한다. 이 과정에서 축적된 인간의 경험이 바탕이 되어야 타인의 잠재력을 발견할 수 있다.

① 인공 지능과 인간의 공통점을 통해 논지를 주장하고 있다.
② 인공 지능은 빅데이터를 바탕으로 타당한 판단을 할 수 있다.
③ 인공지능은 의사소통을 통해 사회적 관계를 형성한다.
④ 미래에 인공 지능이 인간을 대체할 것이다.
⑤ 인공 지능이 인간을 평가하는 것은 정당하지 않다.

02 다음 글의 내용을 바탕으로 추론할 수 없는 것은?

과학자들은 알코올이 뇌에 흡수됐을 때에도 유사한 상황이 전개된다고 보고 있다. 알코올이 뇌의 보상중추 안의 신경세포를 자극해 신경전달물질인 도파민을 분출하게 한다는 것. 도파민은 보상을 담당하고 있는 화학 물질이다. 이 '기쁨의 화학 물질'은 술을 마시고 있는 사람의 뇌에 지금 보상을 받고 있다는 신호를 보내 음주 행위를 계속하도록 만든다. 이 신호가 직접 전달되는 곳은 뇌의 보상중추인 복측 피개영역(VTA; Ventral Tefmental Area)이다. 과학자들은 VTA에 도파민이 도달하면 신경세포 활동이 급격히 증가하면서 활발해지는 것을 발견했다. 그러나 도파민이 '어떤 경로'를 거쳐 VTA에 도달하는지는 아직 밝혀내지 못하고 있었다. 이 경로를 일리노이대 후성유전학 알코올 연구센터에서 밝혀냈다. 연구팀은 쥐 실험을 통해 VTA에 있는 칼륨채널과 같은 기능이 작동하는 것을 알아냈다. 칼륨채널이란 세포막에 있으면서 칼륨이온을 선택적으로 통과시키는 일을 하고 있는 것으로 생각되고 있는 경로를 말한다. 연구 결과에 따르면 뇌에 들어간 알코올 성분이 'KCNK13'이란 명칭이 붙여진 이 채널에 도달해 도파민 분비를 촉진하도록 압박을 가하는 것으로 밝혀졌다. 일리노이 의과대학의 마크 브로디 교수는 "알코올에 의해 강하게 압력을 받은 'KCNK13 채널'이 신경세포들로 하여금 더 많은 도파민을 분비하도록 촉진하는 일을 하고 있었다."며 "이 활동을 차단할 수 있다면 폭음을 막을 수 있을 것"이라고 말했다. 일리노이대 연구팀은 이번 연구를 위해 'KCNK13 채널'의 크기와 활동량을 보통 쥐보다 15% 축소한 쥐를 유전자 복제했다. 그리고 알코올을 제공한 결과 보통의 쥐보다 30%나 더 많은 양의 알코올을 폭음하기 시작했다. 브로디 교수는 "이 동물 실험을 통해 'KCNK13 채널'의 활동량이 작은 쥐일수록 도파민 분비로 인한 더 많은 보상을 획득하기 위해 더 많은 알코올을 원하고 있다는 사실을 확인할 수 있었다."라고 말했다.

① 뇌는 알코올을 보상으로 인식한다.
② KCNK13 채널의 크기와 활동량을 15% 축소하면 쥐가 더 많은 알코올을 폭음한다.
③ 일리노이대에서 밝혀내기 이전에는 도파민이 VTA에 도달하는 경로를 알지 못했다.
④ VTA에 도파민이 도달하면 음주 행위를 계속할 가능성이 높다.
⑤ KCNK13 채널이 도파민을 촉진하는 활동을 차단할 수 있는 약을 개발하였다.

03 다음 글의 내용이 참일 때 항상 거짓인 것은?

> 기존의 형사 사법은 응보형론과 재사회화론을 기저에 두고 있다. 응보형론은 범죄를 상쇄할 해악의 부과를 형벌의 본질로 보는 이론으로 형벌 자체가 목적이다. 그런데 지속적인 범죄의 증가 현상은 응보형론이 이미 발생한 범죄와 범죄인의 처벌에 치중하고 예방은 미약하다는 문제를 보여준다. 재사회화론은 형벌의 목적을 범죄인의 정상적인 구성원으로서의 사회 복귀에 두는 이론이다. 이것은 형벌과 교육으로 범죄인의 반사회적 성격을 교화하여 장래의 범법 행위를 방지하는 것에 주안점을 두지만 이도 증가하는 재범률로 인해 비판받고 있다. 또한 응보형론이나 재사회화론에 입각한 형사 사법은, 법적 분쟁에서 국가가 피해자를 대신하면서 국가와 범죄 행위자 간의 관계에 집중하기 때문에 피해자나 지역사회에 대한 관심이 적다는 문제점이 제기되었다.
>
> 회복적 사법은 기본적으로 범죄에 대해 다른 관점으로 접근한다. 기존의 관점은 범죄를 국가에 대한 거역이고 위법 행위로 보지만 회복적 사법은 범죄를 개인 또는 인간관계를 파괴하는 행위로 본다. 지금까지의 형사 사법은 주로 범인, 침해당한 법, 처벌 등에 관심을 두고 피해자는 무시한 채 가해자와 국가 간의 경쟁적 관계에서 대리인에 의한 법정 공방을 통해 문제를 해결해 왔다. 그러나 회복적 사법은 피해자와 피해의 회복 등에 초점을 두고 있다. 기본적 대응 방법은 피해자와 가해자, 이 둘을 조정하는 조정자를 포함한 공동체 구성원까지 자율적으로 참여하는 가운데 이루어지는 대화와 합의이다. 가해자가 피해자의 상황을 직접 듣고 죄책감이 들면 그의 감정이나 태도에 변화가 생기고, 이런 변화로 피해자도 상처를 치유받고 변화할 수 있다고 보는 것이다. 이러한 회복적 사법은 사과와 피해 배상, 용서와 화해 등을 통한 회복을 목표로 하며 더불어 범죄로 피해 입은 공동체를 회복의 대상이자 문제 해결의 주체로 본다.
>
> 회복적 사법이 기존의 관점을 완전히 대체할 수 있는 것은 아니다. 이는 현재 우리나라의 경우 형사 사법을 보완하는 차원 정도로 적용되고 있다. 그럼에도 회복적 사법은 가해자에게는 용서받을 수 있는 기회를, 피해자에게는 회복의 가능성을 부여할 수 있다는 점에서 의미가 있다.

① 응보형론은 형벌 자체를 통해 범죄를 상쇄하고자 한다.
② 응보형론과 재사회화론 모두 실질적인 범죄율 감소에 기여하지 못한다는 비판을 받는다.
③ 응보형론과 재사회화론 모두 범죄를 국가에 대한 거역으로 취급한다.
④ 기존의 관점과 달리 회복적 사법은 피해자를 우선시 한다.
⑤ 회복적 사법은 재사회화론을 완전히 대체할 수 있는 방안으로 사용되고 있다.

Hard

04 (가) ~ (마) 문단에 대한 설명으로 옳은 것은?

(가) 현재 각종 SNS 및 동영상 게재 사이트에서 흔하게 접할 수 있는 콘텐츠 중 하나가 ASMR이다. 그러다 보니 자주 접하는 ASMR의 이름의 뜻에 대해 다수의 네티즌들이 궁금해 하고 있다. ASMR은 자율감각 쾌락반응으로, 뇌를 자극해 심리적인 안정을 유도하는 것을 말한다.

(나) 힐링을 얻고자 하는 청취자들이 ASMR의 특정 소리를 들으면 이 소리가 일종의 트리거(Trigger)로 작용해 팅글(Tingle : 기분 좋게 소름 돋는 느낌)을 느끼게 한다. 트리거로 작용하는 소리는 사람에 따라 다를 수 있다. 이는 청취자마다 삶의 경험이나 취향 등에서 뚜렷한 차이를 보이기 때문이다.

(다) ASMR 현상은 시각적, 청각적 혹은 인지적 자극에 반응한 뇌가 신체 뒷부분에 분포하는 자율신경계에 신경 전달 물질을 촉진하며 심리적 안정감을 느끼게 한다. 일상생활에서 편안하게 느꼈던 소리를 들으면, 그때 느낀 긍정적인 감정을 다시 느끼면서 스트레스 정도를 낮출 수 있고 불면증과 흥분 상태 개선에 도움이 되며 안정감을 받을 수 있다. 소곤소곤 귓속말하는 소리, 자연의 소리, 특정 사물을 반복적으로 두드리는 소리 등이 담긴 영상 속 소리 등을 예로 들 수 있다.

(라) 최근 유튜버를 비롯한 연예인들이 ASMR 코너를 만들어 대중과 소통 중이다. 요즘은 청포도 젤리나 교효 젤리 등 식감이나 씹는 소리가 좋은 음식으로 먹방 ASMR을 하기도 한다. 많은 사람들이 ASMR을 진행하기 때문에 인기 있는 ASMR 콘텐츠가 되기 위해서는 세분화된 분야를 공략하거나 다른 사람들과 차별화하는 전략이 필요하게 되었다.

(마) 독특한 ASMR 채널로 대중의 사랑을 받고 있는 것은 공감각적인 ASMR이다. 공감각은 시각, 청각, 촉각 등 우리의 오감 중에서 하나의 감각만을 자극하는 것이 아니라, 2개 이상의 감각이 결합하여 자극받을 수 있도록 하는 것이다. 공감각적인 ASMR이 많은 인기를 끌고 있는 만큼 앞으로의 ASMR 콘텐츠들은 공감각적인 콘텐츠로 대체될 것이라는 이야기가 대두되었다.

① (가) : ASMR을 자주 접하는 사람들의 특징은 일상에 지친 현대인이다.
② (나) : 많은 사람들이 선호하는 트리거는 소곤거리는 소리이다.
③ (다) : 신체의 자율 신경계가 뇌에 특정 신경 전달 물질을 전달한다.
④ (라) : 연예인들은 일반인보다 ASMR에 많이 도전하는 경향이 있다.
⑤ (마) : ASMR 콘텐츠들은 공감각적인 ASMR로 대체될 전망이다.

대표기출유형

10 반박 / 반론 / 비판

| 유형분석 |

- 글을 읽고 비판적 의견이나 반박을 생각할 수 있는지를 평가하는 유형이다.
- 제시문의 '주장'에 대한 반박을 찾는 것이므로, '근거'에 대한 반박이나 논점에서 벗어난 것을 찾지 않도록 주의해야 한다.

다음 글에 대한 반론으로 가장 적절한 것은?

> 인공 지능 면접은 더 많이 활용되어야 한다. 인공 지능을 활용한 면접은 인터넷에 접속하여 인공 지능과 문답하는 방식으로 진행되는데, 지원자는 시간과 공간에 구애받지 않고 면접에 참여할 수 있는 편리성이 있어 면접 기회가 확대된다. 또한 회사는 면접에 소요되는 인력을 줄여, 비용 절감 측면에서 경제성이 크다. 실제로 인공 지능을 면접에 활용한 ○○회사는 전년 대비 2억 원 정도의 비용을 절감했다. 그리고 기존 방식의 면접에서는 면접관의 주관이 개입될 가능성이 큰 데 반해, 인공 지능을 활용한 면접에서는 빅데이터를 바탕으로 한 일관된 평가 기준을 적용할 수 있다. 이러한 평가의 객관성 때문에 많은 회사들이 인공 지능 면접을 도입하는 추세이다.

① 면접관의 주관적인 생각이나 견해로는 지원자의 잠재력을 판단하기 어렵다.

② 빅데이터는 사회에서 형성된 정보가 축적된 결과물이므로 왜곡될 가능성이 적다.

③ 인공 지능을 활용한 면접은 기술적으로 완벽하기 때문에 인간적 공감을 떨어뜨린다.

④ 회사의 특수성을 고려해 적합한 인재를 선발하려면 오히려 해당 분야의 경험이 축적된 면접관의 생각이나 견해가 면접 상황에서 중요한 판단 기준이 되어야 한다.

⑤ 회사 관리자 대상의 설문 조사에서 인공 지능을 활용한 면접을 신뢰한다는 비율이 높게 나온 것으로 보아 기존의 면접 방식보다 지원자의 잠재력을 판단하는 데 더 적합하다.

정답 ④

제시문에서는 편리성, 경제성, 객관성 등을 이유로 인공 지능 면접을 지지하고 있다. 따라서 객관성보다 면접관의 생각이나 견해가 회사 상황에 맞는 인재를 선발하는 데 적합하다는 논지로 반박하는 것은 적절하다.

오답분석

①·②·⑤ 제시된 글의 주장에 반박하는 것이 아니라 주장을 강화하는 근거에 해당한다.

③ 인공 지능 면접에 필요한 기술과 인간적 공감의 관계는 제시문에서 주장한 내용이 아니므로 반박의 근거로도 적절하지 않다.

30초 컷 풀이 Tip

1. 주장, 관점, 의도, 근거 등 문제를 풀기 위한 글의 핵심을 파악한다. 이후 글의 주장 및 근거의 어색한 부분을 찾아 반박할 주장과 근거를 생각해본다.
2. 제시된 지문이 지나치게 길 경우 선택지를 먼저 파악하여 홀로 글의 주장이 어색하거나 상반된 의견을 제시하고 있는 답은 없는지 확인한다.
3. 반론 유형을 풀기 어렵다면 지문과 일치하는 선택지부터 지워나가는 소거법을 활용한다. 함정도 피하고 쉽게 풀 수 있다.
4. 문제를 풀 때 지나치게 시간에 쫓기거나 집중력이 떨어진 상황이라면 제시문의 처음 문장 혹은 마지막 문장을 읽어 글이 주장하는 바를 빠르게 파악하는 것도 좋은 방법이다. 단, 처음 문장에서 글쓴이의 주장과 반대되는 사례를 먼저 언급하는 경우도 있으므로 이 경우에는 마지막 문장과 비교하여 어느 의견이 글쓴이의 주장에 가까운지 구분하도록 한다.

대표기출유형 10 기출응용문제

Easy

01 다음 글에 대한 논리적인 반박으로 가장 적절한 것은?

> 아마란스는 남아메리카 지방에서 예로부터 잉카인들이 즐겨 먹어 오던, 5천 년의 재배 역사를 지닌 곡물이다. 척박한 안데스 고산지대에서 자라날 수 있는 강한 생명력을 가지고 있으며, 각종 풍부한 영양소로 인해 '신이 내린 곡물'이라는 별명을 얻기도 했다.
> 아마란스는 곡물로서는 흔치 않은 고단백 식품이라는 점도 주목할 만하다. 성분 전체 중 15 ~ 17%에 달할 정도로 식물성 단백질 성분이 풍부하며, 식이섬유 성분이 다량 함유되어 있다. 반면 쌀, 보리, 밀 등 다른 곡류에 비해 탄수화물이나 나트륨 함량이 낮은 편이며, 체중에 위협이 되는 글루텐 성분 또한 없다. 또한 칼슘·칼륨·인·철분 등의 무기질을 비롯해 다양한 영양성분이 풍부하여 다른 곡물에 부족한 영양소를 보충할 수 있다. 아마란스가 최근 비만 환자들에게 의사들이 적극 추천하는 식품이 된 이유가 여기에 있다.
> 때문에 아마란스는 향후 우리나라 사람들의 주식인 백미를 대체할 수 있는 식품이 될 수 있다. 백미의 경우 구성성분이 대부분 탄수화물로 이루어져 있는 반면, 유효한 영양소는 적기 때문에 비만의 주범이 되고 있다. 바꾸어 말해, 주식으로 백미 대신 동일한 양의 아마란스를 섭취하는 것은 탄수화물 섭취를 크게 줄일 수 있고, 체중 조절에 훨씬 유리하다. 따라서 국내 비만율을 낮추기 위해 국가 차원에서 정책적으로 뒷받침하여 쌀 대신 아마란스를 대량 재배해야 한다.

① 아마란스도 과량으로 섭취하면 체중이 증가한다.
② 아마란스는 우리나라 기후와 맞지 않아 국내 재배가 어렵다.
③ 국내에는 아마란스를 이용한 요리가 거의 알려지지 않았다.
④ 섭취하는 식품뿐만 아니라 운동 부족도 비만에 지대한 영향을 끼친다.
⑤ 백미를 일일권장량 이상 섭취해도 정상체중이거나 저체중인 사람들이 많다.

02 다음 글의 주장에 대해 반박하는 내용으로 적절하지 않은 것은?

프랑크푸르트학파는 대중문화의 정치적 기능을 중요하게 본다. 20세기 들어 서구 자본주의 사회에서 혁명이 불가능하게 된 이유 가운데 하나는 바로 대중문화가 대중들을 사회의 권위에 순응하게 함으로써 사회를 유지하는 기능을 하고 있기 때문이라는 것이다. 이 순응의 기능은 두 방향으로 진행된다. 한편으로 대중문화는 대중들에게 자극적인 오락거리를 제공함으로써 정신적인 도피를 유도하여 정치에 무관심하도록 만든다는 것이다. 유명한 3S(Sex, Screen, Sports)는 바로 현실도피와 마취를 일으키는 대표적인 도구들이다. 다른 한편으로 대중문화는 자본주의적 가치관과 이데올로기를 은연 중에 대중들이 받아들이게 하는 적극적인 세뇌 작용을 한다. 영화나 드라마, 광고나 대중음악의 내용이 규격화되어 현재의 지배적인 가치관을 지속해서 주입함으로써, 대중은 현재의 문제를 인식하고 더 나은 상태로 생각할 수 있는 부정의 능력을 상실한 일차원적 인간으로 살아가게 된다는 것이다. 프랑크푸르트학파의 대표자 가운데 한 사람인 아도르노(Adorno)는 특별히 「대중음악에 대하여」라는 글에서 대중음악이 어떻게 이러한 기능을 수행하는지 분석했다. 그의 분석에 따르면, 대중음악은 우선 규격화되어 누구나 쉽고 익숙하게 들을 수 있는 특징을 가진다. 그리고 이런 익숙함은 어려움 없는 수동적인 청취를 조장하여, 자본주의 안에서의 지루한 노동의 피난처 구실을 한다. 그리고 나아가 대중 음악의 소비자들이 기존 질서에 심리적으로 적응하게 함으로써 사회적 접착제의 역할을 한다.

① 대중문화의 영역은 지배계급이 헤게모니를 얻고자 하는 시도와 이에 대한 반대 움직임이 서로 얽혀 있는 곳으로 보아야 한다.

② 대중문화를 소비하는 대중이 문화 산물을 생산한 사람이 의도하는 그대로 문화 산물을 소비하는 존재에 불과하다는 생각은 현실과 맞지 않는다.

③ 발표되는 음악의 80%가 인기를 얻는 데 실패하고, 80% 이상의 영화가 엄청난 광고에도 불구하고 흥행에 실패한다는 사실은 대중이 단순히 수동적인 존재가 아니라는 것을 단적으로 드러내 보여 주는 예이다.

④ 대중의 평균적 취향에 맞추어 높은 질을 유지하는 것이 어렵다 하더라도 19세기까지의 대중이 즐겼던 문화에 비하면 현대의 대중문화는 훨씬 수준 높고 진보된 것으로 평가할 수 있다.

⑤ 대중문화는 지배 이데올로기를 강요하는 지배문화로만 구성되는 것도 아니고, 이에 저항하여 자발적으로 발생한 저항문화로만 구성되는 것도 아니다.

03 다음 글에서 ㉠의 관점에서 ㉡의 관점을 비판한 것으로 가장 적절한 것은?

사람들은 누구나 정의로운 사회에 살기를 원한다. 그렇다면 정의로운 사회란 무엇일까?
㉠ 롤스는 개인의 자유를 보장하면서도 사회적 약자를 배려하는 사회가 정의로운 사회라고 말한다. 롤스는 정의로운 사회가 되기 위해서는 세 가지 조건을 만족해야 한다고 주장한다. 첫 번째 조건은 사회 원칙을 정하는 데 있어서 사회 구성원 간의 합의 과정이 있어야 한다는 것이다. 이러한 합의를 통해 정의로운 세계의 규칙 또는 기준이 만들어진다고 보았다. 두 번째 조건은 사회적 약자의 입장을 고려해야 한다는 것이다. 롤스는 인간의 출생, 신체, 지위 등에는 우연의 요소가 많은 영향을 미칠 수 있다고 본다. 따라서 누구나 우연에 의해 사회적 약자가 될 수 있기 때문에 사회적 약자를 차별하는 것은 정당하지 못한 것이 된다. 마지막 조건은 개인이 정당하게 얻은 소유일지라도 그 이익의 일부는 사회적 약자에게 돌아가야 한다는 것이다. 왜냐하면 사회적 약자가 될 가능성은 누구에게나 있으므로 자발적 기부나 사회적 제도를 통해 사회적 약자의 처지를 최대한 배려하는 것이 사회 전체로 볼 때 공정하고 정의로운 것이기 때문이다. 롤스는 개인의 자유를 중시하는 한편 사람들이 공정한 규칙에 합의하는 과정도 중시하며, 자연적·사회적 불평등을 복지를 통해 보완해야 한다고 주장한다.
공리주의자인 ㉡ 벤담은 최대 다수의 최대 행복이 정의로운 것이라 주장했다. 따라서 다수의 최대 행복이 보장된다면 소수의 불행은 정당한 것이 되고, 반대로 다수의 불행이 나타나는 상황은 정의롭지 못한 것이 된다. 벤담은 걸인과 마주치는 대다수의 사람들은 부정적 감정을 느끼기 때문에 거리에서 걸인을 사라지게 해야 한다며, 걸인들을 모두 모아 한곳에서 생활시키는 강제 수용소 설치를 제안했다.

① 다수의 처지를 배려할 때 사회 전체의 행복이 증가한다.
② 개인을 위해 다수가 희생하는 것은 정의롭지 않다.
③ 개인의 이익만을 중시하는 것은 정의롭지 않다.
④ 사회적 재화의 불균등한 분배는 정의롭지 않다.
⑤ 개인의 자유를 침해하는 것은 정의롭지 않다.

04 **다음 글의 ㉡의 입장에서 ㉠의 생각을 비판한 것으로 가장 적절한 것은?**

> 17세기에 수립된 ㉠ 뉴턴의 역학 체계는 3차원 공간에서 일어나는 물체의 운동을 취급하였는데 공간 좌표인 x, y, z는 모두 시간에 따라 변하는 것으로 간주하였다. 뉴턴에게 시간은 공간과 무관한 독립적이고 절대적인 것이었다. 즉, 시간은 시작도 끝도 없는 영원한 것으로, 우주가 생겨나고 사라지는 것과 아무 관계없이 항상 같은 방향으로 흘러간다. 시간은 빨라지지도 느려지지도 않는 물리량이며, 모든 우주에서 동일한 빠르기로 흐르는 실체인 것이다. 이러한 뉴턴의 절대 시간 개념은 19세기 말까지 물리학자들에게 당연한 것으로 받아들여졌다.
>
> 하지만 20세기에 들어 시간의 절대성 개념은 ㉡ 아인슈타인에 의해 근본적으로 거부되었다. 그는 빛의 속도가 진공에서 항상 일정하다는 사실을 기초로 하여 상대성 이론을 수립하였다. 이 이론에 의하면 시간은 상대적인 개념이 되어, 빠르게 움직이는 물체에서는 시간이 느리게 간다. 광속을 c라 하고 물체의 속도를 v라고 할 때 시간은 $\frac{1}{\sqrt{1-(v/c)^2}}$배 팽창한다. 즉, 광속의 50%의 속도로 달리는 물체에서는 시간이 약 1.15배 팽창하고, 광속의 99%로 달리는 물체에서는 7.09배 정도 팽창한다. v가 c에 비하여 아주 작을 경우에는 시간 팽창 현상이 거의 감지되지 않지만 v가 c에 접근하면 팽창률은 급격하게 커진다.
>
> 아인슈타인에게 시간과 공간은 더 이상 별개의 물리량이 아니라 서로 긴밀하게 연관되어 함께 변하는 상대적인 양이다. 따라서 운동장을 질주하는 사람과 교실에서 가만히 바깥 풍경을 보고 있는 사람에게 시간의 흐름은 다르다. 속도가 빨라지면 시간 팽창이 일어나 시긴이 그만큼 천천히 흐르는 시간 지연이 생긴다.

① 시간은 모든 공간에서 동일하게 흐르는 것이 아니므로 절대적이지 않다.

② 상대 시간 개념으로는 시간에 따라 계속 변하는 물체의 운동을 설명할 수 없다.

③ 시간은 인간이 만들어 낸 개념이므로 우주를 시작도 끝도 없는 영원한 것으로 보아서는 안 된다.

④ 시간과 공간은 긴밀하게 연관되어 있지만 독립적으로 존재할 수 있으므로 이 둘의 관련성에만 주목하면 안 된다.

⑤ 물체의 속도가 광속에 가까워지면 시간이 반대로 흐를 수 있으므로 시간이 항상 같은 방향으로 흐르는 것은 아니다.

PART 2

대표기출유형

11 〈보기〉 해석

| 유형분석 |

- 제시된 글을 읽은 뒤 이를 토대로 〈보기〉의 문장을 바르게 해석할 수 있는지 평가하는 유형이다.
- 지문을 토대로 〈보기〉의 문장을 해석하는 것이므로 반대로 〈보기〉의 문장을 통해 지문을 해석하거나 반박하지 않도록 주의한다.

다음 글을 토대로 〈보기〉를 해석한 것으로 옳은 것은?

근대 이후 개인의 권리가 중시되자 법철학은 권리의 근본적 성격을 법적으로 존중되는 의사에 의한 선택의 관점에서 볼 것인가 아니면 법적으로 보호되는 이익의 관점에서 볼 것인가를 놓고 지속적으로 논쟁해 왔다.

의사설의 기본적인 입장은 어떤 사람이 무언가에 대하여 권리를 갖는다는 것은 법률관계 속에서 그 무언가와 관련하여 그 사람의 의사에 의한 선택이 다른 사람의 의사보다 우월한 지위에 있음을 법적으로 인정하는 것이다. 의사설을 지지한 하트는 권리란 그것에 대응하는 의무가 존재한다고 보았다. 그는 의무의 이행 여부를 통제할 권능을 가진 권리자의 선택이 권리의 본질적 요소라고 보았기 때문에 법이 타인의 의무 이행 여부에 대한 권능을 부여하지 않은 경우에는 권리를 가졌다고 말할 수 없다고 주장했다.

의사설은 타인의 의무 이행 여부와 관련된 권능, 곧 합리적 이성을 가진 자가 아니면 권리자가 되지 못하는 난점이 있다. 또한 의사설은 면제권을 갖는 어떤 사람이 면제권을 포기함으로써 타인의 권능 아래에 놓일 권리, 즉 스스로를 노예와 같은 상태로 만들 권리를 인정해야 하는 상황에 직면한다. 하지만 현대에서는 이런 상황이 인정되기가 어렵다.

이익설의 기본적인 입장은 권리란 이익이며, 법이 부과하는 타인의 의무로부터 이익을 얻는 자는 누구나 권리를 갖는다는 것이다. 그래서 타인의 의무 이행에 따른 이익이 없다면 권리가 없다고 본다. 이익설을 주장하는 라즈는 권리와 의무가 동전의 양면처럼 논리적으로 서로 대응하는 관계일 뿐만 아니라 권리가 의무를 정당화하는 관계에 있다고 보았다. 즉, 권리가 의무 존재의 근거가 된다고 보는 입장을 지지한다고 볼 수 있다. 그래서 누군가의 어떤 이익이 타인에게 의무를 부과할 만큼 중요성을 가지는 것일 때 비로소 그 이익은 권리로서 인정된다고 보았다.

이익설의 난점으로는 제3자를 위한 계약을 들 수 있다. 가령 갑이 을과 계약하며 병에게 꽃을 배달해 달라고 했다고 하자. 이익 수혜자는 병이지만 권리자는 계약을 체결한 갑이다. 쉽게 말해 을의 의무 이행에 관한 권능을 가진 사람은 병이 아니라 갑이다. 그래서 이익설은 이익의 수혜자가 아닌 권리자가 있는 경우를 설명하기 어렵다는 비판을 받는다. 또한 이익설은 권리가 실현하려는 이익과 그에 상충하는 이익을 비교해야 할 경우 어느 것이 더 우세한지를 측정하기 쉽지 않다.

보기

A씨는 동물 보호 정책 시행 의무의 헌법 조문화, 동물 정책 기본법 제정 등을 통해 동물 보호 의무가 헌법에 명시되어야 한다고 주장하였다.

① 하트의 주장에 따르면 동물 보호 의무가 헌법에 명시되지 않더라도 동물은 기본적으로 보호받을 권리를 가지고 있다.

② 하트의 주장에 따르면 사람이 동물 보호 의무를 갖는다고 하더라도 동물은 이성적 존재가 아니므로 동물은 권리를 갖지 못한다.

③ 하트의 주장에 따르면 동물 생명의 존엄성이 법적으로 보호됨으로써 동물이 보다 나은 삶을 살 수 있다면 동물은 권리를 가질 수 있다.

④ 라즈의 주장에 따르면 동물의 이익이 사람에게 의무를 부과할 만큼 중요성을 가지지 못하더라도 상충하는 이익보다 우세할 경우 권리로 인정될 수 있다.

⑤ 라즈의 주장에 따르면 사람의 의무 이행에 따른 이익이 있다면 동물이 권리를 가질 수 있지만, 그렇다고 동물의 권리가 사람의 의무를 정당화하는 것은 아니다.

PART 2

정답 ②

의사설을 지지한 하트는 의무 이행 여부를 통제할 권능을 가진 권리자의 선택을 권리의 본질적 요소로 보았기 때문에 타인의 의무 이행 여부와 관련된 권능, 곧 합리적 이성을 가진 자가 아니면 권리자가 될 수 없다고 보았다. 따라서 하트는 동물 보호 의무와 관련하여 사람이 동물 보호 의무를 갖는다고 하더라도 이성적 존재가 아닌 동물은 권리를 갖지 못한다고 주장할 수 있다.

오답분석

① 의사설을 지지한 하트에 따르면 법이 타인의 의무 이행 여부에 대한 권능을 부여하지 않은 경우에는 권리를 가졌다고 말할 수 없다.

③ 법이 타인의 의무로부터 이익을 얻는 자는 누구나 권리를 갖는다는 이익설의 입장에 따른 주장이므로 의사설을 지지한 하트의 주장으로는 적절하지 않다.

④ 이익설을 주장한 라즈에 따르면 누군가의 이익이 타인에게 의무를 부과할 만큼 중요성을 가질 때 그 이익은 권리로서 인정된다. 또한 이익설은 권리가 실현하려는 이익과 상충하는 이익을 비교해야 할 경우 어느 것이 더 우세한지를 측정하기 어렵다는 단점이 있다.

⑤ 이익설을 주장한 라즈에 따르면 타인의 의무로부터 이익을 얻는 자는 누구나 권리를 가지므로 권리와 의무는 서로 대응하는 관계이며, 권리는 의무를 정당화한다.

30초 컷 풀이 Tip

보기 해석의 경우 제시문과 보기에 제시된 문장의 의미를 제대로 파악할 필요가 있다는 점에서 난이도가 높은 유형이라고 볼 수 있다. 제시문과 보기, 그리고 문항의 의미를 모두 파악하는 데는 상당한 시간이 소요되므로, 가장 먼저 보기의 내용을 이해하도록 한다. 이후 각 문항에서 공통적으로 나타나는 핵심 주장이나 단어, 특정 사물이나 개인의 명칭 등 키워드를 기준으로 문항을 구분한 뒤, 이를 제시문과 대조하여 그 논지와 같은 문항을 찾아내도록 한다.

01 다음 글을 읽고 난 후 〈보기〉 중 적절한 반응을 보인 사람을 고르면?

> 원두커피 한 잔에는 인스턴트커피의 세 배인 150mg의 카페인이 들어있다. 원두커피 판매의 요체인 커피전문점 수는 2024년 현재 10만 개가 훨씬 넘었는데 최근 6년 새 여섯 배 이상 급증한 것이다. 그런데 주목할 점은 같은 기간 동안 우울증과 같은 정신질환과 수면장애로 병원을 찾은 사람 또한 크게 늘었다는 것이다.
> 몸속에 들어온 커피가 완전히 대사되기까지는 여덟 시간 정도가 걸린다. 많은 사람들이 아침, 점심뿐만 아니라 저녁 식사 후 6시나 7시 전후에도 커피를 마신다. 그런데 카페인은 뇌를 각성시켜 집중력을 높인다. 따라서 많은 사람들이 잠자리에 드는 시간인 오후 10시 이후까지도 뇌는 각성 상태에 있게 된다.
> 카페인은 우울증이나 공황장애와도 관련이 있다. 우울증을 앓고 있는 청소년은 건강한 청소년보다 커피, 콜라 등 카페인이 많은 음료를 네 배 정도 더 섭취한다는 조사 결과가 발표되었다. 공황장애 환자에게 원두커피 세 잔에 해당하는 450mg의 카페인을 주사했더니 약 60%의 환자로부터 발작 현상이 나타났다. 공황장애 환자는 심장이 빨리 뛰면 극도의 공포감을 느끼기 쉬운데, 이로 인해 발작 현상이 나타난다. 카페인은 심장을 자극하여 심박 수를 증가시킨다. 이러한 사실에 비추어 볼 때, 커피에 들어있는 카페인은 수면장애를 일으키고, 특히 정신질환자의 우울증이나 공황장애를 악화시킨다고 볼 수 있다.

보기

김사원 : 수면장애로 병원을 찾은 사람들 중에 커피를 마시지 않는 사람도 있다는 사실이 밝혀질 경우, 위 논증의 결론은 강화되지 않겠죠.

이대리 : 무(無)카페인 음료를 우울증을 앓고 있는 청소년이 많이 섭취하는 것으로 밝혀질 경우, 위 논증의 결론을 뒷받침하겠네요.

안사원 : 발작 현상이 공포감과 무관하다는 사실이 밝혀질 경우, 위 논증의 결론은 강화됩니다.

① 김사원
② 안사원
③ 김사원, 이대리
④ 이대리, 안사원
⑤ 김사원, 이대리, 안사원

02 다음 글을 토대로 〈보기〉를 해석한 것으로 옳은 것은?

> 바이러스는 생명체와 달리 세포가 아니기 때문에 스스로 생장이 불가능하다. 그래서 바이러스는 살아있는 숙주 세포에 기생하고, 그 안에서 증식함으로써 살아간다. 바이러스의 감염 가능 여부는 숙주 세포 수용체의 특성에 따라 결정되며, 우리 몸은 바이러스가 감염되는 다양한 과정을 통해 지속감염이 일어나기도 하고 급성감염이 일어나기도 한다. 급성감염은 일반적으로 짧은 기간 안에 일어나는데, 바이러스는 감염된 숙주 세포를 증식 과정에서 죽이고 바이러스가 또 다른 숙주 세포에서 증식하며 질병을 일으킨다. 시간이 흐르면서 체내의 방어 체계에 의해 바이러스를 제거해 나가면 체내에는 더 이상 바이러스가 남아 있지 않게 된다. 반면 지속감염은 급성감염에 비해 상대적으로 오랜 기간 동안 바이러스가 체내에 잔류한다. 지속감염에서는 바이러스가 장기간 숙주 세포를 파괴하지 않으면서도 체내의 방어 체계를 회피하며 생존한다. 지속감염은 바이러스의 발현 양상에 따라 잠복감염과 만성감염, 지연감염으로 나뉜다. 잠복감염은 초기 감염으로 증상이 나타난 후 한동안 증상이 사라졌다가 특정 조건에서 바이러스가 재활성화되어 증상을 다시 동반한다. 이때 같은 바이러스에 의한 것임에도 첫 번째와 두 번째 질병이 다르게 발현되기도 한다. 잠복감염은 질병이 재발하기까지 바이러스가 감염성을 띠지 않고 잠복하게 되는데, 이러한 상태의 바이러스를 프로바이러스라고 부른다. 만성감염은 감염성 바이러스가 숙주로부터 계속 배출되어 항상 검출되고 다른 사람에게 옮길 수 있는 감염 상태이다. 하지만 사람에 따라서 질병이 발현되거나 되지 않기도 하며 때로는 뒤늦게 발현될 수도 있다는 특성이 있다. 지연감염은 초기 감염 후 특별한 증상이 나타나지 않다가, 장기간에 걸쳐 감염성 바이러스의 수가 점진적으로 증가하여 반드시 특정 질병을 유발하는 특성이 있다.

보기

> C형 간염 바이러스(HCV)에 감염된 환자의 약 80%는 해당 바이러스를 보유하고도 증세가 나타나지 않아 감염 여부를 인지하지 못하다가 나중에 나타난 증세를 통해 알게 되기도 한다. 감염 환자의 약 20%는 간에 염증이 나타나고 이에 따른 합병증이 나타나기도 한다.

① C형 간염 바이러스에 감염된 사람은 간에 염증이 나타나지 않는다면 바이러스가 검출되지 않을 것이다.

② C형 간염 바이러스에 감염된 사람은 증세가 사라지더라도 특정 조건에서 다시 바이러스가 재활성화될 수 있다.

③ C형 간염 바이러스에 감염된 사람은 일정 연령이 되면 반드시 간 염증과 그에 따른 합병증이 나타날 것이다.

④ C형 간염 바이러스에 감염된 사람은 합병증이 나타나지 않더라도 다른 사람에게 바이러스를 옮길 수 있을 것이다.

⑤ C형 간염 바이러스에 감염되었으나 간에 염증이 나타나지 않은 사람이라면 C형 간염 프로바이러스를 보유하고 있을 것이다.

03 다음 글을 바탕으로 한 추론으로 항상 옳은 것을 〈보기〉에서 고르면?

우리는 사람의 인상에 대해서 "선하게 생겼다." 또는 "독하게 생겼다."라는 판단을 할 뿐만 아니라 사람의 인상을 중요시한다. 오래 전부터 사람의 얼굴을 보고 그 사람의 길흉을 판단하는 관상의 원리가 있었다. 관상의 원리를 어떻게 받아들여야 할까?

관상의 원리가 받아들일 만하다면, 얼굴이 검붉은 사람은 육체적 고생을 하기 마련이다. 그런데 우리는 주위에서 얼굴이 검붉지만 육체적 고생을 하지 않고 편하게 살아가는 사람을 얼마든지 볼 수 있다. 관상의 원리가 받아들일 만하다면, 우리가 사람의 얼굴에 대해서 갖는 인상이란 한갓 선입견에 불과한 것이 아니다. 사람의 인상이 평생에 걸쳐 고정되어 있다고 할 수 있는 경우에만 관상의 원리는 받아들일 만하다. 또한 관상의 원리가 받아들일 만하지 않다면, 관상의 원리에 대한 과학적 근거를 찾으려는 노력은 헛된 것이다. 실제로 많은 사람들이 관상의 원리가 과학적 근거를 가질 것이라고 기대한다. 그런데 우리는 자주 관상가의 판단이 받아들일 만하다고 느끼고, 그런 느낌 때문에 관상의 원리가 과학적 근거를 가질 것이라고 기대하는 것이다. 관상의 원리가 실제로 과학적 근거를 갖는지의 여부는 논외로 하더라도, 관상의 원리에 대하여 과학적 근거가 있을 것이라고 기대하는 사람은 관상의 원리에 의존하는 것이 우리의 삶에 위안을 주는 필요조건 중의 하나라고 믿는다.

보기

ㄱ. 관상의 원리는 받아들일 만한 것이 아니다.
ㄴ. 우리가 사람의 얼굴에 대해서 갖는 인상이란 선입견에 불과하다.
ㄷ. 관상의 원리에 대한 과학적 근거를 찾으려는 노력은 헛된 것이다.

① ㄱ
② ㄴ
③ ㄱ, ㄴ
④ ㄱ, ㄷ
⑤ ㄴ, ㄷ

04 다음 글을 바탕으로 〈보기〉의 내용으로부터 추론할 수 있는 내용은?

조선의 음악은 예와 함께 의례의 핵심이었기 때문에 조선의 대표적인 음악기관이었던 장악원의 역할은 아주 중요했다. 각종 왕실 행사, 제례, 연향, 조회, 군사의례 등 왕이 활쏘기를 할 때까지도 음악인들이 동원되었기에 1년 내내 쉴 틈이 없을 정도였다.
성종 대에 편찬된 『경국대전』에 의하면, 장악원 소속 음악인의 수는 '아악 악사 2명, 악생 297명, 속악 악사 2명, 악공 518명, 가동 10명'이었고, 후보생을 포함하면 981명에 이르는 대규모 기관이었다. 이런 장악원의 최고 책임자는 제조라고 했는데 전문 음악인이 아닌 행정관리자여서 악공이나 악생의 연주 실력을 구분하기 어려웠고, 후에 『악학궤범』의 주요 저자인 성현이 장악원의 제조로 발탁됐다.
『악학궤범』은 성종 24년인 1493년에 제작된 음악책이다. 목판본으로 모두 9권 3책으로 되어있으며, 고려 이후부터 성종 때까지의 음악에 대한 이론과 악기 설명, 음악 형식, 궁중 무용, 연주할 때 입는 옷의 설명 등 음악에 대해 자세히 기록하고 있다. 기존의 음악 관련 문헌이 가사의 내용이 주가 되거나 악곡을 수록한 악보집의 형태였다면 『악학궤범』은 음악이론과 제도 및 법식을 주로 다루어 전통음악의 법전과도 같은 문헌이라고 할 수 있다.

보기

좋은 음악도 귀를 스쳐 지나가면 곧 없어지고, 없어지면 흔적이 없는 것이 마치 그림자가 형체가 있으면 모이고 형체가 없어지면 흩어지는 것과 같다. 그러나 악보가 있으면 음의 느리고 바른 것을 알 수 있고, 그림이 있으면 악기의 형상을 분별할 수 있으며, 책이 있으면 시행하는 법을 알 수 있을 것이다.

① 궁중의 제사 음악인 아악, 당나라와 송나라에서 유입된 음악인 당악, 우리나라에서 만들어진 음악인 향악으로 분류할 수 있다.
② 당시 장악원의 의궤와 악보가 오래되어 헐었고, 요행히 남은 것들도 틀려 그것을 바로잡기 위해 책을 편찬했다.
③ 악공 선발을 위한 시험에서 비파는 필수 악기로 사서인은 음악을 배울 때 비파를 중요시하고 있다.
④ 『악학궤범』에는 용비어천가, 정읍사, 아박무, 무고, 처용무 등의 한글 노랫말도 수록되어 있다.
⑤ 『악학궤범』에는 그림으로 악기를 자세히 설명하고, 악보를 수록하고 음악이론과 제도 및 법식을 다루고 있다.

PART 2

아이들이 답이 있는 질문을 하기 시작하면 그들이 성장하고 있음을 알 수 있다.

- 존 J. 플롬프 -

PART 3

최종점검 모의고사

삼성 온라인 GSAT	
도서 동형 온라인 실전연습 서비스	ASRT-00000-B009D

삼성 온라인 GSAT		
영역	문항 수	제한시간
수리	20문항	30분
추리	30문항	30분

※ 영역별 제한시간이 종료되고 OMR 답안지에 마킹하거나 이전 영역의 시험지를 넘기는 행동은 부정행위로 간주한다.

※ 온라인 GSAT 진행 시 사용되는 문제풀이 용지는 도서 앞쪽에 위치한 핸드북 형태로 제공하오니 모의고사와 함께 활용하기 바랍니다.

제1회

최종점검 모의고사

응시시간 : 60분 　 문항 수 : 50문항 　 정답 및 해설 p.050

01 수리

01 S기업은 올해 하반기 공채를 통해 신입사원을 뽑았다. 올해 상반기 퇴직자로 인해, 신입사원을 뽑았음에도 남자 직원은 전년 대비 5% 감소했고, 여자 직원은 전년 대비 10% 증가했다. S기업의 전체 직원 수는 전년 대비 4명 증가하여, 284명의 직원이 근무하고 있다. 올해의 남자 직원은 몇 명인가?

① 120명
② 132명
③ 152명
④ 156명
⑤ 164명

02 빨간색 공 4개, 흰색 공 6개가 들어있는 주머니에서 한 번에 2개를 꺼낼 때, 적어도 1개는 흰색 공을 꺼낼 확률은?

① $\frac{1}{4}$
② $\frac{5}{12}$
③ $\frac{9}{15}$
④ $\frac{13}{15}$
⑤ $\frac{14}{15}$

Easy

03 다음은 1인당 스팸 문자의 내용별 수신 수를 나타낸 자료이다. 이에 대한 설명으로 옳지 않은 것은?

〈1인당 스팸 문자의 내용별 수신 수〉

(단위 : 통)

구분	2022년 하반기	2023년 상반기	2023년 하반기
대출	5	6	10
성인	0	2	3
일반	11	5	7
합계	16	13	20

① 성인 관련 스팸 문자는 2023년부터 수신되기 시작하였다.

② 2023년 상・하반기 각각에서 가장 높은 비중을 차지하는 스팸 문자의 내용은 대출로 동일하다.

③ 내용별 스팸 문자 수신 수에서 감소한 종류는 없다.

④ 해당 기간 동안 가장 큰 폭으로 증가한 것은 대출 관련 스팸 문자이다.

⑤ 전년 동기 대비 2023년 하반기의 1인당 스팸 문자 전체의 수신 수 증가율은 25%이다.

PART 3

04 다음은 지역별 근로시간 현황에 대한 자료이다. 이에 대한 설명으로 옳은 것은?

〈지역별 근로시간 현황〉

(단위 : 시간)

구분 / 지역	근로시간		
	최저	최고	평균
서울	7.2	10.8	8.5
경기	6.5	10.1	8.8
인천	5.4	10.5	8.6
대전	4.5	9.5	7.5
대구	6.8	9.6	8.4
부산	5.7	9.8	8.3
울산	4.9	8.9	8.2
광주	5.6	10.2	8.1

※ 수도권 : 서울, 경기, 인천

① 수도권의 최고 근로시간은 수도권 외 최고 근로시간보다 항상 많다.

② 최저 근로시간이 가장 적은 지역이 최고 근로시간도 가장 적다.

③ 평균 근로시간이 가장 많은 지역과 가장 적은 지역의 차이는 1시간 반 이상이다.

④ 최저 근로시간과 최고 근로시간의 차이가 가장 큰 지역은 인천이다.

⑤ 수도권에서 평균 근로시간은 최저 근로시간과 최고 근로시간의 평균보다 작다.

05 다음은 한국과 일본을 찾아오는 외국인 관광객의 국적을 분석한 자료이다. 이에 대한 설명으로 옳지 않은 것은?

〈한국 및 일본의 외국인 관광객 국적별 추이〉

(단위 : 만 명, %)

구분	국적		2018년	2019년	2020년	2021년	2022년	2023년
방한 관광객	중국		101 (74.1)	131 (29.7)	203 (55.0)	314 (54.7)	477 (51.9)	471 (−1.3)
	기타		536 (4.9)	589 (9.9)	662 (12.4)	594 (−10.3)	615 (3.5)	542 (−11.9)
		일본	295 (−1.1)	321 (8.8)	342 (6.5)	263 (−23.1)	217 (−17.5)	174 (−19.8)
		일본 제외	241 (13.4)	268 (11.2)	320 (19.4)	330 (3.1)	398 (20.6)	368 (−7.5)
방일 관광객	중국		83 (72.7)	45 (−45.8)	83 (84.4)	70 (−15.7)	175 (150.0)	424 (142.3)
	기타		553 (29.3)	360 (−34.9)	521 (44.7)	726 (39.3)	913 (25.8)	1,273 (39.4)

※ ( )는 전년 대비 증감률이다.

① 2018년과 2019년에 일본을 방문한 중국인 관광객 총수는 같은 기간 한국을 방문한 중국인 관광객 총수와 같다.
② 2018년부터 2022년까지 한국을 방문한 중국인 관광객 수는 꾸준히 증가하였다.
③ 2019년부터 2022년까지 일본을 방문한 중국인 관광객 수는 전년 대비 증감을 반복하고 있다.
④ 2018 ~ 2023년 동안 한국을 방문한 일본인 관광객 수가 가장 많은 해는 2020년이다.
⑤ 2021년부터 2023년까지 한국을 방문한 중국인 관광객 수는 매년 300만 명 이상이다.

06 다음은 S사의 등급별 인원 비율 및 1인당 상여금에 대한 자료이다. 마케팅부서의 인원은 20명이고, 영업부서의 인원은 10명일 때, 이 자료에 대한 설명으로 옳지 않은 것은?

〈등급별 인원 비율 및 1인당 상여금〉

구분	S등급	A등급	B등급	C등급
인원 비율(%)	10	30	40	20
1인당 상여금(만 원)	500	420	300	200

① 마케팅부서의 S등급 상여금을 받는 인원과 영업부서의 C등급 상여금을 받는 인원의 수가 같다.
② A등급 1인당 상여금은 B등급 1인당 상여금보다 40% 많다.
③ 영업부서 A등급의 인원은 마케팅부서 B등급의 인원보다 5명 적다.
④ 마케팅부서에 지급되는 총 상여금은 6,320만 원이다.
⑤ 영업부서에 지급되는 S등급과 A등급의 상여금의 합은 B등급과 C등급의 상여금의 합보다 적다.

07 다음은 지역별 내·외국인 거주자 현황에 대한 자료이다. 이에 대한 설명으로 옳은 것은?

〈지역별 내·외국인 거주자 현황〉

지역	2020년		2021년		2022년	
	거주자(만 명)	외국인 비율(%)	거주자(만 명)	외국인 비율(%)	거주자(만 명)	외국인 비율(%)
서울	1,822	8.2	2,102	9.2	1,928	9.4
인천	1,350	12.2	1,552	15.9	1,448	16.1
경기	990	14.6	1,122	14.4	1,190	15.7
강원	280	1.8	221	1.2	255	1.0
대전	135	4.5	102	3.1	142	3.5
세종	28	5.2	24	5.3	27	5.7
충청	688	1.2	559	0.5	602	0.7
경상	820	2.8	884	2.1	880	5.0
전라	741	2.1	668	1.9	708	1.7
대구	1,020	9.8	1,011	8.1	1,100	12.0
울산	354	11.2	272	9.4	302	10.9
부산	892	5.2	842	5.4	828	5.8
제주	285	21.5	252	22.2	222	22.4
전체	9,405	(평균) 8.1	9,611	(평균) 8.9	9,632	(평균) 9.8

※ 평균 외국인 비율은 소수점 둘째 자리에서 반올림한 값이다.

※ 수도권 : 서울, 인천, 경기

① 2020년 대비 2021년 거주자 수는 수도권을 제외한 모든 지역에서 감소하였다.

② 2021년과 2022년의 수도권 각 지역의 외국인 비율은 전년 대비 모두 증가하였다.

③ 2021년과 2022년의 전년 대비 전체 거주자 수는 증가하지만, 평균 외국인 비율은 감소하였다.

④ 2022년 대구에 거주하는 외국인 수는 경상에 거주하는 외국인 수의 3배이다.

⑤ 2022년 외국인 비율이 가장 높은 곳과 가장 낮은 곳의 비율 차이는 2020년 비율 차이보다 2.0%p 높다.

PART 3

Easy

08 다음은 지역별 이혼 건수에 대한 자료이다. 이에 대한 설명으로 옳은 것은?

〈지역별 이혼 건수〉

(단위 : 천 건)

구분	2018년	2019년	2020년	2021년	2022년
서울	26	29	34	33	35
인천	21	24	35	32	37
경기	18	21	22	28	33
대전	12	13	12	11	10
광주	8	9	9	12	8
대구	16	13	14	17	18
부산	18	19	20	19	22
울산	7	8	8	5	7
제주	4	5	7	6	5
합계	130	141	161	163	175

※ 수도권 : 서울, 인천, 경기

① 2020년부터 2022년까지 인천의 총 이혼 건수는 서울의 총 이혼 건수보다 적다.
② 2018 ~ 2022년 동안 전체 이혼 건수가 가장 적은 해는 2022년이다.
③ 2018 ~ 2022년 동안 수도권의 이혼 건수가 가장 많은 해는 2021년이다.
④ 전체 이혼 건수 중 수도권의 이혼 건수가 차지하는 비중은 2018년에 50%, 2022년에 70%이다.
⑤ 2018 ~ 2022년 동안 전체 이혼 건수 증감 추이와 같은 지역은 한 곳뿐이다.

09 다음은 우편 매출액에 대한 자료이다. 이에 대한 설명으로 옳지 않은 것은?

〈우편 매출액〉

(단위 : 백만 원)

구분	2019년	2020년	2021년	2022년	2023년				
					소계	1분기	2분기	3분기	4분기
일반통상	113	105	101	104	102	28	22	25	27
특수통상	52	57	58	56	52	12	15	15	10
소포우편	30	35	37	40	42	10	12	12	8
합계	195	197	196	200	196	50	49	52	45

① 매년 매출액이 가장 높은 분야는 일반통상 분야이다.
② 1년 집계를 기준으로 매년 매출액이 증가하고 있는 분야는 소포우편 분야뿐이다.
③ 2023년 1분기 매출액에서 특수통상 분야의 매출액이 차지하는 비중은 20% 이상이다.
④ 2023년 소포우편 분야의 2019년 대비 매출액 증가율은 60% 이상이다.
⑤ 2022년에는 일반통상 분야의 매출액이 전체의 50% 이상을 차지하고 있다.

10 다음은 S사의 경제 분야 투자규모에 대한 자료이다. 이에 대한 설명으로 옳지 않은 것은?

〈S사의 경제 분야 투자규모〉

(단위 : 억 원, %)

구분	2019년	2020년	2021년	2022년	2023년
경제 분야 투자규모	16	20	15	12	16
총지출 대비 경제 분야 투자규모 비중	6.5	7.5	8.0	7.0	5.0

① 2023년 총지출은 300억 원 이상이다.

② 2020년 경제 분야 투자규모의 전년 대비 증가율은 25%이다.

③ 2021년과 2022년의 경제 분야 투자규모의 전년 대비 감소율의 차이는 3%p이다.

④ 2019～2023년 동안 경제 분야에 투자한 금액은 79억 원이다.

⑤ 2020～2023년 동안 경제 분야 투자규모와 총지출 대비 경제 분야 투자규모 비중의 전년 대비 증감 추이는 동일하지 않다.

Hard

11 다음은 어느 지역의 주화 공급 현황에 대한 자료이다. 이에 대한 〈보기〉의 설명 중 옳은 것을 모두 고르면?

〈주화 공급 현황〉

구분	액면가				
	10원	50원	100원	500원	합계
공급량(십만 개)	340	215	265	180	1,000
공급기관 수(개)	170	90	150	120	530

※ $(\text{평균 주화 공급량})=\dfrac{(\text{주화 종류별 공급량의 합})}{(\text{주화 종류 수})}$

※ (주화 공급액)=(주화 공급량)×(액면가)

보기

ㄱ. 주화 공급량이 주화 종류별로 각각 20십만 개씩 증가한다면, 이 지역의 평균 주화 공급량은 270십만 개이다.

ㄴ. 주화 종류별 공급기관당 공급량은 10원 주화가 500원 주화보다 적다.

ㄷ. 10원과 500원 주화는 각각 10%씩, 50원과 100원 주화는 각각 20%씩 공급량이 증가한다면, 이 지역의 평균 주화 공급량의 증가율은 15% 미만이다.

ㄹ. 총 주화 공급액 규모가 12% 증가해도 주화 종류별 공급량의 비율은 변하지 않는다.

① ㄱ, ㄴ　② ㄱ, ㄷ

③ ㄷ, ㄹ　④ ㄱ, ㄷ, ㄹ

⑤ ㄴ, ㄷ, ㄹ

12 다음은 공공기관 청렴도 평가 현황에 대한 자료이다. 내부청렴도가 가장 높은 해와 낮은 해가 바르게 연결된 것은?

〈공공기관 청렴도 평가 현황〉

(단위 : 점)

구분	2020년	2021년	2022년	2023년
종합청렴도	6.23	6.21	6.16	6.8
외부청렴도	8.0	8.0	8.0	8.1
내부청렴도				
정책고객평가	6.9	7.1	7.2	7.3
금품제공률	0.7	0.7	0.7	0.5
향응제공률	0.7	0.8	0.8	0.4
편의제공률	0.2	0.2	0.2	0.2

※ 종합청렴도, 외부청렴도, 내부청렴도, 정책고객평가는 각각 10점 만점으로, 10점에 가까울수록 청렴도가 높다는 의미이다.

※ (종합청렴도)={(외부청렴도)×0.6+(내부청렴도)×0.3+(정책고객평가)×0.1}−(감점요인)

※ 금품제공률, 향응제공률, 편의제공률은 감점요인이다.

	가장 높은 해	가장 낮은 해
①	2020년	2022년
②	2021년	2022년
③	2021년	2023년
④	2022년	2023년
⑤	2022년	2021년

13 다음은 전국 풍수해 규모에 대한 자료이다. 이에 대한 설명으로 옳은 것은?

〈전국 풍수해 규모〉

(단위 : 억 원)

구분	2014년	2015년	2016년	2017년	2018년	2019년	2020년	2021년	2022년	2023년
태풍	118	1,609	8	-	1,725	2,183	8,037	17	53	134
호우	9,063	435	581	2,549	1,808	5,282	384	1,555	1,400	14
대설	60	74	36	128	663	477	204	119	324	130
강풍	140	69	11	70	2	5	267	9	1	39
풍랑	57	331	-	241	70	3	-	-	-	3
전체	9,438	2,518	636	2,988	4,268	7,950	8,892	1,700	1,778	320

① 2015 ~ 2023년 동안 연도별로 발생한 전체 풍수해 규모의 전년 대비 증감 추이는 태풍으로 인한 풍수해 규모의 증감 추이와 같다.

② 풍랑으로 인한 풍수해 규모는 매년 가장 작았다.

③ 2023년 호우로 인한 풍수해 규모의 전년 대비 감소율은 97% 미만이다.

④ 전체 풍수해 규모에서 대설로 인한 풍수해 규모가 차지하는 비중은 2021년이 2019년보다 크다.

⑤ 2014 ~ 2023년 동안 연도별로 발생한 전체 풍수해 규모에서 태풍으로 인한 풍수해 규모가 가장 큰 해는 2020년뿐이다.

PART 3

14 다음은 2012년과 2022년의 사교육 현황을 조사한 자료이다. 이에 대한 설명으로 옳은 것은?

〈2012년과 2022년 사교육 현황〉

(단위 : %)

구분	유치원생		초등학생		중학생		고등학생	
	2012년	2022년	2012년	2022년	2012년	2022년	2012년	2022년
입시	8	9.8	48	60	56	77	64	86.4
어학원	6	9.6	26	35	16	11	14	6
운동	50	58	65	52	44	28	28	16
음악	68	42	55	33	12	19	8	5.5
미술	21	28	27	22	2.6	3.4	11	12.2
연기	1.5	1.8	2.4	1.8	0.4	5.2	4.2	18.2
요리	0.2	0.6	4.2	3.5	0.2	14.5	2.1	5.2

※ 교육은 중복 수강이 가능하다.

① 2012년과 2022년의 입시 교육 비율 차는 중학생이 초등학생의 1.5배이다.

② 유치원생의 2012년 대비 2022년의 어학원 수강 비율 증가율은 70% 이상이다.

③ 2012년 대비 2022년 초등학생의 사교육 비율은 입시를 제외하고 모두 감소하였다.

④ 2012년과 2022년의 운동 수강 비율을 학교급별로 높은 순서대로 나열하면 동일하다.

⑤ 2012년 대비 2022년 고등학생의 사교육 중 수강 비율이 증가한 것은 4가지이다.

※ 다음은 남성 2,000명, 여성 2,400명을 대상으로 관심도서 현황을 조사한 자료이다. 이를 보고 이어지는 물음에 답하시오. [15~16]

〈성별 및 연령대별 조사자 수〉

(단위 : 명)

구분	10대	20대	30대	40대	50대	60대	합계
남성	150	450	540	370	280	210	2,000
여성	360	480	840	360	240	120	2,400

〈연령대별 관심도서 – 남성〉

구분	10대	20대	30대	40대	50대	60대
1위	수험서	수험서	경제	자기계발	경제	종교
2위	만화	여행	수험서	경제	종교	경제
3위	자기계발	경제	자기계발	여행	역사	소설·시
4위	여행	자기계발	만화	만화	만화	역사
5위	소설·시	만화	육아	종교	소설·시	만화

〈연령대별 관심도서 – 여성〉

구분	10대	20대	30대	40대	50대	60대
1위	수험서	수험서	육아	요리	잡지	잡지
2위	여행	요리	요리	자기계발	소설·시	종교
3위	자기계발	육아	자기계발	소설·시	경제	소설·시
4위	요리	여행	소설·시	육아	여행	여행
5위	소설·시	자기계발	여행	여행	종교	경제

※ 단, 남녀 각각 동일한 연령대에는 동일한 순위가 없다.

15 다음 중 자료에 대한 설명으로 옳은 것은?

① 남성에서 조사자 수가 가장 많은 연령대와 가장 적은 연령대는 여성에서와 동일하다.

② 남성의 60대 조사자 수는 남성 50대 조사자 수의 75%이다.

③ 20대부터 40대까지 여성의 관심도서 순위 내에만 육아 또는 요리 관련 도서가 포함된다.

④ 남성과 여성 모두 10대부터 30대까지는 관심도서 순위 내에 수험서 관련 도서가 포함되지만, 그 이후에는 순위 내에 포함되지 않는다.

⑤ 20대 남성의 20%가 여행도서에 관심이 있다면, 수험서에 관심 있는 20대 남성은 80명보다 많다.

16 다음 중 자료에 대한 설명으로 옳지 않은 것은?

① 남성과 여성 각각 20·30대 조사자 수의 합은 남성과 여성 각각 총 조사자 수의 절반 이상이다.
② 전체 조사자 중 60대는 8% 미만이다.
③ 20대 이상 남성의 관심도서 3위 내에는 경제 관련 도서가 포함된다.
④ 남성의 전 연령대에서 순위 안에 드는 관심도서는 만화이고, 여성은 여행이다.
⑤ 50대 여성의 관심도서 1·2위가 65%이고, 그중 25%가 소설·시에 관심이 있다면, 잡지에 관심 있는 여성은 117명이다.

17 다음은 S공사에서 여러 노선 중 사람들이 많이 이용하는 노선을 선정하여 졸음쉼터의 개수 현황을 주차면수에 따라 정리한 자료이다. 다음 〈조건〉에 따라 A, B, C, D에 들어갈 알맞은 수는?

〈졸음쉼터 현황〉

(단위 : 곳)

구분	방향		주차면수			
			10개 미만	10개 이상 20개 미만	20개 이상 30개 미만	30개 이상
경부선	서울	부산	11	8	A	2
	12	12				
영동선	인천	강릉	6	B	0	1
	6					
중앙선	춘천	부산	11	0	0	2
	7	6				
호남선	천안	순천	13	7	0	0
	11	9				
서해안선	서울	목포	16	C	1	D
	11	10				

조건

- A는 경부선 전체 졸음쉼터 개수의 12.5%를 차지한다.
- 다섯 노선의 주차면수가 10개 이상 20개 미만인 졸음쉼터 중에서 B는 30%를 차지한다.
- C는 B보다 5만큼 작고, D보다 2만큼 크다.
- 서해안선에 있는 주차면수가 10개 미만인 졸음쉼터 개수의 6.25%는 D와 같다.

	A	B	C	D
①	1	7	1	2
②	1	7	3	1
③	3	8	1	2
④	3	8	3	1
⑤	3	7	3	1

18 다음은 A~D국의 가계 금융자산에 대한 자료이다. 이 자료를 토대로 작성한 그래프로 옳지 않은 것은?

〈각국의 연도별 가계 금융자산 비율〉

(단위 : %)

연도 / 국가	2017년	2018년	2019년	2020년	2021년	2022년
A	24	22	21	19	17	16
B	44	45	48	41	40	45
C	39	36	34	29	28	25
D	25	28	26	25	22	21

※ 가계 총자산은 가계 금융자산과 가계 비금융자산으로 이루어지며, 가계 금융자산 비율은 가계 총자산 대비 가계 금융자산이 차지하는 비율이다.

〈2022년 각국의 가계 금융자산 구성비〉

(단위 : %)

가계 금융자산 / 국가	예금	보험	채권	주식	투자신탁	기타
A	62	18	10	7	2	1
B	15	30	10	31	12	2
C	35	27	11	9	14	4
D	56	29	3	6	2	4

① 연도별 B국과 C국 가계 비금융자산 비율

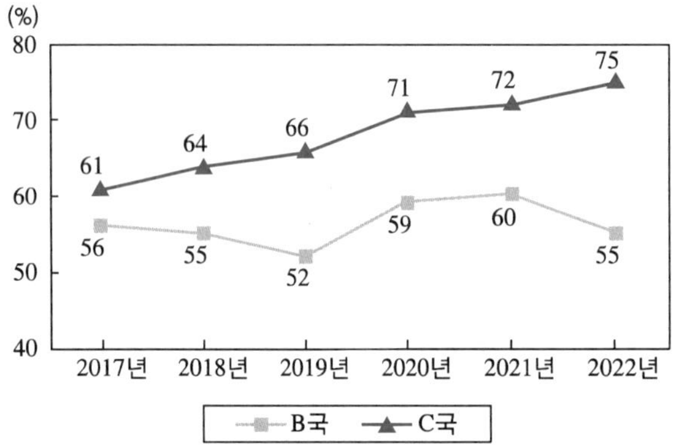

② 2019년 각국의 가계 총자산 구성비

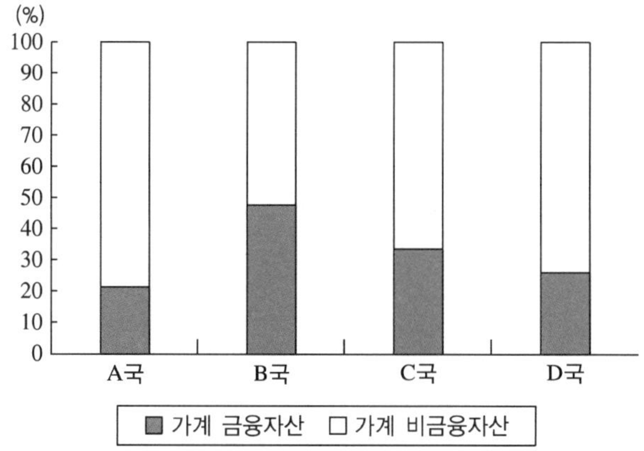

③ 2022년 C국의 가계 금융자산 구성비

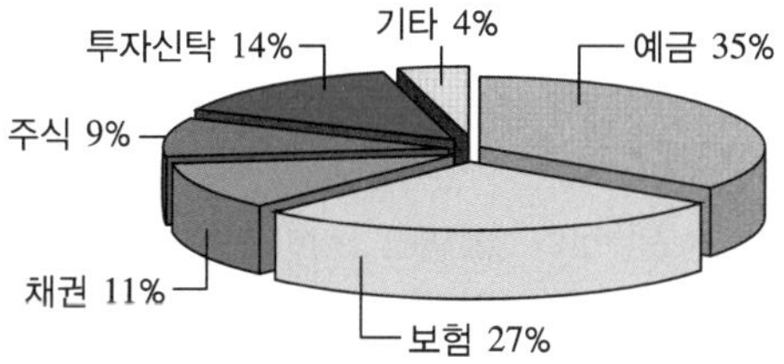

④ 2022년 A국과 D국의 가계 금융자산 대비 보험, 채권, 주식 구성비

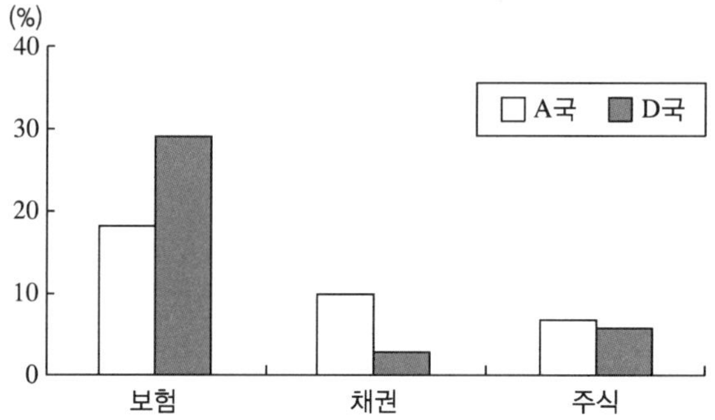

⑤ 2022년 각국의 가계 총자산 대비 예금 구성비

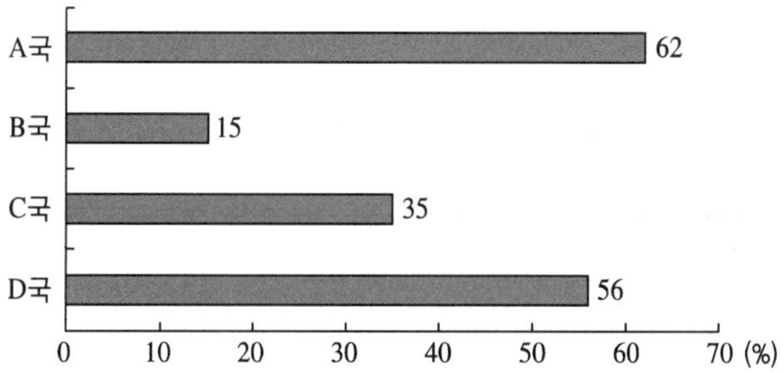

19 다음은 2023년 방송산업 종사자 수를 나타낸 자료이다. 2023년 추세에 언급되지 않은 분야의 인원은 고정되어 있었다고 할 때, 2022년 방송산업 종사자 수는 모두 몇 명인가?

〈2023년 방송산업 종사자 수〉

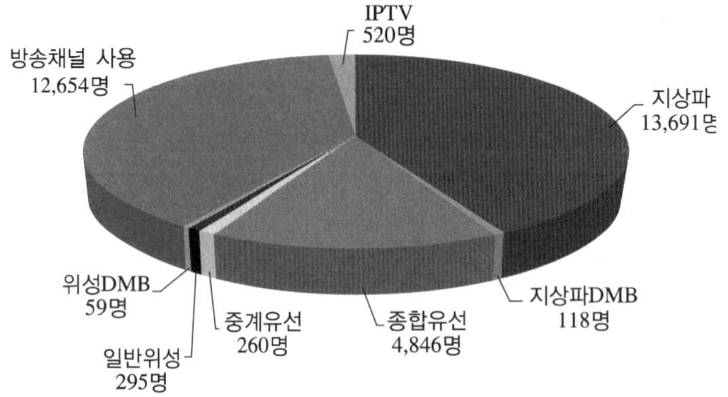

〈2023년 추세〉

지상파 방송사(지상파DMB 포함) 종사자 수는 전년보다 301명(2.2%)이 증가한 것으로 나타났다. 직종별로 방송직에서는 PD(1.4% 감소)와 아나운서(1.1% 감소), 성우, 작가, 리포터, 제작지원 등의 기타 방송직(5% 감소)이 감소했으나, 카메라, 음향, 조명, 미술, 편집 등의 제작관련직(4.8% 증가)과 기자(0.5% 증가)는 증가했다. 그리고 영업홍보직(13.5% 감소), 기술직(6.1% 감소), 임원(0.7% 감소)은 감소했으나, 연구직(11.7% 증가)과 관리행정직(5.8% 증가)은 증가했다.

① 20,081명
② 24,550명
③ 32,142명
④ 32,443명
⑤ 34,420명

Hard

20 S초등학교의 입학생 수가 다음과 같은 규칙을 보일 때, 2029년의 S초등학교 입학생 수는?

〈S초등학교 입학생 수 변화〉

(단위 : 명)

구분	2019년	2020년	2021년	2022년	2023년
학생 수	196	182	168	154	140

① 70명
② 64명
③ 56명
④ 42명
⑤ 28명

02 추리

※ 제시된 명제가 모두 참일 때, 다음 중 빈칸에 들어갈 명제로 가장 적절한 것을 고르시오. [1~3]

Easy

01

전제1. 영양소는 체내에서 에너지원 역할을 한다.
전제2. 탄수화물은 영양소이다.
결론. ______________________

① 탄수화물은 체내에서 에너지원 역할을 한다.
② 에너지원 역할을 하는 것은 탄수화물이다.
③ 탄수화물은 체내에 필요하다.
④ 에너지원 역할을 하는 것은 영양소이다.
⑤ 탄수화물을 제외한 영양소는 에너지원 역할을 하지 않는다.

PART 3

02

전제1. 노트북을 구매한 사람은 모두 흰색 마우스를 구매했다.
전제2. ______________________
결론. 노트북을 구매한 사람은 모두 키보드를 구매했다.

① 노트북을 구매한 사람은 흰색 마우스를 구매하지 않았다.
② 키보드를 구매하지 않은 사람은 흰색 마우스도 구매하지 않았다.
③ 키보드를 구매하지 않은 사람은 흰색 마우스는 구매했다.
④ 키보드를 구매한 사람은 흰색 마우스도 구매했다.
⑤ 노트북을 구매한 사람은 마우스도 구매했다.

03

전제1. 비가 오면 한강 물이 불어난다.
전제2. 비가 오지 않으면 보트를 타지 않은 것이다.
전제3. ______________________
결론. 자전거를 타지 않으면 한강 물이 불어난다.

① 자전거를 타면 비가 오지 않는다.
② 보트를 타면 자전거를 탄다.
③ 한강 물이 불어나면 보트를 타지 않은 것이다.
④ 자전거를 타지 않으면 보트를 탄다.
⑤ 보트를 타면 비가 오지 않는다.

04 **S전자의 A대리, B사원, C사원, D사원, E대리 중 1명이 어제 출근하지 않았다. 이들 중 2명만 거짓말을 한다고 할 때, 다음 중 출근하지 않은 사람은 누구인가?(단, 출근을 하였어도, 결근 사유를 듣지 못할 수도 있다)**

- A대리 : 나는 출근했고, E대리도 출근했다. 누가 출근하지 않았는지는 알지 못한다.
- B사원 : C사원은 출근하였다. A대리님의 말은 모두 사실이다.
- C사원 : D사원은 출근하지 않았다.
- D사원 : B사원의 말은 모두 사실이다.
- E대리 : 출근하지 않은 사람은 D사원이다. D사원이 개인 사정으로 인해 출석하지 못한다고 A대리님에게 전했다.

① A대리
② B사원
③ C사원
④ D사원
⑤ E대리

05 **준수, 민정, 영재, 세희, 성은 5명은 항상 진실 또는 거짓만 말한다. 다음 진술을 토대로 추론할 때, 거짓을 말하는 사람을 모두 고르면?**

- 준수 : 성은이는 거짓만 말한다.
- 민정 : 영재는 거짓만 말한다.
- 영재 : 세희는 거짓만 말한다.
- 세희 : 준수는 거짓만 말한다.
- 성은 : 민정이와 영재 중 한 명만 진실만 말한다.

① 준수, 민정
② 준수, 영재
③ 민정, 성은
④ 영재, 세희
⑤ 세희, 성은

06 비상대책위원회 위원장은 A ~ F의원 중 제1차 위원회에서 발언할 위원을 결정하려 한다. 다음 〈조건〉에 따라 발언자를 결정한다고 할 때, 항상 참인 것은?

> 조건
>
> • A위원이 발언하면 B위원이 발언하고, C위원이 발언하면 E위원이 발언한다.
> • A위원 또는 B위원은 발언하지 않는다.
> • D위원이 발언하면 F위원이 발언하고, B위원이 발언하면 C위원이 발언한다.
> • D위원이 발언하고 E위원도 발언한다.

① A위원이 발언한다.
② B위원이 발언한다.
③ C위원이 발언한다.
④ F위원이 발언한다.
⑤ 모든 위원이 발언한다.

Hard

07 S사 직원 A ~ F 6명은 연휴 전날 고객이 많을 것을 고려해, 점심을 12시, 1시 두 팀으로 나눠 먹기로 하였다. 다음 중 〈보기〉가 모두 참일 때, 반드시 참인 것은?

> 보기
>
> • A는 B보다 늦게 가지는 않는다.
> • A와 C는 같이 먹는다.
> • C와 D는 따로 먹는다.
> • E는 F보다 먼저 먹는다.

① A와 B는 다른 시간에 먹는다.
② B와 C는 같은 시간에 먹는다.
③ D와 F는 같은 시간에 먹는다.
④ 12시와 1시에 식사하는 인원수는 다르다.
⑤ A가 1시에 먹는다면 1시 인원이 더 많다.

08 **S회사에서는 자사 온라인 쇼핑몰에서 제품을 구매하는 경우 구매 금액 1만 원당 이벤트에 참여할 수 있는 응모권 1장을 준다. 응모권의 개수가 많을수록 이벤트에 당첨될 확률이 높다고 할 때, 다음 중 참이 아닌 것은?**

- A는 S회사의 온라인 쇼핑몰에서 85,000원을 결제하였다.
- A는 B보다 응모권을 2장 더 받았다.
- C는 B보다 응모권을 더 많이 받았으나, A보다는 적게 받았다.
- D는 S회사의 오프라인 매장에서 40,000원을 결제하였다.

① A의 이벤트 당첨 확률이 가장 높다.
② D는 이벤트에 응모할 수 없다.
③ B의 구매 금액은 6만 원 이상 7만 원 미만이다.
④ C의 응모권 개수는 정확히 알 수 없다.
⑤ 구매 금액이 높은 순서는 'A－C－B－D'이다.

Easy

09 **S사는 주요시설 및 보안구역의 시설물 안전관리를 위해 적외선 카메라 2대, 열선감지기 2대, 화재경보기 2대를 수도권본부, 강원본부, 경북본부, 금강본부 4곳에 나누어 설치하려고 한다. 다음 〈조건〉을 참고할 때, 반드시 참인 것은?**

조건

- 모든 본부에 반드시 하나 이상의 기기를 설치해야 한다.
- 한 본부에 최대 두 대의 기기까지 설치할 수 있다.
- 한 본부에 같은 종류의 기기 2대를 설치할 수는 없다.
- 수도권본부에는 적외선 카메라를 설치하였다.
- 강원본부에는 열선감지기를 설치하지 않았다.
- 경북본부에는 화재경보기를 설치하였다.
- 경북본부와 금강본부 중 한 곳에 적외선 카메라를 설치하였다.

① 수도권본부에는 적외선 카메라만 설치하였다.
② 강원본부에 화재경보기를 설치하였다.
③ 경북본부에 열선감지기를 설치하였다.
④ 금강본부에 화재경보기를 설치하였다.
⑤ 금강본부에 열선감지기를 설치하였다.

10 세미나에 참석한 A사원, B사원, C주임, D주임, E대리는 각자 숙소를 배정받았다. A사원, D주임은 여자이고, B사원, C주임, E대리는 남자이다. 다음 〈조건〉과 같이 숙소가 배정되었을 때, 다음 중 옳지 않은 것은?

조건

- 숙소는 5층이며 층마다 1명씩 배정한다.
- E대리의 숙소는 D주임의 숙소보다 위층이다.
- 1층에는 주임을 배정한다.
- 1층과 3층에는 남직원을 배정한다.
- 5층에는 사원을 배정한다.

① 5층에 A사원이 배정되면 4층에 B사원이 배정된다.
② D주임은 2층에 배정된다.
③ 5층에 B사원이 배정되면 4층에 A사원이 배정된다.
④ C주임은 1층에 배정된다.
⑤ 5층에 B사원이 배정되면 3층에 E대리가 배정된다.

PART 3

11 체육교사 S는 학생들을 키 순서에 따라 한 줄로 세우려고 한다. A～F 여섯 명이 다음과 같은 〈조건〉에 따라 줄을 섰을 때, 다음 중 옳지 않은 것은?(단, 같은 키의 학생은 없으며, 키가 작은 학생이 큰 학생보다 앞에 선다)

조건

- C는 A보다 키가 크고, F보다는 키가 작다.
- D는 E보다 키가 크지만 E 바로 뒤에 서지는 않다.
- B는 D보다 키가 크다.
- A는 맨 앞에 서지 않는다.
- F는 D보다 키가 크지만 맨 끝에 서지 않는다.
- E와 C는 한 명을 사이에 두고 선다.

① E는 맨 앞에 선다.
② 키가 제일 큰 학생은 B이다.
③ F는 B 바로 앞에 선다.
④ C는 여섯 명 중 세 번째로 키가 크다.
⑤ A와 D는 한 명을 사이에 두고 선다.

12 S사에서는 김대리, 이대리, 박대리, 최대리, 한대리, 임대리 중 몇 명을 과장으로 승진시키려고 한다. 다음 〈조건〉을 바탕으로 최대리가 승진했을 때, 승진하는 대리의 인원수는?

> **조건**
> - 김대리가 승진하면 박대리도 승진한다.
> - 최대리가 승진하면 박대리와 이대리는 승진하지 못한다.
> - 임대리가 승진하지 못하면 최대리도 승진하지 못한다.
> - 한대리가 승진하지 못하면 김대리는 승진한다.

① 1명
② 2명
③ 3명
④ 4명
⑤ 5명

13 다음 제시된 단어의 대응 관계가 동일하도록 빈칸에 들어갈 가장 적절한 단어를 고르면?

> 근면 : 태만 = 좌천 : (　　)

① 강등
② 강직
③ 영전
④ 좌강
⑤ 천적

Easy

14 다음 단어의 대응 관계가 나머지와 다른 하나는?

① 소멸 – 생성
② 반제 – 차용
③ 쇄국 – 개국
④ 수척 – 초췌
⑤ 달성 – 실패

※ 다음 제시된 도형의 규칙을 보고 물음표에 들어가기에 적절한 것을 고르시오. [15~17]

15

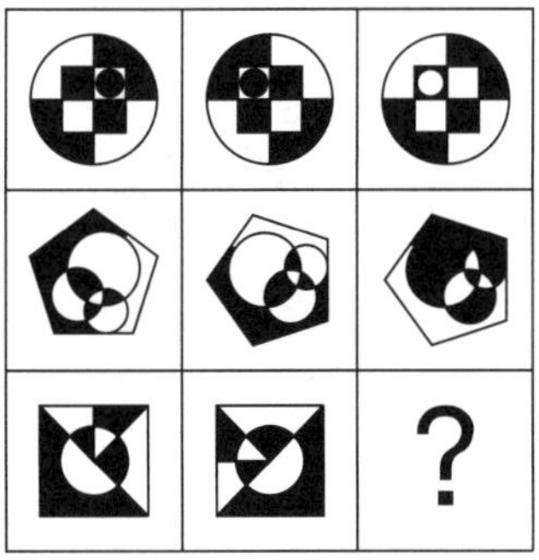

① 

② 

③ 

④ 

⑤ 

16

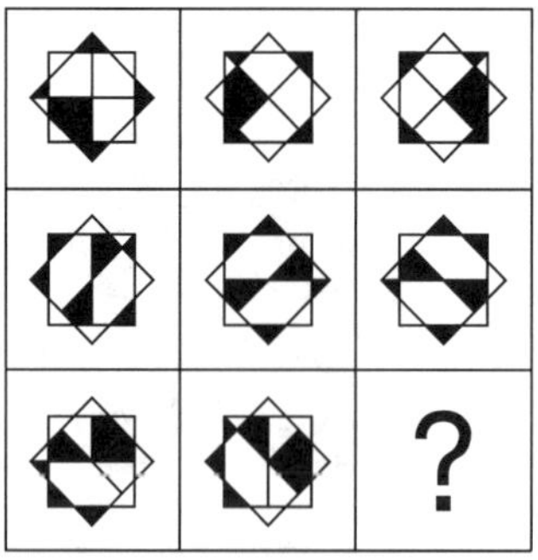

①

②

③

④

⑤

17

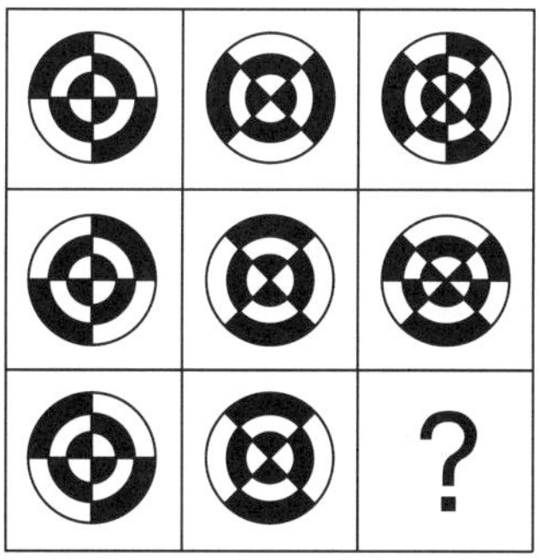

① 

② 

③ 

④ 

⑤ 

※ 다음 도식에서 기호들은 일정한 규칙에 따라 문자를 변화시킨다. 물음표에 들어갈 적절한 문자를 고르시오(단, 규칙은 가로와 세로 중 한 방향으로만 적용된다). **[18~21]**

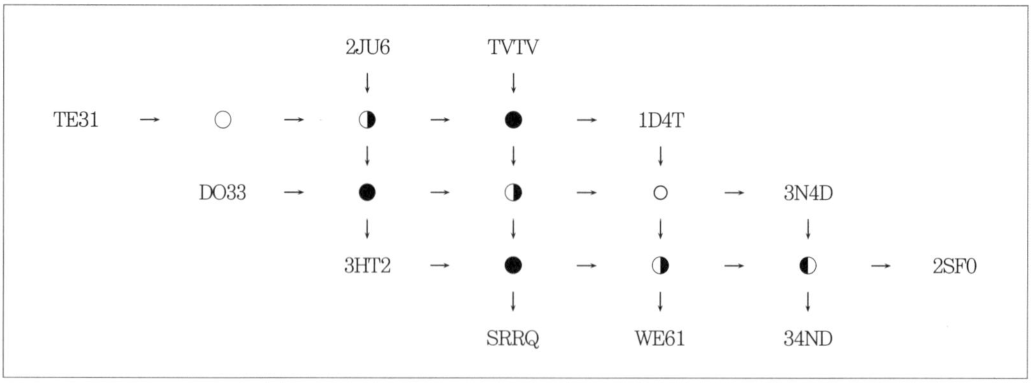

18

BE13 → ◑ → ● → ?

① 1BF3
② 3F1B
③ 0BF0
④ 0F0B
⑤ 0C0B

19

RABI → ◐ → ○ → ?

① RBAI
② RBIA
③ RLCC
④ RCCL
⑤ RCLC

Hard

20

? → ○ → ◐ → BVJH

① BTIE
② BITE
③ BJVH
④ BIVE
⑤ BIJE

Hard

21

? → ◐ → ● → IDHE

① DIFE
② LIFE
③ HIHE
④ LFIE
⑤ LEIF

※ 다음 제시된 문단을 논리적 순서대로 바르게 나열한 것을 고르시오. [22~23]

22

(가) 그뿐 아니라 자신을 알아주는 이, 즉 지기자(知己者)를 위해서라면 기꺼이 자신의 전부를 버릴 수 있어야 하며, 더불어 은혜는 은혜대로, 원수는 원수대로 자신이 받은 만큼 되갚기 위해 진력하여야 한다.

(나) 무공이 높다고 하여 반드시 협객으로 인정되지 않는 이유는 바로 이런 원칙에 위배되는 경우가 심심치 않게 발생하기 때문이다. 요컨대 협이란 사생취의(捨生取義)의 정신에 입각하여 살신성명(殺身成名)의 의지를 실천하는 것, 또는 그러한 실천을 기꺼이 감수할 준비가 되어 있는 상태를 뜻한다고 할 수 있다.

(다) 협으로 인정받기 위해서는 무엇보다도 절개와 의리를 숭상하여야 하며, 개인의 존엄을 중시하고 간악함을 제거하기 위해 노력해야만 한다. 신의(信義)를 목숨보다도 중히 여길 것도 강조되는데, 여기서의 신의란 상대방을 향한 것인 동시에 스스로에게 해당되는 것이기도 하다.

(라) 무(武)와 더불어 보다 신중하게 다루어야 할 것이 '협(俠)'의 개념이다. 무협 소설에서 문제가 되는 협이란 무덕(武德), 즉 무인으로서의 덕망이나 인격과 관계가 되는 것으로, 이는 곧 무공 사용의 전제가 되는 기준 내지는 원칙이라고 할 수 있다.

① (라) – (가) – (다) – (나)
② (라) – (다) – (가) – (나)
③ (라) – (다) – (나) – (가)
④ (다) – (나) – (가) – (라)
⑤ (다) – (라) – (나) – (가)

23

(가) 위기가 있는 만큼 기회도 주어진다. 다만, 그 기회를 잡기 위해 우리에게 가장 필요한 것은 지혜이다. 그리고 그 지혜를 행동으로 옮길 때, 우리는 성공이라는 결과를 얻을 수 있는 것이다.

(나) 세계적 금융위기는 끝나지 않았고, 동중국해를 둘러싼 중국과 일본의 영토분쟁은 세계 경제에 새로운 위협 요인이 되고 있다. 국가경제도 부동산가격 하락으로 가계부채 문제가 경제에 부담이 될 것이라는 예측이 나온다. 휴일 영업을 둘러싼 대형마트와 재래시장 간의 갈등도 심화되고 있다. 기업의 입장에서나, 개인의 입장에서나 온통 풀기 어려운 문제에 둘러싸인 형국이다.

(다) 이 위기를 이겨낸 사람이 성공하고, 위기를 이겨낸 기업이 경쟁에서 승리한다. 어려움을 이겨낸 나라가 자신에게 주어진 무대에서 주역이 되었다는 것을 우리는 지난 역사 속에서 배울 수 있다.

(라) 한마디로 위기(危機)의 시대이다. 위기는 '위험'을 의미하는 위(危)자와 '기회'를 의미하는 기(機)자가 합쳐진 말이다. 위기라는 말에는 위험과 기회라는 이중의 의미가 함께 들어 있다. 위험을 이겨낸 사람이 기회를 잡을 수 있다는 말이다. 위기는 기회의 또 다른 얼굴이다.

① (나) – (라) – (다) – (가)
② (가) – (라) – (나) – (다)
③ (나) – (가) – (다) – (라)
④ (라) – (가) – (다) – (나)
⑤ (라) – (다) – (가) – (나)

※ 다음 글의 내용이 참일 때 항상 거짓인 것을 고르시오. [24~26]

24

권리와 의무의 주체가 될 수 있는 자격을 권리 능력이라 한다. 사람은 태어나면서 저절로 권리 능력을 갖게 되고 생존하는 내내 보유한다. 그리하여 사람은 재산에 대한 소유권의 주체가 되며, 다른 사람에 대하여 채권을 누리기도 하고 채무를 지기도 한다. 사람들의 결합체인 단체도 일정한 요건을 갖추면 법으로써 부여되는 권리 능력인 법인격을 취득할 수 있다. 단체 중에는 사람들이 일정한 목적을 갖고 결합한 조직체로서 구성원과 구별되어 독자적 실체로서 존재하며, 운영 기구를 두어 구성원의 가입과 탈퇴에 관계없이 존속하는 단체가 있다. 이를 사단(社團)이라 하며, 사단이 갖춘 이러한 성질을 사단성이라 한다. 사단의 구성원은 사원이라 한다. 사단은 법인(法人)으로 등기되어야 법인격이 생기는데, 법인격을 가진 사단을 사단 법인이라 부른다. 반면에 사단성을 갖추고도 법인으로 등기하지 않은 사단은 '법인이 아닌 사단'이라 한다. 사람과 법인만이 권리 능력을 가지며, 사람의 권리 능력과 법인격은 엄격히 구별된다. 그리하여 사단 법인이 자기 이름으로 진 빚은 사단이 가진 재산으로 갚아야 하는 것이지 사원 개인에게까지 책임이 미치지 않는다.
회사도 사단의 성격을 갖는 법인이다. 회사의 대표적인 유형이라 할 수 있는 주식회사는 주주들로 구성되며 주주들은 보유한 주식의 비율만큼 회사에 대한 지분을 갖는다. 그런데 2001년에 개정된 상법은 한 사람이 전액을 출자하여 일인 주주로 회사를 설립할 수 있도록 하였다. 사단성을 갖추지 못했다고 할 만한 형태의 법인을 인정한 것이다. 또 여러 주주가 있던 회사가 주식의 상속, 매매, 양도 등으로 말미암아 모든 주식이 한 사람의 소유로 되는 경우가 있다. 이런 '일인 주식회사'에서는 일인 주주가 회사의 대표 이사가 되는 사례가 많다. 이처럼 일인 주주가 회사를 대표하는 기관이 되면 경영의 주체가 개인인지 회사인지 모호해진다. 법인인 회사의 운영이 독립된 주체로서의 경영이 아니라 마치 개인 사업자의 영업처럼 보이는 것이다.

① 권리 능력을 갖고 있는 사람은 소유권을 행사할 수 있다.
② 사단성을 갖추면 법인격은 자동으로 생기게 된다.
③ 몇 가지 요건을 갖춘 단체는 법인격을 획득할 수 있다.
④ 개인은 사단의 빚을 갚아야 할 의무가 없다.
⑤ 주식은 소유한 사람이 한 명인 회사는 주주가 회사의 대표 이사가 되기도 한다.

25

> 소비자가 어떤 상품을 구매하기 위하여 지불할 용의가 있는 금액보다 실제로 지불한 가격이 낮아 얻는 이득을 소비자 잉여라고 하고, 생산자가 어떤 상품을 판매하여 얻은 실제 수입이 그 상품을 판매하여 꼭 얻어야겠다고 생각한 금액보다 많아 얻는 이득을 생산자 잉여라고 한다. 그리고 소비자 잉여와 생산자 잉여의 합을 총잉여라고 한다. 상품이 거래되지 않을 때에 비해 어떤 상품이 시장에서 거래될 때에 소비자 잉여는 소비자에게, 생산자 잉여는 생산자에게 혜택이 될 수 있다. 그런데 시장 가격을 임의의 수준으로 결정할 수 있는 독점적 지위를 가진 생산자는 소비자 잉여를 생산자의 이윤으로 흡수하기 위해 이부가격을 설정하기도 한다.
> '이부가격설정'이란 어떤 상품에 대하여 두 차례 가격을 치르도록 하는 방식이다. 즉 소비자로 하여금 특정한 상품을 이용할 수 있는 권리를 구입하게 한 다음, 상품을 이용하는 양에 비례하여 가격을 부담시키는 방식이다. 놀이공원 입장료와 놀이 기구 이용료를 생각해 보자. 독점적 지위에 있는 생산자는 놀이 기구 이용료와 별도로 놀이공원 입장료를 받아 두 차례 가격을 치르도록 할 수 있다. 이때 생산자는 놀이공원을 이용할 수 있는 권리인 입장료를 적절한 수준으로 결정해야 자신의 이익을 극대화할 수 있다. 입장료를 지나치게 높은 수준으로 매기면 다수의 소비자들이 이용을 포기할 것이고, 너무 낮은 수준으로 매기면 수입이 줄어들기 때문이다.
> 놀이공원 입장료를 결정하기 위해 먼저 생산자는 자신의 이익을 극대화하는 수준에서 놀이 기구 이용료를 결정한다. 놀이 기구를 이용할 소비자가 있다면 이들은 생산자가 정해 놓은 가격 이상을 지불할 용의를 가지고 있는 것이다. 놀이 기구를 이용할 소비자의 소비자 잉여는 지불할 용의가 있는 금액에서 실제로 지불하는 가격을 뺀 차이만큼 발생하게 되는데, 생산자는 소비자 잉여의 일부를 놀이공원의 입장료로 결정하여 소비자 잉여를 자신의 이윤으로 흡수할 수 있게 된다.

① 실제 금액보다 소비자의 지불 용의 금액이 크면 소비자 잉여가 발생한다.
② 총잉여에서 소비자 잉여를 제외하면 생산자 잉여를 구할 수 있다.
③ 독점 시장의 생산자는 시장 가격을 마음대로 정할 수 있다.
④ 놀이공원은 시장에서 독점적 지위를 형성하고 있다.
⑤ 이부가격 설정 시 놀이공원 입장료를 높게 책정할수록 수입이 늘어난다.

Easy

26

사람의 눈이 원래 하나였다면 세계를 입체적으로 지각할 수 있었을까? 입체 지각은 대상까지의 거리를 인식하여 세계를 3차원으로 파악하는 과정을 말한다. 입체 지각은 눈으로 들어오는 시각 정보로부터 다양한 단서를 얻어 이루어지는데 이를 양안 단서와 단안 단서로 구분할 수 있다.

양안 단서는 양쪽 눈이 함께 작용하여 얻어지는 것으로, 양쪽 눈에서 보내오는 시차(視差)가 있는 유사한 상이 대표적이다. 단안 단서는 한쪽 눈으로 얻을 수 있는 것인데, 사람은 단안 단서만으로도 이전의 경험으로부터 추론에 의하여 세계를 3차원으로 인식할 수 있다. 망막에 맺히는 상은 2차원이지만 그 상들 사이의 깊이의 차이를 인식하게 해 주는 다양한 실마리들을 통해 입체 지각이 이루어진다.

동일한 물체가 크기가 다르게 시야에 들어오면 우리는 더 큰 시각(視角)을 가진 쪽이 더 가까이 있다고 인식한다. 이렇게 물체의 상대적 크기는 대표적인 단안 단서이다. 또 다른 단안 단서로는 '직선 원근'이 있다. 우리는 앞으로 뻗은 길이나 레일이 만들어 내는 평행선의 폭이 좁은 쪽이 넓은 쪽보다 멀리 있다고 인식한다. 또 하나의 단안 단서인 '결 기울기'는 같은 대상이 집단적으로 어떤 면에 분포할 때, 시야에 동시에 나타나는 대상들의 연속적인 크기 변화로 얻어진다. 예를 들면 들판에 만발한 꽃을 보면 앞쪽은 꽃이 크고 뒤로 가면서 서서히 꽃이 작아지는 것으로 보이는데 이러한 시각적 단서가 쉽게 원근감을 일으킨다.

어떤 경우에는 운동으로부터 단안 단서를 얻을 수 있다. '운동 시차'는 관찰자가 운동할 때 정지한 물체들이 얼마나 빠르게 움직이는 것처럼 보이는지가 물체들까지의 상대적 거리에 대한 실마리를 제공하는 것이다. 예를 들어 기차를 타고 가다 창밖을 보면 가까이에 있는 나무는 빨리 지나가고 멀리 있는 산은 거의 정지해 있는 것처럼 보인다.

① 세계를 입체적으로 지각하기 위해서는 단서가 되는 다양한 시각 정보가 필요하다.
② 단안 단서에는 물체의 상대적 크기, 직선 원근, 결 기울기, 운동 시차 등이 있다.
③ 사고로 한쪽 눈의 시력을 잃은 사람은 입체 지각이 불가능하다.
④ 대상까지의 거리를 인식할 수 있어야 세계를 입체적으로 지각할 수 있다.
⑤ 이동하는 차 안에서 창밖을 보면 가까이에 있는 건물이 멀리 있는 건물보다 더 빨리 지나간다.

※ 다음 글에 대한 반론으로 가장 적절한 것을 고르시오. [27~28]

27

고대 중국인들은 인간이 행하지 못하는 불가능한 일은 그들이 신성하다고 생각한 하늘에 의해서 해결 가능하다고 보았다. 그리하여 하늘은 인간에게 자신의 의지를 심어 두려움을 갖고 복종하게 하는 의미뿐만 아니라 인간의 모든 일을 책임지고 맡아서 처리하는 의미로까지 인식되었다. 그 당시에 하늘은 인간에게 행운과 불운을 가져다줄 수 있는 힘이고, 인간의 개별적 또는 공통적 운명을 지배하는 신비하고 절대적인 존재라는 믿음이 형성되었다. 이러한 하늘에 대한 인식은 결과적으로 하늘을 권선징악의 주재자로 보고, 모든 새로운 왕조의 탄생과 정치적 변천까지도 그것에 의해 결정된다는 믿음의 근거로 작용하였다.

① 하늘은 인륜의 근원이며, 인륜은 하늘의 덕성이 발현된 것이다.
② 사람이 받게 되는 재앙과 복의 원인은 모두 자신에게 있다.
③ 뱃사공들은 하늘에 제사를 지냄으로써 자신들의 항해가 무사하길 기원한다.
④ 인간의 길흉화복은 우주적 질서의 일부이다.
⑤ 천체의 움직임이 인간의 생활과 자연을 지배한다.

28

이솝 우화로 잘 알려진 '토끼와 거북이' 이야기는 우리에게 느려도 꾸준히 노력하면 승리한다는 교훈을 준다. 그런데 이 이야기에는 '정의로운 삶'과 관련하여 생각해 볼 문제점이 있다. 거북이는 토끼가 경주 중간에 잠을 잤기 때문에 승리할 수 있었다. 토끼의 실수를 거북이가 놓치지 않고 기회로 삼았던 것이다. 겉으로는 꾸준히 노력하면 성공한다고 말하지만, 속으로는 타인의 허점이나 실수를 기회로 삼아야 한다는 것을 말하고 있다고 볼 수 있다. 이런 내용은 우리도 모르는 사이에 '상대의 실수를 놓치지 말고 이용하라.'는 생각을 하게 만들 수 있다. 과연 거북이의 승리를 정의롭다고 말할 수 있을까?

① 사소한 실수가 뜻밖의 결과로 이어질 수 있으므로 매사에 조심해야 한다.
② 절차와 관계없이 결과가 공정하지 않은 경쟁은 정당하지 않다.
③ 주어진 조건이 동일한 환경에서 이루어진 경쟁에서 승리할 때 비로소 정의로운 승리라고 말할 수 있다.
④ 상대를 배려하지 않고 자신에게 유리한 방법으로만 경쟁하여 승리한다면, 그 승리는 정의롭다고 말할 수 없다.
⑤ 절차적 정의에 따라 절차를 제대로 따른다면 어떤 결과가 나오더라도 그 결과는 공정하다고 말할 수 있다.

29 다음 글을 토대로 〈보기〉를 해석한 것으로 옳은 것은?

콘텐츠는 미디어를 필요로 한다. 미디어는 기술의 발현물이다. 텔레비전이라는 미디어는 기술의 산물이지만 여기에는 프로그램 영상물이라는 콘텐츠를 담고 있으며, 책이라는 기술 미디어에는 지식 콘텐츠를 담고 있다. 결국 미디어와 콘텐츠는 분리될 수 없는 결합물이다.
시대가 시대이니만큼 콘텐츠의 중요함은 새삼 강조할 필요가 없어 보인다. 그러나 콘텐츠만 강조하는 것은 의미가 없다. 콘텐츠는 본질적으로 내용일 텐데, 그 내용은 결국 미디어라는 형식이나 도구를 빌어 표현될 수밖에 없기 때문이다. 그러므로 아무리 우수한 콘텐츠를 가지고 있더라도 미디어의 발전이 없다면 콘텐츠는 표현의 한계를 가질 수밖에 없다.
문화도 마찬가지이다. 문화의 내용이나 콘텐츠는 중요하다. 하지만 일반적으로 사람들은 문화를 향유할 때, 콘텐츠를 선택하기에 앞서 미디어를 먼저 결정한다. 전쟁물, 공포물을 감상할까 아니면 멜로나 판타지를 감상할까를 먼저 결정하는 것이 아니라 영화를 볼까 연극을 볼까 아니면 TV를 볼까 하는 선택이 먼저라는 것이다. 그런 다음, 영화를 볼 거면 어떤 영화를 볼까를 결정한다. 어떤 내용이냐도 중요하지만 어떤 형식이냐가 먼저이다.
미디어는 단순한 기술이나 도구가 아니다. 미디어는 콘텐츠를 표현하고 실현하는 최종적인 창구이다. 시대적으로 콘텐츠의 중요성이 강조되고 있지만 이에 못지않게 미디어의 중요성이 부각되어야 할 것이다. 콘텐츠가 아무리 좋아도 이를 문화 예술적으로 완성시켜 줄 미디어 기술이 없으면 콘텐츠는 대중적인 반향을 불러일으킬 수 없고 부가 가치를 창출할 수도 없기 때문이다.

보기

「태극기 휘날리며」라는 대중적인 흥행물은 영화라는 미디어를 통해 메시지를 전달하고 있다. '태극기 휘날리며'는 책으로 읽을 수도 있고, 연극으로 감상할 수도 있다. 하지만 흥행에 성공한 것은 영화였다.

① 시대가 발전함에 따라 대중들은 보다 복잡하고 다양한 콘텐츠를 요구하고 있다.
② 문화적 콘텐츠가 훌륭하다면 이를 표현하는 형식은 중요하지 않다.
③ 동일한 콘텐츠더라도 어떤 미디어를 선택하느냐에 따라 대중의 선호가 달라질 수 있다.
④ 미래의 문화 산업에서는 미디어의 발전보다 콘텐츠의 개발이 더 중요하다.
⑤ 콘텐츠의 차이가 미디어를 수용하는 대중의 태도 차이로 나타난다.

Easy

30 다음 글을 토대로 〈보기〉를 해석한 것으로 옳지 않은 것은?

20세기 예술가들은 재료의 가치와 풍요로움을 발견했다. 그들은 기존의 조형 예술의 틀을 포기하고, 아직 발견되지 않고 손상되지 않은 신선함을 지닌 재료들의 무한한 가능성을 탐색하기 시작했다. 그렇게 해서 작품의 밑바탕으로만 여겨졌던 재료는 그 자체가 예술의 목적이자 예술적 창조의 대상이 되었다.

'앵포르멜(Informel)'이라고 불리는 회화에서 우리는 얼룩, 균열, 덩어리, 박편, 물방울 같은 재료들의 승리를 볼 수 있다. 앵포르멜 화가들은 우발적이고 즉흥적인 감정의 동요를 직접적으로 드러내기 위해 재료 그 자체, 즉 캔버스 위에 흩뿌린 물감이나 찢어진 자루, 균열이 생긴 금속에 모든 일을 맡긴다. 그들은 그림이나 조각을 있는 그대로의 모습 또는 우연의 산물로 만들기 위해 일체의 형식적인 것들을 거부하고 있는 것처럼 보인다. 예술가는 그저 원재료를 상기시키는 제목을 자신의 작품에 붙일 따름이다. 몇몇 앵포르멜 화가들은 하나의 작품을 만들기 위해 자갈, 얼룩, 곰팡이, 녹 등의 재료를 선택하고 강조했으며, 의식적이고 인위적인 표현 행위를 최소화하면서 재료의 비정형성에 의미를 부여하고 자신의 스타일을 각인하려 했던 것이다.

이미 20세기 초에 뒤샹 같은 예술가들이 제안했던 레디메이드 미학도 같은 맥락에서 이해할 수 있다. 예술가는 스스로 존재하는 사물이, 사람들이 미처 발견하지 못한 미를 표현하는 예술 작품이라도 되는 양 테이블 위에 올려놓았다. 이런 식으로 예술가들은 자전거 바퀴, 열에 의해 변형된 컵, 마네킹, 그리고 심지어 변기까지 조각 작품으로 선택했다. 일상의 사물들이 별다른 변형 과정을 거치지 않았지만 예술가에 의해 선택되고 제목이 붙여져서 작품이 되는 순간, 이 사물들은 마치 작가의 손에 의해 창조된 것처럼 미적 가치를 지니게 된다.

이미 소비 주기가 끝나 쓰레기통에 버려져 있던 상품이나 산업 폐기물이 재료가 되는 경우도 있다. 이런 재료들을 통해 예술가는 자신을 둘러싸고 있는 산업화된 세계에 대한 냉소적이고 비판적인 태도를 드러낸다. 동시에 우리에게 산업화된 세계의 사물들 역시 미적 감동을 전해줄 수 있는 일정한 질서를 가지고 있음을 상기시키도 한다. 소비주기가 끝나 쓸모없는 물건이 되어 버려진 이 재료들은 아이러니하게도 그 쓸모없음이라는 속성으로 인해 미적 가치가 있는 예술 작품이 되는 것이다. 낡은 자동차의 라디에이터를 압착하고 변형시켜 일그러진 금속의 형태를 제시한 세자르의 작품이 이에 해당한다.

보기

알베르토 부리의 「자루」는 앵포르멜 계열의 작품으로 알려져 있다. 알베르토 부리는 낡고 거친 삼베 조각, 좀이 슬었거나 찢어진 천, 다락방에 버려진 자루 조각 등의 재료를 되는 대로 오려 붙이고는 그것에 '자루'라는 제목을 붙였다.

① 알베르토 부리는 '자루'를 통해 우발적이고 즉흥적인 감정을 드러내고자 했군.
② 알베르토 부리는 '자루'에 사용된 원재료를 떠올릴 수 있도록 작품의 제목을 지었군.
③ 알베르토 부리는 천, 자루 조각 등의 재료를 강조하기 위해 인위적인 표현 방식을 사용하였군.
④ 알베르토 부리는 낡고 찢어지고 버려진 재료들로부터 예술의 무한한 가능성을 발견하였군.
⑤ 알베르토 부리는 형식적인 틀에서 벗어나 재료의 비정형성에 의미를 부여하고자 하였군.

제2회

최종점검 모의고사

응시시간 : 60분 문항 수 : 50문항

정답 및 해설 p.063

01 수리

01 S공장은 어떤 상품을 원가에 23%의 이익을 남겨 판매하였으나, 잘 팔리지 않아 판매가에서 1,300원 할인하여 판매하였다. 이때 얻은 이익이 원가의 10%일 때, 상품의 원가는 얼마인가?

① 10,000원
② 11,500원
③ 13,000원
④ 14,500원
⑤ 16,000원

02 비가 온 날의 다음 날에 비가 올 확률은 $\frac{3}{5}$, 비가 오지 않은 날의 다음 날에 비가 올 확률은 $\frac{2}{5}$이다. 월요일에 비가 왔을 때, 수요일에 비가 올 확률은?

① $\frac{4}{25}$
② $\frac{6}{25}$
③ $\frac{9}{25}$
④ $\frac{13}{25}$
⑤ $\frac{18}{25}$

03 다음은 보건복지부에서 발표한 의료기기 생산 실적 총괄 현황에 대한 자료이다. 이에 대한 설명으로 옳지 않은 것은?

〈의료기기 생산 실적 총괄 현황〉

(단위 : 개, %, 명, 십억 원)

구분	업체 수	증감률	품목 수	증감률	운영인원	증감률	생산금액	증감률
2015년	1,500	–	5,862	–	25,287	–	1,478	–
2016년	1,596	6.4	6,392	9.0	25,610	1.3	1,704	15.3
2017년	1,624	1.8	6,639	3.9	26,399	3.1	1,949	14.4
2018년	1,662	2.3	6,899	3.9	26,936	2.0	2,216	13.7
2019년	1,726	3.9	7,367	6.8	27,527	2.2	2,525	14.0
2020년	1,754	1.6	8,003	8.6	28,167	2.3	2,764	9.5
2021년	1,857	5.9	8,704	8.8	30,190	7.2	2,964	7.2
2022년	1,958	5.4	9,086	4.4	32,255	6.8	3,366	13.6

① 2015 ~ 2022년까지 의료기기 생산업체 수는 꾸준히 증가하고 있으며, 품목 또한 해마다 다양해지고 있다.

② 업체 수의 2016 ~ 2022년까지의 평균 증감률은 5% 미만이다.

③ 전년 대비 업체 수가 가장 많이 증가한 해는 2016년이며, 전년 대비 생산금액이 가장 많이 증가한 해는 2019년이다.

④ 2019 ~ 2022년 사이 운영인원의 증감률 추이와 품목 수의 증감률 추이는 같다.

⑤ 2016 ~ 2022년까지의 품목 수의 평균 증감률은 업체 수의 평균 증감률을 넘어선다.

Easy

04 다음은 동북아시아 3개국 수도의 30년간의 인구 변화를 나타낸 자료이다. 이에 대한 설명으로 옳지 않은 것은?

〈동북아시아 3개국 수도 인구수〉

(단위 : 십만 명)

구분	1993년	2003년	2013년	2023년
서울	80	120	145	180
베이징	50	80	158	205
도쿄	300	330	356	360

① 2013년을 기점으로 인구수가 2번째로 많은 도시가 바뀐다.

② 세 도시 중 해당 기간 동안 인구가 감소한 도시가 있다.

③ 1993년 대비 2003년 서울의 인구 증가율은 50%이다.

④ 2003년 대비 2013년의 인구 증가폭은 베이징이 가장 높다.

⑤ 2023년 인구가 최대인 도시의 인구수는 인구가 최소인 도시 인구수의 2배이다.

05 다음은 주요 10개국의 2021년과 2022년 부채 현황을 나타낸 자료이다. 이에 대한 설명으로 옳은 것은?

〈국가별 2021년 ~ 2022년 부채 현황〉

(단위 : %)

구분	2021년			2022년		
	GDP 대비 가계부채	GDP 대비 기업부채	GDP 대비 국가부채	GDP 대비 가계부채	GDP 대비 기업부채	GDP 대비 국가부채
한국	92.8	99.8	38.8	96.8	106.8	44.1
영국	82.1	78.8	110.2	85.4	81.2	97.9
홍콩	80.9	105.3	63.1	82.5	94.9	60.2
미국	70.2	73.9	108.2	75.8	72.8	98.8
중국	70.5	152.9	50.8	73.1	150.2	58.1
일본	66.1	101.2	115.9	70.2	119.8	120.2
필리핀	64.0	35.5	37.7	68.1	38.1	42.2
브라질	62.1	46.8	81.2	65.4	45.2	88.8
멕시코	55.8	27.7	33.5	58.7	26.7	37.3
인도	52.3	25.8	30.8	55.5	25.2	28.8

① GDP 대비 가계부채 순위는 2021년과 2022년이 동일하다.

② 2021년과 2022년의 GDP 대비 기업부채 비율이 100% 이상인 국가는 동일하다.

③ 2021년 대비 2022년에 GDP 대비 기업부채 비율이 증가한 나라의 수와 감소한 나라의 수는 같다.

④ GDP 대비 국가부채 상위 3개 국가는 2021년과 2022년이 동일하다.

⑤ 2022년 GDP 대비 국가부채 비율이 50% 미만인 국가는 GDP 대비 기업부채 비율도 50% 미만이다.

06 다음은 국가별 세계시장 점유율에 대한 자료이다. 이에 대한 설명으로 옳지 않은 것은?

〈세계시장 점유율〉

(단위 : 십억 불, %)

구분	중국		일본		미국		독일		한국	
	규모	점유율	규모	점유율	규모	점유율	규모	점유율	규모	점유율
2013년	249	3.9	479	7.4	782	12.1	552	8.5	172	2.7
2014년	266	4.3	403	6.5	729	11.8	572	9.2	150	2.4
2015년	326	5.0	417	6.4	693	10.7	616	9.5	162	2.5
2016년	438	5.8	472	6.2	725	9.6	752	9.9	194	2.6
2017년	593	6.4	566	6.1	815	8.8	910	9.9	254	2.8
2018년	762	7.3	595	5.7	901	8.6	971	9.3	284	2.7
2019년	969	8.0	647	5.3	1,026	8.5	1,108	9.1	325	2.7
2020년	1,220	8.7	714	5.1	1,148	8.2	1,321	9.4	371	2.7
2021년	1,431	8.9	781	4.8	1,287	8.0	1,446	9.0	422	2.6
2022년	1,202	9.6	581	4.6	1,056	8.4	1,120	8.9	364	2.9
2023년	1,578	10.4	770	5.1	1,278	8.4	1,269	8.3	516	3.1

① 세계시장 점유율이 매년 증가한 나라는 중국밖에 없다.

② 2023년에 한국의 세계시장 점유율이 7위라면, 미국은 적어도 4위 이상이다.

③ 2023년 한국의 세계시장 규모는 2013년의 5배이다.

④ 미국의 세계시장 점유율은 2021년까지는 지속적으로 감소하였다.

⑤ 2013년과 2023년 세계시장 점유율의 차이가 가장 큰 나라는 중국이다.

07 다음은 2023년 연령대별 골다공증 진료 현황에 대한 자료이다. 이에 대한 설명으로 옳지 않은 것은?

〈2023년 연령대별 골다공증 진료 현황〉

(단위 : 천 명)

구분	전체	20대 이하	30대	40대	50대	60대	70대	80대 이상
남성	388	2	2	8	90	100	122	64
여성	492	1	5	26	103	164	133	60
합계	880	3	7	34	193	264	255	124

① 골다공증 발병이 진료로 이어진다면 여성의 발병률이 남성보다 높다.

② 전체 골다공증 진료 인원 중 40대 이하가 차지하는 비율은 5%이다.

③ 전체 골다공증 진료 인원 중 골다공증 진료 인원이 가장 많은 연령대는 60대로, 그 비율은 30%이다.

④ 골다공증 진료율이 가장 높은 연령대는 남성과 여성이 같다.

⑤ 20대 이하와 80대 이상을 제외한 모든 연령대에서 남성보다 여성 진료자가 많았다.

08 다음은 S연구소에서 아들, 딸 두 자녀가 있는 부모를 대상으로 본인과 자녀의 범죄 피해에 대한 두려움에 대하여 조사한 자료이다. 이에 대한 설명으로 옳지 않은 것은?

〈본인과 자녀의 범죄 피해에 대한 두려움〉

(단위 : %)

응답내용 / 응답자 \ 피해대상		본인	아들	딸
걱정하지 않는다.	아버지	41.2	9.7	5.7
	어머니	16.3	8.0	5.1
그저 그렇다.	아버지	31.7	13.2	4.7
	어머니	25.3	8.6	3.8
걱정한다.	아버지	27.1	77.1	89.6
	어머니	58.4	83.4	91.1

① 아버지에 비해 어머니는 본인, 아들, 딸에 대해 걱정하는 비율이 더 높다.

② 아버지와 어머니 모두 아들보다 딸을 걱정하는 비율이 더 높다.

③ 본인에 대해 아버지가 걱정하는 비율은 50% 이상이다.

④ 어머니가 아들과 딸에 대해 걱정하지 않는 비율의 차이는 아버지가 아들과 딸에 대해 걱정하지 않는 비율의 차이보다 작다.

⑤ 본인의 범죄 피해에 대해 걱정하는 어머니보다 걱정하지 않는 어머니의 비율이 더 낮다.

09 다음은 전자인증서 인증수단별 선호도를 조사한 자료이다. 이에 대한 설명으로 옳지 않은 것은?

〈전자인증서 인증수단별 선호도 현황〉

(단위 : 점)

구분	실용성	보안성	간편성	유효기간
공동인증서 방식	16	( )	14	1년
ID/PW 방식	21	10	16	없음
OTP 방식	15	18	14	1년 6개월
이메일 및 SNS 방식	20	8	11	없음
생체인증 방식	20	19	18	없음
I-pin 방식	16	17	15	2년

※ 선호도는 실용성, 보안성, 간편성 점수를 합한 값이다.

※ 유효기간이 6개월 이상 1년 이하인 방식은 보안성 점수에 3점을 가산한다.

① 생체인증 방식의 선호도는 OTP 방식과 I-pin 방식의 선호도 합보다 38점 낮다.

② 실용성 전체 평균점수보다 높은 실용성 점수를 받은 인증수단 방식은 총 4가지이다.

③ 유효기간이 '없음'인 인증수단 방식의 간편성 평균점수는 15점이다.

④ 공동인증서 방식의 선호도가 51점일 때, 보안성 점수는 21점이다.

⑤ 유효기간이 '없음'인 인증수단 방식의 실용성 점수는 모두 20점 이상이다.

PART 3

10 다음은 유명 전자브랜드인 A사와 B사의 2023년 전자제품별 매출액과 순이익을 분석한 자료이다. 이에 대한 설명으로 옳은 것은?

〈2023년 A사와 B사의 전자제품별 매출액 · 순이익 비교〉

(단위 : 억 원)

구분	A사		B사	
	매출	순이익	매출	순이익
TV	1,200	300	800	120
냉장고	55,200	15,456	76,000	19,000
에어컨	88,400	22,100	94,500	24,570
제습기	25,500	7,395	22,000	4,840
공기청정기	42,200	12,660	78,400	19,600

※ $(\text{순이익률})=\frac{(\text{순이익})}{(\text{매출액})}\times 100$

① A사와 B사 전자제품의 매출액 순위는 동일하다.

② B사 TV의 순이익률과 냉장고의 순이익률 차이는 15%p이다.

③ A사가 B사보다 매출액이 높은 전자제품은 2가지지만, 순이익이 높은 제품은 1가지이다.

④ A사와 B사가 에어컨을 각각 200만 대, 210만 대 팔았다면, 에어컨 1대의 단가는 A사가 더 높다.

⑤ A사 공기청정기의 순이익률은 30%이다.

11 다음은 국내 스포츠 경기 4종목의 경기 수를 나타낸 자료이다. 이에 대한 설명으로 옳지 않은 것은?

〈국내 스포츠 경기 수〉

(단위 : 회)

구분	2019년	2020년	2021년	2022년	2023년
농구	400	408	410	400	404
야구	470	475	478	474	478
배구	220	225	228	230	225
축구	230	232	236	240	235

① 농구의 2020년 전년 대비 경기 수 증가율은 2023년 전년 대비 경기 수 증가율보다 높다.
② 2019년 농구와 배구의 경기 수 차이는 야구와 축구 경기 수 차이의 70% 이상이다.
③ 2020년부터 2022년까지 경기 수가 증가하는 스포츠는 1종목이다.
④ 2023년 경기 수가 2021년과 2022년의 평균 경기 수보다 많은 스포츠는 1종목이다.
⑤ 2021년과 2022년의 야구 평균 경기 수는 축구 평균 경기 수의 2배이다.

12 다음은 2023년 예식장 사업 형태에 대한 자료이다. 이에 대한 설명으로 옳지 않은 것은?

〈예식장 사업 형태〉

(단위 : 개, 십억 원)

구분	개인경영	회사법인	회사 이외의 법인	비법인 단체	합계
사업체 수	900	50	85	15	1,050
매출	270	40	17	3	330
비용	150	25	10	2	187

※ $\{\text{수익률}(\%)\}=\left\{\frac{(\text{매출})}{(\text{비용})}-1\right\}\times 100$

① 예식장 사업은 대부분 개인경영 형태로 이루어지고 있다.
② 사업체 1개당 매출액이 가장 많은 예식장 사업 형태는 회사법인이다.
③ 수익률이 가장 높은 예식장 사업 형태는 회사법인이다.
④ 개인경영 형태의 예식장 수익률은 비법인 단체 형태의 예식장 수익률의 2배 미만이다.
⑤ 개인경영 형태 사업체 수는 개인경영 형태를 제외한 나머지 예식장 사업 형태의 평균 사업체 수의 20배 미만이다.

13 다음은 2018년 4/4분기부터 2022년 2/4분기까지의 국내총생산 및 경제성장률을 조사한 자료이다. 다음 중 (가), (나), (다), (라)에 알맞은 것은?

〈국내총생산 및 경제성장률〉

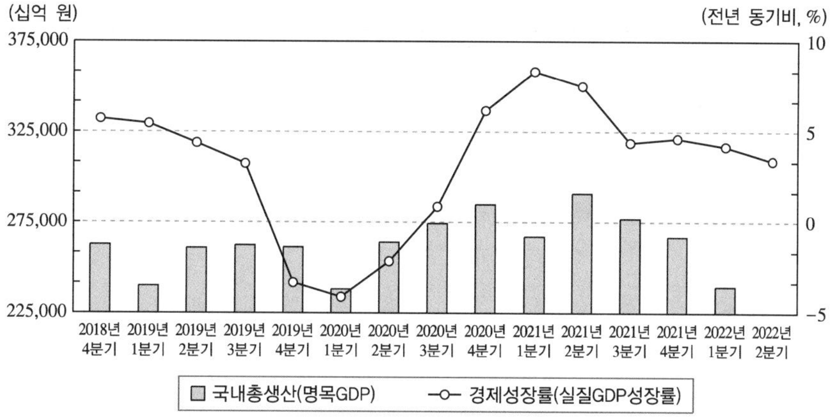

※ 출처 : 한국은행 「국민소득」

- 경제성장률이 세 번째로 높은 분기는 (가)이고, 가장 낮은 분기는 (나)이다.
- 전 분기 대비 경제성장률 증가율이 가장 높은 분기는 (다)이다.
- 국내총생산은 2021년 2분기에 가장 많았으며, 그다음으로 (라)에 많았다.

	(가)	(나)	(다)	(라)
①	2020년 4분기	2020년 1분기	2020년 4분기	2020년 4분기
②	2020년 4분기	2020년 4분기	2021년 4분기	2020년 4분기
③	2021년 4분기	2020년 4분기	2019년 4분기	2021년 4분기
④	2020년 4분기	2020년 1분기	2020년 4분기	2019년 4분기
⑤	2020년 2분기	2020년 1분기	2019년 4분기	2020년 4분기

※ 다음은 2020 ~ 2022년 정육 및 난류의 가격에 대한 자료이다. 이를 보고 이어지는 물음에 답하시오. [14~15]

〈2020 ~ 2022년 정육 및 난류 가격〉

(단위 : 원)

구분		2020년	2021년	2022년
쇠고기(불고기용 100g)	최고가	5,500	6,200	6,400
	최저가	3,500	3,800	4,000
	평균	4,500	5,200	5,500
쇠고기(등심 100g)	최고가	16,500	17,200	18,800
	최저가	12,000	13,500	14,200
	평균	15,600	15,200	16,400
돼지고기(100g)	최고가	3,500	3,800	4,200
	최저가	1,600	2,100	2,400
	평균	2,500	2,800	3,600
닭고기(1kg)	최고가	11,500	12,400	13,800
	최저가	6,500	6,900	7,700
	평균	7,800	8,400	10,800
계란(15구)	최고가	7,800	8,200	9,200
	최저가	3,600	4,000	4,800
	평균	5,800	6,400	7,200

14 다음 중 자료에 대한 설명으로 옳은 것은?

① 2020년 대비 2022년에 평균 가격이 가장 많이 오른 것은 쇠고기(등심)이다.
② 2021년 돼지고기의 전년 대비 최저가 증가율은 30% 미만이다.
③ 2022년 닭고기 1kg의 최저가는 돼지고기 1kg의 최저가보다 높다.
④ 2022년 쇠고기(등심)의 평균 가격은 최고가와 최저가의 평균값보다 낮다.
⑤ 계란의 최고가와 최저가의 차이가 가장 큰 연도는 2021년이다.

15 다음 중 자료에 대한 설명으로 옳지 않은 것은?

① 2020년 돼지고기의 최고가는 최저가의 2배보다 높다.
② 2022년 계란의 최저가는 2021년 대비 20% 증가하였다.
③ 2022년 쇠고기(불고기용)의 최저가는 최고가의 60% 미만이다.
④ 쇠고기(불고기용)의 2022년 항목별 전년 대비 증가액은 모두 500원 미만이다.
⑤ 2020년 소고기(등심) 1kg의 평균 가격은 닭고기 1kg의 평균 가격의 20배이다.

※ 다음은 20·30대의 직업군별 월간 지출 현황을 조사한 자료이다. 이를 보고 이어지는 물음에 답하시오. [16~17]

〈직업군별 월간 지출 현황〉

(단위 : %)

구분	일반회사직	자영업	공무직	연구직	기술직	전문직
월평균 소득	380만 원	420만 원	360만 원	350만 원	400만 원	450만 원
월평균 지출	323만 원	346만 원	270만 원	273만 원	290만 원	333만 원
주거	10.0	25.0	5.0	10.0	15.0	15.0
교통	10.0	7.0	5.0	5.5	7.5	13.0
외식·식자재	25.0	28.0	12.5	10.0	7.5	10.0
의류·미용	27.5	7.5	10.5	7.5	5.5	17.5
저축	5.0	12.0	23.0	17.5	20.0	7.5
문화생활	15.0	5.5	12.0	5.0	2.5	7.0
자기계발	2.5	2.5	11.0	30.5	28.0	15.5
경조사	1.0	10.5	15.0	9.0	8.0	12.5
기타	4.0	2.0	6.0	5.0	6.0	2.0

PART 3

16 다음 중 자료에 대한 설명으로 옳지 않은 것은?

① 월평균 소득이 가장 높은 직업군은 월평균 지출도 가장 높다.

② 일반회사직의 월평균 소득 대비 월평균 지출의 비율은 공무직보다 10%p 높다.

③ 연구직은 다른 직업군 대비 자기계발에 지출하는 비중이 가장 높다.

④ 월평균 지출에서 저축이 차지하는 비중은 기술직이 일반회사직의 4배이다.

⑤ 자영업자는 월평균 지출의 절반 이상을 주거와 외식·식자재에 사용한다.

17 다음 중 자료에 대한 설명으로 옳은 것은?

① 월평균 지출이 가장 높은 직업군과 가장 낮은 직업군의 지출액 차이는 월평균 소득이 가장 높은 직업군과 가장 낮은 직업군의 소득액 차이의 75%이다.

② 전문직의 월평균 지출액은 월평균 소득액의 75% 이상이다.

③ 전문직을 제외한 타 직업군의 월평균 지출액 중 교통이 차지하는 비중은 10% 미만이다.

④ 일반회사직과 전문직의 월평균 지출 중 가장 많은 비중을 차지하는 항목은 동일하다.

⑤ 월평균 지출 중 문화생활이 차지하는 비율이 큰 순서대로 나열하면 일반회사직, 공무직, 전문직, 연구직, 자영업, 기술직 순서이다.

18 다음은 S대학교의 전공별 졸업자 취업률 현황에 대한 자료이다. 이를 바르게 나타낸 그래프는?

〈전공별 졸업자 취업률 현황〉

(단위 : %)

구분	2016년	2017년	2018년	2019년	2020년	2021년
사진·만화	35.7	38.2	34.1	39.2	43.2	41.0
예체능교육	40.1	48.5	45.7	43.1	42.0	45.2
응용미술	28.7	35.1	36.8	39.6	42.0	40.2
공예	44.8	45.1	42.3	40.2	41.4	44.1
무용	38.5	40.6	41.0	35.2	37.8	29.7
조형	22.5	29.4	31.5	35.7	34.5	30.3
연극영화	30.4	33.7	31.6	35.9	34.8	35.6
순수미술	28.6	28.4	30.6	31.4	32.1	32.2
성악	35.5	36.7	35.8	32.2	31.6	26.8
작곡	37.0	35.2	36.4	32.9	31.1	25.1
국악	23.4	27.8	26.7	28.9	30.7	35.1
기악	21.4	23.5	28.4	25.9	26.3	19.0
음악학	26.5	24.1	27.3	28.0	28.9	21.8
기타음악	30.1	34.2	32.7	30.4	29.0	26.5

① 사진·만화, 예체능교육, 무용, 조형, 연극영화 전공 연도별 취업률

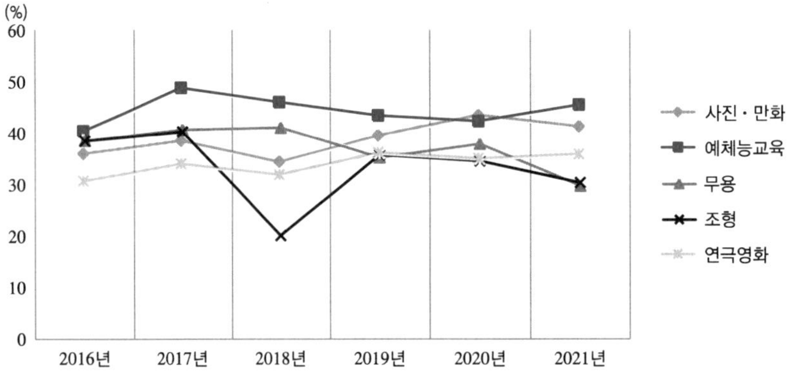

② 순수미술, 성악, 작곡, 국악, 기악, 음악학, 기타음악 전공 2016～2019년 취업률

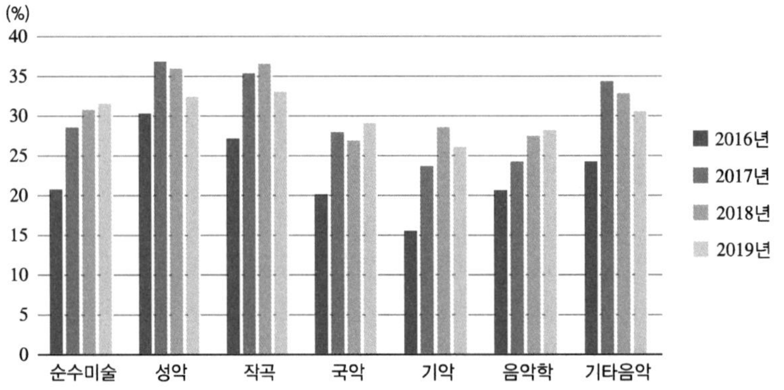

③ 2020 ~ 2021년 전공별 취업률

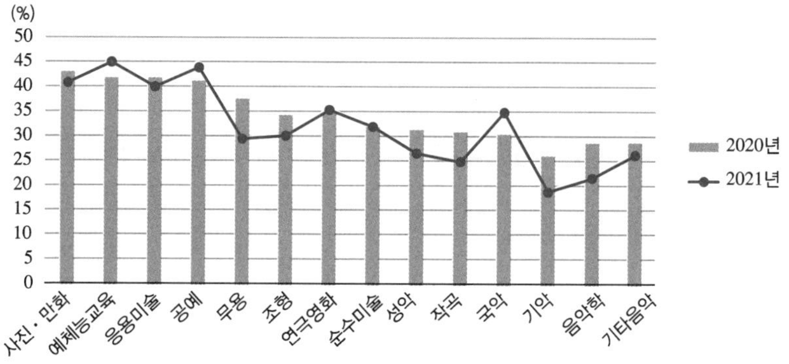

④ 응용미술, 연극영화, 순수미술, 성악, 작곡, 국악, 기악 전공 2016 ~ 2018년 취업률

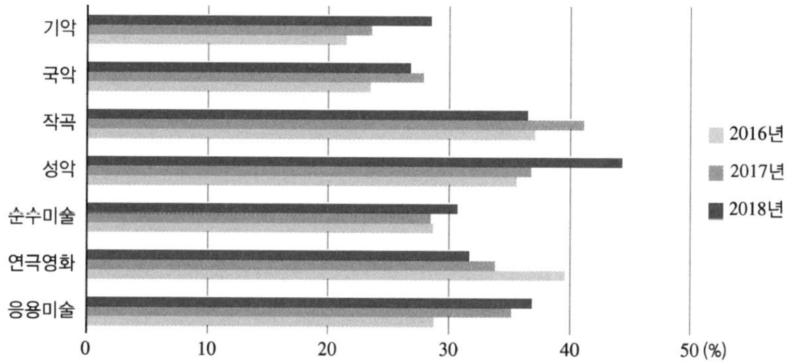

⑤ 공예, 무용, 조형, 성악, 작곡, 국악, 기악 전공 2018 ~ 2021년 취업률 총합

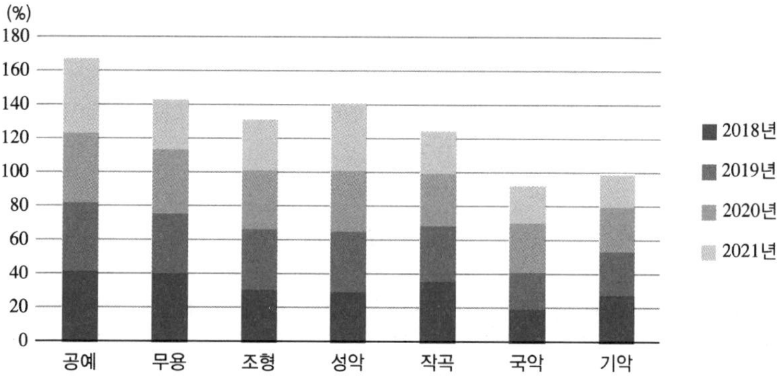

Hard

19 다음은 시간에 따른 S기계의 생산량을 나타낸 자료이다. 시간과 S기계 생산량의 관계가 주어진 자료와 같을 때, ㉠과 ㉡에 들어갈 알맞은 수는?

〈시간에 따른 S기계의 생산량〉

시간	1	2	3	4
S기계의 생산량	1	7	㉠	㉡

※ (S기계의 생산량)$=a\times$(시간)^2-b

	㉠	㉡
①	15	30
②	16	31
③	16	32
④	17	31
⑤	17	32

Hard

20 어항 안에 A금붕어와 B금붕어가 각각 1,675마리, 1,000마리 있다. 다음과 같이 금붕어가 팔리고 있다면, 10일 차에 남아있는 A금붕어와 B금붕어의 수는?

〈A금붕어 · B금붕어 수 변화〉

(단위 : 마리)

구분	1일 차	2일 차	3일 차	4일 차	5일 차
A금붕어	1,675	1,554	1,433	1,312	1,191
B금붕어	1,000	997	992	983	968

	A금붕어	B금붕어
①	560마리	733마리
②	586마리	733마리
③	621마리	758마리
④	700마리	758마리
⑤	782마리	783마리

02 추리

※ 제시된 명제가 모두 참일 때, 다음 중 빈칸에 들어갈 명제로 가장 적절한 것을 고르시오. [1~3]

Easy

01

전제1. 철학은 학문이다.
전제2. 모든 학문은 인간의 삶을 의미 있게 해준다.
결론. ______________________________

① 철학과 학문은 같다.
② 학문을 하려면 철학을 해야 한다.
③ 철학은 인간의 삶을 의미 있게 해준다.
④ 철학을 하지 않으면 삶은 의미가 없다.
⑤ 철학을 제외한 학문은 인간의 삶을 의미 없게 만든다.

02

전제1. 도로가 얼면 사고가 잘 난다.
전제2. ______________________________
결론. 사고가 잘 나지 않으면 도로 정비가 되어 있는 것이다.

① 사고가 나면 도로 정비가 안 되어 있는 것이다.
② 도로가 얼면 도로 정비가 잘 되어 있는 것이다.
③ 사고가 잘 나지 않으면 도로가 얼지 않은 것이다.
④ 도로 정비를 하지 않으면 도로가 언다.
⑤ 도로가 얼지 않으면 사고가 잘 나지 않는다.

03

전제1. 문화부는 출장에 간다.
전제2. ______________________
결론. 워크숍을 가지 않으면 출장에 간다.

① 문화부가 아니면 출장에 가지 않는다.
② 워크숍을 가면 출장에 가지 않는다.
③ 워크숍을 가면 문화부가 아니다.
④ 출장에 가지 않으면 워크숍을 가지 않는다.
⑤ 문화부가 아니면 워크숍을 간다.

04 **기획팀은 새해 사업계획과 관련해 회의를 하고자 한다. 〈조건〉이 다음과 같을 때, 회의에 참석할 사람은?**

> 조건
>
> • 기획팀에는 A사원, B사원, C주임, D주임, E대리, F팀장이 있다.
> • 새해 사업계획 관련 회의는 화요일 오전 10시부터 11시 반 사이에 열린다.
> • C주임은 같은 주 월요일부터 수요일까지 대구로 출장을 간다.
> • 담당 업무 관련 연락 유지를 위해 B사원과 D주임 중 한 명만 회의에 참석 가능하다.
> • F팀장은 반드시 회의에 참석한다.
> • 새해 사업계획 관련 회의에는 주임 이상만 참여 가능하다.
> • 회의에는 가능한 모든 인원이 참석한다.

① A사원, C주임, E대리
② A사원, E대리, F팀장
③ B사원, C주임, F팀장
④ C주임, E대리, F팀장
⑤ D주임, E대리, F팀장

Hard

05 **하경이는 생일을 맞이하여 같은 반 친구들인 민지, 슬기, 경서, 성준, 민준을 생일 파티에 초대하였다. 하경이와 친구들이 함께 축하 파티를 하기 위해 간격이 일정한 원형 테이블에 다음 〈조건〉과 같이 앉았을 때, 항상 참이 되는 것은?**

> 조건
>
> • 하경이의 바로 옆 자리에는 성준이나 민준이가 앉지 않았다.
> • 슬기는 성준이 또는 경서의 바로 옆 자리에 앉았다.
> • 민지의 바로 왼쪽 자리에는 경서가 앉았다.
> • 슬기와 민준이 사이에 한 명이 앉아 있다.

① 하경이는 민준이와 서로 마주보고 앉아 있다.
② 민지는 민준이 바로 옆 자리에 앉아 있다.
③ 경서는 하경이 바로 옆 자리에 앉아 있다.
④ 민지는 슬기와 서로 마주보고 앉아 있다.
⑤ 경서와 성준이는 서로 마주보고 앉아 있다.

06 1번부터 5번까지의 학생들이 다음 〈조건〉에 맞게 아래와 같이 배열되어 있는 번호의 의자에 앉아 있을 때, 다음 중 옳은 것은?

조건

- 세 명의 학생이 자기의 번호와 일치하지 않는 번호의 의자에 앉아 있다.
- 2명의 학생은 자기의 번호보다 작은 번호의 의자에 앉아 있다.
- 홀수 번호의 학생들은 모두 홀수 번호의 의자에 앉아 있다.

1	2	3	4	5

① 1번 학생은 5번 의자에 앉아 있다.
② 2번 학생은 4번 의자에 앉아 있다.
③ 3번 학생은 3번 의자에 앉아 있다.
④ 4번 학생은 2번 의자에 앉아 있다.
⑤ 5번 학생은 1번 의자에 앉아 있다.

07 경찰관 또는 소방관이 직업인 네 사람 A ~ D가 있다. 〈조건〉이 다음과 같을 때, 항상 참인 것은?

조건

- A, B, C, D 중 같은 직장의 동료가 있다.
- A가 소방관이면 B가 소방관이거나 C가 경찰관이다.
- C가 경찰관이면 D는 소방관이다.
- D는 A의 상관이다.

① A, B의 직업은 다르다.
② A, C의 직업은 다르다.
③ B, C의 직업은 같다.
④ C, D의 직업은 같다.
⑤ B, D의 직업은 다르다.

Hard

08 고용노동부와 산업인력공단이 주관한 서울관광채용박람회의 해외채용관에는 8개의 부스가 마련되어 있다. A호텔, B호텔, C항공사, D항공사, E여행사, F여행사, G면세점, H면세점이 〈조건〉에 따라 8개의 부스에 각각 위치하고 있을 때, 다음 중 항상 참인 것은?

조건

- 같은 종류의 업체는 같은 라인에 위치할 수 없다.
- A호텔과 B호텔은 복도를 사이에 두고 마주 보고 있다.
- G면세점과 H면세점은 복도를 기준으로 양 끝에 위치하고 있다.
- E여행사 반대편에 위치한 H면세점은 F여행사와 나란히 위치하고 있나.
- C항공사는 제일 앞번호의 부스에 위치하고 있다.

〈부스 위치〉

1	2	3	4
복도			
5	6	7	8

① A호텔은 면세점 옆에 위치하고 있다.

② B호텔은 여행사 옆에 위치하고 있다.

③ C항공사는 여행사 옆에 위치하고 있다.

④ D항공사는 E여행사와 나란히 위치하고 있다.

⑤ G면세점은 B호텔과 나란히 위치하고 있다.

09 **S지점의 직원들은 사무실 자리 배치를 바꾸기로 했다. 다음 〈조건〉에 따라 자리를 바꿨을 때 항상 거짓인 것은?**

조건

- 같은 직급은 옆자리로 배정하지 않는다.
- 사원 옆자리와 앞자리는 비어있을 수 없다.
- 지점장은 동쪽을 바라보며 앉고 지점장의 앞자리에는 상무 또는 부장이 앉는다.
- 지점장을 제외한 직원들은 마주보고 앉는다.
- S사 직원은 지점장, 사원 2명(김사원, 이사원), 대리 2명(성대리, 한대리), 상무 1명(이상무), 부장 1명(최부장), 과장 2명(김과장, 박과장)이다.

〈사무실 자리 배치표〉

지점장	A	B	성대리	C	D
	E	김사원	F	이사원	G

① 지점장 앞자리에 빈자리가 있다.

② A와 D는 빈자리다.

③ F와 G에 김과장과 박과장이 앉는다.

④ C에 최부장이 앉으면 E에는 이상무가 앉는다.

⑤ B와 C에 이상무와 박과장이 앉으면 F에는 한대리가 앉을 수 있다.

PART 3

10 해외협력과 A사원, B주임, C대리, D대리, E과장 5명은 해외사업추진을 위해 독일로 출장을 가게 되었다. 이들이 다음 〈조건〉에 따라 항공기 좌석에 앉는다고 할 때, 다음 중 항상 옳은 것은?

앞

1열		A1	A2	
2열	창가		B2	통로
3열		C1	C2	

뒤

조건

- B1 좌석은 이미 예약되어 있어 해외협력과 직원들이 앉을 수 없다.
- E과장은 통로 쪽에 앉는다.
- A사원과 B주임은 이웃하여 앉을 수 없다.
- 2열에는 대리가 앉는다.
- 이웃하여 앉는다는 것은 앞뒤 혹은 좌우로 인접하여 앉는 것을 의미한다.

① A사원은 항상 창가 쪽에 앉는다.
② E과장이 A2에 앉으면 B주임은 C2에 앉는다.
③ C대리가 3열에 앉으면 D대리는 2열에 앉는다.
④ B주임이 C1에 앉으면 C대리는 B2에 앉는다.
⑤ 대리끼리는 이웃하여 앉을 수 없다.

Easy

11 6층 건물에 A～F의 회사가 있다. 다음 〈조건〉을 참고할 때, 다음 중 항상 옳은 것은?

조건

- 한 층에 한 개 회사만이 입주할 수 있다.
- A와 D는 5층 차이가 난다.
- D와 E는 인접할 수 없다.
- B는 C보다 아래층에 있다.
- A는 B보다 아래층에 있다.
- C는 4층에 있다.

① B는 3층이다.
② F는 6층이다.
③ D는 5층이다.
④ F는 5층이다.
⑤ E는 2층이다.

Hard

12 점심식사를 하기 위해 구내식당 배식대 앞에 A~F가 한 줄로 줄을 서 있는데, 순서가 다음 〈조건〉과 같다. 다음 중 항상 옳은 것은?

조건

- A는 맨 앞 또는 맨 뒤에 서 있다.
- B는 맨 앞 또는 맨 뒤에 서지 않는다.
- D와 F는 앞뒤로 인접해서 서 있다.
- B와 C는 한 사람을 사이에 두고 서 있다.
- D는 B보다 앞쪽에 서 있다.

① A가 맨 뒤에 서 있다면 맨 앞에는 D가 서 있다.
② A가 맨 앞에 서 있다면 E는 다섯 번째에 서 있다.
③ F와 B는 앞뒤로 서 있지 않다.
④ C는 맨 뒤에 서지 않는다.
⑤ B는 C보다 앞에 서 있다.

Easy

13 다음 제시된 단어의 대응 관계가 동일하도록 빈칸에 들어갈 가장 적절한 단어를 고르면?

마뜩하다 : 마땅하다 = 성마르다 : (　　)

① 시끄럽다　② 메마르다
③ 너그럽다　④ 조급하다
⑤ 완만하다

14 다음 단어의 대응 관계가 나머지와 다른 하나는?

① 기량 – 재능　② 낙관 – 비관
③ 호조 – 순조　④ 지능 – 두뇌
⑤ 통보 – 연락

※ 다음 제시된 도형의 규칙을 보고 물음표에 들어가기에 적절한 것을 고르시오. [15~17]

Easy

15

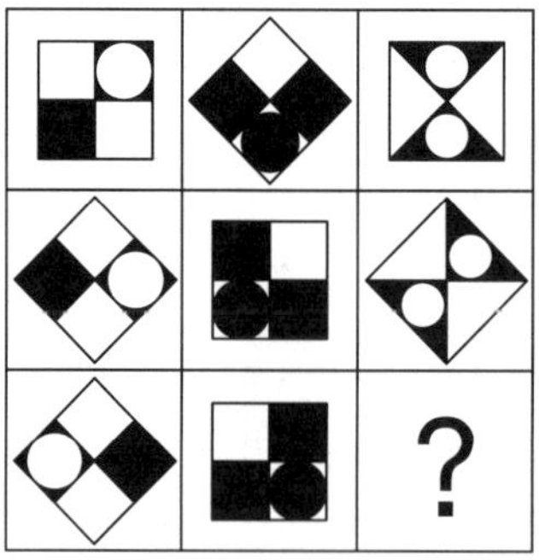

① 

② 

③ 

④ 

⑤ 

16

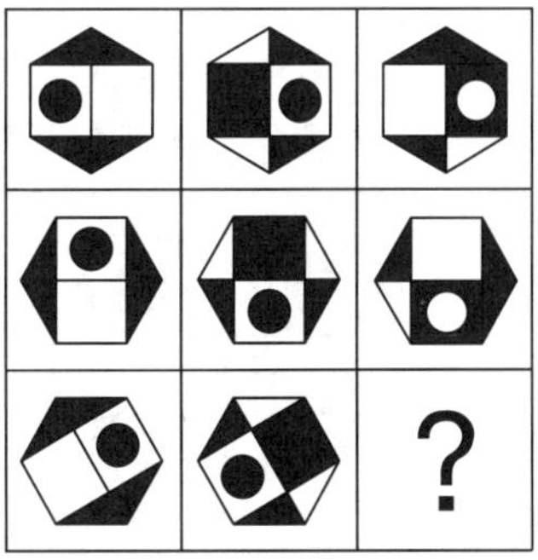

① 

② 

③ 

④ 

⑤ 

17

① 

② 

③ 

④ 

⑤ 

※ 다음 도식에서 기호들은 일정한 규칙에 따라 문자를 변화시킨다. 물음표에 들어갈 적절한 문자를 고르시오(단, 규칙은 가로와 세로 중 한 방향으로만 적용된다). **[18~21]**

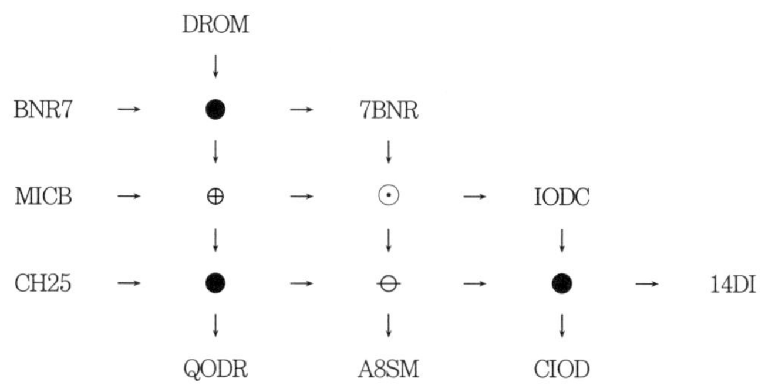

18

BUS8 → ◉ → ⊕ → ?

① WB8U
② BUW8
③ UB8S
④ BUS8
⑤ SUB8

19

IU93 → ◉ → ● → ⊖ → ?

① 8J2V
② 8VJ2
③ 9UI3
④ 39UI
⑤ UI39

Hard

20

? → ⊖ → ◉ → XMAS

① MSAX
② MXSA
③ NBRW
④ NWRB
⑤ WRBW

Hard

21

? → ⊕ → ⊖ → PINK

① OHJM
② OHMJ
③ QHML
④ QMHL
⑤ MHQL

※ 다음 제시된 문장들을 논리적 순서대로 바르게 나열한 것을 고르시오. [22~23]

22

(가) 최초로 입지를 선정하는 업체는 시장의 어디든 입지할 수 있으나 소비자의 이동 거리를 최소화하기 위하여 시장의 중심에 입지한다.
(나) 최대수요입지론은 산업 입지와 상관없이 비용은 고정되어 있다고 가정한다. 이 이론에서는 경쟁 업체와 가격 변동을 고려하여 수요가 극대화되는 입지를 선정한다.
(다) 그다음 입지를 선정해야 하는 경쟁 업체는 가격 변화에 따라 수요가 변하는 정도가 크지 않은 경우, 시장의 중심에서 멀어질수록 시장을 빼앗기게 되므로 경쟁 업체가 있더라도 가능한 중심에 가깝게 입지하려고 한다.
(라) 하지만 가격 변화에 따라 수요가 크게 변하는 경우에는 두 경쟁자는 서로 적절히 떨어져 입지하여 보다 낮은 가격으로 제품을 공급하려고 한다.

① (나) – (가) – (다) – (라)
② (나) – (라) – (다) – (가)
③ (나) – (가) – (라) – (다)
④ (가) – (라) – (다) – (나)
⑤ (가) – (나) – (라) – (다)

23

(가) 또한, 내과 교수팀은 "이번에 발표된 치료성적은 치료 중인 많은 난치성 결핵환자들에게 큰 희망을 줄 수 있을 것"이라고 발표했다.
(나) A병원 내과 교수팀은 결핵 및 호흡기학회에서 그동안 치료가 매우 어려운 것으로 알려진 난치성 결핵의 치료성공률을 세계 최고 수준인 80%로 높였다고 발표했다.
(다) 완치가 거의 불가능한 난치성 결핵균에 대한 치료성적이 우리나라가 세계 최고 수준인 것으로 발표되어 치료 중인 환자와 가족들에게 희소식이 되고 있다.
(라) 내과 교수팀은 지난 10년간 A병원에서 치료한 결핵환자 155명의 치료성적을 분석한 결과, 치료성공률이 49%에서 57%, 현재는 80%에 이르렀다고 발표했다.

① (나) – (가) – (다) – (라)
② (다) – (나) – (라) – (가)
③ (다) – (가) – (라) – (나)
④ (다) – (라) – (가) – (나)
⑤ (나) – (다) – (가) – (라)

24 다음 글을 읽고 추론한 내용으로 적절한 것은?

충전과 방전을 통해 반복적으로 사용할 수 있는 충전지는 양극에 사용되는 금속 산화 물질에 따라 납 충전지, 니켈 충전지, 리튬 충전지로 나눌 수 있다. 충전지가 방전될 때 양극 단자와 음극 단자 간에 전압이 발생하는데, 방전이 진행되면서 전압이 감소한다. 이렇게 변화하는 단자 전압의 평균을 공칭 전압이라 한다. 충전지를 크게 만들면 충전 용량과 방전 전류 세기를 증가시킬 수 있으나, 전극의 물질을 바꾸지 않는 한 공칭 전압은 변하지 않는다. 납 충전지의 공칭 전압은 2V, 니켈 충전지는 1.2V, 리튬 충전지는 3.6V이다.

충전지는 최대 용량까지 충전하는 것이 효율적이며 이러한 상태를 만충전이라 한다. 충전지를 최대 용량을 넘어서 충전하거나 방전 하한 전압 이하까지 방전시키면 충전지의 수명이 줄어들기 때문에 충전 양을 측정·관리하는 것이 중요하다. 특히 과충전 시에는 발열로 인해 누액이나 폭발의 위험이 있다. 니켈 충전지의 일종인 니켈카드뮴 충전지는 다른 충전지와 달리 메모리 효과가 있어서 일부만 방전한 후 충전하는 것을 반복하면 충·방전할 수 있는 용량이 줄어든다.

충전에 사용하는 충전기의 전원 전압은 충전지의 공칭 전압보다 높은 전압을 사용하고, 충전지로 유입되는 전류를 저항으로 제한한다. 그러나 충전이 이루어지면서 충전지의 단자 전압이 상승하여 유입되는 전류의 세기가 점점 줄어들게 된다. 그러므로 이를 막기 위해 충전기에는 충전 전류의 세기가 일정하도록 하는 정전류 회로가 사용된다. 또한 정전압 회로를 사용하기도 하는데, 이는 회로에 입력되는 전압이 변해도 출력되는 전압이 일정하도록 해 준다. 리튬 충전지를 충전할 경우, 정전류 회로를 사용하여 충전하다가 만충전 전압에 이르면 정전압 회로로 전환하여 정해진 시간 동안 충전지에 공급하는 전압을 일정하게 유지함으로써 충전지 내부에 리튬 이온이 고르게 분포될 수 있게 한다.

① 니켈 충전지는 납 충전지보다 공칭 전압이 낮으므로 전압을 높이려면 크기를 더 크게 만들면 되겠군.

② 사용하는 리튬 충전지의 용량이 1,000mAh라면 전원 전압이 2V보다 높은 충전기를 사용해야 겠군.

③ 니켈카드뮴 충전지를 오래 사용하려면 방전 하한 전압 이하까지 방전시킨 후에 충전하는 것이 좋겠어.

④ 충전지를 충전하는 과정에서 충전지의 온도가 과도하게 상승한다면 폭발의 위험이 있을 수 있으므로 중지하는 것이 좋겠어.

⑤ 리튬 충전지의 공칭 전압은 3.6V이므로 충전 시 3.6V에 이르면 충전기의 정전압 회로가 전압을 일정하게 유지한다.

※ 다음 글의 내용이 참일 때 항상 거짓인 것을 고르시오. [25~26]

25

스마트팩토리는 인공지능(AI), 사물인터넷(IoT) 등 다양한 기술이 융합된 자율화 공장으로, 제품 설계와 제조, 유통, 물류 등의 산업 현장에서 생산성 향상에 초점을 맞췄다. 이곳에서는 기계, 로봇, 부품 등의 상호 간 정보 교환을 통해 제조 활동을 하고, 모든 공정 이력이 기록되며, 빅데이터 분석으로 사고나 불량을 예측할 수 있다.

스마트팩토리에서는 컨베이어 생산 활동으로 대표되는 산업 현장의 모듈형 생산이 컨베이어를 대체하고 IoT가 신경망 역할을 한다. 센서와 기기 간 다양한 데이터를 수집하고, 이를 서버에 전송하면 서버는 데이터를 분석해 결과를 도출한다. 서버는 AI 기계학습 기술이 적용돼 빅데이터를 분석하고 생산성 향상을 위한 최적의 방법을 제시한다.

스마트팩토리의 대표 사례로는 고도화된 시뮬레이션 '디지털 트윈'을 들 수 있다. 이는 데이터를 기반으로 가상공간에서 미리 시뮬레이션하는 기술이다. 시뮬레이션을 위해 빅데이터를 수집하고 분석과 예측을 위한 통신·분석 기술에 가상현실(VR), 증강현실(AR)과 같은 기술을 얹는다. 이를 통해 산업 현장에서 작업 프로세스를 미리 시뮬레이션하고, VR·AR로 검증함으로써 실제 시행에 따른 손실을 줄이고, 작업 효율성을 높일 수 있다.

한편 '에지 컴퓨팅'도 스마트팩토리의 주요 기술 중 하나이다. 에지 컴퓨팅은 산업 현장에서 발생하는 방대한 데이터를 클라우드로 한 번에 전송하지 않고, 에지에서 사전 처리한 후 데이터를 선별해서 전송한다. 서버와 에지가 연동해 데이터 분석 및 실시간 제어를 수행하여 산업 현장에서 생산되는 데이터가 기하급수로 늘어도 서버에 부하를 주지 않는다. 현재 클라우드 컴퓨팅이 중앙 데이터 센터와 직접 소통하는 방식이라면 에지 컴퓨팅은 기기 가까이에 위치한 일명 '에지 데이터 센터'와 소통하며, 저장을 중앙 클라우드에 맡기는 형식이다. 이를 통해 데이터 처리 지연 시간을 줄이고 즉각적인 현장 대처를 가능하게 한다.

① 스마트팩토리에서는 제품 생산 과정에서 발생할 수 있는 사고를 미리 예측할 수 있다.
② 스마트팩토리에서는 AI 기계학습 기술을 통해 생산성을 향상시킬 수 있다.
③ 스마트팩토리에서는 작업을 시행하기 전에 앞서 가상의 작업을 시행해볼 수 있다.
④ 스마트팩토리에서는 발생 데이터를 중앙 데이터 센터로 직접 전송함으로써 데이터 처리 지연 시간을 줄일 수 있다.
⑤ 스마트팩토리에서는 IoT를 통해 연결된 기계, 로봇 등이 상호 간 정보를 교환할 수 있다.

26

> 녹차와 홍차는 모두 카멜리아 시넨시스(Camellia Sinensis)라는 식물에서 나오는 찻잎으로 만든다. 공정과정에 따라 녹차와 홍차로 나눠지며, 재배지 품종에 따라서도 종류가 달라진다. 이처럼 같은 잎에서 만든 차일지라도 녹차와 홍차가 가지고 있는 특성에는 차이가 있다.
> 녹차와 홍차는 발효방법에 따라 구분된다. 녹차는 발효과정을 거치지 않은 것이며, 반쯤 발효시킨 것은 우롱차, 완전히 발효시킨 것은 홍차가 된다. 녹차는 찻잎을 따서 바로 솥에 넣거나 증기로 쪄서 만드는 반면, 홍차는 찻잎을 먼저 햇볕이나 그늘에서 시들게 한 후 천천히 발효시켜 만든다. 녹차가 녹색을 유지하는 반면에 홍차가 붉은색을 띠는 것은 녹차와 달리 높은 발효과정을 거치기 때문이다.
> 이러한 녹차와 홍차에는 긴장감을 풀어주고 마음을 진정시키는 L-테아닌(L-theanine)이라는 아미노산이 들어 있는데, 이는 커피에 들어 있지 않은 성분으로 진정효과와 더불어 가슴 두근거림 등의 카페인(Caffeine) 각성 증상을 완화하는 역할을 한다. 또한 항산화 효과가 강력한 폴리페놀(Polyphenol)이 들어 있어 심장 질환 위험을 줄일 수 있다는 장점도 있다. 한 연구에 따르면, 녹차는 콜레스테롤 수치를 낮춰 심장병과 뇌졸중으로 사망할 위험을 줄이는 것으로 나타났다. 홍차 역시 연구 결과, 하루 두 잔 이상 마실 경우 심장발작 위험을 44% 정도 낮추는 효과를 보였다.
> 한편, 홍차와 녹차 모두에 폴리페놀 성분이 들어 있지만 그 종류는 다르다. 녹차는 카테킨(Catechins)이 많이 들어 있는 것으로 유명하지만 홍차는 발효과정에서 카테킨의 함량이 어느 정도 감소된다. 이 카테킨에는 EGCG(Epigallocatechin-3-gallate)가 많이 들어 있어 혈중 콜레스테롤 수치를 낮춰 동맥경화 예방을 돕고, 신진대사의 활성화와 지방 배출에 효과적이다.
> 홍차는 발효과정에서 생성된 테아플라빈(Theaflavins)을 가지고 있는데, 이 역시 혈관 기능을 개선하며, 혈당 수치를 감소시키는 것으로 알려져 있다. 연구에 따르면 홍차에 든 테아플라빈 성분이 인슐린과 유사작용을 보여 당뇨병을 예방하는 효과를 보이는 것으로 나타났다.
> 만약 카페인에 민감한 경우라면 홍차보다 녹차를 선택하는 것이 좋다. 카페인의 각성효과를 완화시켜주는 L-테아닌이 녹차에 더 많기 때문이다. 녹차에도 카페인이 들어 있지만, 커피와 달리 심신의 안정 효과와 스트레스 해소에 도움을 줄 수 있는 것은 이 때문이다. 또한 녹차의 떫은맛을 내는 카테킨 성분은 카페인을 해독하고 흡수량을 억제하기 때문에 실제 카페인의 섭취량보다 흡수되는 양이 적다.

① 카멜리아 시넨신스의 잎을 천천히 발효시키면 붉은 색을 띠겠구나.
② 녹차를 마셨을 때 가슴이 두근거리는 현상이 커피를 마셨을 때보다 적게 나타나는 이유는 L-테아닌때문이야.
③ 녹차와 홍차에 들어 있는 폴리페놀이 심장 질환 위험을 줄이는 데 도움을 줘.
④ 녹차에 들어 있는 테아플라빈이 혈중 콜레스테롤 수치를 낮추는 역할을 하는구나.
⑤ 녹차가 떫은맛이 나는 이유는 카테킨이 들어 있기 때문이야.

PART 3

※ 다음 글에 대한 반론으로 가장 적절한 것을 고르시오. [27~28]

27

보통의 질병은 병균이나 바이러스를 통해 감염되며, 병에 걸리는 원인으로는 개인적 요인의 영향이 가장 크다. 어떤 사람이 바이러스에 노출되었다면 그 사람이 평소에 위생 관리를 철저히 하지 않았기 때문이다. 또한 꾸준히 건강을 관리하지 않은 사람은 더 쉽게 병균에 노출될 것이다.

① 규칙적인 식사와 운동을 통해 건강을 관리하는 사람들의 발병률은 그렇지 않은 사람들에 비해 상대적으로 낮다.
② 병균이나 바이러스의 감염 경로를 자세하게 추적함으로써 질병의 감염원을 명확하게 파악할 수 있다.
③ 바이러스에 노출되지 않기 위해서는 사람이 많은 곳을 피하고, 개인위생을 철저히 해야 한다.
④ 발병한 사람들 전체를 고려하면 성별, 계층, 직업 등의 요인에 따라 질병 종류나 심각성이 다르게 나타난다.
⑤ 불특정 다수에게 발병할 수 있는 감염병은 개인적 차원에서 벗어나 사회적 차원에서 국가가 관리하여야 한다.

Hard

28

대리모는 허용되어서는 안 된다. 최근의 자료에 의하면 대리모는 대부분 금전적인 대가가 지불되는 상업적인 대리모의 형태로 이루어지고 있다고 한다. 아이를 출산해 주는 대가로 대리모에게 금전을 지불하는 것은 아이를 상품화하는 것이다. 칸트가 말했듯이, 인간은 수단이 아니라 목적으로 대하여야 한다. 대리모는 결국 아이를 목적이 아닌 수단으로 취급하고 있다는 점에서 인간의 존엄과 가치를 침해한다.

① 최근 조사에 따르면 우리나라의 불임부부는 약 100만 쌍으로 불임 여성은 지속적으로 증가하고 있다.
② 경제적 취약 계층이 된 여성들은 대리모를 통해 빈곤을 해결할 수 있다.
③ 대리모의 건강에 문제가 생길 경우 대리모를 보호할 제도적 장치가 부족하다.
④ 대리모를 통해 출생하는 아이의 인권은 법적인 제도로써 보호되어야 한다.
⑤ 대리모는 아이가 아닌 임신·출산 서비스를 매매의 대상으로 삼고 있으므로 아이의 존엄과 가치를 떨어뜨리지 않는다.

Hard

29 다음 글을 토대로 〈보기〉를 해석한 것으로 옳은 것은?

들뢰즈는 대상이 다른 대상들과 관계 맺으며 펼쳐지는 무수한 차이를 긍정하며 세계를 생성의 원리로 설명하고자 하였다. 들뢰즈가 말하는 '차이'란 두 대상을 정태적으로 비교해서 나오는 어떤 것이 아니라, 두 대상이 만나고 섞임으로써 '생성'되는 것이다. 들뢰즈는 대상과 대상이 연결되어 서로를 변화시키는 생성의 과정을 주름 개념으로 설명한다. 새로 산 옷을 입으면, 이 옷은 얼마 지나지 않아 많은 주름이 생긴다. 이 주름은 옷 자체 혹은 외부로부터 받은 힘에 의해 만들어진다. 결국 주름은 대상 자체의 내재적 원인에 의해 혹은 차이를 지닌 대상과의 관계 속에서 끊임없이 생성되는 '흔적'이라 할 수 있다.

들뢰즈가 제안한 '주름' 개념은 현대 건축가들에게 영향을 미쳤으며, 특히 현대 랜드스케이프 건축에 많은 영감을 주었다. 랜드스케이프 건축가들은 대지와 건물, 건물과 건물, 건물의 내부와 외부를 각각의 고정된 의미로 분리하여 바라보려는 전통적인 이분법적 관점을 거부하고 이들을 하나의 주름 잡힌 표면, 즉 서로 관계 맺으며 접고 펼쳐지는 반복적 과정 속에서 생성된 하나의 통합된 공간으로 보고자 하였다. 그동안 건축에서는 대지와 건물이 인간에 의해 그 역할이 일방적으로 규정되는 수동적 존재로 파악되었었는데, 현대 건축에서는 대지와 건물 자체가 새로운 의미를 생성하는 능동적인 존재로 작동한다.

랜드스케이프 건축에서 나타나는 연속된 표면은 대지와 건물의 벽, 천장을 하나의 흐름으로 생성하면서 대지와 건물이 구분되지 않고 하나로 연결되어 통합되기도 하고, 건물 자체가 대지를 완전히 덮어서 대지와 건물이 통합되기도 한다. 그리고 연속된 표면은 주름처럼 접히고 펼쳐지면서 공간을 만들어 내는데, 이러한 공간은 그 성격이 고정되지 않고 우연적인 상황 혹은 주변의 여러 가지 요인의 전개로 인해 재구성될 수 있는 잠재적인 특징을 지니게 된다. 그리고 이러한 공간의 흐름은 연속적으로 구성되어 있어 건물의 안과 밖이 자연스럽게 연결되기 때문에 건물의 내부와 외부의 구분이 모호해지게 된다. 이를 통해 건물 내부에서 외부를 바라보는 시선과 외부에서 내부를 바라보는 응시를 동시에 담아낼 수 있게 되는 것이다.

보기

동대문디자인플라자(DDP)는 랜드스케이프 건축의 특성이 잘 드러나 있는 건물로, 건물 표면은 주름진 곡선이 연속적으로 이어지고 있는데, 하늘에서 내려다 보면 건물 전체가 대지를 덮고 있는 형상을 띠고 있다. 주름진 곡선에 의해 만들어진 내부의 공간들은 디자인 전시관으로 활용되기도 하지만, 경우에 따라 패션 행사나 다양한 체험 마당 등 다양한 용도로 활용된다. 특히 DDP는 기존에 있던 지하철역이 건물의 지하 광장과 건물의 입구로 이어지도록 만들어졌으며, DDP 외부의 공원과 건물 간의 경계가 없어 공원을 걷다 보면 자연스럽게 건물의 내부로 이어진다.

① 건물 전체가 대지를 덮고 있는 DDP의 형상을 통해 건물 자체가 대지의 의미를 규정하고 있음을 표현하였군.

② 전시관이라는 고정된 성격을 띠고 있는 DDP의 내부 공간은 비슷한 유형의 용도 내에서 활용될 수 있겠군.

③ DDP 건물 표면의 주름진 곡선을 통해 건물의 내부와 외부가 서로 관계를 맺고 있음을 표현하고자 했군.

④ DDP는 지하철역과 연결되어 고객의 편의성을 향상시켰다는 점에서 랜드스케이프 건축의 특성이 잘 드러나는군.

⑤ DDP 외부의 공원에서는 건물 내부를 바라볼 수 있지만, 건물 내부에서는 공원을 바라볼 수 없겠군.

PART 3

30 다음 글을 토대로 〈보기〉를 해석한 것으로 옳지 않은 것은?

자기 조절은 목표 달성을 위해 자신의 사고, 감정, 욕구, 행동 등을 바꾸려는 시도인데, 목표를 달성한 경우는 자기 조절의 성공을, 반대의 경우는 자기 조절의 실패를 의미한다. 이에 대한 대표적인 이론으로는 앨버트 밴두라의 '사회 인지 이론'과 로이 바우마이스터의 '자기 통제 힘 이론'이 있다. 밴두라의 사회 인지 이론에서는 인간이 자기 조절 능력을 선천적으로 가지고 있다고 본다. 이런 특징을 가진 인간은 가치 있는 것을 획득하기 위해 행동하거나 두려워하는 것을 피하기 위해 행동한다. 밴두라에 따르면, 자기 조절은 세 가지의 하위 기능인 자기 검열, 자기 판단, 자기 반응의 과정을 통해 작동한다. 자기 검열은 자기 조절의 첫 단계로, 선입견이나 감정을 배제하고 자신이 지향하는 목표와 관련하여 자신이 놓여 있는 상황과 현재 자신의 행동을 감독, 관찰하는 것을 말한다. 자기 판단은 목표 성취와 관련된 개인의 내적 기준인 개인적 표준, 현재 자신이 처한 상황, 그리고 자신이 하게 될 행동 이후 느끼게 될 정서 등을 고려하여 자신이 하고자 하는 행동을 결정하는 것을 말한다. 그리고 자기 반응은 자신이 한 행동 이후에 자신에게 부여하는 정서적 현상을 의미하는데, 자신이 지향하는 목표와 관련된 개인적 표준에 부합하는 행동은 만족감이나 긍지라는 자기 반응을 만들어 내고 그렇지 않은 행동은 죄책감이나 수치심이라는 자기 반응을 만들어 낸다.
한편 바우마이스터의 자기 통제 힘 이론은, 사회 인지 이론의 기본적인 틀을 유지하면서 인간의 심리적 현상에 대해 자연과학적 근거를 찾으려는 경향이 대두되면서 등장하였다. 이 이론에서 말하는 자기 조절은 개인의 목표 성취와 관련된 개인적 표준, 자신의 행동을 관찰하는 모니터링, 개인적 표준에 도달할 수 있게 하는 동기, 자기 조절에 들이는 에너지로 구성된다. 바우마이스터는 그중 에너지의 양이 목표 성취의 여부에 결정적인 영향을 준다고 보기 때문에 자기 조절에서 특히 에너지의 양적인 측면을 중시한다. 바우마이스터에 따르면, 다양한 자기 조절 과업에서 개인은 자신이 가지고 있는 에너지를 사용하는데 그 양은 제한되어 있어서 지속적으로 자기 조절에 성공하기 위해서는 에너지를 효율적으로 사용해야 한다. 그런데 에너지를 많이 사용한다 하더라도 에너지가 완전히 고갈되는 상황은 벌어지지 않는다. 그 이유는 인간이 긴박한 욕구나 예외적인 상황을 대비하여 에너지의 일부를 남겨 두기 때문이다.

보기

A씨는 건강관리를 자기 삶의 가장 중요한 목표로 삼았다. 우선 그녀는 퇴근하는 시간이 규칙적인 자신의 근무 환경을, 그리고 과식을 하고 운동을 하지 않는 자신을 관찰하였다. 그래서 퇴근 후의 시간을 활용하여 일주일에 3번 필라테스를 하고, 균형 잡힌 식단에 따라 식사를 하겠다고 다짐하였다. 한 달 후 L씨는 다짐한 대로 운동을 해서 만족감을 느꼈다. 그러나 균형 잡힌 식단에 따라 식사를 하지는 못했다.

① 밴두라에 따르면 A씨는 선천적인 자기 조절 능력을 통한 자기 검열, 자기 판단, 자기 반응의 자기 조절 과정을 거쳤다.
② 밴두라에 따르면 A씨는 식단 조절에 실패함으로써 죄책감이나 수치심을 느꼈을 것이다.
③ 밴두라에 따르면 A씨는 건강관리를 가치 있는 것으로 생각하고 이를 획득하기 위해 운동을 시작하였다.
④ 바우마이스터에 따르면 A씨는 건강관리라는 개인적 표준에 도달하기 위해 자신의 근무환경과 행동을 모니터링하였다.
⑤ 바우마이스터에 따르면 A씨는 운동하는 데 모든 에너지를 사용하여 에너지가 고갈됨으로써 식단 조절에 실패하였다.

제3회

최종점검 모의고사

응시시간 : 60분 문항 수 : 50문항 정답 및 해설 p.077

01 수리

01 S펀드는 A, B, C주식에 각각 30%, 20%, 50%를 투자하였다. 매입가에서 A주식이 20%, B주식이 40% 각각 오르고 C주식이 20% 내렸다면, 몇 %의 이익을 보았는가?

① 2%
② 4%
③ 6%
④ 8%
⑤ 10%

02 S사에서 파견 근무를 나갈 10명을 뽑아 팀을 구성하려고 한다. 새로운 팀 내에서 팀장 1명과 회계 담당 2명을 뽑으려고 할 때, 이 인원을 뽑는 경우의 수는 모두 몇 가지인가?

① 300가지
② 320가지
③ 348가지
④ 360가지
⑤ 396가지

Easy

03 다음은 2020 ~ 2022년 한국 출발 항공노선의 이용객 수를 나타낸 자료이다. 이에 대한 〈보기〉의 설명 중 옳은 것을 모두 고르면?

〈연간 한국 출발 항공노선의 이용객 수〉

(단위 : 천 명)

구분	2020년	2021년	2022년	합계
한국 → 제주	128	134	154	416
한국 → 중국	252	235	256	743
한국 → 일본	118	122	102	342
한국 → 싱가폴	88	102	133	323
한국 → 독일	75	81	88	244
한국 → 영국	123	111	108	342
한국 → 스페인	288	270	302	860
한국 → 미국	102	145	153	400
한국 → 캐나다	210	198	222	630
한국 → 브라질	23	21	17	61
합계	1,407	1,419	1,535	4,361

보기

ㄱ. 2020년 대비 2021년 이용객 수가 증가한 항공노선의 수와 감소한 항공노선의 수는 동일하다.
ㄴ. 2020년부터 2022년까지의 총 이용객 수는 아시아행 – 유럽행 – 아메리카행 순서로 많다.
ㄷ. 2020년부터 2022년까지 이용객 수가 적은 하위 2개의 항공노선은 매년 동일하다.

① ㄱ
② ㄴ
③ ㄱ, ㄷ
④ ㄴ, ㄷ
⑤ ㄱ, ㄴ, ㄷ

04 다음은 S그룹의 주요 경영지표에 대한 자료이다. 이에 대한 설명으로 옳은 것은?

〈경영지표〉

(단위 : 억 원)

구분	공정자산총액	부채총액	자본총액	자본금	매출액	당기순이익
2018년	2,610	1,658	920	459	1,139	170
2019년	2,794	1,727	1,035	476	2,178	227
2020년	5,383	4,000	1,383	660	2,666	108
2021년	5,200	4,073	1,127	700	4,456	−266
2022년	5,242	3,378	1,864	592	3,764	117
2023년	5,542	3,634	1,908	417	4,427	65

① 2018 ~ 2023년 동안 자본총액은 매년 증가하고 있다.
② 직전 해의 당기순이익과 비교했을 때, 당기순이익이 가장 많이 증가한 해는 2019년이다.
③ 공정자산총액과 부채총액의 차가 가장 큰 해는 2023년이다.
④ 각 지표 중 총액 규모가 가장 큰 것은 매출액이다.
⑤ 2018 ~ 2023년 동안 자본총액 중 자본금이 차지하는 비중은 매년 증가하고 있다.

05 다음은 우표 발행 현황에 대한 자료이다. 이에 대한 설명으로 옳은 것은?

〈우표 발행 현황〉

(단위 : 십만 장)

구분	2019년	2020년	2021년	2022년	2023년
보통우표	1,670	1,640	770	1,100	1,050
기념우표	430	560	400	350	360
나만의 우표	50	40	30	20	10
합계	2,150	2,240	1,200	1,470	1,420

① 2019년부터 2023년까지 보통우표와 기념우표 발행 수의 증감 추이는 동일하다.
② 기념우표와 나만의 우표 모두 발행 수가 가장 적은 해는 2022년이다.
③ 보통우표와 기념우표 발행 수가 가장 큰 차이를 보이는 해는 2019년이다.
④ 2021년 전체 발행 수에서 나만의 우표가 차지하고 있는 비율은 3% 이상이다.
⑤ 2019년 대비 2023년 나만의 우표 발행 수의 감소율은 70%이다.

06 다음은 S지역 전체 가구를 대상으로 원자력발전소 사고 전·후 식수 조달원에 대해 사고 후 설문조사한 결과이다. 이에 대한 설명으로 옳은 것은?

〈원자력발전소 사고 전·후 S지역 식수 조달원별 가구 수〉

(단위 : 가구)

사고 전 조달원 \ 사고 후 조달원	수돗물	정수	약수	생수
수돗물	60	30	20	30
정수	10	80	10	30
약수	20	10	20	40
생수	10	10	10	70

※ S지역 가구의 식수 조달원은 수돗물, 정수, 약수, 생수로 구성되며, 각 가구는 한 종류의 식수 조달원만 이용한다.

① 사고 전에 식수 조달원으로 정수를 이용하는 가구 수가 가장 많다.
② 사고 전에 비해 사고 후에 이용 가구 수가 감소한 식수 조달원의 수는 3개이다.
③ 사고 전·후 식수 조달원을 변경한 가구 수는 전체 가구 수의 60% 이상이다.
④ 사고 전에 식수 조달원으로 정수를 이용하던 가구는 모두 사고 후에도 정수를 이용한다.
⑤ 각 식수 조달원 중에서 사고 전·후에 이용 가구 수의 차이가 가장 큰 것은 생수이다.

Easy

07 다음은 2021년 상반기부터 2023년 하반기까지 내용별 이메일 수신량 비율 추이를 조사한 자료이다. 이에 대한 설명으로 옳은 것은?

〈내용별 이메일 수신량 비율 추이〉

(단위 : %)

구분	2021년 상반기	2021년 하반기	2022년 상반기	2022년 하반기	2023년 상반기	2023년 하반기
성인 스팸 이메일	14.0	11.5	26.5	49.0	21.0	29.5
대출·금융 스팸 이메일	1.0	2.0	10.5	8.0	2.0	0.5
일반 이메일	85.0	86.5	63.0	43.0	77.0	70.0
합계	100.0	100.0	100.0	100.0	100.0	100.0

① 일반 이메일 수신량 비율의 전반기 대비 증감 추이는 대출·금융 스팸 이메일 수신량 비율의 전반기 대비 증감 추이와 같다.
② 성인 스팸 이메일 수신량은 2021년 상반기보다 2023년 하반기에 더 많았다.
③ 일반 이메일의 경우 2022년 하반기부터 수신량 비율이 계속 증가하고 있다.
④ 2022년 하반기 대출·금융 스팸 이메일 수신량 비율은 전년 동기의 4배이다.
⑤ 성인 스팸 이메일 수신량 비율은 2021년 상반기 대비 2023년 상반기에 60% 이상 증가하였다.

08 다음은 특정 기업 47개를 대상으로 제품전략, 기술개발 종류 및 기업형태별 기업 수를 조사한 자료이다. 이에 대한 설명으로 옳은 것은?

〈제품전략, 기술개발 종류 및 기업형태별 기업 수〉

(단위 : 개)

제품전략	기술개발 종류	기업형태	
		벤처기업	대기업
시장 견인	존속성 기술	3	8
	와해성 기술	7	9
기술 추동	존속성 기술	5	7
	와해성 기술	5	3

※ 각 기업은 한 가지 제품전략을 취하고 한 가지 종류의 기술을 개발한다.

① 와해성 기술을 개발하는 기업 중에는 벤처기업의 비율이 대기업의 비율보다 낮다.
② 기술 추동 전략을 취하는 기업 중에는 존속성 기술을 개발하는 기업의 비율이 와해성 기술을 개발하는 기업의 비율보다 낮다.
③ 전체 기업 중에서 존속성 기술을 개발하는 기업의 비율은 와해성 기술을 개발하는 기업의 비율보다 낮다.
④ 벤처기업 중에서 기술 추동 전략을 취하는 기업의 비율이 시장 견인 전략을 취하는 기업의 비율보다 높다.
⑤ 대기업 중에서 시장 견인 전략을 취하는 기업의 비율이 기술 추동 전략을 취하는 기업의 비율보다 낮다.

PART 3

09 다음은 S센터의 2015 ~ 2023년 공연예술 행사 추이를 나타낸 자료이다. 이에 대한 설명으로 옳은 것은?

〈공연예술 행사 추이〉

(단위 : 건)

구분	2015년	2016년	2017년	2018년	2019년	2020년	2021년	2022년	2023년
양악	250	260	270	300	315	380	395	415	460
국악	68	110	100	113	135	145	180	187	238
무용	60	60	70	105	150	135	미집계	140	138
연극	60	45	55	70	140	117	130	195	180

① 이 기간 동안 매년 국악 공연 건수가 연극 공연 건수보다 많았다.
② 이 기간 동안 매년 양악 공연 건수가 국악, 무용, 연극 공연 건수의 합보다 많았다.
③ 2015년 대비 2023년 공연 건수의 증가율이 가장 높은 장르는 국악이다.
④ 연극 공연 건수가 무용 공연 건수보다 많아진 것은 2022년부터였다.
⑤ 2022년에 비해 2023년에 공연 건수가 가장 많이 증가한 장르는 양악이다.

10 다음은 차종별 1일 평균 주행거리를 정리한 자료이다. 이에 대한 설명으로 옳지 않은 것은?

〈차종별 1일 평균 주행거리〉

(단위 : km/대)

구분	서울	부산	대구	인천	광주	대전	울산	세종
승용차	31.7	34.7	33.7	39.3	34.5	33.5	32.5	38.1
승합차	54.6	61.2	54.8	53.9	53.2	54.5	62.5	58.4
화물차	55.8	55.8	53.1	51.3	57.0	56.6	48.1	52.1
특수차	60.6	196.6	92.5	125.6	114.2	88.9	138.9	39.9
전체	35.3	40.1	37.1	41.7	38.3	37.3	36.0	40.1

※ 항구도시는 '부산, 인천, 울산'이다.

※ 전체 1일 평균 주행거리는 차종별 대수에 비례하여 가중치를 적용한 것이다.

① 세종을 제외한 도시에서 1일 평균 주행거리의 최댓값과 최솟값의 차이가 승합차의 1일 평균 주행거리보다 긴 지역은 5곳 이상이다.

② 차종별 1일 평균 주행거리가 긴 지역일수록 전체 1일 평균 주행거리도 길다.

③ 세종시는 특수차의 1일 평균 주행거리는 최하위이지만, 승합차의 경우는 상위 40% 안에 든다.

④ 부산은 모든 차종의 1일 평균 주행거리가 상위 50% 안에 든다.

⑤ 세종과 모든 항구도시의 차종별 1일 평균 주행거리를 비교했을 때, 평균 주행거리가 세종이 가장 긴 차종은 없다.

11 다음은 S기업의 2023년 하반기 신입사원 채용 현황에 대한 자료이다. 이에 대한 설명으로 옳지 않은 것은?

〈신입사원 채용 현황〉

(단위 : 명)

구분	입사지원자 수	합격자 수
남성	680	120
여성	320	80

① 남성 합격자 수는 여성 합격자 수의 1.5배이다.

② 총 입사지원자 중 합격률은 20%이다.

③ 여성 입사지원자의 합격률은 25%이다.

④ 합격자 중 남성의 비율은 70% 이상이다.

⑤ 총 입사지원자 중 여성 입사지원자의 비율은 30% 이상이다.

12 다음은 2024년 6월 I공항의 원인별 지연 및 결항 통계 자료이다. 이에 대한 설명으로 옳은 것은?

〈2024년 6월 I공항 원인별 지연 및 결항 통계〉

(단위 : 편)

구분	기상	A/C 접속	A/C 정비	여객처리 및 승무원관련	복합원인	기타	합계
지연	98	1,510	150	30	2	1,210	3,000
결항	14	4	12	0	0	40	70

① 기상으로 지연된 항공편 수는 기상으로 결항된 항공편 수의 6배이다.
② 기타를 제외하고 항공편 지연과 결항에서 가장 높은 비중을 차지하고 있는 원인이 같다.
③ 6월에 I공항을 이용하는 비행기가 지연되었을 확률은 98%이다.
④ A/C 정비로 인해 결항된 항공편 수는 A/C 정비로 인해 지연된 항공편 수의 10%이다.
⑤ 항공편 지연 중 A/C 정비가 차지하는 비율은 결항 중 기상이 차지하는 비율의 $\frac{1}{4}$이다.

PART 3

Hard
13 다음은 A~D사의 남녀 직원 비율을 나타낸 자료이다. 이에 대한 설명으로 옳지 않은 것은?

〈회사별 남녀 직원 비율〉

(단위 : %)

구분	A사	B사	C사	D사
남직원	60	40	45	38
여직원	40	60	55	62

① 여직원 대비 남직원 비율이 가장 높은 회사는 A이며, 가장 낮은 회사는 D이다.
② B, C, D사의 여직원 수의 합은 남직원 수의 합보다 크다.
③ A사의 남직원이 B사의 여직원보다 많다.
④ A, B사의 전체 직원 중 남직원이 차지하는 비율이 55%라면, A사의 전체 직원 수는 B사 전체 직원 수의 3배이다.
⑤ A, B, C사 각각의 전체 직원 수가 같다면, A, B사 여직원 수의 합은 C사 여직원 수의 2배 미만이다.

※ 다음은 1980년대부터 2020년대까지 연예·방송 관련 직업의 평균 데뷔 나이를 조사한 자료이다. 이를 보고 이어지는 물음에 답하시오. **[14~15]**

〈연예·방송 관련 직업의 평균 데뷔 나이〉

(단위 : 세)

구분		1980년대	1990년대	2000년대	2010년대	2020년대
가수	남성	26	28	25	22	18
	여성	18	20	19	20	21
배우	남성	20	23	24	26	25
	여성	18	22	25	26	28
모델	남성	25	27	26	25	28
	여성	20	21	20	24	23
아나운서	남성	27	29	28	32	30
	여성	26	25	26	27	26
개그맨	남성	27	28	25	30	31
	여성	24	26	27	25	26

※ 단순평균 평균 데뷔 나이는 해당되는 수치를 모두 합한 값을 수치의 개수로 나눈 나이이다.

14 다음 중 자료에 대한 설명으로 옳지 않은 것은?

① 남성 가수의 평균 데뷔 나이는 1990년대에 가장 높다.

② 배우의 단순평균 평균 데뷔 나이는 매년 높아지고 있다.

③ 남성 모델의 평균 데뷔 나이는 25세 이상이고, 여성 모델의 평균 데뷔 나이는 25세 미만이다.

④ 남성 개그맨의 평균 데뷔 나이가 가장 낮은 연도는 여성 개그맨의 평균 데뷔 나이가 가장 높다.

⑤ 2000년대 대비 2020년대의 평균 데뷔 나이 증가율은 여성 모델이 여성 배우보다 낮다.

15 다음 중 자료에 대한 설명으로 옳은 것은?

① 여성 배우의 평균 데뷔 나이가 남성 배우보다 높은 연도는 2000년대뿐이다.

② 연예·방송 관련 직업군 중 2010년대～2020년대에 남성 평균 데뷔 나이가 30세 이상인 직업은 아나운서뿐이다.

③ 여성 가수의 1980년대부터 2020년대까지의 단순평균 평균 데뷔 나이는 20세 미만이다.

④ 1980년대 대비 2020년대의 평균 데뷔 나이 증가율은 남성 모델이 여성 모델보다 높다.

⑤ 2000년대 남성 평균 데뷔 나이가 가장 높은 직업과 여성 평균 데뷔 나이가 가장 높은 직업은 동일하다.

※ 다음은 2020 ~ 2022년의 영양소 섭취에 대한 자료이다. 이를 보고 이어지는 물음에 답하시오. **[16~17]**

〈2020 ~ 2022년 영양소 섭취 비율〉

(단위 : %)

구분		2020년			2021년			2022년		
		미달	적정	과잉	미달	적정	과잉	미달	적정	과잉
성별	남성	8.5	75.5	16.0	7.6	76.0	16.4	5.5	77.5	17.0
	여성	25.0	70.0	5.0	36.0	53.0	11.0	44.0	32.0	24.0
연령대별	영유아	11.2	82.0	6.8	12.9	85.0	2.1	3.5	94.0	2.5
	청소년	3.4	76.8	19.8	2.1	76.7	21.2	0.8	64.6	34.6
	성인	15.5	81.0	3.5	20.2	75.0	4.8	24.5	69.5	6.0
	노인	14.5	44.0	41.5	24.1	41.0	34.9	23.2	42.5	34.3

PART 3

16 다음 중 자료에 대한 설명으로 옳지 않은 것은?

① 제시된 기간 동안 해가 지날수록 여성의 영양소 섭취 양극화 현상은 심해지고 있다.
② 2022년에 '미달'이라고 응답한 여성의 수는 남성의 8배이다.
③ 2021년과 2022년에 '적정'이라고 응답한 영유아와 성인 비율의 전년 대비 증감 추이는 반대이다.
④ 제시된 자료는 청소년의 영양소 섭취율이 증가하고 있다는 기사를 뒷받침해줄 수 있다.
⑤ 2022년에 '미달'이라고 응답한 노인의 비율은 2020년의 1.6배이다.

17 다음 중 자료에 대한 설명으로 옳은 것을 〈보기〉에서 모두 고르면?

보기

ㄱ. 제시된 기간 동안 해가 지날수록 남성의 영양소 섭취 중 '미달'에 해당하는 비율만 감소하고 있다.
ㄴ. 2021년 응답자 수가 300명이고, 그중 남성이 100명이라면 '적정'이라고 응답한 남성과 여성의 인원 차는 20명이다.
ㄷ. 제시된 기간 동안 성인의 '미달'이라고 응답한 비율과 '과잉'이라고 응답한 비율의 차는 증가하고 있다.

① ㄱ
② ㄱ, ㄴ
③ ㄱ, ㄷ
④ ㄴ, ㄷ
⑤ ㄱ, ㄴ, ㄷ

18 다음은 전체 스마트폰 평균 스크린 대 바디 비율에 대한 자료이다. 이를 바르게 나타낸 그래프는?

〈전체 스마트폰 평균 스크린 대 바디 비율〉

(단위 : %)

구분	평균	최고 비율
2014년	33.1	52.0
2015년	35.6	56.9
2016년	43.0	55.2
2017년	47.5	60.3
2018년	53.0	67.6
2019년	58.2	72.4
2020년	63.4	78.5
2021년	60.2	78.0
2022년	64.1	83.6
2023년	65.0	82.2

※ 스크린 대 바디 비율은 전체 바디에서 스크린이 차지하는 비율이다.

①
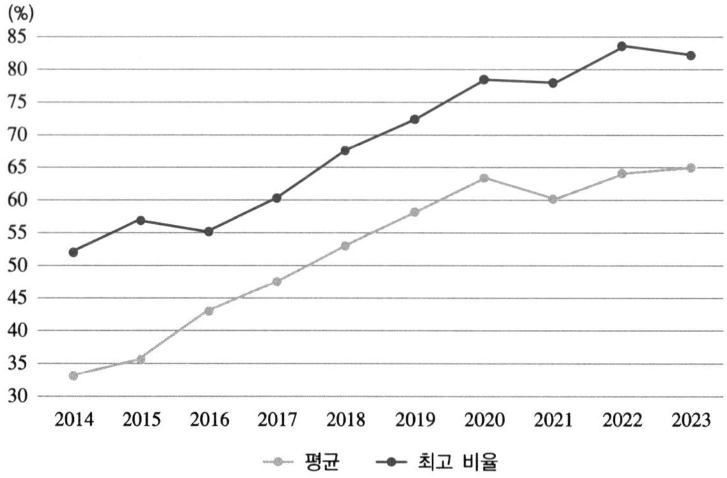

②
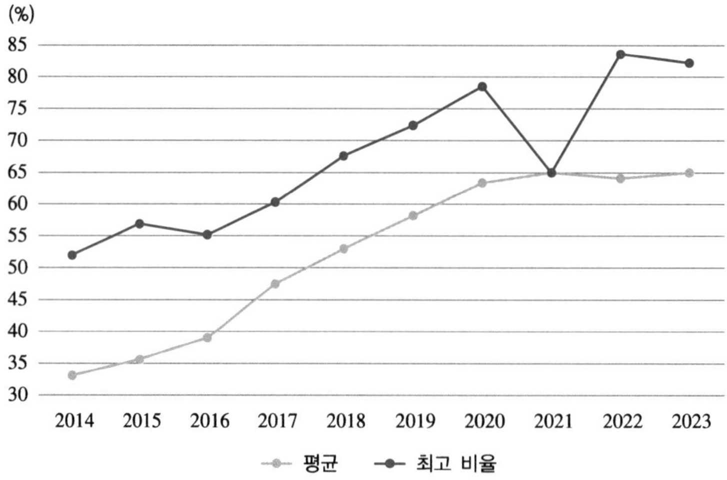

③
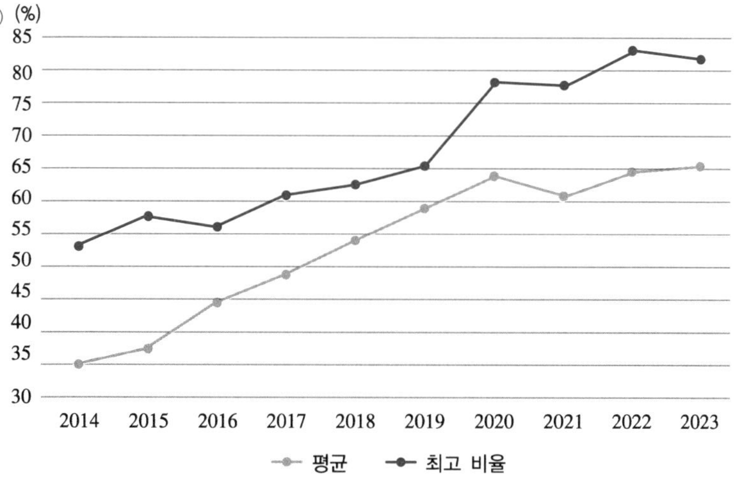
(%)
85
80
75
70
65
60
55
50
45
40
35
30
2014
2015
2016
2017
2018
2019
2020
2021
2022
2023
평균
최고 비율

④
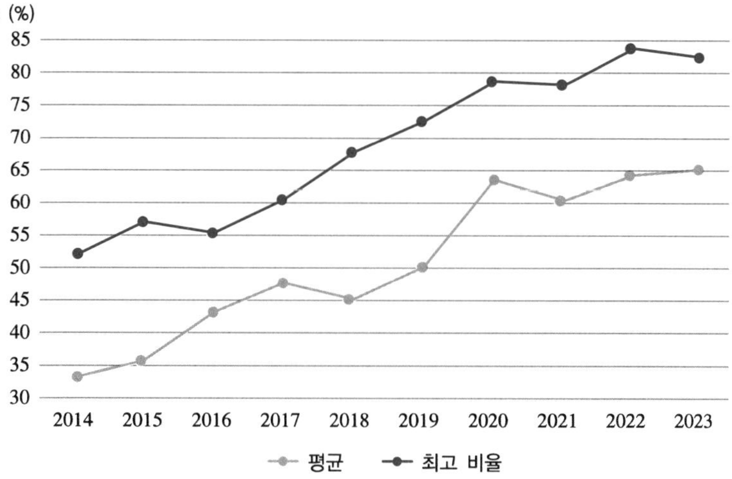
(%)
85
80
75
70
65
60
55
50
45
40
35
30
2014
2015
2016
2017
2018
2019
2020
2021
2022
2023
평균
최고 비율

⑤
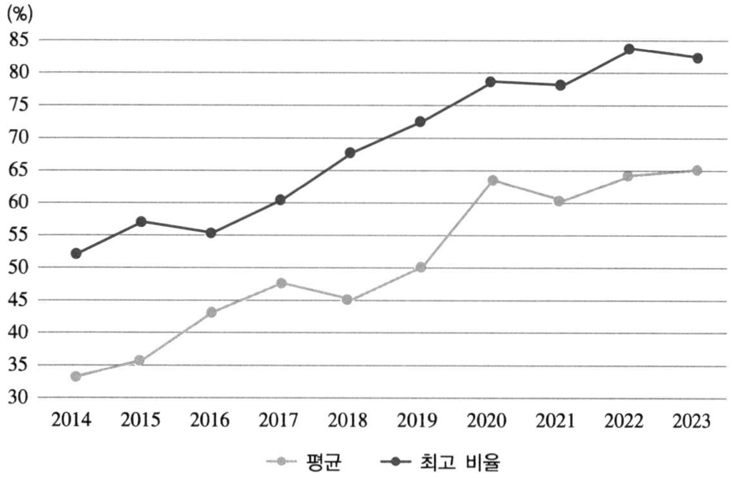
(%)
85
80
75
70
65
60
55
50
45
40
35
30
2014
2015
2016
2017
2018
2019
2020
2021
2022
2023
평균
최고 비율

PART 3

19 다음은 학교 수 현황에 대한 자료이다. 이에 대한 〈보기〉의 설명 중 옳은 것을 모두 고르면?

〈초·중·고 학교 수 현황〉

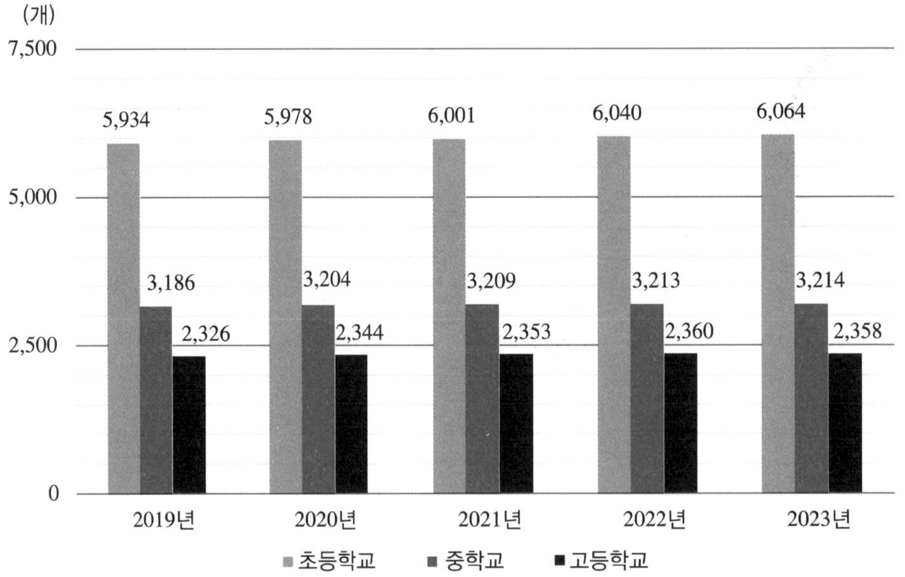

보기

ㄱ. 2020년부터 2023년까지 초등학교 수와 고등학교 수의 전년 대비 증감 추이는 동일하다.
ㄴ. 2019년부터 2023년까지 초등학교 수와 중학교 수의 차이가 가장 큰 해는 2022년이다.
ㄷ. 초·중·고등학교 수의 총합은 2021년 대비 2023년에 증가하였다.

① ㄱ
② ㄷ
③ ㄱ, ㄴ
④ ㄴ, ㄷ
⑤ ㄱ, ㄴ, ㄷ

Hard

20 어떤 미생물이 다음과 같은 규칙으로 분열한다고 한다. 6월 7일에 미생물 3마리가 분열을 시작한다면, 이 미생물이 30억 마리가 되는 날은?

〈미생물 개체 수 변화〉

(단위 : 마리)

구분	6월 7일	6월 10일	6월 13일	6월 16일	6월 19일
개체 수	3	30	300	3,000	30,000

① 7월 1일
② 7월 4일
③ 7월 7일
④ 7월 10일
⑤ 7월 15일

02 추리

※ 제시된 명제가 모두 참일 때, 다음 중 빈칸에 들어갈 명제로 가장 적절한 것을 고르시오. [1~3]

Easy

01

전제1. 마라톤을 좋아하는 사람은 체력이 좋고, 인내심도 있다.
전제2. 몸무게가 무거운 사람은 체력이 좋고, 명랑한 사람은 마라톤을 좋아한다.
결론. ________________________________

① 체력이 좋은 사람은 인내심이 없다.
② 명랑한 사람은 인내심이 있다.
③ 마라톤을 좋아하는 사람은 몸무게가 가볍다.
④ 몸무게가 무겁지 않은 사람은 체력이 좋지 않다.
⑤ 명랑한 사람은 몸무게가 무겁다.

02

전제1. 회사원은 야근을 한다.
전제2. ________________________
결론. 늦잠을 자지 않는 사람은 회사원이 아니다.

① 회사원이 아니면 야근을 하지 않는다.
② 늦잠을 자면 회사원이다.
③ 야근을 하지 않는 사람은 늦잠을 잔다.
④ 야근을 하는 사람은 늦잠을 잔다.
⑤ 회사원이면 늦잠을 자지 않는다.

03

전제1. 경찰에 잡히지 않은 사람은 모두 도둑질을 하지 않은 것이다.
전제2. ________________________
결론. 감옥에 가지 않은 사람은 모두 도둑질을 하지 않은 것이다.

① 도둑질을 한 사람은 모두 감옥에 가지 않는다.
② 감옥에 간 사람은 모두 도둑질을 한 것이다.
③ 도둑질을 한 사람은 모두 경찰에 잡힌다.
④ 경찰에 잡힌 사람은 모두 감옥에 간다.
⑤ 경찰은 도둑질을 하지 않는다.

04 **S사 사원 A ~ D는 올해 중국, 일본, 프랑스, 독일 중 각기 다른 지역 한 곳에 해외 파견을 떠나게 되었다. 이들은 영어, 중국어, 일본어, 프랑스어, 독일어 중 1개 이상의 외국어에 능통하다. 제시된 〈조건〉을 따를 때, 다음 중 항상 참인 것은?**

조건

- 일본, 독일, 프랑스에 해외 파견을 떠나는 사원은 해당 국가의 언어를 능통하게 한다.
- 중국, 프랑스에 해외 파견을 떠나는 사원은 영어도 능통하게 한다.
- 일본어, 프랑스어, 독일어를 능통하게 하는 사원은 각각 1명이다.
- 사원 4명 중 영어가 능통한 사원은 3명이며, 중국어가 능통한 사원은 2명이다.
- A는 영어와 독일어를 능통하게 한다.
- C가 능통하게 할 수 있는 외국어는 중국어와 일본어뿐이다.
- B가 능통하게 할 수 있는 외국어 중 한 개는 C와 겹친다.

① A는 세 개의 외국어를 능통하게 할 수 있다.
② B는 두 개의 외국어를 능통하게 할 수 있다.
③ C는 중국에 파견 근무를 떠난다.
④ D는 어느 국가로 파견 근무를 떠나는지 알 수 없다.
⑤ A와 C가 능통하게 할 수 있는 외국어 중 한 개는 동일하다.

Easy

05 **S대학은 광수, 소민, 지은, 진구 중에서 국비 장학생을 선발할 예정이다. 이때, 적어도 광수는 장학생으로 선정될 것이다. 왜냐하면 진구가 선정되지 않으면 광수가 선정되기 때문이다. 다음 〈보기〉에서 이와 같은 가정이 성립하기 위해 추가되어야 하는 전제로 옳은 것을 모두 고르면?**

보기

ㄱ. 소민이가 선정된다.
ㄴ. 지은이가 선정되면 진구는 선정되지 않는다.
ㄷ. 지은이가 선정된다.
ㄹ. 지은이가 선정되면 소민이가 선정된다.

① ㄱ, ㄴ
② ㄱ, ㄹ
③ ㄴ, ㄷ
④ ㄴ, ㄹ
⑤ ㄷ, ㄹ

Hard

06 S사는 조직을 개편함에 따라 기획 1～8팀의 사무실 위치를 변경하려 한다. 다음 〈조건〉에 따라 변경한다고 할 때, 변경된 사무실 위치에 대한 설명으로 옳은 것은?

창고	입구	계단
1호실	복도	5호실
2호실		6호실
3호실		7호실
4호실		8호실

조건

- 외근이 잦은 1팀과 7팀은 입구와 가장 가깝게 위치한다(단, 입구에서 가장 가까운 쪽은 1호실과 5호실 두 곳이다).
- 2팀과 5팀은 업무 특성상 복도를 끼지 않고 같은 라인에 인접해 나란히 위치한다.
- 3팀은 팀명과 동일한 호실에 위치한다.
- 8팀은 입구에서 가장 먼 쪽에 위치하며, 복도 맞은편에는 2팀이 위치한다(단, 입구에서 가장 먼 쪽은 4호실과 8호실 두 곳이다).
- 4팀은 1팀과 5팀 사이에 위치한다.

① 기획 1팀의 사무실은 창고 뒤에 위치한다.
② 기획 2팀은 입구와 멀리 떨어진 4호실에 위치한다.
③ 기획 3팀은 기획 5팀과 앞뒤로 나란히 위치한다.
④ 기획 4팀과 기획 6팀은 복도를 사이에 두고 마주한다.
⑤ 기획 7팀과 기획 8팀은 계단 쪽의 라인에 위치한다.

PART 3

07 S사에 근무 중인 직원 A ~ E가 〈조건〉에 따라 이번 주 평일에 당직을 선다고 할 때, 다음 중 반드시 참이 되는 것은?

조건

- A ~ E는 평일 주 1회 이상 3회 미만의 당직을 서야 한다.
- B와 D의 당직일은 겹치지 않는다.
- B와 D의 경우 하루는 혼자 당직을 서고, 다른 하루는 A와 함께 당직을 선다.
- B와 D는 이틀 연속으로 당직을 선다.
- A는 월요일과 금요일에 당직을 선다.
- C는 혼자 당직을 선다.
- E는 이번 주에 한 번 당직을 섰고, 그 날은 최대 인원수가 근무했다.

① B는 월요일에 당직을 섰다.
② B는 금요일에 당직을 섰다.
③ C는 수요일에 당직을 섰다.
④ D는 금요일에 당직을 섰다.
⑤ E는 금요일에 당직을 섰다.

08 A씨는 최근 '빅데이터'에 관심이 생겨 관련 도서를 빌리기 위해 도서관에 갔다. 다음 〈조건〉을 참조했을 때 빌리고자 하는 도서가 있는 곳은?

조건

- 도서관에는 어린이 문헌 정보실, 가족 문헌 정보실, 제1문헌 정보실, 제2문헌 정보실, 보존서고실, 일반 열람실이 있다.
- 1층은 어린이 문헌 정보실과 가족 문헌 정보실이다.
- 제1문헌 정보실은 하나의 층을 모두 사용한다.
- 제2문헌 정보실은 엘리베이터로 이동할 수 없다.
- 5층은 보존서고실로 직원들만 이용이 가능하다.
- 제1문헌 정보실에는 인문, 철학, 역사 분야의 도서가 비치되어 있다.
- 제2문헌 정보실에는 정보통신, 웹, 네트워크 분야의 도서가 비치되어 있다.
- 3층은 2층과 연결된 계단을 통해서만 이동할 수 있으며, 나머지 층은 엘리베이터로 이동할 수 있다.
- 일반 열람실은 보존서고실 바로 아래층에 있다.

① 1층
② 2층
③ 3층
④ 4층
⑤ 5층

Easy

09 **S사에 근무 중인 A ~ D는 이번 인사발령을 통해 용인, 인천, 안양, 과천의 4개 지점에서 각각 근무하게 되었다. 다음 〈조건〉을 참고할 때, 반드시 참인 것은?**

> **조건**
>
> • 이미 근무했던 지점에서는 다시 근무할 수 없다.
> • A와 B는 용인 지점에서 근무한 적이 있다.
> • C와 D는 인천 지점에서 근무한 적이 있다.
> • A는 이번 인사발령을 통해 과천 지점에서 근무하게 되었다.

① A는 안양 지점에서 근무한 적이 있다.
② B는 과천 지점에서 근무한 적이 있다.
③ B는 인천 지점에서 근무하게 되었다.
④ C는 용인 지점에서 근무하게 되었다.
⑤ D는 안양 지점에서 근무하게 되었다.

PART 3

10 **S사는 5층짜리 선반에 사무용품을 정리해 두고 있다. 선반의 각 층에는 서로 다른 두 종류의 사무용품이 놓여 있다고 할 때, 다음 〈조건〉을 보고 바르게 추론한 것은?**

> **조건**
>
> • 선반의 가장 아래층에는 인덱스 바인더와 지우개만 놓여 있다.
> • 서류정리함은 보드마카와 스테이플러보다 아래에 놓여 있다.
> • 보드마카와 접착 메모지는 같은 층에 놓여 있다.
> • 2공 펀치는 스테이플러보다는 아래에 놓여있지만, 서류정리함보다는 위에 놓여 있다.
> • 접착 메모지는 스테이플러와 볼펜보다 위에 놓여 있다.
> • 볼펜은 2공 펀치보다 위에 놓여있지만, 스테이플러보다 위에 놓여 있는 것은 아니다.
> • 북엔드는 선반의 두 번째 층에 놓여 있다.
> • 형광펜은 선반의 가운데 층에 놓여 있다.

① 스테이플러는 보드마카보다 위에 놓여 있다.
② 서류정리함은 북엔드보다 위에 놓여 있다.
③ 볼펜은 3층 선반에 놓여 있다.
④ 보드마카와 접착 메모지가 가장 높은 층에 놓여 있다.
⑤ 2공 펀치는 북엔드와 같은 층에 놓여 있다.

11 **S사의 가 ~ 바 지사장은 각각 여섯 개의 지사로 발령받았다. 다음 〈조건〉을 보고, A ~ F지사로 발령된 지사장의 순서를 바르게 나열한 것은?**

조건

- 본사 – A – B – C – D – E – F 순서로 일직선에 위치하고 있다.
- 다 지사장은 마 지사장 바로 옆 지사에 근무하지 않으며, 나 지사장과 나란히 근무한다.
- 라 지사장은 가 지사장보다 본사에 가깝게 근무한다.
- 마 지사장은 D지사에 근무한다.
- 바 지사장이 근무하는 지사보다 본사에 가까운 지사는 1개이다.

① 바 – 가 – 나 – 마 – 다 – 라
② 라 – 바 – 가 – 마 – 나 – 다
③ 가 – 바 – 나 – 마 – 라 – 다
④ 나 – 다 – 라 – 마 – 가 – 바
⑤ 다 – 나 – 바 – 마 – 가 – 라

12 **S사에 근무하는 A ~ C 세 명은 협력업체를 방문하기 위해 택시를 타고 가고 있다. 다음 〈조건〉을 참고할 때, 다음 중 항상 옳은 것은?**

조건

- 세 명의 직급은 각각 과장, 대리, 사원이다.
- 세 명은 각각 검은색, 회색, 갈색 코트를 입었다.
- 세 명은 각각 기획팀, 연구팀, 디자인팀이다.
- 택시 조수석에는 회색 코트를 입은 과장이 앉아 있다.
- 갈색 코트를 입은 연구팀 직원은 택시 뒷좌석에 앉아 있다.
- 셋 중 가장 낮은 직급의 C는 기획팀이다.

① A – 대리, 갈색 코트, 연구팀
② A – 과장, 회색 코트, 디자인팀
③ B – 대리, 갈색 코트, 연구팀
④ B – 과장, 회색 코트, 디자인팀
⑤ C – 사원, 검은색 코트, 기획팀

13 **다음 제시된 단어의 대응 관계가 동일하도록 빈칸에 들어갈 가장 적절한 단어를 고르면?**

마수걸이 : 개시 = 뚜렷하다 : (　　)

① 흐릿하다
② 복잡하다
③ 깔끔하다
④ 분명하다
⑤ 산뜻하다

14 **다음 단어의 대응 관계가 나머지와 다른 하나는?**

① 하락 – 등귀
② 전진 – 진보
③ 초대 – 초청
④ 지탄 – 비판
⑤ 개탄 – 분개

※ 다음 제시된 도형의 규칙을 보고 물음표에 들어가기에 적절한 것을 고르시오. [15~17]

15

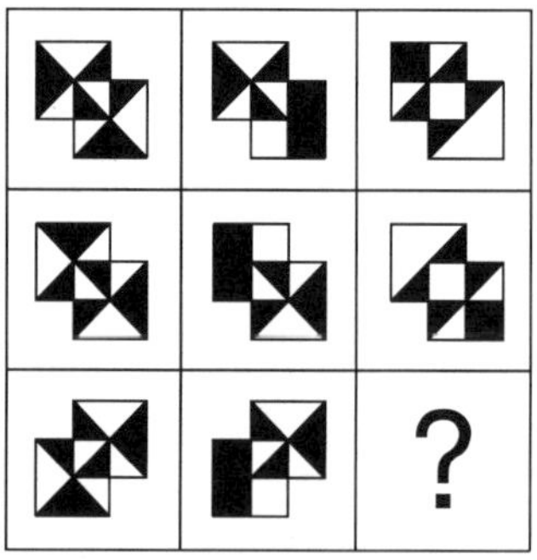

① 

② 

③ 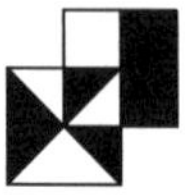

④ 

⑤ 

Easy

16

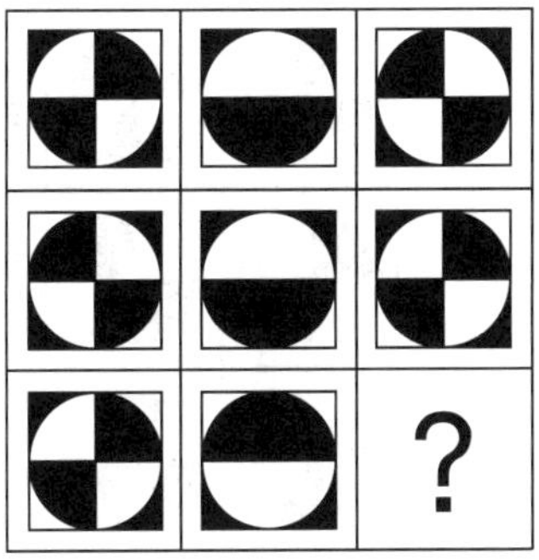

① 

② 

③ 

④ 

⑤ 

17

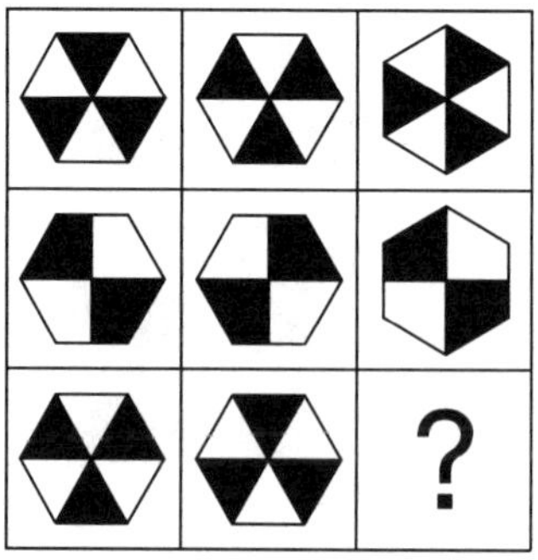

① 

② 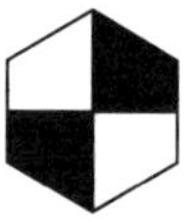

③ 

④ 

⑤ 

※ 다음 도식에서 기호들은 일정한 규칙에 따라 문자를 변화시킨다. 물음표에 들어갈 적절한 문자를 고르시오(단, 규칙은 가로와 세로 중 한 방향으로만 적용된다). **[18~21]**

		JS12		801H		HRAM		
		↓		↓		↓		
IM20	→	♧	→	♣	→	♧	→	IP65
		↓				↓		
E09N	→	♣		↓→		♣	→	E29L
		↓				↓		
WOO7	→	◎	→	♧	→	●	→	9RWP
		↓		↓		↓		
		JU43		823J		COHT		

18

S7BS → ◎ → ● → ?

① BSS7
② SBS7
③ SSB7
④ 7SBS
⑤ 7BSS

19

WW4W → ● → ♧ → ?

① WWW4
② 4WWW
③ XYZ4
④ XY4Z
⑤ 4XYZ

Hard

20

? → ♧ → ● → TREE

① EETR
② EERT
③ EDRO
④ RRDO
⑤ ORED

Hard

21

? → ◎ → ● → ♣ → 53CG

① CH25
② CH32
③ HC35
④ HG25
⑤ HG35

※ 다음 제시된 문단을 논리적 순서대로 바르게 나열한 것을 고르시오. [22~23]

22

(가) 교정 중에는 치아뿐 아니라 교정 장치를 부착하고 있기 때문에 교정 장치까지 닦아주어야 하는데요. 교정용 칫솔은 가운데 홈이 있어 장치와 치아를 닦을 수 있는 칫솔을 선택해야 하고, 가운데 파여진 곳을 교정 장치에 위치시킨 후 옆으로 왔다 갔다 전체적으로 닦아줍니다. 그다음 칫솔을 비스듬히 하여 장치의 위아래를 꼼꼼하게 닦아줍니다.

(나) 치아를 가지런하게 하기 위해 교정을 할 때, 간혹 칫솔질이 잘 되지 않아 충치가 생기고 잇몸이 내려가 버리는 경우가 종종 있습니다. 그러므로 교정 중에는 더 신경 써서 칫솔질을 해야 하죠.

(다) 마지막으로 칫솔질을 할 때 잊지 말아야 할 것은 우리 입안에 치아만 있는 것이 아니므로 혀와 잇몸에 있는 플라그들도 제거해주셔야 입 냄새도 예방할 수 있다는 것입니다. 올바른 칫솔질 방법으로 건강한 치아를 잘 유지하시길 바랍니다.

(라) 또 장치 때문에 닦이지 않는 부위는 치간 칫솔을 이용해 위아래 오른쪽 왼쪽 넣어 잘 닦아줍니다. 치실은 치아에 C자 모양으로 감아준 후 치아 방향으로 쓸어내려 줍니다. 그리고 교정 중에는 워터픽이라는 물 분사 장치를 이용해 양치해 주시는 것도 많은 도움이 됩니다. 잘 할 수 있으시겠죠?

① (나) – (라) – (다) – (가)
② (나) – (가) – (라) – (다)
③ (가) – (라) – (나) – (다)
④ (가) – (나) – (라) – (다)
④ (가) – (다) – (나) – (라)

23

(가) 점차 우리의 생활에서 집단이 차지하는 비중이 커지고, 사회가 조직화되어 가는 현대 사회에서는 개인의 윤리 못지않게 집단의 윤리, 즉 사회 윤리의 중요성도 커지고 있다.

(나) 따라서 우리는 현대 사회의 특성에 맞는 사회 윤리의 정립을 통해 올바른 사회를 지향하는 노력을 계속해야 할 것이다.

(다) 그러나 이러한 사회 윤리가 단순히 개개인의 도덕성이나 윤리 의식의 강화에 의해서만 이루어지는 것은 아니다.

(라) 물론 그것은 인격을 지니고 있는 개인과는 달리 전체의 이익을 합리적으로 추구하는 사회의 본질적 특성에서 연유하는 것이기도 하다.

(마) 그것은 개개인이 도덕적이라는 것과 그들로 이루어진 사회가 도덕적이라는 것은 별개의 문제이기 때문이다.

① (가) – (다) – (마) – (라) – (나)
② (가) – (다) – (나) – (라) – (마)
③ (가) – (나) – (마) – (라) – (다)
④ (가) – (나) – (다) – (라) – (마)
⑤ (가) – (나) – (라) – (다) – (마)

24 다음 글을 읽고 추론한 내용으로 옳은 것을 〈보기〉에서 모두 고르면?

> 민주주의 사회에서 정치적 의사 결정은 투표에 의해서 이루어진다. 이 경우 구성원들은 자신의 경제력에 관계없이 똑같은 정도의 결정권을 가지고 참여한다. 즉, 의사 결정 과정에서의 민주적 절차와 형평성을 중시하는 것이다. 그러나 시장적 의사 결정에서는 자신의 경제력에 비례하여 차별적인 결정권을 가지고 참여하며, 철저하게 수요 – 공급의 원칙에 따라 의사 결정이 이루어진다. 경제적인 효율성이 중시되는 것이다.
> 정치적 의사 결정은 다수결과 강제성을 전제로 하지만, 시장적 의사 결정은 완전 합의와 자발성을 근간으로 한다. 투표를 통한 결정이든 선거에 의해 선출된 사람들의 합의에 의한 결정이든 민주주의 제도하에서 의사 결정은 다수결로 이루어지며, 이 과정에서 반대를 한 소수도 결정이 이루어진 뒤에는 그 결정에 따라야 한다. 그러나 시장적 의사 결정에서는 시장 기구가 제대로 작동하는 한, 거래를 원하는 사람만이 자발적으로 의사 결정에 참여하며 항상 모든 당사자의 완전 합의에 의해서만 거래가 이루어진다.
> 물론 민주주의와 시장경제가 전적으로 상치되는 것은 아니다. 이 둘은 공통적으로 개인의 자유, 책임, 경쟁, 참여, 법치 등의 가치를 존중하는 자유주의 사상에 바탕을 두고 있기 때문에 병행하여 발전하는 속성도 지니고 있다. 민주주의는 정치권력의 남용을 차단하고 자유로운 분위기를 조성함으로써 시장경제의 성장과 발전에 기여한다. 또한 시장경제는 각자의 능력과 노력에 따라 정당한 보상을 받게 함으로써 민주주의의 발전에 필요한 물적 기반을 제공하며 정치적 안정에도 기여한다.

보기

ㄱ. 정치적 의사 결정에서는 구성원의 경제력과 결정권이 반비례한다.
ㄴ. 시장적 의사 결정에서는 당사자 간에 완전한 합의가 이루어지지 않는다면 거래도 이루어질 수 없다.
ㄷ. 정치적 의사 결정 과정에서는 소수의 의견이 무시될 수 있다는 문제점이 있다.

① ㄱ
② ㄴ
③ ㄷ
④ ㄱ, ㄴ
⑤ ㄴ, ㄷ

※ 다음 글의 내용이 참일 때 항상 거짓인 것을 고르시오. [25~26]

25

> 낭만주의의 초석이라 할 수 있는 칸트는 인간 정신에 여러 범주들이 내재하기 때문에 이것들이 우리가 세계를 지각하는 방식을 선험적으로 결정한다고 주장한 바 있다. 이 범주들은 공간, 시간, 원인, 결과 등의 개념들이다. 우리는 이 개념들을 '배워서' 아는 것이 아니다. 즉, 경험에 앞서 이미 아는 것이다. 경험에 앞서는 범주를 제시했다는 점에서 혁명적 개념이었고, 경험을 강조한 베이컨 주의에 대한 강력한 반동인 셈이다.
>
> 칸트 스스로도 이것을 철학에 있어 '고페르니쿠스적 전환'이라고 보았다. "따라서 우리는 자신의 인식에 부분적으로 책임이 있고, 자기 존재의 부분적 창조자다." 인간이라는 존재는 백지에 쓴 경험의 총합체가 아니며, 그만큼 우리는 권리와 의무를 가진 주체적인 결정권자라는 선언이었다. 세상은 결정론적이지 않고 인간은 사회의 기계적 부품 같은 존재가 아님을 강력히 암시하고 있다.
>
> 칸트가 건설한 철학적 관념론은 우리 외부에서 지각되는 대상은 사실 우리 정신의 내용과 연관된 관념일 뿐이라는 것을 명백히 했다. 현실적인 것은 근본적으로 심리적이라는 것이라는 신념으로서, 객관적이고 물질적인 것에서 근본을 찾는 유물론과는 분명한 대척점에 있는 관점이다.
>
> 그 밖에도 "공간과 시간은 경험적으로 실재적이지만 초월적으로는 관념적이다.", "만일 우리가 주관을 제거해버리면 공간과 시간도 사라질 것이다. 현상으로서 공간과 시간은 그 자체로서 존재할 수 없고 단지 우리 안에서만 존재할 수 있다."처럼 시간과 공간의 실재성에도 의문을 품었던 칸트의 생각들은 독일 철학의 흐름 속에 이어지다가 후일 아인슈타인에게도 결정적 힌트가 되었다. 그리고 결국 아인슈타인은 상대성이론으로 뉴턴의 세계를 무너뜨린다.

① 칸트에 의하면 공간, 시간 등의 개념들은 태어나면서부터 아는 것이다.

② 낭만주의와 베이컨 주의는 상반된 견해를 가지고 있다.

③ 칸트에 의하면 현실의 공간과 시간은 인간에 의해 존재한다.

④ 칸트의 철학적 관념론은 주관적인 것에 가깝다.

⑤ 칸트와 아이슈타인의 견해는 같다고 볼 수 있다.

Easy

26

키덜트란 키드와 어덜트의 합성어로 20 ~ 40대의 어른이 되었음에도 불구하고 여전히 어린이의 분위기와 감성을 간직하고 추구하는 성인들을 일컫는 말이다. 한때 이들은 책임감 없고 보호받기만을 바라는 '피터팬증후군'이라는 말로 표현되기도 하였으나, 이와 달리 키덜트는 각박한 현대인의 생활 속에서 마음 한구석에 어린이의 심상을 유지하는 사람들로 긍정적인 이미지를 가지고 있다.
이들의 특징은 무엇보다 진지하고 무거운 것 대신 유치하고 재미있는 것을 추구한다는 점이다. 예를 들면 대학생이나 직장인들이 엽기토끼 같은 앙증맞은 인형을 가방이나 핸드폰에 매달고 다니는 것, 회사 책상 위에 인형을 올려놓는 것 등이다. 키덜트들은 이를 통해 얻은 영감이나 에너지가 일에 도움이 된다고 한다.
이렇게 생활하면 정서 안정과 스트레스 해소에 도움이 된다는 긍정적인 의견이 나오면서 키덜트 특유의 감성이 반영된 트렌드가 유행하고 있다. 기업들은 키덜트족을 타깃으로 하는 상품과 서비스를 만들어내고 있으며, 엔터테인먼트 쇼핑몰과 온라인 쇼핑몰도 쇼핑과 놀이를 동시에 즐기려는 키덜트족의 욕구를 적극 반영하고 있는 추세이다.

① 키덜트의 나이도 범위가 존재한다.
② 피터팬증후군과 키덜트는 혼용하여 사용한다.
③ 키덜트는 현대사회와 밀접한 관련이 있다.
④ 키덜트의 행위가 긍정적인 영향을 끼치기도 한다.
⑤ 키덜트도 시장의 수요자의 한 범주에 속한다.

※ 다음 글에 대한 반론으로 가장 적절한 것을 고르시오. [27~28]

27

고전주의 범죄학은 법적 규정 없이 시행됐던 지배 세력의 불합리한 형벌 제도를 비판하며 18세기 중반에 등장했다. 고전주의 범죄학에서는 범죄를 포함한 인간의 모든 행위는 자유 의지에 입각한 합리적 판단에 따라 이루어지므로 범죄에 비례해 형벌을 부과할 경우 개인의 합리적 선택에 의해 범죄가 억제될 수 있다고 보았다. 고전주의 범죄학의 대표자인 베카리아는 형벌은 법으로 규정해야 하고, 그 법은 누구나 이해할 수 있도록 문서로 만들어야 한다고 강조했다. 또한 형벌의 목적은 사회 구성원에 대한 범죄 행위의 예방이며, 따라서 범죄를 저지를 경우 누구나 법에 의해 확실히 처벌받을 것이라는 두려움이 범죄를 억제할 것이라고 확신했다. 이러한 고전주의 범죄학의 주장은 각 국가의 범죄 및 범죄자에 대한 입법과 정책에 많은 영향을 끼쳤다.

① 사회 구성원들의 합의가 이루어진 형별 제도라면 인간의 합리적 판단에 따라 범죄 행위를 예방할 수 있다.

② 범죄에 대한 인간의 행위를 규제할 수 있는, 보다 강력한 법적인 구속력이 필요하다.

③ 범죄를 효과적으로 제지하기 위해서는 엄격하고 확실한 처벌이 신속하게 이루어져야 한다.

④ 인간은 욕구 충족이나 문제 해결을 위한 방법으로 범죄 행위를 선택할 수 있으므로 모든 법적 책임은 범죄인에게 있다.

⑤ 사회가 혼란한 시기에 범죄율과 재범률이 급격하게 증가하는 것을 보면 범죄는 개인의 자유 의지로 통제할 수 없다.

28

최근 불안감을 느끼는 현대인들이 점점 많아져 사회 문제가 되고 있다. 경쟁이 심화된 성과 중심의 사회에서 사람들은 직장 내 다른 사람과 자신을 비교하면서 혹시 자신이 뒤처지고 있는 것은 아닌지 불안해한다. 심지어 사람들은 일어나지도 않을 일에 대해 불안감을 느끼기도 한다. 청소년도 예외는 아니다. 성장기에 있는 청소년들은 다양한 고민을 하게 되는데, 이것이 심해져 불안감을 느끼는 원인이 되곤 한다. 특히 학업에 대한 지나친 고민으로 생긴 과도한 불안은 학업에 집중하는 것을 방해하여 학업 수행에 부정적으로 작용한다.

① 상대적 평가 방식은 청소년이 불안감을 느끼는 원인이 된다.

② 친구나 부모와의 상담을 통해 고민을 해결해야 한다.

③ 청소년기의 지나친 고민은 건강을 해칠 수 있다.

④ 시험 기간에 느끼는 약간의 불안감은 성적이 향상되는 결과를 내는 경우도 있다.

⑤ 현대인의 불안을 제때 해소하지 못한다면 더 큰 사회 문제를 초래할 수 있다.

Hard

29 다음 글을 토대로 〈보기〉를 해석한 것으로 옳은 것은?

뇌가 받아들인 기억 정보는 그 유형에 따라 각각 다른 장소에 저장된다. 우리가 기억하는 것들은 크게 서술 정보와 비서술 정보로 나뉜다. 서술 정보란 학교 공부, 영화의 줄거리, 장소나 위치, 사람의 얼굴처럼 말로 표현할 수 있는 정보이다. 이 중에서 서술 정보를 처리하는 중요한 기능을 담당하는 것은 뇌의 내측두엽에 있는 해마로 알려져 있다. 교통사고를 당해 해마 부위가 손상된 이후 서술 기억 능력이 손상된 사람의 예가 그 사실을 뒷받침한다. 그렇지만 그는 교통사고 이전의 오래된 기억을 모두 회상해냈다. 해마가 장기 기억을 저장하는 장소는 아닌 것이다.
서술 정보가 오랫동안 저장되는 곳으로 많은 학자들은 대뇌피질을 들고 있다. 내측두엽으로 들어온 서술 정보는 해마와 그 주변 조직들에서 일시적으로 머무는 동안 쪼개져 신경정보 신호로 바뀌고 어떻게 나뉘어 저장될 것인지가 결정된다. 내측두엽은 대뇌피질의 광범위한 영역과 신경망을 통해 연결되어 이런 기억 정보를 대뇌피질의 여러 부위로 전달한다. 다음 단계에서는 기억과 관련된 유전자가 발현되어 단백질이 만들어지면서 기억 내용이 공고해져 오랫동안 저장된 상태를 유지한다.
그러면 비서술 정보는 어디에 저장될까? 운동 기술은 대뇌의 선조체나 소뇌에 저장되며, 계속적인 자극에 둔감해지는 '습관화'나 한 번 자극을 받은 뒤 그와 비슷한 자극에 계속 반응하는 '민감화' 기억은 감각이나 운동 체계를 관장하는 신경망에 저장된다고 알려져 있다. 감정이나 공포와 관련된 기억은 편도체에 저장된다.

보기

얼마 전 교통사고로 뇌가 손상된 김씨는 뇌의 내측두엽 절제 수술을 받았다. 수술을 받고 난 뒤 김씨는 새로 바뀐 휴대폰 번호를 기억하지 못하고 수술 전의 기존 휴대폰 번호만을 기억하는 등 금방 확인한 내용은 몇 분 동안밖에 기억하지 못했다. 그러나 수술 후 배운 김씨의 탁구 실력은 제법 괜찮았다. 비록 언제 어떻게 누가 가르쳐 주었는지 전혀 기억하지는 못했지만……

① 김씨는 어릴 적 놀이기구를 타면서 느꼈던 공포감이나 감정 등을 기억하지 못할 것이다.
② 김씨가 수술 후에도 기억하는 수술 전의 기존 휴대폰 번호는 서술 정보에 해당하지 않을 것이다.
③ 김씨는 교통사고로 내측두엽의 해마와 함께 대뇌의 선조체가 모두 손상되었을 것이다.
④ 탁구 기술은 비서술 정보이므로 김씨의 대뇌피질에 저장되었을 것이다.
⑤ 김씨에게 탁구를 가르쳐 준 사람에 대한 정보는 서술 정보이므로 내측두엽의 해마에 저장될 것이다.

30 다음 글을 토대로 〈보기〉를 해석한 것으로 옳지 않은 것은?

친구 따라 강남 간다는 속담이 있듯이 다른 사람들의 행동을 따라 하는 것을 심리학에서는 '동조(同調)'라고 한다. OX 퀴즈에서 답을 잘 모를 때 더 많은 사람들이 선택하는 쪽을 따르는 것도 일종의 동조이다.
심리학에서는 동조가 일어나는 이유를 크게 두 가지로 설명한다. 첫째는, 사람들은 자기가 확실히 알지 못하는 일에 대해 남이 하는 대로 따라 하면 적어도 손해를 보지는 않는다고 생각한다는 것이다. 낯선 지역을 여행하던 중에 식사를 할 때 여행객들은 대개 손님들로 북적거리는 식당을 찾게 마련이다. 식당이 북적거린다는 것은 그만큼 그 식당의 음식이 맛있다는 것을 뜻한다고 여기기 때문이다. 둘째는, 어떤 집단이 그 구성원들을 이끌어 나가는 질서나 규범 같은 힘을 가지고 있을 때, 그러한 집단의 압력 때문에 동조 현상이 일어난다는 것이다. 만약 어떤 개인이 그 힘을 인정하지 않는다면 그는 집단에서 배척당하기 쉽다. 이런 사정 때문에 사람들은 집단으로부터 소외되지 않기 위해서 동조를 하게 된다. 여기서 주목할 것은 자신이 믿지 않거나 옳지 않다고 생각하는 문제에 대해서도 동조의 입장을 취하게 된다는 것이다.
상황에 따라서는 위의 두 가지 이유가 함께 작용하는 경우도 있다. 예컨대 선거에서 지지할 후보를 결정하고자 할 때 사람들은 대개 활발하게 거리 유세를 하며 좀 더 많은 지지자들의 호응을 이끌어 내는 후보를 선택하게 된다. 곧 지지자들의 열렬한 태도가 다른 사람들도 그 후보를 지지하도록 이끄는 정보로 작용한 것이다. 이때 지지자 집단의 규모가 클수록 지지를 이끌어내는 데에 효과적으로 작용한다.
동조는 개인의 심리 작용에 영향을 미치는 요인이 무엇이냐에 따라 그 강도가 다르게 나타난다. 가지고 있는 정보가 부족하여 어떤 판단을 내리기 어려운 상황일수록, 자신의 판단에 대한 확신이 들지 않을수록 동조 현상은 강하게 나타난다. 또한 집단의 구성원 수가 많고 그 결속력이 강할 때, 특정 정보를 제공하는 사람의 권위와 그에 대한 신뢰도가 높을 때도 동조 현상은 강하게 나타난다. 그리고 어떤 문제에 대한 집단 구성원들의 만장일치 여부도 동조에 큰 영향을 미치게 되는데, 만약 이때 단 한 명이라도 이탈자가 생기면 동조의 정도는 급격히 약화된다.

보기

18세 소년이 아버지를 살해했다는 혐의를 받고 있는 사건에 대해 최종 판단을 내리기 위해 12명의 배심원이 회의실에 모였다. 배심원들은 만장일치로 빠른 결정을 내리기 위해 손을 들어 투표하기로 했다. 7 ~ 8명이 얼른 손을 들자 머뭇거리던 1 ~ 2명의 사람도 슬그머니 손을 들었고, 1명을 제외한 11명이 유죄라고 판결을 내렸다. 그러자 반대를 한 유일한 배심원을 향해 비난과 질문이 쏟아졌다. 그러나 이 배심원은 "나까지 손을 들면 이 애는 그냥 죽게 될 거 아닙니까?"라고 말하며, 의심스러운 증거를 반박하고 증인의 잘못을 꼬집었다. 마침내 처음에는 유죄라고 생각했던 배심원들도 의견을 바꾸어 나가기 시작했다.

① 뒤늦게 손을 든 배심원들은 소년이 살인범이라는 확신이 없었을 것이다.
② 뒤늦게 손을 든 배심원들은 배심원 집단으로부터 소외되지 않기 위해 손을 들었을 것이다.
③ 대다수의 배심원이 손을 들었기 때문에 나머지 배심원들도 뒤늦게 손을 들 수 있었을 것이다.
④ 배심원들의 의견에 동조하지 않은 단 한 명의 배심원으로 인해 동조가 급격히 약화되었을 것이다.
⑤ 결국 배심원들이 의견을 바꾸어 나간 것은 끝까지 손을 들지 않았던 배심원의 권위가 높았기 때문이다.

제4회

최종점검 모의고사

응시시간 : 60분　　문항 수 : 50문항

정답 및 해설 p.090

01 수리

01 세희네 가족의 올해 여름휴가 비용은 작년 대비 교통비는 15%, 숙박비는 24% 증가하여 전체 휴가 비용이 20% 증가하였다. 작년 전체 휴가비용이 36만 원일 때, 올해 숙박비는?(전체 휴가비는 교통비와 숙박비의 합이다)

① 160,000원　② 184,000원
③ 200,000원　④ 248,000원
⑤ 268,000원

02 A～G 7명은 일렬로 배치된 의자에 다음 〈조건〉과 같이 앉는다. 이때 가능한 경우의 수는 모두 몇 가지인가?

조건
- A는 양 끝에 앉지 않는다.
- G는 가운데에 앉는다.
- B는 G의 바로 옆에 앉는다.

① 60가지　② 72가지
③ 144가지　④ 288가지
⑤ 366가지

Easy

03 S카드사는 신규 카드의 출시를 앞두고 카드 사용 시 고객에게 혜택을 제공하는 제휴 업체를 선정하기 위해 A ~ E업체에 대해 다음과 같이 평가하였다. 다음 중 A ~ E업체의 평가 결과에 대한 설명으로 옳은 것은?

〈신규 카드 제휴 후보 업체 평가 결과〉

기준 / 업체	제공 혜택	혜택 제공 기간 (카드 사용일로부터)	선호도 점수	동일 혜택을 제공하는 카드 수
A마트	배송 요청 시 배송비 면제	12개월	7.5	7
B서점	서적 구매 시 10% 할인	36개월	8.2	11
C통신사	매월 통신요금 10% 할인	24개월	9.1	13
D주유소	주유 금액의 10% 포인트 적립	12개월	4.5	4
E카페	음료 구매 시 15% 할인	24개월	7.6	16

- 선호도 점수 : 기존 이용 고객들이 혜택별 선호도에 따라 부여한 점수의 평균값으로, 높은 점수일수록 선호도가 높음을 의미한다.
- 동일 혜택을 제공하는 카드 수 : S사의 기존 카드를 포함한 국내 카드사의 카드 중 동일한 혜택을 제공하는 카드의 수를 의미하며, 카드 수가 많을수록 시장 내 경쟁이 치열하다.

① 동일 혜택을 제공하는 카드 수가 많은 업체일수록 혜택 제공 기간이 길다.

② 기존 이용 고객들이 가장 선호하는 혜택은 서적 구매 시 적용되는 요금 할인 혜택이다.

③ 매월 모든 업체가 부담해야 하는 혜택 비용이 동일하다면, 혜택에 대한 총 부담 비용이 가장 큰 업체는 D주유소이다.

④ 혜택 제공 기간이 가장 긴 업체는 선호도 점수도 가장 높다.

⑤ 시장 내 경쟁이 가장 치열한 업체와 제휴할 경우 해당 혜택을 2년간 제공한다.

Easy

04 다음은 제품가격과 재료비에 따른 분기별 수익에 대한 자료이다. 이에 대한 설명으로 옳지 않은 것은?

〈제품가격과 재료비에 따른 분기별 수익〉

(단위 : 천 원)

구분	2021년	2022년			
	4분기	1분기	2분기	3분기	4분기
제품가격	627	597	687	578	559
재료비	178	177	191	190	268
수익	449	420	496	388	291

※ 제품가격=재료비+수익

① 전분기 대비 수익은 2022년 2분기 때 증가하고 나머지 분기에는 감소하였다.
② 2022년 4분기 제품가격은 전년 동분기보다 68,000원 감소하였다.
③ 제품가격이 감소하면 수익도 감소한다.
④ 2022년에 소요한 재료비용은 826,000원이다.
⑤ 2022년의 전체 수익은 2,044,000원이다.

PART 3

05 다음은 2017년부터 2022년까지 S국의 인구성장률과 합계출산율에 대한 자료이다. 이에 대한 설명으로 옳지 않은 것은?

〈인구성장률〉

(단위 : %)

구분	2017년	2018년	2019년	2020년	2021년	2022년
인구성장률	0.53	0.46	0.63	0.54	0.45	0.39

〈합계출산율〉

(단위 : 명)

구분	2017년	2018년	2019년	2020년	2021년	2022년
합계출산율	1.297	1.187	1.205	1.239	1.172	1.052

※ 합계출산율 : 가임여성 1명이 평생 낳을 것으로 예상되는 평균 출생아 수

① S국의 인구성장률은 2019년 이후로 계속해서 감소하고 있다.
② 2017년부터 2022년 동안 인구성장률이 가장 낮았던 해는 합계출산율도 가장 낮았다.
③ 2018년부터 2019년 동안 합계출산율과 인구성장률의 전년 대비 증감 추이는 동일하다.
④ 2017년부터 2022년 동안 인구성장률과 합계출산율이 두 번째로 높은 해는 모두 2020년이다.
⑤ 2022년의 인구성장률은 2019년 대비 40% 이상 감소하였다.

06 다음은 산업별 경기전망지수를 나타낸 자료이다. 〈조건〉에 근거하여 A ~ D에 들어갈 산업이 바르게 연결된 것은?

〈산업별 경기전망지수〉

(단위 : 점)

구분	2018년	2019년	2020년	2021년	2022년
A	45.8	48.9	52.2	52.5	54.4
B	37.2	39.8	38.7	41.9	46.3
도소매업	38.7	41.4	38.3	41.7	46.2
C	36.1	40.6	44.0	37.1	39.7
D	39.3	41.1	40.2	44.9	48.7

조건

㉠ 2018년부터 2022년까지 보건업의 경기전망지수가 40점 이상인 해는 2개이다.
㉡ 2020년 조선업과 제조업의 경기전망지수는 전년 대비 증가하였다.
㉢ 전년 대비 2019년 해운업의 경기전망지수의 증가율은 5개의 산업 중 가장 낮다.
㉣ 제조업은 매년 5개의 산업 중 경기전망지수가 가장 높다.

	A	B	C	D
①	조선업	보건업	제조업	해운업
②	제조업	조선업	보건업	해운업
③	조선업	제조업	보건업	해운업
④	제조업	보건업	조선업	해운업
⑤	보건업	제조업	조선업	해운업

07 다음은 우리나라 부패인식지수(CPI) 연도별 변동 추이에 대한 자료이다. 이에 대한 설명으로 옳지 않은 것은?

〈우리나라 부패인식지수(CPI) 연도별 변동 추이〉

구분		2014년	2015년	2016년	2017년	2018년	2019년	2020년
CPI	점수(점)	4.5	5.0	5.1	5.1	5.6	5.5	5.4
	조사대상국	146	159	163	180	180	180	178
	순위	47	40	42	43	40	39	39
	백분율	32.2	25.2	25.8	23.9	22.2	21.6	21.9
OECD	회원국	30	30	30	30	30	30	30
	순위	24	22	23	25	22	22	22

※ CPI 0 ~ 10점 : 점수가 높을수록 청렴

① CPI 점수를 확인해 볼 때, 우리나라는 다른 해에 비해 2018년도에 가장 청렴했다고 볼 수 있다.
② CPI 순위는 2019년에 처음으로 30위권에 진입하였다.
③ 청렴도가 가장 낮은 해와 2020년도의 CPI 점수의 차이는 0.9점이다.
④ 우리나라의 OECD 순위는 2014년부터 현재까지 상위권이라 볼 수 있다.
⑤ CPI 조사대상국은 2017년까지 증가하였고, 이후 2019년까지 유지되었다.

PART 3

08 다음은 대륙별 인터넷 이용자 수에 대한 자료이다. 이에 대한 설명으로 옳지 않은 것은?

〈대륙별 인터넷 이용자 수〉

(단위 : 백만 명)

구분	2016년	2017년	2018년	2019년	2020년	2021년	2022년	2023년
중동	66	86	93	105	118	129	141	161
유럽	388	410	419	435	447	466	487	499
아프리카	58	79	105	120	148	172	193	240
아시아·태평양	726	872	988	1,124	1,229	1,366	1,506	1,724
아메리카	428	456	483	539	584	616	651	647
독립국가연합	67	95	114	143	154	162	170	188

① 2023년 중동의 인터넷 이용자 수는 2016년에 비해 95백만 명 늘었다.
② 2022년에 비해 2023년의 인터넷 이용자 수가 감소한 대륙은 한 곳이다.
③ 2023년 아프리카의 인터넷 이용자 수는 2019년 아프리카 인터넷 이용자 수의 2배이다.
④ 조사 기간 중 전년 대비 아시아·태평양의 인터넷 이용자 수의 증가폭이 가장 큰 해는 2017년이다.
⑤ 대륙별 인터넷 이용자 수의 1·2·3순위는 2023년까지 계속 유지되고 있다.

09 다음은 학교급별·성별 온라인수업 스마트기기 이용률에 대해 조사한 자료이다. 이에 대한 〈보기〉의 설명 중 옳은 것을 모두 고르면?

〈학교급별·성별 온라인수업 스마트기기 이용률〉

(단위 : %)

구분		스마트폰	태블릿PC	노트북	PC
학교급별	초등학생	7.2	15.9	34.4	42.5
	중학생	5.5	19.9	36.8	37.8
	고등학생	3.1	28.5	38.2	30.2
성별	남학생	10.8	28.1	30.9	30.2
	여학생	3.8	11.7	39.1	45.4

보기

ㄱ. 초등학생에서 중학생, 고등학생으로 올라갈수록 스마트폰과 PC의 이용률은 감소하고, 태블릿PC와 노트북의 이용률은 증가한다.
ㄴ. 초·중·고등학생의 노트북과 PC의 이용률의 차이는 고등학생이 가장 작다.
ㄷ. 태블릿PC의 남학생과 여학생 이용률의 차이는 노트북의 남학생과 여학생 이용률 차이의 2배이다.

① ㄱ
② ㄱ, ㄴ
③ ㄱ, ㄷ
④ ㄴ, ㄷ
⑤ ㄱ, ㄴ, ㄷ

10 다음은 I공항에 있는 가게의 11월 첫째 주 주중 매출액에 대한 자료이다. 이에 대한 설명으로 옳지 않은 것은?

〈I공항 내 가게 주중 매출액〉

(단위 : 만 원)

구분	월	화	수	목	금
K치킨	420	460	360	450	495
H한식당	505	495	500	555	580
T카페	450	460	400	450	500

① H한식당의 화요일 매출액은 T카페의 목요일 매출액보다 10% 많다.
② K치킨의 주중 평균 매출액은 470만 원보다 30만 원 이상 적다.
③ T카페의 주중 평균 매출액보다 일일 매출액이 많은 요일은 하루이다.
④ 가게 중 주중 매출액 증감 추이가 같은 곳은 K치킨과 T카페이다.
⑤ 수요일 매출액 대비 목요일 매출액 증가율이 가장 높은 곳은 K치킨이다.

Hard

11 다음은 중학생의 주당 운동시간 현황을 조사한 자료이다. 이에 대한 〈보기〉의 설명 중 옳은 것을 모두 고르면?

〈중학생의 주당 운동시간 현황〉

(단위 : %, 명)

구분		남학생			여학생		
		1학년	2학년	3학년	1학년	2학년	3학년
1시간 미만	비율	10.0	5.7	7.6	18.8	19.2	25.1
	인원수	118	66	87	221	217	281
1시간 이상~2시간 미만	비율	22.2	20.4	19.7	26.6	31.3	29.3
	인원수	261	235	224	312	353	328
2시간 이상~3시간 미만	비율	21.8	20.9	24.1	20.7	18.0	21.6
	인원수	256	241	274	243	203	242
3시간 이상~4시간 미만	비율	34.8	34.0	23.4	30.0	27.3	14.0
	인원수	409	392	266	353	308	157
4시간 이상	비율	11.2	19.0	25.2	3.9	4.2	10.0
	인원수	132	219	287	46	47	112
합계	비율	100.0	100.0	100.0	100.0	100.0	100.0
	인원수	1,176	1,153	1,138	1,175	1,128	1,120

보기

ㄱ. 1시간 미만 운동하는 3학년 남학생 수는 4시간 이상 운동하는 1학년 여학생 수보다 많다.

ㄴ. 동일 학년의 남학생과 여학생을 비교하면, 남학생 중 1시간 미만 운동하는 남학생의 비율이 여학생 중 1시간 미만 운동하는 여학생의 비율보다 각 학년에서 모두 낮다.

ㄷ. 남학생과 여학생 각각 학년이 높아질수록 4시간 이상 운동하는 학생의 비율이 낮아진다.

ㄹ. 모든 학년에서 남학생과 여학생 각각 3시간 이상~4시간 미만 운동하는 학생의 비율이 4시간 이상 운동하는 학생의 비율보다 높다.

① ㄱ, ㄴ
② ㄱ, ㄹ
③ ㄴ, ㄷ
④ ㄷ, ㄹ
⑤ ㄱ, ㄴ, ㄷ

12 다음은 A국 여행자들이 자주 방문하는 공항 주변 S편의점의 월별 매출액을 나타낸 표이다. 전체 해외 여행자 수와 A국 여행자 수의 2019년도부터 2020년도의 추세를 아래의 그래프와 같이 나타내었을 때, 이에 대한 설명으로 옳지 않은 것은?

〈S편의점 월별 매출액(만 원)〉

2019년(상)	1월	2월	3월	4월	5월	6월
매출액	1,020	1,350	1,230	1,550	1,602	1,450
2019년(하)	7월	8월	9월	10월	11월	12월
매출액	1,520	950	890	750	730	680
2020년(상)	1월	2월	3월	4월	5월	6월
매출액	650	600	550	530	605	670
2020년(하)	7월	8월	9월	10월	11월	12월
매출액	700	680	630	540	550	480

〈전체 해외 여행자 수 및 A국 여행자 수(명)〉

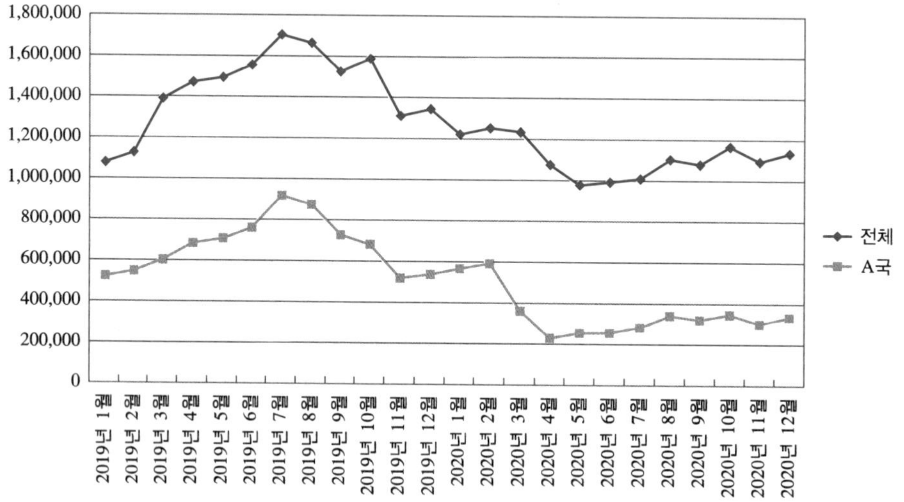

① S편의점의 매출액은 해외 여행자 수에 영향을 받고 있다.

② 2019년 7월을 정점으로 A국 여행자들이 줄어드는 추세이다.

③ 전체 해외 여행자 수에서 A국의 영향력이 매우 높은 편이다.

④ S편의점의 2019년 1월과 12월의 매출액 차이는 2020년 1월과 12월 매출액 차이의 3배이다.

⑤ 2020년 2～3월 A국 여행자들이 급감하였다.

Hard

13 다음은 A ~ D 네 국가의 정부신뢰에 대한 자료이다. <조건>에 근거하여 A ~ D에 해당하는 국가가 바르게 연결된 것은?

〈국가별 전체 국민 정부신뢰율〉

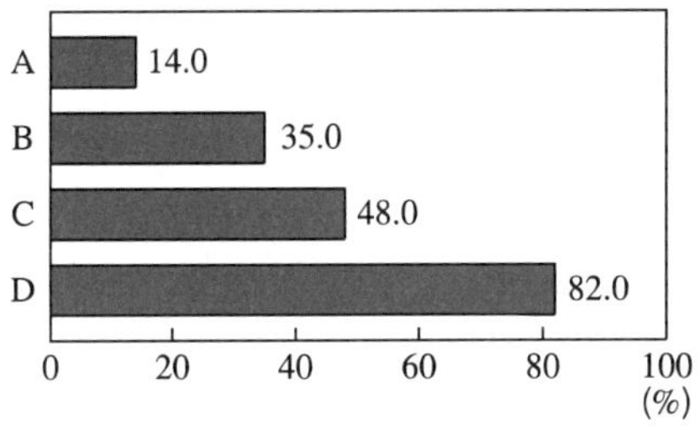

〈국가별 청년층의 상대적 정부신뢰지수〉

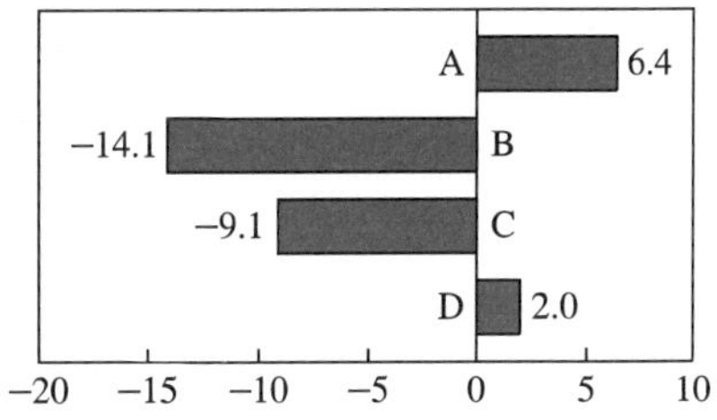

※ 전체 국민 정부신뢰율(%) $= \frac{\text{정부를 신뢰한다고 응답한 응답자 수}}{\text{전체 응답자 수}} \times 100$

※ 청년층 정부신뢰율(%) $= \frac{\text{정부를 신뢰한다고 응답한 응답자 수}}{\text{청년층 응답자 수}} \times 100$

※ 청년층의 상대적 정부신뢰지수 = 전체 국민 정부신뢰율(%) − 청년층 정부신뢰율(%)

조건

- 청년층 정부신뢰율은 스위스가 그리스의 10배 이상이다.
- 영국과 미국에서는 청년층 정부신뢰율이 전체 국민 정부신뢰율보다 높다.
- 청년층 정부신뢰율은 미국이 스위스보다 30%p 이상 낮다.

	A	B	C	D
①	그리스	영국	미국	스위스
②	스위스	영국	미국	그리스
③	스위스	미국	영국	그리스
④	그리스	미국	영국	스위스
⑤	그리스	스위스	미국	영국

PART 3

※ 다음은 연도별 방송사 평균 시청률을 조사한 자료이다. 이를 보고 이어지는 물음에 답하시오. [14~15]

〈방송사 평균 시청률〉

(단위 : %)

구분		2018년	2019년	2020년	2021년	2022년
K사	예능	12.4	11.7	11.4	10.8	10.1
	드라마	8.5	9.9	12.0	11.2	15.0
	다큐멘터리	5.1	5.3	5.4	5.2	5.1
	교육	3.2	2.8	3.0	3.4	3.1
S사	예능	7.4	7.8	9.2	11.4	13.1
	드라마	10.2	10.8	11.5	12.4	13.0
	다큐멘터리	2.4	2.8	3.1	2.7	2.6
	교육	2.2	1.8	1.9	2.0	2.1
M사	예능	11.8	11.3	9.4	9.8	10.2
	드라마	9.4	10.5	13.2	12.9	12.0
	다큐멘터리	2.4	2.2	2.3	2.4	2.1
	교육	1.8	2.1	2.0	2.2	2.3

14 다음 중 자료에 대한 설명으로 옳지 않은 것은?

① 2019년부터 2022년까지 S사의 예능 평균 시청률은 전년 대비 증가하고 있다.
② 2019년부터 2022년까지 M사의 예능과 드라마 평균 시청률 증감 추이는 서로 반대이다.
③ 2020년부터 2022년까지 매년 S사 드라마의 평균 시청률은 M사 드라마보다 높다.
④ 2022년 K사, S사, M사 드라마 평균 시청률의 총합에서 M사 드라마가 차지하는 비율은 30%이다.
⑤ 2018년부터 2022년까지 K사의 교육 프로그램 평균 시청률은 매년 4% 미만이다.

15 다음 중 자료에 대한 설명으로 옳은 것은?

① 2018년부터 2020년까지 매년 예능 평균 시청률 1위는 K사이다.
② 매년 모든 방송사에서 교육 프로그램의 평균 시청률은 해당 방송사의 다른 장르보다 낮다.
③ 2020년 S사의 예능 평균 시청률은 드라마 평균 시청률의 85%이다.
④ K사의 다큐멘터리 평균 시청률은 매년 S사와 M사의 다큐멘터리 평균 시청률을 합한 값보다 높다.
⑤ 2019년까지는 3사 중 S사의 드라마 평균 시청률이 1위였지만, 2020년부터는 M사의 드라마 평균 시청률이 1위이다.

※ 다음은 20,000명을 대상으로 연령대별 운전면허 소지 현황을 나타낸 자료이다. 이를 보고 이어지는 물음에 답하시오. [16~17]

〈연령대별 운전면허 소지 현황〉

구분		20대	30대	40대	50대	60대	70대
남성	소지비율(%)	38	55	75	68	42	25
	조사인원(명)	1,800	2,500	2,000	1,500	1,500	1,200
여성	소지비율(%)	22	35	54	42	24	12
	조사인원(명)	2,000	1,400	1,600	1,500	2,000	1,000

16 다음 중 자료에 대한 설명으로 옳지 않은 것은?

① 운전면허 소지비율이 가장 높은 연령대는 남성과 여성이 동일하다.
② 70대 여성의 운전면허 소지비율은 70대 남성 운전면허 소지비율의 절반 이하이다.
③ 전체 조사자 중 20·30대가 차지하는 비율은 40% 이상이다.
④ 50대 운전면허 소지자는 1,500명 이상이다.
⑤ 70대 여성 운전면허 소지자는 60대 여성 운전면허 소지자의 25%이다.

17 다음 중 자료에 대한 설명으로 옳은 것은?

① 조사에 참여한 60·70대는 남성이 여성보다 많다.
② 40대 여성 운전면허 소지자는 40대 남성의 운전면허 소지자의 55% 이하이다.
③ 20대 남성 운전면허 소지자는 70대 남성 운전면허 소지자의 2.5배 이상이다.
④ 20·30대 여성 운전면허 소지자는 전체 조사자의 5% 미만이다.
⑤ 모든 연령에서 여성 조사자는 남성 조사자보다 적다.

18 다음은 연도별 및 연령대별 흡연율에 대한 자료이다. 이를 나타낸 그래프로 옳지 않은 것은?

〈연도별 · 연령대별 흡연율〉

(단위 : %)

구분	연령대				
	20대	30대	40대	50대	60대 이상
2014년	28.4	24.8	27.4	20.0	16.2
2015년	21.5	31.4	29.9	18.7	18.4
2016년	18.9	27.0	27.2	19.4	17.6
2017년	28.0	30.1	27.9	15.6	2.7
2018년	30.0	27.5	22.4	16.3	9.1
2019년	24.2	25.2	19.3	14.9	18.4
2020년	13.1	25.4	22.5	15.6	16.5
2021년	22.2	16.1	18.2	13.2	15.8
2022년	11.6	25.4	13.4	13.9	13.9
2023년	14.0	22.2	18.8	11.6	9.4

① 40대, 50대 연도별 흡연율

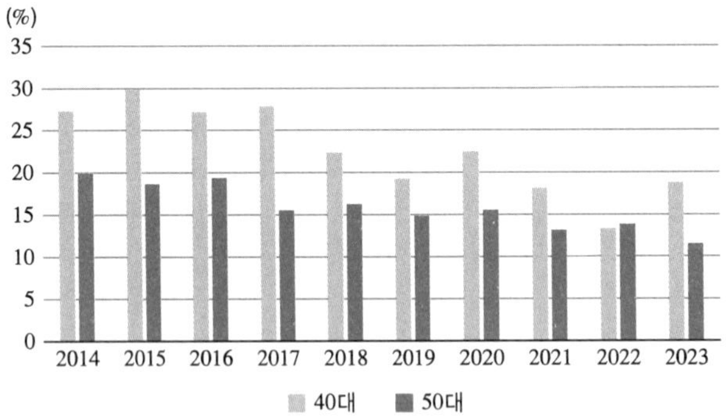

② 2020 ~ 2023년 연령대별 흡연율

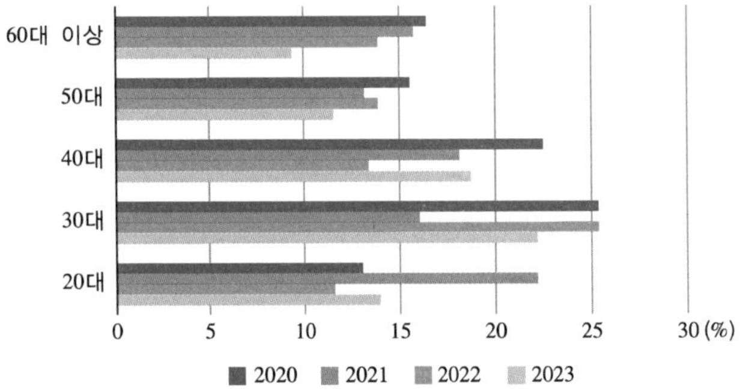

③ 2018 ~ 2023년 60대 이상 연도별 흡연율

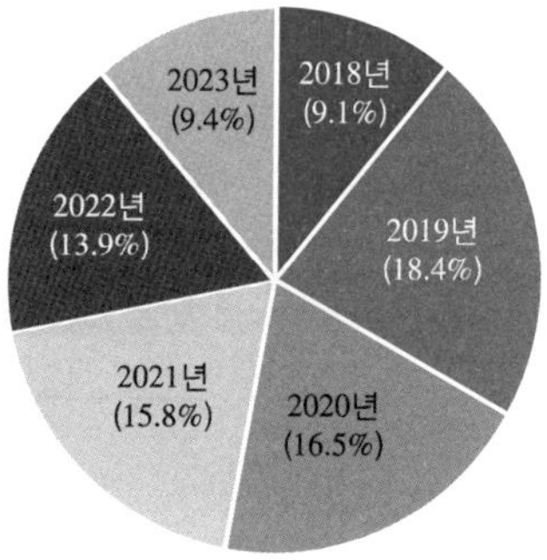

④ 20대, 30대 연도별 흡연율

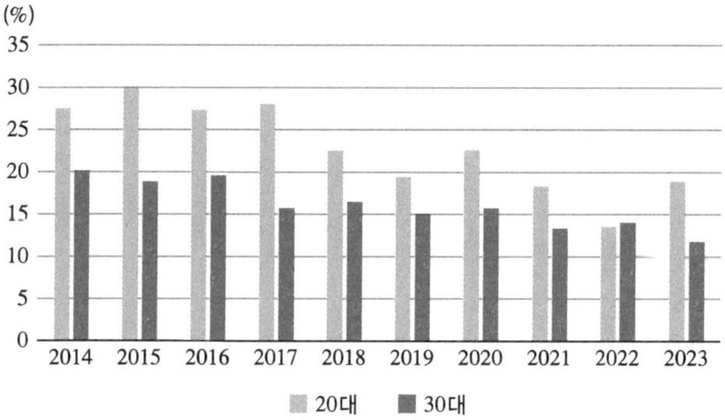

⑤ 2023년 연령대별 흡연율

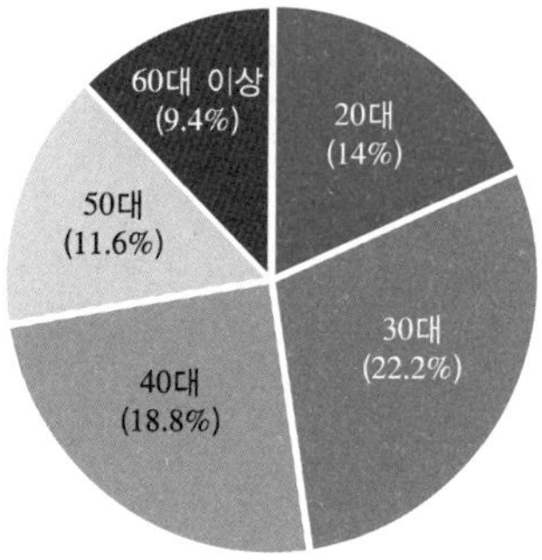

19 S놀이공원의 월별 방문 고객 추이가 다음과 같을 때, 언제 방문 고객이 처음으로 110만 명 미만이 되는가?

〈월별 S놀이공원 방문 고객 추이〉

(단위 : 만 명)

구분	2022년 8월	2022년 9월	2022년 10월	2022년 11월	2022년 12월
방문 고객 수	900	500	300	200	150

① 2023년 2월
② 2023년 3월
③ 2023년 4월
④ 2023년 5월
⑤ 2023년 6월

Hard

20 어떤 나무에 자라는 버섯의 개체 수 변화가 다음과 같을 때, 12개월 후 버섯의 개체 수는?

〈버섯의 개체 수 변화〉

(단위 : 송이)

기간	현재	1개월 후	2개월 후	3개월 후	4개월 후
버섯의 개체 수	10	20	60	150	310

① 3,020송이
② 3,860송이
③ 4,750송이
④ 5,070송이
⑤ 6,510송이

02 추리

※ 제시된 명제가 모두 참일 때, 다음 중 빈칸에 들어갈 명제로 가장 적절한 것을 고르시오. [1~3]

Easy

01

전제1. 포유류는 새끼를 낳아 키운다.
전제2. 고양이는 포유류이다.
결론. ________________

① 포유류는 고양이이다.
② 고양이는 새끼를 낳아 키운다.
③ 새끼를 낳아 키우는 것은 고양이이다.
④ 새끼를 낳아 키우는 것은 포유류가 아니다.
⑤ 고양이가 아니면 포유류가 아니다.

PART 3

02

전제1. 채소를 좋아하는 사람은 해산물을 싫어한다.
전제2. ________________
결론. 디저트를 좋아하는 사람은 채소를 싫어한다.

① 채소를 싫어하는 사람은 해산물을 좋아한다.
② 디저트를 좋아하는 사람은 해산물을 싫어한다.
③ 채소를 싫어하는 사람은 디저트를 싫어한다.
④ 디저트를 좋아하는 사람은 해산물을 좋아한다.
⑤ 디저트를 싫어하는 사람은 해산물을 싫어한다.

03

전제1. 저축을 하지 않으면 이자가 생기지 않는다.
전제2. ________________
전제3. 소비를 줄이지 않으면 저축을 하지 않는다.
결론. 소비를 줄이지 않았다는 것은 용돈을 합리적으로 쓰지 않은 것이다.

① 용돈을 합리적으로 쓰지 않으면 이자가 생기지 않는다.
② 이자가 생기면 저축을 하지 않는다.
③ 저축을 하지 않으면 소비를 줄이지 않는다.
④ 용돈을 합리적으로 쓰면 이자가 생긴다.
⑤ 용돈을 합리적으로 써도 소비를 줄이지 않는다.

04 **연경, 효진, 다솜, 지민, 지현 5명 중에서 1명이 선생님의 책상에 있는 화병에 꽃을 꽂아 두었다. 이 가운데 두 명의 이야기는 모두 거짓이지만 세 명의 이야기는 모두 참이라고 할 때, 선생님 책상에 꽃을 꽂아둔 사람은?**

- 연경 : 화병에 꽃을 꽂아두는 것을 나와 지현이만 보았다. 효진이의 말은 모두 맞다.
- 효진 : 화병에 꽃을 꽂아둔 사람은 지민이다. 지민이가 그러는 것을 지현이가 보았다.
- 다솜 : 지민이는 꽃을 꽂아두지 않았다. 지현이의 말은 모두 맞다.
- 지민 : 화병에 꽃을 꽂아두는 것을 세 명이 보았다. 효진이는 꽃을 꽂아두지 않았다.
- 지현 : 나와 연경이는 꽃을 꽂아두지 않았다. 나는 누가 꽃을 꽂는지 보지 못했다.

① 연경
② 효진
③ 다솜
④ 지민
⑤ 지현

Hard

05 **최근 한 동물연구소에서 기존의 동물 분류 체계를 대체할 새로운 분류군과 분류의 기준을 마련하여 발표하였다. 다음을 토대로 판단할 때, 반드시 거짓인 진술은?**

1. 이 분류 체계는 다음과 같은 세 가지 분류의 기준을 적용한다.
   (가) 날 수 있는 동물인가, 그렇지 않은가?(날 수 있는가는 정상적인 능력을 갖춘 성체를 기준으로 한다)
   (나) 벌레를 먹고 사는가, 그렇지 않은가?
   (다) 장(腸) 안에 프리모넬라가 서식하는가?(이 경우 '프리모'라 부른다) 아니면 세콘데렐라가 서식하는가?(이 경우 '세콘도'라 부른다) 둘 중 어느 것도 서식하지 않는가?(이 경우 '눌로'라고 부른다) 혹은 둘 다 서식하는가?(이 경우 '옴니오'라고 부른다)
2. 벌레를 먹고 사는 동물의 장 안에 세콘데렐라는 도저히 살 수가 없다.
3. 날 수 있는 동물은 예외 없이 벌레를 먹고 산다. 그러나 그 역은 성립하지 않는다.
4. 벌레를 먹지 않는 동물 가운데 눌로에 속하는 것은 없다.

① 날 수 있는 동물 가운데는 세콘도가 없다.
② 동고비새는 날 수 있는 동물이므로 옴니오에 속한다.
③ 벌쥐가 만일 날 수 있는 동물이라면 그것은 프리모이다.
④ 플라나리아는 날지 못하고 벌레를 먹지도 않으므로 세콘도이다.
⑤ 이름 모르는 동물을 관찰해보니 벌레를 먹지 않으므로 옴니오일 수 있다.

06 **S기업의 홍보팀에서 근무하고 있는 김대리, 이사원, 박사원, 유사원, 강대리 중 1명은 이번 회사 워크숍에 참석하지 않았다. 이들 중 2명이 거짓말을 한다고 할 때, 다음 중 워크숍에 참석하지 않은 사람은?**

- 강대리 : 나와 김대리는 워크숍에 참석했다. 나는 누가 워크숍에 참석하지 않았는지 알지 못한다.
- 박사원 : 유사원은 이번 워크숍에 참석하였다. 강대리님의 말은 모두 사실이다.
- 유사원 : 워크숍 불참자의 불참 사유를 세 사람이 들었다. 이사원은 워크숍에 참석했다.
- 김대리 : 나와 강대리만 워크숍 불참자의 불참 사유를 들었다. 이사원의 말은 모두 사실이다.
- 이사원 : 워크숍에 참석하지 않은 사람은 유사원이다. 유사원이 개인 사정으로 인해 워크숍에 참석하지 못한다고 강대리님에게 전했다.

① 강대리 ② 박사원
③ 유사원 ④ 김대리
⑤ 이사원

PART 3

07 **A～E는 각각 월요일～금요일 중 하루씩 돌아가며 청소를 한다. 이 중 2명이 거짓말을 하고 있다고 할 때, 다음 중 이번 주 수요일에 청소를 하는 사람은?**

- A : 이번 주 화요일은 내가 청소 당번이야.
- B : 나는 수요일에 청소 당번이 아니야. D가 이번 주 수요일에 당번이야.
- C : 나와 D는 이번 주 수요일 청소 당번이 아니야.
- D : B는 이번 주 목요일에 청소 당번이고, C는 다음날인 금요일에 당번이야.
- E : 나는 이번 주 월요일에 청소 당번이야. 그리고 C의 말은 모두 사실이야.

① A ② B
③ C ④ D
⑤ E

08 **어느 날 밤 11시경 회사 사무실에 도둑이 들었다. CCTV를 확인해 보니 도둑은 한 명이며, 수사 결과 용의자는 갑 ~ 무로 좁혀졌다. 이 중 2명은 거짓말을 하고 있으며, 그중 한 명이 범인일 때, 범인은?**

- 갑 : 그날 밤 11시에 저는 을, 무하고 셋이서 함께 있었습니다.
- 을 : 갑은 그 시간에 무와 함께 타 지점에 출장을 가 있었어요.
- 병 : 갑의 진술은 참이고, 저도 회사에 있지 않았습니다.
- 정 : 을은 밤 11시에 저와 단둘이 있었습니다.
- 무 : 저는 사건이 일어났을 때 집에 있었습니다.

① 갑
② 을
③ 병
④ 정
⑤ 무

09 **남학생 A ~ D와 여학생 W ~ Z 총 8명이 있다. 입사 시험을 본 뒤, 이 8명의 득점을 알아보았더니, 남녀 모두 1명씩 짝을 이루어 동점을 받았다. 다음 〈조건〉을 모두 만족할 때, 옳은 것은?**

조건

- 여학생 X는 남학생 B 또는 C와 동점이다.
- 여학생 Y는 남학생 A 또는 B와 동점이다.
- 여학생 Z는 남학생 A 또는 C와 동점이다.
- 남학생 B는 여학생 W 또는 Y와 동점이다.

① 남학생 D와 여학생 Z는 동점이다.
② 여학생 X와 남학생 B가 동점이다.
③ 여학생 Z와 남학생 C는 동점이다.
④ 여학생 Y는 남학생 A와 동점이다.
⑤ 여학생 W와 남학생 D는 동점이다.

10 **현수, 정훈, 승규, 태경, 형욱 다섯 명이 마라톤경기에서 뛰고 있다. 한 시간이 지난 후에, 다섯 명 사이의 거리는 다음 〈조건〉과 같을 때, 〈보기〉에 대한 판단으로 가장 알맞은 것은?**

> **조건**
> - 태경이는 승규보다 3km 앞에서 뛰고 있다.
> - 형욱이는 태경이보다 5km 뒤에서 뛰고 있다.
> - 현수는 승규보다 5km 앞에서 뛰고 있다.
> - 정훈이는 태경이보다 뒤에서 뛰고 있다.
> - 1등과 5등의 거리는 10km 이상 벌어지지 않는다.

> **보기**
> 정훈이와 승규의 거리는 2km 이내이다.

① 확실히 아니다.
② 확실하지 않지만 틀릴 확률이 높다.
③ 확실하지 않지만 맞을 확률이 높다.
④ 확실히 맞다.
⑤ 알 수 없다.

Easy

11 **A～E는 한국사 시험에 함께 응시하였다. 시험 도중 부정행위가 일어났다고 할 때, 다음 〈조건〉을 통해 부정행위를 한 사람을 모두 고르면?**

> **조건**
> - 2명이 부정행위를 저질렀다.
> - B와 C는 같이 부정행위를 하거나 같이 부정행위를 하지 않았다.
> - B나 E가 부정행위를 했다면, A도 부정행위를 했다.
> - C가 부정행위를 했다면, D도 부정행위를 했다.
> - E가 부정행위를 하지 않았으면, D도 부정행위를 하지 않았다.

① B, C
② A, B
③ A, E
④ C, D
⑤ D, E

PART 3

12 **아름이는 연휴를 맞아 유럽 일주를 할 계획이다. 하지만 시간 관계상 벨기에, 프랑스, 영국, 독일, 오스트리아, 스페인 중 4개 국가만 방문하고자 한다. 다음 〈조건〉에 따라 방문할 국가를 고를 때, 아름이가 방문하지 않을 국가로 알맞은 것은?**

조건

- 스페인은 반드시 방문한다.
- 프랑스를 방문하면 영국은 방문하지 않는다.
- 오스트리아를 방문하면 스페인은 방문하지 않는다.
- 벨기에를 방문하면 영국도 방문한다.
- 오스트리아, 벨기에, 독일 중 적어도 2개 국가를 방문한다.

① 영국, 프랑스
② 벨기에, 독일
③ 영국, 벨기에
④ 오스트리아, 프랑스
⑤ 독일, 오스트리아

13 **A～D 4명은 각각 1명의 자녀를 두고 있는 아버지이다. 4명의 아이 중 2명은 아들이고, 2명은 딸이다. 아들의 아버지인 2명만 사실을 말할 때, 다음 중 올바른 결론은?**

조건

- A : B와 C의 아이는 아들이다.
- B : C의 아이는 딸이다.
- C : D의 아이는 딸이다.
- D : A와 C의 아이는 딸이다.

① A의 아이는 아들이다.
② B의 아이는 딸이다.
③ C의 아이는 아들이다.
④ D의 아이는 아들이다.
⑤ D와 A의 아이는 딸이다.

※ 다음 제시된 도형의 규칙을 보고 물음표에 들어가기에 적절한 것을 고르시오. [14~17]

14

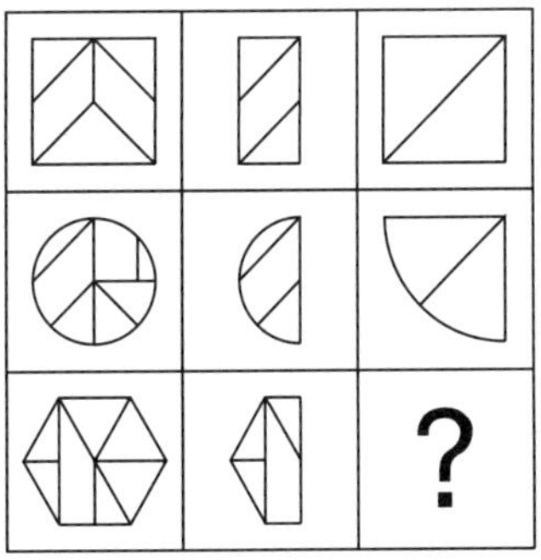

① 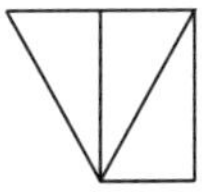

② 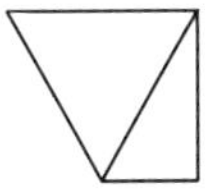

③ 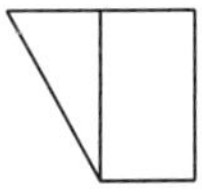

④ 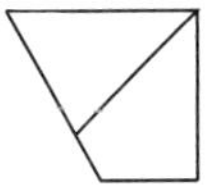

⑤ 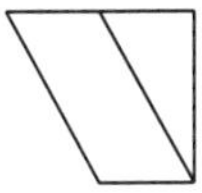

PART 3

Easy

15

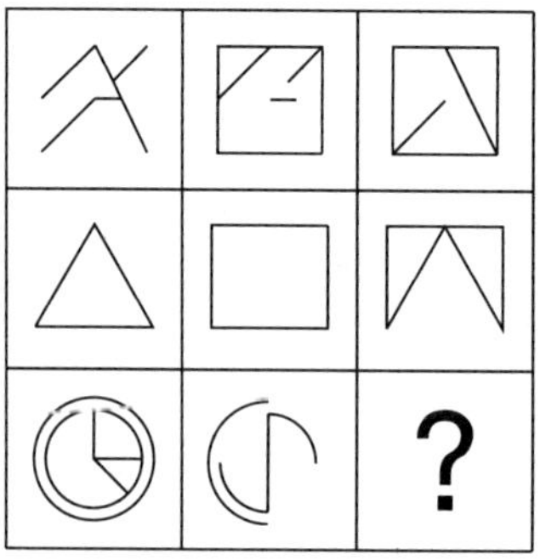

① 

② 

③ 

④ 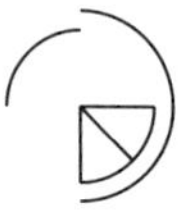

⑤ 

16

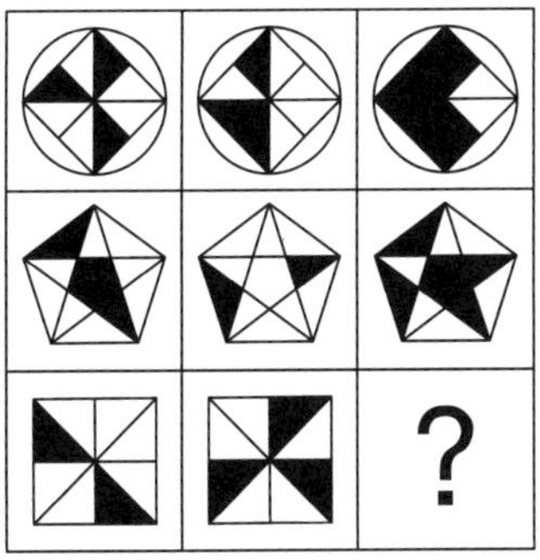

① 

② 

③ 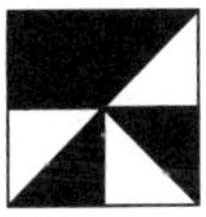

④ 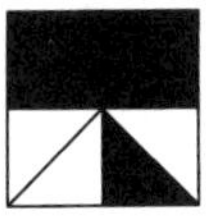

⑤ 

17

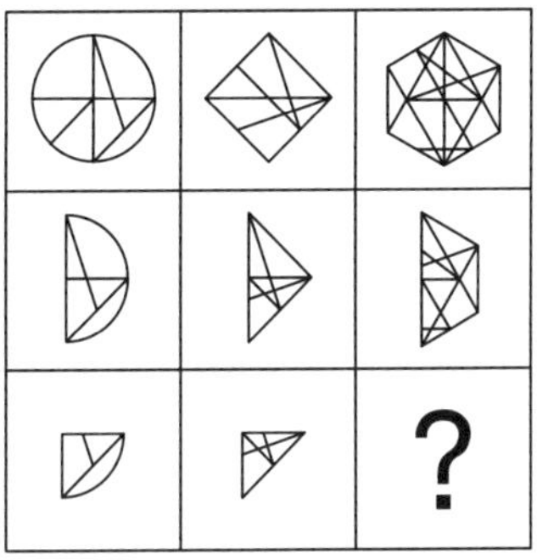

① 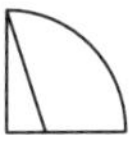

② 

③ 

④ 

⑤ 

※ 다음 도식에서 기호들은 일정한 규칙에 따라 문자를 변화시킨다. 물음표에 들어갈 적절한 문자를 고르시오(단, 규칙은 가로와 세로 중 한 방향으로만 적용된다). **[18~21]**

		SERI		STAIN		SMS		
		↓		↓		↓		
ASAP	→	●	→	△	→	♣	→	PASA
		↓		↓		↓		
SOON	→	▲	→	○	→	●	→	OOSNN
		↓		↓		↓		
		IERIS		TAIS		SSMM		

18

COMEA → △ → ● → ?

① COME
② ACOM
③ COMEE
④ AOMEC
⑤ AACOM

19

VVSEQ → ♣ → ♣ → ?

① QVVSE
② EQVVS
③ VVSEE
④ VSEQV
⑤ SEQVS

20

XMCRD → ▲ → ● → △ → ?

① XMCRX
② DMCRX
③ DMCRXX
④ XDMCRX
⑤ XXDMCR

21

sfSDE → ○ → ● → ○ → ?

① fSDEE
② DEssf
③ fSDEss
④ SDEssf
⑤ DEssfS

※ 다음 제시된 문단을 논리적 순서대로 바르게 나열한 것을 고르시오. [22~24]

Hard

22

(가) 2021년 정부 통계에 따르면, 우리 연안 생태계 중 갯벌의 면적은 산림의 약 4%에 불과하지만 연간 이산화탄소 흡수량은 산림의 약 37%이며 흡수 속도는 수십 배에 달합니다.

(나) 연안 생태계는 대기 중 이산화탄소 흡수에 탁월합니다. 물론 연안 생태계가 이산화탄소를 얼마나 흡수할 수 있겠냐고 말하는 분도 계실 것입니다. 하지만 연안 생태계를 구성하는 갯벌과 염습지의 염생 식물, 식물성 플랑크톤 등은 광합성을 통해 대기 중 이산화탄소를 흡수하는데, 산림보다 이산화탄소 흡수 능력이 뛰어납니다.

(다) 2022년 통계에 따르면 우리나라의 이산화탄소 배출량은 세계 11위에 해당하는 높은 수준입니다. 그동안 우리나라는 이산화탄소 배출을 줄이려 노력하고, 대기 중 이산화탄소 흡수를 위한 산림 조성에 힘써 왔습니다. 그런데 우리가 놓치고 있는 이산화탄소 흡수원이 있습니다. 바로 연안 생태계입니다.

(라) 또한 연안 생태계는 탄소의 저장에도 효과적입니다. 연안의 염생 식물과 식물성 플랑크톤은 이산화탄소를 흡수하여 갯벌과 염습지에 탄소를 저장하는데 이 탄소를 블루카본이라 합니다. 산림은 탄소를 수백 년간 저장할 수 있지만 연안은 블루카본을 수천 년간 저장할 수 있습니다. 연안 생태계가 훼손되면 블루카본이 공기 중에 노출되어 이산화탄소 등이 대기 중으로 방출됩니다. 그러므로 블루카본이 온전히 저장되어 있도록 연안 생태계를 보호해야 합니다.

① (가) – (나) – (다) – (라)
② (다) – (가) – (나) – (라)
③ (다) – (나) – (가) – (라)
④ (다) – (라) – (나) – (가)
⑤ (나) – (다) – (가) – (라)

23

(가) 과거에 한 월간 잡지가 여성 모델이 정치인과 사귄다는 기사를 내보냈다가 기자는 손해배상을 하고 잡지도 폐간된 경우가 있었다. 일부는 추측 기사이고 일부는 사실도 있었지만, 사실 이든 허위든 관계없이 남의 명예와 인권을 침해하였기에 그 책임을 진 것이다.

(나) 인권이라는 이름으로 남의 사생활을 침해하는 일은 자기 인권을 내세워 남의 불행을 초래하는 것이므로 보호받을 수 없다. 통상 대중 스타나 유명인들의 사생활은 일부 노출되어 있고, 이러한 공개성 속에서 상품화되므로 비교적 보호 강도가 약하기는 하지만 그들도 인간으로서 인권이 보호되는 것은 마찬가지다.

(다) 우리 사회에서 이제 인권이라는 말은 강물처럼 넘쳐흐른다. 과거에는 인권을 말하면 붙잡혀 가고 감옥에도 가곤 했지만, 이제는 누구나 인권을 스스럼없이 주장한다. 그러나 중요한 점은 인권이라 하더라도 무제한 보장되는 것이 아니라 남의 행복과 공동체의 이익을 침해하지 않는 범위 안에서만 보호된다는 것이다.

(라) 그런데 남의 명예를 훼손하여도 손해배상을 해주면 그로써 충분하고, 자기 잘못을 사죄하는 광고를 신문에 강제로 싣게 할 수는 없다. 헌법재판소는 남의 명예를 훼손한 사람이라 하더라도 강제로 사죄 광고를 싣게 하는 것은 양심에 반하는 가혹한 방법이라 하여 위헌으로 선고했다.

① (가) – (나) – (다) – (라)
② (나) – (가) – (다) – (라)
③ (다) – (나) – (가) – (라)
④ (다) – (나) – (라) – (가)
⑤ (라) – (다) – (나) – (가)

PART 3

24

> (가) 예후가 좋지 못한 암으로 여겨져 왔던 식도암도 정기적 내시경검사로 조기에 발견하여 수술 등 적절한 치료를 받을 경우 치료 성공률을 높일 수 있는 것으로 밝혀졌다.
> (나) 이처럼 조기에 발견해 수술을 받을수록 치료 효과가 높음에도 불구하고 실제로 S병원에서 식도암 수술을 받은 환자 중 초기에 수술을 받은 환자는 25%에 불과했으며, 어느 정도 식도암이 진행된 경우 60%가 수술을 받은 것으로 조사됐다.
> (다) 식도암을 치료하기 위해서는 50세 이상의 남자라면 매년 정기적으로 내시경검사, 식도조영술, CT 촬영 등 검사를 통해 식도암을 조기에 발견하는 것이 중요하다.
> (라) 서구화된 식습관으로 인해 식도암은 남성 중 6번째로 많이 발생하고 있으며, 전체 인구 10만 명당 3명이 사망하는 것으로 나타났다.
> (마) S병원 교수팀이 식도암 진단 후 수술을 받은 808명을 대상으로 추적 조사한 결과, 발견 당시 초기에 치료할 경우 생존율이 높았지만, 반대로 말기에 치료할 경우 치료 성공률과 생존율 모두 크게 떨어지는 것으로 나타났다고 밝혔다.

① (다) – (라) – (나) – (마) – (가)
② (다) – (나) – (라) – (마) – (가)
③ (라) – (가) – (마) – (나) – (다)
④ (라) – (다) – (마) – (나) – (가)
⑤ (가) – (나) – (다) – (라) – (마)

25 **다음 글을 통해 알 수 있는 내용으로 옳지 않은 것은?**

> 사물인터넷이 산업 현장에 적용되고, 디지털 관련 도구가 통합됨에 따라 일관된 전력 시스템의 필요성이 높아지고 있다. 다양한 산업시설 및 업무 현장에서의 예기치 못한 정전이나 낙뢰 등 급격한 전원 환경의 변화는 큰 손실과 피해로 이어질 수 있다. 이제 전원 보호는 데이터센터뿐만 아니라 반도체, 석유, 화학 및 기계 등 모든 분야에서 필수적인 존재가 되었다.
> UPS(Uninterruptible Power Supply : 무정전 전원 장치)는 일종의 전원 저장소로, 갑작스럽게 정전이 발생하더라도 전원이 끊기지 않고 계속해서 공급되도록 하는 장치이다. 갑작스러운 전원 환경의 변화로부터 기업의 핵심 인프라인 서버를 보호함으로써 기업의 연속성 유지에 도움을 준다.
> UPS를 구매할 때는 용량을 우선적으로 고려해야 한다. 너무 적은 용량의 UPS를 구입하면 용량이 초과되어 제대로 작동조차 하지 않는 상황이 나타날 수 있다. 따라서 설비에 필요한 용량의 1.5배 정도인 UPS를 구입해야 한다.
> 또한 UPS 사용 시에는 주기적인 점검이 필요하다. 특히 실질적으로 에너지를 저장하고 있는 배터리는 일정 시점마다 교체가 필요하다. 일반적으로 UPS에 사용되는 MF배터리의 수명은 1년 정도로, 납산배터리 특성상 방전 사이클을 돌 때마다 용량이 급감하기 때문이다.

① UPS의 필요성
② UPS의 역할
③ UPS 구매 시 고려사항
④ UPS 배터리 교체 주기
⑤ UPS 배터리 교체 방법

26 다음 글을 통해 추론할 수 없는 것은?

판구조론의 관점에서 보면, 아이슬란드의 지질학적인 위치는 매우 특수하다. 지구의 표면은 크고 작은 10여 개의 판으로 이루어져 있다. 아이슬란드는 북아메리카판과 유라시아판의 경계선인 대서양 중앙 해령에 위치해 있다. 대서양의 해저에 있는 대서양 중앙 해령은 북극해에서부터 아프리카의 남쪽 끝까지 긴 산맥의 형태로 뻗어 있다. 대서양 중앙 해령의 일부분이 해수면 위로 노출된 부분인 아이슬란드는 서쪽은 북아메리카판, 동쪽은 유라시아판에 속해 있어 지리적으로는 한 나라이지만, 지질학적으로는 두 개의 서로 다른 판 위에 놓여 있는 것이다.

지구에서 판의 경계가 되는 곳은 여러 곳이 있다. 그러나 아이슬란드는 육지 위에서 두 판이 확장되는 희귀한 지역이다. 아이슬란드가 위치한 판의 경계에서는 새로운 암석이 생성되면서 두 판이 서로 멀어지고 있다. 그래서 아이슬란드에서는 다른 판의 경계에서 거의 볼 수 없는 지질학적 현상이 나타난다. 과학자들의 관찰에 따르면, 아이슬란드의 중심부를 지나는 대서양 중앙 해령의 갈라진 틈이 매년 약 15cm씩 벌어지고 있다.

아이슬란드는 판의 절대 속도를 잴 수 있는 기준점을 가지고 있다는 점에서도 관심의 대상이 되고 있다. 과학자들은 북아메리카판에 대한 유라시아판의 시간에 따른 거리 변화를 추정하여 판의 이동 속도를 측정한다. 그러나 이렇게 알아낸 판의 이동 속도는 이동하는 판 위에서 이동하는 다른 판의 속도를 잰 것이다. 이는 한 판이 정지해 있다고 가정했을 때의 판의 속도, 즉 상대 속도이다. 과학자들은 상대 속도를 구한 것에 만족하지 않고, 판의 절대 속도, 즉 지구의 기준점에 대해서 판이 어떤 속도로 움직이는가도 알고자 했다. 판의 절대 속도를 구하기 위해서는 판의 운동과는 독립적으로 외부에 고정되어 있는 기준점이 필요하다. 과학자들은 지구 내부의 맨틀 깊숙이 위치한 마그마의 근원지인 열점이 거의 움직이지 않는다는 것을 알아내고, 그것을 판의 절대 속도를 구하는 기준점으로 사용하였다. 과학자들은 지금까지 지구상에서 100여 개의 열점을 찾아냈는데, 그 중의 하나가 바로 아이슬란드에 있다.

① 아이슬란드에는 판의 절대 속도를 구하는 기준점이 있다.
② 북아메리카판과 유라시아판의 절대 속도는 같을 것이다.
③ 아이슬란드의 중심부를 지나는 대서양 중앙 해령의 갈라진 틈이 매년 약 15cm씩 벌어지고 있는 것은 아이슬란드가 판의 경계에 위치해 있기 때문이다.
④ 한 나라의 육지 위에서 두 판이 확장되는 것은 희귀한 일이다.
⑤ 지구에는 북아메리카판과 유리시아판 이외에도 5개 이상의 판이 더 있다.

PART 3

※ 다음 중 제시문에서 알 수 있는 내용으로 적절하지 않은 것을 고르시오. [27~28]

27

1982년 프루시너는 병에 걸린 동물을 연구하다가, 우연히 정상 단백질이 어떤 원인에 의해 비정상적인 구조로 변하면 바이러스처럼 전염되며 신경 세포를 파괴한다는 사실을 밝혀냈다. 프루시너는 이 단백질을 '단백질(Protein)'과 '바이러스 입자(Viroid)'의 합성어인 '프리온(Prion)'이라 명명하고 이를 학계에 보고했다.

프루시너가 프리온의 존재를 발표하던 당시, 분자 생물학계의 중심 이론은 1957년 크릭에 의해 주창된 '유전 정보 중심설'이었다. 이 이론의 핵심은 유전되는 모든 정보는 DNA 속에 담겨 있다는 것과 유전 정보는 핵산(DNA, RNA)에서 단백질로만 이동이 가능하다는 것이다. 크릭에 따르면 모든 동식물의 세포에서 DNA의 유전 정보는 DNA로부터 세포핵 안의 또 다른 핵산인 RNA가 전사되는 과정에서 전달되고, 이 RNA가 세포질로 나와 단백질을 합성하는 번역의 과정을 통해 단백질로의 전달이 이루어진다. 따라서 단백질은 핵산이 없으므로 스스로 정보를 저장할 수 없고 자기 복제를 할 수 없다는 것이다.

그런데, 프루시너는 프리온이라는 단백질은 핵산이 아예 존재하지 않음에도 자기 복제를 한다고 주장하였다. 이 주장은 크릭의 유전 정보 중심설에 기반한 분자 생물학계의 중심 이론을 흔들게 된다. 아직 논란이 끝난 것은 아니지만 '자기 복제하는 단백질'이라는 개념이 분자 생물학자들에게 받아들여지기까지는 매우 험난한 과정이 필요했다.

과학자들은 충분하지 못한 증거를 가진 주장에 대해서는 매우 보수적일 뿐만 아니라, 기존의 이론으로 설명할 수 없는 현상을 대했을 때는 어떻게든 기존의 이론으로 설명해내려 노력하기 때문이다. 프루시너가 프리온을 발견한 공로로 노벨 생리학·의학상을 받은 것은 1997년에 이르러서였다.

① 프리온은 신경 세포를 파괴하는 단백질로서, 병에 걸린 동물에게서 나타난다.

② 프루시너에 따르면 프리온은 다른 단백질과 달리 핵산을 가지고 있다.

③ 프리온을 제외한 단백질은 스스로 정보를 저장할 수 없고, 자기 복제도 할 수 없다.

④ 프루시너의 프리온에 대한 주장은 크릭의 유전 정보 중심설과 대립되는 내용이다.

⑤ 프루시너는 프리온을 발견한 후 약 15년이 지나서야 공로를 인정받았다.

28

> 과학 기술에 의한 기적이 나타나지 않는다면, 우리 인간이 지구상에서 이용할 수 있는 자연 자원과 생활공간은 제한된 것으로 받아들여야 할 것이다. 그렇다면 공간을 이용할 때에 우리는 두 가지 한계점을 설정하지 않을 수 없다.
> 첫째, 우리는 이 지구상에서 생물이 서식할 수 있는 전체 공간의 제한성을 전제로 하고 그중에서 인간이 이용할 수 있는 생활공간의 한계를 깨뜨리지 않는 범위 안에서만 인간의 생활공간을 확장시켜 나가야 한다. 이렇게 되면 제한된 공간을 어떻게 나누어서 이용하느냐가 중요한 문제가 되므로, '적정 공간'이라는 개념이 중요한 의미를 갖게 된다. 우리 인간이 차지할 수 있는 전체 생활공간도 생태학적으로 적정 공간이 되어야 할 뿐 아니라, 개인이 차지할 수 있는 공간도 적정 공간의 한계를 벗어나서는 안 된다는 뜻이다.
> 둘째, 절대적 생활공간의 한계가 함께 문제가 되는 것은 자연 자원의 한계이므로 우리는 이 문제에서도 공간 이용에 관한 한계점을 설정할 필요가 있다. 지금까지 대부분의 생물들이 살아온 공간이란 태양의 열과 빛, 맑은 공기, 물, 그리고 흙을 이용할 수 있는 자연 환경이었다. 이와 같이 자연 자원에 의존하는 생활공간을 '자연 공간'이라고 한다면, 과학 기술을 이용한 인간의 생활공간에는 비자연적인 것이 많다. 인공적인 난방 장치, 냉방 장치, 조명 장치, 환기 장치, 상수도 및 하수도 시설에 절대적으로 의존하는 공간이 모두 그런 것이다.

① 인간은 공간 이용에 관한 한계를 설정할 필요가 있다.
② 인간이 지구상에서 이용할 수 있는 자연 자원은 제한되어 있다.
③ 인간이 생활공간을 이용할 때 필요 이상의 공간을 차지해서는 안 된다.
④ 공간 활용을 위해 생명체가 서식할 수 없는 공간을 개척하는 것이 중요하다.
⑤ 과학 기술을 이용한 인간의 생활공간은 대부분 비자연적인 것이다.

29 다음 글의 밑줄 친 시기에 대한 설명으로 올바른 것은?

> 하나의 패러다임 형성은 애초에 불완전하지만 이후 연구의 방향을 제시하고 소수 특정 부분의 성공적인 결과를 약속할 수 있을 뿐이다. 그러나 패러다임의 정착은 연구의 정밀화, 집중화 등을 통하여 자기 지식을 확장해 가며 차츰 폭넓은 이론 체계를 구축한다.
> 이처럼 과학자들이 패러다임을 기반으로 하여 연구를 진척시키는 것을 미국의 과학사학자인 토마스 쿤은 '정상 과학'이라고 부른다. 기초적인 전제가 확립되었으므로 과학자들은 이 시기에 상당히 심오한 문제의 작은 영역들에 집중함으로써, 그렇지 않았더라면 상상조차 못했을 자연의 어느 부분을 깊이 있게 탐구하게 된다. 그에 따라 각종 실험 장치들도 정밀해지고 다양해지며, 문제를 해결해 가는 특정 기법과 규칙들이 만들어진다.
> 연구는 이제 혼란으로서의 다양성이 아니라, 이론과 자연 현상을 일치시켜 가는 지식의 확장으로서의 다양성을 이루게 된다.
> 그러나 정상 과학은 완성된 과학이 아니다. 과학적 사고방식과 관습, 기법 등이 하나의 기반으로 통일돼 있다는 것일 뿐 해결해야 할 과제는 무수하다. 패러다임이란 과학자들 사이의 세계관 통일이지 세계에 대한 해석의 끝은 아니다.
> 그렇다면 <u>정상 과학의 시기</u>에는 어떤 연구가 어떻게 이루어지는가? 정상 과학의 시기에는 이미 이론의 핵심 부분들은 정립돼 있다. 따라서 과학자들의 연구는 근본적인 새로움을 좇아가지는 않으며, 다만 연구의 세부 내용이 좀 더 깊어지거나 넓어질 뿐이다. 이러한 시기에 과학자들의 열정과 헌신성은 무엇으로 유지될 수 있을까? 연구가 고작 예측된 결과를 좇아갈 뿐이고, 예측된 결과가 나오지 않으면 실패라고 규정되는 상태에서 과학의 발전은 어떻게 이루어지는가?
> 쿤은 이 물음에 대하여 '수수께끼 풀이'라는 대답을 준비한다. 어떤 현상의 결과가 충분히 예측된다 할지라도 정작 그 예측이 달성되는 세세한 과정은 대개 의문 속에 있게 마련이다. 자연 현상의 전 과정을 우리가 일목요연하게 알고 있는 것은 아니기 때문이다. 이론으로서의 예측 결과와 실제의 현상을 일치시키기 위해서는 여러 복합적인 기기적, 개념적, 수학적인 방법이 필요하다. 이것이 수수께끼 풀이이다.

① 패러다임을 기반으로 하여 연구를 진척하기 때문에 다양한 학설과 이론이 등장한다.
② 예측된 결과만을 좇을 수밖에 없기 때문에 과학자들의 열정과 헌신성은 낮아진다.
③ 기초적인 전제가 확립되었으므로 작은 범주의 영역에 대한 연구에 집중한다.
④ 과학자들 사이의 세계관이 통일된 시기이기 때문에 완성된 과학이라고 부를 수 있다.
⑤ 이 시기는 문제를 해결해가는 과정보다는 기초 이론에 대한 발견이 주가 된다.

30 다음 글의 내용으로 가장 적절한 것은?

조선 후기의 대표적인 관료 선발 제도 개혁론인 유형원의 공거제 구상은 능력주의적, 결과주의적 인재 선발의 약점을 극복하려는 의도와 함께 신분적 세습의 문제점도 의식한 것이었다. 중국에서는 17세기 무렵 관료 선발에서 세습과 같은 봉건적인 요소를 부분적으로 재도입하려는 개혁론이 등장했다. 고염무는 관료제의 상층에는 능력주의적 제도를 유지하되, 지방관인 지현들은 어느 정도의 검증 기간을 거친 이후 그 지위를 평생 유지시켜 주고 세습의 길까지 열어 놓는 방안을 제안했다. 황종희는 지방의 관료가 자체적으로 관리를 초빙해서 시험한 후에 추천하는 '벽소'와 같은 옛 제도를 되살리는 방법으로 과거제를 보완하자고 주장했다.

이러한 개혁론은 갑작스럽게 등장한 것이 아니었다. 과거제를 시행했던 국가들에서는 수백 년에 걸쳐 과거제를 개선하라는 압력이 있었다. 시험 방식이 가져오는 부작용들은 과거제의 중요한 문제였다. 치열한 경쟁은 학문에 대한 깊이 있는 학습이 아니라 합격만을 목적으로 하는 형식적 학습을 하게 만들었고, 많은 인재들이 수험 생활에 장기간 매달리면서 재능을 낭비하는 현상도 낳았다. 또한 학습 능력 이외의 인성이나 실무 능력을 평가할 수 없다는 이유로 시험의 익명성에 대한 회의도 있었다.

과거제의 부작용에 대한 인식은 과거제를 통해 임용된 관리들의 활동에 대한 비판적 시각으로 연결되었다. 능력주의적 태도는 시험뿐 아니라 관리의 업무에 대한 평가에도 적용되었다. 세습적이지 않으면서 몇 년의 임기마다 다른 지역으로 이동하는 관리들은 승진을 위해서 빨리 성과를 낼 필요가 있었기에, 지역 사회를 위해 장기적인 전망을 가지고 정책을 추진하기보다 가시적이고 단기적인 결과만을 중시하는 부작용을 가져왔다. 개인적 동기가 공공성과 상충되는 현상이 나타났던 것이다. 공동체 의식의 약화 역시 과거제의 부정적 결과로 인식되었다. 과거제 출신의 관리들이 공동체에 대한 소속감이 낮고 출세 지향적이기 때문에 세습엘리트나 지역에서 천거된 관리에 비해 공동체에 대한 충성심이 약했던 것이다.

① 과거제 출신의 관리들은 공동체에 대한 소속감이 낮고 출세 지향적이었다.
② 고염무는 관료제의 상층에는 세습제를 실시하고, 지방관에게는 능력주의적 제도를 실시하자는 방안을 제안했다.
③ '벽소'는 과거제를 없애고자 등장한 새로운 제도이다.
④ 과거제는 학습 능력 이외의 인성이나 실무 능력까지 정확하게 평가할 수 있는 제도였다.
⑤ 과거제를 통해 임용된 관리들은 지역 사회를 위해 장기적인 전망을 가지고 정책을 추진하였다.

배우기만 하고 생각하지 않으면 얻는 것이 없고, 생각만 하고 배우지 않으면 위태롭다.

– 공자 –

PART 4

인성검사

PART

4 인성검사

01 인성검사의 개요

1. 인성검사의 의의

인성검사는 1943년 미국 미네소타 대학교의 임상심리학자 Hathaway 박사와 정신과 의사 Mckinley 박사가 제작한 MMPI(Minnesota Multiphasic Personality Inventory)를 원형으로 한 다면적 인성검사를 말한다. 다면적이라 불리는 것은 여러 가지 정신적인 증상들을 동시에 측정할 수 있도록 고안되어 있기 때문이다. 풀이하자면, 개인이 가지고 있는 다면적인 성격을 많은 문항수의 질문을 통해 수치로 나타내는 것이다. 그렇다면 성격이란 무엇인가?

성격은 일반적으로 개인 내부에 있는 특징적인 행동과 생각을 결정해 주는 정신적·신체적 체제의 역동적 조직이라고 말할 수 있으며, 환경에 적응하게 하는 개인적인 여러 가지 특징과 행동양식의 잣대라고 정의할 수 있다.

다시 말하면, 성격이란 한 개인이 환경적 변화에 적응하는 특징적인 행동 및 사고유형이라고 할 수 있으며, 인성검사란 그 개인의 행동 및 사고유형을 서면을 통해 수치적·언어적으로 기술하거나 예언해 주는 도구라 할 수 있다.

신규채용 또는 평가에 활용하는 인성검사로 MMPI 원형을 그대로 사용하는 기업도 있지만, 대부분의 기업에서는 MMPI 원형을 기준으로 연구, 조사, 정보수집, 개정 등의 과정을 통해서 자체 개발한 유형을 사용하고 있다.

인성검사의 구성은 여러 가지 하위 척도로 구성되어 있는데, MMPI 다면적 인성검사의 척도를 살펴보면 기본 척도가 8개 문항으로 구성되어 있고, 2개의 임상 척도와 4개의 타당성 척도를 포함, 총 14개 척도로 구성되어 있다.

캘리포니아 심리검사(CPI; California Psychological Inventory)의 경우는 48개 문항, 18개의 척도로 구성되어 있다.

2. 인성검사의 해석단계

해석단계는 첫 번째, 각 타당성 및 임상 척도에 대한 피검사자의 점수를 검토하는 방법으로 각 척도마다 피검사자의 점수가 정해진 범위에 속하는지 여부를 검토하게 된다.
두 번째, 척도별 연관성에 대한 분석으로 각 척도에서의 점수범위가 의미하는 것과 그것들이 나타낼 가설들을 종합하고, 어느 특정 척도의 점수를 근거로 하여 다른 척도들에 대한 예측을 시도하게 된다.
세 번째, 척도 간의 응집 또는 분산을 찾아보고 그에 따른 해석적 가설을 형성하는 과정으로 두 개 척도 간의 관계만을 가지고 해석하게 된다.
네 번째, 매우 낮은 임상 척도에 대한 검토로서, 일부 척도에서 낮은 점수가 특별히 의미 있는 경우가 있기 때문에 신중히 다뤄지게 된다.
다섯 번째, 타당성 및 임상 척도에 대한 형태적 분석으로서, 타당성 척도들과 임상 척도들 전체의 형태적 분석이다. 주로 척도들의 상승도와 기울기 및 굴곡을 해석해서 피검사자에 대한 종합적이고 총체적인 추론적 해석을 하게 된다.

02 척도구성

1. MMPI 척도구성

(1) 타당성 척도

타당성 척도는 피검사자가 검사에 올바른 태도를 보였는지, 또 피검사자가 응답한 검사문항들의 결론이 신뢰할 수 있는 결론인가를 알아보는 라이스케일(허위척도)이라 할 수 있다. 타당성 4개 척도는 잘못된 검사태도를 탐지하게 할 뿐만 아니라, 임상 척도와 더불어 검사 이외의 행동에 대하여 유추할 수 있는 자료를 제공해 줌으로써, 의미있는 인성요인을 밝혀주기도 한다.

〈타당성 4개 척도구성〉

무응답 척도 (?)	무응답 척도는 피검사자가 응답하지 않은 문항과 '그렇다'와 '아니다'에 모두 답한 문항들의 총합이다. 척도점수의 크기는 다른 척도점수에 영향을 미치게 되므로, 빠뜨린 문항의 수를 최소로 줄이는 것이 중요하다.
허구 척도 (L)	L 척도는 피검사자가 자신을 좋은 인상으로 나타내 보이기 위해 하는 고의적이고 부정직하며 세련되지 못한 시도를 측정하는 허구 척도이다. L 척도의 문항들은 정직하지 못하거나 결점들을 고의적으로 감춰 자신을 좋게 보이려는 사람들의 장점마저도 부인하게 된다.
신뢰성 척도 (F)	F 척도는 검사문항에 빗나간 방식의 답변을 응답하는 경향을 평가하기 위한 척도로 정상적인 집단의 10% 이하가 응답한 내용을 기준으로 일반 대중의 생각이나 경험과 다른 정도를 측정한다.
교정 척도 (K)	K 척도는 분명한 정신적인 장애를 지니면서도 정상적인 프로파일을 보이는 사람들을 식별하기 위한 것이다. K 척도는 L 척도와 유사하게 거짓답안을 확인하지만 L 척도보다 더 미세하고 효과적으로 측정한다.

(2) 임상 척도

임상 척도는 검사의 주된 내용으로써 비정상 행동의 종류를 측정하는 10가지 척도로 되어 있다. 임상 척도의 수치는 높은 것이 좋다고 해석하는 경우도 있지만, 개별 척도별로 해석을 참고하는 경우가 대부분이다.

건강염려증(Hs) Hypochondriasis	개인이 말하는 신체적 증상과 이러한 증상들이 다른 사람을 조정하는 데 사용되고 있지는 않은지 여부를 측정하는 척도로서, 측정내용은 신체의 기능에 대한 과도한 집착 및 이와 관련된 질환이나 비정상적인 상태에 대한 불안감 등이다.
우울증(D) Depression	개인의 비관 및 슬픔의 정도를 나타내는 기분상태의 척도로서, 자신에 대한 태도와 타인과의 관계에 대한 태도, 절망감, 희망의 상실, 무력감 등을 원인으로 나타나는 활동에 대한 흥미의 결여, 불면증과 같은 신체적 증상 및 과도한 민감성 등을 표현한다.
히스테리(Hy) Hysteria	현실에 직면한 어려움이나 갈등을 회피하는 방법인 부인기제를 사용하는 경향 정도를 진단하려는 것으로서 특정한 신체적 증상을 나타내는 문항들과 아무런 심리적·정서적 장애도 가지고 있지 않다고 주장하는 것을 나타내는 문항들의 두 가지 다른 유형으로 구성되어 있다.
반사회성(Pd) Psychopathic Deviate	가정이나 일반사회에 대한 불만, 자신 및 사회와의 격리, 권태 등을 주로 측정하는 것으로서 반사회적 성격, 비도덕적인 성격 경향 정도를 알아보기 위한 척도이다.
남성-여성특성(Mf) Masculinity-Femininity	직업에 관한 관심, 취미, 종교적 취향, 능동·수동성, 대인감수성 등의 내용을 담고 있으며, 흥미형태의 남성특성과 여성특성을 측정하고 진단하는 검사이다.
편집증(Pa) Paranoia	편집증을 평가하기 위한 것으로서 정신병적인 행동과 과대의심, 관계망상, 피해망상, 과대망상, 과민함, 비사교적 행동, 타인에 대한 불만감 같은 내용의 문항들로 구성되어 있다.
강박증(Pt) Psychasthenia	병적인 공포, 불안감, 과대근심, 강박관념, 자기 비판적 행동, 집중력 곤란, 죄책감 등을 검사하는 내용으로 구성되어 있으며, 주로 오랫동안 지속된 만성적인 불안을 측정한다.
정신분열증(Sc) Schizophrenia	정신적 혼란을 측정하는 척도로서 가장 많은 문항에 내포하고 있다. 이 척도는 별난 사고방식이나 행동양식을 지닌 사람을 판별하는 것으로서 사회적 고립, 가족관계의 문제, 성적 관심, 충동억제불능, 두려움, 불만족 등의 내용으로 구성되어 있다.
경조증(Ma) Hypomania	정신적 에너지를 측정하는 것으로서, 사고의 다양성과 과장성, 행동영역의 불안정성, 흥분성, 민감성 등을 나타낸다. 이 척도가 높으면 무엇인가를 하지 않고는 못 견디는 정력적인 사람이다.
내향성(Si) Social Introversion	피검사자의 내향성과 외향성을 측정하기 위한 척도로서, 개인의 사회적 접촉 회피, 대인관계의 기피, 비사회성 등의 인성요인을 측정한다. 이 척도의 내향성과 외향성은 어느 하나가 좋고 나쁨을 나타내는 것이 아니라, 피검사자가 어떤 성향의 사람인가를 알아내는 것이다.

2. CPI 척도구성

〈18 척도〉

지배성 척도 (Do)	강력하고 지배적이며, 리더십이 강하고 대인관계에서 주도권을 잡는 지배적인 사람을 변별하고자 하는 척도이다.
지위능력 척도 (Cs)	현재의 개인 자신의 지위를 측정하는 것이 아니라, 개인의 내부에 잠재되어 있어 어떤 지위에 도달하게끔 하는 자기 확신, 야심, 자신감 등을 평가하기 위한 척도이다.
사교성 척도 (Sy)	사교적이고 활달하며 참여기질이 좋은 사람과, 사회적으로 자신을 나타내기 싫어하고 참여기질이 좋지 않은 사람을 변별하고자 하는 척도이다.
사회적 태도 척도 (Sp)	사회생활에서의 안정감, 활력, 자발성, 자신감 등을 평가하기 위한 척도로서, 사교성과 밀접한 관계가 있다. 고득점자는 타인 앞에 나서기를 좋아하고, 타인의 방어기제를 공격하여 즐거움을 얻고자 하는 성격을 가지고 있다.
자기수용 척도 (Sa)	자신에 대한 믿음, 자신의 생각을 수용하는 자기확신감을 가지고 있는 사람을 변별하기 위한 척도이다.
행복감 척도 (Wb)	근본 목적은 행복감을 느끼는 사람과 그렇지 않은 사람을 변별해 내는 척도 검사이지만, 긍정적인 성격으로 가장하기 위해서 반응한 사람을 변별해 내는 타당성 척도로서의 목적도 가지고 있다.
책임감 척도 (Re)	법과 질서에 대해서 철저하고 양심적이며 책임감이 강해 신뢰할 수 있는 사람과 인생은 이성에 의해서 지배되어야 한다고 믿는 사람을 변별하기 위한 척도이다.
사회성 척도 (So)	사회생활에서 이탈된 행동이나 범죄의 가능성이 있는 사람을 변별하기 위한 척도로서 범죄자 유형의 사람은 정상인보다 매우 낮은 점수를 나타낸다.
자기통제 척도 (Sc)	자기통제의 유무, 충동, 자기중심에서 벗어날 수 있는 통제의 적절성, 규율과 규칙에 동의하는 정도를 측정하는 척도로서, 점수가 높은 사람은 지나치게 자신을 통제하려 하며, 낮은 사람은 자기 통제가 잘 안되므로 충동적이 된다.
관용성 척도 (To)	침묵을 지키고 어떤 사실에 대하여 성급하게 판단하기를 삼가고 다양한 관점을 수용하려는 사회적 신념과 태도를 재려는 척도이다.
좋은 인상 척도 (Gi)	타인이 자신에 대해 어떻게 반응하는가, 타인에게 좋은 인상을 주었는가에 흥미를 느끼는 사람을 변별하고, 자신을 긍정적으로 보이기 위해 솔직하지 못한 반응을 하는 사람을 찾아내기 위한 타당성 척도이다.
추종성 척도 (Cm)	사회에 대한 보수적인 태도와 생각을 측정하는 척도검사이다. 아무렇게나 적당히 반응한 피검사자를 찾아내는 타당성 척도로서의 목적도 있다.
순응을 위한 성취 척도 (Ac)	강한 성취욕구를 측정하기 위한 척도로서 학업성취에 관련된 동기요인과 성격요인을 측정하기 위해서 만들어졌다.
독립성을 통한 성취 척도 (Ai)	독립적인 사고, 창조력, 자기실현을 위한 성취능력의 정도를 측정하는 척도이다.
지적 능률 척도 (Ie)	지적 능률성을 측정하기 위한 척도이며, 지능과 의미 있는 상관관계를 가지고 있는 성격특성을 나타내는 항목을 제공한다.
심리적 예민성 척도 (Py)	동기, 내적 욕구, 타인의 경험에 공명하고 흥미를 느끼는 정도를 재는 척도이다.
유연성 척도 (Fx)	개인의 사고와 사회적 행동에 대한 유연성, 순응성 정도를 나타내는 척도이다.
여향성 척도 (Fe)	흥미의 남향성과 여향성을 측정하기 위한 척도이다.

03 인성검사 시 유의사항

(1) 충분한 휴식으로 불안을 없애고 정서적인 안정을 취한다. 심신이 안정되어야 자신의 마음을 표현할 수 있다.

(2) 생각나는 대로 솔직하게 응답한다. 자신을 너무 과대포장하지도, 너무 비하하지 않도록 한다. 답변을 꾸며서 하면 앞뒤가 맞지 않게끔 구성돼 있어 불리한 평가를 받게 되므로 솔직하게 답하도록 한다.

(3) 검사문항에 대해 지나치게 골똘히 생각해서는 안 된다. 지나치게 몰두하면 엉뚱한 답변이 나올 수 있으므로 불필요한 생각은 삼간다.

(4) 인성검사는 대개 문항수가 많기에 자칫 건너뛰는 경우가 있는데, 가능한 모든 문항에 답해야 한다. 응답하지 않은 문항이 많을 경우 평가자가 정확한 평가를 내리지 못해 불리한 평가를 받을 수 있기 때문이다.

04 인성검사 모의연습

※ 인성검사는 정답이 따로 없는 유형의 검사이므로 결과지를 제공하지 않습니다.

1. 1단계 검사

※ 다음 질문내용을 읽고 본인에 해당하는 응답의 '예', '아니요'에 ○표 하시오. [1~140]

번호	질문	응답	
1	조심스러운 성격이라고 생각한다.	예	아니요
2	사물을 신중하게 생각하는 편이라고 생각한다.	예	아니요
3	동작이 기민한 편이다.	예	아니요
4	포기하지 않고 노력하는 것이 중요하다.	예	아니요
5	일주일의 예정을 만드는 것을 좋아한다.	예	아니요
6	노력의 여하보다 결과가 중요하다.	예	아니요
7	자기주장이 강하다.	예	아니요
8	장래의 일을 생각하면 불안해질 때가 있다.	예	아니요
9	소외감을 느낄 때가 있다.	예	아니요
10	훌쩍 여행을 떠나고 싶을 때가 자주 있다.	예	아니요
11	대인관계가 귀찮다고 느낄 때가 있다.	예	아니요
12	자신의 권리를 주장하는 편이다.	예	아니요
13	낙천가라고 생각한다.	예	아니요
14	싸움을 한 적이 없다.	예	아니요
15	자신의 의견을 상대에게 잘 주장하지 못한다.	예	아니요
16	좀처럼 결단하지 못하는 경우가 있다.	예	아니요
17	하나의 취미를 오래 지속하는 편이다.	예	아니요
18	한 번 시작한 일은 끝을 맺는다.	예	아니요
19	행동으로 옮기기까지 시간이 걸린다.	예	아니요
20	다른 사람들이 하지 못하는 일을 하고 싶다.	예	아니요

번호	질문	응답	
21	해야 할 일은 신속하게 처리한다.	예	아니요
22	병이 아닌지 걱정이 들 때가 있다.	예	아니요
23	다른 사람의 충고를 기분 좋게 듣는 편이다.	예	아니요
24	다른 사람에게 의존적이 될 때가 많다.	예	아니요
25	타인에게 간섭받는 것은 싫다.	예	아니요
26	의식 과잉이라는 생각이 들 때가 있다.	예	아니요
27	수다를 좋아한다.	예	아니요
28	잘못된 일을 한 적이 한 번도 없다.	예	아니요
29	모르는 사람과 이야기하는 것은 용기가 필요하다.	예	아니요
30	끙끙거리며 생각할 때가 있다.	예	아니요
31	다른 사람에게 항상 움직이고 있다는 말을 듣는다.	예	아니요
32	매사에 얽매인다.	예	아니요
33	잘하지 못하는 게임은 하지 않으려고 한다.	예	아니요
34	어떠한 일이 있어도 출세하고 싶다.	예	아니요
35	막무가내라는 말을 들을 때가 많다.	예	아니요
36	신경이 예민한 편이라고 생각한다.	예	아니요
37	쉽게 침울해한다.	예	아니요
38	쉽게 싫증을 내는 편이다.	예	아니요
39	옆에 사람이 있으면 싫다.	예	아니요
40	토론에서 이길 자신이 있다.	예	아니요
41	친구들과 남의 이야기를 하는 것을 좋아한다.	예	아니요
42	푸념을 한 적이 없다.	예	아니요
43	남과 친해지려면 용기가 필요하다.	예	아니요
44	통찰력이 있다고 생각한다.	예	아니요
45	집에서 가만히 있으면 기분이 우울해진다.	예	아니요
46	매사에 느긋하고 차분하게 매달린다.	예	아니요
47	좋은 생각이 떠올라도 실행하기 전에 여러모로 검토한다.	예	아니요
48	누구나 권력자를 동경하고 있다고 생각한다.	예	아니요
49	몸으로 부딪혀 도전하는 편이다.	예	아니요
50	당황하면 갑자기 땀이 나서 신경 쓰일 때가 있다.	예	아니요
51	친구들이 진지한 사람으로 생각하고 있다.	예	아니요
52	감정적으로 될 때가 많다.	예	아니요
53	다른 사람의 일에 관심이 없다.	예	아니요
54	다른 사람으로부터 지적받는 것은 싫다.	예	아니요
55	지루하면 마구 떠들고 싶어진다.	예	아니요
56	부모에게 불평을 한 적이 한 번도 없다.	예	아니요
57	내성적이라고 생각한다.	예	아니요
58	돌다리도 두들기고 건너는 타입이라고 생각한다.	예	아니요
59	굳이 말하자면 시원시원하다.	예	아니요
60	나는 끈기가 강하다.	예	아니요
61	전망을 세우고 행동할 때가 많다.	예	아니요

번호	질문	응답	
62	일에는 결과가 중요하다고 생각한다.	예	아니요
63	활력이 있다.	예	아니요
64	항상 천재지변을 당하지는 않을까 걱정하고 있다.	예	아니요
65	때로는 후회할 때도 있다.	예	아니요
66	다른 사람에게 위해를 가할 것 같은 기분이 든 때가 있다.	예	아니요
67	진정으로 마음을 허락할 수 있는 사람은 없다.	예	아니요
68	기다리는 것에 짜증내는 편이다.	예	아니요
69	친구들로부터 줏대 없는 사람이라는 말을 듣는다.	예	아니요
70	사물을 과장해서 말한 적은 없다.	예	아니요
71	인간관계가 폐쇄적이라는 말을 듣는다.	예	아니요
72	매사에 신중한 편이라고 생각한다.	예	아니요
73	눈을 뜨면 바로 일어난다.	예	아니요
74	난관에 봉착해도 포기하지 않고 열심히 해본다.	예	아니요
75	실행하기 전에 재확인할 때가 많다.	예	아니요
76	리더로서 인정을 받고 싶다.	예	아니요
77	어떤 일이 있어도 의욕을 가지고 열심히 하는 편이다.	예	아니요
78	다른 사람의 감정에 민감하다.	예	아니요
79	다른 사람들이 남을 배려하는 마음씨가 있다는 말을 한다.	예	아니요
80	사소한 일로 우는 일이 많다.	예	아니요
81	반대에 부딪혀도 자신의 의견을 바꾸는 일은 없다.	예	아니요
82	누구와도 편하게 이야기할 수 있다.	예	아니요
83	가만히 있지 못할 정도로 침착하지 못할 때가 있다.	예	아니요
84	다른 사람을 싫어한 적은 한 번도 없다.	예	아니요
85	그룹 내에서는 누군가의 주도하에 따라가는 경우가 많다.	예	아니요
86	차분하다는 말을 듣는다.	예	아니요
87	스포츠 선수가 되고 싶다고 생각한 적이 있다.	예	아니요
88	모두가 싫증을 내는 일에도 혼자서 열심히 한다.	예	아니요
89	휴일은 세부적인 예정을 세우고 보낸다.	예	아니요
90	완성된 것보다 미완성인 것에 흥미가 있다.	예	아니요
91	잘하지 못하는 것이라도 자진해서 한다.	예	아니요
92	가만히 있지 못할 정도로 불안해질 때가 많다.	예	아니요
93	자주 깊은 생각에 잠긴다.	예	아니요
94	이유도 없이 다른 사람과 부딪힐 때가 있다.	예	아니요
95	타인의 일에는 별로 관여하고 싶지 않다고 생각한다.	예	아니요
96	무슨 일이든 자신을 가지고 행동한다.	예	아니요
97	유명인과 서로 아는 사람이 되고 싶다.	예	아니요
98	지금까지 후회를 한 적이 없다.	예	아니요
99	의견이 다른 사람과는 어울리지 않는다.	예	아니요
100	무슨 일이든 생각해 보지 않으면 만족하지 못한다.	예	아니요
101	다소 무리를 하더라도 피로해지지 않는다.	예	아니요
102	굳이 말하자면 장거리 주자에 어울린다고 생각한다.	예	아니요

번호	질문	응답	
103	여행을 가기 전에는 세세한 계획을 세운다.	예	아니요
104	능력을 살릴 수 있는 일을 하고 싶다.	예	아니요
105	성격이 시원시원하다고 생각한다.	예	아니요
106	굳이 말하자면 자의식 과잉이다.	예	아니요
107	자신을 쓸모없는 인간이라고 생각할 때가 있다.	예	아니요
108	주위의 영향을 받기 쉽다.	예	아니요
109	지인을 발견해도 만나고 싶지 않을 때가 많다.	예	아니요
110	다수의 반대가 있더라도 자신의 생각대로 행동한다.	예	아니요
111	번화한 곳에 외출하는 것을 좋아한다.	예	아니요
112	지금까지 다른 사람의 마음에 상처준 일이 없다.	예	아니요
113	다른 사람에게 자신이 소개되는 것을 좋아한다.	예	아니요
114	실행하기 전에 재고하는 경우가 많다.	예	아니요
115	몸을 움직이는 것을 좋아한다.	예	아니요
116	나는 완고한 편이라고 생각한다.	예	아니요
117	신중하게 생각하는 편이다.	예	아니요
118	커다란 일을 해보고 싶다.	예	아니요
119	계획을 생각하기보다 빨리 실행하고 싶어한다.	예	아니요
120	작은 소리도 신경 쓰인다.	예	아니요
121	나는 자질구레한 걱정이 많다.	예	아니요
122	이유도 없이 화가 치밀 때가 있다.	예	아니요
123	융통성이 없는 편이다.	예	아니요
124	나는 다른 사람보다 기가 세다.	예	아니요
125	다른 사람보다 쉽게 우쭐해진다.	예	아니요
126	다른 사람을 의심한 적이 한 번도 없다.	예	아니요
127	어색해지면 입을 다무는 경우가 많다.	예	아니요
128	하루의 행동을 반성하는 경우가 많다.	예	아니요
129	격렬한 운동도 그다지 힘들어하지 않는다.	예	아니요
130	새로운 일에 처음 한 발을 좀처럼 떼지 못한다.	예	아니요
131	앞으로의 일을 생각하지 않으면 진정이 되지 않는다.	예	아니요
132	인생에서 중요한 것은 높은 목표를 갖는 것이다.	예	아니요
133	무슨 일이든 선수를 쳐야 이긴다고 생각한다.	예	아니요
134	다른 사람이 나를 어떻게 생각하는지 궁금할 때가 많다.	예	아니요
135	침울해지면서 아무 것도 손에 잡히지 않을 때가 있다.	예	아니요
136	어린 시절로 돌아가고 싶을 때가 있다.	예	아니요
137	아는 사람을 발견해도 피해버릴 때가 있다.	예	아니요
138	굳이 말하자면 기가 센 편이다.	예	아니요
139	성격이 밝다는 말을 듣는다.	예	아니요
140	다른 사람이 부럽다고 생각한 적이 한 번도 없다.	예	아니요

2. 2단계 검사

※ 다음 질문내용을 읽고 A, B 중 해당되는 곳에 O표 하시오. [1~36]

번호	질문	응답	
1	A 사람들 앞에서 잘 이야기하지 못한다. B 사람들 앞에서 이야기하는 것을 좋아한다.	A	B
2	A 엉뚱한 생각을 잘한다. B 비현실적인 것을 싫어한다.	A	B
3	A 친절한 사람이라는 말을 듣고 싶다. B 냉정한 사람이라는 말을 듣고 싶다.	A	B
4	A 예정에 얽매이는 것을 싫어한다. B 예정이 없는 상태를 싫어한다.	A	B
5	A 혼자 생각하는 것을 좋아한다. B 다른 사람과 이야기하는 것을 좋아한다.	A	B
6	A 정해진 절차에 따르는 것을 싫어한다. B 정해진 절차가 바뀌는 것을 싫어한다.	A	B
7	A 친절한 사람 밑에서 일하고 싶다. B 이성적인 사람 밑에서 일하고 싶다.	A	B
8	A 그때그때의 기분으로 행동하는 경우가 많다. B 미리 행동을 정해두는 경우가 많다.	A	B
9	A 다른 사람과 만났을 때 화제로 고생한다. B 다른 사람과 만났을 때 화제에 부족함이 없다.	A	B
10	A 학구적이라는 인상을 주고 싶다. B 실무적이라는 인상을 주고 싶다.	A	B
11	A 친구가 돈을 빌려달라고 하면 거절하지 못한다. B 본인에게 도움이 되지 않는 차금은 거절한다.	A	B
12	A 조직 안에서는 독자적으로 움직이는 타입이라고 생각한다. B 조직 안에서는 우등생 타입이라고 생각한다.	A	B
13	A 문장을 쓰는 것을 좋아한다. B 이야기하는 것을 좋아한다.	A	B
14	A 직감으로 판단한다. B 경험으로 판단한다.	A	B
15	A 다른 사람이 어떻게 생각하는지 신경 쓰인다. B 다른 사람이 어떻게 생각하든 신경 쓰지 않는다.	A	B
16	A 틀에 박힌 일은 싫다. B 절차가 정해진 일을 좋아한다.	A	B
17	A 처음 사람을 만날 때는 노력이 필요하다. B 처음 사람을 만나는 것이 아무렇지도 않다.	A	B
18	A 꿈을 가진 사람에게 끌린다. B 현실적인 사람에게 끌린다.	A	B

번호	질문	응답	
19	A 어려움에 처한 사람을 보면 동정한다. B 어려움에 처한 사람을 보면 원인을 생각한다.	A	B
20	A 느긋한 편이다. B 시간을 정확히 지키는 편이다.	A	B
21	A 회합에서는 소개를 받는 편이다. B 회합에서는 소개를 하는 편이다.	A	B
22	A 굳이 말하자면 혁신적이라고 생각한다. B 굳이 말하자면 보수적이라고 생각한다.	A	B
23	A 지나치게 합리적으로 결론짓는 것은 좋지 않다. B 지나치게 온정을 표시하는 것은 좋지 않다.	A	B
24	A 융통성이 있다. B 자신의 페이스를 잃지 않는다.	A	B
25	A 사람들 앞에 잘 나서지 못한다. B 사람들 앞에 나서는 데 어려움이 없다.	A	B
26	A 상상력이 있다는 말을 듣는다. B 현실적이라는 이야기를 듣는다.	A	B
27	A 다른 사람의 의견에 귀를 기울인다. B 자신의 의견을 밀어붙인다.	A	B
28	A 틀에 박힌 일은 너무 딱딱해서 싫다. B 방법이 정해진 일은 안심할 수 있다.	A	B
29	A 튀는 것을 싫어한다. B 튀는 것을 좋아한다.	A	B
30	A 굳이 말하자면 이상주의자이다. B 굳이 말하자면 현실주의자이다.	A	B
31	A 일을 선택할 때에는 인간관계를 중시하고 싶다. B 일을 선택할 때에는 일의 보람을 중시하고 싶다.	A	B
32	A 임기응변에 능하다. B 계획적인 행동을 중요하게 여긴다.	A	B
33	A 혼자 꾸준히 하는 것을 좋아한다. B 변화가 있는 것을 좋아한다.	A	B
34	A 가능성에 눈을 돌린다. B 현실성에 눈을 돌린다.	A	B
35	A 매사에 감정적으로 생각한다. B 매사에 이론적으로 생각한다.	A	B
36	A 스케줄을 짜지 않고 행동하는 편이다. B 스케줄을 짜고 행동하는 편이다.	A	B

PART 4

3. 답안지

(1) 1단계 검사

1	15	29	43	57	71	85	99	113	127
예 아니요	예 아니요	예 아니요	예 아니요	예 아니요	예 아니요	예 아니요	예 아니요	예 아니요	예 아니요
2	16	30	44	58	72	86	100	114	128
예 아니요	예 아니요	예 아니요	예 아니요	예 아니요	예 아니요	예 아니요	예 아니요	예 아니요	예 아니요
3	17	31	45	59	73	87	101	115	129
예 아니요	예 아니요	예 아니요	예 아니요	예 아니요	예 아니요	예 아니요	예 아니요	예 아니요	예 아니요
4	18	32	46	60	74	88	102	116	130
예 아니요	예 아니요	예 아니요	예 아니요	예 아니요	예 아니요	예 아니요	예 아니요	예 아니요	예 아니요
5	19	33	47	61	75	89	103	117	131
예 아니요	예 아니요	예 아니요	예 아니요	예 아니요	예 아니요	예 아니요	예 아니요	예 아니요	예 아니요
6	20	34	48	62	76	90	104	118	132
예 아니요	예 아니요	예 아니요	예 아니요	예 아니요	예 아니요	예 아니요	예 아니요	예 아니요	예 아니요
7	21	35	49	63	77	91	105	119	133
예 아니요	예 아니요	예 아니요	예 아니요	예 아니요	예 아니요	예 아니요	예 아니요	예 아니요	예 아니요
8	22	36	50	64	78	92	106	120	134
예 아니요	예 아니요	예 아니요	예 아니요	예 아니요	예 아니요	예 아니요	예 아니요	예 아니요	예 아니요
9	23	37	51	65	79	93	107	121	135
예 아니요	예 아니요	예 아니요	예 아니요	예 아니요	예 아니요	예 아니요	예 아니요	예 아니요	예 아니요
10	24	38	52	66	80	94	108	122	136
예 아니요	예 아니요	예 아니요	예 아니요	예 아니요	예 아니요	예 아니요	예 아니요	예 아니요	예 아니요
11	25	39	53	67	81	95	109	123	137
예 아니요	예 아니요	예 아니요	예 아니요	예 아니요	예 아니요	예 아니요	예 아니요	예 아니요	예 아니요
12	26	40	54	68	82	96	110	124	138
예 아니요	예 아니요	예 아니요	예 아니요	예 아니요	예 아니요	예 아니요	예 아니요	예 아니요	예 아니요
13	27	41	55	69	83	97	111	125	139
예 아니요	예 아니요	예 아니요	예 아니요	예 아니요	예 아니요	예 아니요	예 아니요	예 아니요	예 아니요
14	28	42	56	70	84	98	112	126	140
예 아니요	예 아니요	예 아니요	예 아니요	예 아니요	예 아니요	예 아니요	예 아니요	예 아니요	예 아니요

(2) 2단계 검사

1	5	9	13	17	21	25	29	33
A B	A B	A B	A B	A B	A B	A B	A B	A B
2	6	10	14	18	22	26	30	34
A B	A B	A B	A B	A B	A B	A B	A B	A B
3	7	11	15	19	23	27	31	35
A B	A B	A B	A B	A B	A B	A B	A B	A B
4	8	12	16	20	24	28	32	36
A B	A B	A B	A B	A B	A B	A B	A B	A B

4. 분석표

(1) 1단계 검사

합계 1

합계 2

합계 3

합계 4

합계 5

합계 6

합계 7

합계 8

합계 9

합계 10

합계 11

합계 12

합계 13

합계 14

척도		0	1	2	3	4	5	6	7	8	9	10
행동적 측면	사회적 내향성 (합계 1)											
	내성성 (합계 2)											
	신체활동성 (합계 3)											
	지속성 (합계 4)											
	신중성 (합계 5)											
의욕적 측면	달성의욕 (합계 6)											
	활동의욕 (합계 7)											
정서적 측면	민감성 (합계 8)											
	자책성 (합계 9)											
	기분성 (합계 10)											
	독자성 (합계 11)											
	자신감 (합계 12)											
	고양성 (합계 13)											
타당성	신뢰도 (합계 14)											

(2) 2단계 검사

합계 15

합계 16

합계 17

합계 18

척도		0	1	2	3	4	5	6	7	8	9	
성격 유형	흥미관심 방향 (합계 15)											외향
	사물에 대한 견해 (합계 16)											감각
	판단의 방법 (합계 17)											사고
	사회에 대한 접근 방법 (합계 18)											판단

5. 채점방식

(1) 1단계 검사

① 답안지에 '예', '아니요'를 체크한다.

② 답안지의 문제번호 줄 1, 15, 29, 43, 57, 71, 85, 99, 113, 127 중 '예'에 체크한 개수의 합계를 '합계 1'란에 숫자로 기입한다.

③ 위와 같이 문제번호 줄 2, 16, 30, 44, 58, 72, 86, 100, 114, 128 중 '예'에 체크한 개수의 합계를 '합계 2'란에 기입한다.

④ 마찬가지로 문제번호 줄 14까지 이렇게 '예'에 체크한 개수의 합계를 차례대로 '합계 14'란까지 숫자로 기입한다.

⑤ 집계는 각각 10문제씩 한다.

⑥ 집계가 끝나면 집계결과를 분석표에 옮겨 적는다.

(2) 2단계 검사

① 답안지의 문제번호 줄 1, 5, 9, 13, 17, 21, 25, 29, 33의 'B'에 ○표 체크한 개수의 합계를 '합계 15'란에 숫자로 기입한다.

② 마찬가지로 문제번호 줄 4까지 이렇게 'B'에 ○표 체크한 개수의 합계를 차례대로 '합계 18'란까지 숫자로 기입한다.

③ 집계는 각각 옆으로 9문제씩 한다.

④ 집계가 끝나면 집계결과를 분석표에 옮겨 적는다.

6. 결과 분석

(1) 1단계 검사

① '합계 1'에서부터 '합계 5'까지는 성격 특성을 나타내는 어떠한 행동적 특징이 있는지 나타낸다. 즉, 행동적 측면은 행동으로 나타내기 쉬운 경향을 나타내는 것이다. 행동적인 경향은 겉모습으로도 금방 알 수 있기 때문에 면접에서 다루어지기 쉬운 부분이다.

② '합계 6'과 '합계 7'은 의욕적인 측면을 나타낸다. 의욕적 측면은 의욕이나 활력을 나타내는 것이다. 인재를 채용하는 조직에 있어 의욕적인 사람은 열심히 일할 가능성이 높기 때문에 중요한 측면이라고 할 수 있다.

③ '합계 8'에서부터 '합계 13'까지는 정서적인 측면을 나타내는데, 이는 사회에서의 적응력이나 감정의 안정도를 나타내고 있다. 조직 내에서의 업무나 인간관계에 원활하게 적응할 수 있는지 등을 측정하는 것이다.

④ '합계 14'는 라이스케일, 즉 타당성 척도로서 허위성을 나타낸다. 업무상의 과실을 얼버무리거나 자신을 잘 보이게 하기 위해 거짓말을 하는 정도를 측정하는 것이다.

⑤ '합계 1'에서 '합계 13'까지는 평가치가 높을수록 측정된 특성 경향이 강하다는 것을 나타낸다. '합계 14'는 평가치가 높을수록 응답에 대한 신뢰성이 낮고, 평가치가 낮을수록 응답에 대한 신뢰성이 높다는 의미이다.

(2) 2단계 검사

① 2단계 검사는 성격유형에 관한 부분으로, 개인의 성향을 분류하기 위한 요소이다. 성격유형이 채용 여부에 직접 영향을 주는 일은 다소 적지만, 장래에 이동이나 승진 시 자료로 이용될 가능성이 있는 항목이다.

② 평가치는 높고 낮음을 나타내는 것이 아니라, 피검사자의 성향이 어느 방면에 치우쳐 있는가를 판단하는 것이다. 예를 들어, '흥미관심'의 평가치가 9인 경우 외향적인 경향이 강하고, 2인 경우에는 내향적인 경향이 강하다고 할 수 있다. 평가치가 4 또는 5일 경우에는 어느 한 성향으로 치우쳐 있지 않고 중립적인 성향을 가지고 있다고 볼 수 있다.

05 인성검사 결과로 알아보는 예상 면접 질문

인성검사는 특히 면접 질문과 관련성이 높은 부분이다. 면접관은 지원자의 인성검사 결과를 토대로 질문을 하게 된다. 그렇다고 해서 자신의 성격을 꾸미는 것은 바람직하지 않다. 실제 시험은 매우 복잡하여 전문가라 해도 일정 성격을 유지하면서 답변을 하는 것이 불가능하기 때문이다. 따라서 인성검사는 솔직하게 임하되 인성검사 모의연습으로 자신의 성향을 정확히 파악하고 아래 예상 면접질문을 참고하여, 자신의 단점은 보완하면서 강점은 어필할 수 있는 답변을 준비하도록 하자.

1. 사회적 내향성 척도

(1) 득점이 낮은 사람

- 자기가 선택한 직업에 대해 어떤 인상을 가지고 있습니까?
- 부모님을 객관적으로 봤을 때 어떻게 생각합니까?
- 당사의 사장님 성함을 알고 있습니까?

수다스럽기 때문에 내용이 없다는 인상을 주기 쉽다. 질문의 요지를 파악하여 논리적인 발언을 하도록 유의하자. 한 번에 많은 것을 이야기하려 하면 요점이 흐려지게 되므로 내용을 정리하여 간결하게 발언한다.

(2) 득점이 높은 사람

- 친구들에게 있어 당신은 어떤 사람입니까?
- 특별히 무언가 묻고 싶은 것이 있습니까?
- 친구들의 상담을 받는 쪽입니까?

높은 득점은 마이너스 요인이다. 면접에서 보완해야 하므로 자신감을 가지고 끝까지 또박또박 주위에도 들릴 정도의 큰 소리로 말하도록 하자. 절대 얼버무리거나 기어들어가는 목소리는 안 된다.

2. 내성성 척도

(1) 득점이 낮은 사람

- 학생시절에 후회되는 일은 없습니까?
- 학생과 사회인의 차이는 무엇이라고 생각합니까?
- 당신이 가장 흥미를 가지고 있는 것에 대해 이야기해 주십시오.

답변 내용을 떠나 일단 평소보다 천천히 말하자. 생각나는 대로 말해버리면 이야기가 두서없이 이곳저곳으로 빠져 부주의하고 경솔하다는 인식을 줄 수 있으므로 머릿속에서 내용을 정리하고 이야기하도록 유의하자. 응답은 가능한 간결하게 한다.

(2) 득점이 높은 사람

- 인생에는 무엇이 중요하다고 생각합니까?
- 좀 더 큰소리로 이야기해 주십시오.

과도하게 긴장할 경우 불필요한 생각을 하게 되어 반응이 늦어버리면 곤란하다. 특히 새로운 질문을 받았는데도 했던 대답을 재차 하거나 하면 전체 흐름을 저해하게 되므로 평소부터 이러한 습관을 의식하면서 적절한 타이밍의 대화를 하도록 하자.

PART 4

3. 신체활동성 척도

(1) 득점이 낮은 사람

- 휴일은 어떻게 보냅니까?
- 학창시절에 무엇에 열중했습니까?

졸업논문이나 영어회화, 컴퓨터 등 학생다움이나 사회인으로서 도움이 되는 것에 관심을 가지고 있는 것을 적극 어필한다. 이미 면접담당자는 소극적이라고 생각하고 있기 때문에 말로 적극적이라고 말해도 성격프로필의 결과와 모순되므로 일부러 꾸며 말하지 않는다.

(2) 득점이 높은 사람

- 제대로 질문을 듣고 있습니까?
- 희망하는 직종으로 배속되지 않으면 어떻게 하겠습니까?

일부러 긴장시키고 반응을 살피는 경우가 있다. 활동적이지만 침착함이 없다는 인상을 줄 수 있으므로 머릿속에 생각을 정리하는 습관을 들이자. 행동할 때도 마찬가지로, 편하게 행동하는 것은 플러스 요인이지만, 반사적인 언동이 많으면 마이너스가 되므로 주의한다.

4. 지속성 척도

(1) 득점이 낮은 사람

- 일에 활용할 수 있을 만한 자격이나 특기, 취미가 있습니까?
- 오랫동안 배운 것에 대해 들려주십시오.

금방 싫증내서 오래 지속하지 못하는 것은 마이너스다. 쉽게 포기하고 내팽개치는 사람은 어느 곳에서도 필요로 하지 않는다는 것을 상기한다. 면접을 보는 동안과 마찬가지로, 대기 시간에도 주의하여 차분하지 못한 동작을 하지 않도록 한다.

(2) 득점이 높은 사람

- 이런 것도 모릅니까?
- 이 직업에 맞지 않는 것은 아닙니까?

짓궂은 질문을 받으면 감정적이 되거나 옹고집을 부릴 가능성이 있다. 냉정하고 침착하게 받아넘겨야 한다. 비슷한 경험을 쌓으면 차분하게 응답할 수 있게 되므로 모의면접 등의 기회를 활용한다.

5. 신중성 척도

(1) 득점이 낮은 사람

- 당신에게 부족한 것은 어떤 점입니까?
- 결점을 극복하기 위해 어떻게 노력하고 있습니까?

질문의 요지를 잘못 받아들이거나, 불필요한 이야기까지 하는 등 대답에 일관성이 없으면 마이너스다. 직감적인 언동을 하지 않도록 평소부터 논리적으로 생각하는 습관을 키우자.

(2) 득점이 높은 사람

- 주위 사람에게 욕을 들으면 어떻게 하겠습니까?
- 출세하고 싶습니까?
- 제 질문에 대한 답이 아닙니다.

예상외의 질문에 답이 궁해지거나 깊이 생각하게 되면 역시나 신중이 지나쳐 결단이 늦다는 인상을 주게 된다. 주위의 상황을 파악하고 발언하려는 나머지 반응이 늦어지고, 집단면접 등에서 시간이 걸리게 되면 행동이 느리다는 인식을 주게 되므로 주의한다.

6. 달성의욕 척도

(1) 득점이 낮은 사람

- 인생의 목표를 들려주십시오.
- 입사하면 무엇을 하고 싶습니까?
- 지금까지 목표를 향해 노력하여 달성한 적이 있습니까?

> 결과에 대한 책임감이 낮다, 지시에 따르기만 할 뿐 주체성이 없다는 인상을 준다면 매우 곤란하다. 목표의식이나 의욕의 유무, 주위 상황에 휩쓸리는 경향 등에 대해 물어오면 의욕이 낮다는 인식을 주지 않도록 목표를 향해 견실하게 노력하려는 자세를 강조하자.

(2) 득점이 높은 사람

- 도박을 좋아합니까?
- 다른 사람에게 지지 않는다고 말할 수 있는 것이 있습니까?

> 행동이 따르지 않고 말만 앞선다면 평가가 나빠진다. 목표나 이상을 바라보고 노력하지 않는 것은 한 번의 도박으로 일확천금을 노리는 것과 같다는 것을 명심하고 자신이 어떤 목표를 이루기 위해 노력한 경험이 있는지 미리 생각해서 행동적인 부분을 어필하는 답변을 하도록 하자.

7. 활동의욕 척도

(1) 득점이 낮은 사람

- 어떤 일을 할 때 주도적으로 이끄는 편입니까?
- 신념이나 신조에 대해 말해 주십시오.
- 질문의 답이 다른 사람과 똑같습니다.

> 의표를 찌르는 질문을 받더라도 당황하지 말고 수비에 강한 면을 어필하면서 무모한 공격을 하기보다는 신중하게 매진하는 성격이라는 점을 강조할 수 있는 답을 준비해 두자.

(2) 득점이 높은 사람

- 친구들로부터 어떤 성격이라는 이야기를 듣습니까?
- 협동성이 있다고 생각합니까?

> 사고과정을 전달하지 않으면 너무 막무가내이거나, 경박하고 생각 없이 발언한다는 인식을 줄 수 있으므로 갑자기 결론을 내리거나 단숨에 본인이 하고 싶은 말만 하는 것은 피하자.

8. 민감성 척도

(1) 득점이 낮은 사람

- 좌절한 경험에 대해 이야기해 주십시오.
- 당신이 약하다고 느낄 때는 어떤 때입니까?

구체적으로 대답하기 어려운 질문이나 의도를 알기 어려운 질문을 통해 감수성을 시험하게 된다. 냉정하게 자기분석을 하여 독선적이지 않은 응답을 하자.

(2) 득점이 높은 사람

- 지금까지 신경이 예민하다는 이야기를 들은 적이 있습니까?
- 채용되지 못하면 어떻게 하시겠습니까?
- 당신의 성격에서 고치고 싶은 부분이 있습니까?

예민한 성격이라는 부분을 마음에 두고 있으면 직접적인 질문을 받았을 때 당황하게 된다. 신경이 예민하다기보다 세세한 부분도 눈에 잘 들어오는 성격이라고 어필하자.

9. 자책성 척도

(1) 득점이 낮은 사람

- 학생시절을 통해 얻은 것은 무엇이라고 생각합니까?
- 자기 자신을 분석했을 때 좋아하는 면은 무엇입니까?

낙관적인 것은 면접관이 이미 알고 있으므로 솔직한 부분이나 신념을 가지고 의의가 있는 삶을 살고 있다는 점을 어필하자.

(2) 득점이 높은 사람

- 곤란한 상황에 어떻게 대처하겠습니까?
- 실수한 경험과 그 실수에서 얻은 교훈을 들려주십시오.

좋지 않은 쪽으로 생각해서 불필요하게 긴장하면 더욱 사태가 악화된다. 쉽게 비관하는 성격이므로, 면접을 받는 동안은 면접담당자의 눈을 보며 밝게 응답하고, 말끝을 흐리지 않고 또박또박 말하도록 유의하자. 또한 '할 수 없다.', '자신이 없다.' 등의 발언이 많으면 평가가 떨어지므로 평소부터 부정적인 말을 사용하지 않도록 긍정적으로 사고하는 습관을 들여야 한다.

PART 5

면접

CHAPTER

01 면접 유형 및 실전 대책

01 면접 주요사항

면접의 사전적 정의는 면접관이 지원자를 직접 만나보고 인품(人品)이나 언행(言行) 따위를 시험하는 일로, 흔히 필기시험 후에 최종적으로 심사하는 방법이다.

최근 주요 기업의 인사담당자들을 대상으로 채용 시 면접이 차지하는 비중을 설문조사했을 때, 50 ~ 80% 이상이라고 답한 사람이 전체 응답자의 80%를 넘었다. 이와 대조적으로 지원자들을 대상으로 취업 시험에서 면접을 준비하는 기간을 물었을 때, 대부분의 응답자가 2 ~ 3일 정도라고 대답했다.

지원자가 일정 수준의 스펙을 갖추기 위해 자격증 시험과 토익을 치르고 이력서와 자기소개서까지 쓰다 보면 면접까지 챙길 여유가 없는 것이 사실이다. 그리고 서류전형과 인적성검사를 통과해야만 면접을 볼 수 있기 때문에 자연스럽게 면접은 취업시험 과정에서 그 비중이 작아질 수밖에 없다. 하지만 아이러니하게도 실제 채용 과정에서 면접이 차지하는 비중은 절대적이라고 해도 과언이 아니다.

기업들은 채용 과정에서 토론 면접, 인성 면접, 프레젠테이션 면접, 역량 면접 등의 다양한 면접을 실시한다. 1차 커트라인이라고 할 수 있는 서류전형을 통과한 지원자들의 스펙이나 능력은 서로 엇비슷하다고 판단되기 때문에 서류상 보이는 자격증이나 토익 성적보다는 지원자의 인성을 파악하기 위해 면접을 더욱 강화하는 것이다. 일부 기업은 의도적으로 압박 면접을 실시하기도 한다. 지원자가 당황할 수 있는 질문을 던져서 그것에 대한 지원자의 반응을 살펴보는 것이다.

면접은 다르게 생각한다면 '나는 누구인가?'에 대한 물음에 해답을 줄 수 있는 가장 현실적이고 미래적인 경험이 될 수 있다. 취업난 속에서 자격증을 취득하고 토익 성적을 올리기 위해 앞만 보고 달려온 지원자들은 자신에 대해서 고민하고 탐구할 수 있는 시간을 평소 쉽게 가질 수 없었을 것이다. 자신을 잘 알고 있어야 자신에 대해서 자신감 있게 말할 수 있다. 대체로 사람들은 자신에게 관대한 편이기 때문에 자신에 대해서 어떤 기대와 환상을 가지고 있는 경우가 많다. 하지만 면접은 제삼자에 의해 개인의 능력을 객관적으로 평가받는 시험이다. 어떤 지원자들은 다른 사람에게 자신을 표현하는 것을 어려워한다. 평소에 잘 사용하지 않는 용어를 내뱉으면서 거창하게 자신을 포장하는 지원자도 많다. 면접에서 가장 기본은 자기 자신을 면접관에게 알기 쉽게 표현하는 것이다.

이러한 표현을 바탕으로 자신이 앞으로 하고자 하는 것과 그에 대한 이유를 설명해야 한다. 최근에는 자신감을 향상시키거나 말하는 능력을 높이는 학원도 많기 때문에 얼마든지 자신의 단점을 극복할 수 있다.

1. 자기소개의 기술

자기소개를 시키는 이유는 면접자가 지원자의 자기소개서를 압축해서 듣고, 지원자의 첫인상을 평가할 시간을 가질 수 있기 때문이다. 면접을 위한 워밍업이라고 할 수 있으며, 첫인상을 결정하는 과정이므로 매우 중요한 순간이다.

(1) 정해진 시간에 자기소개를 마쳐야 한다.

쉬워 보이지만 의외로 지원자들이 정해진 시간을 넘기거나 혹은 빨리 끝내서 면접관에게 지적을 받는 경우가 많다. 본인이 면접을 받는 마지막 지원자가 아닌 이상, 정해진 시간을 지키지 않는 것은 수많은 지원자를 상대하기에 바쁜 면접관과 대기 시간에 지친 다른 지원자들에게 불쾌감을 줄 수 있다.

또한 회사에서 시간관념은 절대적인 것이므로 반드시 자기소개 시간을 지켜야 한다. 말하기는 1분에 200자 원고지 2장 분량의 글을 읽는 만큼의 속도가 가장 적당하다. 이를 A4 용지에 10point 글자 크기로 작성하면 반 장 분량이 된다.

(2) 간단하지만 신선한 문구로 자기소개를 시작하자.

요즈음 많은 지원자가 이 방법을 사용하고 있기 때문에 웬만한 소재의 문구가 아니면 면접관의 관심을 받을 수 없다. 이러한 문구는 시대적으로 유행하는 광고 카피를 패러디하는 경우와 격언 등을 인용하는 경우, 그리고 지원한 회사의 IC나 경영이념, 인재상 등을 사용하는 경우 등이 있다. 지원자는 이러한 여러 문구 중에 자신의 첫인상을 북돋아 줄 수 있는 것을 선택해서 말해야 한다. 자신의 이름을 문구 속에 적절하게 넣어서 말한다면 좀 더 효과적인 자기소개가 될 것이다.

(3) 무엇을 먼저 말할 것인지 고민하자.

면접관이 많이 던지는 질문 중 하나가 지원동기이다. 그래서 성장기를 바로 건너뛰고, 지원한 회사에 들어오기 위해 대학에서 어떻게 준비했는지를 설명하는 자기소개가 대세이다.

(4) 면접관의 호기심을 자극해 관심을 불러일으킬 수 있게 말하라.

면접관에게 질문을 많이 받는 지원자의 합격률이 반드시 높은 것은 아니지만, 질문을 전혀 안 받는 것보다는 좋은 평가를 기대할 수 있다.

지원한 분야와 관련된 수상 경력이나 프로젝트 등을 말하는 것도 좋다. 이는 지원자의 업무 능력과 직접 연결되는 것이므로 효과적인 자기 홍보가 될 수 있다. 일부 지원자들은 자신만의 특별한 경험을 이야기하는데, 이때는 그 경험이 보편적으로 사람들의 공감대를 얻을 수 있는 것인지 다시 생각해봐야 한다.

(5) 마지막 고개를 넘기가 가장 힘들다.

첫 단추도 중요하지만, 마지막 단추도 중요하다. 하지만 왠지 격식을 따지는 인사말은 지나가는 인사말 같고, 다르게 하자니 예의에 어긋나는 것 같은 기분이 든다. 이때는 처음에 했던 자신만의 문구를 다시 한 번 말하는 것도 좋은 방법이다. 자연스러운 끝맺음이 될 수 있도록 적절한 연습이 필요하다.

2. 1분 자기소개 시 주의사항

(1) 자기소개서와 자기소개가 똑같다면 감점일까?

아무리 자기소개서를 외워서 말한다 해도 자기소개가 자기소개서와 완전히 똑같을 수는 없다. 자기소개서의 분량이 더 많고 회사마다 요구하는 필수 항목들이 있기 때문에 굳이 고민할 필요는 없다. 오히려 자기소개서의 내용을 잘 정리한 자기소개가 더 좋은 결과를 만들 수 있다. 하지만 자기소개서와 상반된 내용을 말하는 것은 적절하지 않다. 지원자의 신뢰성이 떨어진다는 것은 곧 불합격을 의미하기 때문이다.

(2) 말하는 자세를 바르게 익혀라.

지원자가 자기소개를 하는 동안 면접관은 지원자의 동작 하나하나를 관찰한다. 그렇기 때문에 바른 자세가 중요하다는 것은 우리가 익히 알고 있다. 하지만 문제는 무의식적으로 나오는 습관 때문에 자세가 흐트러져 나쁜 인상을 줄 수 있다는 것이다. 이러한 습관을 고칠 수 있는 가장 좋은 방법은 캠코더 등으로 자신의 모습을 담는 것이다. 거울을 사용할 경우에는 시선이 자꾸 자기 눈과 마주치기 때문에 집중하기 힘들다. 하지만 촬영된 동영상은 제삼자의 입장에서 자신을 볼 수 있기 때문에 많은 도움이 된다.

(3) 정확한 발음과 억양으로 자신 있게 말하라.

지원자의 모양새가 아무리 뛰어나도, 목소리가 작고 발음이 부정확하면 큰 감점을 받는다. 이러한 모습은 지원자의 좋은 점에까지 악영향을 끼칠 수 있다. 직장을 흔히 사회생활의 시작이라고 말하는 시대적 정서에서 사람들과 의사소통을 하는 데 문제가 있다고 판단되는 지원자는 부적절한 인재로 평가될 수밖에 없다.

3. 대화법

전문가들이 말하는 대화법의 핵심은 '상대방을 배려하면서 이야기하라.'는 것이다. 대화는 나와 다른 사람의 소통이다. 내용에 대한 공감이나 이해가 없다면 대화는 더 진전되지 않는다.

『카네기 인간관계론』이라는 베스트셀러의 작가인 철학자 카네기가 말하는 최상의 대화법은 자신의 경험을 토대로 이야기하는 것이다. 즉, 살아오면서 직접 겪은 경험이 상대방의 관심을 끌 수 있는 가장 좋은 이야깃거리인 것이다. 특히, 어떤 일을 이루기 위해 노력하는 과정에서 겪은 실패나 희망에 대해 진솔하게 얘기한다면 상대방은 어느새 당신의 편에 서서 그 이야기에 동조할 것이다.

독일의 사업가이자, 동기부여 트레이너인 위르겐 힐러의 연설법 중 가장 유명한 것은 '시즐(Sizzle)'을 잡는 것이다. 시즐이란, 새우튀김이나 돈가스가 기름에서 지글지글 튀겨질 때 나는 소리이다. 즉, 자신의 말을 듣고 시즐처럼 반응하는 상대방의 감정에 적절하게 대응하라는 것이다.

말을 시작한 지 10 ~ 15초 안에 상대방의 '시즐'을 알아차려야 한다. 자신의 이야기에 대한 상대방의 첫 반응에 따라 말하기 전략도 달라져야 한다. 첫 이야기의 반응이 미지근하다면 가능한 한 그 이야기를 빨리 마무리하고 새로운 이야깃거리를 생각해내야 한다. 길지 않은 면접 시간 내에 몇 번 오지 않는 대답의 기회를 살리기 위해서 보다 전략적이고 냉철해야 하는 것이다.

4. 차림새

(1) 구두

면접에 어떤 옷을 입어야 할지를 며칠 동안 고민하면서 정작 구두는 면접 보는 날 현관을 나서면서 즉흥적으로 신고 가는 지원자들이 많다. 특히, 남자 지원자들이 이러한 실수를 많이 한다. 구두를 보면 그 사람의 됨됨이를 알 수 있다고 한다. 면접관 역시 이러한 것을 놓치지 않기 때문에 지원자는 자신의 구두에 더욱 신경을 써야 한다. 스타일의 마무리는 발끝에서 이루어지는 것이다. 아무리 멋진 옷을 입고 있어도 구두가 어울리지 않는다면 전체 스타일이 흐트러지기 때문이다.

정장용 구두는 디자인이 깔끔하고, 에나멜 가공처리를 하여 광택이 도는 페이턴트 가죽 소재 제품이 무난하다. 검정 계열 구두는 회색과 감색 정장에, 브라운 계열의 구두는 베이지나 갈색 정장에 어울린다. 참고로 구두는 오전에 사는 것보다 발이 충분히 부은 상태인 저녁에 사는 것이 좋다. 마지막으로 당연한 일이지만 반드시 면접을 보는 전날 구두 뒤축이 닳지는 않았는지 확인하고 구두에 광을 내 둔다.

(2) 양말

양말은 정장과 구두의 색상을 비교해서 골라야 한다. 특히 검정이나 감색의 진한 색상의 바지에 흰 양말을 신는 것은 시대에 뒤처지는 일이다. 일반적으로 양말의 색깔은 바지의 색깔과 같아야 한다. 또한 양말의 길이도 신경 써야 한다. 바지를 입은 경우에 의자에 바르게 앉거나 다리를 꼬아서 앉을 때 다리털이 보여서는 안 된다. 반드시 긴 정장 양말을 신어야 한다.

(3) 정장

지원자는 평소에 정장을 입을 기회가 많지 않기 때문에 면접을 볼 때 본인 스스로도 옷을 어색하게 느끼는 경우가 많다. 옷을 불편하게 느끼기 때문에 자세마저 불안정한 지원자도 볼 수 있다. 그러므로 면접 전에 정장을 입고 생활해 보는 것도 나쁘지는 않다.

일반적으로 면접을 볼 때는 상대방에게 신뢰감을 줄 수 있는 남색 계열의 옷이나 어떤 계절이든 무난하고 깔끔해 보이는 회색 계열의 정장을 많이 입는다. 정장은 유행에 따라서 재킷의 디자인이나 버튼의 개수가 바뀌기 때문에 너무 오래된 옷을 입어서 다른 사람의 옷을 빌려 입고 나온 듯한 인상을 주어서는 안 된다.

(4) 헤어스타일과 메이크업

헤어스타일에 자신이 없다면 미용실에 다녀오는 것도 좋은 방법이다. 또한 자신에게 어울리는 메이크업을 하는 것도 괜찮다. 메이크업은 상대에 대한 예의를 갖추는 것이므로 지나치게 화려한 메이크업이 아니라면 보다 준비된 지원자처럼 보일 수 있다.

5. 첫인상

취업을 위해 성형수술을 받는 사람들에 대한 이야기는 더 이상 뉴스거리가 되지 않는다. 그만큼 많은 사람이 좁은 취업문을 뚫기 위해 이미지 향상에 신경을 쓰고 있다. 이는 면접관에게 좋은 첫인상을 주기 위한 것으로, 지원서에 올리는 증명사진을 이미지 프로그램을 통해 수정하는 이른바 '사이버 성형'이 유행하는 것과 같은 맥락이다. 실제로 외모가 채용 과정에서 영향을 끼치는가에 대한 설문조사에서도 60% 이상의 인사담당자들이 그렇다고 답변했다.

하지만 외모와 첫인상을 절대적인 관계로 이해하는 것은 잘못된 판단이다. 외모가 첫인상에서 많은 부분을 차지하지만, 외모 외에 다른 결점이 발견된다면 그로 인해 장점들이 가려질 수도 있다. 이러한 현상은 아래에서 다시 논하겠다.

첫인상은 말 그대로 한 번밖에 기회가 주어지지 않으며 몇 초 안에 결정된다. 첫인상을 결정짓는 요소 중 시각적인 요소가 80% 이상을 차지한다. 첫눈에 들어오는 생김새나 복장, 표정 등에 의해서 결정되는 것이다. 면접을 시작할 때 자기소개를 시키는 것도 지원자별로 첫인상을 평가하기 위해서이다. 첫인상이 중요한 이유는 만약 첫인상이 부정적으로 인지될 경우, 지원자의 다른 좋은 면까지 거부당하기 때문이다. 이러한 현상을 심리학에서는 초두효과(Primacy Effect)라고 한다. 그래서 한 번 형성된 첫인상은 여간해서 바꾸기 힘들다. 이는 첫인상이 나중에 들어오는 정보까지 영향을 주기 때문이다. 첫인상의 정보가 나중에 들어오는 정보 처리의 지침이 되는 것을 심리학에서는 맥락효과(Context Effect)라고 한다. 따라서 평소에 첫인상을 좋게 만들기 위한 노력을 꾸준히 해야만 하는 것이다.

좋은 첫인상이 반드시 외모에만 집중되는 것은 아니다. 오히려 깔끔한 옷차림과 부드러운 표정 그리고 말과 행동 등에 의해 전반적인 이미지가 만들어진다. 누구나 이러한 것 중에 한두 가지 단점을 가지고 있다. 요즈음은 이미지 컨설팅을 통해서 자신의 단점들을 보완하는 지원자도 있다. 특히, 표정이 밝지 않은 지원자는 평소 웃는 연습을 의식적으로 하여 면접을 받는 동안 계속해서 여유 있는 표정을 짓는 것이 중요하다.

02 면접의 유형 및 실전 대책

1. 면접의 유형

과거 천편일률적인 일대일 면접과 달리 면접에는 다양한 유형이 도입되어 현재는 "면접은 이렇게 보는 것이다."라고 말할 수 있는 정해진 유형이 없어졌다. 그러나 삼성그룹 면접에서는 현재까지는 집단 면접과 다대일 면접이 진행되고 있으므로 어느 정도 유형을 파악하여 사전에 대비가 가능하다. 면접의 기본인 단독 면접부터, 다대일 면접, 집단 면접의 유형과 그 대책에 대해 알아보자.

(1) 단독 면접

단독 면접이란 응시자와 면접관이 1대1로 마주하는 형식을 말한다. 면접위원 한 사람과 응시자 한 사람이 마주 앉아 자유로운 화제를 가지고 질의응답을 되풀이하는 방식이다. 이 방식은 면접의 가장 기본적인 방법으로 소요시간은 10～20분 정도가 일반적이다.

① 장점

필기시험 등으로 판단할 수 없는 성품이나 능력을 알아내는 데 가장 적합하다고 평가받아 온 면접방식으로 응시자 한 사람 한 사람에 대해 여러 면에서 비교적 폭넓게 파악할 수 있다. 응시자의 입장에서는 한 사람의 면접관만을 대하는 것이므로 상대방에게 집중할 수 있으며, 긴장감도 다른 면접방식에 비해서는 적은 편이다.

② 단점

면접관의 주관이 강하게 작용해 객관성을 저해할 소지가 있으며, 면접 평가표를 활용한다 하더라도 일면적인 평가에 그칠 가능성을 배제할 수 없다. 또한 시간이 많이 소요되는 것도 단점이다.

단독 면접 준비 Point

단독 면접에 대비하기 위해서는 평소 1대1로 논리 정연하게 대화를 나눌 수 있는 능력을 기르는 것이 중요하다. 그리고 면접장에서는 면접관을 선배나 선생님 혹은 아버지를 대하는 기분으로 면접에 임하는 것이 부담도 훨씬 적고 실력을 발휘할 수 있는 방법이 될 것이다.

(2) 다대일 면접

다대일 면접은 일반적으로 가장 많이 사용되는 면접방법으로 보통 2～5명의 면접관이 1명의 응시자에게 질문하는 형태의 면접방법이다. 면접관이 여러 명이므로 다각도에서 질문을 하여 응시자에 대한 정보를 많이 알아낼 수 있다는 점 때문에 선호하는 면접방법이다.

하지만 응시자의 입장에서는 질문도 면접관에 따라 각양각색이고 동료 응시자가 없으므로 숨 돌릴 틈도 없게 느껴진다. 또한 관찰하는 눈도 많아서 조그만 실수라도 지나치는 법이 없기 때문에 정신적 압박과 긴장감이 높은 면접방법이다. 따라서 응시자는 긴장을 풀고 한 시험관이 묻더라도 면접관 전원을 향해 대답한다는 기분으로 또박또박 대답하는 자세가 필요하다.

① 장점

면접관이 집중적인 질문과 다양한 관찰을 통해 응시자가 과연 조직에 필요한 인물인가를 완벽히 검증할 수 있다.

② 단점

면접시간이 보통 10 ~ 30분 정도로 좀 긴 편이고 응시자에게 지나친 긴장감을 조성하는 면접방법이다.

다대일 면접 준비 Point

질문을 들을 때 시선은 면접위원을 향하고 다른 데로 돌리지 말아야 하며, 대답할 때에도 고개를 숙이거나 입속에서 우물거리는 소극적인 태도는 피하도록 한다. 면접위원과 대등하다는 마음가짐으로 편안한 태도를 유지하면 대답도 자연스러운 상태에서 좀 더 충실히 할 수 있고, 이에 따라 면접위원이 받는 인상도 달라진다.

(3) 집단 면접

집단 면접은 다수의 면접관이 여러 명의 응시자를 한꺼번에 평가하는 방식으로 짧은 시간에 능률적으로 면접을 진행할 수 있다. 각 응시자에 대한 질문내용, 질문횟수, 시간배분이 똑같지는 않으며, 모두에게 같은 질문이 주어지기도 하고, 각각 다른 질문을 받기도 한다.

또한 어떤 응시자가 한 대답에 대한 의견을 묻는 등 그때그때의 분위기나 면접관의 의향에 따라 변수가 많다. 집단 면접은 응시자의 입장에서는 개별 면접에 비해 긴장감은 다소 덜한 반면에 다른 응시자들과의 비교가 확실하게 나타나므로 응시자는 몸가짐이나 표현력·논리성 등이 결여되지 않도록 자신의 생각이나 의견을 솔직하게 발표하여 집단 속에 묻히거나 밀려나지 않도록 주의해야 한다.

① 장점

집단 면접의 장점은 면접관이 응시자 한 사람에 대한 관찰시간이 상대적으로 길고, 비교 평가가 가능하기 때문에 결과적으로 평가의 객관성과 신뢰성을 높일 수 있다는 점이며, 응시자는 동료들과 함께 면접을 받기 때문에 긴장감이 다소 덜하다는 것을 들 수 있다. 또한 동료가 답변하는 것을 들으며, 자신의 답변 방식이나 자세를 조정할 수 있다는 것도 큰 이점이다.

② 단점

응답하는 순서에 따라 응시자마다 유리하고 불리한 점이 있고, 면접위원의 입장에서는 각각의 개인적인 문제를 깊게 다루기가 곤란하다는 것이 단점이다.

집단 면접 준비 Point

너무 자기 과시를 하지 않는 것이 좋다. 대답은 자신이 말하고 싶은 내용을 간단명료하게 말해야 한다. 내용이 없는 발언을 한다거나 대답을 질질 끄는 태도는 좋지 않다. 또 말하는 중에 내용이 주제에서 벗어나거나 자기중심적으로만 말하는 것도 피해야 한다. 집단 면접에 대비하기 위해서는 평소에 설득력을 지닌 자신의 논리력을 계발하는 데 힘써야 하며, 다른 사람 앞에서 자신의 의견을 조리 있게 개진할 수 있는 발표력을 갖추는 데에도 많은 노력을 기울여야 한다.

- 실력에는 큰 차이가 없다는 것을 기억하라.
- 동료 응시자들과 서로 협조하라.
- 답변하지 않을 때의 자세가 중요하다.
- 개성 표현은 좋지만 튀는 것은 위험하다.

(4) 집단 토론식 면접

집단 토론식 면접은 집단 면접과 형태는 유사하지만 질의응답이 아니라 응시자들끼리의 토론이 중심이 되는 면접방법으로 최근 들어 급증세를 보이고 있다. 이는 공통의 주제에 대해 다양한 견해들이 개진되고 결론을 도출하는 과정, 즉 토론을 통해 응시자의 다양한 면에 대한 평가가 가능하다는 집단 토론식 면접의 장점이 널리 확산된 데 따른 것으로 보인다. 사실 집단 토론식 면접을 활용하면 주제와 관련된 지식 정도와 이해력, 판단력, 설득력, 협동성은 물론 리더십, 조직 적응력, 적극성과 대인관계 능력 등을 쉽게 파악할 수 있다.

토론식 면접에서는 자신의 의견을 명확히 제시하면서도 상대방의 의견을 경청하는 토론의 기본자세가 필수적이며, 지나친 경쟁심이나 자기 과시욕은 접어두는 것이 좋다. 또한 집단 토론의 목적이 결론을 도출해 나가는 과정에 있다는 것을 감안하여 무리하게 자신의 주장을 관철시키기보다 오히려 토론의 질을 높이는 데 기여하는 것이 좋은 인상을 줄 수 있다는 점을 알아야 한다. 취업 희망자들은 토론식 면접이 급속도로 확산되는 추세임을 감안해 특히 철저한 준비를 해야 한다. 평소에 신문의 사설이나 매스컴 등의 토론 프로그램을 주의 깊게 보면서 논리 전개방식을 비롯한 토론 과정을 익히도록 하고, 친구들과 함께 간단한 주제를 놓고 토론을 진행해 볼 필요가 있다. 또한 사회·시사문제에 대해 자기 나름대로의 관점을 정립해두는 것도 꼭 필요하다.

(5) PT 면접

PT 면접, 즉 프레젠테이션 면접은 최근 들어 집단 토론 면접과 더불어 그 활용도가 점차 커지고 있다. PT 면접은 기업마다 특성이 다르고 인재상이 다른 만큼 인성 면접만으로는 알 수 없는 지원자의 문제해결 능력, 전문성, 창의성, 기본 실무능력, 논리성 등을 관찰하는 데 중점을 두는 면접으로, 지원자 간의 변별력이 높아 대부분의 기업에서 적용하고 있으며, 확산되는 추세이다.

면접 시간은 기업별로 차이가 있지만, 전문지식, 시사성 관련 주제를 제시한 다음, 보통 20～50분 정도 준비하여 5분가량 발표할 시간을 준다. 면접관과 지원자의 단순한 질의응답식이 아닌, 주제에 대해 일정 시간 동안 지원자의 발언과 발표하는 모습 등을 관찰하게 된다. 정확한 답이나 지식보다는 논리적 사고와 의사표현력이 더 중시되기 때문에 자신의 생각을 어떻게 설명하느냐가 매우 중요하다.

PT 면접에서 같은 주제라도 직무별로 평가요소가 달리 나타난다. 예를 들어, 영업직은 설득력과 의사소통 능력에 중점을 둘 수 있겠고, 관리직은 신뢰성과 창의성 등을 더 중요하게 평가한다.

PT 면접 준비 Point

- 면접관의 관심과 주의를 집중시키고, 발표 태도에 유의한다.
- 모의 면접이나 거울 면접을 통해 미리 점검한다.
- PT 내용은 세 가지 정도로 정리해서 말한다.
- PT 내용에는 자신의 생각이 담겨 있어야 한다.
- 중간에 자문자답 방식을 활용한다.
- 평소 지원하는 업계의 동향이나 직무에 대한 전문지식을 쌓아둔다.
- 부적절한 용어 사용이나 무리한 주장 등은 하지 않는다.

(6) 합숙 면접

합숙 면접은 대체로 1박 2일이나 2박 3일 동안 해당 기업의 연수원이나 수련원 등에서 이루어지는 면접으로, 평가 항목으로는 PT 면접, 토론 면접, 인성 면접 등을 기본으로 새벽등산, 레크리에이션, 게임 등 다양한 형태로 진행된다. 경쟁자들과 함께 생활하고 협동해야 하는 만큼 스트레스도 많이 받는 경우가 허다하다.

모든 지원자를 하루 동안 평가하게 되므로 지원자 1명을 평가하는 데 걸리는 시간은 짧게는 5분에서 길게는 1시간 이상 정도인데, 이 시간으로는 지원자를 제대로 평가하기에는 한계가 있다. 합숙 면접은 24시간 이상을 지원자와 면접관이 함께 생활하면서 다양한 프로그램을 통해 지원자의 역량을 폭넓게 평가할 수 있기 때문에 기업에서는 합숙 면접을 선호한다. 대체로 은행, 증권 등 금융권에서 합숙 면접을 통해 지원자의 의도되고 꾸며진 모습 외에 창의력, 의사소통 능력, 협동심, 책임감, 리더십 등 다양한 모습을 평가하였지만, 최근에는 기업에서도 많이 실시되고 있다.

합숙 면접에서 좋은 점수를 얻기 위해서는 무엇보다 팀워크를 중시하는 모습을 보여야 한다. 합숙 면접은 일반 면접과는 달리 개인보다는 그룹별로 과제가 주어지고 해결해야 하므로 조원 또는 동료와 얼마나 잘 어울리느냐가 중요한 평가기준이 된다. 장시간에 걸쳐 평가하기 때문에 힘든 부분도 있지만, 지원자들이 지쳐 있거나 당황하고 있는 사이에도 면접관들은 지원자들의 조직 적응력, 적극성, 사회성, 친화력 등을 꼼꼼하게 체크하기 때문에 잠시도 긴장을 늦춰서는 안 된다.

2. 면접의 실전 대책

(1) 면접 대비사항

① 지원 회사에 대한 사전지식을 충분히 준비한다.

필기시험에서 합격 또는 서류전형에서의 합격통지가 온 후 면접시험 날짜가 정해지는 것이 보통이다. 이때 수험자는 면접시험을 대비해 사전에 자기가 지원한 계열사 또는 부서에 대해 폭넓은 지식을 준비할 필요가 있다.

지원 회사에 대해 알아두어야 할 사항

- 회사의 연혁
- 회장 또는 사장의 이름, 출신학교, 관심사
- 회장 또는 사장이 요구하는 신입사원의 인재상
- 회사의 사훈, 사시, 경영이념, 창업정신
- 회사의 대표적 상품, 특색
- 업종별 계열회사의 수
- 해외지사의 수와 그 위치
- 신 개발품에 대한 기획 여부
- 자기가 생각하는 회사의 장단점
- 회사의 잠재적 능력개발에 대한 제언

② 충분한 수면을 취한다.
충분한 수면으로 안정감을 유지하고 첫 출발의 상쾌한 마음가짐을 갖는다.

③ 얼굴을 생기 있게 한다.
첫인상은 면접에 있어서 가장 결정적인 당락요인이다. 면접관에게 좋은 인상을 줄 수 있도록 화장하는 것도 필요하다. 면접관들이 가장 좋아하는 인상은 얼굴에 생기가 있고 눈동자가 살아 있는 사람, 즉 기가 살아 있는 사람이다.

④ 아침에 인터넷 뉴스를 읽고 간다.
그날의 뉴스가 질문 대상에 오를 수가 있다. 특히 경제면, 정치면, 문화면 등을 유의해서 볼 필요가 있다.

출발 전 확인할 사항

이력서, 자기소개서, 지갑, 신분증(주민등록증), 손수건, 휴지, 볼펜, 메모지 등을 준비하자.

(2) 면접 시 옷차림

면접에서 옷차림은 간결하고 단정한 느낌을 주는 것이 가장 중요하다. 색상과 디자인 면에서 지나치게 화려한 색상이나, 노출이 심한 디자인은 자칫 면접관의 눈살을 찌푸리게 할 수 있다. 단정한 차림을 유지하면서 자신만의 독특한 멋을 연출하는 것, 지원하는 회사의 분위기를 파악했다는 센스를 보여주는 것 또한 코디네이션의 포인트이다.

복장 점검

- 구두는 잘 닦여 있는가?
- 옷은 깨끗이 다려져 있으며 스커트 길이는 적당한가?
- 손톱은 길지 않고 깨끗한가?
- 머리는 흐트러짐 없이 단정한가?

(3) 면접 요령

① 첫인상을 중요시한다.
상대에게 인상을 좋게 주지 않으면 어떠한 얘기를 해도 이쪽의 기분이 충분히 전달되지 않을 수 있다. 예를 들어, '저 친구는 표정이 없고 무엇을 생각하고 있는지 전혀 알 길이 없다.'처럼 생각되면 최악의 상태이다. 우선 청결한 복장, 바른 자세로 침착하게 들어가야 한다. 건강하고 신선한 이미지를 주어야 하기 때문이다.

② 좋은 표정을 짓는다.
얘기를 할 때의 표정은 중요한 사항의 하나다. 거울 앞에서 웃는 연습을 해본다. 웃는 얼굴은 상대를 편안하게 하고, 특히 면접 등 긴박한 분위기에서는 천금의 값이 있다 할 것이다. 그렇다고 하여 항상 웃고만 있어서는 안 된다. 자기의 할 얘기를 진정으로 전하고 싶을 때는 진지한 얼굴로 상대의 눈을 바라보며 얘기한다. 면접을 볼 때 눈을 감고 있으면 마이너스 이미지를 주게 된다.

③ 결론부터 이야기한다.

자기의 의사나 생각을 상대에게 정확하게 전달하기 위해서 먼저 무엇을 말하고자 하는가를 명확히 결정해 두어야 한다. 대답을 할 경우에는 결론을 먼저 이야기하고 나서 그에 따른 설명과 이유를 덧붙이면 논지(論旨)가 명확해지고 이야기가 깔끔하게 정리된다.

한 가지 사실을 이야기하거나 설명하는 데는 3분이면 충분하다. 복잡한 이야기라도 어느 정도의 길이로 요약해서 이야기하면 상대도 이해하기 쉽고 자기도 정리할 수 있다. 긴 이야기는 오히려 상대를 불쾌하게 할 수가 있다.

④ 질문의 요지를 파악한다.

면접 때의 이야기는 간결성만으로는 부족하다. 상대의 질문이나 이야기에 대해 적절하고 필요한 대답을 하지 않으면 대화는 끊어지고 자기의 생각도 제대로 표현하지 못하여 면접자로 하여금 수험생의 인품이나 사고방식 등을 명확히 파악할 수 없게 한다. 무엇을 묻고 있는지, 무슨 이야기를 하고 있는지 그 요점을 정확히 알아내야 한다.

면접에서 고득점을 받을 수 있는 성공요령

1. 자기 자신을 겸허하게 판단하라.
2. 지원한 회사에 대해 100% 이해하라.
3. 실전과 같은 연습으로 감각을 익히라.
4. 단답형 답변보다는 구체적으로 이야기를 풀어나가라.
5. 거짓말을 하지 말아라.
6. 면접하는 동안 대화의 흐름을 유지하라.
7. 친밀감과 신뢰를 구축하라.
8. 상대방의 말을 성실하게 들으라.
9. 근로조건에 대한 이야기를 풀어나갈 준비를 하라.
10. 끝까지 긴장을 풀지 말아라.

CHAPTER

02 삼성그룹 실제 면접

삼성그룹은 '창의 · 열정 · 소통의 가치창조인(열정과 몰입으로 미래에 도전하는 인재, 학습과 창의로 세상을 변화시키는 인재, 열린 마음으로 소통하고 협업하는 인재)'을 인재상으로 내세우며, 이에 적합한 인재를 채용하기 위하여 면접전형을 시행하고 있다.

2019년 이전에는 '인성검사 – 직무면접 – 창의성 면접 – 임원면접' 순서로 시행되었지만, 2020년부터 코로나19로 인해 화상으로 진행되었으며 직무역량 면접은 프레젠테이션(PT) 방식에서 질의응답 형식으로 대체되었다.

현재 삼성그룹 면접은 전 계열사 공통으로 '약식 GSAT – 인성검사 – 직무 / 임원 면접' 순서로 시행되고 있다. 기존의 창의성 면접을 진행하지 않는 대신 수리와 추리 2영역을 평가하는 약식 GSAT를 30분간 실시한다.

1. 약식 GSAT

구분	문항 수	제한시간
수리	10문항	30분
추리	15문항	

2. 직무 면접

구분	인원수	면접 시간
면접관	3명	30분 내외
지원자	1명	

기출질문

- 1분 자기소개
- 해당 직무 지원동기
- 직무와 관련한 자신의 역량
- 전공관련 용어
- 마지막으로 하고 싶은 말

3. 임원 면접

구분	인원수	면접 시간
면접관	3명	30분 내외
지원자	1명	

기출질문

- 퇴사한 이유와 공백기 동안에 한 일을 말해 보시오.
- 팀으로 프로젝트를 진행하는데 한 사람의 퍼포먼스가 낮아 진행에 어려움을 있을 경우 어떻게 하겠는가?
- 퇴근시간 후에도 상사가 퇴근하지 않으면서 그대로 자리를 지키는 경우에 대해서 어떻게 생각하는가?
- 친구를 사귈 때 가장 우선시 하는 것은 무엇인지 말해 보시오.
- 가장 도전적으로 임했던 경험이 무엇인지 말해 보시오.
- 가족과 직장 중 무엇을 우선시 할 것인지 말해 보시오.
- 졸업은 언제 하였는가?
- 졸업하고 취업 준비는 어떻게 하고 있는지 말해 보시오.
- 경쟁력을 쌓기 위해 어떤 것들을 준비했는지 말해 보시오.
- 학점이 낮은데 이유가 무엇인가?
- 면접 준비는 어떻게 했는지 말해 보시오.
- 다른 지원자와 차별되는 자신만의 강점이 무엇인가?
- 살면서 가장 치열하게, 미친 듯이 몰두하거나 노력했던 경험을 말해 보시오.
- 자신이 리더이고, 모든 것을 책임지는 자리에 있다. 본인은 A프로젝트가 맞다고 생각하고 다른 모든 팀원은 B프로젝트가 맞다고 생각할 때 어떻게 할 것인가?
- 마지막으로 하고 싶은 말은 무엇인가?
- 자신의 약점은 무엇이며, 그것을 극복하기 위해 어떤 노력을 했는가?
- 무노조 경영에 대한 자신의 생각을 말하시오.
- 삼성을 제외하고 좋은 회사와 나쁜 회사의 예를 들어 말하시오.
- 우리 사회가 정의롭다고 생각하는가?
- 존경하는 인물은 누구인가?
- 삼성전자의 사회공헌활동에 대해 알고 있는가?
- 삼성전자의 경제적 이슈에 대해 말하시오.
- 삼성화재 지점 관리자에게 가장 필요한 역량은 무엇이라 생각하는가?
- 가장 열심히 했던 학교 활동은 무엇인가?
- 다른 직무로 배정된다면 어떻게 하겠는가?
- 기업의 사회적 역할에 대해 말하시오.
- 자기소개
- 대외활동 경험
- 직무 수행에 있어서 자신의 강점은 무엇인가?
- 지원동기
- 출신 학교 및 학과를 지원한 이유는 무엇인가?
- (대학 재학 중 이수한 비전공 과목을 보고) 해당 과목을 이수한 이유는 무엇인가?
- (인턴경험이 있는 지원자에게) 인턴 기간 동안 무엇을 배웠는가?
- 회사에 어떤 식으로 기여할 수 있는가?
- 목 놓아 울어본 적이 있는가?
- 선의의 거짓말을 해본 적이 있는가?
- 학점이 낮은 이유가 무엇인가?

- 자신의 성격에 대해 말해 보시오.
- 지원한 부서와 다른 부서로 배치될 경우 어떻게 하겠는가?
- 상사가 본인이 싫어하는 업무를 지속적으로 지시한다면 어떻게 하겠는가?
- (해병대 출신 지원자에게) 해병대에 지원한 이유는 무엇인가?
- 친구들은 본인에 대해 어떻게 이야기하는가?
- 좌우명이 있는가? 있다면 그것이 좌우명인 이유는 무엇인가?
- 대학생활을 열심히 한 것 같은데 그 이유가 무엇인가?
- 회사에 대한 가치관
- 과외 경험이 없는데 잘 할 수 있는가?
- 전역을 아직 못 했는데 이후 일정에 다 참여할 수 있겠는가?
- 자동차 회사를 가도 될 것 같은데 왜 삼성SDI 면접에 오게 되었나?
- Backlash를 줄이는 방법에 대해 설명해 보시오.
- 전공에 대해서 말해 보시오.
- 취미가 노래 부르기인데 정말 노래를 잘 하는가?
- 가족 구성원이 어떻게 되는가?
- 동생과 싸우지는 않는가?
- 학점이 낮은데 왜 그런가?
- 학교를 8년 다녔는데 왜 이렇게 오래 다녔는가?
- 영어 점수가 토익은 괜찮은데 오픽이 낮다. 우리 회사는 영어를 많이 쓰는데 어떻게 할 것인가?
- 우리 회사에 대해 아는 것을 말해 보시오.
- 우리 회사에서 하고 싶은 일은 무엇인가?
- 프로젝트를 진행 중 의견충돌 시 어떻게 대처할 것인가?
- 지원한 직무와 관련해서 준비해온 것을 말해 보시오.
- 지원자가 현재 부족한 점은 무엇이고 어떻게 채워나갈 것인가?
- 회사와 관련하여 관심 있는 기술이 있으면 설명해 보시오.
- 우리 회사가 지원자를 뽑아야 하는 이유를 말해 보시오.
- 간단히 1분간 자기소개를 해 보시오.
- 성격의 장단점을 말해 보시오.
- 자격증 등 취업을 위해 준비한 사항이 있다면 말해 보시오.
- 입사하게 되면 일하고 싶은 분야는 어디인지 말해 보시오.
- 여행하면서 가장 인상 깊었던 곳은?
- 입사 희망 동기를 말해 보시오.
- 교환학생으로 다른 학교를 가서 어떤 수업을 들었는지 말해 보시오.
- 본인이 최근에 이룬 버킷리스트는 무엇이고 가장 하고 싶은 버킷리스트는 무엇인가?
- 좋아하는 삼성 브랜드는 무엇인가?
- 스트레스는 어떻게 푸는가?
- 회사에서 나이 많은 어른들과 함께 일해야 하는데 잘할 수 있겠는가?
- 다른 회사에 지원 하였다면 어떤 직무로 지원하였는가?
- 일탈을 해본 적이 있는가?
- 인생에서 실패한 경험이 있는가?
- 회사에서는 실패의 연속일텐데 잘 할 수 있겠는가?
- 이름이 유명한 사람과 동일해서 좋은 점과 나쁜 점이 있었을 것 같은데 무엇이 있었는지 말해 보시오.
- 봉사활동은 어떻게 시작하게 된 건지 말해 보시오.
- 스마트폰에 관심이 많은데 어떻게 관심을 가지게 된 건지 말해 보시오.

4. PT 면접

- 실리콘
- 포토고정
- 집적도
- 자율주행차의 경쟁력에 대해 말하시오.
- 공진주파수와 임피던스의 개념에 대해 설명하시오.
- 보의 처짐을 고려했을 때 유리한 단면형상을 설계하시오.
- Object Orientation Programming에 대해 설명하시오.
- DRAM과 NAND의 구조원리와 미세공정한계에 대해 설명하시오.
- 공정(8대공정 및 관심있는 공정)에 대해 설명하시오.
- LCD, 광학소재, 광학필름의 활용 방법을 다양하게 제시하시오.
- 특정 제품의 마케팅 방안에 대해 설명하시오.
- 갤럭시 S8과 관련한 이슈
- 반도체의 개념과 원리
- 다이오드
- MOSFET
- 알고리즘
- NAND FLASH 메모리와 관련된 이슈
- 공정에 대한 기본적인 지식, 공정과 연관된 factor, 현재 공정 수준으로 문제점을 해결할 수 있는 방안
- 현재 반도체 기술의 방향, 문제점 및 해결방안
- TV 두께를 얇게 하는 방안

5. 창의성 면접

- 창의적인 생각을 평소에 하고 사는가?
- 창의성을 발휘해 본 작품이 있는가?
- 감성마케팅
- 폐수 재이용에 대한 자신의 견해를 말하시오.
- 기업의 사회적 책임
- 본인이 작성한 글과 주제에 대한 질문 및 응용, 그리고 발전 방향에 대한 질문
- 본인의 경험 중 가장 창의적이었던 것에 대해 말해 보시오.
- 존경하는 인물이 있는가?
- 트렌드 기술에 대해 설명
- 공유 경제 서비스에 대한 문제와 솔루션 제시(제시어 : 책임, 공유, 스마트폰 등)

“오늘 당신의 노력은 아름다운 꽃의 물이 될 것입니다.”

그러나, 이 꽃을 볼 때 사람들은 이 꽃의 아름다움과 향기만을 사랑하고 칭찬하였지, 이 꽃을 그렇게 아름답게 어여쁘게 만들어 주는 병 속의 물은 조금도 생각지 않는 것이 보통입니다.

만일 이 꽃병 속에 들어 있는 물을 죄다 쏟아 버리고 빈 병에다 이 꽃을 꽂아 보십시오.

아무리 아름답고 어여쁜 꽃이기로서니 단 한 송이의 꽃을 피울 수 있으며, 단 한 번이라도 꽃 향기를 날릴 수 있겠습니까?

우리는 여기서 아무리 본바탕이 좋고 아름다운 꽃이라도 보이지 않는 물의 숨은 힘이 없으면 도저히 그 빛과 향기를 자랑할 수 없는 것을 알았습니다.

–방정환의 「우리 뒤에 숨은 힘」 중–

아이들이 답이 있는 질문을 하기 시작하면 그들이 성장하고 있음을 알 수 있다.

– 존 J. 플롬프 –

2024

하반기

GSAT

온라인 삼성직무적성검사

정답 및 해설

누적 판매량

1위

대기업 인적성검사 시리즈

최신기출유형+모의고사 8회
+무료삼성특강

편저 | SDC(Sidae Data Center)

유형분석 및 모의고사로
최종합격까지

한 권으로
마무리!

SDC

SDC는 시대에듀 데이터 센터의 약자로
약 30만 개의 NCS · 적성 문제 데이터를
바탕으로 최신 출제경향을 반영하여
문제를 출제합니다.

시대에듀

PART 1

3개년 기출복원문제

CHAPTER 01

2024년 상반기 기출복원문제

01 수리

01	02	03	04	05	06	07	08	09	10
②	③	④	②	③	④	④	④	④	⑤

01 정답 ②

3인실, 2인실, 1인실로 배정되는 인원을 정리하면 다음과 같다.

- (3, 2, 0) : ${}_5C_3 \times {}_2C_2 = 10$가지
- (3, 1, 1) : ${}_5C_3 \times {}_2C_1 \times {}_1C_1 = 20$가지
- (2, 2, 1) : ${}_5C_2 \times {}_3C_2 \times {}_1C_1 = 30$가지

$\therefore$ 10+20+30=60

따라서 방에 배정되는 경우의 수는 총 60가지이다.

02 정답 ③

작년 남학생 수와 여학생 수를 각각 a, b명이라 하면 다음과 같다.

- 작년 전체 학생 수 : $a+b=820$ … ㉠
- 올해 전체 학생 수 : $1.08a+0.9b=810$ … ㉡

㉠과 ㉡을 연립하면

$\therefore$ $a=400$, $b=420$

따라서 작년 여학생의 수는 420명이다.

03 정답 ④

수도권에서 각 과일의 판매량은 다음과 같다.

- 배 : 800,000+1,500,000+200,000=2,500,000개
- 귤 : 7,500,000+3,000,000+4,500,000=15,000,000개
- 사과 : 300,000+450,000+750,000=1,500,000개

$\therefore$ $a=\frac{800,000}{2,500,000}=0.32$, $b=\frac{3,000,000}{15,000,000}=0.2$,

$c=\frac{750,000}{1,500,000}=0.5$

따라서 $a+b+c=1.02$이다.

실제 시험에서는 단위를 조정하여 계산을 더 간단하게 하도록 한다.

04 정답 ②

2021년 상위 100대 기업까지 48.7%이고, 200대 기업까지 54.5%이다. 따라서 101 ~ 200대 기업이 차지하고 있는 비율은 54.5−48.7=5.8%이다.

오답분석

① · ③ 표를 통해 쉽게 확인할 수 있다.

④ 표를 통해 0.2%p 감소했음을 알 수 있다.

⑤ 등락률이 상승과 하락의 경향을 보이므로 올바른 판단이다.

05 정답 ③

2022년 전년 대비 A ~ D사의 판매 수익 감소율을 구하면 다음과 같다.

- A사 : $\frac{18-9}{18}\times 100=50\%$
- B사 : $\frac{6-(-2)}{6}\times 100 ≒ 133\%$
- C사 : $\frac{7-(-6)}{7}\times 100 ≒ 186\%$
- D사 : $\frac{-5-(-8)}{-5}\times 100=-60\%$이지만, 전년 대비 감소하였으므로 감소율은 60%이다.

따라서 2022년의 판매 수익은 A ~ D사 모두 전년 대비 50% 이상 감소하였다.

오답분석

① 2021 ~ 2023년의 전년 대비 판매 수익 증감 추이는 A ~ D사 모두 '감소 – 감소 – 증가'이다.

② 2022년 판매 수익 총합은 9+(−2)+(−6)+(−8)=−7조 원으로 적자를 기록하였다.

④ B사와 D사의 2020년 대비 2023년의 판매 수익은 각각 10−8=2조 원, −2−(−4)=2조 원으로 두 곳 모두 2조 원 감소하였다.

⑤ 2020년 대비 2023년의 판매 수익은 A사만 증가하였고, 나머지는 모두 감소하였다.

06 정답 ④

남성의 전체 인원은 75+180+15+30=300명이고, 여성의 전체 인원은 52+143+39+26=260명이다. 따라서 전체 남성 인원엔 대한 자녀 계획이 없는 남성 인원의 비율은 남성

이 $\frac{75}{300}\times100=25\%$, 전체 여성 인원에 대한 자녀 계획이 없는 여성 인원의 비율은 $\frac{52}{260}\times100=20\%$로 남성이 여성보다 $25-20=5\%p$ 더 크다.

오답분석

① 전체 조사 인원은 300+260=560명으로 600명 미만이다.

② 전체 여성 인원에 대한 희망 자녀수가 1명인 여성 인원의 비율은 $\frac{143}{260}\times100=55\%$이다.

③ 전체 여성 인원에 대한 희망 자녀수가 2명인 여성 인원의 비율은 $\frac{39}{260}\times100=15\%$, 전체 남성 인원에 대한 희망 자녀수가 2명인 남성 인원의 비율은 $\frac{15}{300}\times100=5\%$로 여성이 남성의 3배이다.

⑤ 남성의 각 항목을 인원수가 많은 순서대로 나열하면 '1명 – 계획 없음 – 3명 이상 – 2명'이고, 여성의 각 항목을 인원수가 많은 순서대로 나열하면 '1명 – 계획 없음 – 2명 – 3명' 이상이므로 남성과 여성의 항목별 순위는 서로 다르다.

07

정답 ④

신입사원의 수를 x명이라고 하자.

1인당 지급하는 국문 명함은 150장이므로 1인 기준 국문 명함 제작비용은 10,000(∵ 100장)+3,000(∵ 추가 50장)= 13,000원이다.

즉, $13{,}000x=195{,}000$

$\therefore x=15$

따라서 신입사원의 수는 15명이다.

08

정답 ④

1인당 지급하는 영문 명함은 200장이므로 1인 기준 영문 명함 제작비용(일반 종이 기준)은 15,000(∵ 100장)+10,000(∵ 추가 100장)=25,000원이다.

이때 고급 종이로 영문 명함을 제작하므로 해외영업부 사원들의 1인 기준 영문 명함 제작비용은 $25{,}000\left(1+\frac{1}{10}\right)=$ 27,500원이다.

따라서 8명의 영문 명함 제작비용은 $27{,}500\times8=220{,}000$원이다.

09

정답 ④

책의 수는 매월 25권씩 늘어난다. 따라서 2023년 5월에 보유하는 책의 수는 $500+25\times11=775$권이다.

10

정답 ⑤

전월에 제조되는 초콜릿의 개수와 금월에 제조되는 초콜릿의 개수의 합이 명월에 제조되는 초콜릿의 개수이다.

- 2023년 7월 초콜릿의 개수 : 80+130=210개
- 2023년 8월 초콜릿의 개수 : 130+210=340개
- 2023년 9월 초콜릿의 개수: 210+340=550개
- 2023년 10월 초콜릿의 개수 : 340+550=890개
- 2023년 11월 초콜릿의 개수: 550+890=1,440개

따라서 2023년 11월에는 1,440개의 초콜릿이 제조될 것이다.

PART 1

02 추리

01	02	03	04	05	06	07	08	09	10
②	④	②	⑤	②	③	⑤	⑤	③	①
11	12	13	14	15	16	17	18	19	20
①	⑤	①	③	⑤	④	③	①	③	②

01

정답 ②

'하루에 두 끼를 먹는 어떤 사람도 뚱뚱하지 않다.'를 다르게 표현하면 '하루에 두 끼를 먹는 모든 사람은 뚱뚱하지 않다.'이다. 따라서 전제2와 연결하면 '아침을 먹는 모든 사람은 하루에 두 끼를 먹고, 하루에 두 끼를 먹는 사람은 뚱뚱하지 않다.'이고, 이를 정리하면 ②가 된다.

02

정답 ④

제시된 명제들을 순서대로 논리기호화 하면 다음과 같다.

- 전제1 : 재고
- 전제2 : ~설비투자 → ~재고
- 전제3 : 건설투자 → 설비투자('~때에만'이라는 한정 조건이 들어가면 논리기호의 방향이 바뀐다)

전제1이 참이므로 전제2의 대우(재고 → 설비투자)에 따라 설비를 투자한다. 전제3은 건설투자를 늘릴 때에만 이라는 한정 조건이 들어갔으므로 역(설비투자 → 건설투자) 또한 참이다. 이를 토대로 공장을 짓는다는 결론을 얻기 위해서는 '건설투자를 늘린다면, 공장을 짓는다(건설투자 → 공장건설).'라는 명제가 필요하다.

03

정답 ②

전제1과 전제3을 연결하면 '명랑한 사람 → 마라톤을 좋아하는 사람 → 체력이 좋고, 인내심 있는 사람'이고 전제2는 '몸무게가 무거운 사람 → 체력이 좋은 사람'이다. '명랑한 사람은 인내심이 있다.'가 참이므로, 그 대우도 참이므로 결론으로 ②가 적절하다.

04

정답 ⑤

영래의 맞은편이 현석이고 현석이의 바로 옆자리가 수민이므로, 이를 기준으로 주어진 조건에 맞추어 자리를 배치해야 한다. 영래의 왼쪽·수민이의 오른쪽이 비어있을 때 또는 영래의 오른쪽·수민이의 왼쪽이 비어있을 때는 성표와 진모가 마주보면서 앉을 수 없으므로 성립하지 않는다. 따라서 영래의 왼쪽·수민이의 왼쪽이 비어있을 때와 영래의 오른쪽·수민이의 오른쪽이 비어있을 때를 정리하면 다음과 같다.

i) 영래의 왼쪽, 수민이의 왼쪽이 비어있을 때

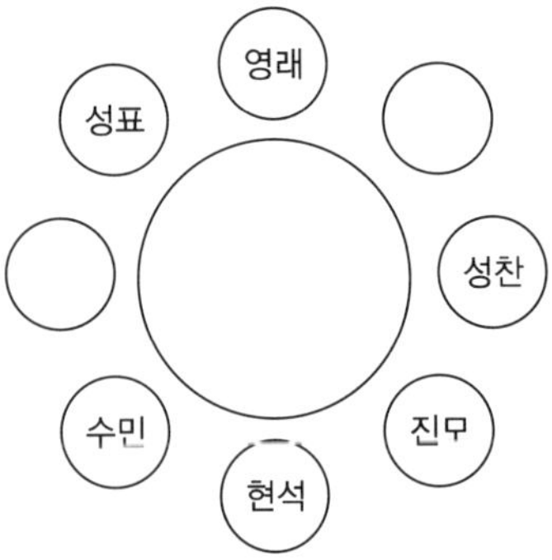

ii) 영래의 오른쪽, 수민이의 오른쪽이 비어있을 때

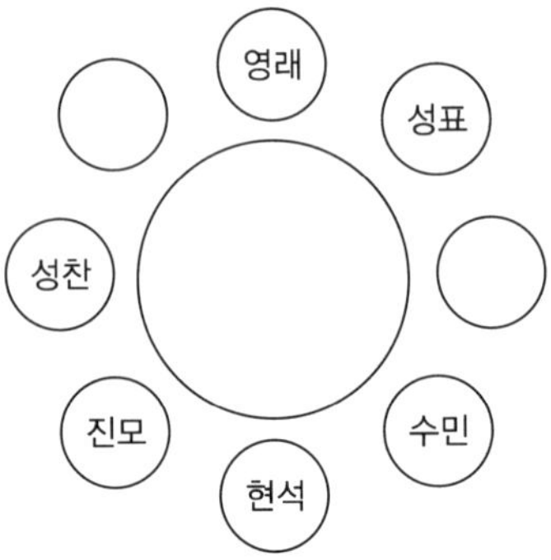

따라서 어느 상황에서든 진모와 수민이는 한 명을 사이에 두고 앉는다.

05

정답 ②

먼저 첫 번째 조건에 따라 A가 출장을 간다고 하면 다음의 두 가지 경우로 나뉜다.

A출장○	B출장○, C출장×
	B출장× C출장○

또한 두 번째 조건에 따라 C가 출장을 가면 D와 E 중 한 명이 출장을 가지 않거나 두 명 모두 가지 않는 3가지 경우가 생기고, C가 출장을 가지 않으면 D와 E의 출장 여부를 정확히 알 수 없으므로 4가지 경우가 된다. 그리고 세 번째 조건에 따라 B가 출장을 가지 않으면 F는 출장을 가므로 이를 정리하면 다음과 같다.

A 출장○	B출장○, C출장×	D출장○, E출장×	F출장○ 또는 출장×
		D출장×, E출장○	
		D출장×, E출장×	
		D출장○, E출장○	
	B출장×, C출장○	D출장○, E출장×	F출장○
		D출장×, E출장○	
		D출장×, E출장×	

따라서 A가 출장을 간다면 최소 인원이 되는 경우는 B와 둘이서 가는 것이다.

06
정답 ③

D가 런던을 고른 경우, A는 뉴욕만 고를 수 있으므로 B는 파리를 고른다.

오답분석

① A가 뉴욕을 고를 경우, D가 런던을 고르면 E는 방콕 또는 베를린을 고른다.
② B가 베를린을 고를 경우, F는 파리를 고른다.
④ E가 뉴욕을 고를 경우, A는 런던을 고르므로 D는 방콕을 고른다.
⑤ A가 런던을 고르고 B가 파리를 고를 경우, F는 뉴욕을 고를 수 있다.

07
정답 ⑤

먼저 D의 주문 금액은 4,000원, E의 주문 금액은 2,000원임을 알 수 있다. 그리고 C의 최대 주문 금액은 3,500원이고, B의 최대 주문 금액은 이보다 적은 3,000원이므로 A의 최대 주문 금액 또한 3,000원이다. 따라서 5명이 주문한 금액은 최대 3,000+3,000+3,500+4,000+2,000=15,500원이다.

오답분석

① A와 B의 주문 가격은 같고, B는 커피류를 마실 수 없으므로 A가 주문 가능한 최소 가격은 B가 주문 가능한 음료류의 최소 가격인 2,000원이다.
② 허브티는 음료류 중 가격이 최대이므로 B가 허브티를 주문할 경우 C는 이보다 비싼 음료류를 주문할 수 없다.
③ 핫초코는 음료류 중 가격이 최소이므로 C가 핫초코를 주문할 경우 B는 이보다 저렴한 음료류를 주문할 수 없다.
④ S카페에서 가장 비싼 것은 아포가토이고, 이는 커피류이다.

08
정답 ⑤

규칙은 가로로 적용된다.
첫 번째 도형을 90° 회전한 것이 두 번째 도형이고, 두 번째 도형의 색을 반전시킨 것이 세 번째 도형이다.

09
정답 ③

규칙은 가로로 적용된다.
첫 번째 도형에서 색칠된 칸이 오른쪽으로 2칸씩 이동한 것이 두 번째 도형이고, 두 번째 도형에서 색칠된 칸이 아래쪽으로 2칸씩 이동한 것이 세 번째 도형이다.

10
정답 ①

규칙은 가로로 적용된다.
첫 번째 도형 안쪽의 선을 좌우 반전하여 합친 것이 두 번째 도형이고, 두 번째 도형을 상하 반전하여 합친 것이 세 번째 도형이다.

11
정답 ①

- ❶ : 각 자릿수 +1
- ❹ : 12345 → 31245
- ❻ : 12345 → 52341

ㅏㅓㅋㅛㄷ → ㅋㅏㅓㅛㄷ → ㅌㅑㅕㅜㄹ
　　　　❹　　　　❶

12
정답 ⑤

4ㅑㄴdㅛ → ㅛㅑㄴd4 → ㄴㅛㅑd4
　　　　❻　　　　❹

13
정답 ①

ㅍㅇapㅓ → aㅍㅇpㅓ → bㅎㅈqㅕ → cㄱㅊrㅗ
　　　　❹　　　　❶　　　　❶

14
정답 ③

Uㅜㅎㅊㅍ → ㅍㅜㅎㅊU → ㅎㅍㅜㅊU → Uㅍㅜㅊㅎ
　　　　❻　　　　❹　　　　❻

15
정답 ⑤

제시문은 비휘발성 메모리인 NAND 플래시 메모리에 대해 먼저 소개하고, NAND 플래시 메모리에 데이터가 저장되는 과정을 설명한 후 반대로 지워지는 과정을 설명하고 있다. 따라서 (라) NAND 플래시 메모리의 정의 – (나) 컨트롤 게이트와 기저 상태 사이에 전위차 발생 – (가) 전자 터널링 현상으로 전자가 플로팅 게이트로 이동하며 데이터 저장 – (다) 전위차를 반대로 가할 때 전자 터널링 현상으로 전자가 기저상태로 되돌아가며 데이터 삭제의 순서로 나열하는 것이 적절하다.

16
정답 ④

제시문은 스페인의 건축가 가우디의 건축물에 관해 설명하는 글이다. 따라서 (나) 가우디 건축물의 특징인 곡선과 대표 건축물인 까사 밀라 – (라) 까사 밀라에 대한 설명 – (다) 가우디 건축의 또 다른 특징인 자연과의 조화 – (가) 이를 뒷받침하는 건축물인 구엘 공원의 순서로 나열하는 것이 적절하다.

17
정답 ③

세 번째 문단에 따르면 치료용 항체는 암세포가 스스로 사멸되도록 암세포에 항체를 직접 투여하는 항암제라고 언급되어 있다.

오답분석

① 첫 번째 문단에서 면역 세포는 T세포와 B세포가 있다고 언급되어 있다.
② 두 번째 문단에서 암세포가 면역 시스템을 피하여 성장하면서 다른 곳으로 전이되어 암이 발병할 수 있음을 알 수 있다.
④ 네 번째 문단에서 CAR-T 치료제는 환자의 T세포를 추출하여 암세포를 공격하는 기능을 강화 후 재투여한다고 언급되어 있다.
⑤ 다섯 번째 문단에서 면역 활성물질이 과도하게 분비될 때, 환자에게 치명적인 사이토카인 폭풍을 일으키는 등 신체 이상 증상을 보일 수 있다고 언급되어 있다.

18

정답 ①

레이저 절단 가공은 고밀도, 고열원의 레이저를 쏘아 절단 부위를 녹이고 증발시켜 소재를 절단하는 작업이지만, 다른 열 절단 가공에 비해 열변형의 우려가 적다고 언급되어 있다.

오답분석

② 고밀도, 고열원의 레이저를 쏘아 소재를 녹이고 증발시켜 소재를 절단한다 하였으므로 절단 작업 중에는 기체가 발생함을 알 수 있다.
③ 레이저 절단 가공은 물리적 변형이 적어 깨지기 쉬운 소재도 다룰 수 있다고 언급되어 있다.
④ 반도체 소자가 나날이 작아지고 정교해졌다고 언급되어 있으므로 과거 반도체 소자는 현재 반도체 소자보다 덜 정교함을 추측할 수 있다.
⑤ 반도체 소자는 나날이 작아지며 정교해지고 있으므로 현재 기술력으로는 레이저 절단 가공 외의 가공법으로는 반도체 소자를 다루기 쉽지 않음을 추측할 수 있다.

19

정답 ③

제시문은 윤리적 상대주의가 참이라는 결론을 내리기 위한 논증이다. 어떤 행위에 대한 문화 간의 지속적인 시비 논란(윤리적 판단)은 사람들의 윤리적 기준 차이에 의하여 한 문화 안에서 시대마다 다르기도 하고, 동일한 문화와 시대 안에서도 다를 수 있다. 그러므로 올바른 윤리적 기준은 그것을 적용하는 사람에 따라 상대적이고 이것이 윤리적 상대주의가 참이라는 논증이다. 따라서 이 논증의 반박은 '절대적 기준에 의한 보편적 윤리 판단은 존재한다.'가 되어야 한다. 그러나 ②는 '윤리적 판단이 항상 서로 나른 것은 아니다.'라는 내용으로, 글에서도 윤리적 판단이 '~ 다르기도 하다.', '다른 윤리적 판단을 하는 경우를 볼 수 있다.'고 했지 '항상 다르다.'고는 하지 않았다. 따라서 ③은 글의 주장을 반박하는 내용으로 적절하지 않다.

20

정답 ②

아리스토텔레스는 관객과 극중 인물의 감정 교류를 강조하지만 브레히트는 관객이 거리를 두고 극을 보는 것을 강조하고 있다. 브레히트는 관객이 극에 지나치게 몰입하게 되면 극과의 거리두기가 어려워져 사건을 객관적으로 바라볼 수 없게 된다고 보았다. 따라서 제기할 만한 의문으로 가장 적절한 것은 ②이다.

CHAPTER

02

2023년 하반기 기출복원문제

PART 1

01 수리

01	02	03	04	05	06	07	08	09	10
③	①	④	③	④	②	③	①	⑤	⑤

01

정답 ③

• 전년 대비 2022년 데스크탑 PC의 판매량 증감률 :

$\frac{4,700-5,000}{5,000}\times100=\frac{-300}{5,000}\times100=-6\%$

• 전년 대비 2022년 노트북의 판매량 증감률 :

$\frac{2,400-2,000}{2,000}\times100=\frac{400}{2,000}\times100=20\%$

02

정답 ①

8명의 선수 중 4명을 뽑는 경우의 수는 ${}_8C_4=\frac{8\times7\times6\times5}{4\times3\times2\times1}=70$가지이고, A, B, C를 포함하여 4명을 뽑는 경우의 수는 A, B, C를 제외한 5명 중 1명을 뽑으면 되므로 ${}_5C_1=5$가지이다.

따라서 구하고자 하는 확률은 $\frac{5}{70}=\frac{1}{14}$ 이다.

03

정답 ④

2018년의 부품 수가 2017년보다 170－120=50개 늘었을 때, 불량품 수는 30－10=20개 늘었고, 2019년의 부품 수가 2018년보다 270－170=100개 늘었을 때, 불량품 수는 70－30=40개 늘었다. 그러므로 전년 대비 부품 수의 차이와 불량품 수의 차이 사이에는 5 : 2의 비례관계가 성립한다.

2022년 부품 수(A)를 x개, 2020년 불량품 수(B)를 y개라고 하면 2022년의 부품 수가 2021년보다 $(x-620)$개 늘었을 때, 불량품 수는 310－210=100개 늘었다.

즉, $(x-620):100=5:2 \rightarrow x-620=250$

$\therefore x=870$

2020년의 부품 수가 2019년보다 420－270=150개 늘었을 때, 불량품 수는 $(y-70)$개 늘었다.

즉, $150:(y-70)=5:2 \rightarrow y-70=60$

$\therefore y=130$

따라서 2022년 부품 수는 870개, 2020년 불량품 수는 130개이다.

04

정답 ③

남자가 소설을 대여한 횟수는 60회이고, 여자가 소설을 대여한 횟수는 80회이므로 $\frac{60}{80}\times100=75\%$이다.

오답분석

① 소설 전체 대여 횟수는 140회, 비소설 전체 대여 횟수는 80회이므로 옳다.

② 40세 미만의 전체 대여 횟수는 120회, 40세 이상의 전체 대여 횟수는 100회이므로 옳다.

④ 40세 미만의 전체 대여 횟수는 120회이고, 그중 비소설 대여는 30회이므로 $\frac{30}{120}\times100=25\%$이다.

⑤ 40세 이상의 전체 대여 횟수는 100회이고, 그중 소설 대여는 50회이므로 $\frac{50}{100}\times100=50\%$이다.

05

정답 ④

ㄱ. 자료를 통해 대도시 간 예상 최대 소요시간은 모든 구간에서 주중이 주말보다 적게 걸림을 알 수 있다.

ㄴ. 주중 전국 교통량 중 수도권에서 지방으로 가는 교통량의 비율은 $\frac{4}{40}\times100=10\%$이다.

ㄹ. 서울－광주 구간 주중 소요시간과 서울－강릉 구간 주말 소요시간은 3시간으로 같다.

오답분석

ㄷ. 지방에서 수도권으로 가는 주말 예상 교통량은 주중 교통량의 $\frac{3}{2}=1.5$배이다.

06

정답 ②

ㄴ. 전년 대비 2021년 대형 자동차 판매량의 감소율은 $\frac{150-200}{200}\times100=-25\%$로 판매량은 전년 대비 30% 미만으로 감소하였다.

ㄷ. 2020 ~ 2022년 동안 SUV 자동차의 총판매량은 300+400+200=900천 대이고, 대형 자동차의 총판매량은 200+150+100=450천 대이다.
따라서 2020 ~ 2022년 동안 SUV 자동차의 총판매량은 대형 자동차 총판매량의 $\frac{900}{450}=2$배이다.

오답분석

ㄱ. 2020 ~ 2022년 동안 판매량이 지속적으로 감소하는 차종은 '대형' 1종류이다.

ㄹ. 2021년 대비 2022년에 판매량이 증가한 차종은 '준중형'과 '중형'이다. 두 차종의 증가율을 비교하면 준중형은 $\frac{180-150}{150}\times100=20\%$, 중형은 $\frac{250-200}{200}\times100=25\%$로 중형 자동차가 더 높은 증가율을 나타낸다.

07

정답 ③

- 2018년 대비 2019년 사고 척수의 증가율 :
  $\frac{2,400-1,500}{1,500}\times100=60\%$
- 2018년 대비 2019년 사고 건수의 증가율 :
  $\frac{2,100-1,400}{1,400}\times100=50\%$

08

정답 ①

연도별 사고 건수당 인명피해의 인원수를 구하면 다음과 같다.

- 2018년 : $\frac{700}{1,400}=0.5$명/건
- 2019년 : $\frac{420}{2,100}=0.2$명/건
- 2020년 : $\frac{460}{2,300}=0.2$명/건
- 2021년 : $\frac{750}{2,500}=0.3$명/건
- 2022년 : $\frac{260}{2,600}=0.1$명/건

따라서 사고 건수당 인명피해의 인원수가 가장 많은 연도는 2018년이다.

09

정답 ⑤

A제품을 n개 이어 붙일 때 필요한 시간이 a_n분일 때, 제품 $(n+1)$개를 이어 붙이는데 필요한 시간은 $(2a_n+n)$분이다.
그러므로 제품 n개를 이어 붙이는 데 필요한 시간은 다음과 같다.

- 6개 : 2×42+5=89분
- 7개 : 2×89+6=184분
- 8개 : 2×184+7=375분

따라서 제품 8개를 이어 붙이는 데 필요한 시간은 375분이다.

10

정답 ⑤

A규칙은 계차수열로 앞의 항에 +5를 하여 항과 항 사이에 +20, +25, +30, +35, +40, +45, …을 적용하는 수열이고, B규칙은 앞의 항에 +30을 적용하는 수열이다.
따라서 빈칸에 들어갈 a와 b의 총합이 처음으로 800억 원을 넘는 수는 a=410, b=420이므로 ⑤가 적절하다.

02 추리

01	02	03	04	05	06	07	08	09	10
④	②	④	③	③	⑤	②	④	③	⑤
11	12	13	14	15	16	17	18	19	20
④	②	①	⑤	③	④	⑤	④	②	④

01

정답 ④

'눈을 자주 깜빡인다.'를 A, '눈이 건조해진다.'를 B, '스마트폰을 이용할 때'를 C라 하면, 전제1과 전제2는 각각 ~A → B, C → ~A이므로 C → ~A → B가 성립한다. 따라서 결론은 C → B인 '스마트폰을 이용할 때는 눈이 건조해진다.'가 적절하다.

02

정답 ②

'밤에 잠을 잘 잔다.'를 A, '낮에 피곤하다.'를 B, '업무효율이 오른다.'를 C, '성과급을 받는다.'를 D라고 하면, 전제1은 ~A → B, 전제3은 ~C → ~D, 결론은 ~A → ~D이다. 따라서 ~A → B → ~C → ~D가 성립하기 위해서 필요한 전제2는 B → ~C이므로 '낮에 피곤하면 업무효율이 떨어진다.'가 적절하다.

03

정답 ④

'전기가 통하는 물질'을 A, '금속'을 B, '광택이 있는 물질'을 C라고 하면, 전제1에 따라 모든 금속은 전기가 통하므로 B는 A에 포함되며, 전제2에 따라 C는 B의 일부에 포함된다. 이를 벤다이어그램으로 표현하면 다음과 같다.

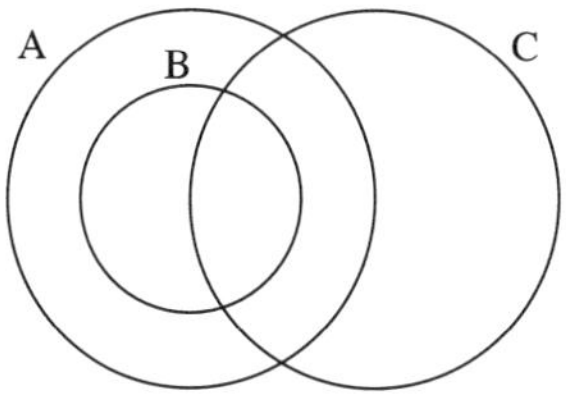

따라서 C에서 A부분을 제외한 부분이 존재하므로 '전기가 통하지 않으면서 광택이 있는 물질이 있다.'가 결론으로 적절하다.

04

정답 ③

A와 D의 진술이 모순되므로, A의 진술이 참인 경우와 거짓인 경우를 구한다.

i) A의 진술이 참인 경우
A의 진술에 따라 D가 부정행위를 하였으며, 거짓을 말하고 있다. B는 A의 진술이 참이므로 B의 진술도 참이며, B의 진술이 참이므로 C의 진술은 거짓이 되고, E의 진술은 참이 된다. 따라서 부정행위를 한 사람은 C, D이다.

ii) A의 진술이 거짓인 경우
A의 진술에 따라 D는 참을 말하고 있고, B는 A의 진술이 거짓이므로 B의 진술도 거짓이 된다. B의 진술이 거짓이므로 C의 진술은 참이 되고, E의 진술은 거짓이 된다. 그러면 거짓을 말한 사람은 A, B, E이지만 조건에서 부정행위를 한 사람은 두 명이므로 모순이 되어 옳지 않다.

05

정답 ③

조건을 정리하면 다음과 같다.

- 첫 번째 조건 : 삼선짬뽕
- 마지막 조건의 대우 : 삼선짬뽕 → 팔보채
- 다섯 번째 조건의 대우 : 팔보채 → 양장피

세 번째, 네 번째 조건의 경우 자장면에 대한 단서가 없으므로 전건 및 후건의 참과 거짓을 판단할 수 없다. 그러므로 탕수육과 만두도 주문 여부를 알 수 없다. 따라서 반드시 주문할 메뉴는 삼선짬뽕, 팔보채, 양장피이다.

06

정답 ⑤

두 번째 조건에 의해, B는 힝싱 1과 5 사이에 앉는다. E가 4와 5 사이에 앉으면 2와 3 사이에는 A, C, D 중 누구나 앉을 수 있다.

오답분석

① A가 1과 2 사이에 앉으면 네 번째 조건에 의해, E는 4와 5 사이에 앉는다. 그러면 C와 D는 3 옆에 앉게 되는데 이는 세 번째 조건과 모순이 된다.
② D가 4와 5 사이에 앉으면 네 번째 조건에 의해, E는 1과 2 사이에 앉는다. 그러면 C와 D는 3 옆에 앉게 되는데 이는 세 번째 조건과 모순이 된다.
③ C가 2와 3 사이에 앉으면 세 번째 조건에 의해, D는 1과 2 사이에 앉는다. 또한 네 번째 조건에 의해, E는 3과 4 사이에 앉을 수 없다. 따라서 A는 반드시 3과 4 사이에 앉는다.
④ E가 1과 2 사이에 앉으면 세 번째 조건의 대우에 의해, C는 반드시 4와 5 사이에 앉는다.

07

정답 ②

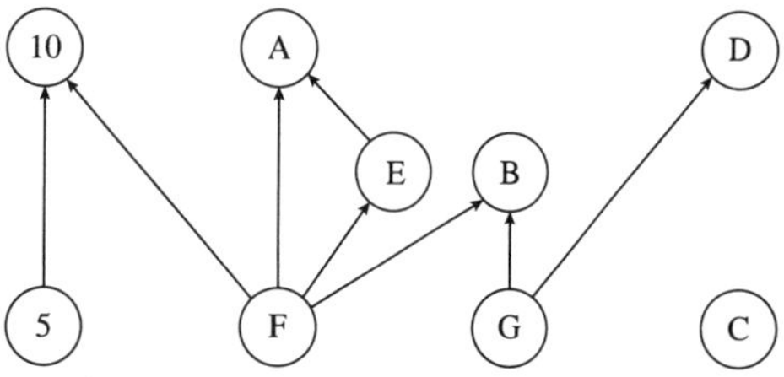

A, B, C를 제외한 빈칸에 적힌 수를 각각 D, E, F, G라고 하자.

F는 10의 약수이고 원 안에는 2에서 10까지의 자연수가 적혀 있으므로 F는 2이다.
10을 제외한 2의 배수는 4, 6, 8이고, A는 E와 F의 공배수이다. 즉, A는 8, E는 4이고, B는 6이다.
6의 약수는 1, 2, 3, 6이므로 G는 3이고 D는 3의 배수이므로 9이며, 남은 7은 C이다.
따라서 A, B, C에 해당하는 수의 합은 $8+6+7=21$이다.

08

정답 ④

규칙은 가로로 적용된다.
첫 번째 도형을 180° 회전시킨 도형이 두 번째 도형이고, 두 번째 도형을 색 반전시킨 도형이 세 번째 도형이다.

09

정답 ③

규칙은 가로로 적용된다.
첫 번째 도형을 반으로 나눴을 때 왼쪽이 두 번째 도형이고, 첫 번째 도형의 오른쪽을 y축 대칭하고 시계 방향으로 90° 회전한 것이 세 번째 도형이다.

10

정답 ⑤

규칙은 가로로 적용된다.
16칸 안에 있는 도형들이 오른쪽으로 한 칸씩 움직인다.

11

정답 ④

• 문자표

1	2	3	4	5	6	7	8	9
A	B	C	D	E	F	G	H	I
10	11	12	13	14	15	16	17	18
J	K	L	M	N	O	P	Q	R
19	20	21	22	23	24	25	26	
S	T	U	V	W	X	Y	Z	

• 규칙

☆ : 각 자릿수 +4, +3, +2, +1
♡ : 1234 → 4321
□ : 1234 → 4231
△ : 각 자릿수 +1, −1, +1, −1

US24 → 4S2U → 8V4V
□ ☆

12

정답 ②

KB52 → OE73 → 37EO
☆ ♡

13

정답 ①

1839 → 2748 → 8472 → 9381
△ ♡ △

14

정답 ⑤

J7H8 → 87HJ → 96II
□ △

15

정답 ③

제시문은 2,500년 전 인간과 현대의 인간의 공통점을 언급하며 2,500년 전에 쓰인 『논어』가 현대에서 지니는 가치에 대하여 설명하고 있다. 따라서 (가) 『논어』가 쓰인 2,500년 전 과거와 현대의 차이점 – (마) 2,500년 전의 책인 『논어』가 폐기되지 않고 현대에서도 읽히는 이유에 대한 의문 – (나) 인간이라는 공통점을 지닌 2,500년 전 공자와 우리들 – (다) 2,500년의 시간이 흐르는 동안 인간의 달라진 부분과 달라지지 않은 부분에 대한 설명 – (라) 시대가 흐름에 따라 폐기될 부분을 제외하더라도 여전히 오래된 미래로서의 가치를 지니는 『논어』의 순서대로 나열하는 것이 적절하다.

16

정답 ④

먼저 다문화정책의 두 가지 핵심을 밝히고 있는 (다)가 가장 처음에 온 뒤 (다)의 내용을 뒷받침하기 위해 프랑스를 사례로 든 (가)를 그 뒤에 배치하는 것이 자연스럽다. 그 다음으로는 이민자에 대한 지원 촉구 및 다문화정책의 개선 등에 대한 내용이 이어지는 것이 글의 흐름상 적절하므로, 이민자에 대한 배려의 필요성을 주장하는 (라), 다문화정책의 패러다임 전환을 주장하는 (나) 순서로 연결되어야 한다. 따라서 (다) – (가) – (라) – (나)의 순서로 나열하는 것이 적절하다.

17

정답 ⑤

면허를 발급하는 것은 면허 발급 방식이며, 보조금을 지급받는 것은 보조금 지급 방식으로 둘 사이의 연관성은 없다. 따라서 ⑤가 거짓이다.

오답분석

① 과거에는 공공 서비스가 경합성과 배제성이 모두 약한 사회 기반 시설 공급을 중심으로 제공되었다. 이런 경우 서비스 제공에 드는 비용은 주로 세금을 비롯한 공적 재원으로 충당을 하였다.
② 공공 서비스의 다양화와 양적 확대가 이루어지면서 행정 업무의 전문성 및 효율성이 떨어지는 문제점이 나타나기도 하였다.
③ 정부는 위탁 제도를 도입함으로써 정부 조직의 규모를 확대하지 않으면서 서비스의 전문성을 강화할 수 있었다.

④ 경쟁 입찰 방식의 경우 정부가 직접 공공 서비스를 제공할 때보다 서비스의 생산 비용이 절감될 수 있고, 정부의 재정 부담도 경감될 수 있었다.

18

정답 ④

㉠의 '고속도로'는 그래핀이 사용된 선로를 의미하며, ㉢의 '코팅'은 비정질 탄소로 그래핀을 둘러싼 것을 의미한다. ㉠의 그래핀은 전자의 이동속도가 빠른 대신 저항이 높고 전하 농도가 낮다. 연구팀은 이러한 그래핀의 단점을 해결하기 위해, 그래핀에 비정질 탄소를 얇게 덮어 저항을 감소시키고 전하 농도를 증가시키는 방법을 생각해냈다.

오답분석

① ㉡의 '도로'는 기존 금속 재질의 선로를 의미한다. 연구팀은 기존의 금속 재질(㉡) 대신 그래핀(㉠)을 반도체 회로에 사용하였다.
② 반도체 내에 많은 소자가 집적되면서 금속 재질의 선로(㉡)에 저항이 기하급수적으로 증가하였다.
③ 그래핀(㉠)은 구리보다 전기 전달 능력이 뛰어나고 전자 이동속도가 100배 이상 빠르다.
⑤ ㉠의 '고속도로'는 그래핀, ㉡의 '도로'는 금속 재질, ㉢의 '코딩'은 비정질 탄소를 의미한다.

19

정답 ②

제시문에서 필자는 3R 원칙을 강조하며 가장 필수적이고 최저한의 동물실험이 필요악임을 주장하고 있다. 특히 '보다 안전한 결과를 도출해내기 위한 동물실험은 필요악이며, 이러한 필수적인 의약실험조차 금지하려 한다는 것은 기술 발전 속도를 늦춰 약이 필요한 누군가의 고통을 감수하자는 이기적인 주장'이라는 대목을 통해 약이 필요한 이들을 위한 의약실험에 초점을 맞추고 있음을 확인할 수 있다. 따라서 ②의 주장처럼 생명과 큰 관련이 없는 동물실험을 비판의 근거로 삼는 것은 적절하지 않다.

20

정답 ④

포지티브 방식은 PR 코팅, 즉 감광액이 빛에 노출되었을 때 현상액에 녹기 쉽게 화학구조가 변하며, 네거티브 방식은 반대로 감광액이 빛에 노출되면 현상액에 녹기 어렵게 변한다.

오답분석

① 포토리소그래피는 PR층이 덮이지 않은 증착 물질을 제거하는 식각 과정 이후 PR층을 마저 제거한다. 이후 일련의 과정을 다시 반복하여 증착 물질을 원하는 형태로 패터닝하는 것이다.
② PR 코팅은 노광 과정 이후 현상액에 접촉했을 때 반응하여 사라지거나 남게 된다. 따라서 식각 과정 이전에 자신의 실수를 알아차렸을 것이다.
③ 포지티브 방식의 PR 코팅을 사용한 창우의 디스플레이 회로의 PR층과 증착 물질이 모두 사라졌다면, 증착 및 코팅 불량이나 PR 제거 실수와 같은 근본적인 오류를 제외할 경우 노광 과정에서 마스크가 빛을 가리지 못해 PR층 전부가 빛에 노출되었을 가능성이 높다.
⑤ 광수가 원래 의도대로 디스플레이 회로를 완성시키기 위해서는 최소 PR 코팅 이전까지 공정을 되돌릴 필요가 있다.

CHAPTER

03 2023년 상반기 기출복원문제

01 수리

01	02	03	04	05	06	07	08	09	10
⑤	③	④	②	②	③	③	④	③	③

01

정답 ⑤

작년 사원 수에서 줄어든 인원은 올해 진급한 사원(12%)과 퇴사한 사원(20%)이므로 이를 합하면 $400\times(0.12+0.2)=128$명이며, 작년 사원에서 올해도 사원인 사람은 $400-128=272$명이다. 올해 사원 수는 작년 사원 수에서 6% 증가했으므로 $400\times1.06=424$명이 된다.

따라서 올해 채용한 신입사원은 $424-272=152$명임을 알 수 있다.

02

정답 ③

i) 7명의 학생이 원탁에 앉는 경우의 수 : $(7-1)!=6!$가지

ii) 7명의 학생 중 여학생 3명이 원탁에 이웃해서 앉는 경우의 수 : $[(5-1)!\times3!]$가지

따라서 7명의 학생 중 여학생 3명이 원탁에 이웃해서 앉는 확률은 $\frac{4!\times3!}{6!}=\frac{1}{5}$이다.

03

정답 ④

ㄷ. 2020 ~ 2022년에 사망자 수는 1,850명 → 1,817명 → 1,558명으로 감소하고 있고, 부상자 수는 11,840명 → 12,956명 → 13,940명으로 증가하고 있다.

ㄹ. 각 연도의 검거율을 구하면 다음과 같다.

- 2019년 : $\frac{12,606}{15,280}\times100=82.5\%$
- 2020년 : $\frac{12,728}{14,800}\times100=86\%$
- 2021년 : $\frac{13,667}{15,800}\times100=86.5\%$
- 2022년 : $\frac{14,350}{16,400}\times100=87.5\%$

따라서 검거율은 매년 높아지고 있다.

오답분석

ㄱ. 사고건수는 2020년까지 감소하다가 2021년부터 증가하고 있고, 검거 수는 매년 증가하고 있다.

ㄴ. 2020년과 2021년의 사망률 및 부상률은 다음과 같다.

- 2020년 사망률 : $\frac{1,850}{14,800}\times100=12.5\%$
- 2020년 부상률 : $\frac{11,840}{14,800}\times100=80\%$
- 2021년 사망률 : $\frac{1,817}{15,800}\times100=11.5\%$
- 2021년 부상률 : $\frac{12,956}{15,800}\times100=82\%$

따라서 사망률은 2020년이 더 높지만 부상률은 2021년이 더 높다.

04

정답 ②

26 ~ 30세 응답자는 총 51명이다. 그중 4회 이상 방문한 응답자는 $5+2=7$명이고, 비율은 $\frac{7}{51}\times100≒13.72\%$이므로 10% 이상이다.

오답분석

① 전체 응답자 수는 113명이다. 그중 20 ~ 25세 응답자는 53명이므로, 비율은 $\frac{53}{113}\times100≒46.90\%$가 된다.

③ 주어진 자료만으로는 31 ~ 35세 응답자의 1인당 평균방문횟수를 정확히 구할 수 없다. 그 이유는 방문횟수를 '1회', '2 ~ 3회', '4 ~ 5회', '6회 이상' 등 구간으로 구분했기 때문이다. 다만 구간별 최소값으로 평균을 냈을 때, 평균 방문횟수가 2회 이상이라는 점을 통해 2회 미만이라는 것은 틀렸다는 것을 알 수 있다.

{1, 1, 1, 2, 2, 2, 2, 4, 4} → 평균$=\frac{19}{9}≒2.11$회

④ 응답자의 직업에서 학생과 공무원 응답자의 수는 51명이다. 즉, 전체 113명의 절반에 미치지 못하므로 비율은 50% 미만이다.

⑤ 주어진 자료만으로 판단할 때, 전문직 응답자 7명 모두 20 ~ 25세일 수 있으므로 비율은 $\frac{7}{113}≒6.19\%$이 되어 5% 이상이 될 수 있다.

05

정답 ②

제시된 자료에 의하여 2020년부터 세계 전문 서비스용 로봇 시장의 규모가 증가함을 알 수 있지만, 2022년에 세계 전문 서비스용 로봇 시장 규모가 전체 세계 로봇 시장 규모에서 차지하는 비중을 구하면 $\frac{4,600}{17,949}\times100 ≒ 25.63\%$이다.

따라서 2022년 전체 세계 로봇 시장 규모에서 세계 전문 서비스용 로봇 시장 규모가 차지하는 비중은 27% 미만이므로 옳지 않은 설명이다.

오답분석

① 2022년 세계 개인 서비스용 로봇 시장 규모의 전년 대비 증가율은 $\frac{2,216-2,134}{2,134}\times100 ≒ 3.8\%$이다.

③ 2022년 세계 제조용 로봇 시장 규모의 전년 대비 증가율은 $\frac{11,133-10,193}{10,193}\times100 ≒ 9.2\%$이고, 제시된 자료에 의하여 2022년의 세계 제조용 로봇 시장의 규모가 세계 로봇 시장에서 가장 큰 규모를 차지하고 있음을 확인할 수 있다.

④ • 전년 대비 2022년의 국내 전문 서비스용 로봇 시장 생산 규모 증가율 : $\frac{2,629-1,377}{1,377}\times100 ≒ 91.0\%$
- 2021년의 전체 서비스용 로봇 시장 생산 규모 : $3,247+1,377=4,624$억 원
- 2022년의 전체 서비스용 로봇 시장 생산 규모 : $3,256+2,629=5,885$억 원
- 전년 대비 2022년의 전체 서비스용 로봇 시장 생산 규모 증가율 : $\frac{5,885-4,624}{4,624}\times100 ≒ 27.3\%$

⑤ • 전년 대비 2022년의 개인 서비스용 로봇 시장 수출 규모 감소율 : $\frac{944-726}{944}\times100 ≒ 23.1\%$
- 2021년의 전체 서비스용 로봇 시장 수출 규모 : $944+154=1,098$억 원
- 2022년의 전체 서비스용 로봇 시장 수출 규모 : $726+320=1,046$억 원
- 전년 대비 2022년의 전체 서비스용 로봇 시장 수출 규모 감소율 : $\frac{1,098-1,046}{1,098}\times100 ≒ 4.7\%$

06

정답 ③

ㄱ. 한국, 독일, 영국, 미국이 전년 대비 2021년도 연구개발비가 감소했다.

ㄷ. 전년 대비 2019년 한국, 중국, 독일의 연구개발비 증가율을 각각 구하면 다음과 같다.
- 한국 : $\frac{33,684-28,641}{28,641}\times100 ≒ 17.6\%$
- 중국 : $\frac{48,771-37,664}{37,664}\times100 ≒ 29.5\%$
- 독일 : $\frac{84,148-73,737}{73,737}\times100 ≒ 14.1\%$

따라서 중국, 한국, 독일 순서로 증가율이 높다.

오답분석

ㄴ. 증가율을 계산해보는 방법도 있지만 연구개발비가 2배 이상 증가한 국가는 중국뿐이므로 중국의 증가율이 가장 높은 것을 알 수 있다.
따라서 증가율이 가장 높은 국가는 중국이고, 영국이 $\frac{40,291-39,421}{39,421}\times100 ≒ 2.2\%$로 가장 낮다.

PART 1

07

정답 ③

- 한국의 응용연구비 : $29,703\times0.2=5,940.6$백만 달러
- 미국의 개발연구비 : $401,576\times0.6=240,945.6$백만 달러

따라서 2021년 미국의 개발연구비는 한국의 응용연구비의 $240,945.6\div5,940.6 ≒ 40$배이다.

08

정답 ④

제시된 표를 통해 메모리 개발 용량은 1년마다 2배씩 증가함을 알 수 있다.
- 2004년 : 8,192MB
- 2005년 : 16,384MB
- 2006년 : 32,768MB
- 2007년 : 65,536MB

따라서 2007년에 개발한 반도체 메모리의 용량은 65,536MB이다.

09

정답 ③

제시된 표를 통해 석순의 길이가 10년 단위로 2cm, 1cm가 반복되면서 자라는 것을 알 수 있다.
- 2010년 : $16+2=18$cm
- 2020년 : $18+1=19$cm
- 2030년 : $19+2=21$cm
- 2040년 : $21+1=22$cm
- 2050년 : $22+2=24$cm

따라서 2050년에 석순의 길이를 측정한다면 24cm일 것이다.

10

정답 ③

1997년부터 차례대로 3을 더하여 만든 수열은 1997, 2000, 2003, 2006, 2009, …이다.
따라서 제10회 세계 물 포럼은 제1회 세계 물 포럼으로부터 9번째 후에 개최되므로 $1997+3\times9=2024$년에 개최된다.

02 추리

01	02	03	04	05	06	07	08	09	10
②	①	④	②	⑤	②	③	③	⑤	④
11	12	13	14	15	16	17	18	19	20
①	④	③	④	④	②	①	④	③	②

01 정답 ②

'스테이크를 먹는다.'를 A, '지갑이 없다.'를 B, '쿠폰을 받는다.'를 C라 하면, 전제1과 결론은 각각 A → B, ~B → C이다. 이때, 전제1의 대우는 ~B → ~A이므로 결론이 참이 되려면 ~A → C가 필요하다. 따라서 전제2에 들어갈 명제는 '스테이크를 먹지 않는 사람은 쿠폰을 받는다.'가 적절하다.

02 정답 ①

다이아몬드는 광물이고, 광물은 매우 규칙적인 원자 배열을 가지고 있다. 따라서 다이아몬드는 매우 규칙적인 원자 배열을 가지고 있다.

03 정답 ④

'음악을 좋아하다.'를 p, '상상력이 풍부하다.'를 q, '노란색을 좋아하다.'를 r이라고 하면, 전제1은 $p \to q$, 전제2는 $\sim p \to \sim r$이다. 이때, 전제2의 대우 $r \to p$에 따라 $r \to p \to q$가 성립한다. 따라서 $r \to q$이므로 결론에 들어갈 명제는 '노란색을 좋아하는 사람은 상상력이 풍부하다.'이다.

04 정답 ②

i) A의 진술이 참인 경우

A가 1위, C가 2위이다. 그러면 B의 진술은 참이다. 따라서 B가 3위, D가 4위이다. 그러나 D가 C보다 순위가 낮음에도 C의 진술은 거짓이다. 이는 제시된 조건에 위배된다.

ii) A의 진술이 거짓인 경우

제시된 조건에 따라 A의 진술이 거짓이라면 C는 3위 또는 4위일 것인데, 자신보다 높은 순위의 사람에 대한 진술이 거짓이므로 C는 3위, A는 4위이다. 그러면 B의 진술은 거짓이므로 D가 1위, B가 2위이다.

05 정답 ⑤

B와 D는 동시에 참말 혹은 거짓말을 한다. A와 C의 장소에 대한 진술이 모순되기 때문에 B와 D는 참말을 하고 있음이 틀림없다. 따라서 B, D와 진술 내용이 다른 E는 무조건 거짓말을 하고 있는 것이고, 거짓말을 하고 있는 사람은 두 명이므로 A와 C 중 한 명은 거짓말을 하고 있다. A가 거짓말을 하는 경우 A ~ C 모두 부산에 있었고, D는 참말을 하였으므로 범인은 E가 된다. C가 거짓말을 하는 경우 A ~ C는 모두 학교에 있었고, D는 참말을 하였으므로 범인은 역시 E가 된다.

06 정답 ②

제시된 조건을 정리하면 다음과 같다.

구분	A	B	C	D
꽃꽂이	×		○	
댄스	×	×	×	
축구			×	
농구		×	×	

A, B, C는 댄스 활동을 하지 않으므로 댄스 활동은 D의 취미임을 알 수 있다. 또한 B, C, D는 농구 활동을 하지 않으므로 A가 농구 활동을 취미로 한다는 것을 알 수 있다. 이를 정리하면 다음과 같다.

구분	A	B	C	D
꽃꽂이	×	×	○	×
댄스	×	×	×	○
축구	×	○	×	×
농구	○	×	×	×

오답분석

① B가 축구 활동을 하는 것은 맞지만, D는 댄스 활동을 한다.
③ A는 농구 활동을, B는 축구 활동을 한다.
④ B는 축구 활동을 하며, D는 댄스 활동을 한다.
⑤ A는 농구 활동을 하며, D는 댄스 활동을 한다.

07 정답 ③

B는 오전 10시에 출근하여 오후 3시에 퇴근하였으므로 업무는 4개이다. D는 B보다 업무가 1개 더 많았으므로 D의 업무는 5개이고, 오후 3시에 퇴근했으므로 출근한 시각은 오전 9시이다. K팀에서 가장 늦게 출근한 사람은 C이고 가장 늦게 출근한 사람을 기준으로 오전 11시에 모두 출근하였으므로 C는 오전 11시에 출근하였다. K팀에서 가장 늦게 퇴근한 사람은 A이고 가장 늦게 퇴근한 사람을 기준으로 오후 4시에 모두 퇴근하였다고 했으므로 A는 오후 4시에 퇴근했다. A는 C보다 업무가 3개 더 많았으므로 C의 업무는 2개이다. 이를 정리하면 다음과 같다.

구분	A	B	C	D
업무 개수	5개	4개	2개	5개
출근 시각	오전 10시	오전 10시	오전 11시	오전 9시
퇴근 시각	오후 4시	오후 3시	오후 2시	오후 3시

따라서 C는 오후 2시에 퇴근했다.

오답분석

① A는 5개의 업무를 하고 퇴근했다.
② B의 업무는 A의 업무보다 적었다.
④ 팀에서 가장 빨리 출근한 사람은 D이다.
⑤ C가 D의 업무 중 1개를 대신 했다면 D가 C보다 빨리 퇴근했을 것이다.

08

정답 ③

B는 두 번째, F는 여섯 번째로 도착하였고, A가 도착하고 바로 뒤에 C가 도착하였으므로 A는 세 번째 또는 네 번째로 도착하였다. 그런데 D는 C보다 먼저 도착하였고 E보다 늦게 도착하였으므로 A는 네 번째로 도착하였음을 알 수 있다.
따라서 도착한 순서는 E－B－D－A－C－F이고, A는 네 번째로 도착하였으므로 토너먼트 배치표에 의해 최대 3번까지 경기를 하게 된다.

09

정답 ⑤

규칙은 가로로 적용된다.
첫 번째 도형의 색칠된 부분과 두 번째 도형의 색칠된 부분을 합치면 세 번째 도형이다.

10

정답 ④

규칙은 세로로 적용된다.
첫 번째 도형과 두 번째 도형을 합쳤을 때, 색이 변하지 않고 동일한 부분만을 나타낸 도형이 세 번째 도형이다.

11

정답 ①

- ○ : 1234 → 2341
- □ : 각 자릿수 +2, +2, +2, +2
- ☆ : 1234 → 4321
- △ : 각 자릿수 −1, +1, −1, +1

JLMP → LMPJ → NORL
○ □

12

정답 ④

DRFT → FTHV → VHTF
□ ☆

13

정답 ③

8TK1 → 7UJ2 → UJ27
△ ○

14

정답 ④

F752 → 257F → 479H → 388I
☆ □ △

15

정답 ④

제시문은 가격을 결정하는 요인과 이를 통해 도출할 수 있는 예상을 언급한다. 하지만 현실적인 여러 요인으로 인해 '거품 현상'이 나타나기도 하며 '거품 현상'이란 구체적으로 무엇인지를 설명하는 글이다. 따라서 (가) 수요와 공급에 의해 결정되는 가격 – (마) 상품의 가격에 대한 일반적인 예상 – (다) 현실적인 가격 결정 요인 – (나) 이로 인해 예상치 못하게 나타나는 '거품 현상' – (라) '거품 현상'에 대한 구체적인 설명 순으로 나열하는 것이 적절하다.

16

정답 ②

제시문은 조각보에 대한 설명으로 (나) 조각보의 정의, 클레와 몬드리안의 비교가 잘못된 이유 – (가) 조각보는 클레와 몬드리안보다 100여 년 이상 앞서 제작된 작품이며 독특한 예술성을 지니고 있음 – (다) 조각보가 아름답게 느껴지는 이유 순으로 나열하는 것이 적절하다.

17

정답 ①

제시문은 코젤렉의 '개념사'에 대한 정의와 특징에 대한 글이다. 따라서 (라) 개념에 대한 논란과 논쟁 속에서 등장한 코젤렉의 '개념사' – (가) 코젤렉의 '개념사'와 개념에 대한 분석 – (나) 개념에 대한 추가적인 분석 – (마) '개념사'에 대한 추가적인 분석 – (다) '개념사'의 목적과 코젤렉의 주장 순으로 나열하는 것이 적절하다.

18

정답 ④

신경교 세포가 전체 뉴런을 조정하면서 기억력과 사고력을 향상시킨다는 가설하에, 인간의 신경교 세포를 갓 태어난 생쥐의 두뇌에 주입하는 실험을 하였다. 그리고 그 실험결과는 이 같은 가설을 뒷받침해주는 결과를 가져왔으므로 적절한 내용이라고 할 수 있다.

오답분석

① 인간의 신경교 세포를 생쥐의 두뇌에 주입하였더니 쥐가 자라면서 주입된 인간의 신경교 세포도 성장했고, 이 세포들이 주위의 뉴런들과 완벽하게 결합되어 쥐의 두뇌 전체에 걸쳐 퍼지게 되었다고 하였다. 그러나 이 과정에서 쥐의 뉴런에 어떠한 영향을 주는지에 대해서는 언급하고 있지 않다.

② · ③ 제시문의 실험은 인간의 신경교 세포를 쥐의 두뇌에 주입했을 때의 변화를 살펴본 것이지 인간의 뉴런 세포를 주입한 것이 아니므로 추론할 수 없는 내용이다.

⑤ 쥐에 주입된 인간의 신경교 세포는 그 기능을 그대로 간직한다고 하였으므로 적절하지 않은 내용이다.

19

정답 ③

레일리 산란의 세기는 보랏빛이 가장 강하지만 우리 눈은 보랏빛보다 파란빛을 더 잘 감지하기 때문에 하늘이 파랗게 보이는 것이다.

오답분석

① · ②는 첫 번째 문단, ⑤는 마지막 문단의 내용을 통해 추론할 수 있다.

④ 빛의 진동수는 파장과 반비례하고, 레일리 산란의 세기는 파장의 네제곱에 반비례한다. 즉, 빛의 진동수가 2배가 되면 파장은 1/2배가 되고, 레일리 산란의 세기는 $2^4=16$배가 된다.

20

정답 ②

르네상스의 야만인 담론은 이전과는 달리 현실적 구체성을 띠고 있지만 전통 야만인관에 의해 각색되는 것은 여전하다.

CHAPTER

04 2022년 하반기 기출복원문제

01 수리

01	02	03	04	05	06	07	08	09	10
④	②	②	③	④	③	③	②	①	②

01

정답 ④

첫 번째 날 또는 일곱 번째 날에 총무부 소속 팀이 봉사활동을 하게 될 확률은 1에서 마케팅 소속 팀이 첫 번째 날과 일곱 번째 날에 봉사활동을 반드시 하는 확률을 제외한 것과 같다.
마케팅부의 5팀 중 첫 번째 날과 일곱 번째 날에 봉사활동 할 팀을 배치하는 순서의 경우의 수는 ${}_5P_2=5\times4=20$가지이고, 총무부 2팀을 포함한 5팀을 배치하는 경우의 수는 5!가지이므로 총 $20\times5!$가지이다.
첫 번째 날과 일곱 번째 날에 마케팅부 소속 팀이 봉사활동을 하는 확률은 $\frac{20\times5!}{7!}=\frac{20\times5\times4\times3\times2\times1}{7\times6\times5\times4\times3\times2\times1}=\frac{10}{21}$이므로 첫 번째 날 또는 일곱 번째 날에 총무부 소속 팀이 봉사활동을 하는 확률은 $1-\frac{10}{21}=\frac{11}{21}$이다.
따라서 $a-b=21-11=10$이다.

02

정답 ②

7회 말까지 B팀이 얻은 점수를 x점이라 가정하면 8, 9회에서 A팀이 얻은 점수는 $(12-x)$점, B팀은 $(9-x)$점이다. 이를 방정식으로 세우면 다음과 같다.

$2(9-x)=12-x$

$\therefore x=6$

따라서 8, 9회에서 B팀은 $9-6=3$점을 획득하였다.

03

정답 ②

전 직원의 주 평균 야간근무 빈도는 직급별 사원 수를 알아야 구할 수 있는 값이다. 단순히 직급별 주 평균 야간근무 빈도를 모두 더하여 평균을 구하는 것은 적절하지 않다.

오답분석

① 자료를 통해 확인할 수 있다.
③ 0.2시간은 60분×0.2=12분이다. 따라서 4.2시간은 4시간 12분이다.
④ 대리는 주 평균 1.8일, 6.3시간의 야간근무를 한다. 야근 1회 시 평균 6.3÷1.8=3.5시간 근무로 가장 긴 시간 동안 일한다.
⑤ 과장은 60분×4.8=288분(4시간 48분) 야간근무를 하는데 60분의 3분의 2(40분) 이상 채울 시 1시간으로 야간근무수당을 계산한다. 즉, 5시간으로 계산하여 주 평균 50,000원을 받는다.

04

정답 ③

• A기업
 – 화물자동차 : 200,000+(1,000×5×100)+(100×5×100)=750,000원
 – 철도 : 150,000+(900×5×100)+(300×5×100)=750,000원
 – 연안해송 : 100,000+(800×5×100)+(500×5×100)=750,000원

• B기업
 – 화물자동차 : 200,000+(1,000×1×200)+(100×1×200)=420,000원
 – 철도 : 150,000+(900×1×200)+(300×1×200)=390,000원
 – 연안해송 : 100,000+(800×1×200)+(500×1×200)=360,000원

따라서 A는 모든 수단의 운임이 같고, B는 연안해송이 가장 저렴하다.

05

정답 ④

미혼모 가구 수는 2019년까지 감소하다가 2020년부터 증가하였고, 미혼부 가구 수는 2018년까지 감소하다가 2019년부터 증가하였으므로 증감 추이가 바뀌는 연도는 같지 않다.

오답분석

① 한부모 가구 중 모자 가구 수의 전년 대비 증가율은 다음과 같다.
 • 2018년 : 2,000÷1,600=1.25배
 • 2019년 : 2,500÷2,000=1.25배
 • 2020년 : 3,600÷2,500=1.44배
 • 2021년 : 4,500÷3,600=1.25배
 따라서 2020년을 제외하고 1.25배씩 증가하였다.

② 한부모 가구 중 모자 가구 수의 20%를 구하면 다음과 같다.
- 2017년 : 1,600×0.2=320천 명
- 2018년 : 2,000×0.2=400천 명
- 2019년 : 2,500×0.2=500천 명
- 2020년 : 3,600×0.2=720천 명
- 2021년 : 4,500×0.2=900천 명

따라서 부자 가구가 20%를 초과한 해는 2020년(810천 명), 2021년(990천 명)이다.

③ 2020년 미혼모 가구 수는 모자 가구 수의 $\frac{72}{3,600}\times100$ =2%이다.

⑤ 2018년 부자 가구 수는 미혼부 가구 수의 340÷17=20배이다.

06

정답 ③

ㄱ. 2018 ~ 2020년까지 전년 대비 세관 물품 신고 수가 증가와 감소를 반복한 것은 '증가 – 감소 – 증가'인 B와 D이다. 따라서 가전류와 주류는 B와 D 중 하나에 해당한다.

ㄴ. A ~ D의 전년 대비 2021년 세관 물품 신고 수의 증가량은 다음과 같다.
- A : 5,109−5,026=83만 건
- B : 3,568−3,410=158만 건
- C : 4,875−4,522=353만 건
- D : 2,647−2,135=512만 건

C가 두 번째로 증가량이 많으므로 담배류에 해당한다.

ㄷ. B, C, D를 제외하면 잡화류는 A임을 바로 알 수 있지만, 표의 수치를 보면 A가 2018 ~ 2021년 동안 매년 세관 물품 신고 수가 가장 많음을 확인할 수 있다.

ㄹ. 2020년도 세관 물품 신고 수의 전년 대비 증가율을 구하면 다음과 같다.
- A : $\frac{5,026-4,388}{4,388}\times100 ≒ 14.5\%$
- B : $\frac{3,410-3,216}{3,216}\times100 ≒ 6.0\%$
- C : $\frac{4,522-4,037}{4,037}\times100 ≒ 12.0\%$
- D : $\frac{2,135-2,002}{2,002}\times100 ≒ 6.6\%$

D의 증가율이 세 번째로 높으므로 주류에 해당하고, ㄱ에 따라 B가 가전류가 된다.
따라서 A는 잡화류, B는 가전류, C는 담배류, D는 주류이다.

07

정답 ③

월평균 매출액이 35억 원이므로 연매출액은 35×12=420억 원이며, 연매출액은 상반기와 하반기 매출액을 합한 금액이다. 상반기의 월평균 매출액은 26억 원이므로 상반기 총매출액은 26×6=156억 원이고, 하반기 총매출액은 420−156 =264억 원이다.
따라서 하반기 평균 매출액은 264÷6=44억 원이며, 상반기 때보다 44−26=18억 원 증가하였다.

08

정답 ②

2021년 4/4분기의 생활물가지수가 95.9포인트라면, 총합은 407포인트이므로 이를 4분기로 나누면 101.75포인트이다. 따라서 2020년 생활물가지수는 100.175포인트이므로 상승지수는 2포인트 미만이다.

오답분석

① 2020년 소비자물가지수 분기 총합이 401.4로, 1분기당 평균 100.35이므로 2018년 지수 100과 거의 같다고 할 수 있다.
③ 2018년 이후 분기마다 소비자물가지수와 생활물가지수가 약간씩 상승하고 있으므로 매년 상승했다.
④ 2020년에는 소비자물가지수가 생활물가지수보다 약 0.7포인트 높으므로 적절한 판단이다.
⑤ 전년 동기와 비교하여 상승 폭이 가장 클 때는 2018년 4/4분기 소비자물가지수(4.2%)이고, 가장 낮을 때는 2019년 2/4분기 생활물가지수(2.4%)와 2019년 3/4분기 소비자물가지수(2.4%)이다.

09

정답 ①

- X조건에서 Z세균은 피보나치 수열의 계차로 번식한다.

구분	1일차	2일차	3일차	4일차	5일차	6일차	7일차	8일차	9일차	10일차
X조건에서의 Z세균	10	30	50	90	150	250	410	670	1,090	(A)
계차		20	20	40	60	100	160	260	420	680

따라서 (A)=1,090+680=1,770이다.

- Y조건에서 Z세균은 전날의 2배로 번식한다.

구분	1일차	2일차	3일차	4일차	5일차	6일차	7일차	8일차	9일차	10일차
Y조건에서의 Z세균	1	1×2^1	1×2^2	1×2^3	1×2^4	1×2^5	1×2^6	1×2^7	1×2^8	(B)

따라서 (B)=1×2^9=512이다.

10

정답 ②

최초 투입한 원유의 양을 aL라 하자.
- LPG를 생산하고 남은 원유의 양 : $(1-0.05a)=0.95a$L
- 휘발유를 생산하고 남은 원유의 양 : $0.95a(1-0.2)=0.76a$L
- 등유를 생산하고 남은 원유의 양 : $0.76a(1-0.5)=0.38a$L
- 경유를 생산하고 남은 원유의 양 : $0.38a(1-0.1)=0.342a$L

따라서 아스팔트의 생산량은 $0.342a\times0.04=0.01368a$L이고, 아스팔트는 최초 투입한 원유량의 0.01368×100=1.368%가 생산된다.

02 추리

01	02	03	04	05	06	07	08	09	10
③	②	①	④	④	④	⑤	①	②	②
11	12	13	14	15	16	17	18	19	20
④	⑤	⑤	②	①	②	③	③	③	⑤

01

정답 ③

'환율이 하락하다.'를 A, '수출이 감소한다.'를 B, 'GDP가 감소한다.'를 C, '국가 경쟁력이 떨어진다.'를 D라고 했을 때, 전제1은 A → D, 전제3은 B → C, 결론은 B → D이므로 결론이 참이 되려면 C → A라는 전제가 필요하다. 따라서 C → A의 대우 명제인 ③이 답이 된다.

02

정답 ②

'공부를 열심히 한다.'를 A, '지식을 함양하지 않는다.'를 B, '아는 것이 적다.'를 C, '인생에 나쁜 영향이 생긴다.'를 D로 놓고 보면 전제1은 C → D, 전제3은 B → C, 결론은 ~A → D이므로 결론이 도출되기 위해서는 ~A → B가 필요하다. 따라서 대우 명제인 ②가 답이 된다.

03

정답 ①

주어진 조건에 따라 시험 과목의 순서를 배치해보면 다음 표와 같다.

첫 번째	두 번째	세 번째	네 번째	다섯 번째	여섯 번째
ㅁ	ㄹ	ㄱ	ㄴ	ㅅ 또는 ㅂ	ㅂ 또는 ㅅ

따라서 S가 네 번째로 보게 될 시험 과목은 ㄴ이다.

04

정답 ④

먼저 첫 번째 조건과 두 번째 조건에 따라 6명의 신입 사원을 부서별로 1명, 2명, 3명으로 나누어 배치한다. 이때, 세 번째 조건에 따라 기획부에 3명, 구매부에 1명이 배치되므로 인사부에는 2명의 신입 사원이 배치된다. 또한 1명이 배치되는 구매부에는 마지막 조건에 따라 여자 신입 사원이 배치될 수 없으므로 반드시 1명의 남자 신입 사원이 배치된다. 남은 5명의 신입 사원을 기획부와 인사부에 배치하는 방법은 다음과 같다.

구분	기획부(3명)	인사부(2명)	구매부(1명)
경우 1	남자 1명, 여자 2명	남자 2명	남자 1명
경우 2	남자 2명, 여자 1명	남자 1명, 여자 1명	

경우 1에서는 인사부에 남자 신입 사원만 배치되므로 '인사부에는 반드시 여자 신입 사원이 배치된다.'의 ④는 적절하지 않다.

05

정답 ④

B와 C의 말이 모순되므로 B와 C 중 한 명은 반드시 진실을 말하고 다른 한 명은 거짓을 말한다.

i) B가 거짓, C가 진실을 말하는 경우
B가 거짓을 말한다면 E의 말 역시 거짓이 되어 롤러코스터를 타지 않은 사람은 E가 된다. 그러나 A는 E와 함께 롤러코스터를 탔다고 했으므로 A의 말 또한 거짓이 된다. 이때, 조건에서 5명 중 2명만 거짓을 말한다고 했으므로 이는 성립하지 않는다.

ii) C가 거짓, B가 진실을 말하는 경우
B가 진실을 말한다면 롤러코스터를 타지 않은 사람은 D가 되며, E의 말은 진실이 된다. 이때, D는 B가 회전목마를 탔다고 했으므로 D가 거짓을 말하는 것을 알 수 있다. 따라서 거짓을 말하는 사람은 C와 D이며, 롤러코스터를 타지 않은 사람은 D이다.

06

정답 ④

A는 엘리베이터보다 계단이 더 가까운 곳에 살고 있으므로 1001호나 1002호에 살고 있다. C와 D는 계단보다 엘리베이터에 더 가까운 곳에 살고 있다고 하였으므로 1003호와 1004호에 살고 있다. D는 A 바로 옆에 살고 있으므로, D는 1003호에 살고 있고, A는 1002호에 살고 있음을 알 수 있다. 이를 정리하면 다음과 같다.

계단	1001호	1002호	1003호	1004호	엘리베이터
	B	A	D	C	

따라서 B가 살고 있는 곳에서 엘리베이터 쪽으로는 3명이 살고 있으므로 ④는 항상 거짓이다.

07

정답 ⑤

제시된 단어는 유의 관계이다.
'간섭'은 '다른 사람의 일에 참견함'을 뜻하고, '참견'은 '자기와 별로 관계없는 일이나 말 따위에 끼어들어 쓸데없이 아는 체하거나 이래라저래라 함'을 뜻한다. 따라서 '간절히 바라고 구함'의 뜻인 '갈구'와 유의 관계인 단어는 '열렬하게 바람'의 뜻인 '열망'이다.

오답분석

① 관여 : 어떤 일에 관계하여 참여함
② 개입 : 자신과 직접적인 관계가 없는 일에 끼어 듦
③ 경외 : 공경하면서 두려워함
④ 관조 : 고요한 마음으로 사물이나 현상을 관찰하거나 비추어 봄

08 정답 ①

제시된 단어는 반의 관계이다.

'호평'은 '좋게 평함. 또는 그런 평판이나 평가'를 뜻하고, '악평'은 '나쁘게 평함. 또는 그런 평판이나 평가'를 뜻한다. 따라서 '보통 있는 일'의 뜻인 '예사'와 반의 관계인 단어는 '보통 수준보다 훨씬 뛰어나게'의 뜻인 '비범'이다.

오답분석

② 통상 : 특별하지 아니하고 예사임
③ 보통 : 특별하지 아니하고 흔히 볼 수 있음. 또는 뛰어나지도 열등하지도 아니한 중간 정도
④ 험구 : 남의 흠을 들추어 헐뜯거나 험상궂은 욕을 함
⑤ 인기 : 어떤 대상에 쏠리는 대중의 높은 관심이나 좋아하는 기운

09 정답 ②

아리스토텔레스에게는 물체의 정지 상태가 물체의 운동 상태와는 아무런 상관이 없었으며, 물체에 변화가 있어야만 운동한다고 이해했다.

오답분석

ㄱ. 이론적인 선입견을 배제한다면 일상적인 경험에 의거해 아리스토텔레스의 논리가 더 그럴듯하게 보일 수는 있다고 했지만, 뉴턴 역학이 적절하지 않다고 언급하지는 않았다.
ㄴ. 제시문의 두 번째 줄에서 '아리스토텔레스에 의하면 물체가 똑같은 운동 상태를 유지하기 위해서는 외부에서 끝없이 힘이 제공되어야만 한다.'고 하였다. 그러므로 아리스토텔레스의 주장과 반대되는 내용이다.
ㄷ. 제시문만으로는 당시에 뉴턴이나 갈릴레오가 아리스토텔레스의 논리를 옳다고 판단했는지는 알 수 없다.

10 정답 ②

기계화・정보화의 긍정적인 측면보다는 부정적인 측면을 부각시키고 있는 본문을 통해 기계화・정보화가 인간의 삶의 질 개선에 기여하고 있음을 경시한다고 지적할 수 있다.

11 정답 ④

제시문은 소음의 규제에 대한 이야기를 하고 있다. 따라서 소리가 시공간적 다양성을 담아내는 문화 구성 요소라는 주장을 통해 단순 소음 규제에 반박할 수 있다.

오답분석

① 관현악단 연주 사례를 통해 알 수 있는 사실이다.
②・③・⑤ 지문의 내용에 부합하는 것으로 반론으로 적절하지 않다.

12 정답 ⑤

자기 공명 방식이 상용화되기 위해서는 현재 사용되는 코일 크기로는 일반 가전제품에 적용할 수 없으므로 코일을 소형화해야 할 필요가 있다고 언급하였다.

오답분석

① 자기 유도 방식은 유도 전력을 이용하지만, 무선 전력 전송을 하기 때문에 철심을 이용하지 않는다.
② 자기 유도 방식은 전력 전송율이 높으나 1차 코일에 해당하는 송신부와 2차 코일에 해당하는 수신부가 수 센티미터 이상 떨어지거나 송신부와 수신부의 중심이 일치하지 않게 되면 전력 전송 효율이 급격히 저하된다.
③ 자기 유도 방식의 2차 코일은 교류 전류 방식이다.
④ 자기 공명 방식에서 2차 코일은 공진 주파수를 전달 받는다. 1차 코일에서 공진 주파수를 만든다.

13 정답 ⑤

프리드먼의 항상소득가설은 일시적인 소득을 임시소득으로 보며, 소비에 직접적인 영향을 주지 않는다고 보았다.

오답분석

①・② 프리드먼의 항상소득가설에 대한 설명이다.
③ 프리드먼의 항상소득가설에 따르면 재난지원금은 임시소득으로 소비에 고려되지 않는다.
④ 케인스의 절대소득가설에 대한 설명이다.

14 정답 ②

규칙은 가로로 적용된다.

첫 번째 도형을 데칼코마니처럼 좌우로 펼친 도형이 두 번째 도형이고, 두 번째 도형을 수평으로 반을 잘랐을 때의 아래쪽 도형이 세 번째 도형이다.

15 정답 ①

규칙은 세로로 적용된다.

첫 번째 도형과 두 번째 도형을 겹쳤을 때, 생기는 면에 색을 칠한 도형이 세 번째 도형이다.

16

정답 ②

규칙은 가로로 적용된다.
첫 번째 도형을 90° 돌려서 두 번째 도형의 하단 중앙에 맞춰서 빼면 나오는 도형이 세 번째 도형이다.

17

정답 ③

- ♨ : 각 자릿수 +2, +1, +2, +1
- ◀ : 각 자릿수 −4, −3, −2, −1
- ◈ : 1234 → 4231

S4X8 → U5Z9 → 95ZU
　　　♨　　　◈

18

정답 ③

W53M → S21L → L21S
　　　◀　　　◈

19

정답 ③

T83I → V95J → R63I
　　　♨　　　◀

20

정답 ⑤

6SD2 → 2PB1 → 1PB2 → 3QD3
　　　◀　　　◈　　　♨

CHAPTER

05 2022년 상반기 기출복원문제

01 수리

01	02	03	04	05	06	07	08	09	10
④	②	①	⑤	③	④	④	③	⑤	②

01

정답 ④

네 사람이 모두 한 번씩 출장을 가고 그중 한 사람이 출장을 한 번 더 가면 된다. 네 사람을 A, B, C, D라고 하고 두 번 출장 가는 사람을 A라 하면 경우의 수는 $\frac{5!}{2}=60$가지이다.

따라서 네 사람이 적어도 한 번 이상씩 출장 갈 경우의 수는 $60\times4=240$가지이다.

02

정답 ②

작년 B부서의 신입사원 수를 x명이라고 하면 올해 A부서와 B부서의 신입사원 수는 각각 $55+5=60$명, $(x+4)$명이다. 올해 B부서의 신입사원 수의 1.2배가 A부서의 신입사원 수와 같으므로 식으로 나타내면 다음과 같다.

$(x+4)\times1.2=60 \rightarrow x+4=50$

$\therefore x=46$

따라서 작년 B부서의 신입사원 수는 46명이다.

03

정답 ①

6개의 팀을 배치할 경우의 수는 $6\times5\times4\times3\times2\times1=720$가지이고, A팀과 B팀이 2층에 들어갈 경우의 수는 $4\times3\times2\times1\times2=48$가지이다.

따라서 A팀과 B팀이 2층에 들어갈 확률은 $\frac{48}{720}=\frac{1}{15}$이다.

04

정답 ⑤

두 제품 A와 B의 원가를 각각 a원, b원이라고 하면 다음과 같다.

$a+b=50,000$

$(a\times0.1+b\times0.12)\times5=28,200$

이를 정리하면

$a+b=50,000$

$5a+6b=282,000$

따라서 $b=282,000-50,000\times5=32,000$원이다.

05

정답 ③

인사이동 전 A부서와 B부서의 인원을 각각 a명, b명이라고 하면 $a\times\frac{15}{100}=6$, $b\times\frac{12}{100}=6$이므로 $a=40$, $b=50$이다.

따라서 인사이동 전 두 부서의 인원 차이는 10명이다.

06

정답 ④

8명 중 3명을 선택하는 경우의 수는 ${}_8C_3=56$가지이고, 각 팀에서 한 명씩 선택하는 경우의 수는 $4\times2\times2=16$가지이다.

따라서 이번 주 청소 당번이 각 팀에서 한 명씩 뽑힐 확률은 $\frac{16}{56}=\frac{2}{7}$이다.

07

정답 ④

ㄱ. 휴대폰 A～D의 항목별 기본점수를 계산하면 다음과 같다.

(단위 : 점)

구분	A	B	C	D
디자인	5	4	2	3
가격	2	3	4	5
해상도	3	4	5	2
음량	4	2	5	3
화면크기·두께	4	5	2	3
내장·외장 메모리	2	3	4	5
합계	20	21	22	21

따라서 기본점수가 가장 높은 휴대폰은 22점인 휴대폰 C이다.

ㄷ. 휴대폰 A～D의 항목별 고객평가 점수를 단순 합산하면 다음과 같다.

(단위 : 점)

구분	A	B	C	D
디자인	8	7	4	6
가격	4	6	7	8
해상도	5	6	8	4
음량	6	4	7	5
화면크기 · 두께	7	8	3	4
내장 · 외장 메모리	5	6	7	8
합계	35	37	36	35

따라서 각 항목의 점수를 단순 합산한 점수가 가장 높은 휴대폰은 B이다.

ㄹ. 성능점수인 해상도, 음량, 내장·외장메모리 항목의 점수를 제외한 디자인, 가격, 화면크기·두께 항목의 점수만을 단순 합산한 점수를 계산하면 다음과 같다.

(단위 : 점)

구분	A	B	C	D
디자인	8	7	4	6
가격	4	6	7	8
화면크기 · 두께	7	8	3	4
합계	19	21	14	18

따라서 휴대폰 B의 점수는 휴대폰 C 점수의 $\frac{21}{14}=1.5$배이다.

오답분석

ㄴ. 휴대폰 A ~ D의 성능점수를 계산하면 다음과 같다.

(단위 : 점)

구분	A	B	C	D
해상도	3	4	5	2
음량	4	2	5	3
내장 · 외장 메모리	2	3	4	5
합계	9	9	14	10

따라서 성능점수가 가장 높은 휴대폰은 14점인 휴대폰 C이다.

08 정답 ③

먼저 표의 빈칸을 구하면 다음과 같다.

- A의 서류점수 : $\frac{㉠+66+65+80}{4}=70.75$점

∴ ㉠=72

- A의 평균점수 : $\frac{72+85+68}{3}=75$점

∴ ㉡=75

- C의 필기점수 : $\frac{85+71+㉢+88}{4}=80.75$점

∴ ㉢=79

- C의 평균점수 : $\frac{65+79+84}{3}=76$점

∴ ㉣=76

이에 따라 각 부서에 배치할 인원은 다음과 같다.

- 홍보팀 : 면접점수가 85점으로 가장 높은 B
- 총무팀 : 평균점수가 76점으로 가장 높은 C
- 인사팀 : A와 D의 서류점수와 필기점수의 평균을 구하면 A가 $\frac{72+85}{2}=78.5$점, D가 $\frac{80+88}{2}=84$점이므로, 인사팀에는 D가 적절하다.
- 기획팀 : 배치순서가 가장 마지막이므로 A가 배치될 것이다.

09 정답 ⑤

2019 ~ 2021년 국가채무는 아래와 같다.

- 2019년 : 334.7+247.2+68.5+24.2+48.6=723.2조 원
- 2020년 : 437.5+256.4+77.5+27.5+47.7=846.6조 원
- 2021년 : 538.9+263.5+92.5+27.5+42.9=965.3조 원

ㄷ. 2020년 공적자금 등으로 인한 국가채무는 47.7조 원으로, 27.5조 원인 지방정부 순채무의 $\frac{47.7}{27.5}\times100≒$ 173%이므로 60% 이상 많음을 알 수 있다.

ㄹ. 한 해의 GDP는 'GDP×$\left(\frac{\text{GDP 대비 국가채무 비율}}{100}\right)$=국가채무'이므로 국가채무와 GDP 대비 비율을 이용하여 도출할 수 있다.

2019년 GDP를 미지수 x라고 하자. 위 식에 각 항목을 대입하면 $x\times\frac{37.6}{100}=723.2$조 원이므로 2019년 GDP는 약 1,923.4조 원이 된다.

그리고 이렇게 도출한 GDP에서 외환시장안정용 국가채무가 차지하는 비율은 $\left(\frac{\text{외환시장안정용 국가채무}}{\text{(GDP)}}\right)\times100=\frac{247.2}{1{,}923.4}\times100≒12.9\%$이다.

동일한 방식으로 2020년 GDP를 y라 하였을 때 $y\times\frac{43.8}{100}=846.6$조 원이므로 2020년 GDP는 약 1,932.9조 원이 된다. 그중 2020년 외환시장안정용 국가채무가 차지하는 비율은 $\frac{256.4}{1{,}932.9}\times100≒13.3\%$로 2019년의 12.9%보다 높으므로 적절한 설명이다.

오답분석

ㄱ. 2020년에 서민주거안정용 국가채무가 국가채무에서 차지하는 비중은 $\frac{77.5}{846.6}\times100 \fallingdotseq 9.2\%$이며, 2021년에 서민주거안정용 국가채무가 국가채무에서 차지하는 비중은 $\frac{92.5}{965.3}\times100 \fallingdotseq 9.6\%$이다. 따라서 2021년에 전년 대비 증가하였으므로 적절하지 않은 설명임을 알 수 있다.

ㄴ. GDP 대비 국가채무 비율은 2020년과 2021년 모두 증가하였지만, 지방정부 순채무의 경우 2020년에는 전년 대비 증가하고, 2021년에는 전년과 불변이다.

10

정답 ②

환경 A에서 배양하는 세균은 1부터 $+2^1$, $+2^2$, $+2^3$, … 규칙으로 증가하고, 환경 B에서 배양하는 세균은 10부터 +10, +20, +30, … 규칙으로 증가한다.

환경 A의 세균이 더 많아질 때까지 표를 정리하면 아래와 같다.

구분	1시간	2시간	3시간	4시간	5시간	6시간	7시간	8시간	9시간
환경 A	1	3	7	15	31	63	127	255	511
환경 B	10	20	40	70	110	160	220	290	370

따라서 9시간 후에 환경 A의 세균이 환경 B의 세균보다 더 많아진다.

02 추리

01	02	03	04	05	06	07	08	09	10
④	②	②	④	②	⑤	③	①	⑤	③

01

정답 ④

'수학을 좋아한다.'를 '수', '과학을 잘한다.'를 '과', '호기심이 많다.'를 '호'라고 하자.

구분	명제	대우
전제1	수 → 과	과× → 수×
전제2	호× → 과×	과 → 호

전제1과 전제2의 대우에 의해 수 → 과 → 호이다. 따라서 수 → 호 또는 호× → 수×이므로 결론은 '호기심이 적은 사람은 수학을 좋아하지 않는다.'인 ④이다.

02

정답 ②

'물에 잘 번진다.'를 '물', '수성 펜이다.'를 '수', '뚜껑이 있다.'를 '뚜', '잉크 찌꺼기가 생긴다.'를 '잉'이라고 하자.

구분	명제	대우
전제1	물 → 수	수× → 물×
전제2	수 → 뚜	뚜× → 수×
전제3	물× → 잉	잉× → 물

전제1, 전제2의 대우와 전제3에 의해 뚜× → 수× → 물× → 잉이다. 따라서 뚜× → 잉이므로 결론은 '뚜껑이 없는 펜은 잉크 찌꺼기가 생긴다.'인 ②이다.

03

정답 ②

각각의 명제를 벤다이어그램으로 나타내면 아래와 같다.

전제1.

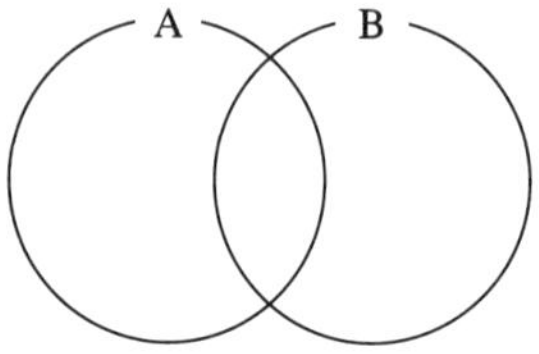

결론.

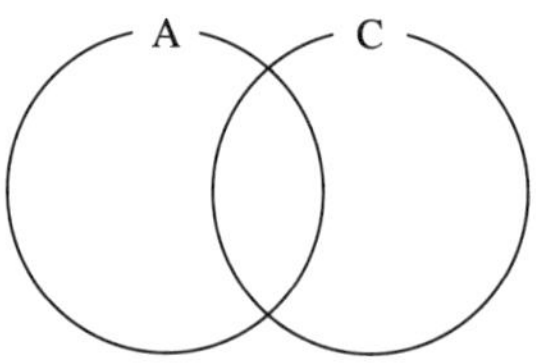

마지막 명제가 참이 되기 위해서는 A와 공통되는 부분의 B와 C가 연결되어야 하므로 B를 C에 모두 포함시켜야 한다. 따라서 전제2에 들어갈 명제는 'B를 구매한 모든 사람은 C를 구매했다.'인 ②이다.

오답분석

다음과 같은 경우 성립하지 않는다.

①·③

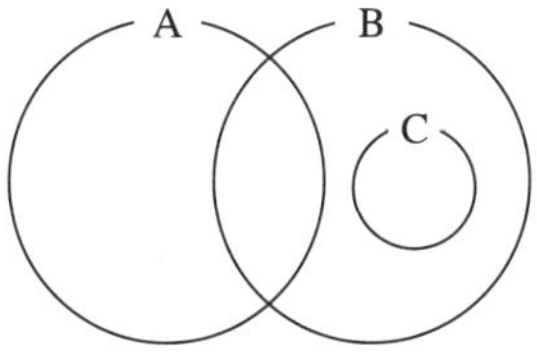

④

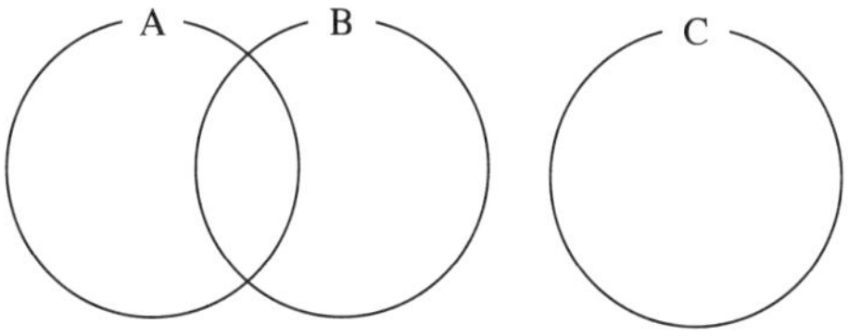

⑤

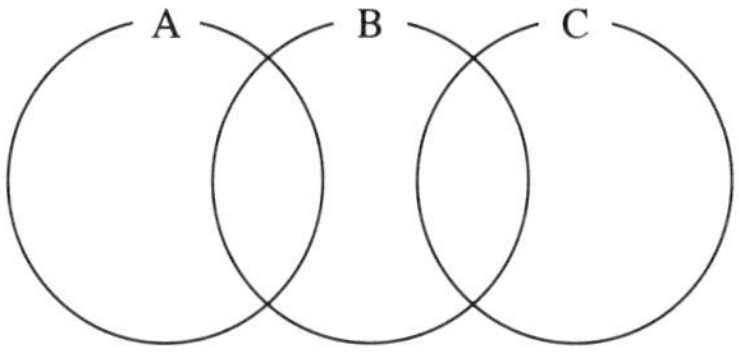

04

정답 ④

단 한 명이 거짓말을 하고 있으므로 C와 D 중 한 명은 반드시 거짓을 말하고 있다. 즉, C의 말이 거짓일 경우 D의 말은 참이 되며, D의 말이 참일 경우 C의 말은 거짓이 된다.

i) D의 말이 거짓일 경우
　C와 B의 말이 참이므로, A와 D가 모두 신발 교환권 당첨자가 되어 모순이 된다.

ii) C의 말이 거짓일 경우
　A는 신발 교환권 당첨자가 되지 않으며, 나머지 진술에 따라 D가 신발 교환권 당첨자가 된다.

따라서 C가 거짓을 말하고 있으며, 신발 교환권 당첨자는 D이다.

05

정답 ②

주어진 조건을 표로 정리하면 다음과 같다.

구분	아메리카노	카페라테	카푸치노	에스프레소
A	○	×	×	×
B				○
C				×

오답분석

①·⑤ 주어진 조건만으로는 C가 좋아하는 커피를 알 수 없다.

③ B는 에스프레소를 좋아하지만, C는 에스프레소를 좋아하지 않는다.

④ A와 B는 좋아하는 커피가 다르다고 했으므로, A는 에스프레소를 좋아하지 않는다. 또한 주어진 조건에서 카페라테와 카푸치노도 좋아하지 않는다고 했으므로 A가 좋아하는 커피는 아메리카노이다.

06

정답 ⑤

조건에 따라 사용할 수 있는 숫자는 1, 5, 6을 제외한 나머지 2, 3, 4, 7, 8, 9의 총 6개이다. (한 자리 수)×(두 자리 수)=156이 되는 수를 알기 위해서는 156의 소인수를 구해보면 된다. $156=2^2\times3\times13$이고, 156이 되는 수의 곱 중에 조건을 만족하는 것은 2×78과 4×39이다. 따라서 선택지 중에 A팀 또는 B팀에 들어갈 수 있는 암호배열은 39밖에 없으므로 답은 ⑤이다.

07

정답 ③

A～D 네 명의 진술을 정리하면 다음과 같다.

구분	진술 1	진술 2
A	C는 B를 이길 수 있는 것을 냈다.	B는 가위를 냈다.
B	A는 C와 같은 것을 냈다.	A가 편 손가락의 수는 B보다 적다.
C	B는 바위를 냈다.	A～D는 같은 것을 내지 않았다.
D	A, B, C 모두 참 또는 거짓을 말한 순서가 동일하다.	이 판은 승자가 나온 판이었다.

먼저 A～D는 반드시 가위, 바위, 보 세 가지 중 하나를 내야 하므로 그 누구도 같은 것을 내지 않았다는 C의 진술 2는 거짓이 된다. 따라서 C의 진술 중 진술 1은 참이 되므로 B가 바위를 냈다는 것을 알 수 있다. 이때, B가 가위를 냈다는 A의 진술 2는 참인 C의 진술 1과 모순되므로 A의 진술 중 진술 2가 거짓이 되는 것을 알 수 있다. 결국 A의 진술 중 진술 1이 참이 되므로 C는 바위를 낸 B를 이길 수 있는 보를 냈다는 것을 알 수 있다.

한편, 바위를 낸 B는 손가락을 펴지 않으므로 A가 편 손가락의 수가 자신보다 적었다는 B의 진술 2는 거짓이 된다. 따라서 B의 진술 중 진술 1이 참이 되므로 A는 C와 같은 보를 냈다는 것을 알 수 있다. 이를 바탕으로 A～C의 진술에 대한 참, 거짓 여부와 가위바위보를 정리하면 다음과 같다.

구분	진술 1	진술 2	가위바위보
A	참	거짓	보
B	참	거짓	바위
C	참	거짓	보

따라서 참 또는 거짓에 대한 A～C의 진술 순서가 동일하므로 D의 진술 1은 참이 되고, 진술 2는 거짓이 되어야 한다. 이때, 승자가 나오지 않으려면 D는 반드시 A～C와 다른 것을 내야 하므로 가위를 낸 것을 알 수 있다.

오답분석

① B와 같은 것을 낸 사람은 없다.
② 보를 낸 사람은 2명이다.
④ B가 기권했다면 가위를 낸 D가 이기게 된다.
⑤ 바위를 낸 사람은 1명이다.

08

정답 ①

제시된 단어는 반의 관계이다.
'근면'은 부지런히 일하며 힘쓰는 것이고, '태만'은 열심히 하려는 마음이 없고 게으른 것이다. 따라서 '긴장'의 반의어는 '완화'이다.

- 긴장(緊張) : 마음을 조이고 정신을 바짝 차림
- 완화(緩和) : 긴장된 상태나 급박한 것을 느슨하게 함

오답분석

② 경직(硬直) : 몸 따위가 굳어서 뻣뻣하게 됨
③ 수축(收縮) : 부피나 규모가 줄어듦
④ 압축(壓縮) : 일정한 범위나 테두리를 줄임
⑤ 팽창(膨脹) : 부풀어서 부피가 커짐

09

정답 ⑤

제시된 단어는 유의 관계이다.
'고집'은 자기의 의견을 바꾸거나 고치지 않고 굳게 버티는 것이고, '집념'은 한 가지 일에 매달려 마음을 쏟는 것이다. 따라서 '정점'의 유의어는 '절정'이다.

- 정점(頂點) : 사물의 진행이나 발전이 최고의 경지에 달한 상태
- 절정(絶頂) : 사물의 진행이나 발전이 최고의 경지에 달한 상태

오답분석

① 제한(制限) : 일정한 한도를 정하거나 그 한도를 넘지 못하게 막음
② 경계(境界) : 사물이 어떠한 기준에 의하여 분간되는 한계
③ 한도(限度) : 한정된 정도
④ 절경(絶景) : 더할 나위 없이 훌륭한 경치

10

정답 ③

가해자의 징벌을 위해 부과되는 것은 벌금이다.

오답분석

① 불법 행위를 감행하기 쉬운 상황일수록 이를 억제하는 데에는 금전적 제재 수단이 효과적이다.
② 벌금은 형사적 제재이고, 과징금은 행정적 제재이다. 두 제재는 서로 목적이 다르므로 한 가지 행위에 대해 동시 적용이 가능하다.
④ 우리나라에서는 기업의 불법 행위에 대해 손해 배상 소송이 제기되거나 벌금이 부과되는 경우는 드물며, 과징금 등 행정적 제재 수단이 억제 기능을 수행하는 경우가 많다.
⑤ 행정적 제재인 과징금은 국가에 귀속되므로 피해자에게 직접적인 도움이 되지는 못한다.

PART 2
대표기출유형

CHAPTER

01 수리

대표기출유형 01 기출응용문제

01

정답 ④

문제에서 제시된 시간의 단위는 '분'이고, 속력의 단위는 'km/h'이므로 50분은 $\frac{50}{60}$ 시간, 15분은 $\frac{15}{60}$ 시간으로 바꾸어 계산한다.

(거리)=(속력)×(시간)이므로 총 이동거리는 $6\times\frac{50}{60}+40\times\frac{15}{60}=5+10=15$km이다.

02

정답 ③

- 20분 동안 30m/min의 속력으로 간 거리 : $20\times30=600$m
- 20분 후 남은 거리 : $2,000-600=1,400$m
- 1시간 중 남은 시간 : $60-20=40$분

∴ 20분 후 속력 : $\frac{1,400}{40}=35$m/min

03

정답 ⑤

두 사람이 걸은 시간을 x분이라고 하면, 두 사람이 만날 때 현민이가 걸은 거리와 형빈이가 걸은 거리의 합이 산책길의 둘레 길이와 같다.

$60x+90x=1,500 \rightarrow 150x=1,500$

$\therefore x=10$

따라서 두 사람은 동시에 출발하여 10분 후에 만나게 된다.

대표기출유형 02 기출응용문제

01

정답 ③

농도가 4%인 소금물 300g에 들어있는 소금의 양은 $300\times\frac{4}{100}=12$g이다.

따라서 소금 100g을 추가로 넣었을 때 소금물의 농도는 $\frac{12+100}{300+100}\times100=28\%$이다.

02

정답 ③

물의 양을 xg이라고 하면,

$\frac{30}{30+x}\times100=20$

$\rightarrow 3{,}000=20(30+x)$

$\rightarrow 3{,}000=20x+600$

$\rightarrow 20x=2{,}400$

$\therefore x=120$

따라서 소금 30g을 120g의 물에 넣어야 20%의 소금물이 된다.

03

정답 ①

물이 증발하여도 소금물에 들어있는 소금의 양은 같다. 증발한 물의 양을 xg이라고 하면,

$\frac{8}{100}\times500=\frac{10}{100}\times(500-x) \rightarrow 4{,}000=5{,}000-10x$

$\therefore x=100$

따라서 증발한 물의 양은 100g이다.

대표기출유형 03 기출응용문제

01

정답 ②

전체 일의 양을 1이라고 하면, A사원, B사원, C사원이 각각 하루 동안 할 수 있는 일의 양은 $\frac{1}{24}$, $\frac{1}{120}$, $\frac{1}{20}$이다.

세 사람이 함께 업무를 진행하는 데 걸리는 기간을 x일이라고 하면,

$\left(\frac{1}{24}+\frac{1}{120}+\frac{1}{20}\right)\times x=1 \rightarrow \frac{1}{10}\times x=1$

$\therefore x=10$

따라서 세 사람이 함께 업무를 진행할 때 걸리는 기간은 10일이다.

02

정답 ③

A톱니바퀴가 x바퀴 돌았다고 하면, B톱니바퀴와 A톱니바퀴가 돌은 길이는 같다.

톱니바퀴의 둘레를 구하는 공식은 $2\pi r$(r : 반지름)이므로

$27\pi\times10=15\pi\times x$

$\therefore x=18$

03

정답 ②

갑과 을이 1시간 동안 만들 수 있는 곰 인형의 수는 각각 $\frac{100}{4}=25$개, $\frac{50}{10}=5$개이다.

함께 곰 인형 144개를 만드는 데 걸리는 시간을 x시간이라고 하면,

$(25+5)\times0.8\times x=144 \rightarrow 24x=144$

$\therefore x=6$

따라서 함께 곰 인형을 만드는 데 6시간이 걸린다.

대표기출유형 04 기출응용문제

01

정답 ③

제품의 원가를 x원이라고 하면, 제품의 정가는 $(1+0.2)x=1.2x$원이고, 판매가는 $1.2x(1-0.15)=1.02x$원이다.
50개를 판매한 금액이 127,500원이므로, 다음 식이 성립한다.

$1.02x\times 50=127,500$

$1.02x=2,550$

$\therefore\ x=2,500$

따라서 제품의 원가는 2,500원이다.

02

정답 ③

A원두의 100g당 원가를 a원, B원두의 100g당 원가를 b원이라고 하면,

$$\begin{cases} 1.5(a+2b)=3,000 \cdots ㉠ \\ 1.5(2a+b)=2,850 \cdots ㉡ \end{cases}$$

위의 식을 정리하면 다음과 같다.

$$\begin{cases} a+2b=2,000 \cdots ㉠' \\ 2a+b=1,900 \cdots ㉡' \end{cases}$$

㉠′과 ㉡′을 연립하면

$3a+3b=3,900 \rightarrow a+b=1,300 \cdots ㉢$

㉠′과 ㉢을 연립하면

$\therefore\ a=600,\ b=700$

따라서 B원두의 100g당 원가는 700원이다.

03

정답 ③

A가 첫 번째로 낸 금액을 a원, B가 첫 번째로 낸 금액을 b원이라고 하면,

$(a+0.5a)+(b+1.5b)=32,000 \rightarrow 1.5a+2.5b=32,000 \cdots ㉠$

$(a+0.5a)+5,000=(b+1.5b) \rightarrow 1.5a=2.5b-5,000 \cdots ㉡$

㉠과 ㉡을 연립하면

$\therefore\ a=9,000,\ b=7,400$

따라서 A가 첫 번째로 낸 금액은 9,000원이다.

대표기출유형 05 기출응용문제

01

정답 ⑤

토너먼트 경기는 대진표에 따라 한 번 진 사람은 탈락하고, 이긴 사람이 올라가서 우승자를 정하는 방식이다. 16명이 경기를 하면 처음에는 8번의 경기가 이루어지고, 다음은 4번, 2번, 1번의 경기가 차례로 진행된다.
따라서 총 $8+4+2+1=15$번의 경기가 진행된다.

02

정답 ⑤

i) 국류, 나물류를 하나씩 선택하는 경우 $5\times4=20$가지
ii) 국류, 볶음류를 하나씩 선택하는 경우 $5\times3=15$가지
iii) 나물류, 볶음류을 하나씩 선택하는 경우 $4\times3=12$가지
따라서 서로 다른 메뉴를 2개 선택하여 각각 하나씩 고르는 경우의 수는 $20+15+12=47$가지이다.

03

정답 ①

- 7권의 소설책 중 3권을 선택하는 경우의 수 : ${}_7C_3=\frac{7\times6\times5}{3\times2\times1}=35$가지
- 5권의 시집 중 2권을 선택하는 경우의 수 : ${}_5C_2=\frac{5\times4}{2\times1}=10$가지

따라서 소설책 3권과 시집 2권을 선택하는 경우의 수는 $35\times10=350$가지이다.

대표기출유형 06 기출응용문제

01

정답 ③

A가 문제를 풀 확률은 $\frac{1}{5}$이므로 A가 문제를 풀지 못할 확률은 $\frac{4}{5}$이고, B가 문제를 풀 확률은 $\frac{1}{4}$이므로 B가 문제를 풀지 못할 확률은 $\frac{3}{4}$이다.

- A만 문제를 풀 확률 : $\frac{1}{5}\times\frac{3}{4}=\frac{3}{20}$
- B만 문제를 풀 확률 : $\frac{4}{5}\times\frac{1}{4}=\frac{1}{5}$

따라서 한 사람만 문제를 풀 확률은 $\frac{3}{20}+\frac{1}{5}=\frac{3}{20}+\frac{4}{20}=\frac{7}{20}$이다.

02

정답 ②

A과목과 B과목을 선택한 학생의 비율이 각각 전체의 40%, 60%이고, A과목을 선택한 학생 중 여학생은 30%, B과목을 선택한 학생 중 여학생은 40%이므로 A과목과 B과목을 선택한 여학생의 비율은 다음과 같다.

- A과목을 선택한 여학생의 비율 : $0.4\times0.3=0.12$
- B과목을 선택한 여학생의 비율 : $0.6\times0.4=0.24$

따라서 구하고자 하는 확률은 $\frac{0.24}{0.12+0.24}=\frac{2}{3}$이다.

03

정답 ②

• 둘 다 흰색 공을 꺼낼 확률 : $\frac{{}_5C_2}{{}_9C_2}=\frac{5\times4}{9\times8}=\frac{20}{72}$

• 둘 다 검은색 공을 꺼낼 확률 : $\frac{{}_4C_2}{{}_9C_2}=\frac{4\times3}{9\times8}=\frac{12}{72}$

따라서 구하고자 하는 확률은 $\frac{20}{72}+\frac{12}{72}=\frac{32}{72}=\frac{4}{9}$이다.

대표기출유형 07 기출응용문제

01

정답 ③

자금 이체 서비스 이용 실적은 2022년 3/4분기에도 전 분기 대비 감소하였다.

오답분석

① 조회 서비스 이용 실적은 817천 건 → 849천 건 → 886천 건 → 1,081천 건 → 1,100천 건으로 매 분기 계속 증가하였다.
② 2022년 2/4분기 조회 서비스 이용 실적은 849천 건이고, 전 분기의 이용 실적은 817천 건이므로 849−817=32천 건, 즉 3만 2천 건 증가하였다.
④ 모바일 뱅킹 서비스 이용 실적의 전 분기 대비 증가율이 가장 높은 분기는 21.8%인 2022년 4/4분기이다.
⑤ 2023년 1/4분기의 조회 서비스 이용 실적은 자금 이체 서비스 이용 실적의 $\frac{1,100}{25}$=44배로, 40배 이상이다.

02

정답 ⑤

2023년도 남성 공무원 비율은 70.3%, 여성 공무원 비율은 29.7%로 차이는 70.3−29.7=40.6%p, 즉 40%p 이상이다.

오답분석

① 제시된 자료에 따라 2018년 이후 여성 공무원 수는 매년 증가하고 있다.
② 2021년 전체 공무원 수는 2,755백 명으로, 2020년 전체 공무원 수 2,750백 명에서 증가하였다.
③ 2022년 남성 공무원 수는 2,780−820=1,960백 명이다.
④ 2023년 여성 공무원 비율은 2018년보다 29.7−26.5=3.2%p 증가하였다.

03

정답 ①

ㄱ. 해외연수 경험이 있는 지원자의 합격률은 $\frac{95}{95+400+5}\times100=\frac{95}{500}\times100=19\%$로, 해외연수 경험이 없는 지원자의 합격률인 $\frac{25+15}{25+80+15+130}\times100=\frac{40}{250}\times100=16\%$보다 높다.

ㄴ. 인턴 경험이 있는 지원자의 합격률은 $\frac{95+25}{95+400+25+80}\times100=\frac{120}{600}\times100=20\%$로, 인턴 경험이 없는 지원자의 합격률인 $\frac{15}{5+15+130}\times100=\frac{15}{150}\times100=10\%$보다 높다.

오답분석

ㄷ. 인턴 경험과 해외연수 경험이 모두 있는 지원자 합격률(19.2%)은 인턴 경험만 있는 지원자 합격률(23.8%)보다 낮다.
ㄹ. 인턴 경험과 해외연수 경험이 모두 없는 지원자와 인턴 경험만 있는 지원자 간 합격률 차이는 23.8−10.3=13.5%p이다.

대표기출유형 08 기출응용문제

01

정답 ③

가중평균은 원값에 해당되는 가중치를 곱한 총합을 가중치의 합으로 나눈 것을 말한다.
A의 가격을 a만 원이라고 가정하여 가중평균에 대한 방정식을 구하면 다음과 같다.

$$\frac{(a\times30)+(70\times20)+(60\times30)+(65\times20)}{30+20+30+20}=66$$

$$\rightarrow \frac{30a+4,500}{100}=66 \rightarrow 30a=6,600-4,500 \rightarrow a=\frac{2,100}{30}$$

$\therefore a=70$

따라서 A의 가격은 70만 원이다.

02

정답 ③

ㄱ. 임차인 A의 전·월세 전환율이 6%일 때 전세금을 x만 원이라고 하면,

$$6=\frac{50\times12}{x-25,000}\times100 \rightarrow x-25,000=10,000$$

$\therefore x=35,000$

따라서 전세금은 3억 5천만 원이다.

ㄹ. 임차인 E의 전·월세 전환율이 12%일 때 월세를 x만 원이라고 하면,

$$12=\frac{x\times12}{58,000-53,000}\times100 \rightarrow x\times1,200=12\times5,000$$

$\therefore x=50$

따라서 월세는 50만 원이다.

오답분석

ㄴ. 임차인 B의 전·월세 전환율은 $\frac{60\times12}{42,000-30,000}\times100=6\%$이다.

ㄷ. 임차인 C의 전·월세 전환율이 3%일 때 월세보증금을 x만 원이라고 하면,

$$3=\frac{70\times12}{60,000-x}\times100 \rightarrow 60,000-x=28,000$$

$\therefore x=32,000$

따라서 월세보증금은 3억 2천만 원이다.

03

정답 ⑤

영업팀별 연간 매출액을 구하면 다음과 같다.

- A팀 : 50×0.1+100×0.1+100×0.3+200×0.15=75억 원
- B팀 : 50×0.2+100×0.2+100×0.2+200×0.4=130억 원
- C팀 : 50×0.3+100×0.2+100×0.25+200×0.15=90억 원
- D팀 : 50×0.4+100×0.5+100×0.25+200×0.3=155억 원

따라서 연간 매출액이 많은 순서로 팀을 나열하면 D－B－C－A이고, 이때 1위인 영업 D팀의 연간 매출액은 155억 원이다.

대표기출유형 09 기출응용문제

01

정답 ⑤

자료에 따르면 2022년 3/4분기의 저축은행 총자산순이익률이 −0.9%인 반면, 그래프에서는 0%로 나타나 있다.

02

정답 ①

오답분석

② 10세 남녀 표준 체중 수치가 자료보다 높다.
③ 4, 5세 남자 표준 키 수치가 자료보다 낮다.
④ 12, 13세 여자 표준 키 및 체중 수치가 자료보다 높다.
⑤ 11 ~ 13세의 바로 전 연령 대비 남자 표준 키의 차가 자료보다 낮다.

대표기출유형 10 기출응용문제

01

정답 ⑤

3월의 개체 수는 1월과 2월의 개체 수를 합한 것과 같고, 4월의 개체 수는 2월과 3월을 합한 것과 같다. 즉, 물고기의 개체 수는 피보나치수열로 증가하고 있다.

n을 월이라고 하고 A물고기의 개체 수를 a_n이라고 하면,

$a_1=1$, $a_2=1$, $a_n=a_{n-1}+a_{n-2}(n\geq 3)$

구분	1월	2월	3월	4월	5월	6월	7월	8월	9월	10월	11월	12월
개체 수	1	1	2	3	5	8	13	21	34	55	89	144

따라서 12월의 A물고기 수는 144마리이다.

02

정답 ③

바로 앞 항에서 4를 뺀 후 3을 곱한 수가 다음 항이다.

$a_1=9$

$a_2=(9-4)\times 3=15$

$a_3=(15-4)\times 3=33$

$a_4=(33-4)\times 3=87$

$a_5=(87-4)\times 3=249$

$a_6=(249-4)\times 3=735$

$a_7=(735-4)\times 3=2,193$

$a_8=(2,193-4)\times 3=6,567$

따라서 8시간 후 용기 안 세균의 수는 6,567마리이다.

03

정답 ③

1. 규칙 파악

• 청개구리 개체 수

5　6　8　12　20

×2−4　×2−4　×2−4　×2−4

∴ 청개구리의 개체 수는 증가하고 있으며, (바로 앞 항)×2−4의 규칙을 가진 수열이다.

• 황소개구리 개체 수

50　47　44　41　38

−3　−3　−3　−3

∴ 황소개구리의 개체 수는 감소하고 있으며, 첫째 항은 50이고 공차가 −3인 등차수열이다.

2. 계산

• 청개구리 개체 수

2022년	2023년	2024년	2025년	2026년
20	36	68	132	260

×2−4　×2−4　×2−4　×2−4

• 황소개구리 개체 수

2022년	2023년	2024년	2025년	2026년
38	35	32	29	26

−3　−3　−3　−3

04

정답 ②

재배하는 사과의 개수는 매월 5개, 10개, 15개, …씩 증가하고 있다.

따라서 2024년 4월에 재배하는 사과의 개수는 50+5+10+15+20+25+30=155개이다.

CHAPTER

02 추리

대표기출유형 01 기출응용문제

01

정답 ②

'하루에 두 끼를 먹는 어떤 사람도 뚱뚱하지 않다.'를 다르게 표현하면 '하루에 두 끼를 먹는 사람은 뚱뚱하지 않다.'이다. 따라서 두 번째 명제와 연결하면 '아침을 먹는 모든 사람은 하루에 두 끼를 먹고, 하루에 두 끼를 먹는 사람은 뚱뚱하지 않다.'가 되므로, 이를 정리하면 ②가 된다.

02

정답 ⑤

'회계팀 팀원'을 p, '회계 관련 자격증을 가지고 있다.'를 q, '돈 계산이 빠르다.'를 r이라고 하면, 첫 번째 명제는 $p \rightarrow q$이며, 마지막 명제는 $\sim r \rightarrow \sim p$이다. 이때, 마지막 명제의 대우는 $p \rightarrow r$이므로 마지막 명제가 참이 되기 위해서는 $q \rightarrow r$이 필요하다. 따라서 빈칸에 들어갈 명제는 $q \rightarrow r$의 대우에 해당하는 ⑤이다.

03

정답 ⑤

'축산산업이 발전'을 a, '소득이 늘어남'을 b, '해외수입이 줄어듦'을 c라고 하면, 첫 번째 명제는 $a \rightarrow b$이고, 두 번째 명제는 $c \rightarrow a$이다.

따라서 빈칸에 들어갈 명제는 $c \rightarrow a \rightarrow b$의 관계가 되는 $b \rightarrow c$인 ⑤이다.

대표기출유형 02 기출응용문제

01

정답 ③

'과일'을 A, '맛이 있다.'를 B, '가격이 비싸다.'를 C라 하면 첫 번째 명제와 두 번째 명제는 다음과 같은 벤 다이어그램으로 나타낼 수 있다.

1) 첫 번째 명제

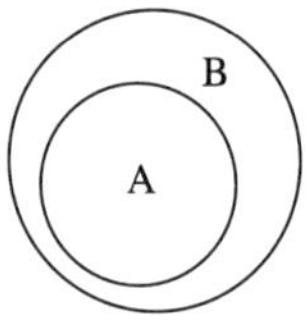

2) 두 번째 명제

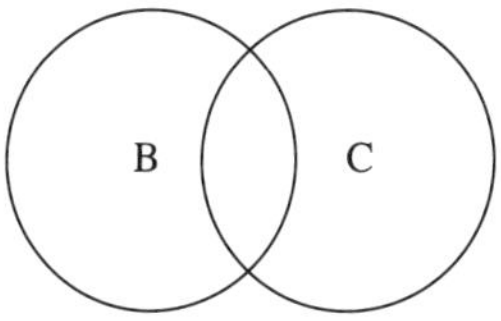

이를 정리하면 다음과 같은 두 가지 경우의 벤 다이어그램이 성립한다.

1) 경우 1

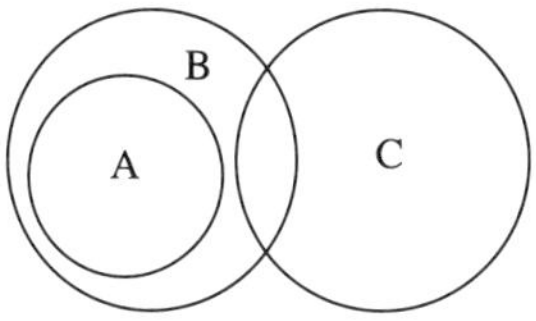

2) 경우 2

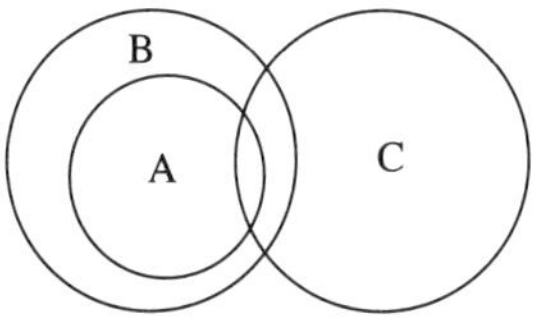

02

정답 ⑤

'경위'를 A, '파출소장'을 B, '30대'를 C라고 하면, 첫 번째 명제와 마지막 명제는 다음과 같은 벤 다이어그램으로 나타낼 수 있다.

1) 첫 번째 명제

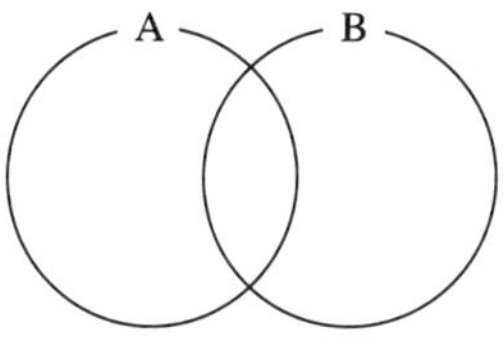

2) 마지막 명제

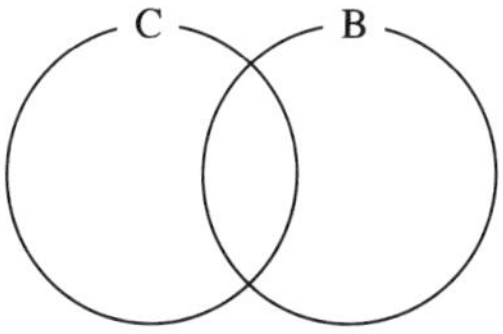

마지막 명제가 참이 되기 위해서는 B와 공통되는 부분의 A와 C가 연결되어야 하므로 A를 C에 모두 포함시켜야 한다. 즉, 다음과 같은 벤 다이어그램이 성립할 때 마지막 명제가 참이 될 수 있으므로 빈칸에 들어갈 명제는 '모든 경위는 30대이다.'의 ⑤이다.

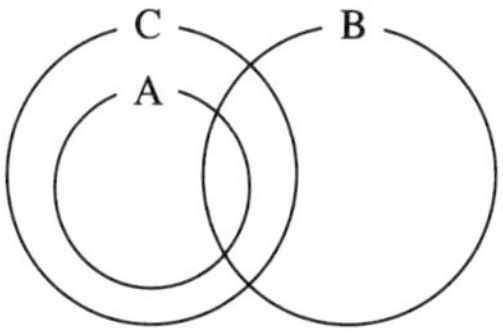

오답분석

①·② 다음과 같은 경우 성립하지 않는다.

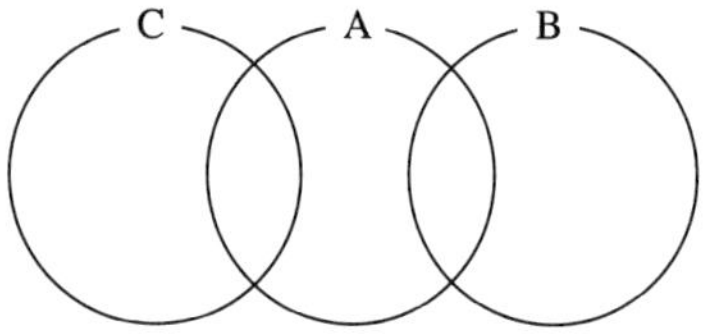

③ 다음과 같은 경우 성립하지 않는다.

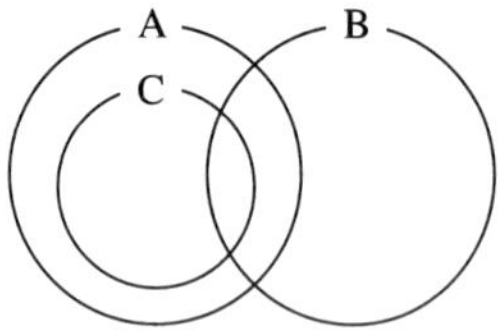

03

정답 ④

'인형을 좋아하는 아이'를 '인', '동물을 좋아하는 아이.'를 '동', '친구를 좋아하는 아이'를 '친'이라고 하면, 첫 번째 명제와 마지막 명제는 다음과 같은 벤 다이어그램으로 나타낼 수 있다.

1) 첫 번째 명제

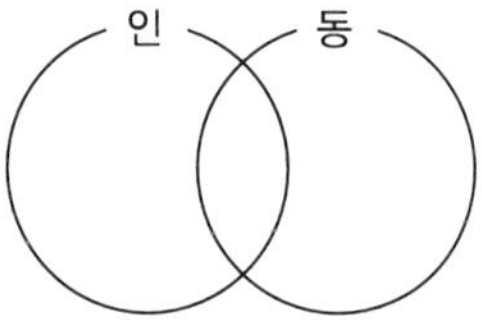

2) 마지막 명제

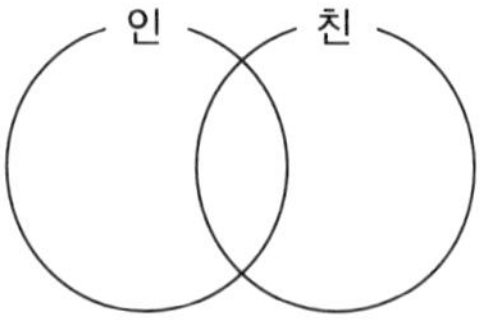

마지막 명제가 참이 되기 위해서는 '인'과 공통되는 부분의 '동'이 '친'과 반드시 연결되어야 하므로 '동'을 '친'에 모두 포함시켜야 한다. 즉, 다음과 같은 경우의 벤 다이어그램이 성립할 때 마지막 명제가 참이 될 수 있다.

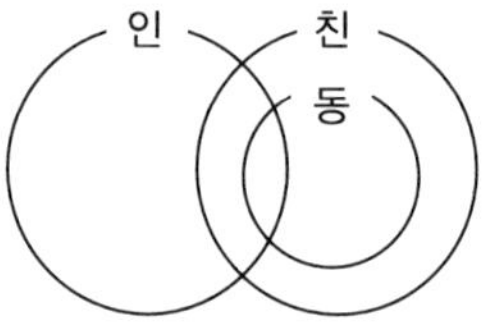

따라서 빈칸에 들어갈 명제는 '동물을 좋아하는 아이는 친구를 좋아한다.'의 ④이다.

오답분석

①·③ 다음과 같은 경우 성립하지 않는다.

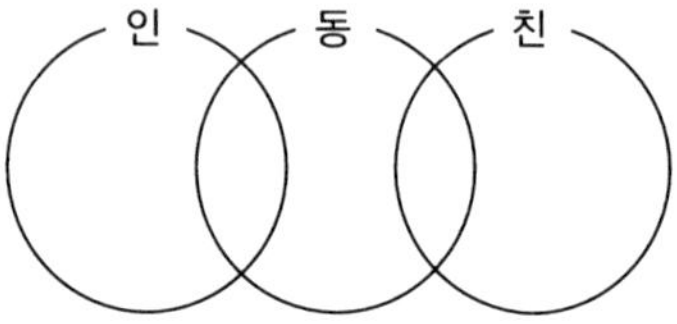

②·⑤ 다음과 같은 경우 성립하지 않는다.

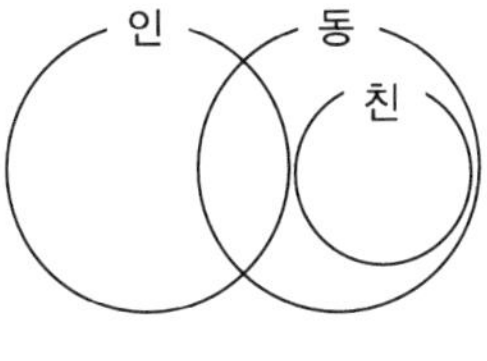

대표기출유형 03 기출응용문제

01

정답 ②

A는 B와 C를 범인으로 지목하고, D는 C를 범인으로 지목하고 있다. A의 진술은 진실인데 D는 거짓일 수 없으므로 A와 D의 진술이 모두 진실인 경우와, A의 진술이 거짓이고 D의 진술은 참인 경우, 그리고 A와 D의 진술이 모두 거짓인 경우로 나누어 볼 수 있다.

i) A와 D의 진술이 모두 진실인 경우 : B와 C가 범인이므로 B와 C가 거짓을 말해야 하며, A, D, E는 반드시 진실을 말해야 한다. 그런데 E가 거짓을 말하고 있으므로 2명만 거짓을 말해야 한다는 조건에 위배된다.

ii) A의 진술은 거짓, D의 진술은 진실인 경우 : B는 범인이 아니고 C만 범인이므로 B는 진실을 말하고, B가 범인이 아니라고 한 E도 진실을 말한다. 따라서 A와 C가 범인이다.

iii) A와 D의 진술이 모두 거짓일 경우 : 범인은 A와 D이고, B, C, E는 모두 진실이 된다.

따라서 A와 C 또는 A와 D가 동시에 범인이 될 수 있다.

02

정답 ①

진실게임 문제의 경우 가정할 범위를 가능한 좁혀야 한다. 조건에 따라 A～D의 주장은 각각 1명씩을 범인으로 지목하기 때문에 이중 한 명을 진실 혹은 거짓으로 가정한다고 하더라도, 다른 주장과 모순되는 경우가 발생한다. 반면, E의 주장은 2명이 범인이 아니라고 주장하므로, E의 주장을 참으로 가정하면 A, B의 주장과 일치하므로 C와 D가 범인임을 알 수 있다.

03

정답 ③

C업체가 참일 경우 나머지 미국과 서부지역 설비를 다른 업체가 맡아야 한다. 이때, 두 번째 정보에서 B업체의 설비 구축지역은 거짓이 되고, 첫 번째 정보와 같이 A업체가 맡게 되면 4개의 설비를 구축해야 하므로 A업체의 설비 구축계획은 참이 된다. 따라서 '장대리'의 말은 참이 됨을 알 수 있다.

오답분석

- 이사원 : A업체가 참일 경우에 A업체가 설비 3개만 맡는다고 하면, B업체 또는 C업체가 5개의 설비를 맡아야 하므로 나머지 정보는 거짓이 된다. 하지만 A업체가 B업체와 같은 곳의 설비 4개를 맡는다고 할 때, B업체는 참이 될 수 있으므로 옳지 않다.
- 김주임 : B업체가 거짓일 경우에 만약 6개의 설비를 맡는다고 하면, A업체는 나머지 2개를 맡게 되므로 거짓이 된다. 또한 B업체가 참일 경우 똑같은 곳의 설비 하나씩 4개를 A업체가 구축해야 하므로 참이 된다.

01

정답 ②

첫 번째 조건과 두 번째 조건에 따라 물리학과 학생은 흰색만 좋아하는 것을 알 수 있으며, 세 번째 조건과 네 번째 조건에 따라 지리학과 학생은 흰색과 빨간색만 좋아하는 것을 알 수 있다. 전공별로 좋아하는 색을 정리하면 다음과 같다.

경제학과	물리학과	통계학과	지리학과
검은색, 빨간색	흰색	빨간색	흰색, 빨간색

이때 검은색을 좋아하는 학과는 경제학과뿐이므로 C가 경제학과임을 알 수 있으며, 빨간색을 좋아하지 않는 학과는 물리학과뿐이므로 B가 물리학과임을 알 수 있다. 따라서 항상 참이 되는 것은 ②이다.

02

정답 ①

6명이 앉은 테이블은 빈자리가 없고, 4명이 앉은 테이블에만 빈자리가 있으므로 첫 번째, 세 번째 조건에 따라 A, I, F는 4명이 앉은 테이블에 앉아 있음을 알 수 있다. 4명이 앉은 테이블에서 남은 자리는 1개뿐이므로, 두 번째, 다섯 번째, 여섯 번째 조건에 따라 C, D, G, H, J는 6명이 앉은 테이블에 앉아야 한다. 마주보고 앉는 H와 J를 6명이 앉은 테이블에 먼저 배치하면 G는 H의 왼쪽 또는 오른쪽 자리에 앉고, 따라서 C와 D는 J를 사이에 두고 앉아야 한다. 이때 네 번째 조건에 따라 어떤 경우에도 E는 6명이 앉은 테이블에 앉을 수 없으므로, 4명이 앉은 테이블에 앉아야 한다. 따라서 4명이 앉은 테이블에는 A, E, F, I가, 6명이 앉은 테이블에는 B, C, D, G, H, J가 앉는다. 이를 정리하면 다음과 같다.

i) 4명이 앉은 테이블 : A와 I 사이에 빈자리가 하나 있고, F는 양 옆 중 오른쪽 자리만 비어 있다.
따라서 다음과 같이 4가지 경우의 수가 발생한다.

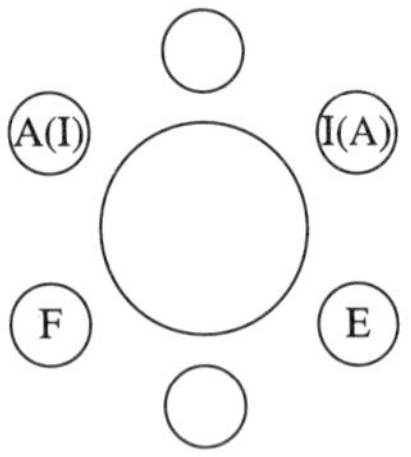

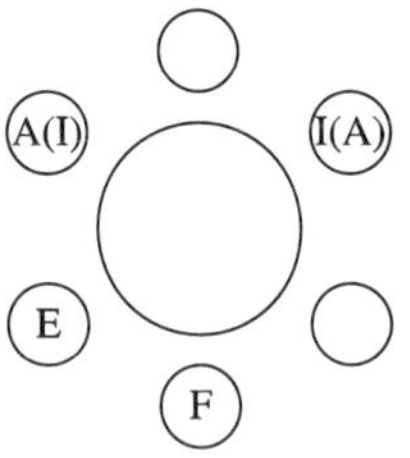

ii) 6명이 앉은 테이블 : H와 J가 마주본 상태에서 G가 H의 왼쪽 또는 오른쪽 자리에 앉고, C와 D는 J를 사이에 두고 앉는다.
따라서 다음과 같이 4가지 경우의 수가 발생한다.

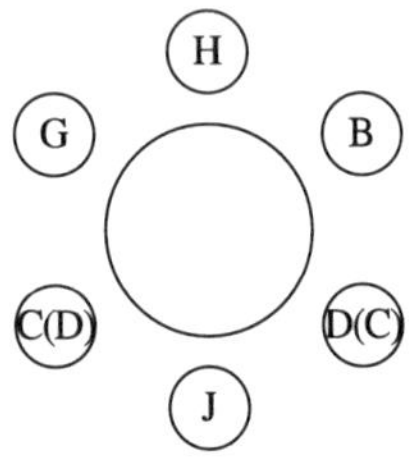

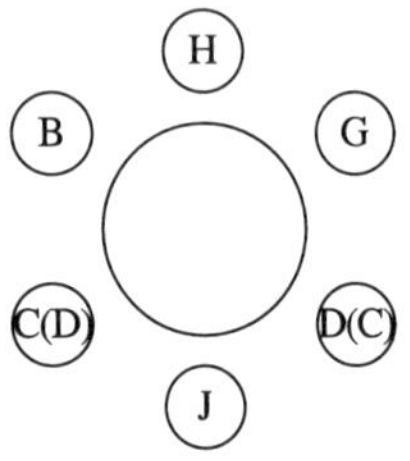

어떤 경우에도 A와 B는 다른 테이블이므로, ①은 항상 거짓이다.

03

정답 ④

제시된 조건을 식으로 표현하면 다음과 같다.

- 첫 번째 조건의 대우 : A → C
- 네 번째 조건의 대우 : C → ~E
- 두 번째 조건 : ~E → B
- 세 번째 조건의 대우 : B → D

위의 조건식을 정리하면 A → C → ~E → B → D이므로 주말 여행에 참가하는 사람은 A, B, C, D 4명이다.

04

정답 ③

- 경우 1) 연구개발팀이 이어달리기에 참가하지 않았을 경우

  연구개발팀과 디자인팀은 같은 종목에 참가하지 않으므로 만약 연구개발팀이 이어달리기에 참가하지 않았다면 디자인팀이 족구에 참가하므로 연구개발팀은 족구에 참가하지 않고 남은 두 종목에 반드시 참가해야 한다. 이때, 총무팀이 모든 종목에 참가하더라도 고객지원팀과 법무팀은 항상 동시에 참가하므로 총무팀이 참가한 종목이 4팀인 종목은 존재할 수 없다.

구분	홍보팀	총무팀	연구개발팀	고객지원팀	법무팀	디자인팀
이어달리기	○	○	×	○	○	○
족구	○	–	×	–	–	○
X	○	–	○	–	–	×
Y	○	–	○	–	–	×

- 경우 2) 연구개발팀이 이어달리기에 참가한 경우

  연구개발팀이 이어달리기에 참가하면 디자인팀이 족구팀에 참가하므로 족구에 참가하지 않고 남은 두 종목 중 한 종목에 참가한다. 남은 한 종목은 반드시 참가하지 않으며 이때, 연구개발팀이 참가하지 않은 종목에서 디자인팀이 참가하지 않고 고객지원팀과 법무팀이 참가하면 총무팀이 참가하는 종목 중 참가하는 팀이 4팀인 종목이 나올 수 있다.

구분	홍보팀	총무팀	연구개발팀	고객지원팀	법무팀	디자인팀
이어달리기	○	○	○	○	○	×
족구	○	–	×	–	–	○
X	○	–	○	–	–	×
Y	○	○	×	○	○	×

구분	홍보팀	총무팀	연구개발팀	고객지원팀	법무팀	디자인팀
이어달리기	○	○	○	○	○	×
족구	○	–	×	–	–	○
X	○	○	×	○	○	×
Y	○	–	○	–	–	×

따라서 참가하는 종목이 가장 적은 팀은 족구만 참가하는 디자인팀이다.

오답분석

① 족구와 남은 두 종목에서 총무팀과 법무팀이 동시에 참가하지 않는 종목이 있을 수 있다.
② 고객지원팀은 족구에 참가하지 않을 수 있다.
④ 법무팀은 모든 종목에 참가할 수 있다.
⑤ 주어진 조건을 모두 만족하는 경우는 2가지이며, 이 경우 모두 연구개발팀과 디자인팀이 동시에 참가하지 않는 경우이다.

대표기출유형 05 기출응용문제

01

정답 ③

제시된 단어는 전체와 부분의 관계이다.
'촉'은 '화살'을 구성하는 일부이고, '씨'는 '포도'를 구성하는 일부이다.

02

정답 ④

제시된 단어는 유의 관계로, '야물다'의 유의어는 '익다'이다.

03

정답 ⑤

'응분'은 '어떤 정도나 분수에 맞음'을 의미하며, '분수에 넘침'을 의미하는 '과분'과 반의 관계이다. '겸양하다'는 '겸손한 태도로 양보하거나 사양하다.'라는 의미로, '잘난 체하다'라는 의미의 '젠체하다'와 반의 관계이다.

대표기출유형 06 기출응용문제

01

정답 ①

규칙은 가로 방향으로 적용된다.
첫 번째 도형의 화살표가, 두 번째 도형의 동그라미를 만나면 180° 회전하고 네모를 만나면 시계 방향으로 90° 회전한다.

02

정답 ①

규칙은 세로 방향으로 적용된다.
첫 번째 도형을 상하 반전시키면 두 번째 도형이다.
두 번째 도형을 시계 반대 방향으로 90° 돌리면 세 번째 도형이다.

03

정답 ②

규칙은 세로 방향으로 적용된다.
첫 번째 도형을 x축 대칭시킨 도형이 두 번째 도형이다.
두 번째 도형을 y축 대칭시킨 도형이 세 번째 도형이다.

04

정답 ③

규칙은 세로 방향으로 적용된다.
첫 번째 도형의 좌우 도형 색을 각각 반전시키면 두 번째 도형이 된다.
두 번째 도형의 위쪽 가운데 도형과 오른쪽 도형 색을 각각 반전시키면 세 번째 도형이 된다.

대표기출유형 07 기출응용문제

01

정답 ①

♪ : 1234 → 1432
♬ : 각 자릿수 +2, −2, +2, −2
♩ : 1234 → 1434

ㅓㅕㅗㅛ → ㅗㅑㅜㅕ → ㅗㅕㅜㅕ
♬ ♩

02

정답 ①

rㄴㅠㅜ → rㅜㅠㄴ → tㅗㅣㅎ
♪ ♬

03

정답 ⑤

ㅣ—2ㅋ → ㅣㅋ2ㅋ → ㅣㅋ2ㅋ
♩ ♪

04

정답 ②

ㅁhㄷu → ㅅfㅁs → ㅅsㅁs → ㅈqㅅq
♬ ♩ ♬

PART 2

01

정답 ②

제시문은 E놀이공원이 음식물쓰레기로 인한 낭비의 심각성을 인식하여 환경부와 함께 음식문화 개선대책 협약을 맺었고, 이 협약으로 인해 대기업 중심의 국민적인 음식문화 개선 운동이 확산될 것이라는 내용의 글이다. 따라서 (나) 음식물쓰레기로 인한 낭비에 대한 심각성을 인식한 E놀이공원과 환경부 → (라) 음식문화 개선 대책 협약 체결 → (다) 협약에 따라 사업장별 특성에 맞는 음식물쓰레기 감량 활동 전개하는 E놀이공원 → (가) 협약을 계기로 대기업 중심의 범국민적 음식문화 개선 운동이 확산될 것을 기대하는 환경부 국장의 순서로 배열하는 것이 적절하다.

02

정답 ④

제시문은 유기농 식품의 생산이 증가하고 있지만, 몇몇 전문가들은 유기 농업을 부정적으로 보고 있다는 내용을 말하고 있다. 따라서 (다) 최근 유기농 식품 생산의 증가 → (가) 유기 농업을 부정적으로 보는 몇몇 전문가들의 시선 → (나) 전통 농가에 비해 수확량도 적고 벌레의 피해가 잦은 유기 농가 → (라) 유기 농업으로는 굶주리는 사람을 충분히 먹여 살릴 수 없음 순서로 연결되어야 한다.

03

정답 ⑤

제시문은 S병원 내과 교수팀이 난치성 결핵균에 대한 치료성적이 세계 최고 수준으로 인정받았으며, 이로 인해 많은 결핵 환자들에게 큰 희망을 주었다는 내용의 글이다. 따라서 (다) 난치성 결핵균에 대한 치료성적이 우리나라가 세계 최고 수준임 → (나) S병원 내과 교수팀이 난치성 결핵의 치료 성공률을 세계 최고 수준으로 높임 → (라) 현재 치료 성공률이 80%에 이름 → (가) 이는 난치성 결핵환자들에게 큰 희망이 될 것임 순서로 연결되어야 한다.

04

정답 ③

제시문은 지구 온난화의 위협을 비교적 덜 받는 것으로 여겨졌던 동남극의 덴먼 빙하가 지구 온난화의 위협을 받고 있다는 연구 결과를 이야기한다. 따라서 (나) 비교적 지구 온난화의 위협을 덜 받는 것으로 생각되어 온 동남극 → (다) 동남극 덴먼 빙하에 대한 조사를 통해 드러난 지구 온난화 위협의 증거 → (가) 한 연구팀의 덴먼 빙하 누적 얼음 손실량 조사와 지반선 측정 → (마) 비대칭성을 보이는 빙상의 육지 – 바다 접점 지반선 후퇴 → (라) 빙하의 동쪽 측면과 서쪽 측면의 다른 역할에 따른 결과의 순서로 연결되어야 한다.

대표기출유형 09 기출응용문제

01

정답 ⑤

도구일 뿐인 기계가 인간을 판단하는 것은 정당하지 않으며, 인공지능은 인간이 만든 도구일 뿐이고, 이런 도구가 인간을 평가하면 주체와 객체가 뒤바뀌는 상황이 발생한다.

오답분석

① 인공 지능과 인간의 차이점을 통해 논지를 주장하고 있다.
② 인공 지능은 빅데이터를 바탕으로 결과를 도출해 내는 기계에 불과하므로, 통계적 분석을 할 뿐 타당한 판단을 할 수 없다.
③ 인간은 사회에서 의사소통을 통해 관계를 형성한다.
④ 미래에 인공 지능이 인간을 대체할 것인지에 대해서는 글에서 알 수 없다.

PART 2

02

정답 ⑤

KCNK13채널이 도파민을 촉진하는 활동을 차단할 수 있다면 폭음을 막을 수 있다고 하였으나 약을 개발하였는지는 글을 통해 추론할 수 없다.

오답분석

① 뇌는 알코올이 흡수되면 도파민을 분출하고, 도파민은 보상을 담당하는 화학 물질로 뇌에 보상을 받고 있다는 신호를 보내 음주 행위를 계속하도록 만든다.
② 실험 결과 KCNK13채널을 15% 축소한 쥐가 보통의 쥐보다 30%나 더 많은 양의 알코올을 폭음하였다.
③ 이전에는 도파민이 어떤 경로를 거쳐 VTA에 도달하는지 알 수 없었으나, 일리노이대 후성유전학 알코올 연구센터에서 이를 밝혀냈다.
④ VTA에 도파민이 도달하면 신경세포 활동이 급격히 증가하면서 활발해지고 이는 보상을 얻기 위해 알코올 섭취를 계속하게 만들 수 있다.

03

정답 ⑤

회복적 사법이 기존의 관점을 완전히 대체할 수 있는 것은 아니며, 우리나라는 현재 형사 사법을 보완하는 차원 정도로 적용하고 있다.

오답분석

① 응보형론은 범죄를 상쇄할 해악의 부과를 형벌의 본질로 보는 이론이다.
② 응보형론은 지속적인 범죄 증가 현상을 재사회화론은 재범률을 줄이지 못한다는 비판을 받는다.
③ 기존의 관점인 응보형론과 재사회화론 모두 범죄를 국가에 대한 거역이고 위법 행위로 본다.
④ 기존의 관점이 가해자의 행동 교정에 초점을 맞췄다면 회복적 사법은 피해자와 피해자의 회복 등에 초점을 두고 있다.

04

정답 ⑤

(마) 문단은 ASMR 콘텐츠들이 공감각적인 콘텐츠로 대체될 것이라는 내용을 담고 있으므로 옳은 설명이다.

오답분석

① 자주 접하는 사람들에 대한 내용을 찾을 수 없다.
② 트리거로 작용하는 소리는 사람에 따라 다를 수 있다.
③ 청각적 혹은 인지적 자극에 반응한 뇌가 신체 뒷부분에 분포하는 자율 신경계에 신경 전달 물질을 촉진하며 심리적 안정감을 느끼게 된다.
④ 연예인이 일반인보다 ASMR을 많이 하는지는 제시문에서 알 수 없다.

대표기출유형 10 기출응용문제

01

정답 ②

어떤 글에 대한 논리적인 반박은 그 글의 중심 주장이 성립할 수 없다는 것을 증명하는 것이므로 글의 주장이 성립할 수 없다는 근거를 제시해야 한다. 제시문의 중심 주장은 '아마란스를 쌀 대신 대량으로 재배해야 한다.'이다. 따라서 아마란스를 쌀 대신 대량으로 재배할 수 없다는 근거가 되는 ②가 가장 논리적인 반박이라고 할 수 있다.

오답분석

① 마지막 문단에서 '백미 대신 동일한 양의 아마란스를 섭취하는 것은 ~ 체중 조절에 훨씬 유리하다.'라고 하였으므로, 아마란스를 과량으로 섭취했을 때 체중이 증가한다는 것은 논리적인 반박으로 볼 수 없다.
③·④·⑤ 제시문의 주장이 성립할 수 없다는 근거를 제시하지 않았으므로 논리적인 반박으로 볼 수 없다.

02

정답 ④

대중문화가 대중을 사회 문제로부터 도피하게 하거나 사회 질서에 순응하게 하는 역기능을 수행하여 혁명을 불가능하게 만든다는 내용이다. 따라서 이 주장에 대한 반박은 대중문화가 순기능을 한다는 태도여야 한다. 그런데 ④는 현대 대중문화의 질적 수준에 대한 평가에 관한 내용이므로 연관성이 없다.

03

정답 ⑤

벤담은 걸인의 자유를 고려하지 않은 채 대다수의 사람을 위해 그들을 모두 강제 수용소에서 생활하도록 해야 한다고 주장하고 있다. 따라서 개인의 자유를 중시한 롤스는 벤담의 주장에 대해 개인의 자유를 침해하는 것은 정의롭지 않다고 비판할 수 있다.

오답분석

① 벤담은 최대 다수의 최대 행복을 정의로운 것으로 보았으므로 벤담의 입장과 동일하다.
②·③ 벤담은 개인의 이익보다 최대 다수의 이익을 정의로운 것으로 보았으므로 벤담의 입장과 동일하다.
④ 롤스는 개인이 정당하게 얻은 소유일지라도 그 이익의 일부는 사회적 약자에게 돌아가야 한다고 주장하였으므로 사회적 재화의 불균등한 분배를 정의롭다고 인정할 수 있다.

04

정답 ①

뉴턴은 시간은 공간과 무관한 독립적이고 절대적이며 모든 우주에서 동일한 빠르기로 흐른다고 보았다. 그러나 아인슈타인은 이러한 뉴턴의 시간관을 근본적으로 거부하고, 시간과 공간은 서로 긴밀하게 연관되어 함께 변하는 상대적인 양이라고 보았다. 따라서 아인슈타인의 입장에서는 시간은 상대적으로 흐르므로 시간을 절대적이라고 보는 뉴턴의 생각을 비판할 수 있다.

오답분석

② 상대 시간 개념이 물체의 운동을 설명할 수 없다는 내용은 본문에서 설명한 아인슈타인의 생각과 같지 않다.
③ 아인슈타인은 시간을 인위적 개념으로 여기지 않았다.
④ 아인슈타인은 시간과 공간을 별개의 물리량이 아니라 서로 긴밀하게 연관되어 함께 변한다고 보았다. 즉, 독립적으로 고려할 수 없다고 본 것이다.
⑤ 마지막 문단을 통해 아인슈타인이 시간의 팽창에 대해서 언급한 것을 알 수 있다. 그러나 시간이 반대로 흐르는 역행 가능성에 대한 언급은 없다.

대표기출유형 11 기출응용문제

01

정답 ①

제시된 논증의 결론은 '커피(카페인) 섭취 → 수면장애'이다. 그렇기 때문에 김사원의 의견대로 수면장애로 내원한 사람들 중에 커피를 마시지 않는 사람이 있다는 사실은 제시된 논증의 결론과 상반된 사례이기 때문에 이 논증의 결론은 약화된다.

오답분석

- 이대리 : 무(無)카페인과 관련된 근거는 논증에 아무런 영향을 미치지 않는다.
- 안사원 : 발작 현상이 공포감과 무관하다는 사실은 카페인으로 인해 발작이 나타날 수 있다는 논증의 결론에 아무런 영향을 미치지 않는다.

02

정답 ④

보기에 나타난 C형 간염 바이러스는 사람에 따라 증세가 나타나거나 나타나지 않기도 하고, 나중에 나타나기도 하므로 만성감염의 상태에 해당하는 것을 알 수 있다. 따라서 C형 간염 바이러스에 감염된 사람은 감염성 바이러스가 숙주로부터 계속 배출되어 증세와 상관없이 항상 다른 사람에게 옮길 수 있다.

오답분석

① 만성감염은 감염성 바이러스가 항상 검출되는 감염 상태이므로 옳지 않다.
② 증상이 사라졌다가 특정 조건에서 다시 바이러스가 재활성화되는 것은 잠복감염에 대한 설명이므로 옳지 않다.
③ 반드시 특정 질병을 유발한다는 것은 지연감염에 대한 설명이므로 옳지 않다.
⑤ 프로바이러스는 잠복감염 상태의 바이러스를 의미하므로 옳지 않다.

03

정답 ①

필자는 관상의 원리가 받아들일 만하다면, 얼굴이 검붉은 사람은 육체적 고생을 하지만, 실제로 주위에서 얼굴이 검붉지만 육체적 고생을 하지 않고 편하게 살아가는 사람을 얼마든지 볼 수 있다고 말한다. 즉, 필자는 '관상의 원리는 받아들일 만한 것이 아니다.'라고 주장함을 추론할 수 있다.

오답분석

ㄴ・ㄷ. 관상의 원리가 받아들일 만하다고 생각하는 사람에게는 옳지 않은 이야기다.

04

정답 ⑤

보기의 내용은 『악학궤범』의 서문으로, 책을 통해 음악의 이론 및 제도, 법식과 같이 음악을 시행하는 법을 보존하려 했음을 알 수 있다. 따라서 이와 관련된 ⑤가 올바른 추론에 해당한다.

우리가 해야 할 일은 끊임없이 호기심을 갖고

새로운 생각을 시험해 보고 새로운 인상을 받는 것이다.

– 월터 페이터 –

PART 3

최종점검 모의고사

제1회
최종점검 모의고사

01 수리

01	02	03	04	05	06	07	08	09	10	11	12	13	14	15	16	17	18	19	20
③	④	③	④	①	⑤	④	⑤	④	③	②	③	④	⑤	②	①	④	⑤	③	③

01

정답 ③

S기업의 작년 전체 직원 수는 $284-4=280$명이다.

작년 남자 직원 수를 x명이라고 하면, 작년 여자 직원 수는 $(280-x)$명이다.

$-0.05x+0.1(280-x)=4$

$\rightarrow -5x+10(280-x)=400$

$\rightarrow 15x=2,400$

$\therefore x=160$

따라서 올해 남자 직원 수는 $160\times(1-0.05)=152$명이다.

02

정답 ④

(적어도 1개는 흰색 공을 꺼낼 확률)=1−(2개 모두 빨간색 공을 꺼낼 확률)

• 전체 공의 개수 : $4+6=10$

• 2개 모두 빨간색 공을 꺼낼 확률 : $\frac{{}_4C_2}{{}_{10}C_2}=\frac{4\times3}{10\times9}=\frac{2}{15}$

따라서 적어도 1개는 흰색 공을 꺼낼 확률은 $1-\frac{2}{15}=\frac{13}{15}$이다.

03

정답 ③

일반 스팸 문자는 2022년 하반기 11통에서 2023년 상반기에 5통으로 감소하였다.

오답분석

① 제시된 자료에 따르면 2023년부터 성인 관련 스팸 문자 수신이 시작되었다.

② 2023년 상반기에는 6통, 2023년 하반기에는 10통으로 대출 관련 스팸 문자가 가장 높은 비중을 차지하였다.

④ 해당 기간 동안 대출 관련 스팸 문자 수신 수가 가장 큰 폭(5통)으로 증가하였다.

⑤ 전년 동기 대비 2023년 하반기의 1인당 스팸 문자 전체의 수신 수 증가율은 $\frac{20-16}{16}\times100=25\%$이므로 옳은 설명이다.

04

정답 ④

지역별로 최저 근로시간과 최고 근로시간의 차이(최고 근로시간－최저 근로시간)를 구하면 다음과 같다.

- 서울 : 10.8－7.2=3.6
- 경기 : 10.1－6.5=3.6
- 인천 : 10.5－5.4=5.1
- 대전 : 9.5－4.5=5
- 대구 : 9.6－6.8=2.8
- 부산 : 9.8－5.7=4.1
- 울산 : 8.9－4.9=4
- 광주 : 10.2－5.6=4.6

따라서 최저 근로시간과 최고 근로시간의 차이가 가장 큰 지역은 5.1시간으로 인천이다.

오답분석

① 광주의 경우 최고 근로시간이 10.2시간으로 경기의 최고 근로시간인 10.1시간보다 많다.

② 최저 근로시간이 가장 적은 지역은 4.5시간으로 대전이지만, 최고 근로시간이 가장 적은 지역은 8.9시간으로 울산이다.

③ 평균 근로시간이 가장 많은 지역은 경기로 8.8시간이고, 평균 근로시간이 가장 적은 지역은 대전으로 7.5시간이다. 따라서 두 지역의 차이는 8.8－7.5=1.3시간으로 1시간 반(1.5시간) 미만이다.

⑤ 수도권의 평균 근로시간과 최저 근로시간·최고 근로시간의 평균값을 비교하면 다음과 같다.

지역	평균 근로시간	최저 근로시간·최고 근로시간의 평균
서울	8.5시간	$\frac{7.2+10.8}{2}$=9시간
경기	8.8시간	$\frac{6.5+10.1}{2}$=8.3시간
인천	8.6시간	$\frac{5.4+10.5}{2}$=7.95시간

따라서 수도권 중 서울만 평균 근로시간이 최저 근로시간·최고 근로시간의 평균값보다 작다.

05

정답 ①

- 2018년과 2019년에 일본을 방문한 중국인 관광객 총수 : 83+45=128만 명
- 2018년과 2019년에 한국을 방문한 중국인 관광객 총수 : 101+131=232만 명

따라서 2018년과 2019년에 일본을 방문한 중국인 관광객 총수와 한국을 방문한 중국인 관광객 총수는 같지 않다.

오답분석

② 제시된 자료에 따르면 2018년부터 2022년까지 한국을 방문한 중국인 관광객 수는 101만 명 → 131만 명 → 203만 명 → 314만 명 → 477만 명으로 꾸준히 증가하였다.

③ 2019년부터 2022년까지 일본을 방문한 중국인 관광객 수는 전년 대비 '감소 - 증가 - 감소 - 증가'의 증감 추이를 보인다.

④ 한국을 방문한 일본인 관광객 수는 2020년에 342만 명으로 가장 많다.

⑤ 2021년부터 2023년까지 한국을 방문한 중국인 관광객 수는 314만 명, 477만 명, 471만 명으로 매년 300만 명 이상이다.

06

정답 ⑤

영업부서에 지급되는 S등급과 A등급의 상여금의 합은 (500×1)+(420×3)=1,760만 원이고, B등급과 C등급의 상여금의 합은 (300×4)+(200×2)=1,600만 원으로 S등급과 A등급의 상여금의 합은 B등급과 C등급의 상여금의 합보다 많다.

오답분석

①·③ 마케팅부서와 영업부서의 등급별 배정인원은 다음과 같다.

(단위 : 명)

구분	S등급	A등급	B등급	C등급
마케팅부서	2	6	8	4
영업부서	1	3	4	2

② A등급 1인당 상여금은 B등급 1인당 상여금보다 $\frac{420-300}{300}\times100=40\%$ 많다.

④ 마케팅부서 20명에게 지급되는 총 상여금은 (500×2)+(420×6)+(300×8)+(200×2)=6,320만 원이다.

07

정답 ④

2022년 대구에 거주하는 외국인 수는 $1,100\times0.12=132$만 명, 경상에 거주하는 외국인 수는 $880\times0.05=44$만 명이다.

따라서 대구에 거주하는 외국인 수는 경상에 거주하는 외국인 수의 $\frac{132}{44}=3$배이다.

오답분석

① 수도권을 제외한 대부분의 지역에서 2020년 대비 2021년 거주자 수는 감소하는 추세를 보였지만, 경상의 경우에는 2020년 820만 명에서 2021년 884만 명으로 증가하였다.

② 2021년 경기의 외국인 비율은 14.4%로, 2020년 14.6%에서 감소하였다.

③ 2020년부터 2022년까지 전체 거주자 수는 9,405만 명, 9,611만 명, 9,632만 명으로 증가하였고, 평균 외국인 비율도 8.1%, 8.9%, 9.8%로 증가하였다.

⑤ 2022년과 2020년의 외국인 비율이 가장 높은 곳과 가장 낮은 곳의 비율 차이는 다음과 같다.

- 2022년 : 제주(22.4%)−충청(0.7%)=21.7%p
- 2020년 : 제주(21.5%)−충청(1.2%)=20.3%p

따라서 2022년이 2020년보다 21.7−20.3=1.4%p 더 높다.

08

정답 ⑤

2018 ~ 2022년 동안 전체 이혼 건수는 계속적으로 증가했으며, 이와 같은 증감 추이를 보이는 지역은 경기 한 곳이다.

오답분석

① 2020년부터 2022년까지 인천의 총 이혼 건수는 35+32+37=104천 건, 서울의 총 이혼 건수는 34+33+35=102천 건으로 인천이 더 많다.

② 2018 ~ 2022년 동안 전체 이혼 건수가 가장 적은 해는 2018년이고, 2022년은 전체 이혼 건수가 가장 많은 해이다.

③ 연도별 수도권(서울, 인천, 경기)의 이혼 건수는 다음과 같다.

(단위 : 천 건)

구분	2018년	2019년	2020년	2021년	2022년
서울	26	29	34	33	35
인천	21	24	35	32	37
경기	18	21	22	28	33
합계	65	74	91	93	105

따라서 수도권의 이혼 건수가 가장 많은 해는 2022년이다.

④ 전체 이혼 건수 중 수도권의 이혼 건수가 차지하는 비중은 2018년에 $\frac{65}{130}\times100=50\%$, 2022년에 $\frac{105}{175}\times100=60\%$이다.

09

정답 ④

2023년 소포우편 분야의 2019년 대비 매출액 증가율은 $\frac{42-30}{30}\times100=40\%$이므로 옳지 않은 설명이다.

오답분석

① 매년 매출액이 가장 높은 분야는 일반통상 분야인 것을 확인할 수 있다.

② 일반통상 분야의 매출액은 2020년, 2021년, 2023년에, 특수통상 분야의 매출액은 2022년, 2023년에 감소했고, 소포우편 분야는 매년 매출액이 증가했다.

③ 2023년 1분기 매출액에서 특수통상 분야의 매출액이 차지하는 비중은 $\frac{12}{50}\times100=24\%$이므로 20% 이상이다.

⑤ 2022년에는 일반통상 분야의 매출액이 전체의 $\frac{104}{200}\times100=52\%$이므로 옳은 설명이다.

10

정답 ③

• 2021년 전년 대비 감소율 : $\frac{20-15}{20}\times100=25\%$

• 2022년 전년 대비 감소율 : $\frac{15-12}{15}\times100=20\%$

따라서 2021년과 2022년의 경제 분야 투자규모의 전년 대비 감소율의 차이는 5%p이다.

오답분석

① 2023년 총지출을 a억 원이라고 하면, $a\times0.05=16$억 원 → $a=\frac{16}{0.05}=320$, 총지출은 320억 원이므로 300억 원 이상이다.

② 2020년 경제 분야 투자규모의 전년 대비 증가율은 $\frac{20-16}{16}\times100=25\%$이다.

④ 2019 ~ 2023년 동안 경제 분야에 투자한 금액은 16+20+15+12+16=79억 원이다.

⑤ 2020 ~ 2023년 동안 경제 분야 투자규모의 전년 대비 증감 추이는 '증가 – 감소 – 감소 – 증가'이고, 총지출 대비 경제 분야 투자규모 비중의 경우 '증가 – 증가 – 감소 – 감소'이다.

PART 3

11

정답 ②

ㄱ. 주화 공급량이 주화 종류별로 각각 20십만 개씩 증가한다면, 이 지역의 평균 주화 공급량은 $\frac{1,000+20\times4}{4}=\frac{1,080}{4}=270$십만 개이다.

ㄷ. • 평균 주화 공급량 : $\frac{1,000}{4}=250$십만 개

• 주화 공급량 증가량 : $340\times0.1+215\times0.2+265\times0.2+180\times0.1=148$십만 개

• 증가한 평균 주화 공급량 : $\frac{1,000+148}{4}=287$십만 개

$250\times1.15>287$이므로, 증가율은 15% 미만이다.

오답분석

ㄴ. • 10원 주화의 공급기관당 공급량 : $\frac{340}{170}=2$십만 개

• 500원 주화의 공급기관당 공급량 : $\frac{180}{120}=1.5$십만 개

따라서 주화 종류별 공급기관당 공급량은 10원 주화가 500원 주화보다 많다.

ㄹ. 총 주화 공급액이 변하면 주화 종류별 공급량 비율도 당연히 변한다.

12

정답 ③

종합청렴도 식은 (종합청렴도)={(외부청렴도)×0.6+(내부청렴도)×0.3+(정책고객평가)×0.1}−(감점요인)이므로, 내부청렴도에 관한 공식을 만들어보면 다음과 같다.

(내부청렴도)={(종합청렴도)−(외부청렴도)×0.6−(정책고객평가)×0.1+(감점요인)}$\times\frac{10}{3}$

위 식에 각 연도별 수치를 대입하여 내부청렴도를 구하면 다음과 같다.

• 2020년 : $\{6.23-8.0\times0.6-6.9\times0.1+(0.7+0.7+0.2)\}\times\frac{10}{3}=2.34\times\frac{10}{3}=7.8$

• 2021년 : $\{6.21-8.0\times0.6-7.1\times0.1+(0.7+0.8+0.2)\}\times\frac{10}{3}=2.4\times\frac{10}{3}=8.0$

• 2022년 : $\{6.16-8.0\times0.6-7.2\times0.1+(0.7+0.8+0.2)\}\times\frac{10}{3}=2.34\times\frac{10}{3}=7.8$

• 2023년 : $\{6.8-8.1\times0.6-7.3\times0.1+(0.5+0.4+0.2)\}\times\frac{10}{3}=2.31\times\frac{10}{3}=7.7$

따라서 내부청렴도가 가장 높은 해는 2021년, 가장 낮은 해는 2023년이다.

13

정답 ④

2019년과 2021년의 전체 풍수해 규모에서 대설로 인한 풍수해 규모가 차지하는 비중을 구하면 다음과 같다.

- 2019년 : $\frac{477}{7,950}\times100=6\%$
- 2021년 : $\frac{119}{1,700}\times100=7\%$

따라서 전체 풍수해 규모에서 대설로 인한 풍수해 규모가 차지하는 비중은 2021년이 2019년보다 크다.

오답분석

① 2015년의 전년 대비 태풍으로 인한 풍수해와 전체 풍수해 규모의 증감 추이만 비교해도 바로 알 수 있다. 태풍으로 인한 풍수해 규모는 증가한 반면, 전체 풍수해 규모는 감소했으므로 옳지 않은 설명이다.

② 2015년, 2017년, 2018년에 풍수해 규모는 강풍이 가장 작았으므로 옳지 않은 설명이다.

③ 2023년 호우로 인한 풍수해 규모의 전년 대비 감소율은 $\frac{1,400-14}{1,400}\times100=99\%$로, 97% 이상이다.

⑤ 2014 ~ 2023년 동안 연도별로 발생한 전체 풍수해 규모에서 태풍으로 인한 풍수해 규모가 가장 큰 해는 2015년과 2020년이므로 옳지 않은 설명이다.

14

정답 ⑤

2012년 대비 2022년 고등학생의 사교육 중 수강 비율이 증가한 것은 입시, 미술, 연기, 요리 총 4가지이다.

오답분석

① 2012년과 2022년의 초등학생과 중학생의 입시 교육 비율 차는 다음과 같다.
- 초등학생 : $60-48=12\%p$
- 중학생 : $77-56=21\%p$

따라서 중학생은 초등학생의 $\frac{21}{12}=1.75$배이다.

② 유치원생의 2012년 대비 2022년의 어학원 수강 비율 증가율은 $\frac{9.6-6}{6}\times100=60\%$이다.

③ 2012년 대비 2022년 초등학생의 사교육 비율은 입시·어학원을 제외하고 모두 감소하였다.

④ 2012년과 2022년 운동 수강 비율을 학급 급별로 높은 순서로 나열하면 다음과 같다.
- 2012년 : 초등학생 65%, 유치원생 50%, 중학생 44%, 고등학생 28%
- 2022년 : 유치원생 58%, 초등학생 52%, 중학생 28%, 고등학생 16%

따라서 순서가 동일하지 않다.

15

정답 ②

남성의 60대 조사자 수는 210명, 50대 조사자 수는 280명이므로 60대 조사자 수는 50대 조사자 수의 $\frac{210}{280}\times100=75\%$이다.

오답분석

① 조사자 수가 가장 많은 연령대와 가장 적은 연령대를 순서대로 나열하면 남성은 30대와 10대, 여성은 30대와 60대이다. 따라서 조사자 수가 가장 많은 연령대는 동일하지만, 가장 적은 연령대는 동일하지 않다.

③ 육아 또는 요리 관련 도서는 여성 20대부터 40대뿐만 아니라 여성 10대에도 포함되며, 남성 30대에도 육아가 포함되어 있다.

④ 10대부터 30대까지의 남성 관심도서 순위 내에 수험서 관련 도서가 포함되지만, 여성의 경우 관심도서 순위 내에 수험서 관련 도서는 10대와 20대에만 포함되어 있다.

⑤ 20대 남성의 관심도서 1위는 수험서이고, 2위는 여행도서이다. 따라서 20대 남성 중 여행도서에 관심이 있는 사람이 $450\times0.2=90$명이라면, 수험서에 관심 있는 남성은 90명보다 많아야 한다.

16

정답 ①

여성의 20·30대 조사자 수는 480+840=1,320명으로 여성 총 조사자 수인 2,400명의 절반을 넘지만, 남성의 20·30대 조사자 수는 450+540=990명으로 남성 총 조사자 수인 2,000명의 절반이 되지 않는다.

오답분석

② 전체 조사자는 2,000+2,400=4,400명이고, 이 중 60대 조사자는 210+120=330명이다. 따라서 전체 조사자 중 60대는 $\frac{330}{4,400}\times100=7.5\%$이다.

③ 20대 이상 남성의 관심도서 중 경제 관련 도서의 순위 20대 3위, 30대 1위, 40대 2위, 50대 1위, 60대 2위로 모두 3위 내에 포함되어 있다.

④ 남성의 관심도서 중 만화는 10대 2위, 20대 5위, 30·40·50대 4위, 60대 5위로 전 연령대에서 순위에 있고, 여성의 관심도서 중 여행도 10대 2위, 20대 4위, 30·40대 5위, 50·60대 4위로 전 연령대에서 순위에 포함되어 있다.

⑤ 50대 여성의 관심도서 1·2위는 잡지와 소설·시이다. 해당 도서에는 50대 여성의 65%가 관심이 있다고 했으므로 240×0.65=156명이다. 이 중 25%가 소설·시에 관심이 있으므로 소설·시에 관심 있는 50대 여성 수는 156×0.25=39명이고, 잡지에 관심 있는 50대 여성 수는 156−39=117명이다.

17

정답 ④

첫 번째 조건에서 A는 경부선 전체 졸음쉼터 개수의 12.5%를 차지한다고 했으므로 (12+12)×0.125=3이다.
두 번째 조건에서는 다섯 노선의 주차면수가 10개 이상 20개 미만인 졸음쉼터 총개수를 알 수 없으므로 먼저 D를 구하면, 네 번째 조건에서 D는 서해안선에 있는 주차면수가 10개 미만인 졸음쉼터 개수의 6.25%이므로 16×0.0625=1임을 알 수 있다.
또한 C는 D보다 2만큼 크므로 1+2=3이 되고, C는 B보다 5만큼 작으므로 B는 3+5=8이 된다.
따라서 A, B, C, D에 들어갈 알맞은 수는 차례대로 '3, 8, 3, 1'이다.

18

정답 ⑤

두 번째 표는 2022년 각국의 가계 금융자산 구성비를 나타낸 것이다. 따라서 2022년 각국의 가계 총자산 대비 예금 구성비와는 일치하지 않는다.

19

정답 ③

2023년 방송산업 종사자 수는 모두 32,443명이다. '2023년 추세'에서는 지상파 방송사(지상파DMB 포함)만 언급하고 있으므로 다른 분야의 인원은 고정되어 있다. 지상파 방송사(지상파DMB 포함) 종사자 수는 전년보다 301명이 늘어났으므로 2022년 방송산업 종사자 수는 32,443−301=32,142명이다.

20

정답 ③

S초등학교 입학생 수는 매년 14명씩 감소하고 있다. 2019년으로부터 n년 후 입학생 수를 a_n명이라 하면, $a_n=(196-14n)$명이다.
따라서 2029년은 2019년으로부터 10년 후이므로, 2029년의 S초등학교 입학생 수는 196−(14×10)=56명이다.

02 추리

01	02	03	04	05	06	07	08	09	10	11	12	13	14	15	16	17	18	19	20
①	②	④	②	②	④	⑤	④	②	①	④	③	③	④	②	⑤	④	⑤	④	②
21	22	23	24	25	26	27	28	29	30										
②	②	①	②	⑤	③	②	⑤	③	③										

01

정답 ①

탄수화물은 영양소이고, 영양소는 체내에서 에너지원 역할을 한다. 따라서 탄수화물은 체내에서 에너지원 역할을 한다.

02

정답 ②

'노트북을 구매한다.'를 '노', '흰색 마우스를 구매한다.'를 '마', '키보드를 구매한다.'를 '키'라고 하자.

구분	명제	대우
전제1	노 → 마	마× → 노×
결론	노 → 키	키× → 노×

전제1의 대우가 결론으로 연결되려면, 전제2는 마 → 키가 되어야 한다. 따라서 전제2는 '마우스를 구매한 사람은 키보드를 구입했다.'의 대우인 ②이다.

03

정답 ④

'비가 옴'$=p$, '한강 물이 불어남'$=q$, '보트를 탐'$=r$, '자전거를 탐'$=s$라고 하면, 각 명제는 순서대로 $p \rightarrow q$, $\sim p \rightarrow \sim r$, $\sim s \rightarrow q$이다. 전제1과 전제2를 연결하면 $r \rightarrow p \rightarrow q$이고, 결론이 $\sim s \rightarrow q$가 되기 위해서는 $\sim s \rightarrow r$이라는 명제가 추가로 필요하다. 따라서 전제3에 들어갈 명제는 ④이다.

04

정답 ②

A대리와 E대리의 진술이 서로 모순이므로, 둘 중 한 사람은 거짓을 말하고 있다.

i) A대리의 진술이 거짓인 경우
A대리의 말이 거짓이라면 B사원의 말도 거짓이 되고, D사원의 말도 거짓이 되므로 모순이다.

ii) A대리의 진술이 진실인 경우
A대리, B사원, D사원의 말이 진실이 되고, C사원과 E대리의 말이 거짓이 된다.

〈진실〉
- A대리 : A대리·E대리 출근, 결근 사유 모름
- B사원 : C사원 출근, A대리 진술은 진실
- D사원 : B사원 진술은 진실

〈거짓〉
- C사원 : D사원 결근 거짓 → D사원 출근
- E대리 : D사원 결근, D사원이 A대리한테 결근 사유 전함 거짓 → D사원 출근, A대리는 결근 사유 듣지 못함

따라서 B사원이 출근하지 않았다.

05

정답 ②

만약 민정이가 진실을 말한다면 영재가 거짓, 세희가 진실, 준수가 거짓, 성은이의 '민정이와 영재 중 한 명만 진실만을 말한다.'가 진실이 되면서 모든 조건이 성립한다.
반면, 만약 민정이가 거짓을 말한다면 영재가 진실, 세희가 거짓, 준수가 진실, 성은이의 '민정이와 영재 중 한 명만 진실만을 말한다.'가 거짓이 되면서 모순이 생긴다.
따라서 거짓을 말한 사람은 준수와 영재이다.

06

정답 ④

먼저 첫 번째 조건에 따라 A위원이 발언하면 B위원도 발언하므로 A위원 또는 B위원은 발언하지 않는다는 두 번째 조건이 성립하지 않는다. 따라서 A위원은 발언자에서 제외되는 것을 알 수 있다. 두 번째 조건에 따라 B위원이 발언하는 경우와 발언하지 않는 경우를 나누어 볼 수 있다.

i) B위원이 발언하는 경우
   세 번째 조건에 따라 C위원이 발언하며, 네 번째 조건에 따라 D위원과 E위원이 발언한다. D위원이 발언하면 세 번째 조건에 따라 F위원도 발언한다. 결국 A위원을 제외한 나머지 위원 모두가 발언하는 것을 알 수 있다.

ii) B위원이 발언하지 않는 경우
   네 번째 조건에 따라 D위원과 E위원이 발언하고, 세 번째 조건에 따라 F위원도 발언한다. 그러나 주어진 조건만으로는 C위원의 발언 여부를 알 수 없다.

따라서 항상 참이 되는 것은 ④이다.

오답분석

① A위원은 항상 발언하지 않는다.
② B위원은 발언하거나 발언하지 않는다.
③ C위원은 i)의 경우 발언하지만, ii)의 경우 발언 여부를 알 수 없다.
⑤ A위원은 항상 발언하지 않는다.

07

정답 ⑤

첫 번째 명제에서 A는 B보다 먼저 먹거나 A와 B는 같이 먹는 두 가지 경우가 가능하다.

i) A가 B보다 먼저 먹는 경우
   C와 D는 세 번째 명제에 따라 각각 12시, 1시 팀이 되고, 마지막 명제에서 E는 F보다 먼저 먹으므로 E와 F도 각각 12시, 1시 팀이 될 것이다. 따라서 12시 팀은 A, C, E이고, 1시 팀은 B, D, F이다.

ii) A와 B가 같이 먹는 경우
   - A와 B가 12시에 먹는 경우
     C와 D는 각각 12시, 1시 팀이 되고, E와 F도 각각 12시, 1시 팀이 된다. 따라서 12시 팀은 A, B, C, E이고, 1시 팀은 D, F이다.
   - A와 B가 1시에 먹는 경우
     두 번째 명제에서 C는 A와 같이 먹으므로 C는 1시 팀, D는 12시 팀이 되고, E와 F는 각각 12시, 1시 팀이 된다. 따라서 12시 팀은 D, E이고, 1시 팀은 A, B, C, F이다.

오답분석

① A와 B는 같이 먹을 수도 있다.
② i)의 경우, B와 C는 따로 먹는다.
③ ii)의 경우, A와 B가 12시에 먹는 경우 D와 F는 따로 먹는다.
④ i)의 경우, 12시 팀과 1시 팀의 인원수는 같다.

08

정답 ④

B는 8장의 응모권을 받은 A보다 2장 적게 받으므로 6장의 응모권을 받는다. 이때, C는 응모권을 A의 8장보다는 적게, B의 6장보다는 많이 받으므로 7장의 응모권을 받은 것을 알 수 있다.

09

정답 ②

두 대의 적외선 카메라 중 하나는 수도권본부에 설치하였고, 나머지 하나는 경북본부와 금강본부 중 한 곳에 설치하였으므로 강원본부에는 적외선 카메라를 설치할 수 없다. 또한 강원본부에는 열선감지기를 설치하지 않았으므로 반드시 하나 이상의 기기를 설치해야 한다는 첫 번째 조건에 따라 강원본부에는 화재경보기를 설치하였을 것이다.

오답분석

①·③·⑤ 주어진 조건만으로는 어느 본부에 열선감지기를 설치하는지 정확히 알 수 없다.
④ 화재경보기는 경북본부와 강원본부에 설치하였다.

10

정답 ①

제시된 조건에 따르면 1층에는 남성인 주임을 배정해야 하므로 C주임이 배정된다. 따라서 3층에 배정 가능한 직원은 남성인 B사원 또는 E대리이다.
먼저 3층에 B사원을 배정하는 경우, 5층에는 A사원이 배정된다. 그리고 D주임은 2층에, E대리는 이보다 위층인 4층에 배정된다.
다음으로 3층에 E대리를 배정하는 경우, 5층에 A사원이 배정되면 4층에 B사원이 배정되고, 5층에 B사원이 배정되면 4층에 A사원이 배정된다. 그리고 D주임은 항상 E대리보다 아래층인 2층에 배정된다. 이를 정리하면 다음과 같다.

경우 1	
층수	직원
5층	A
4층	E
3층	B
2층	D
1층	C

경우 2	
층수	직원
5층	A
4층	B
3층	E
2층	D
1층	C

경우 3	
층수	직원
5층	B
4층	A
3층	E
2층	D
1층	C

따라서 5층에 A사원이 배정되더라도, 4층에는 B사원이 아닌 E대리가 배정될 수도 있다.

오답분석

② D주임은 항상 2층에 배정된다.
③·⑤ 5층에 B사원이 배정되면 3층에는 E대리, 4층에는 A사원이 배정된다.
④ C주임은 항상 1층에 배정된다.

11

정답 ④

- A<C<F
- E<□<D
- D<B
- □<A
- D<F<□
- E<□<C, C<□<A(불가능 ∵ A<C)

주어진 조건에 따라 학생들의 키 순서를 정리하면 다음과 같다.

앞	6	5	4	3	2	1	뒤
	E	A	C	D	F	B	

따라서 C는 여섯 명 중 네 번째로 키가 큰 것을 알 수 있다.

12

정답 ③

세 번째 조건의 대우에서 최대리가 승진하면 임대리가 승진한다. 두 번째 조건에서 최대리가 승진하면 박대리와 이대리는 승진하지 못한다. 첫 번째 조건의 대우에서 박대리가 승진하지 못하면 김대리도 승진하지 못한다. 네 번째 조건에서 김대리가 승진하지 못하면 한대리가 승진한다. 따라서 최대리, 임대리, 한대리 3명이 승진한다.

13

정답 ③

제시된 단어의 대응 관계는 반의 관계이다.
'근면'은 '부지런히 일하며 힘씀'의 뜻으로 '열심히 하려는 마음이 없고 게으름'이라는 뜻인 '태만'과 반의 관계이다. 따라서 '낮은 관직이나 지위로 떨어지거나 외직으로 전근됨을 이르는 말'의 뜻을 가진 '좌천'과 반의 관계인 단어는 '전보다 더 좋은 자리나 직위로 옮김'이라는 뜻인 '영전'이다.

오답분석

① 강등(降等) : 등급이나 계급 따위가 낮아짐
② 강직(降職) : 직위가 낮아짐
④ 좌강(左降) : 관등을 낮춤
⑤ 천적(遷謫) : 죄를 지은 탓으로 관위(官位)를 내리고 외진 곳으로 쫓아 보내거나 쫓겨남

14

정답 ④

'수척'은 '몸이 야위고 마른 듯함'이라는 뜻이므로 '병, 근심, 고생 따위로 얼굴이나 몸이 여위고 파리함'이라는 뜻인 '초췌'와 유의 관계이고, 나머지는 반의 관계이다.

오답분석

① 소멸 : 사라져 없어짐
　생성 : 사물이 생겨남
② 반제 : 빌렸던 돈을 갚음
　차용 : 돈이나 물건을 빌려 씀
③ 쇄국 : 다른 나라와의 통상과 교역을 금지함
　개국 : 나라의 문호를 열어 다른 나라와 교류함
⑤ 달성 : 목적한 것을 이룸
　실패 : 일을 잘못하여 뜻한 대로 되지 아니함

15

정답 ②

규칙은 가로 방향으로 적용된다.
첫 번째 도형을 시계 반대 방향으로 90° 회전한 것이 두 번째 도형, 이를 색 반전한 것이 세 번째 도형이다.

16

정답 ⑤

규칙은 가로 방향으로 적용된다.
첫 번째 도형을 시계 방향으로 45° 회전한 것이 두 번째 도형, 이를 좌우 반전시킨 것이 세 번째 도형이다.

17

정답 ④

규칙은 세로 방향으로 적용된다.
첫 번째 도형을 시계 반대 방향으로 90° 회전한 것이 두 번째 도형, 이를 좌우 반전시킨 것이 세 번째 도형이다.

18

정답 ⑤

○ : +0, +1, +2, +3
◑ : 1234 → 4231
◐ : 1234 → 1324
● : −3, −2, −1, −0

BE13 → 3E1B → 0C0B

◑ ●

19

정답 ④

RABI → RBAI → RCCL

◐ ○

20

정답 ②

BITE → BJVH → BVJH

○ ◐

21

정답 ②

LIFE → LFIE → IDHE

◐ ●

22

정답 ②

제시문은 무협 소설에서 나타나는 '협(俠)'의 정의와 특징에 대하여 설명하고 있다. 따라서 (라) 무협 소설에서 나타나는 협의 개념 – (다) 협으로 인정받기 위한 조건 중 하나인 신의 – (가) 협으로 인정받기 위한 추가적인 조건 – (나) 앞선 사례를 통해 나타나는 협의 원칙과 정의의 순서로 나열하는 것이 적절하다.

23

정답 ①

제시문은 풀기 어려운 문제에 둘러싸인 기업적 · 개인적 상황을 제시하고, 위기의 시대임을 언급하고 있다. 그리고 그 위기를 이겨내는 자가 성공하는 자가 될 수 있음을 말하며, 위기를 이겨내기 위해서 지혜가 필요하다는 것에 대해 설명하고 있는 글이다. 따라서 (나) 풀기 어려운 문제에 둘러싸인 현재의 상황 – (라) 위험과 기회라는 이중의미를 가지는 '위기' – (다) 위기를 이겨내는 것이 필요 – (가) 위기를 이겨내기 위한 지혜와 성공이라는 결과로 연결되어야 한다.

24

정답 ②

사단은 법인(法人)으로 등기되어야 법인격이 생긴다. 법인으로 등기하지 않은 사단은 '법인이 아닌 사단'이라 한다.

오답분석

① 사람은 생존하는 내내 권리 능력을 갖게 되며, 그리하여 재산에 대한 소유권의 주체가 된다.
③ 단체도 일정한 요건을 갖추면 법으로써 부여되는 권리 능력인 법인격을 취득할 수 있다.
④ 사람의 권리 능력과 법인격은 엄격히 구별되기 때문에 사원 개인에게까지 책임이 미치지 않는다.
⑤ 일인 주식회사에서는 일인 주주가 회사의 대표 이사가 되는 사례가 많다.

25

정답 ⑤

낮은 수준으로 가격을 책정할 시 수입이 줄어들고, 너무 높은 수준으로 매기면 소비자들이 이용을 포기해 수입이 줄어들 수 있다.

오답분석

① 소비자가 어떤 상품을 구매하기 위하여 지불할 용의가 있는 금액보다 실제 지불한 가격이 낮아 얻는 이득이 소비자 잉여이다.
② 소비자 잉여와 생산자 잉여의 합을 총잉여라 한다.
③ 독점적 지위를 가진 생산자는 시장 가격을 임의의 수준으로 설정할 수 있다.
④ 독점적 지위를 가진 생산자는 이부가격을 설정할 수 있으며, 놀이공원은 이부가격설정의 예 중 하나이다.

26

정답 ③

사람은 한쪽 눈으로 얻을 수 있는 단안 단서만으로도 이전의 경험으로부터 추론에 의하여 세계를 3차원으로 인식할 수 있다. 즉, 사고로 한쪽 눈의 시력을 잃어도 남은 한쪽 눈에 맺히는 2차원의 상들은 다양한 실마리를 통해 입체 지각이 가능하다.

27

정답 ②

고대 중국인들은 하늘을 인간의 개별적 또는 공통적 운명을 지배하는 신비하고 절대적인 존재로 보았다. 따라서 이러한 고대 중국인들의 주장에 대한 반박으로는 사람이 받게 되는 재앙과 복의 원인은 모두 자신에게 있다는 내용의 ②가 가장 적절하다.

28

정답 ⑤

제시문은 토끼와 거북이의 경주에서 거북이는 토끼의 실수를 이용하여 승리하였기 때문에 거북이의 승리가 정의롭지 않다고 주장한다. 따라서 이러한 주장에 대한 반박으로는 공정한 절차에 따라 도출된 결과라면 그 결과는 공정하다는 내용의 ⑤가 가장 적절하다.

오답분석

③ 토끼와 거북이는 모두 동일한 조건에서 경주를 진행하였다.
④ 거북이가 자신에게 유리한 방법으로 경쟁하였다고 볼 수 없다.

29

정답 ③

제시문에 따르면 일반적으로 사람들은 콘텐츠를 선택하기에 앞서 미디어를 결정한다. 보기의 「태극기 휘날리며」는 동일한 콘텐츠를 바탕으로 책과 연극, 영화라는 다양한 미디어로 표현되었지만, 흥행에 성공한 것은 영화였다. 즉, 대중들은 동일한 콘텐츠임에도 불구하고 영화라는 미디어로 표현된 「태극기 휘날리며」를 선택한 것이다. 따라서 동일한 콘텐츠더라도 어떤 미디어를 선택하느냐에 따라 대중의 선호가 달라질 수 있음을 알 수 있다.

오답분석

① 시대적으로 콘텐츠의 중요성이 강조되고는 있으나, 제시문과 보기에서는 콘텐츠보다 미디어의 중요성을 더 강조하고 있음을 알 수 있다.
② 아무리 우수한 콘텐츠를 가지고 있더라도 미디어의 발전이 없다면 콘텐츠는 표현의 한계를 가질 수밖에 없다.
④ 콘텐츠가 아무리 좋아도 미디어 기술이 없으면 콘텐츠는 대중적인 반향을 불러일으킬 수 없고 부가 가치를 창출할 수도 없다. 따라서 콘텐츠 개발에 못지않게 미디어의 발전이 부각되어야 한다.
⑤ 미디어의 차이가 콘텐츠를 수용하는 대중의 태도 차이로 나타난다.

30

정답 ③

앵포르멜 화가들은 의식적이고 인위적인 표현 행위를 최소화하고자 하였으며, 알베르토 부리 역시 버려진 재료를 되는 대로 오려 붙이는 방식으로 「자루」를 완성하였다.

오답분석

① 앵포르멜 화가들은 작품을 통해 우발적이고 즉흥적인 감정의 동요를 직접적으로 드러내고자 하였다.
② 앵포르멜 화가들은 일체의 형식적인 것들을 거부하고 그저 원재료를 상기시키는 제목을 자신의 작품에 붙였다.
④ 앵포르멜 화가들을 포함한 20세기 예술가들은 기존의 틀에서 벗어나 재료들의 무한한 가능성을 탐색하기 시작했다.
⑤ 앵포르멜 화가들은 형식적인 것들을 거부하고 재료의 비정형성에 의미를 부여하고자 했다.

제2회

최종점검 모의고사

01 수리

01	02	03	04	05	06	07	08	09	10	11	12	13	14	15	16	17	18	19	20
①	④	③	②	④	③	④	③	②	⑤	③	③	①	④	③	①	④	③	④	②

01

정답 ①

상품의 원가를 x원이라 하면, 처음 판매가격은 $1.23x$원이다.
여기서 1,300원을 할인하여 판매했을 때 얻은 이익은 원가의 10%이므로, 다음 식이 성립한다.
$(1.23x-1,300)-x=0.1x$
$\rightarrow 0.13x=1,300$
$\therefore\ x=10,000$
따라서 상품의 원가는 10,000원이다.

02

정답 ④

• 화요일, 수요일에 비가 올 확률 : $\frac{3}{5}\times\frac{3}{5}=\frac{9}{25}$

• 화요일에 비가 오지 않고, 수요일에 비가 올 확률 : $\left(1-\frac{3}{5}\right)\times\frac{2}{5}=\frac{4}{25}$

따라서 월요일에 비가 왔을 때, 수요일에 비가 올 확률은 $\frac{9}{25}+\frac{4}{25}=\frac{13}{25}$이다.

03

정답 ③

전년 대비 업체 수가 가장 많이 증가한 해는 103개소가 증가한 2021년이며, 생산금액이 가장 많이 증가한 해는 402십억 원이 증가한 2022년이다.

오답분석

① 조사기간 동안 업체 수는 해마다 증가했으며, 품목 수도 꾸준히 증가했다.
② 업체 수의 2016 ~ 2022년까지 증감률 총합이 27.3%이며, 이를 7로 나누면 3.9%이다.
④ 2019 ~ 2022년 사이 운영인원의 증감률 추이와 품목 수의 증감률 추이는 '증가 – 증가 – 증가 – 감소'로 같다.
⑤ 전체 계산을 하면 정확하겠지만 시간이 없을 때는 각 항목의 격차를 어림잡아 계산해야 한다. 즉, 품목 수의 증감률은 업체 수에 비해 한 해(2022년)만 뒤쳐져 있으며, 그 외에는 모두 앞서고 있으므로 옳은 설명이다.

04

정답 ②

서울, 베이징, 도쿄 모두 해당 기간 동안 지속적으로 인구가 증가하고 있다.

오답분석

① 2013년을 기점으로 서울과 베이징의 인구 순위가 뒤바뀐다.

③ 1993년 대비 2003년 서울의 인구 증가율은 $\frac{120-80}{80}\times100=50\%$이다.

④ 2003년 대비 2013년의 인구 증가폭은 서울이 25십만 명, 베이징이 78십만 명, 도쿄가 26십만 명으로 베이징이 가장 높다.

⑤ 2023년 인구가 최대인 도시는 도쿄로 360십만 명이다. 이는 인구가 최소인 도시 서울의 $\frac{360}{180}=2$배이다.

05

정답 ④

2021년 GDP 대비 국가부채 상위 3개 국가는 일본(115.9%), 영국(110.2%), 미국(108.2%)이고, 2022년에도 일본(120.2%), 미국(98.8%), 영국(97.9%)으로 동일하다.

오답분석

① 다른 국가는 모두 동일하나, 미국과 중국의 경우에는 2021년에는 중국(70.5%)이 미국(70.2%)보다 높지만, 2022년에는 중국(73.1%)이 미국(75.8%)보다 낮다.
② 2021년의 GDP 대비 기업부채 비율이 100% 이상인 국가는 홍콩(105.3%), 중국(152.9%), 일본(101.2%)이고, 2022년의 GDP 대비 기업부채 비율이 100% 이상인 국가는 한국(106.8%), 중국(150.2%), 일본(119.8%)으로 동일하지 않다.
③ 2021년 대비 2022년에 GDP 대비 기업부채 비율이 증가한 나라는 한국, 영국, 일본, 필리핀 네 곳이고, 2021년 대비 2022년에 GDP 대비 기업부채 비율이 감소한 나라는 홍콩, 미국, 중국, 브라질, 멕시코, 인도 여섯 곳으로 같지 않다.

풀이 꿀팁

총 10개국으로 2021년 대비 2022년에 GDP 대비 기업부채 비율이 동일한 국가는 없으므로 증가한 국가가 5개이면 감소한 국가도 5개가 된다. 따라서 비율이 증가한 국가만 빠르게 체크하는 것이 좋다.

⑤ 2022년 GDP 대비 국가부채 비율이 50% 미만인 국가는 한국(44.1%), 필리핀(42.2%), 멕시코(37.3%), 인도(28.8%)이다. 그러나 한국의 2022년 GDP 대비 기업부채 비율은 50% 이상이므로 옳지 않은 설명이다.

06

정답 ③

한국의 2013년 세계시장 규모는 172십억 불이며, 2023년에는 516십억 불이다. 따라서 2023년 한국의 세계시장 규모는 2013년의 $\frac{516}{172}=3$배이다.

오답분석

① 자료를 통해 확인할 수 있다.
② 한국의 세계시장 점유율이 3.1%로 7위이고, 일본이 5.1%, 독일이 8.3%이므로 그보다 높은 미국은 적어도 4위 이상이 된다.
④ 미국의 세계시장 점유율은 2021년까지 계속 감소하다가 2022년에는 0.4%p 늘어났고, 2023년에는 유지되었다.
⑤ 2013년과 2023년 세계시장 점유율의 차이는 $10.4-3.9=6.5\%$로 가장 크다.

07

정답 ④

남성의 골다공증 진료율이 가장 높은 연령대는 진료 인원이 가장 많은 70대이고, 여성의 골다공증 진료율이 가장 높은 연령대는 진료 인원이 가장 많은 60대로, 남성과 여성이 다르다.

오답분석

① 골다공증 발병이 진료로 이어진다면 여성의 진료 인원이 남성보다 많으므로 여성의 발병률이 남성보다 높음을 추론할 수 있다.

② 전체 골다공증 진료 인원 중 40대 이하가 차지하는 비율은 $\frac{3+7+34}{880}\times100=5\%$이다.

③ 전체 골다공증 진료 인원 중 진료 인원이 가장 많은 연령대는 60대이며, 그 비율은 $\frac{264}{880}\times100=30\%$이다.

⑤ 제시된 자료에 따라 20대 이하와 80대 이상을 제외한 모든 연령대에서 남성보다 여성 진료자가 많았다.

08

정답 ③

본인에 대해 아버지가 걱정하는 비율은 27.1%로, 50% 미만이다.

오답분석

① 아버지가 본인, 아들, 딸에 대해 걱정하는 비율은 각각 27.1%, 77.1%, 89.6%인 반면, 어머니가 본인, 아들, 딸에 대해 걱정하는 비율은 58.4%, 83.4%, 91.1%이다.

② 아버지가 아들보다 딸을 걱정하는 비율이 12.5%p 더 높고, 어머니가 아들보다 딸을 걱정하는 비율이 7.7%p 더 높다.

④ 어머니가 아들과 딸에 대해 걱정하지 않는 비율의 차이는 $|8.0-5.1|=2.9$%p이고, 아버지가 아들과 딸에 대해 걱정하지 않는 비율의 차이는 $|9.7-5.7|=4$%p이다.

⑤ 본인의 범죄 피해에 대해 걱정하는 어머니는 58.4%, 걱정하지 않는 어머니는 16.3%이다.

09

정답 ②

실용성 전체 평균점수 $\frac{108}{6}=18$점보다 높은 인증수단 방식은 ID/PW 방식, 이메일 및 SNS 방식, 생체인증 방식 총 3가지이다.

오답분석

① 생체인증 방식의 선호도 점수는 $20+19+18=57$점이고, OTP 방식의 선호도 점수는 $15+18+14=47$점, I-pin 방식의 선호도 점수는 $16+17+15=48$점이다. 따라서 생체인증 방식의 선호도는 나머지 두 방식의 선호도 합보다 $47+48-57=38$점 낮다.

③ 유효기간이 '없음'인 인증수단 방식은 ID/PW 방식, 이메일 및 SNS 방식, 생체인증 방식이며, 세 인증수단 방식의 간편성 평균점수는 $\frac{16+11+18}{3}=15$점이다.

④ 공동인증서 방식의 선호도가 51점일 때, 보안성 점수는 $51-(16+14)=21$점이다.

⑤ 유효기간이 '없음'인 인증수단 방식은 ID/PW 방식, 이메일 및 SNS 방식, 생체인증 방식이며, 실용성 점수는 모두 20점 이상이다.

10

정답 ⑤

A사 공기청정기의 순이익률을 구하면 $\frac{12,660}{42,200}\times100=30$%이다.

오답분석

① A사의 전자제품의 매출액 순위는 '에어컨 – 냉장고 – 공기청정기 – 제습기 – TV' 순이지만, B사는 '에어컨 – 공기청정기 – 냉장고 – 제습기 – TV' 순이므로 동일하지 않다.

② B사의 TV와 냉장고의 순이익률은 다음과 같다.

• TV : $\frac{120}{800}\times100=15$%

• 냉장고 : $\frac{19,000}{76,000}\times100=25$%

따라서 차이는 $25-15=10$%p이다.

③ A사가 B사보다 매출액이 높은 전자제품은 TV(1,200억 원)와 제습기(25,500억 원)이고, 순이익 역시 TV(300억 원)와 제습기(7,395억 원)가 높다.

④ A사와 B사가 에어컨을 각각 200만 대, 210만 대 팔았다면, 에어컨 1대의 단가는 A사가 $\frac{88,400\text{억 원}}{200\text{만 대}}=442$만 원, B사가 $\frac{94,500\text{억 원}}{210\text{만 대}}=450$만 원이므로 B사가 더 높다.

11

정답 ③

2020년부터 2022년까지 경기 수가 증가하는 스포츠는 배구와 축구 2종목이다.

오답분석

① 농구의 2020년 전년 대비 경기 수 증가율은 $\frac{408-400}{400}\times100=2\%$이며, 2023년 전년 대비 경기 수 증가율은 $\frac{404-400}{400}\times100$ $=1\%$이다. 따라서 2020년 전년 대비 경기 수 증가율이 더 높다.

② 2019년 농구와 배구의 경기 수 차이는 $400-220=180$회이고, 야구와 축구의 경기 수 차이는 $470-230=240$회이다. 따라서 농구와 배구의 경기 수 차이는 야구와 축구 경기 수 차이의 $\frac{180}{240}\times100=75\%$이므로 70% 이상이다.

④·⑤ 종목별 2021년과 2022년의 평균 경기 수는 다음과 같다.

- 농구 : $\frac{410+400}{2}=405$회
- 야구 : $\frac{478+474}{2}=476$회
- 배구 : $\frac{228+230}{2}=229$회
- 축구 : $\frac{236+240}{2}=238$회

2023년 경기 수가 2021년과 2022년의 평균 경기 수보다 많은 스포츠는 야구 1종목이며, 야구 평균 경기 수는 축구 평균 경기 수의 $\frac{476}{238}=2$배이다.

12

정답 ③

수익률을 구하면 다음과 같다.

구분	개인경영	회사법인	회사 이외의 법인	비법인 단체
수익률(%)	$\left(\frac{270}{150}-1\right)\times100=80$	$\left(\frac{40}{25}-1\right)\times100=60$	$\left(\frac{17}{10}-1\right)\times100=70$	$\left(\frac{3}{2}-1\right)\times100=50$

따라서 수익률이 가장 높은 사업 형태는 개인경영이다.

오답분석

① 사업체 수를 보면 다른 사업 형태보다 개인경영 사업체 수가 많은 것을 확인할 수 있다.

② 사업 형태별 사업체 1개당 매출액을 구하면 다음과 같다.

- 개인경영 : $\frac{270}{900}=0.3$십억 원$=3$억 원
- 회사법인 : $\frac{40}{50}=0.8$십억 원$=8$억 원
- 회사 이외의 법인 : $\frac{17}{85}=0.2$십억 원$=2$억 원
- 비법인 단체 : $\frac{3}{15}=0.2$십억 원$=2$억 원

따라서 사업체 1개당 매출액이 가장 많은 예식장 사업 형태는 회사법인이다.

④ 개인경영 형태의 예식장 수익률은 80%로 비법인 단체 형태의 예식장 수익률인 50%의 2배인 100% 미만이다.

⑤ 개인경영 형태 사업체 수는 900개로, 개인경영 형태를 제외한 나머지 예식장 사업 형태의 평균 사업체 수 $\frac{50+85+15}{3}=50$개의 20배인 1,000개 미만이다.

13

정답 ①

(가) 경제성장률이 높은 순서는 2021년 1분기, 2021년 2분기, 2020년 4분기 순으로 세 번째로 높은 분기는 2020년 4분기이다.
(나) 경제성장률이 가장 낮은 분기는 2020년 1분기이다.
(다) 전 분기 대비 경제성장률이 가장 높은 분기는 그래프의 기울기가 가장 큰 2020년 4분기이다.
(라) 국내총생산이 두 번째로 많았던 분기는 2020년 4분기이다.

14

정답 ④

2022년 쇠고기(등심)의 평균 가격은 16,400원으로, 이는 최고가와 최저가의 평균값인 $\frac{18,800+14,200}{2}$=16,500원보다 낮다.

오답분석

① 2020년 대비 2022년에 평균 가격이 가장 많이 오른 것을 구하면 다음과 같다.

- 쇠고기(불고기용) : 5,500−4,500=1,000원
- 쇠고기(등심) : 16,400−15,600=800원
- 돼지고기 : 3,600−2,500=1,100원
- 닭고기 : 10,800−7,800=3,000원
- 계란 : 7,200−5,800=1,400원

따라서 2020년 대비 2022년에 평균 가격이 가장 많이 오른 것은 닭고기이다.

② 2021년 돼지고기의 전년 대비 최저가 증가율은 $\frac{2,100-1,600}{1,600}\times100=31.25\%$이다.

③ 닭고기와 돼지고기 각각의 1kg 최저가는 다음과 같다.

- 닭고기 1kg의 최저가 : 7,700원
- 돼지고기 1kg의 최저가 : 2,400×10=24,000원

따라서 닭고기 1kg의 최저가는 돼지고기 1kg의 최저가보다 낮다.

⑤ 연도별 계란의 최고가와 최저가의 차이를 구하면 다음과 같다.

- 2020년 : 7,800−3,600=4,200원
- 2021년 : 8,200−4,000=4,200원
- 2022년 : 9,200−4,800=4,400원

따라서 계린의 최고가와 최저가의 차이가 가장 큰 연도는 2022년이다.

15

정답 ③

2022년 쇠고기(불고기용)의 최저가는 4,000원, 최고가는 6,400원이다.

따라서 최저가는 최고가의 $\frac{4,000}{6,400}\times100=62.5\%$이다.

오답분석

① 2020년 돼지고기의 최고가는 3,500원이고 최저가는 1,600원이므로, 최고가는 최저가의 2배인 1,600×2=3,200원보다 높다.

② 2022년 계란의 최저가는 4,800원이고 2021년 계란의 최저가는 4,000원이므로 $\frac{4,800-4,000}{4,000}\times100=20\%$ 증가하였다.

④ 쇠고기(불고기용)의 2022년 항목별 전년 대비 증가액은 다음과 같다.

- 최고가 : 6,400−6,200=200원
- 최저가 : 4,000−3,800=200원
- 평균 : 5,500−5,200=300원

따라서 쇠고기(불고기용)의 2022년 항목별 전년 대비 증가액은 모두 500원 미만이다.

⑤ 2020년 소고기(등심) 1kg의 평균 가격은 156,000원으로, 닭고기 1kg의 평균 가격의 $\frac{156,000}{7,800}$=20배이다.

16

정답 ①

월평균 소득이 가장 높은 직업군은 전문직(450만 원)이지만, 월평균 지출이 가장 높은 직업군은 자영업(346만 원)이다.

오답분석

② 일반회사직과 공무직의 월평균 소득 대비 월평균 지출의 비율을 구하면 다음과 같다.

- 일반회사직 : $\frac{323}{380}\times100=85\%$
- 공무직 : $\frac{270}{360}\times100=75\%$

따라서 일반회사직이 공무직보다 85−75=10%p 높다.

PART 3

③ 연구직은 월평균 지출 중 자기계발에 사용하는 비율은 30.5%로 다른 직업군 대비 그 비중이 가장 높다.
④ 월평균 지출에서 저축이 차지하는 비중은 기술직이 20%이고, 일반회사직이 5%이므로 기술직이 일반회사직의 4배이다.
⑤ 자영업자의 월평균 지출 중 주거와 외식·식자재가 차지하는 비율은 25+28=53%로 절반 이상이다.

17

정답 ④

일반회사직은 월평균 지출 중 의류·미용이 27.5%로 가장 많은 비중을 차지하고, 전문직 역시 의류·미용이 17.5%로 가장 많은 비중을 차지한다.

오답분석

① 월평균 지출이 가장 높은 직업군(자영업)과 가장 낮은 직업군(공무직)의 지출액 차이는 346−270=76만 원이고, 월평균 소득이 가장 높은 직업군(전문직)과 가장 낮은 직업군(연구직)의 소득액 차이는 450−350=100만 원이다. 따라서 지출액 차이는 소득액 차이의 $\frac{76}{100}\times100=76\%$이다.
② 전문직의 월평균 지출액은 333만 원으로 월평균 소득액인 450만 원의 $\frac{333}{450}\times100=74\%$이다.
③ 전문직을 제외한 타 직업군의 월평균 지출액 중 교통이 차지하는 비중은 자영업(7%), 공무직(5%), 연구직(5.5%), 기술직(7.5%)의 경우 10% 미만이지만, 일반회사직은 10%이다.
⑤ 월평균 지출 중 문화생활이 차지하는 비율이 큰 순서대로 나열하면 일반회사직(15%), 공무직(12%), 전문직(7%), 자영업(5.5%), 연구직(5%), 기술직(2.5%) 순서이다.

18

정답 ③

오답분석

① 조형 전공의 2016년, 2017년 취업률은 자료보다 높고, 2018년 취업률은 자료보다 낮다.
② 2016년 모든 전공의 취업률이 자료보다 낮다.
④ 2016년 연극영화 전공, 2017년 작곡 전공, 2018년 성악 전공 취업률이 자료보다 높다.
⑤ 성악 전공의 2018~2021년 취업률 총합은 자료보다 높고, 국악 전공은 자료보다 낮다.

19

정답 ④

(시간)=1일 때, (S기계의 생산량)=1이므로
$1=a\times1^2-b$ … (가)
(시간)=2일 때, (S기계의 생산량)=7이므로
$7=a\times2^2-b$ … (나)
(가)와 (나)를 연립하면 (가)−(나) → $a=2$, $b=1$
∴ (S기계의 생산량)=2×(시간)^2−1
• (시간)=3일 때 : (S기계의 생산량)$=2\times3^2-1=17$
• (시간)=4일 때 : (S기계의 생산량)$=2\times4^2-1=31$
따라서 ㉠=17, ㉡=31이다.

20

정답 ②

A금붕어, B금붕어가 팔리는 일을 n일이라고 하고, 남은 금붕어의 수를 각각 a_n, b_n이라고 하자.
A금붕어는 하루에 121마리씩 감소하고 있으므로 $a_n=1,675-121(n-1)=1,796-121n$이다.
1,796−121×10=1,796−1,210=586
10일 차에 남아있는 A금붕어는 586마리이다.
B금붕어는 매일 3, 5, 9, 15, …마리씩 감소하고 있고, 계차의 차는 2, 4, 6, …이다.

1,000　997　992　983　968　945　912　867　808　733

−3　−5　−9　−15　−23　−33　−45　−59　−75

−2　−4　−6　−8　−10　−12　−14　−16

10일 차에 남아있는 B금붕어는 733마리이다.
따라서 A금붕어는 586마리, B금붕어는 733마리가 남아있다.

02 추리

01	02	03	04	05	06	07	08	09	10	11	12	13	14	15	16	17	18	19	20
③	④	⑤	⑤	①	①	③	④	③	③	④	②	④	②	③	①	①	①	②	④
21	22	23	24	25	26	27	28	29	30										
②	①	②	④	④	④	④	⑤	③	⑤										

01

정답 ③

철학은 학문이고, 모든 학문은 인간의 삶을 의미 있게 해준다. 따라서 철학은 인간의 삶을 의미 있게 해준다.

02

정답 ④

'도로가 언다.'를 '도', '사고가 잘 난다.'를 '사', '도로 정비가 되어 있다.'를 '정'이라고 하자.

구분	명제	대우
전제1	**도 → 사**	사× → 도×
결론	사× → 정	**정× → 사**

전제1이 결론의 대우로 연결되려면, 전제2는 정× → 도가 되어야 한다. 따라서 전제2는 '도로 정비를 하지 않으면 도로가 언다.'인 ④이다.

03

정답 ⑤

'문화부'를 A, '출장에 간다.'를 B, '워크숍을 간다.'를 C라 하면, 전제1과 결론은 각각 A → B, ~C → B이다. 따라서 결론이 참이 되려면 ~C → A 또는 ~A → C가 필요하므로 빈칸에 들어갈 명제는 '문화부가 아니면 워크숍을 간다.'가 적절하다.

04

정답 ⑤

C주임은 출장으로 인해 참석하지 못하며, B사원과 D주임 중 한 명만 참석이 가능하다. 또한 주임 이상만 참여 가능하므로 A사원과 B사원은 참석하지 못한다. 그리고 가능한 모든 인원이 참석해야 하므로 참석하지 못할 이유가 없는 팀원은 전부 참여해야 한다. 따라서 참석할 사람은 D주임, E대리, F팀장이다.

05

정답 ①

먼저 첫 번째 조건과 세 번째 조건에 따라 하경이의 바로 오른쪽 자리에는 성준, 민준, 민지가 앉을 수 없으므로 하경이의 오른쪽 자리에는 슬기 또는 경서만 앉을 수 있다. 하경이의 자리를 1번으로 가정하여 이를 기준으로 바로 오른쪽 6번 자리에 슬기가 앉은 경우와 경서가 앉은 경우를 나누어 보면 다음과 같다.

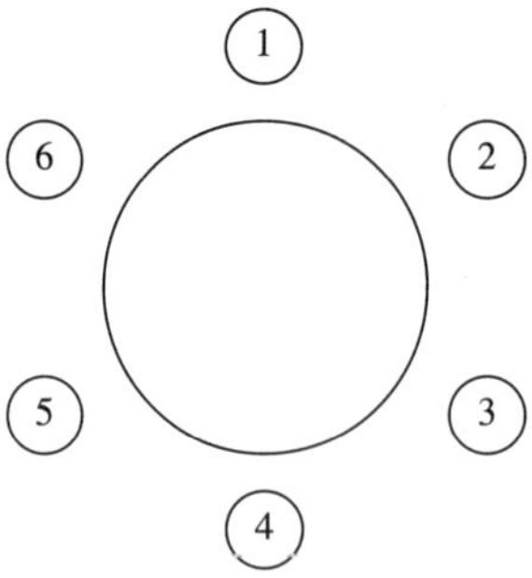

i) 6번 자리에 슬기가 앉은 경우

네 번째 조건에 따라 민준이는 4번 또는 2번에 앉을 수 있지만, 첫 번째 조건에 따라 하경이의 바로 옆 자리인 2번에는 앉을 수 없으므로 결국 4번에 앉은 것을 알 수 있다. 또한 두 번째 조건에 따라 5번 자리에는 경서 또는 성준이가 앉을 수 있지만, 세 번째 조건에 따라 경서는 반드시 민지의 왼쪽에 앉아야 하므로 5번 자리에는 성준이가 앉고 나머지 2번과 3번 자리에 민지와 경서가 나란히 앉은 것을 알 수 있다.

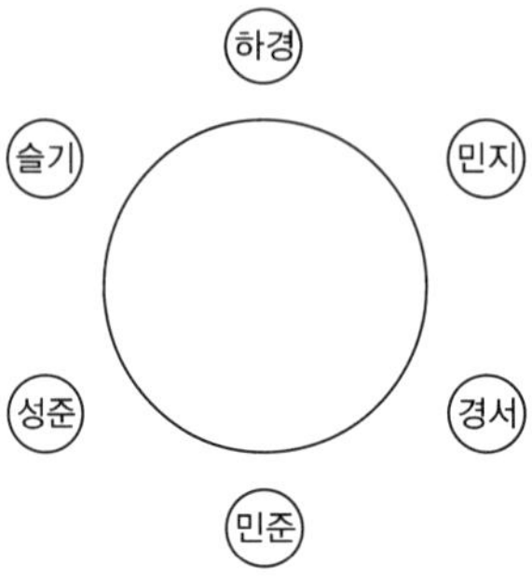

ii) 6번 자리에 경서가 앉은 경우

세 번째 조건에 따라 5번 자리에는 민지가 앉으므로 첫 번째 조건에 따라 2번 자리에는 슬기만 앉을 수 있다. 이때, 두 번째 조건에 따라 슬기는 성준이 옆 자리에 앉아야 하므로 3번에는 성준이가 앉고, 나머지 4번에 민준이가 앉은 것을 알 수 있다.

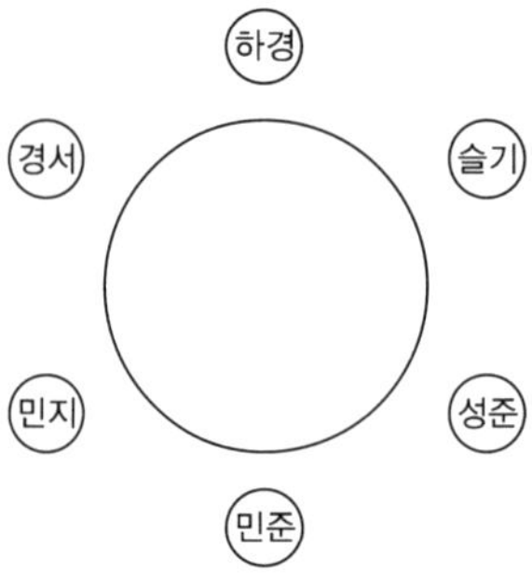

따라서 항상 참이 되는 것은 '하경이와 민준이가 서로 마주보고 앉아 있다.'의 ①이다.

오답분석

② 민지는 민준이 바로 옆 자리에 앉을 수도 있고 앉지 않을 수도 있다.
③ 경서는 하경이 바로 옆 자리에 앉을 수도 있고 앉지 않을 수도 있다.
④ 민지는 슬기와 마주보고 앉을 수도 있고 성준과 마주보고 앉을 수도 있다.
⑤ 경서와 성준이는 마주보고 앉는 경우도 있고 그렇지 않은 경우도 있다.

06

정답 ①

세 번째 조건에 따라 나머지 짝수 번호인 2번, 4번 학생은 2번 또는 4번의 의자에만 앉을 수 있다. 2번, 4번 학생이 자기의 번호가 아닌 4번, 2번 의자에 각각 앉을 경우 첫 번째 조건에 따라 홀수 번호 학생 1명만 다른 번호의 의자에 앉아야 한다. 그러나 홀수 번호의 학생 3명 중 1명만 다른 번호의 의자에 앉는 것은 불가능하므로 2번, 4번 학생은 자기의 번호와 일치하는 번호의 의자에 앉아야 한다.

따라서 1번, 3번, 5번은 모두 자기의 번호와 일치하지 않는 번호의 의자에 앉아야 하므로 1번 의자에 5번 학생이 앉는 경우와 1번 의자에 3번 학생이 앉는 경우로 나누어 볼 수 있다.

구분	1번 의자	2번 의자	3번 의자	4번 의자	5번 의자
경우 1	5번 학생	2번 학생	1번 학생	4번 학생	3번 학생
경우 2	3번 학생	2번 학생	5번 학생	4번 학생	1번 학생

이때, 두 번째 조건에 따라 2명의 학생은 자기의 번호보다 작은 번호의 의자에 앉아야 하므로 경우 1은 제외된다.

따라서 1번부터 5번까지의 학생들은 다음과 같이 의자에 앉아 있음을 알 수 있다.

1	2	3	4	5
3번 학생	2번 학생	5번 학생	4번 학생	1번 학생

오답분석

② 2번 학생은 2번 의자에 앉아 있다.
③ 3번 학생은 1번 의자에 앉아 있다.
④ 4번 학생은 4번 의자에 앉아 있다.
⑤ 5번 학생은 3번 의자에 앉아 있다.

07

정답 ③

첫 번째 조건에 따라 A, B, C, D는 모두 직업이 같거나 두 명씩 서로 다른 직업을 가져야 한다. 이때 네 번째 조건에 따라 A와 D의 직업은 서로 같아야 하므로 A, B, C, D의 직업이 모두 같은 경우와 (A, D)와 (B, C)의 직업이 서로 다른 경우로 나누어 볼 수 있다.

i) A, B, C, D의 직업이 모두 같은 경우

세 번째 조건에 따라 C가 경찰관인 경우 D와 직업이 같을 수 없으므로 C는 경찰관이 될 수 없다. 따라서 A, B, C, D는 모두 소방관이다.

ii) (A, D)와 (B, C)의 직업이 서로 다른 경우

- A, D가 소방관인 경우

  두 번째 조건에 의해 A가 소방관이면 B가 소방관이거나 C가 경찰관이다. 이때, A와 B의 직업이 서로 다르므로 B는 소방관이 될 수 없으며 C가 경찰관이 된다. C가 경찰관이면 세 번째 조건에 따라 D는 소방관이 된다. 따라서 A, D는 소방관이며, B, C는 경찰관이다.

- A, D가 경찰관인 경우

  세 번째 조건의 대우 'D가 소방관이 아니면 C는 경찰관이 아니다.'가 성립하므로 D가 경찰관이면 C는 소방관이 된다. 따라서 A, D는 경찰관이며, B, C는 소방관이다.

구분	A	B	C	D
경우 1	소방관			
경우 2	소방관	경찰관	경찰관	소방관
경우 3	경찰관	소방관	소방관	경찰관

따라서 B, C의 직업은 항상 같다.

08

정답 ④

다섯 번째 조건에 따라 C항공사는 제일 앞번호인 1번 부스에 위치하며, 세 번째 조건에 따라 G면세점과 H면세점은 양 끝에 위치한다. 이때 네 번째 조건에서 H면세점 반대편에는 E여행사가 위치한다고 하였으므로 5번 부스에는 H면세점이 올 수 없다. 따라서

PART 3

5번 부스에는 G면세점이 위치한다. 또한 첫 번째 조건에 따라 같은 종류의 업체는 같은 라인에 위치할 수 없으므로 H면세점은 G면세점과 다른 라인인 4번 부스에 위치하고, 4번 부스 반대편인 8번 부스에는 E여행사가, 4번 부스 바로 옆인 3번 부스에는 F여행사가 위치한다. 나머지 조건에 따라 부스의 위치를 정리하면 다음과 같다.

i) 경우 1

C항공사	A호텔	F여행사	H면세점
복도			
G면세점	B호텔	D항공사	E여행사

ii) 경우 2

C항공사	B호텔	F여행사	H면세점
복도			
G면세점	A호텔	D항공사	E여행사

따라서 항상 참이 되는 것은 ④이다.

09

정답 ③

인원은 9명이고, 자리는 11개이므로 빈자리는 두 개가 생긴다. 두 번째 조건에서 사원 양옆과 앞자리는 비어있을 수 없다고 했으므로 B, C, E, F, G를 제외한 A, D자리는 빈자리가 된다. 세 번째 조건에서 지점장 앞자리에 이상무 또는 최부장이 앉으며, 첫 번째 조건을 보면 같은 직급은 옆자리로 배정할 수 없는데, ③처럼 F와 G에 과장 두 명이 앉으면 성대리 양옆 중 한 자리에 한대리가 앉아야 하므로 적절하지 않다.

지점장	빈자리	B	성대리	C	빈자리
	최부장 또는 이상무	김사원	F	이사원	G

오답분석

① 지점장 앞자리 A는 빈자리이다.
② A와 D는 빈자리이다.
④ B, C, F, G자리 중 한 곳을 최부장이 앉으면, E에는 이상무가 앉게 된다.
⑤ 한대리가 앉을 수 있는 자리는 F 또는 G이다.

10

정답 ③

2열에는 C대리와 D대리 중 한 명이 앉아야 하므로, C대리가 3열에 앉으면 D대리가 2열에 앉아야 한다.

오답분석

① A사원이 A2, B주임이 C1, C대리와 D대리가 A1과 B2, E과장이 C2에 앉는 경우도 가능하다.
② E과장이 A2에 앉더라도, 2열에 앉지 않은 대리 1명과 A사원이 각각 C2, A1에 앉는 경우, B주임이 C1에 앉을 수 있다.
④ ①에서 반례로 들었던 경우가 ④의 반례이기도 하다. B주임이 C1에 앉았지만 D대리가 B2에 앉을 수 있기 때문이다.
⑤ 통로 쪽 좌석 A2, B2, C2 중 B2에는 대리 중 한 명이 앉고, A2, C2 중 한 곳에 E과장이 앉고 나머지 대리 한 명이 남은 통로 좌석에 앉는다면 대리끼리 이웃하여 앉을 수 있다.

11

정답 ④

두 번째 조건에 의해 A와 D는 1층, 6층에 배정될 수밖에 없다. 이때, A는 B보다 아래층에 있다는 조건에 의해 A가 6층이 될 수 없으므로 A는 1층, D는 6층, 이런 상황에서 C가 4층이 되어 다음과 같이 두 가지 경우가 생긴다.

구분	1층	2층	3층	4층	5층	6층
경우 1	A	E	B	C	F	D
경우 2	A	B	E	C	F	D

따라서 F는 항상 5층이다.

12

정답 ②

조건에 따라 정리해 보면 다음과 같다.

구분	첫 번째	두 번째	세 번째	네 번째	다섯 번째	여섯 번째
경우 1	A	D	F	B	E	C
경우 2	A	F	D	B	E	C
경우 3	D	F	B	E	C	A
경우 4	F	D	B	E	C	A
경우 5	D	F	C	E	B	A
경우 6	F	D	C	E	B	A

따라서 A가 맨 앞에 서면 E는 다섯 번째에 설 수밖에 없다.

오답분석

① A가 맨 뒤에 서 있는 경우 맨 앞에는 D가 서 있을 수도, F가 서 있을 수도 있다.
③ 경우 1과 경우 3에서 F와 B는 앞뒤로 서 있다.
④ 경우 1과 경우 2에서 C는 맨 뒤에 서 있다.
⑤ 경우 5와 경우 6에서 B는 C보다 뒤에 서 있다.

PART 3

13

정답 ④

'마뜩하다'는 '제법 마음에 들 만하다.'의 뜻으로 '흡족하게 마음에 들다.'이라는 뜻인 '마땅하다'와 유의 관계이다. 따라서 '참을성이 없고 성실이 소급하나.'의 뜻을 가진 '성마르다'와 유의 관계인 단어는 '참을성이 없이 몹시 급하다.'이라는 뜻인 '조급하다'이다.

오답분석

① 시끄럽다 : 듣기 싫게 떠들썩하다.
② 메마르다 : 땅이 물기가 없고 기름지지 아니하다.
③ 너그럽다 : 마음이 넓고 아량이 있다.
⑤ 완만하다 : 움직임이 느릿느릿하다.

14

정답 ②

'낙관'은 '인생이나 사물을 밝고 희망적인 것으로 봄'이라는 뜻이므로 '앞으로의 일이 잘 안될 것이라고 봄'이라는 뜻인 '비관'과 반의 관계이고, 나머지는 유의 관계이다.

오답분석

① 기량 : 기술상의 재주
재능 : 어떤 일을 하는 데 필요한 재주와 능력
③ 호조 : 상황이나 형편 따위가 좋은 상태
순조 : 일 따위가 아무 탈이나 말썽 없이 예정대로 잘되어 가는 상태
④ 지능 : 지혜와 재능을 통틀어 이르는 말
두뇌 : 사물을 판단하는 슬기
⑤ 통보 : 통지하여 보고함
연락 : 어떤 사실을 상대편에게 알림

15

정답 ③

규칙은 세로 방향으로 적용된다.
첫 번째 도형을 시계 방향으로 45° 회전한 것이 두 번째 도형, 이를 좌우 반전시킨 것이 세 번째 도형이다.

16

정답 ①

규칙은 세로 방향으로 적용된다.
첫 번째 도형을 시계 반대 방향으로 270° 회전한 것이 두 번째 도형, 이를 시계 방향으로 60° 회전한 것이 세 번째 도형이다.

17

정답 ①

규칙은 가로 방향으로 적용된다.
첫 번째 도형을 시계 반대 방향으로 45° 회전한 것이 두 번째 도형, 이를 시계 반대 방향으로 90° 회전한 것이 세 번째 도형이다.

18

정답 ①

⊕ : 각 자릿수 +2, +0, +0, +2
⊖ : 각 자릿수 −1, +1, +1, −1
⊙ : 1234 → 2143
● : 1234 → 4123

BUS8 → UB8S → WB8U
　　⊙　　　⊕

19

정답 ②

IU93 → UI39 → 9UI3 → 8VJ2
　　⊙　　●　　⊖

20

정답 ④

NWRB → MXSA → XMAS
　　⊖　　　⊙

21

정답 ②

OHMJ → QHML → PINK
　　⊕　　　⊖

22

정답 ①

제시문은 최대수요입지론에 의해 업체가 입지를 선택하는 방법을 설명하는 글로, 최초로 입지를 선택하는 업체와 그다음으로 입지를 선택하는 업체가 입지를 선정하는 기준과 변인이 생기는 경우 두 업체의 입지를 선정하는 기준을 설명한다. 따라서 (나) 최대수요입지론에서 입지를 선정할 때 고려하는 요인 – (가) 최초로 입지를 선정하는 업체의 입지 선정법 – (다) 다음으로 입지를 선정하는 업체의 입지 선정법 – (라) 다른 변인이 생기는 경우 두 경쟁자의 입지 선정법 순으로 나열되어야 한다.

23

정답 ②

제시문은 A병원 내과 교수팀의 난치성 결핵균에 대한 치료성적이 세계 최고 수준으로 인정받았으며, 이로 인해 많은 결핵환자에게 큰 희망을 주었다는 내용의 글이다. 따라서 (다) 난치성 결핵균에 대한 치료성적이 우리나라가 세계 최고 수준임 – (나) A병원 내과 교수팀이 난치성 결핵의 치료성공률을 세계 최고 수준으로 높임 – (라) 현재 치료성공률이 80%에 이름 – (가) 이는 난치성 결핵환자들에게 큰 희망을 줌 순으로 나열되어야 한다.

24

정답 ④

충전지를 최대 용량을 넘어서 충전할 경우 발열로 인한 누액이나 폭발의 위험이 있다. 충전지를 충전하는 과정에서 충전지의 온도가 과도하게 상승한다면 최대 용량을 넘은 과충전을 의심할 수 있으므로 충전을 중지하는 것이 좋다.

오답분석

① 충전지를 크게 만들면 충전 용량과 방전 전류 세기를 증가시킬 수 있으나, 전극의 물질을 바꾸지 않는 한 공칭 전압은 변하지 않는다.
② 충전기의 전원 전압은 충전지의 공칭 전압보다 높아야 한다. 이때, 용량과 관계없이 리튬 충전지의 공칭 전압은 3.6V이므로 전원 전압이 3.6V보다 높은 충전기를 사용해야 한다.
③ 충전지를 방전 하한 전압 이하까지 방전시키면 충전지의 수명이 줄어들기 때문에 오래 사용하기 위해서는 방전 하한 전압 이하까지 방전시키지 않는 것이 좋으나, 니켈카드뮴 충전지의 경우 메모리 효과로 인해 완전히 방전되기 전 충전을 반복하면 충·방전 용량이 줄어든다.
⑤ 충전기로 리튬 충전지를 충전할 경우 만충전 전압에 이르면 정전압 회로로 전환하여 정해진 시간 동안 충전지에 공급하는 전압을 일정하게 유지한다. 그러나 공칭 전압은 변화하는 단자 전압의 평균일 뿐이므로 리튬 충전지의 만충전 전압이 3.6V인 것은 아니다.

25

정답 ④

스마트팩토리의 주요 기술 중 하나인 에지 컴퓨팅은 중앙 데이터 센터와 직접 소통하는 클라우드 컴퓨팅과 달리 산업 현장에서 발생하는 데이터를 에지 데이터 센터에서 사전 처리한 후 선별하여 전송하기 때문에 데이터 처리 지연 시간을 줄일 수 있다.

26

정답 ④

테아플라빈(Theaflavins)은 녹차가 아닌 홍차의 발효과정에서 생성된 것으로, 혈관 기능을 개선하며 혈당 수치를 감소시키는 역할을 한다. 녹차의 경우 카테킨에 함유된 EGCG(Epigallocatechin-3-gallate)가 혈중 콜레스테롤 수치를 낮추는 역할을 한다.

27

정답 ④

제시문에서는 미흡한 위생 관리나 건강관리 등의 개인적 요인으로 인해 질병이 발병한다고 주장한다. 따라서 이러한 주장에 대한 반박으로는 성별, 계층, 직업 등의 사회적 요인에 따라 질병의 종류나 심각성이 다르게 나타날 수 있다는 내용의 ④가 가장 적절하다.

28

정답 ⑤

제시문에서는 대리모가 아이를 금전적인 대가를 받는 수단으로 취급하여 인간의 존엄과 가치를 침해한다는 것을 전제로 대리모의 허용을 반대한다. 이러한 주장을 반박하기 위해서는 근거로 제시하고 있는 전제를 부정하는 것이 효과적이므로 대리모는 아이가 아닌 임신·출산 서비스를 매매의 대상으로 삼는다는 ⑤를 통해 반박하는 것이 가장 적절하다.

오답분석

①·② 대리모를 찬성하는 입장에 해당하나, 제시문의 주장과는 전혀 다른 관점에서 반박하고 있으므로 적절하지 않다.
③·④ 대리모를 통해 발생할 수 있는 문제에 대한 해결책에 해당하므로 제시문의 주장에 대한 반박으로 적절하지 않다.

29

정답 ③

랜드스케이프 건축가들은 건물의 내부와 외부를 각각의 고정된 의미로 분리하여 바라보려는 전통적인 이분법적 관점을 거부하고, 이들을 하나의 주름 잡힌 표면으로 보고자 하였으므로 건물 표면의 주름진 곡선을 통해 서로 관계를 맺고 있는 건물의 내부와 외부를 표현하고자 했음을 알 수 있다.

오답분석

① 랜드스케이프 건축에서는 대지와 건물 자체가 새로운 의미를 생성하는 능동적인 존재로 작동하므로 건물이 대지의 의미를 규정한다는 내용은 옳지 않다. 건물 전체가 대지를 덮고 있는 DDP의 형상은 대지와 건물의 연속된 통합을 의미한다.

② 랜드스케이프 건축에서의 내부 공간은 성격이 고정되지 않고, 우연적인 상황 혹은 주변의 여러 가지 요인의 전개로 인해 재구성될 수 있는 잠재적인 특징을 지닌다.

④ 랜드스케이프 건축의 가장 큰 특징은 하나로 연결되어 통합된 공간으로 볼 수 있으며, 고객의 편의성 향상과는 거리가 멀다.

⑤ 랜드스케이프 건축에서는 내부와 외부의 구분을 모호하게 함으로써 건물 내부에서 외부를 바라보는 시선과 외부에서 내부를 바라보는 응시를 동시에 담아낼 수 있다.

30

정답 ⑤

바우마이스터에 따르면 개인은 자신이 가지고 있는 제한된 에너지를 자기 조절 과정에 사용하는데, 이때 에너지를 많이 사용한다고 하더라도 긴박한 상황을 대비하여 에너지의 일부를 남겨 두기 때문에 에너지가 완전히 고갈되는 상황은 벌어지지 않는다. 즉, A씨는 식단 조절 과정에 에너지를 효율적으로 사용하지 못하였을 뿐, 에너지가 고갈되어 식단 조절에 실패한 것은 아니다.

오답분석

① 밴두라에 따르면 인간은 자기 조절 능력을 선천적으로 가지고 있으며, 자기 조절은 세 가지의 하위 기능인 자기 검열, 자기 판단, 자기 반응의 과정을 통해 작동한다.

② 밴두라에 따르면 자기 반응은 자신이 한 행동 이후에 자신에게 부여하는 정서적 현상을 의미하는데, 자신이 지향하는 목표와 관련된 개인적 표준에 부합하지 않은 행동은 죄책감이나 수치심이라는 자기 반응을 만들어 낸다.

③ 밴두라에 따르면 선천적으로 자기 조절 능력을 가지고 있는 인간은 가치 있는 것을 획득하기 위해 행동하거나 두려워하는 것을 피하기 위해 행동한다.

④ 바우마이스터에 따르면 자기 조절은 개인적 표준, 모니터링, 동기, 에너지로 구성된다. L씨의 건강관리는 개인의 목표 성취와 관련된 개인적 표준에 해당하며, 이를 위해 A씨는 자신의 행동을 관찰하는 모니터링 과정을 거쳤다.

제3회

최종점검 모의고사

01 수리

01	02	03	04	05	06	07	08	09	10	11	12	13	14	15	16	17	18	19	20
②	④	⑤	③	③	⑤	④	③	③	②	④	⑤	③	⑤	③	②	③	①	②	②

01

정답 ②

전체 투자금액을 a원이라고 하면, A, B, C주식에 투자한 금액은 각각 $0.3a$원, $0.2a$원, $0.5a$원이다.

- A주식 최종 가격 : $0.3a \times 1.2 = 0.36a$
- B주식 최종 가격 : $0.2a \times 1.4 = 0.28a$
- C주식 최종 가격 : $0.5a \times 0.8 = 0.4a$

즉, A, B, C주식의 최종 가격은 $0.36a + 0.28a + 0.4a = 1.04a$원이므로 투자 대비 4%의 이익을 보았다.

02

정답 ④

- 팀장 1명을 뽑는 경우의 수 : ${}_{10}C_1 = 10$
- 회계 담당 2명을 뽑는 경우의 수 : ${}_{9}C_2 = \frac{9 \times 8}{2 \times 1} = 36$

따라서 이 인원을 뽑는 경우의 수는 $10 \times 36 = 360$가지이다.

03

정답 ⑤

ㄱ. 2020년 대비 2021년 이용객 수가 증가한 항공노선은 제주행, 일본행, 싱가폴행, 독일행, 미국행으로 총 5개이며, 감소한 항공노선 역시 중국행, 영국행, 스페인행, 캐나다행, 브라질행으로 총 5개로 동일하다.

ㄴ. 2020년부터 2022년까지의 총 이용객 수는 아시아행(제주, 중국, 일본, 싱가폴)이 416+743+342+323=1,824천 명, 유럽행(독일, 영국, 스페인)이 244+342+860=1,446천 명, 아메리카행(미국, 캐나다, 브라질)이 400+630+61=1,091천 명으로 아시아행 – 유럽행 – 아메리카행 순서로 많다.

ㄷ. 2020년 이용객 수가 적은 하위 2개의 항공노선은 브라질행(23천 명), 독일행(75천 명)이고, 2021년도 브라질행(21천 명), 독일행(81천 명)이며, 2022년도 브라질행(17천 명), 독일행(88천 명)으로 동일하다.

04

정답 ③

2018년부터 공정자산총액과 부채총액의 차를 순서대로 나열하면 952, 1,067, 1,383, 1,127, 1,864, 1,908억 원이다.

오답분석

① 2021년에는 자본총액이 전년 대비 감소하였다.
② 직전 해에 비해 당기순이익이 가장 많이 증가한 해는 2022년이다.
④ 각 지표 중 총액 규모가 가장 큰 것은 공정자산총액이다.
⑤ 2018년과 2019년을 비교하면, 분모 증가율은 $\frac{1,035-920}{920} = \frac{115}{920} = \frac{1}{8}$이고, 분자 증가율은 $\frac{476-459}{459} = \frac{17}{459} = \frac{1}{27}$이다. 따라서 2019년에는 비중이 감소하였다.

05

정답 ③

2019년의 차이는 1,670−430=1,240십만 장으로 가장 크다.

오답분석

① 2019년부터 2023년까지 우표 발행 수의 증감 추이는 보통우표가 '감소 - 감소 - 증가 - 감소'이고, 기념우표가 '증가 - 감소 - 감소 - 증가'로 동일하지 않다.

② 기념우표는 2022년에, 나만의 우표는 2023년에 발행 수가 가장 적다.

④ 2021년 전체 발행 수에서 나만의 우표가 차지하고 있는 비율은 $\frac{30}{1,200}\times100=2.5\%$로 3% 미만이다.

⑤ 2019년 내비 2023년 나반의 우표 발행 수의 감소율은 $\frac{50-10}{50}\times100=80\%$이다.

06

정답 ⑤

사고 전·후 이용 가구 수의 차이가 가장 큰 것은 생수이며, 가구 수의 차이는 170−100=70가구이다.

오답분석

① 사고 전에 식수 조달원으로 수돗물을 이용하는 가구 수가 140가구로 가장 많다.

② 사고 전에 비해 사고 후에 이용 가구 수가 감소한 식수 조달은 수돗물과 약수로 2개이다.

③ 사고 전·후 식수 조달원을 변경한 가구 수는 30+20+30+10+10+30+20+10+40+10+10+10=230가구는 전체 가구 수 230+60+80+20+70=460가구의 $\frac{230}{460}\times100=50\%$이다.

④ 사고 전에 정수를 이용하던 가구 수는 130가구이며, 사고 후에도 정수를 이용하는 가구 수는 80가구이다. 나머지 50가구는 사고 후 다른 식수 조달원을 이용한다.

07

정답 ④

2022년 하반기 대출·금융 스팸 이메일 수신량 비율은 전년 동기의 $\frac{8}{2}=4$배이다.

오답분석

①·③ 제시된 자료를 통해 확인할 수 있다.

② 2021년 상반기와 2023년 하반기의 전체 이메일 수신량이 제시되지 않았으므로 비율을 통해 비교할 수 없다.

⑤ 2021년 상반기 대비 2023년 상반기 성인 스팸 이메일 비율의 증가율은 $\frac{21-14}{14}\times100=50\%$이다.

08

정답 ③

전체 기업 47개 중에서 존속성 기술을 개발하는 기업은 3+8+5+7=23개, 와해성 기술을 개발하는 기업은 7+9+5+3=24개로 존속성 기술을 개발하는 기업의 비율이 와해성 기술을 개발하는 기업의 비율보다 낮다.

오답분석

① 와해성 기술을 개발하는 기업 중 벤처기업은 7+5=12개, 대기업은 9+3=12개로 동일하므로 와해성 기술을 개발하는 기업 중에는 벤처기업의 비율과 대기업의 비율이 동일하다.

② 기술 추동 전략을 취하는 기업 중 존속성 기술을 개발하는 기업은 5+7=12개, 와해성 기술을 개발하는 기업은 5+3=8개로 기술 추동 전략을 취하는 기업 중에는 존속성 기술을 개발하는 기업의 비율이 와해성 기술을 개발하는 기업의 비율보다 높다.

④ 벤처기업 중 기술 추동 전략을 취하는 기업은 5+5=10개, 시장 견인 전략을 취하는 기업은 3+7=10개로 동일하므로 기술 추동 전략을 취하는 기업의 비율은 시장 견인 전략을 취하는 기업의 비율과 동일하다.

⑤ 대기업 중 시장 견인 전략을 취하는 기업은 8+9=17개, 기술 추동 전략을 취하는 기업은 7+3=10개로 시장 견인 전략을 취하는 기업의 비율이 기술 추동 전략을 취하는 기업의 비율보다 높다.

09

정답 ③

2015년 대비 2023년 장르별 공연 건수의 증가율은 다음과 같다.

• 양악 : $\frac{460-250}{250}\times100=84\%$

• 국악 : $\frac{238-68}{68}\times100=250\%$

• 무용 : $\frac{138-60}{60}\times100=130\%$

• 연극 : $\frac{180-60}{60}\times100=200\%$

따라서 2015년 대비 2023년 공연 건수의 증가율이 가장 높은 장르는 국악이다.

오답분석

① 2019년과 2022년에는 연극 공연 건수가 국악 공연 건수보다 많았다.

② 2018년까지는 양악 공연 건수가 국악, 무용, 연극 공연 건수의 합보다 많았지만, 2019년 이후에는 양악 공연 건수가 국악, 무용, 연극 공연 건수의 합보다 적었다. 또한, 2021년에는 무용 공연 건수 자료가 집계되지 않아 양악의 공연 건수가 다른 공연 건수의 합보다 많은지 적은지 판단할 수 없으므로 옳지 않은 설명이다.

④ 2021년의 무용 공연 건수가 제시되어 있지 않으므로 연극 공연 건수가 무용 공연 건수보다 많아진 것이 2022년부터인지 판단할 수 없으므로 옳지 않은 설명이다.

⑤ 2022년에 비해 2023년에 공연 건수가 가장 많이 증가한 장르는 국악이다.

PART 3

10

정답 ②

승용차의 경우 1일 평균 주행거리는 부산이 34.7km/대이며, 세종은 38.1km/대로 세종이 더 길지만 전체 1일 평균 주행거리는 40.1km/대로 동일하다.

오답분석

① 세종을 제외한 1일 평균 주행거리 최댓값을 갖는 차종은 특수차이고, 최솟값은 승용차이다. 특수차와 승용차의 1일 평균 주행거리 차이와 승합차의 1일 평균 주행거리를 비교하면, 다음과 같다.

(단위 : km/대)

구분	서울	부산	대구	인천	광주	대전	울산
차이	60.6−31.7 =28.9	196.6−34.7 =161.9	92.5−33.7 =58.8	125.6−39.3 =86.3	114.2−34.5 =79.7	88.9−33.5 =55.4	138.9−32.5 =106.4
승합차	54.6	61.2	54.8	53.9	53.2	54.5	62.5

따라서 최댓값과 최솟값의 차이가 승합차의 1일 평균 주행거리보다 긴 지역은 '부산, 대구, 인천, 광주, 대전, 울산' 6곳으로, 5곳 이상이다.

③ 세종은 특수차의 1일 평균 주행거리는 39.9km/대로 가장 짧고, 승합차의 경우는 울산과 부산 다음으로 세 번째로 길므로 8개 지역 중 상위 40%(8×0.4=3.2위) 안에 든다.

④ 차종별 1일 평균 주행거리 상위 50%인 4위 안에 부산은 모두 포함된다.

차종	순위
승용차	인천 > 세종 > 부산 > 광주
승합차	울산 > 부산 > 세종 > 대구
화물차	광주 > 대전 > 부산 = 서울
특수차	부산 > 울산 > 인천 > 광주

⑤ 항구도시는 부산, 인천, 울산이며, 항구도시와 세종 지역 중에서 차종별 1일 평균 주행거리가 가장 긴 지역은 모두 항구도시 중 하나이다.

11

정답 ④

합격자 중 남성의 비율은 $\frac{120}{120+80}\times100=\frac{120}{200}\times100=60\%$이므로 옳지 않은 설명이다.

오답분석

① 남성 합격자 수는 여성 합격자 수의 $\frac{120}{80}=1.5$배이다.

② 총 입사지원자 중 합격률은 $\frac{120+80}{680+320}\times 100=\frac{200}{1,000}\times 100=20\%$이다.

③ 여성 입사지원자의 합격률은 $\frac{80}{320}\times 100=25\%$이다.

⑤ 총 입사지원자 중 여성 입사지원자의 비율은 $\frac{320}{680+320}\times 100=\frac{320}{1,000}\times 100=32\%$이므로 30% 이상이다.

12

정답 ⑤

• 지연 중 A/C 정비가 차지하는 비율 : $\frac{150}{3,000}\times 100=5\%$

• 결항 중 기상이 차지하는 비율 : $\frac{14}{70}\times 100=20\%$

따라서 항공편 지연 중 A/C 정비가 차지하는 비율은 결항 중 기상이 차지하는 비율의 $\frac{5}{20}=\frac{1}{4}$이다.

오답분석

① 기상으로 지연된 항공편 수는 기상으로 결항된 항공편 수의 $\frac{98}{14}=7$배이다.

② 기타를 제외하고 지연이 발생한 원인 중 가장 높은 비중을 차지하고 있는 것은 A/C 접속이며, 결항이 발생한 원인 중 가장 높은 비중을 차지하고 있는 것은 기상이다.

③ 6월 동안 운항된 전체 비행기 수를 알 수 없으므로 구할 수 없다.

④ A/C 정비로 인해 결항된 항공편 수는 A/C 정비로 인해 지연된 항공편 수의 $\frac{12}{150}\times 100=8\%$이다.

13

정답 ③

A사와 B사의 전체 직원 수를 알 수 없으므로, 비율만으로는 판단할 수 없다.

오답분석

① 여직원 대비 남직원 비율은 여직원 비율이 높을수록, 남직원 비율이 낮을수록 값이 작아진다. 따라서 여직원 비율이 가장 높으면서, 남직원 비율이 가장 낮은 D사가 비율이 가장 낮고, 남직원 비율이 여직원 비율보다 높은 A사의 비율이 가장 높다.

② B, C, D사 각각 남직원보다 여직원의 비율이 높으므로 B, C, D사 각각에서 남직원 수보다 여직원 수가 많다. 따라서 B, C, D사의 여직원 수의 합은 남직원 수의 합보다 크다.

④ A사의 전체 직원 수를 a명, B사의 전체 직원 수를 b명이라 하면, A사의 남직원 수는 $0.6a$명, B사의 남직원 수는 $0.4b$명이다.

$\frac{0.6a+0.4b}{a+b}\times 100=55 \rightarrow 60a+40b=55(a+b)$

$\therefore a=3b$

⑤ A, B, C사 각각의 전체 직원 수를 a명이라 하면, 여직원의 수는 각각 $0.4a$명, $0.6a$명, $0.55a$명이다. 따라서 A, B사 여직원 수의 합은 $0.4a+0.6a=a$명으로, C사 여직원 수 $0.55a$명의 2배인 $1.1a$명 미만이다.

14

정답 ⑤

여성 모델과 여성 배우의 2000년대 대비 2020년대의 평균 데뷔 나이 증가율은 다음과 같다.

• 여성 모델 : $\frac{23-20}{20}\times 100=15\%$

• 여성 배우 : $\frac{28-25}{25}\times100=12\%$

따라서 여성 모델의 2000년대 대비 2020년대의 평균 데뷔 나이 증가율은 여성 배우보다 높다.

오답분석

① 남성 가수의 평균 데뷔 나이는 1990년대에 28세로 가장 높다.

② 배우의 단순평균 평균 데뷔 나이를 구하면 다음과 같다.

- 1980년대 : $\frac{20+18}{2}=19$
- 1990년대 : $\frac{23+22}{2}=22.5$
- 2000년대 : $\frac{24+25}{2}=24.5$
- 2010년대 : $\frac{26+26}{2}=26$
- 2020년대 : $\frac{25+28}{2}=26.5$

따라서 배우의 단순평균 평균 데뷔 나이는 매년 높아지고 있다.

③ 남성 모델의 평균 데뷔 나이는 모두 25세 이상이고, 여성 모델의 평균 데뷔 나이는 모두 25세 미만이다.

④ 남성 개그맨의 평균 데뷔 나이가 가장 낮은 연도는 2000년대이고, 여성 개그맨의 평균 데뷔 나이가 가장 높은 연도도 2000년대이므로 동일하다.

15

정답 ③

여성 가수의 1980년대부터 2020년대까지의 단순평균 평균 데뷔 나이를 구하면, $\frac{18+20+19+20+21}{5}=19.6$세로 20세 미만이다.

오답분석

① 여성 배우의 평균 데뷔 나이가 남성 배우보다 높은 연도는 2000년대와 2020년대이다.

② 2010년대 ~ 2020년대에 남성 평균 데뷔 나이가 30세 이상인 직업은 아나운서와 개그맨이다.

④ 남성 모델과 여성 모델의 1980년대 대비 2020년대의 평균 데뷔 나이 증가율은 다음과 같다.

- 남성 모델 : $\frac{28-25}{25}\times100=12\%$
- 여성 모델 : $\frac{23-20}{20}\times100=15\%$

따라서 남성 모델의 1980년대 대비 2020년대의 평균 데뷔 나이 증가율은 남성 모델이 여성 모델보다 낮다.

⑤ 2000년대 남성의 평균 데뷔 나이가 가장 높은 직업은 28세로 아나운서이고, 여성의 평균 데뷔 나이가 가장 높은 직업은 27세로 개그맨이다.

16

정답 ②

2022년에 '미달'이라고 응답한 여성은 44%, 남성은 5.5%로 비율은 여성이 남성의 8배이지만, 조사한 남성과 여성의 인원수가 제시되지 않았으므로 알 수 없다.

오답분석

① 해가 지날수록 여성의 영양소 섭취 비율 중 '미달'과 '과잉'에 해당하는 비율은 증가하고, '적정'에 해당하는 비율은 감소하고 있으므로 옳은 설명이다.

③ 연도별로 '적정'이라고 응답한 영유아와 성인의 증감 추이는 다음과 같다.

- 영유아 : 증가 – 증가
- 성인 : 감소 – 감소

따라서 반대의 증감 추이를 보이고 있다.

④ 청소년 중 '과잉'이라고 응답한 비율은 2020년 19.8%, 2021년 21.2%, 2022년 34.6%로 증가하고 있으므로 옳은 설명이다.
⑤ 2022년에 '미달'이라고 응답한 노인의 비율은 23.2%이고, 2020년에는 14.5%이므로 2022년 노인의 응답 비율은 2020년의 $\frac{23.2}{14.5}=1.6$배이다.

17

정답 ③

ㄱ. 해가 지날수록 남성의 영양소 섭취 중 '미달'에 해당하는 비율은 8.5%, 7.6%, 5.5%로 감소하고 있고, 적정과 과잉에 해당하는 비율은 증가하고 있으므로 옳은 설명이다.
ㄷ. 성인의 '미달'이라고 응답한 비율과 '과잉'이라고 응답한 비율의 차는 다음과 같다.
- 2020년 : 15.5−3.5=12%p
- 2021년 : 20.2−4.8=15.4%p
- 2022년 : 24.5−6=18.5%p

따라서 매년 증가하였다.

오답분석

ㄴ. 2021년 응답자 300명 중 남성이 100명이라면, 여성은 200명이다. '적정'이라고 응답한 비율은 남성이 76%, 여성이 53%이므로 각각 인원수를 구하면, 남성은 100×0.76=76명, 여성은 200×0.53=106명이므로 인원 차는 106−76=30명이다.

18

정답 ①

오답분석

② 2021년도 최고 비율이 자료보다 낮다.
③ 2018년과 2019년의 최고 비율 수치가 자료보다 낮다.
④ 2018년과 2019년의 평균 스크린 대 바디 비율이 자료보다 낮다.
⑤ 2016년 최고 비율은 자료보다 낮고, 2018년 최고 비율은 자료보다 높다.

19

정답 ②

초·중·고등학교 수의 총합은 2021년에 6,001+3,209+2,353=11,563개, 2023년에 6,064+3,214+2,358=11,636개로, 2021년 대비 2023년에 증가하였다.

오답분석

ㄱ. 2023년을 보면, 고등학교 수는 전년 대비 감소하였지만, 초등학교 수는 증가하였다.
ㄴ. 2019년부터 2023년까지 초등학교 수와 중학교 수의 차이를 구하면 다음과 같다.
- 2019년 : 5,934−3,186=2,748개
- 2020년 : 5,978−3,204=2,774개
- 2021년 : 6,001−3,209=2,792개
- 2022년 : 6,040−3,213=2,827개
- 2023년 : 6,064−3,214=2,850개

따라서 초등학교 수와 중학교 수의 차이가 가장 큰 해는 2023년이다.

20

정답 ②

미생물은 3일마다 10배씩 증가하고 있다. 그러므로 6월 7일에 미생물 3마리가 분열을 시작하여 30억 마리가 되려면 30억$=3\times10^9$이므로 3×9=27일 후이다.
따라서 미생물이 30억 마리가 되는 날은 6월 7일을 기준으로 27일 후인 7월 4일이다.

02 추리

01	02	03	04	05	06	07	08	09	10	11	12	13	14	15	16	17	18	19	20
②	④	④	④	③	④	③	③	③	④	②	⑤	④	①	④	⑤	①	②	⑤	③
21	22	23	24	25	26	27	28	29	30										
①	②	①	⑤	⑤	②	⑤	④	⑤	⑤										

01

정답 ②

명랑한 사람은 마라톤을 좋아하고, 마라톤을 좋아하는 사람은 체력이 좋고, 인내심이 있다. 그리고 몸무게가 무거운 사람은 체력이 좋다.
따라서 명랑한 사람은 인내심이 있다.

02

정답 ④

'회사원'을 A, '야근을 한다.'를 B, '늦잠을 잔다.'를 C라 하면, 전제1과 결론은 각각 A → B, ~C → ~A이다. 이때, 전제1의 대우는 ~B → ~A이므로 결론이 참이 되려면 ~C → ~B 또는 B → C가 필요하다. 따라서 전제2인 빈칸에 들어갈 명제는 '야근을 하는 사람은 늦잠을 잔다.'가 적절하다.

03

정답 ④

'경찰에 잡힌다.'를 '경', '도둑질을 했다.'를 '도', '감옥에 간다.'를 '감'이라고 하자.

구분	명제	대우
전제1	**경× → 도×**	도 → 경
결론	**감× → 도×**	도 → 감

전제1이 결론으로 연결되려면, 전제2는 감× → 경×가 되어야 한다. 따라서 전제2는 '감옥에 가지 않은 사람은 모두 경찰에 잡히지 않는다.'의 대우인 ④이다.

04

정답 ④

주어진 조건을 정리하면 다음과 같다.

구분	영어(3명)	중국어(2명)	일본어(1명)	프랑스어(1명)	독일어(1명)
A	○	×	×	×	○
B	○	○	×		×
C	×	○	○	×	×
D	○	×	×		×

따라서 D 또는 B가 프랑스어를 할 줄 알기 때문에 D가 어느 국가로 파견 근무를 떠나는지 알 수 없다.

오답분석

① A는 영어와 독일어 두 개의 외국어를 능통하게 할 수 있다.
② B는 영어와 중국어를 능통하게 하지만, 프랑스어도 능통하게 하는지 알 수 없다.
③ C는 일본어를 능통하게 하므로 일본으로 파견 근무를 떠난다.
⑤ A는 영어와 독일어를 능통하게 하고, C는 중국어와 일본어를 능통하게 하기 때문에 동일하게 능통하게 하는 외국어는 없다.

05

정답 ③

먼저 진구가 장학생으로 선정되지 않으면 광수가 장학생으로 선정된다는 전제(~진 → 광)에 따라 광수가 장학생으로 선정될 것이라고 하였으므로 '진구가 장학생으로 선정되지 않는다(~진).'는 내용의 전제가 추가되어야 함을 알 수 있다. 따라서 보기 중 진구와 관련된 내용의 전제인 ㄴ이 반드시 추가되어야 한다. 이때, 지은이가 선정되면 진구는 선정되지 않는다고(지 → ~진) 하였으므로 지은이가 선정된다(지)는 전제 ㄷ도 함께 필요한 것을 알 수 있다. 결국 ㄴ과 ㄷ이 전제로 추가되면, '지은이가 선정됨에 따라 진구는 선정되지 않으며, 진구가 선정되지 않으므로 광수가 선정된다(지 → ~진 → 광).'가 성립한다.

06

정답 ④

먼저 세 번째 조건에 따라 3팀은 3호실에 위치하고, 네 번째 조건에 따라 8팀과 2팀은 4호실 또는 8호실에 각각 위치한다. 이때, 두 번째 조건에 따라 2팀과 5팀은 앞뒤로 나란히 위치해야 하므로 결국 2팀과 5팀이 각각 8호실과 7호실에 나란히 위치하고, 4호실에는 8팀이 위치한다. 또한 첫 번째 조건에 따라 1팀과 7팀은 1호실 또는 5호실에 각각 위치하는데, 마지막 조건에서 4팀은 1팀과 5팀 사이에 위치한다고 하였으므로 4팀이 5팀 바로 앞인 6호실에 위치하고, 1팀은 5호실에 위치한다. 따라서 1호실에는 7팀이 위치하고, 바로 뒤 2호실에는 6팀이 위치한다.

이를 종합하여 기획 1 ~ 8팀의 사무실을 배치하면 다음과 같다.

창고	입구	계단
기획 7팀	복도	기획 1팀
기획 6팀		기획 4팀
기획 3팀		기획 5팀
기획 8팀		기획 2팀

따라서 기획 4팀과 기획 6팀은 복도를 사이에 두고 마주하는 것을 알 수 있다.

오답분석

① 창고 뒤에는 기획 7팀의 사무실이 위치하며, 기획 1팀의 사무실은 계단 쪽 라인에 위치한다.
② 기획 2팀의 사무실은 8호실에 위치한다.
③ 기획 3팀과 5팀은 복도를 사이에 두고 마주한다.
⑤ 기획 7팀과 8팀은 창고 쪽의 라인에 위치한다.

07

정답 ③

주어진 조건에 따라 A ~ E의 이번 주 당직일을 정리하면 다음과 같다.

구분	월	화	수	목	금
경우 1	A, B, E	B	C	D	A, D
경우 2	A, B	B	C	D	A, D, E
경우 3	A, D, E	D	C	B	A, B
경우 4	A, D	D	C	B	A, B, E

따라서 C는 항상 수요일에 혼자 당직을 서므로 반드시 참이 되는 것은 ③이다.

오답분석

① 경우 3・4의 경우 B는 월요일에 당직을 서지 않는다.
② 경우 1・2의 경우 B는 금요일에 당직을 서지 않는다.
④ 경우 3・4의 경우 D는 금요일에 당직을 서지 않는다.
⑤ 경우 1・3의 경우 E는 금요일에 당직을 서지 않는다.

08

정답 ③

주어진 조건을 정리하면 1층에는 어린이 문헌 정보실과 가족 문헌 정보실, 5층에는 보존서고실, 4층에는 일반 열람실이 위치한다. 3층은 2층과 연결된 계단을 통해서만 이동이 가능하므로 엘리베이터로 이동할 수 없는 제2문헌 정보실이 3층에 위치하는 것을 알 수 있다. 제1문헌 정보실은 하나의 층을 모두 사용해야 하므로 결국 남은 2층에 위치하게 된다.

1층	2층	3층	4층	5층
어린이 문헌 정보실과 가족 문헌 정보실	제1문헌 정보실	제2문헌 정보실	일반 열람실	보존 서고실

따라서 '빅데이터' 관련 도서는 정보통신, 웹, 네트워크 코너에서 찾을 수 있으므로 3층 제2문헌 정보실로 가야 한다.

09

정답 ③

용인 지점에서는 C와 D만 근무할 수 있으며, 인천 지점에서는 A와 B만 근무할 수 있다. 이때, A는 과천 지점에서 근무하므로 인천 지점에는 B가 근무하는 것을 알 수 있다. 주어진 조건에 따라 A ~ D의 근무 지점을 정리하면 다음과 같다.

구분	과천	인천	용인	안양
경우 1	A	B	C	D
경우 2	A	B	D	C

따라서 항상 참이 되는 것은 ③이다.

오답분석

①·② 주어진 조건만으로 A와 B가 각각 안양과 과천에서 근무한 경험이 있는지는 알 수 없다.

④·⑤ 주어진 조건만으로는 C와 D가 어느 지점에 근무하게 되었는지 정확하게 알 수 없다.

10

정답 ④

주어진 조건에 따라 선반에 놓여 있는 사무용품을 정리하면 다음과 같다.

5층	보드마카, 접착 메모지
4층	스테이플러, 볼펜
3층	2공 펀치, 형광펜
2층	서류정리함, 북엔드
1층	인덱스 바인더, 지우개

따라서 보드마카와 접착 메모지는 5층 선반에 놓여 있으므로 선반의 가장 높은 층에 놓여 있음을 알 수 있다.

11

정답 ②

먼저, 네 번째 조건에 따라 마 지사장은 D지사에 근무하며 다섯 번째 조건에 따라 바 지사장은 본사와 두 번째로 가까운 B지사에 근무하는 것을 알 수 있다. 다 지사장은 D지사에 근무하는 마 지사장 바로 옆 지사에 근무하지 않는다는 두 번째 조건에 따라 C 또는 E지사에 근무할 수 없다. 이때, 다 지사장은 나 지사장과 나란히 근무해야 하므로 F지사에 다 지사장이, E지사에 나 지사장이 근무하는 것을 알 수 있다. 마지막으로 라 지사장이 가 지사장보다 본사에 가깝게 근무한다는 세 번째 조건에 따라 라 지사장이 A지사에, 가 지사장이 C지사에 근무하게 된다.

본사	A	B	C	D	E	F
	라	바	가	마	나	다

따라서 A ~ F지사로 발령받은 지사장을 순서대로 나열하면 '라 – 바 – 가 – 마 – 나 – 다'이다.

12

정답 ⑤

주어진 조건에 따르면 과장은 회색 코트를 입고, 연구팀 직원은 갈색 코트를 입었으므로 가장 낮은 직급인 기획팀의 C사원은 검은색 코트를 입었음을 알 수 있다. 이때, 과장이 속한 팀은 디자인팀이며, 연구팀 직원의 직급은 대리임을 알 수 있지만, 각각 디자인팀의 과장과 연구팀의 대리가 A, B 중 누구인지는 알 수 없다. 이것을 정리하면 다음과 같다.

구분	A 또는 B	A 또는 B	C
직급	과장	대리	사원
코트	회색	갈색	검은색
팀	디자인팀	연구팀	기획팀

따라서 항상 옳은 것은 ⑤이다.

13

정답 ④

'마수걸이'는 '맨 처음으로 물건을 파는 일'의 뜻으로 '시장을 처음 열어 물건의 매매를 시작함'이라는 뜻인 '개시'와 유의 관계이다. 따라서 '엉클어지거나 흐리지 않고 아주 분명하다.'의 뜻을 가진 '뚜렷하다'와 유의 관계인 단어는 '모습이나 소리 따위가 흐릿함이 없이 똑똑하고 뚜렷하다.'이라는 뜻인 '분명하다'이다.

오답분석

① 흐릿하다 : 조금 흐린 듯하다.
② 복잡하다 : 일이나 감정 따위가 갈피를 잡기 어려울 만큼 여러 가지가 얽혀 있다.
③ 깔끔하다 : 생김새 따위가 매끈하고 깨끗하다.
⑤ 산뜻하다 : 기분이나 느낌이 깨끗하고 시원하다.

14

정답 ①

'하락'은 '값이나 등급 따위가 떨어짐'이라는 뜻이므로 '물건값이 뛰어오름'이라는 뜻인 '등귀'과 반의 관계이고, 나머지는 유의 관계이다.

오답분석

② 전진 : 앞으로 나아감
　진보 : 정도나 수준이 나아지거나 높아짐
③ 초대 : 어떤 모임에 참가해 줄 것을 청함
　초청 : 사람을 청하여 부름
④ 지탄 : 잘못을 지적하여 비난함
　비판 : 현상이나 사물의 옳고 그름을 판단하여 밝히거나 잘못된 점을 지적함
⑤ 개탄 : 분하거나 못마땅하게 여겨 한탄함
　분개 : 몹시 분하게 여김

15

정답 ④

규칙은 세로 방향으로 적용된다.
첫 번째 도형을 180° 회전한 것이 두 번째 도형, 이를 상하 반전시킨 것이 세 번째 도형이다.

16

정답 ⑤

규칙은 세로 방향으로 적용된다.
첫 번째 도형을 좌우 반전시킨 것이 두 번째 도형, 이를 색 반전한 것이 세 번째 도형이다.

17

정답 ①

규칙은 가로 방향으로 적용된다.
첫 번째 도형을 상하 반전시킨 것이 두 번째 도형, 이를 시계 방향으로 90° 회전한 것이 세 번째 도형이다.

18

정답 ②

♧ : 각 자릿수 +0, +1, +2, +3
♣ : 각 자릿수 +0, +1, +0, −1
◎ : 1234 → 1243
● : 1234 → 3412

S7BS → S7SB → SBS7
　　◎　　●

19

정답 ⑤

WW4W → 4WWW → 4XYZ
　　●　　♧

20

정답 ③

EDRO → EETR → TREE
　　♧　　●

21

정답 ①

CH25 → CH52 → 52CH → 53CG
　　◎　　●　　♣

22

정답 ②

제시문은 교정 중 치아관리의 중요성과 관리방법에 대해 설명하고 있다. 따라서 교정 중 칫솔질에 대한 중요성을 설명하는 (나) – 교정 중 칫솔질 중 교정 장치의 세척도 중요하며 그 방법에 대해 설명하는 (가) – 장치 때문에 잘 닦이지 않는 부위를 닦는 방법에 대해 이야기하는 (라) – 마지막으로 칫솔질을 할 때 빠트려서는 안 될 부분을 설명하고 있는 (다) 순으로 나열하는 것이 적절하다.

23

정답 ①

제시문은 사회 윤리의 중요성과 특징, 향후 발전 방법에 대하여 설명하고 있다. 이때 글의 구조를 파악해 보면, (가)는 대전제, (다)는 소전제, (나)는 결론의 구조를 취하고 있으며, (마)는 (다)에 대한 보충 설명, (라)는 (마)에 대한 보충 설명을 하고 있다. 따라서 (가) 현대 사회에서 대두되는 사회 윤리의 중요성 – (다) 개인의 윤리와 다른 사회 윤리의 특징 – (마) 개인 윤리와 사회 윤리의 차이점 – (라) 개인과 사회의 차이와 특성 – (나) 현대 사회의 특성에 맞는 사회 윤리의 정의의 순서로 나열하는 것이 적절하다.

24

정답 ⑤

ㄴ. 시장적 의사 결정 과정은 항상 모든 당사자의 완전 합의에 의해서 거래가 이루어지므로 옳은 내용이다.
ㄷ. 정치적 의사 결정 과정에서는 다수결에 따라 의사가 결정되며, 반대의 의견을 가진 소수도 결정이 이루어진 뒤에는 그 결정에 따라야 한다. 따라서 소수의 의견이 무시될 수 있다는 문제점이 있다.

오답분석

ㄱ. 시장적 의사 결정에서는 경제력과 비례하여 차별적인 결정권을 가지지만, 정치적 의사 결정에서는 경제력과 관계없이 똑같은 정도의 결정권을 가지므로 옳지 않다.

25

정답 ⑤

마지막 문단의 '칸트의 생각들은 독일 철학의 흐름 속에 이어지다가 후일 아인슈타인에게도 결정적 힌트가 되었다.'라는 내용에서 칸트의 견해가 아이슈타인에게 영향을 끼친 것은 알 수 있지만, 두 사람의 견해가 같다는 것은 확인할 수 없다.

오답분석

① '우리는 이 개념들을 배워서 아는 것이 아니다. 즉, 경험에 앞서 이미 아는 것이다.'에서 공간, 시간 등의 개념은 태어날 때부터 가진 것임을 알 수 있다.
② '경험에 앞서는 범주를 제시했다는 점에서 혁명적 개념이었고, 경험을 강조한 베이컨 주의에 대한 강력한 반동인 셈이다.'라는 내용을 통해 낭만주의와 베이컨 주의가 상반된 내용을 다룬다는 것을 짐작할 수 있다.
③ '현상으로서 공간과 시간은 그 자체로서 존재할 수 없고 단지 우리 안에서만 존재할 수 있다.'는 내용을 통해 알 수 있다.
④ 세 번째 문단 중 '칸트가 건설한 철학적 관념론은 … 객관적이고 물질적인 것에서 근본을 찾는 유물론과는 분명한 대척점에 있는 관점이다.'라는 내용을 통해 객관적이기보다는 주관적인 것에 가깝다는 것을 유추할 수 있다.

26

정답 ②

'피터팬증후군이라는 말로 표현되기도 하였으나, 이와 달리 키덜트는 … 긍정적인 이미지를 가지고 있다.'라는 내용을 통해 두 단어가 혼용하여 사용하지 않음을 알 수 있다.

오답분석

① '20 ~ 40대의 어른이 되었음에도 불구하고'라는 구절에서 나이를 알 수 있다.
③ '키덜트는 각박한 현대인의 생활 속에서 마음 한구석에 어린이의 심상을 유지하는 사람들로 긍정적인 이미지를 가지고 있다.'라는 문장을 통해 키덜트와 현대사회가 밀접한 관련이 있음을 짐작할 수 있다.
④ '키덜트들은 이를 통해 얻은 영감이나 에너지가 일에 도움이 된다고 한다.'의 내용에서 찾을 수 있다.
⑤ '기업들은 키덜트족을 타깃으로 하는 상품과 서비스를 만들어내고 있으며'를 통해 시장의 수요자임을 알 수 있다.

27

정답 ⑤

제시문에서 고전주의 범죄학에서는 인간의 모든 행위는 자유 의지에 입각한 합리적 판단에 따라 이루어지므로 범죄에 비례해 형벌을 부과할 경우 범죄가 억제될 수 있다고 주장한다. 따라서 이러한 주장에 대한 반박으로는 사회적 요인의 영향 등을 고려할 때 범죄는 개인의 자유 의지로 통제할 수 없다는 내용의 ⑤가 가장 적절하다.

오답분석

②·③·④ 고전주의 범죄학의 입장에 해당한다.

28

정답 ④

제시문에서는 청소년들의 과도한 불안이 집중을 방해하여 학업 수행에 부정적으로 작용한다고 주장한다. 따라서 이러한 주장에 대한 반박으로는 오히려 불안이 긍정적으로 작용할 수 있다는 내용의 ④가 가장 적절하다.

29

정답 ⑤

김씨에게 탁구를 가르쳐 준 사람에 대한 정보는 말로 표현할 수 있는 서술 정보에 해당하며, 이는 뇌의 내측두엽에 있는 해마에 저장된다.

오답분석

① 김씨는 내측두엽의 해마가 손상된 것일 뿐 감정이나 공포와 관련된 기억이 저장되는 편도체의 손상 여부는 알 수 없다.
② 대뇌피질에 저장된 수술 전의 기존 휴대폰 번호는 말로 표현할 수 있는 서술 정보에 해당한다.
③ 운동 기술은 대뇌의 선조체나 소뇌에 저장되는데, 김씨는 수술 후 탁구 기술을 배우는 데 문제가 없으므로 대뇌의 선조체는 손상되지 않았음을 알 수 있다.
④ 탁구 기술은 비서술 정보이므로 대뇌의 선도체나 소뇌에 저장되었을 것이다.

30

정답 ⑤

배심원들이 의견을 바꾸어 나간 것은 다른 배심원들의 동조에 영향을 미쳤던 만장일치 여부에 따른 결정에서 끝까지 손을 들지 않은 한 명의 배심원으로 인해 동조의 정도가 급격히 약화되었기 때문이다. 특정 정보를 제공하는 사람의 권위와 그에 대한 신뢰도가 높을 때 동조 현상이 강하게 나타날 수 있지만, 처음에 유죄라고 생각했던 배심원들은 반대한 배심원의 권위에 따라 동조한 것이 아니라 타당한 증거에 따라 의견을 바꾼 것으로 볼 수 있다.

오답분석

① 자신의 판단에 대한 확신이 들지 않을수록 동조 현상이 강하게 나타난다고 하였으므로 배심원들은 소년이 살인범이라는 확신이 없었을 것이다.
② 사람들은 집단으로부터 소외되지 않기 위해 동조를 하게 된다고 하였으므로 배심원들은 집단으로부터 소외되지 않기 위해 손을 들었을 것이다.
③ 지지자 집단의 규모가 클수록 지지를 이끌어내는 데에 효과적으로 작용한다고 하였으므로 대다수의 배심원이 손을 들었기 때문에 나머지 배심원들도 뒤늦게 손을 들 수 있었을 것이다.
④ 집단 구성원들의 만장일치 여부가 동조에 큰 영향을 미치는데, 이때 단 한 명이라도 이탈자가 생기면 동조의 정도가 급격히 약화된다. 따라서 유일하게 반대한 단 한 명의 배심원으로 인해 동조가 급격히 약화되었을 것이다.

제4회
최종점검 모의고사

01 수리

01	02	03	04	05	06	07	08	09	10	11	12	13	14	15	16	17	18	19	20
④	③	⑤	⑤	⑤	④	④	④	③	③	①	④	④	③	①	③	④	④	②	⑤

01

정답 ④

작년 교통비를 x원, 숙박비를 y원이라고 하면,

$1.15x+1.24y=1.2(x+y)$ ⋯ ㉠

$x+y=36$ ⋯ ㉡

㉠과 ㉡을 연립하면 $x=16$, $y=20$이다.

따라서 올해 숙박비는 $20\times1.24=24.8$만 원이다.

02

정답 ③

G와 B의 자리를 먼저 고정하고, 양 끝에 앉을 수 없는 A의 위치를 토대로 경우의 수를 계산하면 다음과 같다.

• G가 가운데에 앉고, B가 G의 바로 왼쪽에 앉는 경우의 수

	A	B	G			
		B	G	A		
		B	G		A	

∴ $3\times4!=72$가지

• G가 가운데에 앉고, B가 G의 바로 오른쪽에 앉는 경우의 수

	A		G	B		
		A	G	B		
			G	B	A	

∴ $3\times4!=72$가지

따라서 조건과 같이 앉을 때 가능한 경우의 수는 $72+72=144$가지이다.

03

정답 ⑤

시장 내 경쟁이 가장 치열한 업체는 동일 혜택을 제공하는 카드 수가 가장 많은 E카페로, E카페의 혜택 제공 기간은 2년(24개월)이다.

오답분석

① B서점의 경우 E카페보다 동일 혜택을 제공하는 카드 수가 적지만, 혜택 제공 기간은 더 길다.
② 선호도 점수 가장 높은 혜택은 C통신사의 통신요금 할인 혜택이다.
③ 매월 모든 업체가 부담해야 하는 혜택 비용이 동일하다면, 혜택에 대한 총 부담 비용이 가장 큰 업체는 혜택 제공 기간이 가장 긴 B서점이다.
④ 혜택 제공 기간이 가장 긴 업체는 B서점이지만, 선호도 점수가 가장 높은 업체는 C통신사이다.

04

정답 ⑤

2022년 전체 수익은 420,000+496,000+388,000+291,000=1,595,000원이다.

오답분석

①·③ 제시된 자료에서 확인할 수 있다.
② 2021년 4분기 제품가격은 627,000원이고, 2022년 4분기 제품가격은 559,000원이다. 따라서 2022년 4분기 제품가격은 전년 동분기보다 627,000−559,000=68,000원 감소하였다.
④ 2022년에 소요한 재료비용은 177,000+191,000+190,000+268,000=826,000원이다.

05

정답 ⑤

2019년의 인구성장률은 0.63%, 2022년의 인구성장률 0.39%이다. 2022년의 인구성장률은 2019년의 인구성장률에서 40% 감소한 값인 0.63×(1−0.4)=0.378%보다 값이 크므로 40% 미만으로 감소하였다.

오답분석

① 표를 보면 2019년 이후 인구성장률이 매년 감소하고 있으므로 옳은 설명이다.
② 2017년부터 2022년까지의 인구성장률이 가장 낮았던 해는 2022년이며, 합계출산율도 2022년에 가장 낮았다.
③ 인구성장률과 합계출산율은 모두 2018년에는 전년 대비 감소하고, 2019년에는 전년 대비 증가하였으므로 옳은 설명이다.
④ 인구성장률이 높은 순서로 나열하면 2019년 – 2020년 – 2017년 – 2018년 – 2021년 – 2022년이고, 합계출산율이 높은 순서로 나열하면 2017년 – 2020년 – 2019년 – 2018년 – 2021년 – 2022년이다. 따라서 인구성장률과 합계출산율이 두 번째로 높은 해는 모두 2020년이다.

06

정답 ④

㉠ 2018 ~ 2022년 동안 경기전망지수가 40점 이상인 것은 B와 C이다.
㉡ 2020년에 경기전망지수가 전년 대비 증가한 것은 A와 C이다.
㉣ 매년 경기전망지수가 가장 높은 것은 A이다.
따라서 ㉣을 통해 제조업이 A이고, ㉡에서 조선업이 C가 된다. 또한 ㉠에서 보건업은 B이며, 나머지 D는 해운업이 되어 ㉢에서 증가율을 비교할 필요 없이 정할 수 있다.

07

정답 ④

우리나라는 30개의 회원국 중에서 OECD 순위가 매년 20위 밑이므로 상위권이라 볼 수 없다.

오답분석

① 우리나라의 CPI 점수는 2018년에 5.6점으로 가장 높아 가장 청렴했다고 볼 수 있다.
② 2019년에 39위를 함으로써 처음으로 30위권에 진입하였다.
③ 청렴도는 2014년에 4.5점으로 가장 낮고, 2020년과 점수 차이는 5.4−4.5=0.9점이다.
⑤ CPI 조사대상국은 2017년까지 146, 159, 163, 180개로 증가하였고, 이후 2019년까지 180개로 유지되었다.

08

정답 ④

전년 대비 아시아·태평양의 연도별 인터넷 이용자 수의 증가폭은 다음과 같다.

- 2017년 : 872−726=146백만 명
- 2018년 : 988−872=116백만 명
- 2019년 : 1,124−988=136백만 명
- 2020년 : 1,229−1,124=105백만 명
- 2021년 : 1,366−1,229=137백만 명
- 2022년 : 1,506−1,366=140백만 명

• 2023년 : 1,724−1,506=218백만 명
따라서 전년 대비 아시아·태평양의 인터넷 이용자 수의 증가폭이 가장 큰 해는 2023년이다.

오답분석

① 2016년 중동의 인터넷 이용자 수는 66백만 명이고, 2023년 중동의 인터넷 이용자 수는 161백만 명이다. 따라서 2023년 중동의 인터넷 이용자 수는 2016년에 비해 161−66=95백만 명 늘었다.
②·⑤ 제시된 자료를 통해 확인할 수 있다.
③ 2019년 아프리카의 인터넷 이용자 수는 120백만 명이고, 2023년 아프리카의 인터넷 이용자 수는 240백만 명이다. 따라서 2023년의 아프리카의 인터넷 이용자 수는 2019년 아프리카 인터넷 이용자 수의 $\frac{240}{120}$=2배이다.

09

정답 ③

ㄱ. 초등학생에서 중학생, 고등학생으로 올라갈수록 스마트폰(7.2% → 5.5% → 3.1%)과 PC(42.5% → 37.8% → 30.2%)의 이용률은 감소하고, 태블릿PC(15.9% → 19.9% → 28.5%)와 노트북(34.4% → 36.8% → 38.2%)의 이용률은 증가하고 있다.
ㄷ. 태블릿PC와 노트북의 남학생·여학생 이용률의 차이는 다음과 같다.
- 태블릿PC : 28.1−11.7=16.4%p
- 노트북 : 39.1−30.9=8.2%p

따라서 태블릿PC의 이용률 차이는 노트북 이용률 차이의 $\frac{16.4}{8.2}$=2배이다.

오답분석

ㄴ. 초·중·고등학생의 노트북과 PC의 이용률의 차이는 다음과 같다.
- 초등학생 : 42.5−34.4=8.1%p
- 중학생 : 37.8−36.8=1%p
- 고등학생 : 38.2−30.2=8%p

따라서 중학생의 노트북과 PC의 이용률 차이가 가장 작다.

10

정답 ③

다음은 각 가게의 주중 평균 매출액이다.

구분	주중 평균 매출액
K치킨	$\frac{420+460+360+450+495}{5}$=437만 원
H한식당	$\frac{505+495+500+555+580}{5}$=527만 원
T카페	$\frac{450+460+400+450+500}{5}$=452만 원

따라서 T카페의 주중 평균 매출액 452만 원보다 일일 매출액이 많은 요일은 화요일·금요일 이틀이므로 옳지 않다.

오답분석

① H한식당의 화요일 매출액 495만 원은 T카페 목요일 매출액보다 $\frac{495-450}{450}\times100$=10% 많다.
② K치킨 주중 평균 매출액 437만 원은 470만 원보다 30만 원 이상 적다.
④ K치킨과 T카페의 주중 매출액 증감 추이는 '증가 – 감소 – 증가 – 증가'로 같다.
⑤ 세 곳의 수요일 매출액 대비 목요일 매출액 증가율은 다음과 같다.
- K치킨 : $\frac{450-360}{360}\times100$=25%
- H한식당 : $\frac{555-500}{500}\times100$=11%

• T카페 : $\frac{450-400}{400}\times100=12.5\%$

따라서 수요일 매출액 대비 목요일 매출액 증가율이 가장 높은 곳은 K치킨이다.

11

정답 ①

ㄱ. 1시간 미만 운동하는 3학년 남학생 수는 87명으로, 4시간 이상 운동하는 1학년 여학생 수인 46명보다 많다.

ㄴ. 제시된 자료에서 남학생 중 1시간 미만 운동하는 남학생의 비율이 여학생 중 1시간 미만 운동하는 여학생의 비율보다 각 학년에서 모두 낮음을 확인할 수 있다.

오답분석

ㄷ. 남학생과 여학생 각각 학년이 높아질수록 4시간 이상 운동하는 학생의 비율이 높아진다.

ㄹ. 3학년 남학생의 경우 3시간 이상～4시간 미만 운동하는 학생의 비율은 4시간 이상 운동하는 학생의 비율보다 낮다.

12

정답 ④

S편의점의 2019년과 2020년 각각의 1월과 12월의 매출액 차이를 구하면 다음과 같다.

• 2019년 : 1,020－680＝340

• 2020년 : 650－480＝170

따라서 S편의점의 2019년 1월과 12월의 매출액 차이는 2020년 1월과 12월의 매출액 차이의 $\frac{340}{170}$＝2배이다.

오답분석

①·② A국 여행자가 감소하는 2019년 7월 이후 매출이 줄어들고 있으므로 옳다.

③ 여행자 수 그래프가 거의 평행하게 변화하므로 옳다.

⑤ 그래프를 통해 2020년 2～3월 A국 여행자들이 급감했음을 알 수 있다.

13

정답 ④

A～D국의 청년층 정부신뢰율을 구하면 다음과 같다.

• A : 14－6.4＝7.6%

• B : 35－(－14.1)＝49.1%

• C : 48.0－(－9.1)＝57.1%

• D : 82.0－2.0＝80.0%

i) 첫 번째 조건

7.6×10<80이므로 A는 그리스, D는 스위스이다.

ii) 두 번째 조건

B, C의 청년층 정부신뢰율은 전체 국민 정부 신뢰율보다 높으므로 B와 C는 영국과 미국(또는 미국과 영국)이다.

iii) 세 번째 조건

80.0%－30%＝50.0%로 미국의 청년층 정부신뢰율은 50% 미만이어야 하므로, B는 미국, C는 영국이다.

따라서 A는 그리스, B는 미국, C는 영국, D는 스위스이다.

14

정답 ③

2020년부터 2022년까지의 S사와 M사의 드라마 평균 시청률을 보면 2022년은 S사가 높지만, 2020년과 2021년은 M사가 높으므로 옳지 않은 내용이다.

오답분석

① 2019년부터 2022년까지의 S사의 예능 평균 시청률은 7.8%, 9.2%, 11.4%, 13.1%로 전년 대비 증가하고 있다.

② 2019년부터 2022년까지 M사의 예능 평균 시청률 증감 추이는 '감소 – 감소 – 증가 – 증가'이고, 드라마 평균 시청률 증감 추이는

'증가 – 증가 – 감소 – 감소'로 서로 반대이다.

④ 2022년 K사, S사, M사 드라마 평균 시청률은 15+13+12=40%이고, M사 드라마가 차지하는 비율은 $\frac{12}{40}\times 100=30\%$이다.

⑤ 2018년부터 2022년까지 K사의 교육 프로그램 평균 시청률은 한 번도 4% 이상인 적이 없으므로 옳은 설명이다.

15

정답 ①

2018년부터 2020년까지 매년 예능 평균 시청률은 K사가 S사와 M사보다 높다.

- 2018년 : K사 12.4%, S사 7.4%, M사 11.8%
- 2019년 : K사 11.7%, S사 7.8%, M시 11.3%
- 2020년 : K사 11.4%, S사 9.2%, M사 9.4%

오답분석

② 2022년 M사의 교육 프로그램의 평균 시청률은 2.3%로 다큐멘터리 평균 시청률 2.1%보다 높다.

③ 2020년 S사의 평균 시청률은 예능이 9.2%이고, 드라마가 11.5%이므로 예능 평균 시청률은 드라마 평균 시청률의 $\frac{9.2}{11.5}\times 100=$ 80%이다.

④ 2018년부터 2022년까지 K사의 다큐멘터리 평균 시청률과 S사·M사의 다큐멘터리 평균 시청률을 합한 값을 비교하면 다음과 같다.

- 2018년 : K사 5.1%, S사+M사 2.4+2.4=4.8%
- 2019년 : K사 5.3%, S사+M사 2.8+2.2=5.0%
- 2020년 : K사 5.4%, S사+M사 3.1+2.3=5.4%
- 2021년 : K사 5.2%, S사+M사 2.7+2.4=5.1%
- 2022년 : K사 5.1%, S사+M사 2.6+2.1=4.7%

따라서 2020년에는 K사의 다큐멘터리 평균 시청률과 S사 M사의 다큐멘터리 평균 시청률을 합한 값과 같다.

⑤ 연도별 드라마 평균 시청률을 높은 순서대로 정리하면 다음과 같다.

- 2018년 : S사 – M사 – K사
- 2019년 : S사 – M사 – K사
- 2020년 : M사 – K사 – S사
- 2021년 : M사 – S사 – K사
- 2022년 : K사 – S사 – M사

따라서 2022년에는 K사의 드라마 시청률이 1위이다.

16

정답 ③

전체 조사자 중 20·30대는 1,800+2,500+2,000+1,400=7,700명이므로, 전체 조사자 20,000명 중 $\frac{7,700}{20,000}\times 100=38.5\%$이다.

오답분석

① 운전면허 소지비율이 가장 높은 연령대는 남성은 75%로 40대이고, 여성도 54%로 40대이다.

② 70대 여성의 운전면허 소지비율은 12%로 남성인 25%의 절반 이하이다.

④ 50대 운전면허 소지자는 다음과 같다.

- 남성 : 1,500×0.68=1,020명
- 여성 : 1,500×0.42=630명

따라서 50대 운전면허 소지는 1,020+630=1,650명으로 1,500명 이상이다.

⑤ 60·70대 여성 운전면허 소지자는 다음과 같다.

- 60대 여성 : 2,000×0.24=480명
- 70대 여성 : 1,000×0.12=120명

따라서 70대 여성 운전면허 소지자는 60대 여성 운전면허 소지자의 $\frac{120}{480}\times 100=25\%$이다.

17

정답 ④

20·30대 여성 운전면허 소지자를 구하면 다음과 같다.

- 20대 여성 : $2{,}000\times0.22=440$명
- 30대 여성 : $1{,}400\times0.35=490$명

따라서 20·30대 여성 운전면허 소지자는 $440+490=930$명이다. 이는 전체 조사자의 $\frac{930}{20{,}000}\times100=4.65\%$이다.

오답분석

① 조사에 참여한 60·70대를 구하면 다음과 같다.

- 남성 : $1{,}500+1{,}200=2{,}700$명
- 여성 : $2{,}000+1{,}000=3{,}000$명

따라서 여성이 남성보다 많다.

② 40대 여성과 남성의 운전면허 소지자를 구하면 다음과 같다.

- 40대 여성 : $1{,}600\times0.54=864$명
- 40대 남성 : $2{,}000\times0.75=1{,}500$명

따라서 40대 여성 운전면허 소지자는 40대 남성 운전면허 소지자의 $\frac{864}{1{,}500}\times100=57.6\%$이다.

③ 20대·70대 남성의 운전면허 소지자를 구하면 다음과 같다.

- 20대 남성 : $1{,}800\times0.38=684$명
- 70대 남성 : $1{,}200\times0.25=300$명

따라서 20대 남성 운전면허 소지자는 70대 남성 운전면허 소지자의 $\frac{684}{300}=2.28$배이다.

⑤ 20대는 여성이 2,000명, 남성이 1,800명으로 여성이 남성보다 많고, 50대에서는 남성·여성이 1,500명으로 동일하며, 60대에서는 여성이 2,000명, 남성이 1,500명으로 여성이 남성보다 많다.

18

정답 ④

20대의 연도별 흡연율은 40대 흡연율로, 30대는 50대의 흡연율로 반영되었다.

19

정답 ②

2022년 9월은 전월 대비 방문 고객 수가 $500-900=-400$만 명으로, 400만 명 감소하였다.
2022년 10월은 전월 대비 방문 고객 수가 $300-500=-200$만 명으로, 200만 명 감소하였다.
2022년 11월은 전월 대비 방문 고객 수가 $200-300=-100$만 명으로, 100만 명 감소하였다.
2022년 12월은 전월 대비 방문 고객 수가 $150-200=-50$만 명으로, 50만 명 감소하였다.
전월 대비 방문 고객 수가 매월 $\frac{1}{2}$씩 감소하고 있으므로

2023년 1월의 방문 고객 수는 $150-50\times\frac{1}{2}=125$만 명이다.

2023년 2월의 방문 고객 수는 $125-50\times\frac{1}{4}=112.5$만 명이다.

2023년 3월의 방문 고객 수는 $112.5-50\times\frac{1}{8}=106.25$만 명이다.

따라서 2023년 3월에 방문 고객 수가 처음으로 110만 명 미만이 된다.

20

정답 ⑤

n개월이 지나면 $10\times n^2$만큼 증가한다.

5개월 후 : $310+10\times5^2=560$송이

6개월 후 : $560+10\times6^2=920$송이

7개월 후 : $920+10\times7^2=1,410$송이

8개월 후 : $1,410+10\times8^2=2,050$송이

9개월 후 : $2,050+10\times9^2=2,860$송이

10개월 후 : $2,860+10\times10^2=3,860$송이

11개월 후 : $3,860+10\times11^2=5,070$송이

12개월 후 : $5,070+10\times12^2=6,510$송이

따라서 12개월 후 버섯의 개체 수는 6,510송이이다.

02 추리

01	02	03	04	05	06	07	08	09	10	11	12	13	14	15	16	17	18	19	20
②	④	④	③	②	②	②	④	⑤	③	③	④	④	③	④	⑤	⑤	③	②	②
21	22	23	24	25	26	27	28	29	30										
④	③	③	③	⑤	②	②	④	③	①										

01

정답 ②

고양이는 포유류이고, 포유류는 새끼를 낳아 키운다. 따라서 고양이는 새끼를 낳아 키운다.

02

정답 ④

'채소를 좋아한다.'를 A, '해산물을 싫어한다.'를 B, '디저트를 싫어한다.'를 C라고 하면 전제1은 A → B로 표현할 수 있다. 다음으로 결론은 ~C → ~A로 표현할 수 있고 이의 대우 명제는 A → C이므로 결론이 참이 되려면 B → C가 필요하다. 따라서 빈칸에 들어갈 명제는 이의 대우 명제인 '디저트를 좋아하는 사람은 해산물을 좋아한다.'가 적절하다.

03

정답 ④

'용돈을 합리적으로 쓰다.'를 A, '이자가 생기다.'를 B, '저축을 하다.'를 C, '소비를 줄이다.'를 D로 놓고 보면 전제1은 ~C → ~B, 전제3은 ~D → ~C, 결론은 ~D → ~A이므로 결론이 도출되기 위해서는 ~B → ~A가 필요하다. 따라서 빈칸에 들어갈 명제는 이의 대우인 '용돈을 합리적으로 쓰면 이자가 생긴다.'가 적절하다.

04

정답 ③

연경, 효진, 다솜, 지민, 지현의 증언을 차례대로 검토하면서 모순 여부를 찾아내면 쉽게 문제를 해결할 수 있다.

i) 먼저 연경이의 증언이 참이라면, 효진이의 증언도 참이다. 그런데 효진이의 증언이 참이라면 지현이의 증언은 거짓이 된다.

ii) 지현이의 증언이 거짓이라면, '나와 연경이는 꽃을 꽂아두지 않았다.'는 말 역시 거짓이 되어 연경이와 지현이 중 적어도 한 명은 꽃을 꽂아두었다고 봐야 한다. 그런데 효진이의 증언은 지민이를 지적하고 있으므로 역시 모순이다. 결국 연경이와 효진이의 증언은 거짓이다.

따라서 다솜, 지민, 지현이의 증언이 참이 되며, 이들이 언급하지 않은 다솜이가 꽃을 꽂아두었다.

05

정답 ②

먼저 3과 2에 의해 '날 수 있는 동물은 예외 없이 벌레를 먹고 산다. 벌레를 먹고 사는 동물의 장 안에는 세콘데렐라는 도저히 살 수가 없다.'는 것으로부터 '날 수 있는 동물은 장 안에 세콘데렐라가 없다.'는 명제를 쉽게 얻을 수 있다.
따라서 ②의 동고비새 역시 세콘도가 없다. 1의 (다)를 보면 옴니오는 프리모와 세콘도가 둘 다 서식하는 것이므로 ②는 명백하게 거짓이다.

오답분석

① 3과 2에 의해 명백한 참이다.
③ 2와 3에 의해 벌쥐는 그것은 프리모이거나 눌로에 속하므로 반드시 거짓이라고 할 수 없다.
④ 플라나리아는 벌레를 먹지 않으므로 눌로가 아니다. 그러므로 프리모, 세콘도, 옴니오 중에 하나가 될 수 있다. 역시 반드시 거짓은 아니다.
⑤ 벌레를 먹지 않는 동물 가운데 눌로에 속하는 것은 없다고 했으므로 프리모, 세콘도, 옴니오 중에 하나가 된다. 따라서 반드시 거짓이라고 할 수는 없다.

06

정답 ②

강대리와 이사원의 진술이 서로 모순이므로, 둘 중 한 사람은 거짓을 말하고 있다.
i) 강대리의 말이 거짓이라면 워크숍 불참 인원이 2명이므로 조건이 성립하지 않는다.
ii) 강대리의 말이 참이라면 박 사원의 말도 참이 된다. 이때, 박사원의 말이 참이라면 유사원이 워크숍에 참석했다. 이사원의 말은 거짓이고, 누가 워크숍에 참석하지 않았는지 모른다는 진술에 의해 김대리의 말 역시 거짓이 된다. 강대리, 박사원, 이사원의 진술에 따라 워크숍에 참석한 사람은 강대리, 김대리, 유사원, 이사원이므로 워크숍에 참석하지 않은 사람은 박사원이 된다.
따라서 거짓말을 하는 사람은 이사원과 김대리이며, 워크숍에 참석하지 않은 사람은 박사원이다.

07

정답 ②

A ~ E의 진술에 따르면 C와 E는 반드시 동시에 참 또는 거짓이 되어야 하며, B와 C는 동시에 참이나 거짓이 될 수 없다.
i) A와 B가 거짓일 경우
B의 진술이 거짓이 되므로 이번 주 수요일 청소 당번은 B이다. 그러나 D의 진술에 따르면 B는 목요일 당번이므로 이는 성립하지 않는다.
ii) B와 D가 거짓인 경우
B의 진술이 거짓이 되므로 이번 주 수요일 청소 당번은 B이다. 또한 A, E의 진술에 따르면 E는 월요일, A는 화요일에 각각 당번을 선다. 이때 C는 수요일과 금요일에 당번이 아니므로 목요일 당번이 되며, 남은 금요일 당번은 자연스럽게 D가 된다.
iii) C와 E가 거짓인 경우
A, B, D의 진술에 따르면 A는 화요일, D는 수요일, B는 목요일, C는 금요일 당번이 되어 남은 월요일 당번은 E가 된다. 이때 E의 진술이 참이 되므로 이는 성립하지 않는다.

08

정답 ④

갑과 병은 둘 다 참을 말하거나 거짓을 말하고, 을과 무의 진술이 모순이므로 둘 중 한 명은 무조건 거짓말을 하고 있다. 만약 갑과 병이 거짓을 말하고 있다면 을과 무의 진술로 인해 거짓말을 하는 사람이 최소 3명이 되므로 조건에 맞지 않는다. 따라서 갑과 병은 모두 진실을 말하고 있으며, 정은 갑의 진술과 어긋나므로 거짓을 말하고 있다.
거짓을 말하고 있는 나머지 한 명은 을 또는 무인데, 을이 거짓을 말하는 경우 무의 진술에 의해 갑・을・무는 함께 무의 집에 있었던 것이 되므로 정이 범인이고, 무가 거짓말을 하는 경우에도 갑・을・무는 함께 출장을 가 있었던 것이 되므로 역시 정이 범인이 된다.

09

정답 ⑤

첫 번째와 네 번째 조건에서 여학생 X와 남학생 B가 동점이 아니므로, 여학생 X와 남학생 C가 동점이다. 세 번째 조건에서 여학생 Z와 남학생 A가 동점임을 알 수 있고, 두 번째 조건에서 여학생 Y와 남학생 B가 동점임을 알 수 있다. 따라서 남는 남학생 D는 여학생 W와 동점임을 알 수 있다.

10

정답 ③

태경이와 승규 사이의 거리는 3km이고, 형욱이와 승규 사이의 거리는 2km이다. 현수와 태경이 사이의 거리가 2km이므로, 정훈이는 형욱이보다 3km 뒤까지 위치할 수 있다. 정훈이는 태경이보다 뒤에 있다고 했으므로, 0km≤(승규와 정훈이의 거리)<5km이다. 따라서 확실하지 않지만 정훈이와 승규의 거리는 2km 이내가 맞을 확률이 높다.

11

정답 ③

i) B가 부정행위를 했을 경우 : 두 번째와 세 번째 조건에 따라 C와 E도 함께 부정행위를 하게 되므로 첫 번째 조건에 부합하지 않는다. 따라서 B는 부정행위를 하지 않았으며, 두 번째 조건에 따라 C도 부정행위를 하지 않았다.

ii) D가 부정행위를 했을 경우 : 다섯 번째 조건의 대우인 'D가 부정행위를 했다면, E도 부정행위를 했다.'와 세 번째 조건에 따라 E와 A가 함께 부정행위를 하게 되므로 첫 번째 조건에 부합하지 않는다. 따라서 D 역시 부정행위를 하지 않았다.

그러므로 B, C, D를 제외한 A, E가 시험 도중 부정행위를 했음을 알 수 있다.

12

정답 ④

각 조건을 정리하면 다음과 같다.

- 스페인 반드시 방문
- 프랑스 → ~영국
- 오스트리아 → ~스페인
- 벨기에 → 영국
- 오스트리아, 벨기에, 독일 중 2개 이상

세 번째 명제의 대우 명제는 '스페인 → ~오스트리아'이고, 스페인을 반드시 방문해야 하므로 오스트리아는 방문하지 않을 것이다. 그러면 마지막 조건에 따라 벨기에와 독일은 방문한다. 네 번째 조건에 따라 영국도 방문하고, 그러면 두 번째 조건에 따라 프랑스는 방문하지 않게 된다. 따라서 아름이가 방문할 국가는 스페인, 벨기에, 독일, 영국이며, 방문하지 않을 국가는 오스트리아와 프랑스임을 알 수 있다.

13

정답 ④

우선 A의 아이가 아들이라고 하면 A의 진술에 따라 B, C의 아이도 아들이므로 이것은 아들이 2명밖에 없다는 조건에 모순된다. 그러므로 A의 아이는 딸이다. 다음에 C의 아이가 아들이라고 하면 C의 대답에서 D의 아이는 딸이 되므로 B의 아이는 아들이어야 한다. 그런데 이것은 B의 대답과 모순된다(아들의 아버지인 B가 거짓말을 한 것이 되므로). 따라서 C의 아이도 딸이므로 아들의 아버지는 B와 D이다.

14

정답 ③

규칙은 가로 방향으로 적용된다.

첫 번째 도형을 수직으로 반을 잘랐을 때의 왼쪽 도형이 두 번째 도형이고, 두 번째 도형을 수평으로 반을 잘랐을 때의 아래쪽 도형이 세 번째 도형이다.

15

정답 ④

규칙은 가로 방향으로 적용된다.
첫 번째 도형과 두 번째 도형을 합쳤을 때, 겹치는 부분을 제외하면 세 번째 도형이 된다.

16

정답 ⑤

규칙은 가로 방향으로 적용된다.
첫 번째 도형과 두 번째 도형의 색이 칠해진 부분을 합친 것이 세 번째 도형이다.

17

정답 ⑤

규칙은 세로 방향으로 적용된다.
첫 번째 도형을 수직으로 잘랐을 때 오른쪽 부분이 두 번째 도형이 되고, 두 번째 도형을 다시 수평방향으로 잘랐을 때 아래쪽 부분이 세 번째 도형이 된다.

PART 3

18

정답 ③

○ : 왼쪽으로 한 칸씩 이동(맨 앞은 맨 끝으로 이동)
● : 맨 끝 문자 뒤에 같은 문자 추가
△ : 맨 끝 문자 삭제
▲ : 양 끝 문자 위치 교환
♣ : 오른쪽으로 한 칸씩 이동(맨 끝은 맨 앞으로 이동)

COMEA	→	COME	→	COMEE
	△		●	

19

정답 ②

VVSEQ	→	QVVSE	→	EQVVS
	♣		♣	

20

정답 ②

XMCRD	→	DMCRX	→	DMCRXX	→	DMCRX
	▲		●		△	

21

정답 ④

sfSDE	→	fSDEs	→	fSDEss	→	SDEssf
	○		●		○	

22

정답 ③

먼저 이산화탄소 흡수원의 하나인 연안 생태계를 소개하는 (다)문단이 오는 것이 적절하며, 다음으로 이러한 연안 생태계의 장점을 소개하는 (나)문단이 오는 것이 적절하다. 다음으로는 (나)에서 언급한 연안 생태계의 장점 중 갯벌의 역할을 부연 설명하는 (가)문단이 오는 것이 적절하며, (가)문단 뒤로는 '또한'으로 시작하며 연안 생태계의 또 다른 장점을 소개하는 (라)문단이 오는 것이 적절하다. 따라서 (다) – (나) – (가) – (라) 순으로 나열되어야 한다.

23

정답 ③

(다) 인권에 관한 화제 도입 및 인권 보호의 범위 – (나) 사생활 침해와 인권 보호 – (가) 사생활 침해와 인권 보호에 대한 예시 – (라) 결론의 순으로 나열되어야 한다.

24

정답 ③

제시문은 최근 식도암 발병률이 늘고 있는데, S병원의 조사 결과를 근거로 식도암을 조기 발견하여 치료하면 치료 성공률을 높일 수 있다고 말하고 있다. 따라서 (라) 최근 서구화된 식습관으로 식도암이 증가 → (가) 식도암은 조기에 발견하면 치료 성공률을 높일 수 있음 → (마) S병원이 조사한 결과 초기에 치료할 경우 생존율이 높게 나옴 → (나) 식도암은 조기에 발견할수록 치료 효과가 높았지만 실제로 초기에 치료받는 환자의 수는 적음 → (다) 식도암을 조기에 발견하기 위해서 50대 이상 남성은 정기적으로 검사를 받을 것을 강조 순으로 나열되어야 한다.

25

정답 ⑤

마지막 문단에서는 UPS 사용 시 배터리를 일정 주기에 따라 교체해 주어야 한다고 이야기하고 있을 뿐, 배터리 교체 방법에 대해서는 알 수 없다.

오답분석

① 첫 번째 문단에 따르면 일관된 전력 시스템의 필요성이 높아짐에 따라 큰 손실과 피해를 야기할 수 있는 급격한 전원 환경의 변화를 방지할 수 있는 UPS가 많은 산업 분야에서 필수적으로 요구되고 있다.
② 두 번째 문단에 따르면 UPS는 일종의 전원 저장소로, 갑작스러운 전원 환경의 변화로부터 기업의 서버를 보호한다.
③ 세 번째 문단에 따르면 UPS를 구매할 때는 용량을 고려하여 필요 용량의 1.5배 정도인 UPS를 구입하는 것이 적절하다.
④ 마지막 문단에 따르면 가정용 UPS에 사용되는 MF배터리의 수명은 1년 정도이므로 이에 맞춰 주기적인 교체가 필요하다.

26

정답 ②

제시문에는 2개의 판이 만나고 있으며 서로 멀어지고 있다는 정보만 있을 뿐, 어느 판이 더 빠르고 느린지 절대 속도에 대한 자세한 정보는 없다.

오답분석

① 세 번째 문단의 '열점이 거의 움직이지 않는다는 것을 알아내고, 그것을 판의 절대 속도를 구하는 기준점으로 사용하였다. 과학자들은 지금까지 지구상에서 100여 개의 열점을 찾아냈는데, 그 중의 하나가 바로 아이슬란드에 있다.'는 내용으로 알 수 있다.
③ 두 번째 문단의 '아이슬란드의 중심부를 지나는 대서양 중앙 해령의 갈라진 틈이 매년 약 15cm씩 벌어지고 있다.'는 내용으로 알 수 있다.
④ 두 번째 문단의 '지구에서 판의 경계가 되는 곳은 여러 곳이 있다. 그러나 아이슬란드는 육지 위에서 두 판이 확장되는 희귀한 지역이다.'라는 내용으로 알 수 있다.
⑤ 첫 번째 문단의 '지구의 표면은 크고 작은 10여 개의 판으로 이루어져 있다. 아이슬란드는 북아메리카판과 유라시아판의 경계선인 대서양 중앙 해령에 위치해 있다.'는 내용으로 알 수 있다.

27

정답 ②

세 번째 문단의 첫 번째 문장에서 프루시너는 프리온이라는 단백질은 핵산이 아예 존재하지 않는다고 하였으므로 적절하지 않다.

28

정답 ④

인간이 지구상에서 이용할 수 있는 생활공간은 제한되어 있기 때문에, 인간이 이용할 수 있는 생활공간의 한계를 깨뜨리지 않는 범위 안에서만 인간의 생활공간을 확장시켜야 한다고 언급되어 있다.

29

정답 ③

오답분석

① 정상 과학의 시기에는 이미 이론의 핵심 부분들은 정립되어 있으며 이 시기에는 새로움을 좇기보다는 기존 연구의 세부 내용이 깊어진다. 따라서 다양한 학설과 이론의 등장은 적절하지 않다.
② 어떤 현상의 결과가 충분히 예측된다 할지라도 그 세세한 과정은 의문 속에 있기 마련이다. 정상 과학의 시기에 과학자들의 열정과 헌신성은 예측 결과와 실제의 현상을 일치시키기 위한 연구로 유지될 수 있다.
④ 과학적 사고방식과 관습, 기법 등이 하나의 기반으로 통일되어 있을 뿐이지 해결해야 할 과제가 없는 것은 아니다. 따라서 완성된 과학이라고 부를 수 없다.
⑤ 이론의 핵심 부분들은 정립된 상태이므로 과학자들은 심오한 작은 영역에 집중하게 되고 그에 따라 각종 실험 장치들의 다양화, 정밀화와 더불어 문제를 해결해 가는 특정 기법과 규칙들이 만들어진다. 따라서 문제를 해결해가는 과정이 주가 된다.

30

정답 ①

세 번째 문단에서 과거제 출신의 관리들이 공동체에 대한 소속감이 낮고 출세 지향적이었다는 내용을 확인할 수 있다.

오답분석

② 첫 번째 문단에서 고염무는 관료제의 상층에는 능력주의적 제도를 유지하되, 지방관인 지현들은 그 지위를 평생 유지시켜 주고 세습의 길까지 열어 놓는 방안을 제안했다고 했으므로 적절하지 않다.
③ 첫 번째 문단에서 황종희가 '벽소'와 같은 옛 제도를 되살리는 방법으로 과거제를 보완하자고 주장했다는 내용을 볼 수 있다. 따라서 벽소는 과거제를 없애고자 등장한 새로운 제도가 아니라 과거제를 보완하고자 되살린 옛 제도이므로 적절하지 않다.
④ 두 번째 문단에서 과거제는 학습 능력 이외의 인성이나 실무 능력을 평가할 수 없다는 이유로 시험의 익명성에 대한 회의도 있었다고 하였으므로 적절하지 않다.
⑤ 세 번째 문단에서 과거제를 통해 임용된 관리들은 승진을 위해서 빨리 성과를 낼 필요가 있었기에, 지역 사회를 위해 장기적인 정책을 추진하기보다 가시적이고 단기적인 결과만을 중시하는 부작용을 가져왔다고 하였으므로 적절하지 않다.

행운이란 100%의 노력 뒤에 남는 것이다.

– 랭스턴 콜먼 –

2024 하반기 시대에듀 All-New 삼성 온라인 GSAT 3개년 기출 + 모의고사 8회 + 무료삼성특강

개정33판1쇄 발행	2024년 08월 20일 (인쇄 2024년 06월 21일)
초 판 발 행	2005년 04월 10일 (인쇄 2005년 03월 11일)
발 행 인	박영일
책 임 편 집	이해욱
편 저	SDC(Sidae Data Center)
편 집 진 행	김지혜 · 신주희
표지디자인	박수영
편집디자인	양혜련 · 곽은슬
발 행 처	(주)시대고시기획
출 판 등 록	제10-1521호
주 소	서울시 마포구 큰우물로 75 [도화동 538 성지 B/D] 9F
전 화	1600-3600
팩 스	02-701-8823
홈 페 이 지	www.sdedu.co.kr
I S B N	979-11-383-7369-2 (13320)
정 가	24,000원